东莞统计年鉴

DONGGUAN STATISTICAL YEARBOOK

2018

(总第 28 期　NO.28)

东　莞　市　统　计　局
国家统计局东莞调查队　编

Compiled by

Dongguan Municipal Bureau of Statistics

Survey Office of the National Bureau of Statistics in Dongguan

图书在版编目（CIP）数据

东莞统计年鉴. 2018 / 东莞市统计局, 国家统计局东莞调查队编.
-- 北京：中国统计出版社, 2018.8
ISBN 978-7-5037-8503-0

Ⅰ. ①东…
Ⅱ. ①东… ②国…
Ⅲ. ①统计资料-东莞-2018-年鉴
Ⅳ. ①C832.653-54

中国版本图书馆 CIP 数据核字（2018）第 130836 号

东莞统计年鉴-2018

作　　者/ 东莞市统计局　国家统计局东莞调查队
责任编辑/ 陈越月
装帧设计/ 钟锦漩
出版发行/ 中国统计出版社
地　　址/ 北京市丰台区西三环南路甲 6 号
邮政编码/ 100073
电　　话/ 邮购（010）63376909　书店（010）68783171
网　　址/ http://csp.stats.gov.cn
印　　刷/ 东莞市本色印刷有限公司
经　　销/ 新华书店
开　　本/ 890mm×1240mm　1/16
字　　数/ 1200 千字
印　　张/ 34.6 印张
版　　别/ 2018 年 8 月第 1 版
版　　次/ 2018 年 8 月第 1 次印刷
定　　价/ 450.00 元

如有印装差错，由本社发行部调换。

编者说明

一、《东莞统计年鉴—2018》（以下简称年鉴）是一本反映东莞国民经济和社会发展情况的资料性年刊，系统收录了东莞 2017 年经济社会各方面的统计数据以及历年主要指标数据，旨在全面反映东莞经济和社会发展变化情况。

二、本年鉴正文内容分为三部分，具体为：第一部分概述，包括统计公报和政府工作报告；第二部分统计资料，具体分为：1. 综合、2. 人口与劳动力、3. 农业、4. 工业、5. 固定资产投资与建筑业、6. 运输邮电、7. 国内贸易、8. 价格指数、9. 对外经济贸易与旅游、10. 财政、金融与保险、11. 人民生活、12. 社会事业、13. 能源、14. 镇街主要指标、15. 村（居）委会主要指标、16. 历年国民经济和社会发展主要指标、17. 东莞与全国、全省、三角洲城市及港澳台主要指标比较 17 个篇章；第三部分基本单位情况。

三、本年鉴资料主要来自东莞市统计局和国家统计局东莞调查队的统计调查资料，部分来自中央省属单位和市直属各部门的统计资料。

四、本年鉴统计表中的符号说明："…"表示数据不足本表最小单位数；"#"表示其中主要项；"空格"表示该项统计指标数据不详或无该项数据。

五、与《东莞统计年鉴—2017》相比，本年鉴在内容上主要作了如下修订："综合"篇根据国家统计局最新的地区研发支出核算方法有关规定和全国第三次农业普查资料，分别修订了 1995-2016 年全市地区生产总值数据和 2006-2017 年全市地区生产总值数据；"农业"篇根据全国第三次农业普查，修订了 2007-2017 年的农林牧渔业总产值和增加值等相关数据；"固定资产投资与建筑业"篇增加了"固定资产投资与房地产历年数据增长速度情况"；"对外经济贸易与旅游"篇增加了"进出口贸易各分类指标增长速度情况"及"进出口分国别占比情况"；"财政、金融与保险"篇增加了"一般公共预算收入与支出历年增长速度情况"；"镇街主要指标"篇增加了"镇街规模以上先进制造业工业增加值和高技术制造业工业增加值数据"、"镇街有申请专利企业家数数据"，删除了"镇街规模以上工业企业高新技术产品情况"；"历年国民经济和社会发展主要指标"篇增加了历年"年末城镇常住人口比例"、"全社会从业人员"和"邮电业务总量"数据；另根据新的部门报表制度对个别专业内容及相关统计指标进行了调整。

本年鉴在编辑出版过程中，得到省统计局、全市各镇街（园区）和有关部门的大力支持，在此我们表示衷心感谢。本年鉴如有疏漏之处，敬请批评指正，我们将进一步改进年鉴编辑工作，更好地为广大读者服务。

《东莞统计年鉴—2018》
编委会和编辑出版人员

目　　录

CONTENTS

第一部分　概　述

Part One　Outline

2017年东莞市国民经济和社会发展统计公报 …………………………………………………… (3)

Statistical Communique on Economic and Social Development of Dongguan in 2017

政府工作报告 ……………………………………………………………………………………… (17)

Report on the Work of the Government

第二部分　统计资料

Part Two　Statistics

一、综　合

General Survey

1-1　东莞行政区划（2017年） ……………………………………………………………… (37)

Divisions of Administrative Areas in Dongguan（2017）

1-2　历年东莞行政区划 …………………………………………………………………………… (39)

Divisions of Administrative Areas in Dongguan over Years

1-3　主要年份户数、人口与自然资源 ……………………………………………………… (40)

Number of Households, Population and Natural Resources in Main Years

1-4　历年土地与自然资源 ……………………………………………………………………… (41)

Land and Natural Resources over Years

1-5　主要年份国民经济主要指标 …………………………………………………………… (43)

Main Indicators on National Economy in Main Years

1-6　主要年份国民经济和社会发展主要比例与效益指标 ……………………………… (46)

Main Indicators on National Economy and Social Development in Main Years

1-7 国民经济主要指标分月变化情况（2017 年，累计绝对数）…………………………………… (49)
Main Indicators on National Economy by Month（2017, *Accumulative Figures in Value Terms*）
1-8 国民经济主要指标分月变化情况（2017 年，比上年同期增长）…………………………… (51)
Main Indicators on National Economy by Month（2017, *Compare with Same Period of Preceding Year %*）
1-9 历年地区生产总值 ………………………………………………………………………………… (53)
Gross Domestic Product over Years
1-10 历年地区生产总值指数 ………………………………………………………………………… (54)
Indices of Gross Domestic Product over Years
1-11 历年地区生产总值产业构成 …………………………………………………………………… (55)
Composition of Gross Domestic Product over Years
1-12 主要年份支出法地区生产总值 ………………………………………………………………… (56)
Gross Domestic Product by Expenditure Approach in Main Years
1-13 主要年份资本形成总额及构成 ………………………………………………………………… (56)
Gross Capital Formation and Its Composition in Main Years
1-14 主要年份最终消费支出及构成 ………………………………………………………………… (56)
Final Consumption Expenditure and Its Composition in Main Years
1-15 主要年份全市企业和个体工商户登记注册年末实有数量 …………………………………… (57)
Enterprises and Self-employed Individuals Registered in Main Years
1-16 个体工商户情况（2017 年）…………………………………………………………………… (57)
Statistics on Self-employed Individuals（2017）
1-17 私营工商企业基本情况（2017 年）…………………………………………………………… (58)
Basic Statistics on Private Industrial & Commercial Enterprises（2017）
1-18 历年总供用电 …………………………………………………………………………………… (59)
Gross Electricity Supply over Years
1-19 历年国民经济主要指标人均水平 ……………………………………………………………… (60)
The Per Capita Level of Main National Economic Indicators over Years
主要统计指标解释 ………………………………………………………………………………… (61)
Explanatory Notes on Main Statistical Indicators

二、人口与劳动力

Population and Labor Force

2-1 历年总人口数与人口密度 ………………………………………………………………………… (65)
Total Population and Density over Years
2-2 主要年份户籍人口与劳动力指标 ………………………………………………………………… (66)
Main Indicators of Household Population and Labor in Main Years

2–3 历年户籍人口自然变动情况 …………………………………………………………… (67)
Changes of Household Population over Years
2–4 历年户籍人口迁移变动情况 …………………………………………………………… (68)
Changes of Household Migration over Years
2–5 历年外来暂住人口与外来劳动力 ……………………………………………………… (69)
Temporary Residents and Labor over Years
2–6 全社会从业人员 ………………………………………………………………………… (71)
Number of Employed Persons of the Whole City by Sector
2–7 主要年份城镇在岗职工年末人数 ……………………………………………………… (72)
Number of Employed Persons in Urban Areas at Year-end in Main Years
2–8 历年分行业城镇在岗职工人数 ………………………………………………………… (73)
Numbers of Employers by Sector in Urban Areas over Years
2–9 主要年份国有单位分行业年末城镇在岗职工人数 ……………………………………… (74)
Number of Employed Persons in Urban State-owned Units at Year-end by Sector in Main Years
2–10 主要年份集体单位分行业年末城镇在岗职工人数 ……………………………………… (75)
Number of Employed Persons in Urban Collective-owned Units at Year-end by Sector in Main Years
2–11 主要年份其他所有制单位分行业年末城镇在岗职工人数 ……………………………… (76)
Number of Employed Persons in Urban Other Ownership Units at Year-end by Sector in Main Years
2–12 工业、建筑业企业年末城镇在岗职工人数（2016–2017 年）…………………………… (77)
Number of Urban Employed Persons in Industrial and Construction Enterprises at Year-end （2016–2017）
2–13 按经济类型分行业城镇在岗职工人数及构成（2017 年）……………………………… (78)
Employed Persons in Urban Areas by Registration Status and Sector （2017）
主要统计指标解释 ………………………………………………………………………… (79)
Explanatory Notes on Main Statistical Indicators

三、农　业
Agriculture

3–1 主要年份农业指标 ……………………………………………………………………… (83)
Main Indicators of Agriculture in Main Years
3–2 主要年份农村经济比例和效益指标 …………………………………………………… (85)
Main Indicators of Proportions and Efficiency in Rural Economy in Main Years

3-3 主要年份农村集体（经联社、经济社两级）资产负债及收益分配 ………………………… (86)
Assets, Liabilities and Income Distribution of Rural Collective Economy in Main Years
3-4 历年莞产农产品户籍人口人均拥有量 …………………………………………………… (87)
Per Capita Possession of Agricultural Products over Years
3-5 历年耕地面积 ……………………………………………………………………………… (89)
Area of Cultivated Land over Years
3-6 历年耕地面积变动情况 …………………………………………………………………… (90)
Changes of Cultivated Land over Years
3-7 历年乡镇从业人员 ………………………………………………………………………… (91)
Towmship Employees over Years
3-8 历年农林牧渔业总产值及指数 …………………………………………………………… (92)
Gross Output Value and Indices of Agriculture over Years
3-9 历年农林牧渔业增加值 …………………………………………………………………… (94)
Added Value of Agriculture over Years
3-10 历年农作物播种面积 ……………………………………………………………………… (95)
Total Sown Area of Farm Crops over Years
3-11 历年农作物产量 …………………………………………………………………………… (96)
Total Output of Farm Crops over Years
3-12 主要年份农作物播种面积、亩产及总产量 ……………………………………………… (97)
Sown Area, Yield Per Acreage and Total Output of Farm Crops in Main Years
3-13 主要年份农机总动力、水利、化肥、农药及农村用电量 ……………………………… (100)
Basic Statistics on Total Power of Agricultural Machinery, Water Conservancy, Consumption of Chemical Fertilizers and Pesticides, and Electricity Consumed in Rural Areas in Main Years
3-14 历年水果面积及产量 ……………………………………………………………………… (101)
Planted Area and Output of Fruits over Years
3-15 历年林业生产 ……………………………………………………………………………… (102)
Basic Statistics on Forestry Production over Years
3-16 历年畜牧业生产及产品产量 ……………………………………………………………… (103)
Production of Animal Husbandry and Output of Livestock Products over Years
3-17 历年水产品产量及养殖面积 ……………………………………………………………… (104)
Output and Cultured Area of Aquatic Products over Years
3-18 主要农产品产量与最高年份比较（2017 年） …………………………………………… (105)
Output of Main Agricultural Products in Comparison with Peak Year (2017)
主要统计指标解释 ……………………………………………………………………………… (106)
Explanatory Notes on Main Statistical Indicators

四、工 业

Industry

4-1 主要年份工业主要指标 ……………………………………………………………… (109)

Main Indicators of Industry in Main Years

4-2 历年工业企业单位数 ……………………………………………………………… (110)

Number of Industrial Enterprises over Years

4-3 主要年份工业企业单位数（按不同类型分）……………………………………… (111)

Number of Industrial Enterprises in Main Years（*by Ownership*）

4-4 历年规模以上工业企业主要指标 ………………………………………………… (112)

Main Indicators of Industrial Enterprises above Designated Size over Years

4-5 规模以上工业企业单位数（2017 年）……………………………………………… (113)

Number of Industrial Enterprises above Designated Size（2017）

4-6 规模以上工业增加值（2017 年）…………………………………………………… (114)

Value-added of Industrial Enterprises above Designated Size（2017）

4-7 规模以上工业企业主要财务指标（2017 年）……………………………………… (115)

Main Financial Indicators of Industrial Enterprises above Designated Size（2017）

4-8 规模以上工业企业主要指标（2017 年）…………………………………………… (116)

Main Indicators of Industrial Enterprises above Designated Size（2017）

4-9 规模以上工业企业主要经济效益指标（2017 年）………………………………… (120)

Main Indicators on Economic Benefit of Industrial Enterprises above Designated Size（2017）

4-10 规模以上国有及国有控股工业企业主要经济指标（2017 年）…………………… (121)

Main Indicators of State-owned and State-holding Industrial Enterprises above Designated Size（2017）

4-11 规模以上国有及国有控股工业企业主要经济效益指标（2017 年）……………… (123)

Main Indicators on Economic Benefit of State-owned and State-holding Industrial Enterprises above Designated Size（2017）

4-12 规模以上集体工业企业主要经济指标（2017 年）………………………………… (124)

Main Indicators of Collective-owned Industrial Enterprises above Designated Size（2017）

4-13 规模以上集体工业企业主要经济效益指标（2017 年）…………………………… (126)

Main Indicators on Economic Benefit of Collective-owned Industrial Enterprises above Designated Size（2017）

4-14 规模以上外商投资工业企业主要经济指标（2017 年）…………………………… (127)

Main Indicators of Industrial Enterprises above Designated Size with Foreign Funds（2017）

4-15 规模以上外商投资工业企业主要经济效益指标（2017 年）…………………………………（129）
Main Indicators on Economic Benefit of Industrial Enterprises above Designated Size with Foreign Funds（2017）
4-16 规模以上港澳台商投资工业企业主要经济指标（2017 年）…………………………………（130）
Main Indicators of Industrial Enterprises above Designated Size with Hong Kong, Macao and Taiwan Funds（2017）
4-17 规模以上港澳台商投资工业企业主要经济效益指标（2017 年）……………………………（132）
Main Indicators on Economic Benefit of Industrial Enterprises above Designated Size with Hong Kong, Macao and Taiwan Funds（2017）
4-18 规模以上私营工业企业主要经济指标（2017 年）…………………………………………（133）
Main Indicators of Private Industrial Enterprises above Designated Size（2017）
4-19 规模以上私营工业企业主要经济效益指标（2017 年）……………………………………（135）
Main Indicators on Economic Benefit of Private Industrial Enterprises above Designated Size（2017）
4-20 大中型工业企业主要经济指标（2017 年）…………………………………………………（136）
Main Indicators of Large and Medium-sized Industrial Enterprises（2017）
4-21 大中型工业企业主要经济效益指标（2017 年）……………………………………………（138）
Main Indicators on Economic Benefit of Large and Medium-sized Industrial Enterprises（2017）
4-22 主要年份规模以上工业企业经济效益指标 ……………………………………………………（139）
Main Indicators on Economic Benefit of Industrial Enterprises above Designated Size in Main Years
4-23 主要年份规模以上国有经济工业企业经济效益指标 ………………………………………（139）
Main Indicators on Economic Benefit of State-owned and State-holding Industrial Enterprises above Designated Size in Main Years
4-24 主要年份规模以上集体经济工业企业经济效益指标 ………………………………………（140）
Main Indicators on Economic Benefit of Collective-owned Industrial Enterprises above Designated Size in Main Years
4-25 主要年份大中型工业企业经济效益指标 ………………………………………………………（140）
Main Indicators on Economic Benefit of Large and Medium-sized Industrial Enterprises in Main Years
4-26 主要年份规模以上港澳台商投资工业企业经济效益指标 …………………………………（141）
Main Indicators on Economic Benefit of Industrial Enterprises above Designated Size with Hong Kong, Macao and Taiwan Funds in Main Years
4-27 主要年份规模以上外商投资工业企业经济效益指标 ………………………………………（141）
Main Indicators on Economic Benefit of Foreign-funded Industrial Enterprises above Designated Size in Main Years

4-28 主要年份规模以上工业产品产量 …………………………………………………………… (142)
Output of Main Industrial Products of Industrial Enterprises above Designated Size in Main Years
4-29 规模以上五大支柱产业及四个特色产业主要经济指标（2017 年）……………………… (144)
Main Indicators of Five Pillar Industries & Four Characteristic Industries above Designated Size（2017）
4-30 规模以上电子信息、电气机械及仪器仪表制造业主要指标 ………………………………… (146)
Main Indicators of Electronic Information, Machinery and Instrument Manufacturing above Designated Size
4-31 规模以上先进制造业企业主要经济指标（2017 年）……………………………………… (147)
Main Indicators of Advanced Manufacturing Enterprises above Designated Size（2017）
4-32 规模以上高技术制造业企业主要经济指标（2017 年）…………………………………… (150)
Main Indicators of High-tech Manufacturing Enterprises above Designated Size（2017）
4-33 规模以上 IT 制造业企业主要经济指标（2017 年）……………………………………… (153)
Main Indicators of IT Manufacturing Enterprises above Designated Size（2017）
主要统计指标解释 ……………………………………………………………………………… (156)
Explanatory Notes on Main Statistical Indicators

五、固定资产投资与建筑业
Investment in Fixed Assets and Construction

5-1 主要年份固定资产投资与建筑业主要指标 ………………………………………………… (161)
Main Indicators of Investment in Fixed Assets and Construction in Main Years
5-2 历年固定资产投资 ……………………………………………………………………………… (162)
Total Investment in Fixed Assets over Years
5-3 按登记类型和行业分的固定资产投资（2017 年）………………………………………… (163)
Total Investment in Fixed Assets by Registration Status and Sector（2017）
5-4 固定资产投资主要指标（2017 年）………………………………………………………… (164)
Main Indicators of Total Investment in Fixed Assets（2017）
5-5 固定资产投资分类情况（2017 年）………………………………………………………… (167)
Basic Statistics on Total Investment in Fixed Assets by Type（2017）
5-6 房地产开发主要指标 …………………………………………………………………………… (167)
Main Indicators of Real Estate Development
5-7 房地产开发企业主要经济指标（2017 年）………………………………………………… (168)
Main Indicators of Real Estate Enterprises（2017）

5-8 房地产开发投资情况（2016-2017 年）…… (169)
Investment in Real Estate Development（2016-2017）
5-9 房地产开发企业、房屋建筑面积及价值（2016-2017 年）…… (169)
Floor Space and Value of Buildings in Real Estate Development（2016-2017）
5-10 商品房屋销售情况（2017 年）…… (170)
Sale of Commercialized Buildings（2017）
5-11 劳务分包建筑业企业主要指标（2016-2017 年）…… (170)
Main Indicators of Labour Subcontract Construction Enterprises（2016-2017）
5-12 总承包和专业承包建筑业企业主要指标（2016-2017 年）…… (171)
Main Indicators of Construction Enterprises Qualified for General Contracts and Specialized Contracts（2016-2017）
主要统计指标解释 …… (172)
Explanatory Notes on Main Statistical Indicators

六、运输邮电
Transport, Postal and Telecommunication Services

6-1 主要年份运输邮电主要指标 …… (175)
Main Indicators of Transport, Postal and Telecommunication Services in Main Years
6-2 历年运输线路长度与公路密度 …… (176)
Length of Transportation Routes and Road Density over Years
6-3 主要年份运输线路长度 …… (177)
Length of Transport Routes in Main Years
6-4 主要年份运输工具拥有量 …… (177)
Possession of Main Means of Transport in Main Years
6-5 历年客货运输量 …… (178)
Passenger and Freight Traffic over Years
6-6 历年主要运输工具年末拥有量 …… (181)
Possession of Main Means of Transport at Year-end over Years
6-7 主要年份邮电通信业务基本情况 …… (182)
Basic Statistics on Postal and Telecommunication Services in Main Years
6-8 历年邮电通信业务主要指标 …… (183)
Main Indicators of Postal and Telecommunication Services over Years
6-9 邮电通信企业财务指标（2016-2017 年）…… (184)
Main Financial Indicators of Postal and Telecommunication Enterprises（2016-2017）

主要统计指标解释 …………………………………………………………………………………（185）
Explanatory Notes on Main Statistical Indicators

七、国内贸易
Domestic Trade

7-1 历年社会消费品零售总额 ……………………………………………………………………（189）
Total Retail Sales of Consumer Goods over Years
7-2 历年批发零售贸易企业与个体户数 ………………………………………………………（190）
Wholesale and Retail Trades Enterprises and Self-employed Individuals over Years
7-3 历年限额以上批发和零售企业商品购进、销售、库存总额 ………………………………（191）
Total Purchases, Sales and Inventory of Enterprises above Designated Size in Wholesale and Retail Trades over Years
7-4 限额以上批发和零售企业商品购进、销售、库存总额（2017 年）…………………………（192）
Total Purchases, Sales and Inventory of Enterprises above Designated Size in Wholesale and Retail Trades（2017）
7-5 限额以上批发和零售企业财务状况（2017 年）……………………………………………（193）
Main Financial Indicators of Enterprises above Designated Size in Wholesale and Retail Trade（2017）
7-6 限额以上批发零售业商品销售情况（2017 年）……………………………………………（197）
Total Sales of Commodities above Designated Size in Wholesale and Retail Trades（2017）
7-7 限额以上住宿业和餐饮业经营情况（2017 年）……………………………………………（198）
Business of Hotels and Catering Services above Designated Size（2017）
7-8 限额以上住宿和餐饮企业财务状况（2017 年）……………………………………………（199）
Main Financial Indicators of Enterprises above Designated Size in Hotels and Catering Services（2017）
7-9 历年住宿餐饮企业与个体户数 ……………………………………………………………（203）
Enterprises and Self-employed Individuals in Hotels and Catering Services over Years
7-10 专业市场分类基本情况（2016-2017 年）…………………………………………………（204）
Basic Statistics on Specialized Market Classification（2016-2017）
7-11 历年城乡集市贸易 …………………………………………………………………………（205）
Statistics on Urban and Rural Trade Fairs over Years
主要统计指标解释 …………………………………………………………………………………（206）
Explanatory Notes on Main Statistical Indicators

八、价格指数
Price Indices

8-1 各种价格指数（以上年价格为 100）…… (211)
Price Indices （*Preceding Year*=100）

8-2 居民消费价格分类指数（2017 年，以上年价格为 100）…… (212)
Consumer Price Indices by Category（2017, *Preceding Year*=100）

8-3 居民消费价格分月指数（2017 年，以上月价格为 100）…… (213)
Consumer Price Indices by Month（2017, *Preceding Month*=100）

8-4 居民消费价格分月指数（2017 年，以上年同月价格为 100）…… (214)
Consumer Price Indices by Month（2017, *Same Month of Preceding Year*=100）

8-5 居民消费价格分月指数（2017 年，以上年同期价格为 100）…… (215)
Consumer Price Indices by Month（2017, *Cumulative Month(s) of Preceding Year*=100）

8-6 服务项目价格分类指数（2016–2017 年，以上年价格为 100）…… (216)
Service Price Indices by Category（2016–2017, *Preceding Year*=100）

8-7 商品零售价格分类指数（2017 年，以上年价格为 100）…… (217)
Retail Price Indices by Category（2017, *Preceding Year*=100）

8-8 工业生产者出厂价格指数（2016–2017 年，以上年价格为 100）…… (218)
Producer Price Index（*PPI*） *for Manufactured Goods*（2016–2017,*Preceding Year*=100）

主要统计指标解释 …… (219)
Explanatory Notes on Main Statistical Indicators

九、对外经济贸易与旅游
Foreign Trade and Tourism

9-1 主要年份对外经济与旅游业主要指标 …… (223)
Main Indicators of Foreign Trade and Economic Cooperation and Tourism in Main Years

9-2 进出口贸易（2015–2017 年）…… (224)
Total Imports and Exports（2015–2017）

9-3 历年进出口总额 …… (225)
Total Value of Imports and Exports over Years

9-4 分国别（地区）进出口总值（2016–2017 年）…… (226)
Total Value of Imports and Exports by Countries（*Regions*） （2016–2017）

9-5 主要商品类别出口总值（2016–2017 年）…… (227)
Total Export Value by Category of Main Commodities（2016–2017）

9-6 主要商品进口数量与金额（海关口径，2016-2017 年）…………………………………（228）
Main Import Commodities in Volume and Value（*Custom Statistics*）（2016-2017）
9-7 主要商品出口数量与金额（海关口径，2016-2017 年）…………………………………（230）
Main Export Commodities in Volume and Value（*Custom Statistics*）（2016-2017）
9-8 历年新签利用外资协议（合同）宗数 …………………………………………………（232）
Number of Signed Agreements or Contracts of Utilization of Foreign Capital over Years
9-9 历年新签利用外资协议（合同）规定外商投资额 ……………………………………（233）
Amount of Signed Agreements or Contracts of Utilization of Foreign Capital over Years
9-10 历年实际利用外资 ………………………………………………………………………（234）
Foreign Capital Actually Utilized over Years
9-11 主要年份“三资”企业利用外资 ………………………………………………………（235）
Utilization of Foreign Capital of Enterprises with Foreign Investment in Main Years
9-12 主要年份分方式、分国别（地区）实际利用外资 ……………………………………（237）
Foreign Capital Actually Utilized by Type and Countries（*Regions*）*in Main Years*
9-13 外商直接投资分行业情况（2016-2017 年）……………………………………………（238）
Foreign Direct Investment by Sector（2016-2017）
9-14 主要年份宾馆酒店接待能力和接待人数 ………………………………………………（238）
Capacity and Tourists Received by Hotels in Main Years
9-15 历年旅游业情况 …………………………………………………………………………（239）
Basic Statistics on Tourism over Years
主要统计指标解释 ……………………………………………………………………………（240）
Explanatory Notes on Main Statistical Indicators

十、财政、金融与保险
Finance, Banking and Insurance

10-1 主要年份财政收支主要指标 …………………………………………………………（243）
Main Indicators of Government Revenue and Expenditure in Main Years
10-2 历年财政收支 ………………………………………………………………………………（245）
Basic Conditions of Local Government General Budgetary Revenue and Expenditure over Years
10-3 税务登记情况及税种征收情况（2016-2017 年）………………………………………（246）
Taxes（2016-2017）
10-4 历年金融机构各项存贷款余额 …………………………………………………………（248）
Deposits and Loans in All Financial institutions over Years

10-5 保险行业主要指标 …… (249)
Main Indicators of Insurance
主要统计指标解释 …… (250)
Explanatory Notes on Main Statistical Indicators

十一、人民生活
People's Living Conditions

11-1 主要年份人民生活主要指标 …… (253)
Basic Statistics on People's Living Conditions in Main Years
11-2 历年城镇在岗职工工资总额与平均工资 …… (254)
Total and Average Wage of Employed Persons in Urban Areas over Years
11-3 城镇在岗职工工资总额及平均工资（2017 年，按经济类型、行业分） …… (255)
Total and Average Wage of Fully Employed Persons in Urban Areas（2017,*by Status of Registration and Sector*）
11-4 主要年份各种分组的城镇在岗职工平均工资 …… (256)
Average Wage of Employed Persons in Urban Areas by Item in Main Years
11-5 各种经济类型分行业城镇在岗职工工资总额、平均工资（2016-2017 年） …… (257)
Total and Average Wage of Employed Persons in Urban Areas by Status of Registration and Sector（2016-2017）
11-6 国有企、事业和机关单位城镇在岗职工工资总额及平均工资（2017 年） …… (258)
Total and Average Wage of Employed Persons in Urban State-owned Enterprises, Institutions and Government Agencies（2017）
11-7 工业、建筑业城镇在岗职工工资总额和平均工资（2016-2017 年） …… (259)
Total and Average Wage of Employed Persons in Urban Industrial and Construction Units（2016-2017）
11-8 历年城乡居民收入 …… (260)
Income of Households over Years
11-9 历年城镇常住居民人均可支配收入 …… (261)
Income of Urban Households over Years
11-10 历年城镇常住居民人均消费性支出 …… (262)
Living Expenditure of Urban Resident over Years
11-11 历年农村常住居民人均收入 …… (263)
Per Capita Actual Income of Rural Households over Years
11-12 历年农村常住居民人均消费性支出 …… (263)
Per Capita Consumption Expenditure of Rural Households over Years

11-13 居民人均收入和支出（2016-2017 年）……(264)
Income and Expenditure of Households（2016-2017）
主要统计指标解释 ……(265)
Explanatory Notes on Main Statistical Indicators

十二、社会事业
Social Undertakings

12-1 主要年份社会事业主要指标 ……(269)
Main Indicators of Social Undertakings in Main Years
12-2 科技活动基本情况（2017 年）……(270)
Basic Statistics on Scientific and Technological Activities（2017）
12-3 规模以上工业企业 R&D 活动及相关情况 ……(271)
The Main Indicators on R&D of Industrial Enterprises above Designated Size
12-4 规模以上服务业企业 R&D 活动及相关情况（2016-2017 年）……(272)
The Main Indicators on R&D of Service Enterprises above Designated Size（2016-2017）
12-5 主要年份公有企事业单位科学技术人员 ……(273)
Scientific and Technical Personnel in Public Enterprises and Institutions in Main Years
12-6 主要年份三种专利申请量与授权量 ……(273)
Three Kinds of Patents Application Accepted and Granted in Main Years
12-7 主要年份各类技术合同签订情况 ……(274)
Basic Statistics on Technical Contracts Signed by Type in Main Years
12-8 主要年份高新科技发展情况 ……(274)
Basic Statistics on High-tech Development in Main Years
12-9 主要年份科学技术成果项数 ……(275)
Achievements for Scientific and Technological Research in Main Years
12-10 科技创新平台情况（2012-2017 年）……(275)
Basic Statistics on Technology Innovation Platform（2012-2017）
12-11 历年公有企事业单位科学技术人员数 ……(276)
Scientific and Technical Personnel in Public Enterprises and Institutions over Years
12-12 历年三种专利与技术合同签订情况 ……(277)
Basic Statistics on Three Kinds of Patents and Technical Contracts Signed by Type over Years
12-13 历年科学技术成果项数 ……(278)
Scientific and Technological Achievements over Years
12-14 主要年份各类学校情况 ……(279)
Basic Statistics on Schools by Type in Main Years

12-15 历年各类学校在校学生数 …… (281)
Number of Students Enrollment by Type of School over Years
12-16 历年各类学校当年招收学生数 …… (282)
Number of New Students Enrollment by Type of School over Years
12-17 历年各类学校当年毕业生数 …… (283)
Number of Graduates by Type of School over Years
12-18 历年各级各类学校专任教师数 …… (284)
Number of Full-time Teachers by Level and Type of School over Years
12-19 历年各类学校入（升）学率与高考入围人数 …… (285)
Number of Passing College Entrance Examination and Proportion of Students Entering Schools over Years
12-20 历年文化艺术、文物事业机构数 …… (286)
Number of Institutions in Culture and Cultural Relics over Years
12-21 广播电视事业发展情况 …… (287)
Basic Statistics on Radio and Television Industry
12-22 火灾事故发生情况 …… (287)
Statistics on Fire Accidents
12-23 主要年份交通事故发生情况 …… (288)
Basic Statistics on Traffic Accidents in Main Years
12-24 各类卫生事业机构及床位、人员数（2017 年） …… (288)
Number of Health Care Institutions, Beds and Employed Personnel by Type of Institution (2017)
12-25 主要年份卫生事业机构各类人员数 …… (289)
Number of Personnel in Health Institutions in Main Years
12-26 医疗机构服务情况（2017 年） …… (289)
Services in Medical Institutions (2017)
12-27 历年卫生事业机构、床位、人员数 …… (290)
Number of Health Care Institutions, Beds and Personnel over Years
12-28 历年体育运动情况 …… (291)
Basic Statistics on Sports over Years
12-29 主要年份体育比赛成绩 …… (292)
Basic Statistics on Sports Achievements in Main Years
12-30 主要年份群众体育活动情况 …… (292)
Basic Statistics on Activities of Mass Sports in Main Years
12-31 主要年份治安案件情况 …… (293)
Basic Statistics on Public Security Cases in Main Years

12-32 主要年份刑事案件情况 …… (294)
Basic Statistics on Criminal Cases in Main Years
12-33 主要年份道路交通违法情况 …… (295)
Basic Statistics on Traffic Offense in Main Years
12-34 主要年份律师、公证、基层司法及普法教育 …… (295)
Basic Statistics on Lawyers, Notarization, Grassroots Judicial Work and Law Education in Main Years
12-35 历年计划生育情况 …… (296)
Basic Statistics on Family Planning over Years
12-36 主要年份优抚和社会救济、福利事业 …… (298)
Basic Statistics on Special Care, Social Relief and Welfare in Main Years
12-37 主要年份婚姻登记情况 …… (299)
Basic Statistics on Marriage Registration in Main Years
12-38 主要年份环境保护基本情况 …… (299)
Basic Statistics on Environmental Protection in Main Years
12-39 主要年份社会保险事业情况 …… (300)
Basic Statistics on Social Insurance in Main Years
12-40 主要年份最低生活保障情况 …… (300)
Basic Statistics on Minimum Income Relief in Main Years
12-41 主要年份市政建设情况 …… (301)
Basic Statistics on Municipal Construction in Main Years
12-42 主要年份液化石油气及天然气供应情况 …… (301)
Basic Statistics on Supply of Liquefied Petroleum Gas and Natural Gas in Main Years
12-43 历年环境保护基本情况 …… (302)
Basic Statistics on Environmental Protection over Years
主要统计指标解释 …… (303)
Explanatory Notes on Main Statistical Indicators

十三、能 源
Energy

13-1 主要节能情况 …… (307)
Main Condition of Energy Conservation
13-2 规模以上工业企业能源加工转换情况（2017 年） …… (307)
Energy Convertion of Industrial Enterprises Above Designated Size（2017）

13-3 全市规模以上工业企业能源购进、消费及库存量（2017 年） …… (308)
Energy Purchases, Consumptton and Stock of Industrial Enterprises of Whole Municipality Above Designated Size（2017）
13-4 全市规模以上工业企业分行业能源消费量（2017 年） …… (309)
Total Energy Consumption of Industrial Enterprises Above Designated Size by Sector（2017）
13-5 主要年份全社会用电量 …… (312)
Total Consumption of Electricity in Main Years
13-6 规模以上工业综合能源消费量（2016–2017 年） …… (313)
Overall Energy Consumpiton of Industrial Enterprises above Designated Size（2016–2017）
主要统计指标解释 …… (314)
Explanatory Notes on Main Statistical Indicators

十四、镇街主要指标
Main Indicators of Towns

14-1 镇街生产总值 …… (317)
Gross Domestic Product by Town
14-2 镇街第三产业增加值（2017 年） …… (331)
Value-added of the Tertiary Industry by Town（2017）
14-3 镇街户籍户数与人口数（2017 年） …… (332)
Population of Household by Town（2017）
14-4 镇街户籍人口自然变动情况（2017 年） …… (333)
Population Household by Town（2017）
14-5 镇街人口迁移变动情况（2017 年） …… (334)
Population Migration by Town（2017）
14-6 镇街土地面积和人口密度（2017 年） …… (335)
Land Area and Population Density by Town（2017）
14-7 镇街常住人口（2016–2017 年） …… (336)
Permanent Population by Town（2016–2017）
14-8 镇街外来暂住人口数（2016–2017 年） …… (337)
Migrant Population by Town（2016–2017）
14-9 镇街计划生育情况（2017 年） …… (338)
Basic Statistics on Family Planning by Town（2017）
14-10 镇街农林牧渔业总产值（2017 年） …… (339)
Gross Output Value of Agriculture by Town（2017）

14-11 镇街主要农产品生产及产品产量（2017 年）…………………………………………………… (340)
Production and Output of Main Agricultural Products by Town（2017）
14-12 镇街农业主要物质消耗（2017 年）…………………………………………………………… (343)
Main Material Consumption of Agriculture by Town（2017）
14-13 镇街农村集体（经联社、经济社两级合计）经济收益分配（2017 年）………………… (344)
Income Distribution of Rural Economy by Town（2017）
14-14 镇街规模以上工业企业主要经济指标（2017 年）……………………………………………… (345)
Main Indicators of Industrial Enterprises above Designated Size by Town（2017）
14-15 镇街规模以上工业企业主要经济效益指标（2017 年）……………………………………… (348)
Main Indicators on Economic Benefit of Industrial Enterprises above Designated Size by Town（2017）
14-16 镇街规模以上工业企业 R&D 人员情况（2017 年）………………………………………… (349)
R&D Personnel of Industrial Enterprises above Designated Size by Town（2017）
14-17 镇街规模以上工业企业 R&D 人员全时当量情况（2017 年）……………………………… (350)
R&D Personnel Full-time-equivalent of Industrial Enterprises above Designated Size by Town（2017）
14-18 镇街规模以上工业企业 R&D 经费情况（2017 年）………………………………………… (351)
The R&D Funds of Industrial Enterprises above Designated Size by Town（2017）
14-19 镇街规模以上工业企业全部 R&D 项目情况（2017 年）…………………………………… (353)
Basic Statistics on R&D Projects of Industrial Enterprises above Designated Size by Town（2017）
14-20 镇街规模以上工业企业办科技机构情况（2017 年）……………………………………… (354)
Basic Statistics on Scientific and Technological Institutions of Industrial Enterprises above Designated Size by Town（2017）
14-21 镇街固定资产投资总额（2017 年）……………………………………………………………… (355)
Total Investment in Fixed Assets by Town（2017）
14-22 镇街邮电局、所通信能力及服务网点（2016–2017 年）……………………………………… (356)
Communication Capacity and Service Establishments of Telecommunication Offices by Town（2016–2017）
14-23 镇街商贸情况（2017 年）………………………………………………………………………… (357)
Statistics on Commerce by Town（2017）
14-24 镇街注册工商企业及个体户数（2017 年）……………………………………………………… (358)
Registered Industrial & Commercial Enterprises and Self-employed Individuals by Town（2017）
14-25 镇街集市贸易市场数及私营个体户注册资金额（2016–2017 年）………………………… (359)
Fair Trades and Registered Capital of Private Enterprises & Self-employed Individuals by Town（2016–2017）

14–26 镇街来料加工装配签约宗数、出口值及引进设备价值（2017 年）…………………………（360）
Contracts of Processing and Assembling of Import Materials, Export Value and Value of Equipments Imported by Town（2017）
14–27 镇街“三资”企业签约、实际利用外资及出口值（新口径）（2017 年）………………（361）
Contracts, Foreign Capital Actually Utilized and Export Value of Enterprises with Foreign Investment by Town（2017）
14–28 镇街进出口总额（2016–2017 年，海关口径）……………………………………………（362）
Total Value of Exports and Imports by Town（2016–2017，*Custom Statistics*）
14–29 镇街实际利用外资（2016–2017 年）……………………………………………………（363）
Foreign Capital Actually Utilized by Town（2016–2017）
14–30 镇街税收总额（2016–2017 年）…………………………………………………………（364）
Taxes by Town（2016–2017）
14–31 镇街财政收支情况（2016–2017 年）……………………………………………………（365）
Government Revenue and Expenditure by Town（2016–2017）
14–32 镇街各项人民币存贷款余额（2016–2017 年）…………………………………………（366）
Balance of Deposits and Loans by Town（2016–2017）
14–33 镇街普通中学情况（2017 年）……………………………………………………………（367）
Basic Statistics on Regular Secondary Schools by Town（2017）
14–34 镇街小学情况（2017 年）…………………………………………………………………（368）
Basic Statistics on Primary Schools by Town（2017）
14–35 镇街卫生事业机构、床位及人员数（2017 年）…………………………………………（369）
Number of Health Care Institutions, Beds and Personnel by Town（2017）
14–36 镇街优抚和社会救济基本情况（2017 年）………………………………………………（370）
Basic Statistics on Special Care and Social Relief by Town（2017）
14–37 镇街专利申请与授权数（2017 年）…………………………………………………………（371）
Basic Statistics on Patents Application Accepted and Granted by Town（2017）
14–38 镇街总用电量和总售水量（2016–2017 年）………………………………………………（372）
Gross Comsumption of Electicity and Water by Town（2016–2017）

十五、村（居）委会主要指标
Main Indicators of Villagers'（Neighborhood） Committees

15 村（居）委会主要指标（2017 年）……………………………………………………………（375）
Main Indicators of Villagers'（Neighborhood） Committees（2017）

十六、历年国民经济和社会发展主要指标
Main Indicators of National Economy and Social Development over Years

16 历年国民经济和社会发展主要指标 ······ (393)
Main Indicators of National Economy and Social Development over Years

十七、东莞与全国、全省、三角洲城市及港澳台主要指标比较
Comparison of Main Indicators between Dongguan and China, Guangdong Province, the Cities of the Pearl River Delta Hong Kong Macao Taiwan

17-1 主要年份全国国民经济与社会发展指标 ······ (407)
Main Indicators on National Economy and Social Development of China
17-2 主要年份广东省国民经济与社会发展指标 ······ (409)
Main Indicators on National Economy and Social Development of Guangdong Province
17-3 主要经济指标东莞占全国、全省的比重（2017 年）······ (411)
Proportion of Main Indicators of Dongguan to China and Guangdong Province（2017）
17-4 主要经济指标东莞占全国、全省的比重（2016 年）······ (412)
Proportion of Main Indicators of Dongguan to China and Guangdong Province（2016）
17-5 主要经济指标人均水平东莞与全国、全省的比较（2017 年）······ (413)
Comparison of Per Capita Level of Main Economic Indicators between Dongguan and China, Guangdong Province（2017）
17-6 主要经济指标人均水平东莞与全国、全省的比较（2016 年）······ (413)
Comparison of Per Capita Level of Main Economic Indicators between Dongguan and China, Guangdong Province（2016）
17-7 珠江三角洲国民经济和社会发展主要指标（2017 年）······ (414)
Main Indicators of National Economy and Social Development of the Pearl River Delta Economic Zone（2017）
17-8 长江三角洲国民经济和社会发展主要指标（(2017 年）······ (418)
Main Indicators on National Economy and Social Development of the Yangtze River Delta Economic Zone（2017）
17-9 中国香港特别行政区主要社会经济指标 ······ (420)
Main Statistical Indicators of Hong Kong Special Administrative Region
17-10 中国澳门特别行政区主要社会经济指标 ······ (422)
Main Statistical Indicators of Macao Special Administrative Region

17–11 中国台湾省主要社会经济指标 ······ (424)
Main Statistical Indicators of Taiwan Province

第三部分　基本单位情况
Part Three　Basic Units

1–1 按行业分的法人单位、产业活动单位数（2017 年）······ (427)
Number of Corporate Units and Industrial Establishments by Sector (2017)
1–2 按注册类型分的法人单位、产业活动单位数（2017 年）······ (430)
Number of Corporate Units and Industrial Establishments by Registration Status (2017)
1–3 按地域分的法人单位、产业活动单位数（2017 年）······ (431)
Number of Corporate Units and Industrial Establishments by District (2017)
1–4 星级酒店名单（2017 年）······ (432)
List of Star-ranking Hotels (2017)
1–5 高新技术企业名录（2017 年）······ (433)
List of High-tech Enterprises (2017)

生产总值

地区生产总值（亿元）

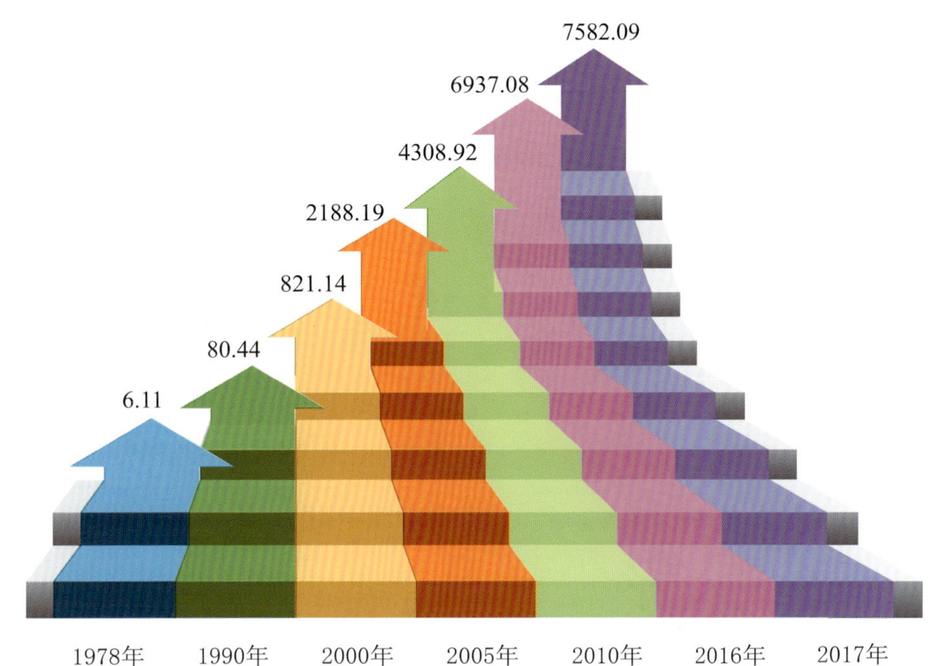

地区生产总值构成（%）

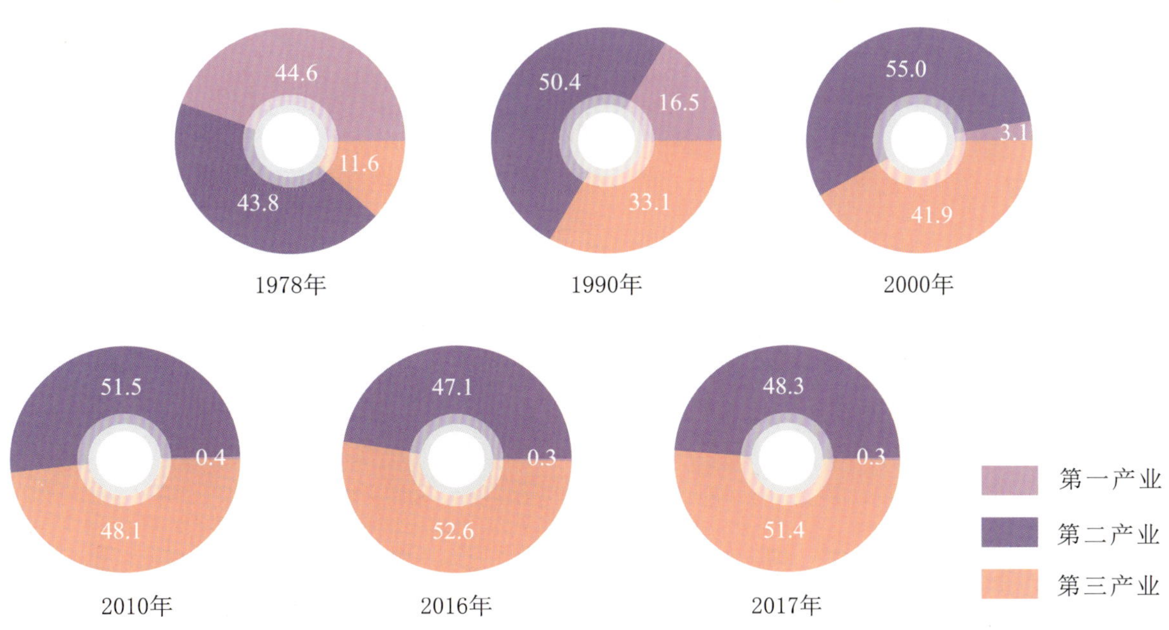

人口与劳动力

人口（万人）

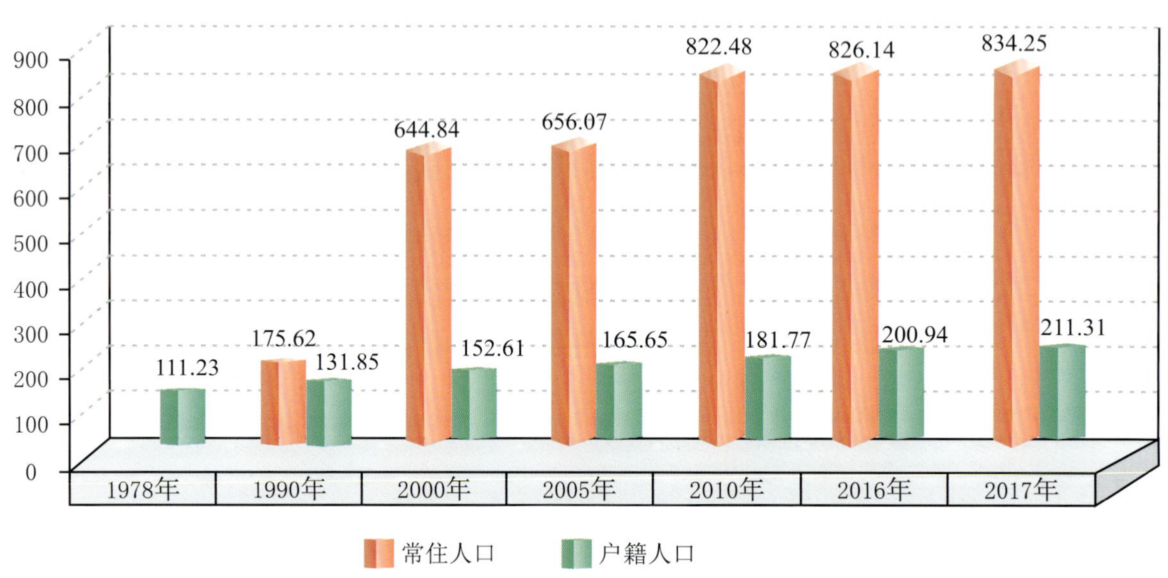

全社会从业人员（万人）

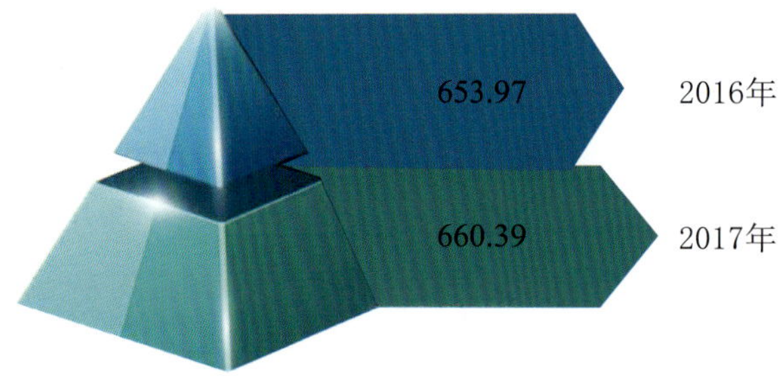

城镇非私营单位在岗职工年平均工资（元）

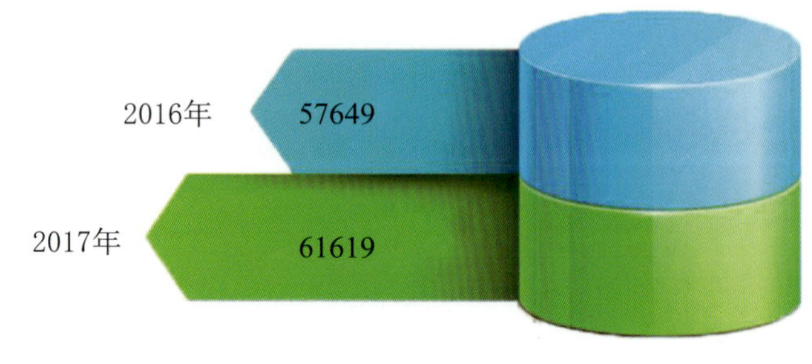

农业

农、林、牧、渔业总产值（亿元）

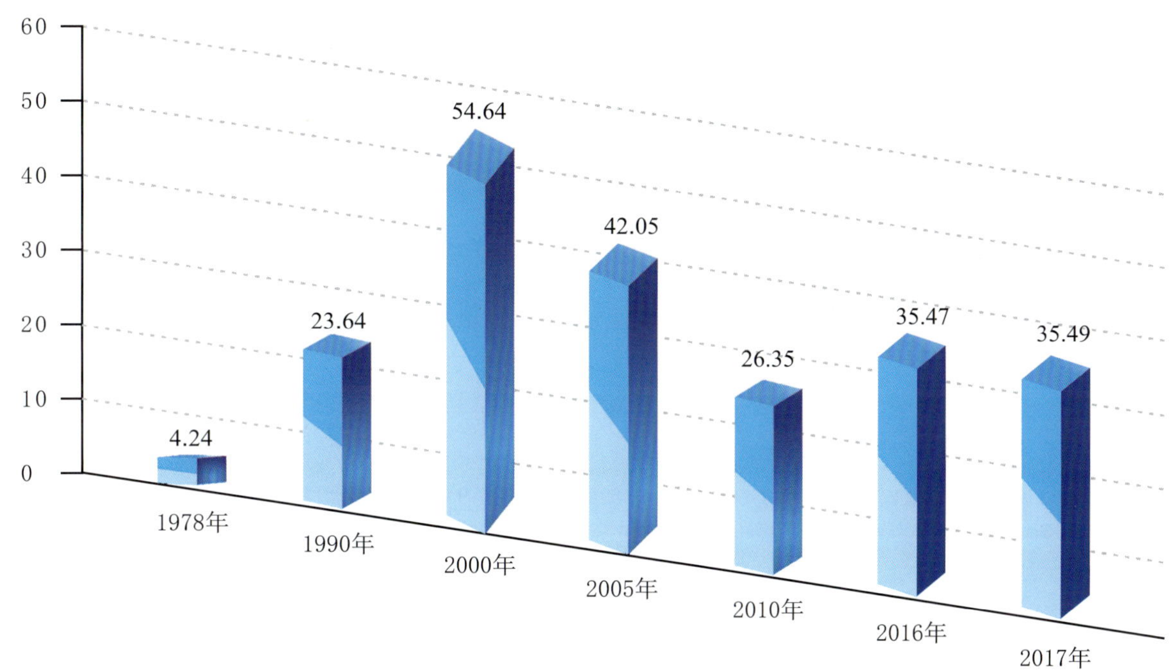

农、林、牧、渔业增加值（亿元）

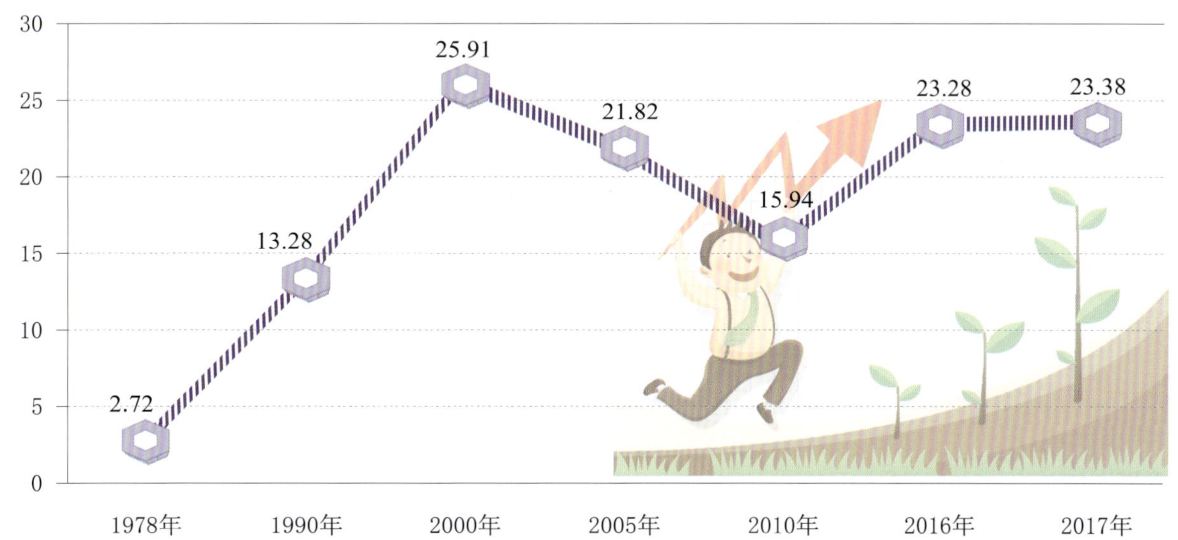

工业

规模以上工业增加值（亿元）

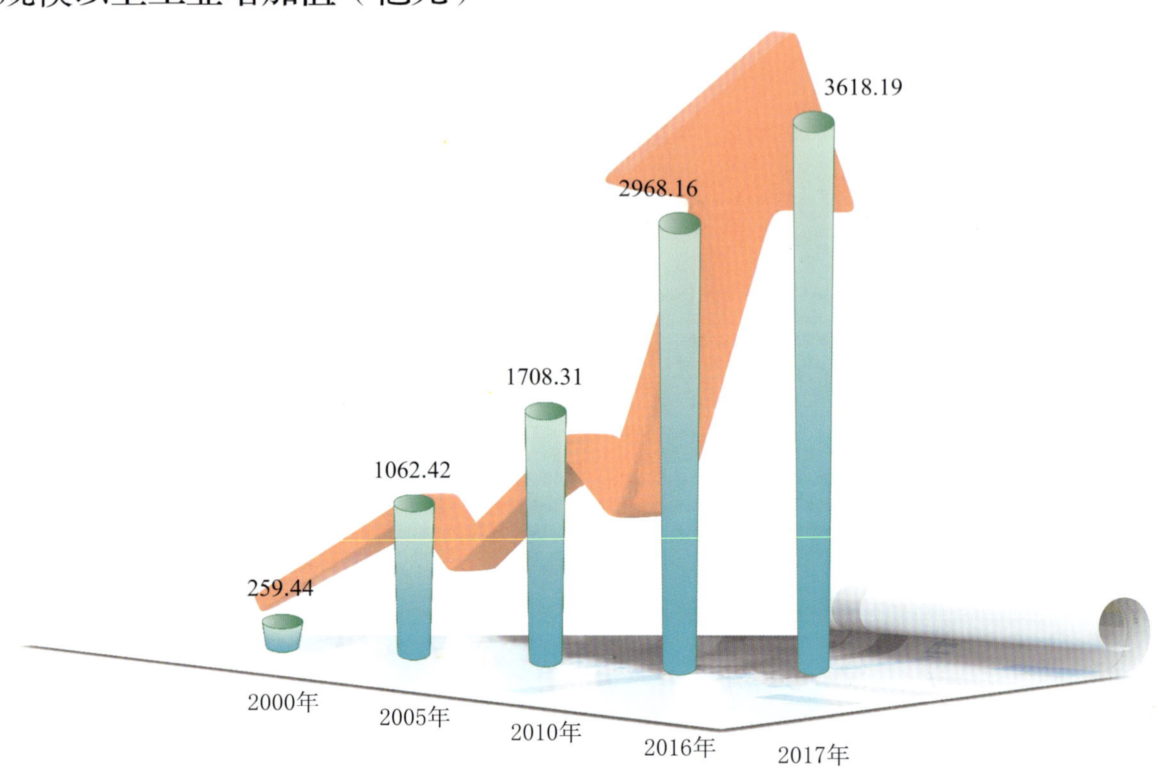

规模以上工业增加值构成（%）

轻工业
重工业

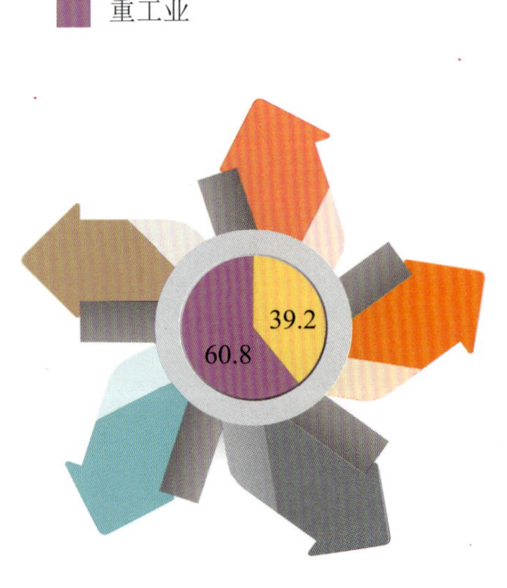

2016年

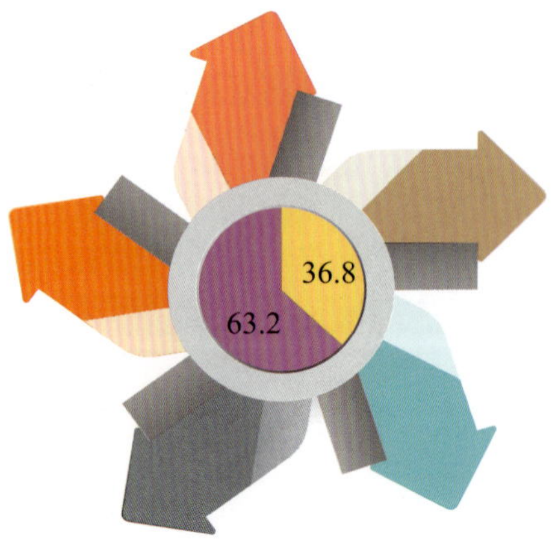

2017年

固定资产投资

固定资产投资总额（亿元）

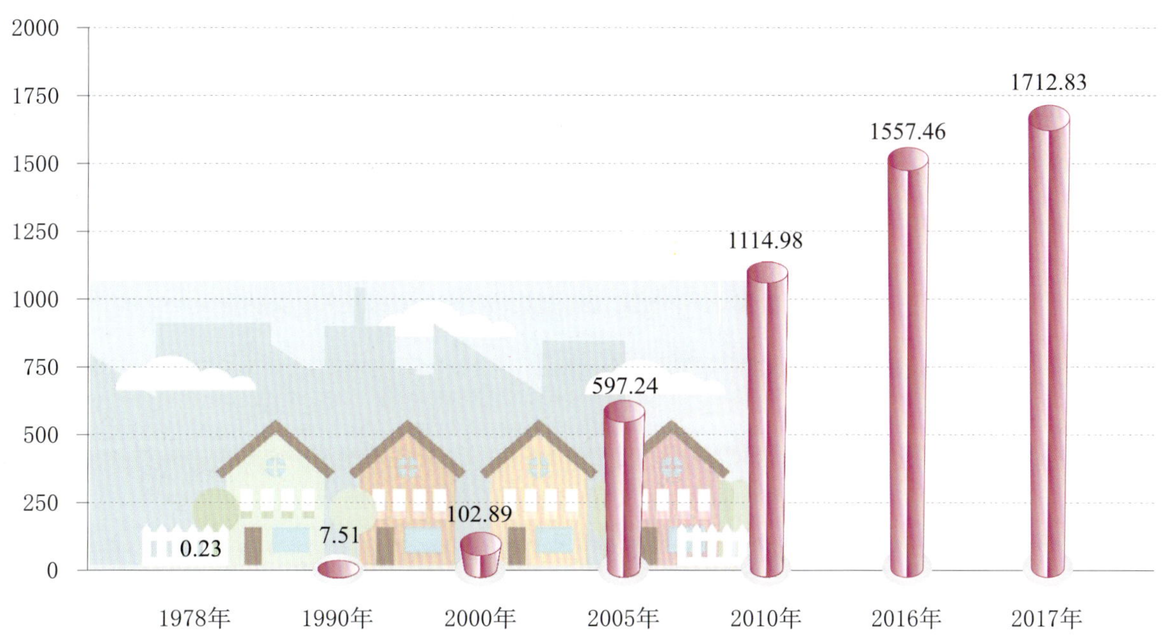

房地产开发投资总额（亿元）

运输邮电

货物、旅客运输量

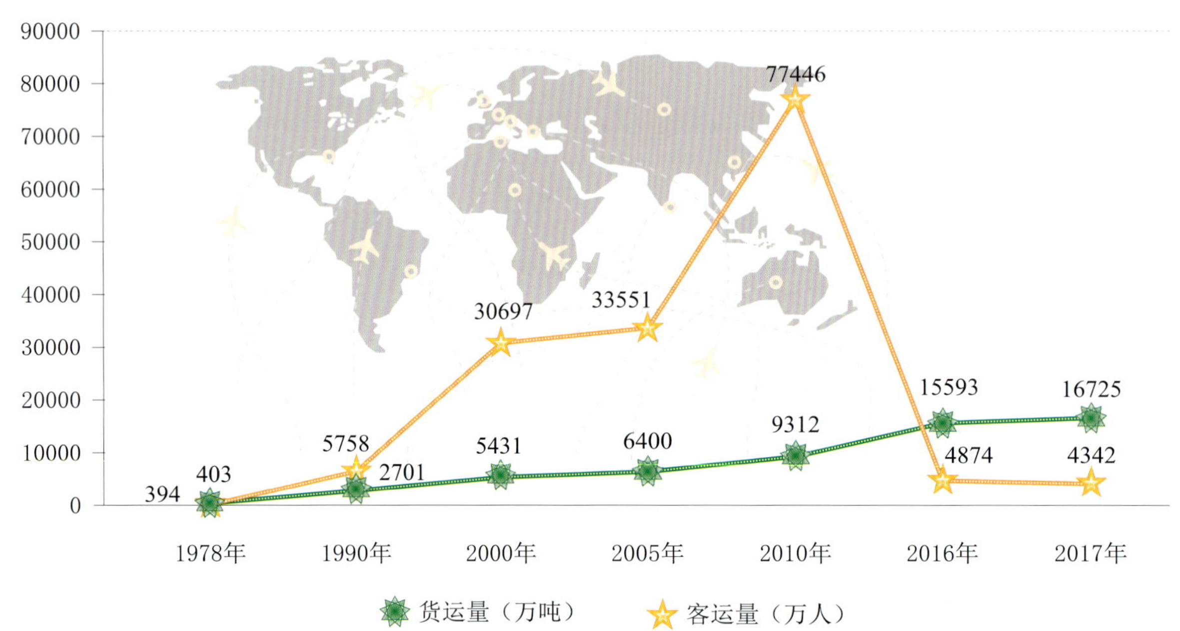

注：2014年起，客运量和旅客周转量不含城市客运量，数据与往年不可比。

本地电话用户、移动电话用户（万户）

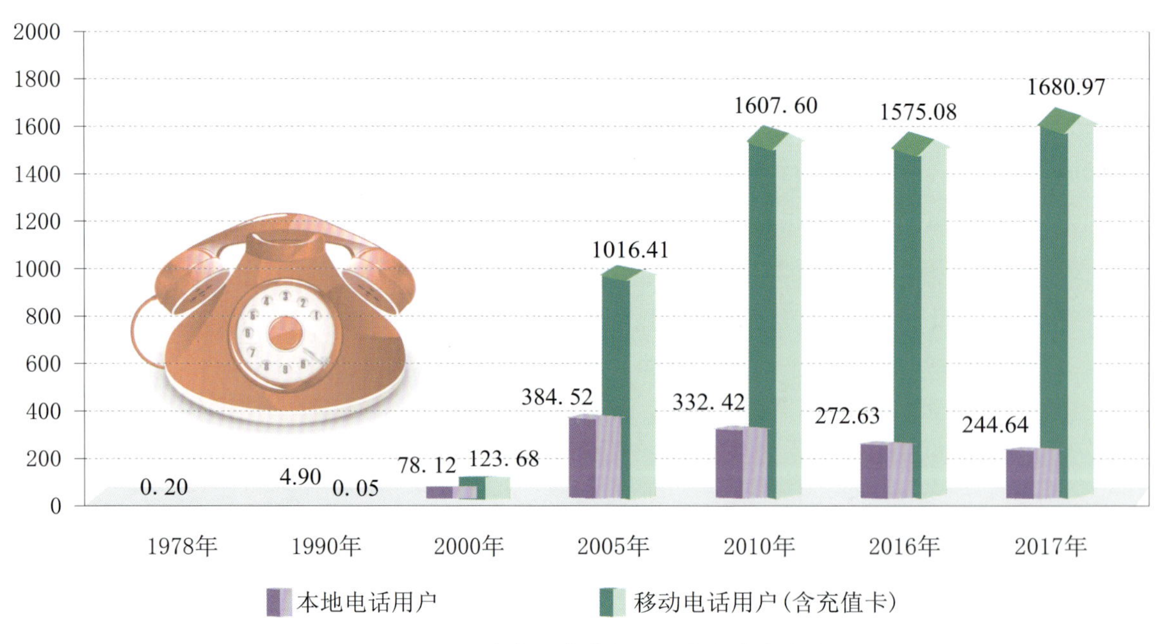

注：2015年起，本地电话用户取消小灵通。

国内贸易

社会消费品零售总额（亿元）

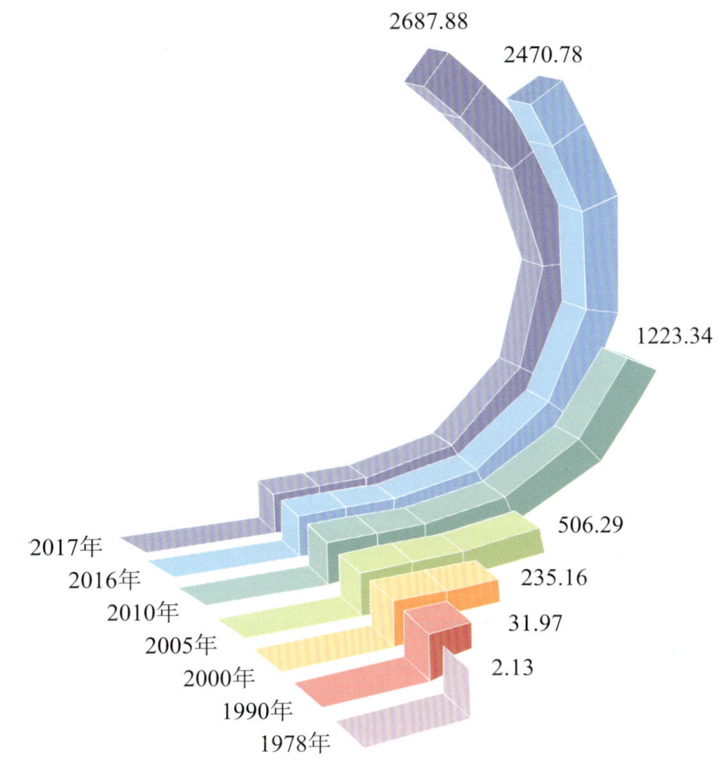

批发和零售、住宿和餐饮

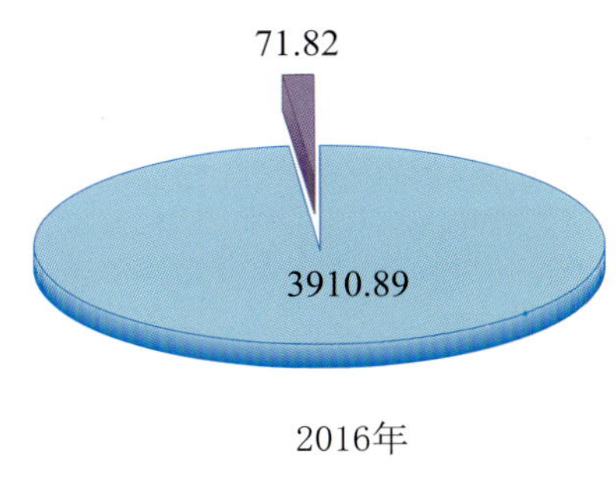

2016年

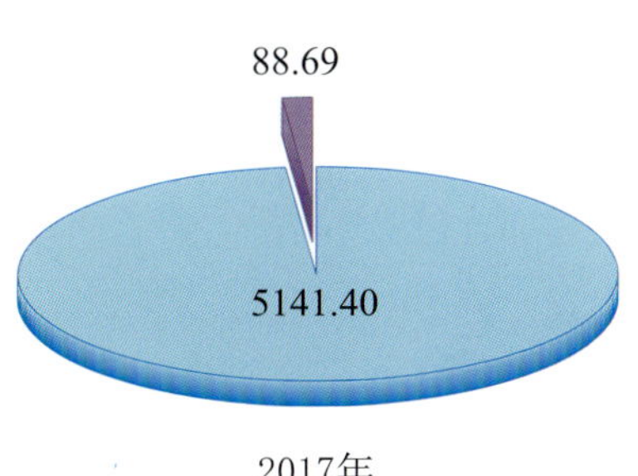

2017年

限额以上批发和零售业销售额(亿元)
限额以上住宿和餐饮业营业额(亿元)

价格指数

居民消费价格总指数（以上年为100）

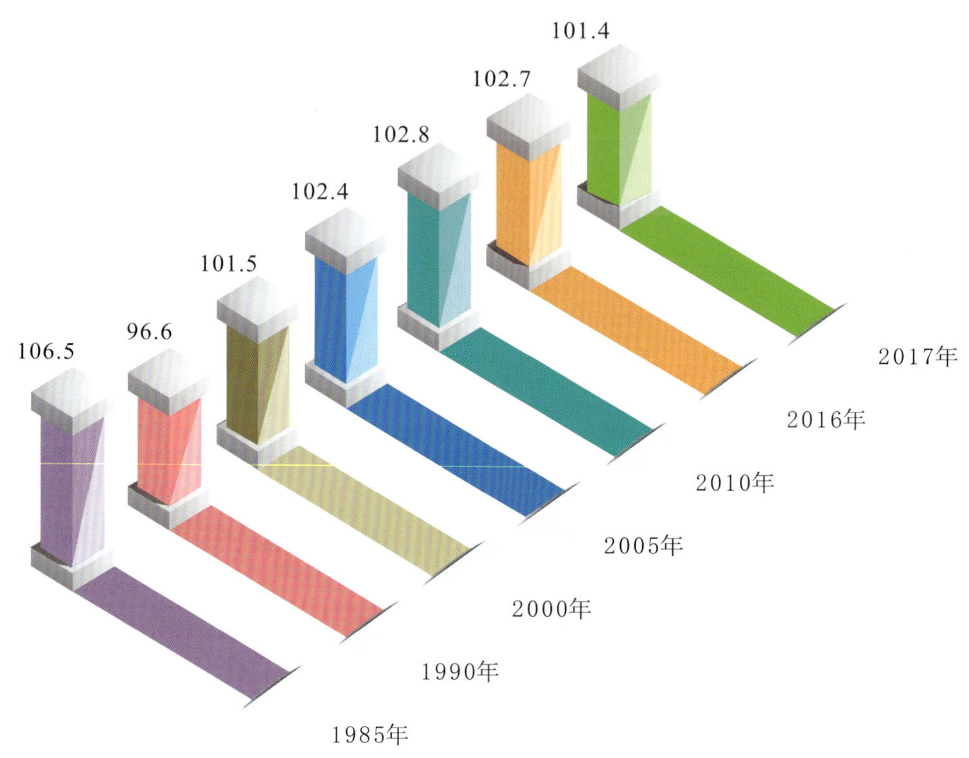

工业生产者出厂价格指数（以上年为100）

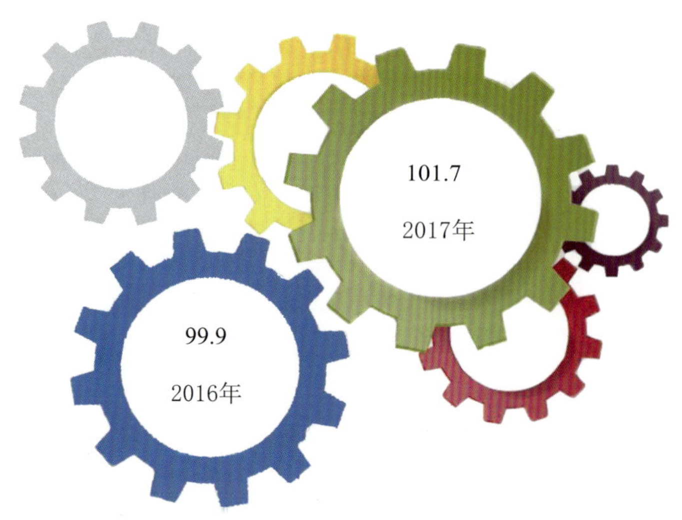

对外经济贸易与旅游

进口总额(亿元)

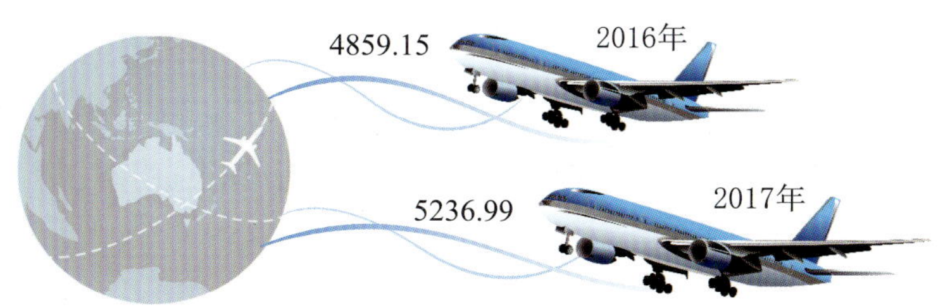

出口总额(亿元)

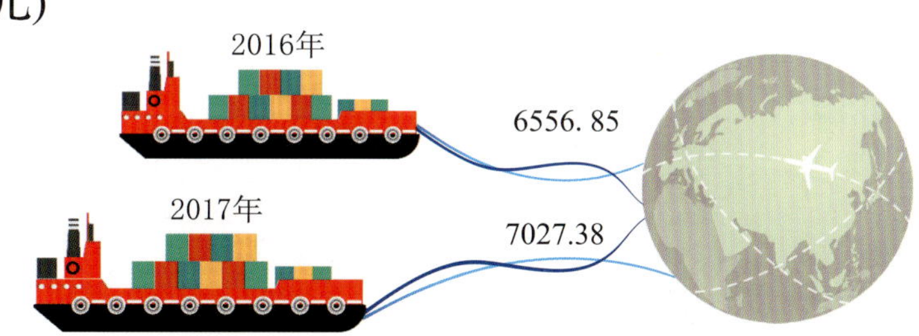

当年实际利用外资(亿美元)

全年接待国内外旅游人数(万人次)

财政、金融

来源于东莞的财政收入 (亿元)

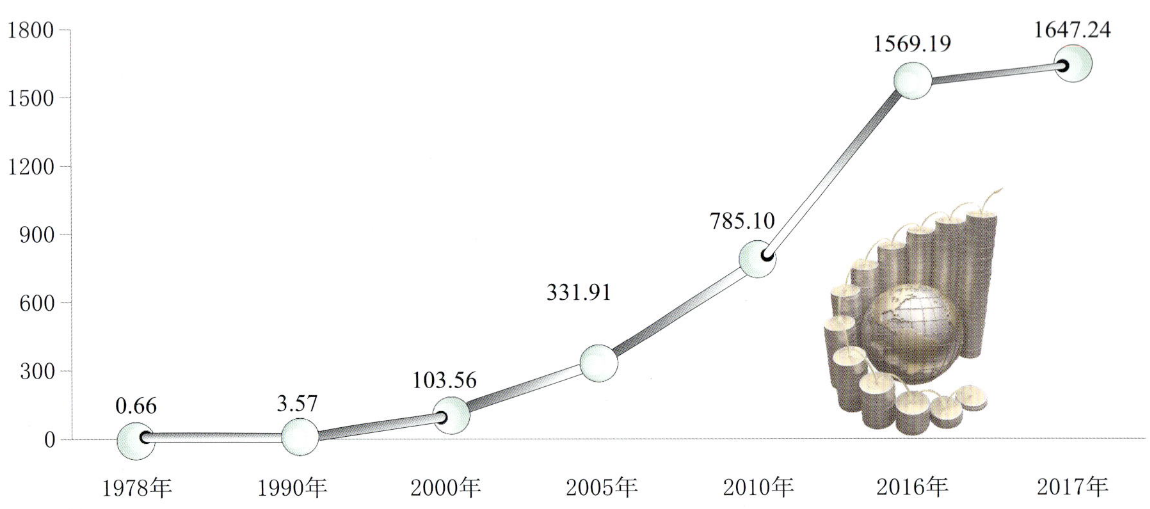

各项人民币存、贷款余额 (亿元)

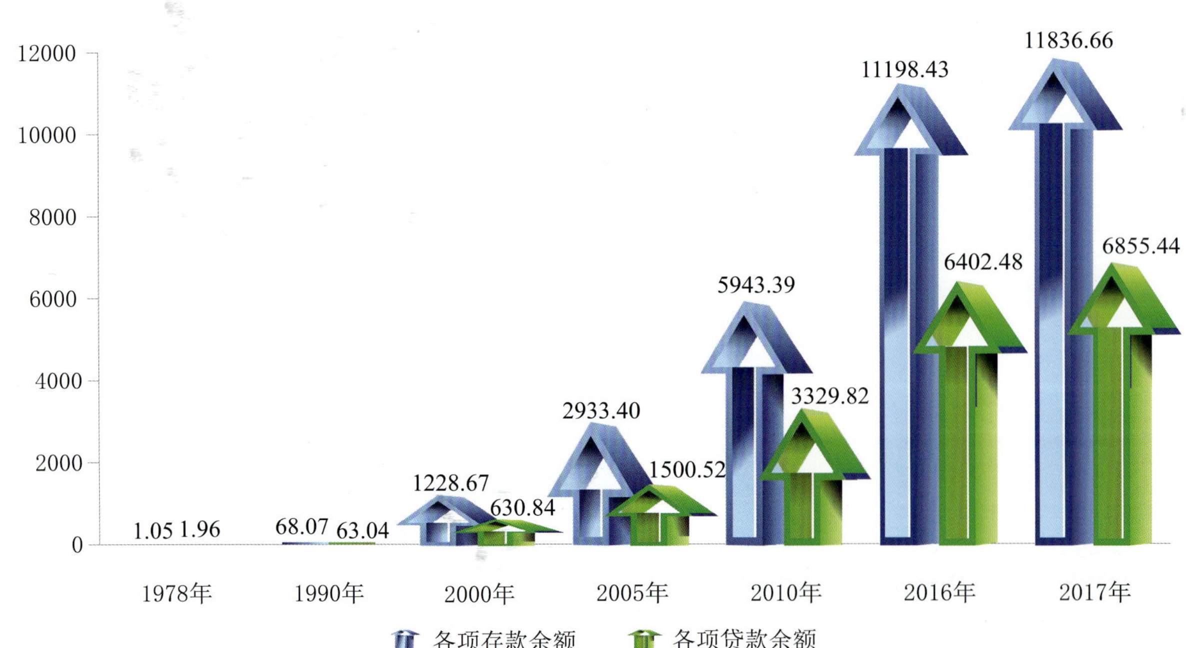

人民生活

2016年人民生活（元）

2017年人民生活（元）

社会事业

建城区绿地面积（万平方米）

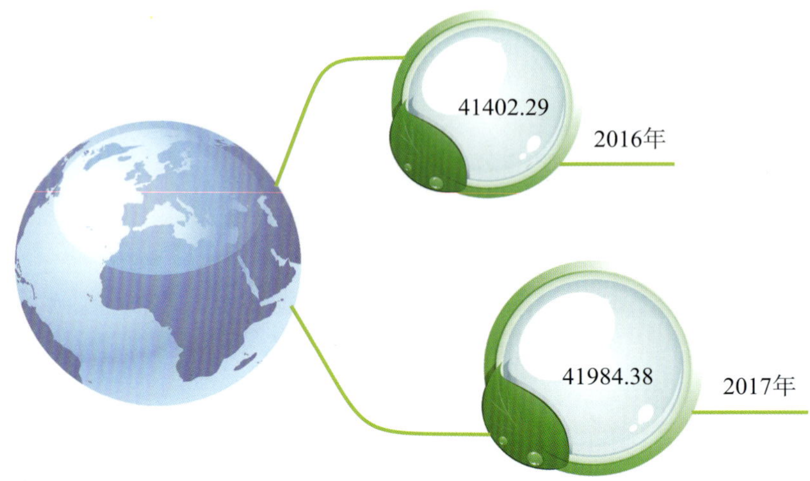

专利申请量（件）

专利授权量（件）

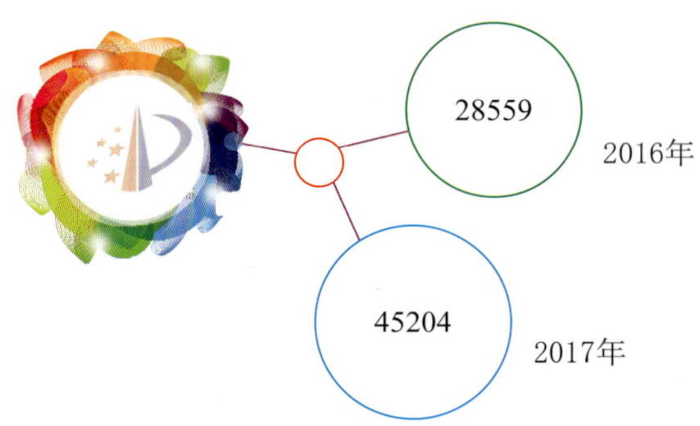

卫生事业机构床位数(张)

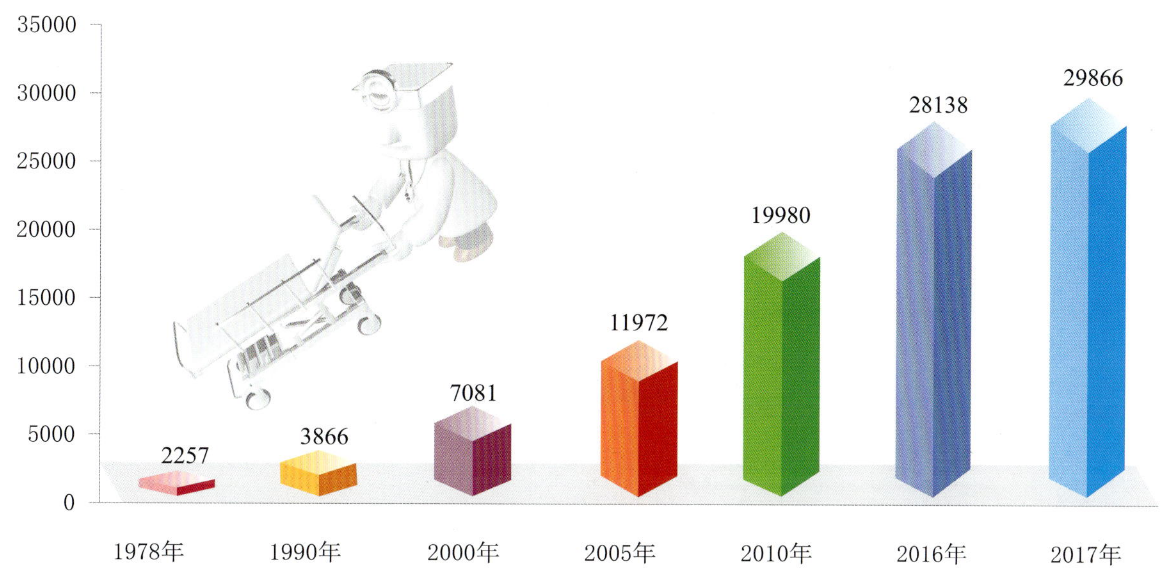

执业(助理)医师(人)

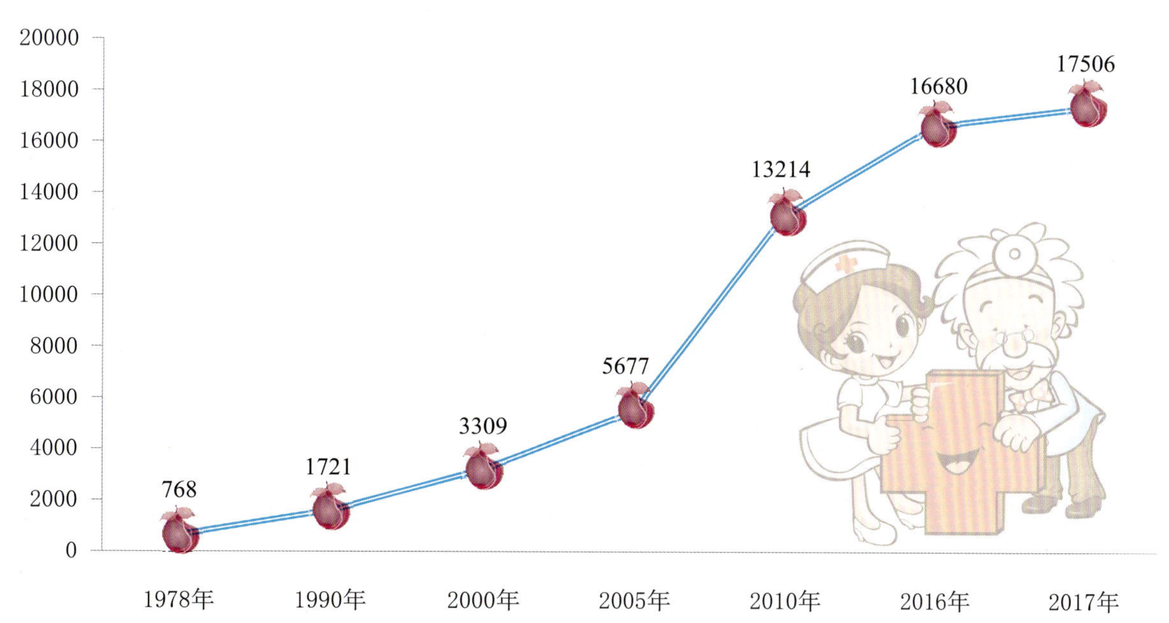

各类学校 (所)

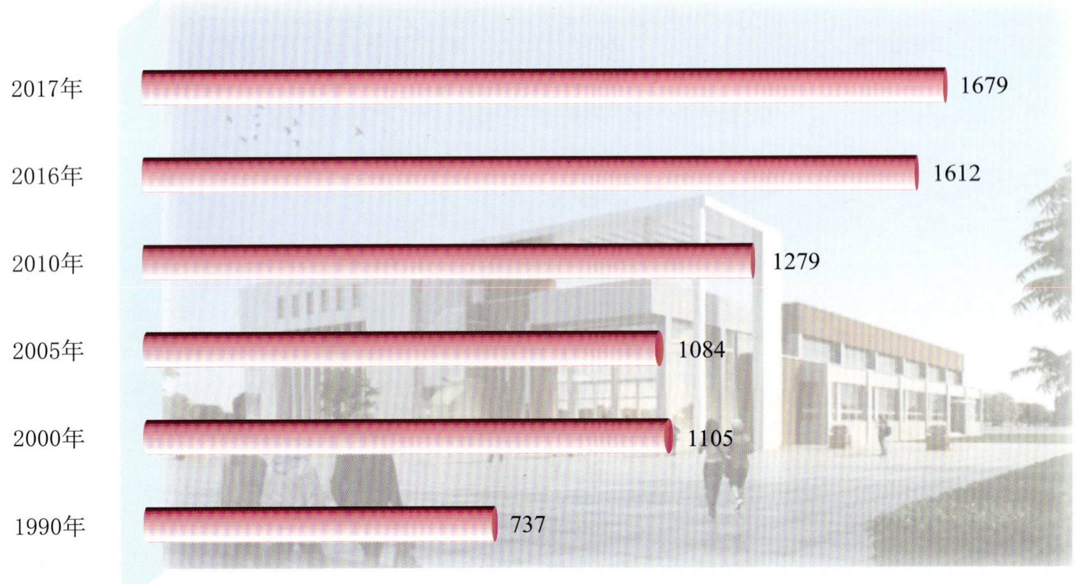

各类学校在校学生 (万人)

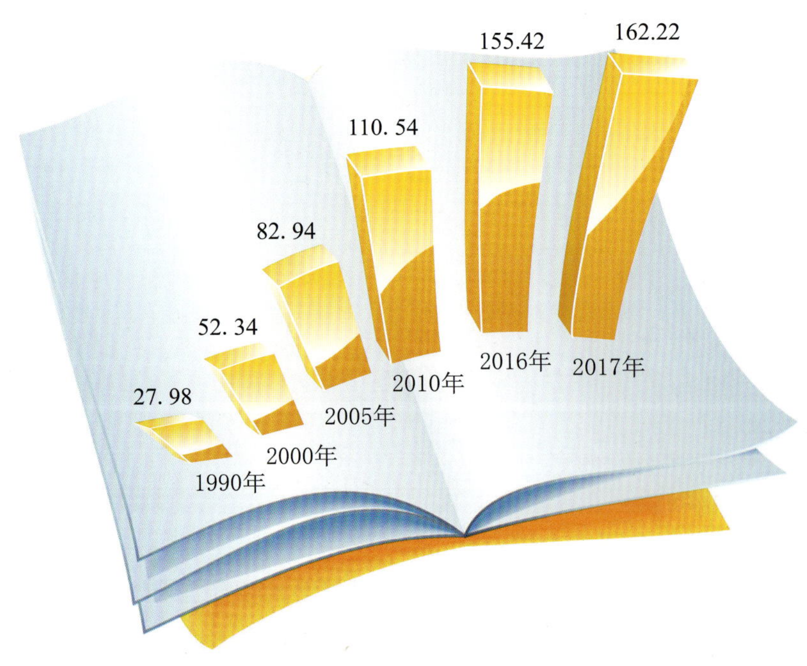

能源

单位生产总值能耗上升率或下降率(±%)

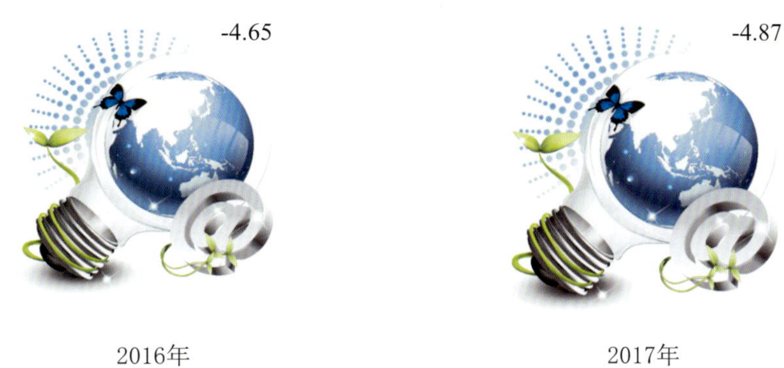

规模以上工业综合能源消费量(万吨标准煤)

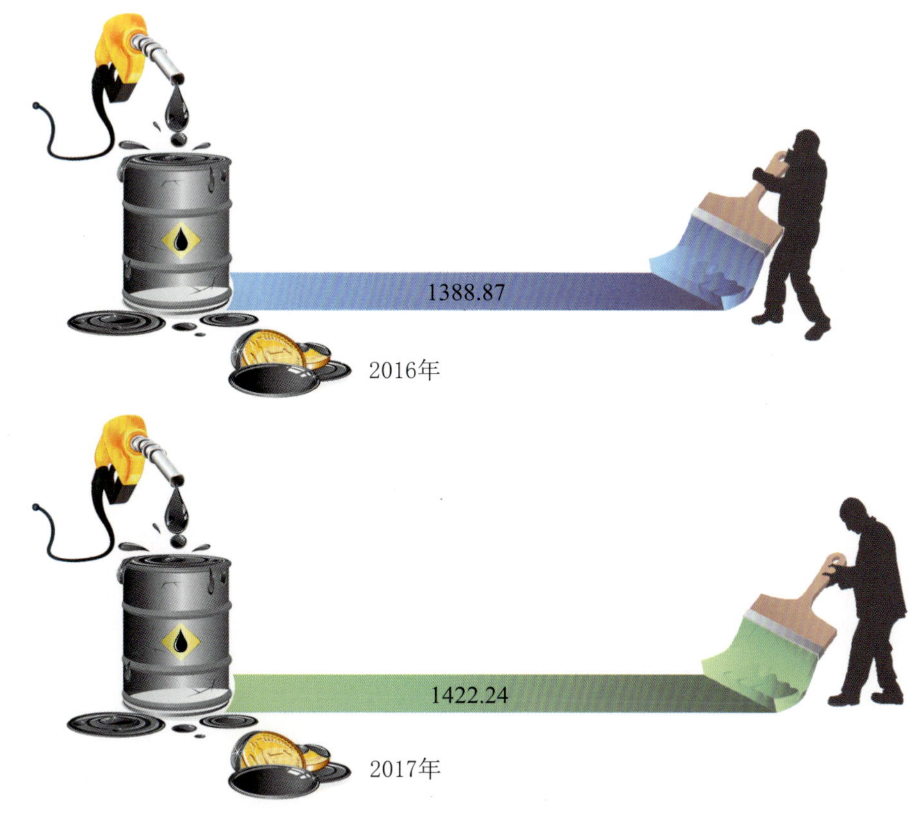

第一部分　概　述

Part One　Outline

2017年东莞市国民经济和社会发展统计公报

Statistical Communique on Economic and Social Development of Dongguan in 2017

2017年，在市委、市政府的正确领导下，全市认真学习贯彻党的十九大精神，坚持以习近平总书记对广东工作重要批示精神为指导，紧紧抓住粤港澳大湾区和广深科技创新走廊建设等重大发展机遇，着力抓好倍增计划、园区统筹组团发展、扶持次发达镇加快发展等全市重点工作，真抓实干，砥砺前行，奋力在更高起点上实现更高水平发展，努力在全面建成小康社会、加快建设社会主义现代化新征程上走在前列。全市经济呈现出稳中有进、进中向好的良好态势，经济结构不断优化，经济质量持续提升，经济社会发展再创佳绩。

一、综　合

初步核算，2017年东莞生产总值（GDP）7582.12亿元，比上年增长8.1%。分产业看，第一产业增加值23.36亿元，下降0.3%；第二产业增加值3593.84亿元，增长9.2%；第三产业增加值3964.65亿元，增长7.2%。三次产业比例为0.3:47.4:52.3。在第三产业中，交通运输、仓储和邮政业增长2.2%，批发和零售业增长4.8%，住宿和餐饮业增长1.8%，金融业增长3.9%，房地产业增长2.0%，其他服务业增长12.4%。人均地区生产总值91329元，增长7.5%，按平均汇率折算为13527美元。

图一　2012－2017年地区生产总值及增长速度

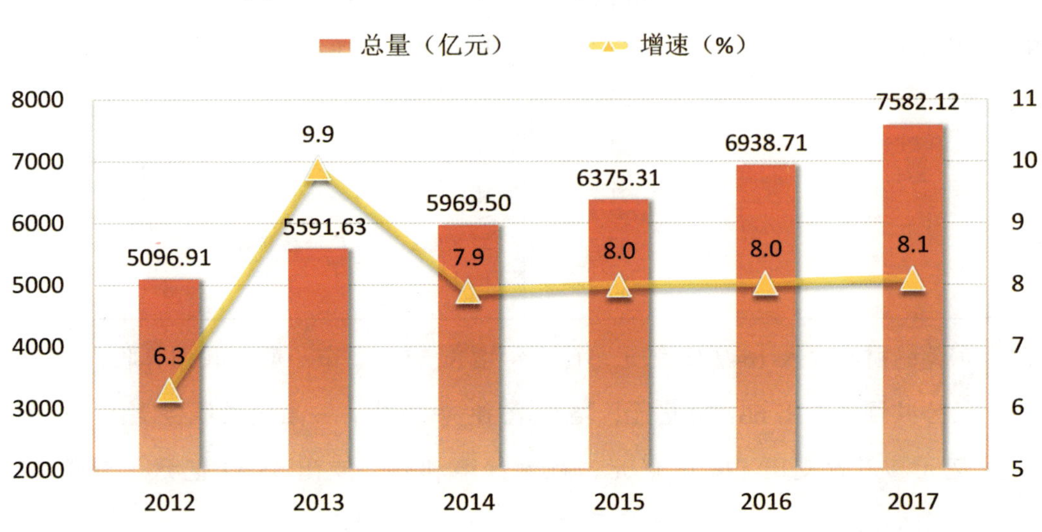

在现代产业中，规模以上先进制造业增加值1675.49亿元，比上年增长13.7%；高技术制造业增加值1292.23亿元，增长15.0%。现代服务业增加值2403.32亿元，增长8.6%。生产性服务业增加值

2064.14 亿元，增长 7.7%。民营经济增加值 3739.48 亿元，增长 9.0%。

年末，全市工商登记注册户数 100.09 万户，比上年末增长 19.1%。其中，企业工商登记 41.33 万户，增长 25.7%；个体户登记 58.69 万户，增长 14.9%。私营企业登记户数增长较快，增长 27.1%。从新登记注册情况看，2017 年，全市工商新登记 22.31 万户，比上年增长 28.3%；新登记企业 10.15 万家，增长 23.5%。

全年居民消费价格总水平比上年上涨 1.4%。其中食品烟酒类上涨 0.3%，衣着类下降 0.8%，居住类上涨 2.1%，生活用品及服务类上涨 1.8%，交通和通信类下降 1.0%，教育文化和娱乐类上涨 2.7%，医疗保健类上涨 4.0%，其他用品和服务类上涨 2.5%。此外，全年商品零售价格总指数上涨 1.1%。工业生产者出厂价格指数上涨 1.7%。

图二 2012－2017 年居民消费价格总指数（上年＝100）

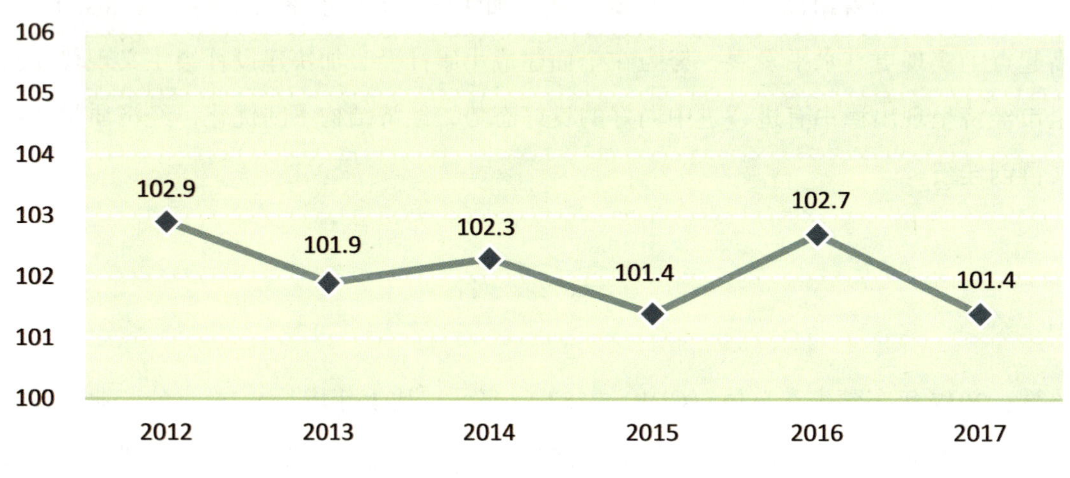

表一 2017 年价格变动情况

类　　别	价格指数（上年=100）	类　　别	价格指数（上年=100）
居民消费价格总指数	101.4	居　住	102.1
食品烟酒	100.3	生活用品及服务	101.8
其中：粮食	101.7	交通和通信	101.0
畜肉类	96.4	教育文化和娱乐	102.7
食用油	100.0	医疗保健	104.0
蛋类	97.4	其他用品和服务	102.5
菜	91.7	商品零售价格总指数	101.1
水产品	105.2	工业生产者出厂价格指数	101.7
衣　着	99.2		

全年来源于东莞的财政收入 1647.18 亿元，比上年增长 5.0%。市一般公共预算收入 592.00 亿元，增长 11.2%。市一般公共预算支出 661.20 亿元，增长 10.0%。其中，一般公共服务支出 67.12 亿元，公共安全支出 91.23 亿元，教育支出 130.76 亿元，社会保障和就业支出 45.57 亿元。全年全市税收总额 2010.57 亿元，增长 16.6%。

年末城镇实有登记失业人数 1.37 万人，全年失业人员安置就业人数 1.14 万人，城镇登记失业率为 2.24%。

二、农　业

2017 年全市农林牧渔业总产值 39.05 亿元，比上年增长 2.1%。其中农业产值 28.21 亿元，增长 5.9%，占农林牧渔业总产值的 72.2%；林业产值 0.32 亿元，下降 2.4%，占 0.8%；牧业产值 2.78 亿元，下降 14.0%，占 7.1%；渔业产值 6.70 亿元，下降 4.2%，占 17.2%。全年农作物总播种面积 37.34 万亩，其中水果种植面积 19.62 万亩。全年粮食产量 1.26 万吨，下降 0.1%；水产品总产量 5.14 万吨，下降 9.2%；蔬菜产量 39.44 万吨，下降 2.5%；生猪出栏 8.39 万头，下降 27.0%；家禽出栏 372.96 万只，下降 6.4%。

2017 年新增 9 家农民专业合作社。目前，全市共有农民专业合作社 199 家、农业龙头企业 32 家（其中省级 12 家，国家级 3 家）、有效期内的省级农业类名牌产品达 51 个（含林业、渔业）。

三、工业和建筑业

全年全市规模以上工业实现增加值 3316.97 亿元，比上年增长 10.0%。在规模以上工业中，重工业增加值 2044.27 亿元，增长 12.8%，占 61.6%；轻工业增加值 1272.70 亿元，增长 5.7%，占 38.4%。

全年全市规模以上工业五大支柱产业完成增加值 2288.28 亿元，比上年增长 12.9%；工业四个特色产业完成增加值 321.37 亿元，增长 5.6%。

全年高技术制造业增加值比上年增长 15.0%，其中，医药制造业下降 3.1%，航空、航天器及设备制造业增长 4.5%，电子及通信设备制造业增长 17.4%，电子计算机及办公设备制造业增长 3.3%，医疗设备及仪器仪表制造业下降 3.4%，信息化学品制造业增长 6.5%。

全年先进制造业增加值比上年增长 13.7%，其中，高端电子信息制造业增长 18.2%，先进装备制造业增长 18.6%，石油化工产业增长 5.7%，先进轻纺制造业增长 3.5%，新材料制造业增长 0.3%，生物医药及高性能医疗器械增加值下降 2.7%。

全年优势传统产业增加值比上年增长 5.1%，其中，纺织服装业增长 0.8%，食品饮料业增长 12.6%，家具制造业下降 0.2%，建筑材料增长 4.0%，金属制品业增长 8.1%，家用电力器具制造业增长 11.7%。

规模以上工业综合经济效益指数为 177.5%，总资产贡献率 9.4%，成本费用利润率 4.2%，产品销售率 98.6%，全员劳动生产率 13.54 万元/人，实现利润总额 696.17 亿元。

表二　2017 年规模以上工业主要产品产量

产品名称	计量单位	产量	增长（%）
移动通信手持机（手机）	万台	35442.74	5.0
彩色电视机	万台	481.40	56.8
数字激光音、视盘机	万台	3680.63	−17.2
集成电路	万块	89519.43	23.4
光电子器件	万只（万片、万套）	972225.03	−1.7

续上表

产品名称	计量单位	产量	增长(%)
电子元件	亿只	14510.82	17.3
汽车仪器仪表	万台	114.13	−10.2
光学仪器	万台(万个)	193.00	−17.6
眼镜成镜	万副	6496.83	−0.9
自来水生产量	亿立方米	16.80	5.9
大米	万吨	35.77	28.7
糖果	万吨	23.08	−2.7
服装	万件	137314.18	−1.8
轻革	万平方米	230.30	19.2
人造板	万立方米	24.73	20.6
纸制品	万吨	220.10	11.3
家具	万件	3851.53	−0.6
机制纸及纸板(外购原纸加工除外)	万吨	1518.42	0.7
塑料制品	万吨	122.49	−3.9
化学试剂	万吨	12.51	−4.7
瓷质砖	万平方米	2704.26	−18.9
金属集装箱	万立方米	811.25	124.5
电动手提式工具	万台	2998.52	11.5
数码照相机	万台	1.53	−95.8
模具	万套	7.15	9.9
锂离子电池	万只(万自然只)	43146.01	8.4
灯具及照明装置	万套(万台、万个)	24059.73	−7.7
电子计算机整机	万台	602.58	379.6
打印机	万台	50.32	−16.0
电话单机	万部	3055.90	−2.8

全年全市建筑业实现增加值100.94亿元，按现价计算，比上年增长10.5%。总承包和专业承包建筑企业完成总产值297.42亿元，增长21.3%；施工面积946.91万平方米，增长3.5%；竣工面积407万平方米，增长16.6%。总承包和专业承包建筑企业按施工产值计算的全员劳动生产率为33.14万元/人，下降2.7%。

四、固定资产投资

全年固定资产投资1712.83亿元，比上年增长10.0%。按投资主体分，国有经济投资193.39亿元，增长60.3%；民营经济投资1146.97亿元，增长8.1%；外商及港澳台商投资314.30亿元，增长7.2%。

图三 2012—2017 年固定资产投资增长速度

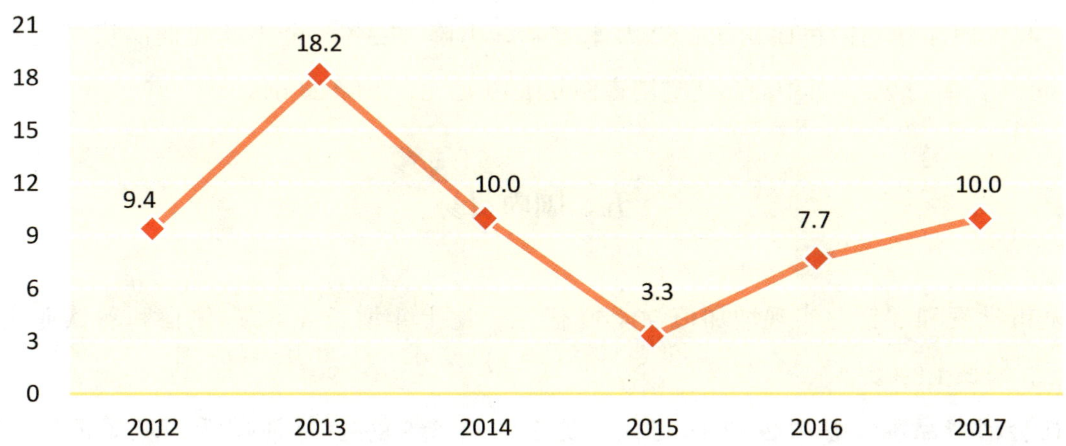

从产业投向看，投资集中在第二、三产业。第二产业投资 647.22 亿元，比上年增长 14.3%，其中工业投资 647.09 亿元，增长 14.4%；第三产业投资 1065.16 亿元，增长 7.6%。基础设施投资 265.69 亿元，增长 20.9%，占固定资产投资的比重为 15.5%；先进制造业投资 368.34 亿元，增长 20.1%，比重为 21.5%；高技术制造业投资 282.33 亿元，增长 24.5%，比重为 16.5%。

表三 2017 年分行业固定资产投资情况

行 业	投资额（万元）	增长（%）
总 计	17128291	10.0
农、林、牧、渔业	4479	−66.4
制造业	5553313	10.2
电力、热力、燃气及水生产和供应业	917592	48.7
建筑业	1550	−84.5
交通运输、仓储和邮政业	1273090	−4.6
信息传输、软件和信息技术服务业	205304	18.8
批发和零售业	193059	7.9
住宿和餐饮业	30109	7.4
金融业	19000	−66.0
房地产业	7672241	8.2
租赁和商务服务业	61241	188.0
科学研究和技术服务业	208170	20.2
水利、环境和公共设施管理业	690882	52.4
居民服务、修理和其他服务业	10240	100.8
教育	174098	−30.7
卫生和社会工作	75911	15.9
文化、体育和娱乐业	12526	−66.5
公共管理、社会保障和社会组织	25486	−8.8
第一产业	4479	−61.6
第二产业	6472205	14.3
第三产业	10651607	7.6

全年完成房地产开发投资702.15亿元，比上年增长9.2%。商品房屋施工面积4553.68万平方米，增长3.3%；竣工面积471.02万平方米，增长102.4%。新建商品房网上签约销售面积811.54万平方米，下降23.6%，其中商品住宅销售面积556.62万平方米，下降37.3%。全年新建商品房网上签约销售额1281.94亿元，下降12.2%，其中商品住宅销售额921.19亿元，下降24.6%。

五、国内贸易

全年全市批发和零售业实现增加值904.59亿元，比上年增长4.8%；住宿和餐饮业实现增加值158.68亿元，增长1.8%。

全年社会消费品零售总额2687.88亿元，比上年增长8.8%。分地域看，城镇消费品零售总额2363.38亿元，增长8.0%；农村消费品零售总额324.51亿元，增长15.3%。分消费形态看，商品零售额2269.51亿元，增长8.8%；餐费收入156.38亿元，增长9.6%。分行业看，批发零售贸易业零售额2511.00亿元，增长8.8%；住宿餐饮业零售额176.88亿元，增长9.3%。

在限额以上批发和零售业中，粮油食品类零售额比上年增长10.3%；饮料类增长4.7%；烟酒类增长11.6%；服装鞋帽、针、纺织品类增长6.3%；日用品类增长22.1%；汽车类增长1.1%；石油及制品类增长13.3%。

图四　2012—2017年社会消费品零售总额及增长速度

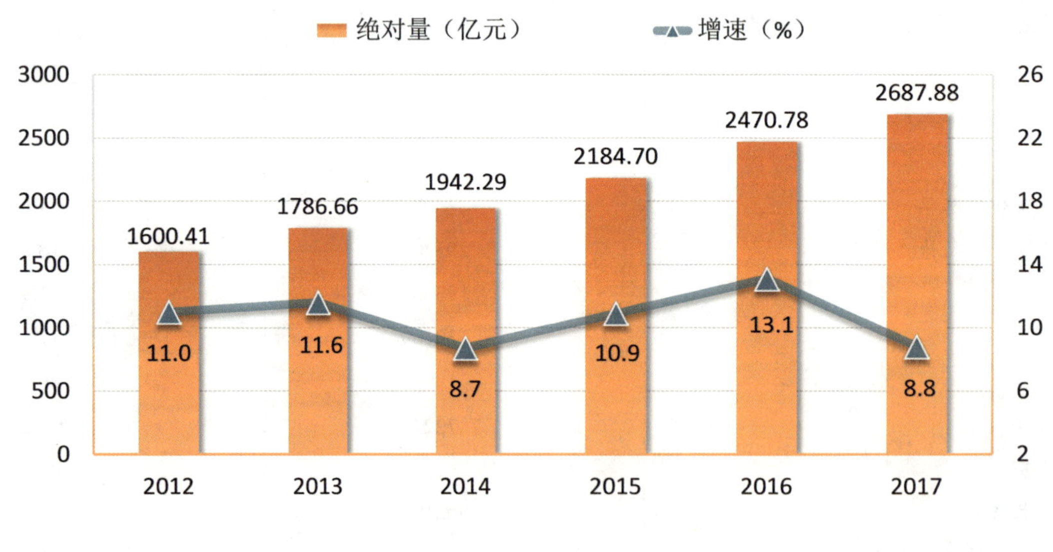

六、对外经济

全年全市进出口总额12264.37亿元，比上年增长7.5%。其中进口5236.99亿元，增长7.6%；出口7027.38亿元，增长7.4%。“一带一路”沿线国家进出口额2099.94亿元，增长5.5%。全市电子商务交易额4202亿元，增长13.5%。

按贸易方式分，一般贸易出口3050.47亿元，比上年增长29.1%；加工贸易出口3713.49亿元，下降2.1%；其他出口18.33亿元，下降85.8%。

表四　2017 年进出口情况表

商品名称	总量（亿元）	增长（%）
进出口总额	12264.37	7.5
#出口总额	7027.38	7.4
其中：一般贸易	3050.47	29.1
加工贸易	3713.49	−2.1
其中：机电产品	5237.90	12.2
高新技术产品	2892.48	11.5
其中：国有企业	105.76	−19.7
三资企业	4006.88	2.5
集体企业	2.44	−40.0
民营企业	2912.28	11.2
#进口总额	5236.99	7.6
其中：一般贸易	1291.88	30.1
加工贸易	2177.24	−4.8
其中：机电产品	4052.17	8.8
高新技术产品	3212.49	8.0
其中：国有企业	56.36	−20.7
三资企业	2324.02	2.3
集体企业	1.29	−15.6
民营企业	2849.12	13.2
进出口贸易顺差（出口减进口）	1790.39	5.5

按出口的地区分，对亚洲出口 3692.82 亿元，比上年增长 4.1%；对北美洲出口 1637.89 亿元，增长 6.9%；对欧洲出口 1277.71 亿元，增长 15.9%；对拉丁美洲出口 245.63 亿元，增长 22.2%；对大洋洲出口 92.08 亿元，增长 13.8%。

表五　2017 年主要国家和地区货物进出口总额情况表

国别（地区）	进出口总额		出口总额		进口总额	
	总量（亿元）	增长（%）	总量（亿元）	增长（%）	总量（亿元）	增长（%）
亚洲	8330.03	5.3	3692.82	4.1	4637.21	6.3
北美洲	1863.19	8.3	1637.89	6.9	225.29	19.5
欧洲	1481.64	15.8	1277.71	15.9	203.93	15.2
一带一路	2099.94	5.5	1275.19	16.1	824.75	−7.5
欧盟（28 国）	1376.80	13.7	1186.25	13.7	190.55	14.0
东盟（10 国）	1325.39	−4.1	603.91	4.4	721.48	−10.3
香港	1750.98	1.0	1732.27	1.0	18.72	4.5
美国	1743.46	7.5	1561.00	6.9	182.46	13.4
日本	1020.82	3.1	510.52	4.9	510.30	1.4
韩国	1205.84	0.4	268.24	−15.3	937.60	6.0

全年机电产品出口 5237.90 亿元，比上年增长 12.2%，占出口总额的 74.5%；高新技术产品出口 2892.48 亿元，增长 11.5%，占 41.2%。

表六　2017 年主要商品出口情况

商品名称	金额（亿元）	增长（%）
机电产品（包括本目录已具体列名的机电产品）	5237.90	12.2
高新技术产品	2892.48	11.5
电话机	869.98	32.3
自动数据处理设备及其部件	455.89	11.0
文化产品	426.41	−23.6
服装及衣着附件	340.16	−4.2
家具及其零件	301.45	3.4
静止式变流器	209.19	6.7
玩具	189.30	7.7
通断保护电路装置及零件	170.01	17.9
自动数据处理设备的零件	166.15	−3.7
鞋类	161.99	−1.9
电线和电缆	152.85	11.1
塑料制品	149.90	17.6
箱包及类似容器	139.45	−1.4
灯具、照明装置及零件	131.77	−12.5
电视、收音机及无线电讯设备的零附件	131.22	34.9
纺织纱线、织物及制品	124.39	21.4
集成电路	75.36	30.7
眼镜及其零件	73.96	10.5
扬声器	68.95	27.3
打印机（包括多功能一体机）	66.92	−6.8

全年全市新签外商直接投资项目 925 宗，合同外资金额 26.08 亿美元，比上年下降 44.9%。实际利用外资 17.19 亿美元，下降 56.2%。电子及通信设备制造业实际利用外资 3.01 亿美元，增长 13.1%；专用设备制造业实际利用外资 0.26 亿美元，下降 82.6%。

表七　2017 年分行业利用外资情况

行业名称	合同外资金额（万美元）	增长（%）	实际利用外资（万美元）	增长（%）
总　计	260783	−44.9	171893	−56.2
制造业	164940	−11.8	111114	−34.5
纺织业	6684	−44.1	3186	−65.4
纺织服装、鞋、帽制造业	1583	−73.1	3983	73.1
家具制造业	1850	−1.4	1720	55.4
通用设备制造业	35925	1353.3	3332	−33.6
专用设备制造业	6128	−61.2	2572	−82.6
电气机械及器材制造业	8926	−49.6	13210	6.5
电子及通信设备制造业	27297	−2.4	30120	13.1
金属制品业	7738	−56.1	3061	−84.0
塑料制品业	6749	−40.7	6843	0.2
文教体育用品制造业	6861	103.2	1897	−63.6
造纸及纸制品业	7860	−72.0	8251	−75.4
其他制造业	47339	10.0	32939	−1.7
交通运输、仓储和邮政业	138	−98.9	7013	1.6
批发和零售业	17239	−37.2	11450	−51.3

七、交通、邮电和旅游

全年全市交通运输、仓储和邮政业实现增加值221.49亿元，比上年增长2.2%。

全年全市公路通车里程5262.33公里，公路密度213.92公里/百平方公里，公路密度继续位居全省前列。年末全市机动车保有量（民用）263.33万辆，比上年末增长17.0%。其中汽车保有量262.76万辆，增长17.0%。

全年公路货物运输量10521万吨，货物周转量74.33亿吨公里；水路货物运输量6204万吨，货物周转量409.29亿吨公里。全年公路运输完成客运量4319万人，旅客周转量67.99亿人公里；水路运输完成客运量23.46万人，旅客周转量1527万人公里。全年港口旅客吞吐量23.59万人次，货物吞吐量15713.75万吨。

表八　2017年客（货）运量、周转量

指　　标	单　位	数　值	增长（%）
客运量	万人	4342	−10.9
# 公路	万人	4319	−10.9
旅客周转量	亿人公里	68.14	−11.9
# 公路	亿人公里	67.99	−11.9
货运量	万吨	16725	7.3
# 公路	万吨	10521	1.9
货物周转量	亿吨公里	483.62	6.2
# 公路	亿吨公里	74.33	3.7

图五　2012—2017年移动电话用户数

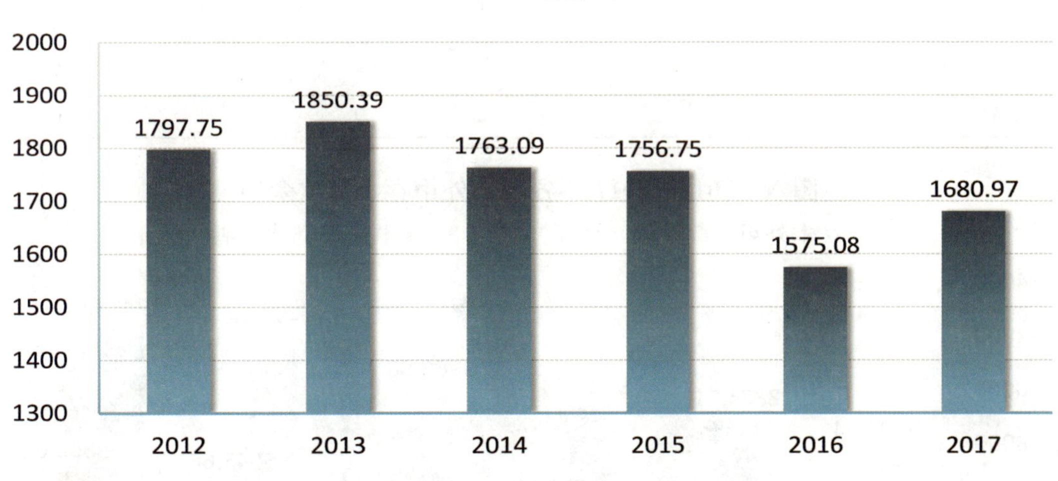

全年完成邮电业务（含快递）收入335.19亿元，比上年增长13.6%。邮政发送信函9429万件，邮政快递包裹2161万件，邮政汇款金额11.50亿元。年末全市固定电话用户244.64万户；移动电话用户1680.97万户，比上年末增加105.89万户。年末互联网用户175.67万户，减少3.14万户；宽带接入用户172.50万户，减少2.27万户。

年末全市有星级酒店33家，其中五星级酒店14家。全市有旅行社133家，全年接待国际及港澳台游客403.67万人次，比上年增长1.0%。其中接待外国游客112.54万人次，增长1.7%；接待港澳台游客291.13万人次，增长0.8%。国际旅游外汇收入15.96亿美元，增长2.7%。全年接待国内游客3738.18万人次，增长10.2%。旅游总收入488.90亿元，增长9.6%。全年东莞组团外出旅游162.34万人次，增长9.7%。其中，国内旅游146.95万人次，增长11.9%；出境旅游15.39万人次，下降8.0%。

八、金　融

全年全市金融业实现增加值474.32亿元，比上年增长3.9%。

年末全市有各类金融机构132家，其中银行类机构41家（含1家代表处，3家独立挂牌信用卡中心），保险类机构56家，证券期货类机构35家。上市公司43家，后备上市公司135家，“新三板”挂牌企业202家。

年末金融机构各项本外币存款余额12497.97亿元，比上年增长8.3%。其中住户存款余额5160.71亿元，增长4.4%。各项本外币贷款余额6986.26亿元，增长6.7%。在个人消费贷款余额中，个人住房按揭贷款余额2688.92亿元，增长14.5%；个人汽车消费贷款余额1.62亿元，下降55.4%。

表九　2017年金融机构存贷款情况

指　　标	总量（亿元）	增长（%）
金融机构各项本外币存款余额	12497.97	8.3
#住户存款	5160.71	4.4
金融机构各项本外币贷款余额	6986.26	6.7
本外币存贷比（%）	55.9	−0.8
金融机构各项人民币存款余额	11836.66	5.7
#住户存款	5103.42	4.5
金融机构各项人民币贷款余额	6855.44	7.1
人民币存贷比（%）	57.9	0.7

图六　2012—2017年各项本外币存、贷款余额

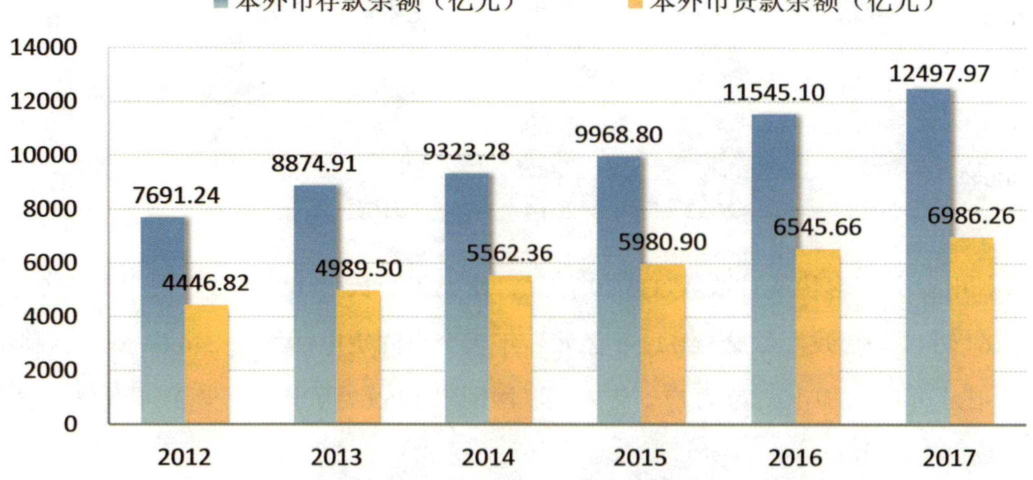

全年股票总成交额21317.05亿元，比上年增长64.2%。年末保证金余额130.64亿元，比上年末下降14.2%，开户数达95.09万户，增长31.7%。

全年全市各类保险保费收入468.27亿元，比上年下降0.9%。其中，财产险保费收入124.29亿元，增长15.5%；人寿险保费收入343.97亿元，下降4.9%。全年共支付各项赔款和给付103.05亿元。其中，机动车保险赔付52.2亿元；非车险赔付3.8亿元；人身险赔款支出12.5亿元；满期给付26.7亿元；死亡医疗给付7.8亿元。

九、科技和教育

2017年全市新增国家高新技术企业2049家，总数达4077家，位居省内地级市首位。全市专利申请量和授权量分别为81275件和45204件。其中，发明专利申请量为20402件，比上年增长31%，占专利申请总量的25.1%，数量排全省第4位；发明专利授权量为4969件，增长35%，数量排全省第3位；PCT国际专利申请量为1829件，增长109%，排全省第3位。科技资源加快集聚，全市新增创新型研发机构2家，总数达34家，科技企业孵化载体达到98家，其中国家级15家；成功举办2017中国（东莞）国际科技合作周；全市目前引进省创新科研团队立项总数达到31个，居全省第三；引进市级创新科研团队总数达到27个；国家自主创新示范区、国家可持续发展实验区建设工作稳步推进。科技金融结合得到加强，大力推进科技信贷、科技保险等工作，推动19家签约银行为我市1112家企业发放贷款2201笔，贷款金额达95.69亿元，推动94家企业购买科技保险，保额164.6亿元，保费828.57万元，申请保费补贴共274.35万元，专利质押融资累计贷款64.93亿元。

年末全市有幼儿园1077所，比上年末增加61所，其中省、市一级幼儿园520所，增加134所。全市有小学329所，在校学生76.51万人，本市户籍小学学龄儿童入学率达100%，小学毕业生升学率达100%。全市有初中193所（不含完全中学），在校学生22.91万人，本市户籍适龄少年初中入学率100%，初中毕业生升学率98.5%。全市有普通高中41所，在校生8.11万人，中职学校28所（含技工学校7所），在校生8.03万人。全市有普通高等院校9所，在校学生11.84万人。全年普通高等院校共招收本科、专科学生3.54万人，毕业生2.82万人。

表十　教育情况

指　　标	招生（万人）	增　长（%）	在校生（万人）	增　长（%）	毕业生（万人）	增　长（%）
普通本专科	3.54	12.7	11.84	5.2	2.82	22.6
成人本专科	1.06	16.5	2.64	18.4	0.66	20.0
中等职业技术教育	3.04	4.5	8.03	7.5	2.05	–
普通高中	2.79	2.6	8.11	1.5	2.63	2.3
初中	8.78	5.1	22.91	6.1	5.95	−0.7
小学	14.25	3.1	76.51	3.6	10.31	4.4
学前教育	13.31	−1.2	34.74	4.7	12.13	4.9

十、文化、卫生和体育

年末全市有文化馆 1 个，文化站 33 个，公共图书馆 653 个，公共电子阅览室 585 个，公办博物馆 18 个，民办博物馆 36 个，文化广场 755 个，电影放映单位 125 个。全市有公共广播节目 42 套，公共电视节目 56 套。全年共发行报纸 7894.88 万份，其中《东莞日报》5697.34 万份；电影放映 140 万场次，观众 2200 万人次。

年末全市有医疗机构 2407 个，其中，三级甲等医院 8 所（含 1 所妇幼保健院），门诊部、诊所、医务室、卫生站、社区卫生服务机构等基层医疗机构 2308 个。全市卫生技术人员 5 万人，医疗机构的实有病床 2.99 万张。全市门诊量 6796.11 万人次，比上年增长 4.9%；住院量 98.85 万人次，增长 7.5%。

全年全市运动员共获得 197 枚金牌、198 枚银牌、189 枚铜牌。其中夺得全国赛金牌 44 枚；广东省赛金牌 150 枚、银牌 155 枚、铜牌 154 枚。全年举办全市全民健身活动 429 次，参加人数 30.03 万人次。全市有各类体育运动场地 14731 个（座），其中体育场 487 个，体育馆 171 座，灯光篮球场 5461 个，健身路径 1529 条，室外游泳池 446 个，室内游泳池 67 个，室外羽毛球场 1373 个。全市有体育彩票发行网点 1276 个，销售总额 16.03 亿元，体彩公益金 1.21 亿元。

十一、人民生活

2017 年东莞居民收入稳步增长，全年居民人均可支配收入 45451 元，比上年增长 8.5%。其中，城镇常住居民人均可支配收入 46739 元，增长 8.5%，农村常住居民人均可支配收入 29078 元，增长 9.6%，城乡收入差距进一步缩小。

从收入构成上看，居民人均工资性收入 34017 元，占人均可支配收入的 74.8%，是居民收入的首要来源；其次是人均财产净收入，达 7713 元，占人均可支配收入的 17%。

居民生活消费呈现多样性，2017 年居民人均生活消费支出 31849 元，比上年增长 6.5%。其中，城镇常住居民人均生活消费支出 32498 元，增长 5.9%；农村常住居民人均生活消费支出 23090 元，增长 7.2%。全市居民恩格尔系数为 32.8%，比上年下降 0.1 个百分点，其中城镇为 32.4%，农村为 37.4%。

在八大类生活消费支出中，居住、交通通信及医疗保健消费支出增幅较大，分别达 6.1%、8.3%和 11.7%。

十二、社会保障

全市参加各类社会保险总人次为 2561.28 万人次，其中基本医疗保险 566.09 万人次，失业保险 404.01 万人次，工伤保险 430.55 万人次。全年社会保险基金总收入 522.54 亿元，保险基金总支出

220.96亿元，年末保险基金累计余额1747.95亿元，上年保险基金结余1446.37亿元。

年末全市有收养类福利事业单位42个，其中社会福利院1个，社会福利中心1个，敬老院38个，敬老院供养老人3773人。社会福利事业单位收养2913人，全年社会救济1.26万人。全市居民最低生活保障支出9732.8万元，自然灾害生活救助支出12.3万元，慈善基金结余32858.12万元。全市纳入“五保户”对象有764人，“五保户”费用支出1370.7万元。

十三、人口、资源、环境和安全生产

年末全市户籍人口211.31万人。全年出生人口4.71万人，出生率为22.22‰；死亡人口1.03万人，死亡率为4.84‰；人口自然增长率为17.38‰。年末全市常住人口834.25万人，其中城镇常住人口749.66万人。人口城镇化率为89.86%。

全年水资源总量20.98亿立方米，比上年减少38.4%。日供水能力427万立方米/日。我市共有10个国控地表水监测断面：其中东江北干流–大墩、珠江广州段–莲花山、观澜河–企坪、茅洲河–共和村、东江北干流–石龙北河、东江干流–东岸这6个断面为跨市河流边界断面，东莞运河–樟村、东江南支流–沙田泗盛、东江南支流–第六水厂和石马河–旗岭为市境内河流断面。2017年国控地表水监测断面水质状况：优良水质比例（达到或者优于Ⅲ类）为40.0%，Ⅳ类水体比例为20.0%，劣Ⅴ类水体比例为40.0%。

全年城市环境空气质量达标天数301天，空气质量达到国家二级标准的比例82.5%，可吸入颗粒物年平均值0.051毫克/立方米，细颗粒物（PM2.5）年平均值达0.037毫克/立方米，臭氧日最大八小时超标率13.4%。

全年雨日天数178天，日照时数1883小时，平均气温23.2摄氏度，相对湿度78%，降水量1769.4毫米。

年末全市森林公园达22个，新增森林公园配套设施一批。林业用地面积72.93万亩，生态公益林32.94万亩，林木积蓄量281.26万立方米，林木总生长量15.34万立方米。

年末全市建成区土地面积988.89平方公里，公共管理与公共服务用地面积49.25平方公里。全市建成区绿地率为42.46%，绿化覆盖率为46.98%。

全年共发生生产安全事故1465起，死亡315人，受伤684人，直接经济损失3328.44万元。全年发生道路交通事故3471起，比上年下降4.9%；死亡483人，下降0.6%；受伤3631人，下降7.5%；直接经济损失657.65万元，下降19.2%。道路交通万车死亡率为1.83人。

注：1. 本公报中2017年数据为初步统计数；统计图中2012–2016年数据为年报数；最后统计数据以本年鉴“第二部分统计资料”相关数据为准。

2. 地区生产总值、各行业增加值、农业总产值绝对数按当年价格计算，增长速度按可比价格计算；地方一般公共预算收入增长速度按可比口径计算。

3. 从2011年起，规模以上工业统计口径由年主营业务收入500万元调整为2000万元及以上的工业法人企业；固定资产投资项目统计起点由计划总投资50万元提高到500万元,增速为可比口径。

4. 五大支柱产业包括电子信息制造业、电气机械及设备制造业（包括电气机械及器材制造业，仪器仪表制造业，通用设备制造业，专用设备制造业，铁路、船舶、航空航天和其他运输设备制造业以及汽车制造业）、纺织服装鞋帽制造业（包括纺织业，纺织服装、服饰制造业，皮革、毛皮、羽毛及其制品和制鞋业）、食品饮料加工制造业（包括食品制造业，酒、饮料和精制茶制造业，农副产品加工业）、造纸及纸制品业。

   四个特色产业包括玩具及文体用品制造业、家具制造业、化工制品制造业（包括化学原料及化学制品制造业，石油加工、炼焦业及核燃业）、包装印刷业。先进制造业包括高端电子信息制造业、先进装备制造业、石油化工产业、先进轻纺制造业、新材料制造业、生物医药及高性能医疗器械。

   高技术制造业包括医药制造业、航空、航天器及设备制造业、电子及通信设备制造业、计算机及办公设备制造业、医疗仪器设备及仪器仪表制造业、信息化学品制造业。

5. 阅读本公报时，请注意统计指标的时间、口径和计算方法等。

6. 资料来源:本公报中城镇实有登记失业人数、失业人员安置就业人数、城镇登记失业率数据来自市人力资源局；新增农民专业合作社、龙头企业及省级农业类名牌产品数来自市农业局；进出口、利用外资数据来自市商务局；公路通车里程、及交通运输、公路、水路相关数据来自市交通运输局；邮电业务收入、邮政发送信函、电话用户等数据来自市邮政、电信、移动等相关运营商；星级酒店及旅游情况来自市旅游局；年末各类金融机构数据来自金融工作局；本外币存贷款余额来自市人民银行；股票总成交额及年末保证金余额数据来自证券期货业协会；保险保费及赔款与给付来自市保险行业协会；国家高新技术企业家数、专利申请和授权量以及科研成果奖等数据来自市科学技术局；教育数据来自市教育局；文化馆、文化站、公共图书馆、公共电子阅览室、博物馆、文化广场、公共广播节目、报纸等数据来自市文化广电新闻出版局；卫生医疗机构等数据来自市卫生局；运动员获得奖牌、健身活动、体育彩票发行情况来自市体育局；社会保障数据来自市社会保障局；福利单位、敬老院等数据来自市民政局；户籍人口数据来自市公安局；出生和死亡人口等相关数据来自市卫生和计划生育局；气象数据来自市气象局；森林公园、林业用地、生态公益林、林木积蓄量等数据来自市林业局；建成区及公共管理与公共服务用地面积来自市城乡规划局；建成区绿地率、绿化覆盖率数据来自市城市综合管理局，生产安全事故相关数据来自安监局；道路交通事故等相关数据来自公安局、海事局。

政府工作报告

Report on the Work of the Government

——2018 年 1 月 18 日在东莞市第十六届人民代表大会第三次会议上

东莞市人民政府市长　梁维东

各位代表：

现在，我代表市人民政府，向大会报告 2017 年政府工作，对 2018 年工作提出建议，请各位代表予以审议，并请市政协委员和其他列席人员提出意见。

2017 年工作回顾

过去一年，在省委省政府和市委的正确领导下，市政府深入贯彻落实党的十八大、十八届历次全会精神，认真学习贯彻党的十九大精神，坚持以习近平总书记对广东工作重要批示精神为指导，按照省第十二次党代会的决策部署，紧紧围绕市第十四次党代会提出的“奋力在更高起点上实现更高水平发展，率先迈上基本实现社会主义现代化新征程”的要求，凝心聚力、真抓实干，积极运用八大调研成果，全面推进十大行动计划，着力抓好倍增计划、水污染治理攻坚战、城市品质三年提升计划、园区统筹组团发展、扶持次发达镇加快发展等一系列重点工作，较好地完成了市十六届人大一次会议确定的年度目标任务。

这一年，是东莞坚持稳中求进、经济运行提质提速的一年。预计全市实现生产总值 7580 亿元，同比增长 8.2%左右，快于全国全省，为近四年来最高。进出口总额突破 1.2 万亿元。税收总额突破 2000 亿元。市场主体突破 100 万户。引进了历年投资规模最大的紫光芯云产业城等一批重大项目。新增上市企业数为历年之最。28 个镇全部入选全国千强镇，13 个镇入围前 100 名，虎门、长安进入 500 亿元俱乐部。村组两级集体经营总收入突破 200 亿元。全市经济稳中有进、进中向好的态势更趋明显。

这一年，是东莞聚焦“三个支撑”、发展动能显著增强的一年。供给侧结构性改革深入推进，规模以上工业增加值增速排名珠三角九市第二，先进制造业增加值占比突破 50%，内资工业增加值、一般贸易进出口、高新技术产品出口占比均超四成。创新驱动发展能力不断增强，中国散裂中子源获得第一束中子束流，全市 R&D 投入占比升至全省第三，国家高企、省级创新科研团队、有效发明专利等数量稳居全省地级市首位，东莞成为全省唯一一个被纳入广深科技创新走廊的地级市。构建开放型经济新体制取得重大进展。滨海湾新区、东莞港正式挂牌，成为对接粤港澳大湾区的重要平台。在商务部首批向全国复制推广的 24 项试点经验中，东莞经验超过五分之一。在海关总署公布的中国外贸百强城市榜单中，东莞首次进入前三。

这一年，是东莞工作亮点纷呈、城市形象不断提升的一年。亚洲马拉松锦标赛、中国城市规划年会、两岸青年就业创业研讨会、中国音乐学院全国考级大赛总决赛等重大活动成功举办，加博会、海丝博览会、台博会、漫博会、智博会、高层次人才活动周、国际科技合作周科创会等重要展会取得丰硕成果。东莞三项工作在国务院大督查中获得表彰奖励，成功实现全国文明城市“四连冠”，首次获得综治工作最高荣誉“长安杯”，荣获“宽带中国”示范城市最佳实践奖，成为全国第九个版权示范城市、中国十佳会展城市，顺利通过国家节能减排财政政策综合示范城市和水生态文明城市考核验收。在中科院、腾讯等权威机构和企业发布的相关报告中，东莞综合经济竞争力、城市人口吸引力、智慧生活综合指数分别排名全国第14、第5和第6位。东莞充满活力的经济形象、生态宜居的城市形象、和谐友善的文明形象，得到进一步提升。

具体来说，我们突出抓好了以下工作：

一年来，我们以实施倍增计划为统领，着力扶持以先进制造业为核心的实体经济发展。大力推进重点企业规模与效益倍增计划。以市政府一号文出台意见，围绕政策、产业、土地等五大要素推出20条措施，选取214家市级、1054家镇级试点企业，从科技创新、发展总部经济、推进兼并重组、开展服务型制造、加强产业链整合、强化资本运作等六大路径发力，着力破解企业倍增发展的共性密码，“一企一策”解决企业个性难题。市级倍增企业主营业务收入超过6000亿元，增长27%以上；税收超过140亿元，增长29%以上，形成了一大批可复制推广的经验，得到国务院督导组和省的充分肯定。大力推进“实体经济十条”。落实省降低制造业成本若干政策，出台我市“实体经济十条”36项措施，全年为企业减负370亿元。全市规上工业企业实现每百元主营业务收入成本下降0.96元，利润总额大幅增长47.2%。加快打造智能制造全生态链。建成109条经济适用型示范线。长盈、华贝项目纳入国家智能制造新模式应用项目。“机器换人”专项资金申报项目2698个、总投资386亿元。全市机器人及智能装备制造企业163家，主营业务收入增长30%。扎实推动产业均衡发展。五大支柱产业有四个实现两位数增长。智能手机出货量3.56亿台，主营收入增长28%。华为、OPPO、VIVO手机出货量稳居全球前六。狠抓重大项目建设和招引。完成重大项目投资513.6亿元，超过计划19.6个百分点，增长16.9%，带动全市完成固定资产投资1682亿元，增长11.3%。新引进亿元以上内资项目175宗，协议金额1194.6亿元，增长41.9%；引进千万美元以上外资项目95宗，金额29亿美元，发展后劲进一步增强。

一年来，我们以广深科技创新走廊建设为契机，着力打造创新驱动发展升级版。积极优化创新环境。出台实施科技创新平台支撑计划等行动计划，发布广深科技创新走廊东莞段规划和中子科学城概念规划，启动广深高速创新资源带建设。大力培育创新主体。预计全市高企数量从2028家增至4077家，新增高企后备企业2400家，总量均居全省地级市第一。新增国家级孵化器培育单位11个、省创新科研团队5个、省创新创业领军人才3名。与北大、清华等38个知名高校和新型研发机构共建名校研究生院。东莞材料科学与技术省实验室进入全省首批启动的4个实验室行列。企业研发机构全年获省资助达6.2亿元，在全省地级市中大幅领先。落实研发费加计扣除政策，为1245家企业对应减免税款21.9亿元。推动科技金融融合。设立市级产业投资母基金，带动形成总规模超50亿元的“1+N”产业投资基金体系。镇街（园区）设立各类基金总规模超500亿元。备案登记基金增至387只，数量大幅增长87.9%。推动金融机构为科技企业发放贷款268.1亿元，增长37%。专利质押融资62.8亿元，占全省专利质押总额的58.2%。境内外上市企业、新三板挂牌企业分别增至43家和202家。企业通过IPO、增发、发债等累计融资116.5亿元，直接融资占比提高5个百分点，升至20%。金融对科技的支撑不断增强。

一年来，我们以构建开放型经济新体制综合试点试验为支撑，着力提升对外开放水平。全面深化综合试点试验。在全国率先实行“以企业为单元”的加工贸易监管模式等改革，形成了两批25项具有良好示范效应的改革做法。争取到国家在13个方面的政策支持。复制推广113项自贸试验区改革试点经验。口岸“三互”大通关实现全覆盖。国际贸易“单一窗口”建设扎实推进。省市共建深化商改综合试验基地揭牌。大力推动加工贸易创新发展。全市一般贸易（含保税物流）占比达46%。外企内销总额增长19%，占内外销比重达38.1%，提高3.1个百分点。加快培育新模式、新业态。“东莞制造+电子商务”深度融合。清溪保税物流中心（B型）、国际邮件互换局兼交换站投入运营。国际小包出口8821万件，增长24.3%，总量排全国第四。粤港跨境直通快线正式开通，实现粤港无缝清关，货物全程无障碍快速直达香港机场。东莞企业连锁经营门店超过3万家，景气指数全国第四。全市社会消费品零售总额2690亿元，增长10%。积极参与“一带一路”建设。开通俄罗斯进口班列，启动中欧双向班列。东莞始发国际班列货物贸易额增长42.1%。对“一带一路”国家及地区出口约1200亿元，增长10%。与美国威尔逊郡、利百伦市和剑桥市签订友好合作备忘录。东莞驻美国（旧金山）经贸办事处挂牌。

一年来，我们以推进水污染治理攻坚战为突破，着力提升生态文明建设水平。全面打响水污染治理攻坚战。立下“军令状”，以前所未有的力度，加快解决环保突出短板。新建截污管网767.8公里，新扩建9座污水处理厂，启动35座污水处理厂提标改造，铺开76条内河涌污染整治，扎实推进国考、省考断面水质保障工作。完成67家涉水污染企业整治和退出，工业废水排放总量削减167.2万吨。10条列入国家督办的黑臭水体，7条基本消除黑臭现象。河长制实现全覆盖。深入开展大气、固废等污染防治。完成2068家重点企业VOCs整治、391项扬尘污染治理，淘汰黄标车11877辆。全市空气质量达标天数301天。顺利达到国家“大气十条”终期考核要求。完成8座垃圾填埋场整治、3座环保热电厂技改增容，建成麻涌环保热电厂及餐厨垃圾处理厂工程，完成东南部卫生填埋场征地并启动建设工作。全市垃圾焚烧能力提升至11300吨/日，无害化处理率达100%。全面消除填埋场渗滤液直排。启动工业垃圾处理设施项目建设前期工作。加快修复城市生态功能。抓好林相改造和生态景观林带建设。建成麻涌新沙、道滘大罗沙湿地公园。东城、清溪、道滘被认定为省森林小镇。划定海洋生态红线，铁腕整治46宗历史遗留用海项目。完成30.7万亩永久基本农田划定工作。

一年来，我们以实施城市品质三年提升计划为载体，着力参与粤港澳大湾区建设发展。全面实施城市品质三年提升计划。聚焦“一心两廊三区四门户多节点”，围绕中心城区强化等10个重点领域，选定启动第一批次城市建设项目582个，投资规模达1880亿元。同步实施各镇街（园区）三年提升计划。新建美丽幸福村居100个。加快道路交通等基础设施建设。加强国铁、城际轨道项目前期研究，莞惠城轨建成通车，赣深客专东莞段开工建设。虎门高铁站、东莞西站、东莞火车站等TOD项目加快推进。从莞高速、粤晖大桥、红海大桥等项目完工通车。行政村光纤入户实现全覆盖，启动电网升级行动。提升城市精细化管理水平。出台城市精细化管理办法，查处城市“六乱”行为25万多宗，清理积存垃圾69.4万吨，增设公益广告牌近1.2万个。推进历史违建分类处理，拆除整改违建523宗、面积约61万平方米。在全省率先完成土规调整完善，土规、城规衔接率提至93%。启动建设用地使用权二级市场试点改革。农村土地承包经营权确权登记颁证率达93.8%，超额完成年度目标任务。新建农贸市场快检室150家、食品安全示范市场50家。市食品药品检测中心投入使用。积极融入粤港澳大湾区规划建设。规划8条地铁线路对接广州、深圳、惠州。扎实推进深莞惠3+2经济圈建设。签订深化穗莞战略合作框架协议，加强在规划、产业等八个领域合作。全力以赴做好全国文明城市迎检复评。深入实施“四大提升工程”和“十大专项行动”，大力推进85项重点任务。启动“九个一百”文明示范工作建设，建成文明示范项目930个。扎实推进友善之城、好人之城、志愿之城、希望之城建设。讲好东莞故事，传播城市魅力。

一年来，我们以实施园区统筹组团发展战略为抓手，着力提升区域协调发展水平。加大统筹发展力度。在不改变行政架构和空间范围的前提下，将全市划分为6大片区，谋划14个重点发展先行区，增强片区发展合力。松山湖片区“1+6”统筹组团发展试点取得突破性进展，松山湖在全国高新区的综合实力排名上升至23位。统筹滨海湾新区与东莞港建设，经省政府批准升格为省级开发区，设立管委会并将滨海湾新区面积扩容至83.2平方公里，成为粤港澳大湾区城市群发展规划重大发展平台。规划编制、项目填海、企业搬迁、理顺机制等工作加快推进。水乡经济区科学谋划新城与片区发展定位，启动水乡新城建设，片区生产总值增长9.3%，快于全市1.1个百分点。大力扶持次发达镇村发展。设立三年30亿元的专项资金，建立市直部门共同帮扶、重大事项议事协调等机制，推动次发达镇加快发展。8个次发达镇生产总值平均增长10.2%，快于全市2个百分点。70个次发达村（社区）村组两级经营纯收入增长14.5%，快于全市5.5个百分点。扎实推进对口帮扶和援建任务。开展东莞韶关对口帮扶，产业共建新签约项目117个、投资规模326.6亿元。推进韶关、揭阳精准扶贫精准脱贫工作，完成到村帮扶项目1317个，到户项目12.7万个，帮助20055人实现脱贫。落实东莞昭通“1+8”合作协议，在全国首创劳务协作扶贫援建模式。援藏援疆援川进展顺利，援建资金100%到位。探索合作共建新疆兵团41团草湖镇，扎实推进兵团草湖广东纺织服装产业园和西藏巴宜区小康示范镇村建设。与牡丹江市签订对口合作框架协议，全面完成“五个一”工作任务。

一年来，我们以强化民生保障为宗旨，着力推动社会和谐善治。狠抓维稳第一责任落实。以最高规格、最强部署、最严措施，全力保障十九大特别防护期的安全稳定。深入开展“飓风2017”专项行动，重拳打击“两抢”等突出违法犯罪，保持对黄赌毒违法犯罪严打高压态势，接报违法犯罪警情下降17.2%，刑事立案数下降14.3%。持续深入开展信访突出问题治理专项行动，妥善处置群体性事件和突发事件。社会大局保持和谐稳定。加强社会治理创新。深入推进“智网工程”建设，入格事项增至20大类83项，建成市镇村三级指挥调度平台。扎实推进“以案说防”和“一呼百应”工作。“平安建设促进会”实现镇街（园区）全覆盖。全面开展寄递物流、危化品、建筑施工、道路交通等专项整治，严厉打击“四黑”违法违规行为，大力推进消防安全“个十百千万”工程。全市排查整改各类安全隐患13.5万处，生产安全事故宗数、死亡人数、受伤人数分别下降17.3%、12.3%和29.4%，未发生重大及以上安全事故。积极推动文教体卫等社会事业发展。完成11所公办学校新建扩建工程。新增中小学（幼儿园）64所。新增随迁子女义务教育公办和补贴学位6.8万个，增长78.3%。民办义务教育优质学校比例达61.9%。东莞开放大学启用。东莞理工学院在全国大学综合实力排名提升47位，升至229位，其中理工类大学排名83位。顺利完成全国数字文化馆试点任务。公共文化服务标准化试点通过验收转为全国示范。成功举办市运会，获得全运会 7 个项目金牌，全民健身事业蓬勃发展。深入推进“医药分开”改革，为群众减轻医药费负担 7600 万元。选定 5 所医院建设区域中心医院。完善分级诊疗制度，推进家庭医生签约服务，启动基层医疗卫生服务能力建设三年提升工程。全面做好稳定房价、社会保障等其他工作。科学制定土地供应计划，多种方式供应住宅用地，构建保障房、人才房等住房体系，稳定房价初见成效。低保标准提高到每人每月 880 元。积极推进养老保险省级统筹和全民参保工作，40 家医院接入国家异地就医联网平台。社会养老和医疗保险待遇水平稳步提升。发放就业创业补贴 1.38 亿元。成立关爱妇女儿童发展基金。慈善和养老事业、双拥创建不断加强。有效抵御“苗柏”、“天鸽”等灾害性天气。完成村级换届选举。统计工作进一步加强和改进。国防动员、工青妇幼、民族宗教、档案方志、防震减灾、残疾人、红十字会、打私人防等工作有效推进。

一年来，我们以提升行政服务效能为重点，着力强化与更高水平发展相适应的履职能力。深入学习贯彻党的十九大精神。深刻领会习近平新时代中国特色社会主义思想，切实强化“四个意识”和“四个自信”，把贯彻十九大精神和推动全市发展结合起来，全力以赴做好各项工作，真正做到学懂、弄通、做实。深化行政体制改革。组建成立市镇两级政务服务管理机构。公布首批 1173 个“最多跑一次”事项清单。“一门式一网式”改革实现市镇村三级联动。城市更新局正式挂牌。建筑市场全面放开。加强法治政府建设。出台市政府重大行政决策事项目录、合法性审查和后评估办法。完成《东莞市出租屋治安消防安全管理条例（草案）》起草工作。完成法治镇街和民主法治村（社区）年度创建任务，所有镇街达到省级法治创建标准。推动审计监督全覆盖。主动接受人大和政协监督，人大建议和政协提案办结率和满意率均达到 100%。加强政府系统廉政教育，推进政府投资工程廉情预警评估系统建设。持之以恒纠正“四风”，工作作风进一步改进。

各位代表，2017 年政府工作报告共分解工作任务 355 项，是近几年分解任务最多的一年。在各部门、各镇街（园区）的共同努力下，已完成及基本完成的任务 343 项，未完成的 12 项中，有 7 项是由于政策变动等客观原因导致。实际完成率为 98.6%，基本兑现了对各位代表的承诺。对于未完成的任务，我们已责成相关单位形成书面材料在大会印发，向各位代表进行解释说明。今后，我们将进一步加大责任落实和工作推进力度，全力以赴完成各项目标任务。

各位代表，过去一年，全市上下众志成城，开拓进取，发展迈出了坚实步伐。这离不开上级和市委的正确领导，离不开历届党委政府打下的坚实基础，是全市人民共同奋斗的结果。在此，我代表东莞市人民政府，向全市干部群众，向人大代表和政协委员，向各民主党派、各人民团体、社会各界人士，向各驻莞单位、驻莞部队和武警官兵，向所有参与和支持东莞建设发展的港澳台同胞、海外侨胞和国际友人，表示衷心的感谢和崇高的敬意！

党的十九大明确指出：“中国特色社会主义进入新时代，我国社会主要矛盾已经转化为人民日益增长的美好生活需要和不平衡不充分的发展之间的矛盾”。十九大指出的社会主要矛盾变化在东莞也表现得比较明显，全市不少领域面临着发展不平衡不充分的矛盾问题，需要引起高度重视：在经济发展方面，主要是产业发展层次总体偏低，现代化经济体系不够健全。与国际接轨的经济管理体制和贸易方式尚未建立完善，吸引外资、稳定外贸增长的压力较大。同时，受空间限制和观念束缚导致工业投资、基建投资不理想。在创新驱动方面，新旧动能转换仍处于胶着状态。传统制造业智能化转型仍处于爬坡越坎阶段，新动能未能真正挑起大梁。虽然全社会已形成科技创新的共识，但持续创新并把创新转化成有效生产力的能力仍有待增强。在城市品质方面，主要是建设较为分散，未能做到“串珠成链”，经营城市理念不强，城市更新动力不足，交通拥堵问题日益突出，“两违”现象未能得到全面遏制，精细化管理水平仍需提升，与粤港澳大湾区重要节点城市的要求还有一定差距。在协调发展方面，区域发展不均衡情况依然存在，镇街发展差距比较明显。在生态环境方面，实现水环境的根本性改善仍需时日，大气、固废、土壤等污染防治任务艰巨。在社会治理方面，社会治理体系和治理能力与经济发展水平不相适应，矛盾纠纷仍然高发多发。在民生保障方面，优质教育资源供给不够丰富，文化、医疗、社保等公共服务的质量和均等化水平需要继续提升。在作风建设方面，一些干部懒政怠政和不作为、慢作为的现象仍然存在，攻坚克难锐气不够，一定程度上影响了工作推进。对于这些问题，我们必须有效加以解决。

2018年工作安排

去年十月，党的十九大胜利召开，为全国改革发展指明了前进的方向。今年是贯彻党的十九大精神的开局之年，是改革开放40周年，是决胜全面建成小康社会、实施“十三五”规划承上启下的关键一年，还是东莞升格地级市30周年，做好各项工作意义重大。省委要求，要推动十九大精神学习宣传贯彻往深里走、往实里抓，奋力把广东建设成为向世界展示习近平新时代中国特色社会主义思想的重要“窗口”和“示范区”。市委提出，要坚定习近平新时代中国特色社会主义思想引领，按照“新时代·新征程·新东莞”的总体要求，推动在创新转型发展、全面开放格局、区域协调发展、美丽东莞建设、社会和谐善治、文化繁荣兴盛上的“六大跃升”，奋力在更高起点上实现更高水平发展，努力在加快建设社会主义现代化新征程上走在前列。全市政府系统要按照这个总体要求，全力以赴抓好各项工作。

围绕“新时代·新征程·新东莞”的总体要求，我们必须准确把握发展大势，努力抓住机遇加快推动高质量发展。深刻领会中国特色社会主义进入了新时代这一新的历史方位，牢牢把握新时代东莞推动更高水平发展、实现“两个走在前列”的价值追求，紧紧抓住粤港澳大湾区建设、广深科技创新走廊建设等重大机遇，深入贯彻新发展理念，坚持质量第一、效益优先，进一步强化推进供给侧结构性改革、实施创新驱动发展战略、构建开放型经济新体制三大支撑，加快建设现代化经济体系，推动东莞实现更高质量、更有效率、更加公平、更可持续的发展。

围绕“新时代·新征程·新东莞”的总体要求，我们必须加快建设美丽东莞，努力打造优美环境、提升城市品质。积极适应后工业化时代城市发展的要求，以建设美丽东莞为目标，把生态环境治理和城市品质提升作为着力点和突破口，大力推进水污染治理攻坚战、魅力小城和美丽幸福村居建设、城市更新改造、精细化管理等重点工作，加快补齐环境短板，进一步夯实生态本底，全方位提升城市品质内涵，不断增强城市的综合承载力和区域竞争力。

围绕“新时代·新征程·新东莞”的总体要求，我们必须坚持以人民为中心，努力使全市人民获得感、幸福感、安全感更加充实、更有保障、更可持续。把执政为民作为所有工作的出发点和落脚点，着眼于人民群众对美好生活的向往，着力打造共建共治共享的社会治理格局，有效解决好群众关注的社会治安、食品安全、子女上学、看病养老等热点问题，量力而行、尽力而为推动教育、文化、医疗、社保等公共服务增量提质，加快推进人的全面发展、社会全面进步。

围绕“新时代·新征程·新东莞”的总体要求，我们必须加大改革创新力度，努力增创新的改革红利和发展动力。弘扬改革开放先行地的优良传统，坚决破除一切不合时宜的思想观念和体制机制弊端，突破利益固化的藩篱，积极推进中央和省赋予的各项改革试点任务，深入推进富有东莞特色的莞版改革，强化改革督察问效，力争在激发市场主体活力和创造力、发挥政府统筹发展作用、提升行政服务效率等方面取得新的突破，有效解决制约东莞发展的瓶颈问题，更好地向改革开放四十周年和东莞升格地级市三十周年献礼。

围绕“新时代·新征程·新东莞”的总体要求，我们必须狠抓工作执行落实，努力将上级和市委的决策部署转化为具体行动和实际成效。坚决听从以习近平同志为核心的党中央指挥，集中精力聚焦做实，排出任务书、时间表、路线图，全力以赴完成好上级和市委部署的任务，把各项决策和要求具体化为工作项目、转化为落实举措，一件接着一件办，一年接着一年干，一步一步推动全市宏伟蓝图变为美好现实，久久为功，善作善成。

今年政府工作的指导思想是：全面贯彻党的十九大和中央经济工作会议精神，坚持以习近平新时代中国特色社会主义思想为指引，按照省委十二届三次全会和市委十四届五次全会的部署，坚持稳中求进工作总基调，牢牢把握高质量发展的根本要求，大力发展实体经济、强化创新驱动、扩大改革开放、提升城市品质、建设美丽东莞、增进民生福祉，加快解决发展不平衡不充分的问题，奋力推动东莞在更高起点上实现更高水平发展，努力在全面建成小康社会、加快建设社会主义现代化新征程上走在前列。

全市经济社会发展的主要预期目标为：生产总值增长 8%；人均生产总值增长 8%左右；固定资产投资总额增长 15%；社会消费品零售总额增长 9%；进出口总额增长 3.5%；市一般公共预算收入增长 9.5%；R&D 投入占比提高至 2.6%；国家高企数量达 4500 家；先进制造业、高技术制造业增加值占比分别达到 51%和 42%；一般贸易（含保税物流）占比达 48%；新建截污管网 1300 公里；城镇生活污水处理率达到 95%以上；空气质量达标天数 310 天以上；PM2.5 浓度控制在 35 微克/立方米以内；全面完成年度节能减排任务；新提供随迁子女义务教育公办和补贴学位 13 万个；城乡居民人均可支配收入增长 8.5%以上。围绕上述目标和要求，各级各部门必须全面落实上级和市委各项决策部署，突出抓好以下工作：

一、把发展经济的着力点放在实体经济上，加快打造粤港澳大湾区先进制造业中心

深入实施倍增计划。将市级试点企业动态扩容至 250 家以上。加强对镇级试点企业指导，总结推广先进经验。全面落实 20 条干货措施和 22 项配套政策，用好专业服务资源池、产权补办、并购重组基金等一揽子创新举措，以倍增扶持拓宽企业成长空间。调整完善资金拨付、督查督导和综合评价机制。探索将成熟的定向扶持政策扩展至全市企业，推动广大企业加快实现全域倍增。

积极构建智能制造全生态链。加快推进自动化、智能化改造，培育 300 个以上改造应用项目，建设 2-3 个智能制造示范项目。培育一批企业智能升级系统解决方案服务商。强化智能制造要素支撑，筹建国家智能制造装备监督检验中心，实施万名智能制造人才提升工程，力争 3 年内撬动融资支持 100 亿元以上。发展机器人智能装备产业，认定 15-20 个市首台（套）重点技术装备产品。加快建设工业互联

网。

着力培植更多优势支柱产业集群。实施智能终端产业生态系统建设计划，加快推进华为、OPPO、VIVO、紫光等重大项目建设，补强核心芯片、高端显示屏等关键配套，着力巩固电子信息产业的优势和地位。推动传统产业优化升级，进一步做强纺织服装、食品饮料、家具制造等产业集群。扶持新材料、机器人、人工智能、生物医药、第三代半导体、现代建筑等产业加快发展，谋划大科学装置关联前沿产业布局，着力培植和打造新的优势支柱产业集群。

以产品质量为突破口推动"质量东莞"、"品牌东莞"建设。大力推进质量强市建设，实施技术标准战略和消费品"三同"工程，开展区域品牌打造行动，推动智能终端、毛织等创建质量安全示范区。抓好商标品牌培育、提升、保护和服务四大工程，加强"东莞制造·知名商标"认定和管理。加强顶层设计，构建领先全国、对接国际的技能人才培养体系，打造"技能人才之都"。继续办好加博会、台博会、漫博会和智博会等展会，建立会展全球合作联盟，推动"东莞制造全球行"，不断提升东莞制造的知名度和美誉度。

打造更加有利于实体经济发展的环境。深入推进"三去一降一补"，突出"破""立""降"，推动企业成为供给侧结构性改革主力军。全面落实省市"实体经济十条"，统筹用好30亿元扶持企业专项资金。在去年减负新高的基础上，力争年内再为实体经济减负190亿元以上。灵活确定工业用地出让年限，鼓励"先租后让"使用土地，划定365平方公里工业保护线。规范反映突出的中介服务。探索制订新型产业用地政策体系。深入推进解决重点制造业企业用地历史遗留问题试点工作。抓好建设用地使用权二级市场试点改革。做好第四次全国经济普查。弘扬企业家精神和工匠精神，鼓励更多社会主体投身创新创业。

二、积极参与广深科技创新走廊建设，加快向创新型一线城市挺进

深入实施创新驱动发展升级版行动计划。启动高企"树标提质"工程。"一业一策"培育重点领域高新技术产业。实施核心技术攻关"攀登计划"。建设东莞国际技术转移中心，认定一批海外创新中心，构建国际科技合作网络。制定推动科技成果转化的政策。加大对企业研发财政补助力度，力争规上企业研发机构建有率达38%。推进知识产权综合管理试点改革，为创建国家知识产权强市打下基础。积极申报省高新技术产业开发区。

大力抓好广深高速创新带"1+1+11"示范建设。成立专项小组，按照定规划、定项目、定标准、定政策的要求，制定总体建设方案，引进培育一批重大项目，启动实施一批环境提升和城市更新项目，进一步提升沿线环境和科技平台建设水平。出台政策，支持沿线镇街（园区）在科技创新、经营城市、盘活土地、利益共享、协调发展等方面先行先试，探索经验，引领带动东莞全域创新发展。

抓好松山湖、中子科学城等重大创新平台建设。深入推进松山湖片区"1+6"统筹组团发展工作，抓好16个重点先行区建设和原东部工业园企石片区开发，集聚一批重点实验室和工程技术研究中心。抓好中子科学城规划建设，围绕建设综合性国家科学中心的目标，加快完成规划设计、土地整备和基础设施建设，引入同步辐射光源等大科学装置，尽快形成区域创新共同体。推动东莞材料科学与技术省实验室建设，确定运营模式和建设方案，加快集聚一批国际化、高水平的研发机构和龙头企业，打造具有重大国际影响的先进材料创新高地。

大力促进科技金融产业融合发展。用好4年2.5亿元的发展利用资本市场专项资金，积极推动企业上市，力争境内外上市、新三板挂牌企业总数达到260家。抓好众创金融街、龙湾梧桐小镇、松山湖基金小镇、东城金融产业集聚区等建设，争取已备案私募基金突破400只。培育发展创业投资、风险投资、融资租赁等新兴业态。鼓励国企积极参与科技金融产业融合发展。完善地方金融监管体制，强化对涉众型金融风险的防控，维护金融稳定。

三、增创改革开放先行地新红利，加快培育国际经济合作和竞争新优势

进一步激发改革活力。以开放型经济新体制综合试点试验为契机，大力推进贸易自由化便利化改革等34项重点改革事项，力争形成20项以上东莞特色改革经验。深化园区统筹组团发展改革，总结松山湖片区试点经验，探索在水乡、滨海等片区全面推开。深化商事制度改革，抓好省市共建深化商改综合试验基地建设，铺开“双随机一公开”改革，打造事中事后监管全国样本。实施乡村振兴战略，推进全国农村集体产权制度改革试点工作，促进农村集体经济与实业投资、金融信托等国企合作，拓展投资渠道。完成农村土地承包经营权确权登记颁证工作。抓好城市管理和综合执法体制、盐业体制和供销社综合改革。强化改革正向激励，建立健全改革容错纠错机制，进一步调动各级锐意改革、勇于创新的积极性。

以滨海湾新区为龙头加快融入粤港澳大湾区建设。高标准、高起点推进滨海湾新区建设，抓好新区规划编制、基础建设、招商引资和东莞港全域规划、港口资源整合等工作，加快引进聚集一批高端创新资源。坚持“规划引领、项目带动、机制保障”，进一步推动滨海片区组团发展。扎实推进综合保税区的建设和运营。加快水乡新城建设，优化管委会职能和机构设置，加强产业招商统筹，加速平安金融科技城等项目建设，着力打造粤港澳大湾区国际商务港。深化穗莞战略合作，突出创新走廊共建、港口航运合作、交通互联互通、生态环境联治，加强高端服务业特别是高端医疗、教育和人才等方面的合作，推进“穗莞政务跨城通办”试点。积极参与深莞惠经济圈“3+2”建设。主动对接广东自贸区。加强与港澳台在科技、金融、商贸、公共服务等领域的合作。

着力促进内外源经济协调发展。探索建立科学有效的加工贸易创新发展综合评价体系，打造一批示范企业、园区和项目，培育一批具有特色的国际商品交易平台，发展一批跨境电商、保税物流、现代供应链等贸易新业态、新模式，推动加工贸易向全球价值链高端跃升。深入实施“亲企清政”工程，推进万名民营企业家培训计划，继续开展大型骨干企业、成长型中小企业培育行动，引导社会资本加快进入以先进制造业为核心的实体经济。全面推进市属国企重组整合，力争在交通运营、城市更新、金融产业、科技创新、水环境治理、能源投资等领域重组整合一批具有核心竞争力的龙头骨干集团。

积极拓展“一带一路”合作空间。办好海丝博览会，进一步提升展会的国际化、专业化和市场化水平。加快中外运石龙码头改扩建等工程建设，推动跨境班列双向对开常态运作，积极申报多式联运监管中心。加强与内蒙古、新疆等沿边地区的口岸通关协作。举办“迈向新丝路”走出去系列活动。力争新增企业境外投资项目超过100宗。

四、加大招商引资和有效投资力度，全面夯实更高水平发展的后劲

掀起主动出击引进大型优质项目的新热潮。整合全市招商资源，加强专业招商队伍建设，出台新的招商引资奖励政策，探索产业基金招商新模式。提高招商谋划水平，加强产业发展前瞻性、支撑性研究，坚持先进制造业、总部性平台、加速器营运平台、以自持物业为主的平台开发商等“四个优先”，着力引进一批龙头企业和核心项目。加强国际经贸合作网点和国内产业合作联络处建设，深化与知名产业基金、创投基金等的合作，积极开展合作招商。探索建立健全全市及片区重大项目招商引资统筹和流转、利益分享等机制，对重大项目实行“一事一议”。力争年内引进超亿元内资项目110宗、超千万美元外资项目100宗。

千方百计为项目落地拓展空间。从园区平台土地整合、闲置用地处置和“三旧”改造等方面入手，进一步盘活存量土地利用空间，优先保障重大项目和重大平台用地需求。对工业用地或仓储用地在符合规划和不改变土地用途的前提下，调整容积率等规划指标不再增收土地价款差额。出台硬措施，未来三年盘活存量土地3万亩，整合1000亩以上连片土地20块。

想方设法推动有效投资增长。出台进一步促进有效投资增长的实施意见。建立投资项目调度管理联席会议制度。按照“储备一批、开工一批、投产一批”的要求，建立2018-2020年滚动投资项目库，对项目建设实行全流程、规范化管理。制定财政投资建设项目前期工作办法及配套政策，精简投资审批流程，提高服务效率。严格执行企业投资项目准入负面清单制度，下放投资项目审批权限。落实以备案制为主的企业投资准入管理体制。大幅提高年度考核中投资增长、项目建设的分值和权重，根据完成情况分别进行奖励和约谈。建立投资项目数据库与投资统计台账，确保应统尽统。

不遗余力抓好重大项目建设。修订重大项目管理办法，突出项目产业和效益导向，实施全链条管理。加大重大项目土地、资金、人才等资源保障力度，简化规划、用地、报建等审批服务程序，实行重大项目“马上就办”。完善市领导挂钩督导、督查巡查、现场协调等推进机制，切实加快项目建设。探索建立重大产业项目后评价机制，提高项目监管和履约水平。力争年内完成重大项目投资600亿元，增长15%以上，推动66个项目新开工、43个项目投产。

五、深入实施城市品质三年提升计划，不断提高城市承载力与竞争力

探索建立与城市建设相适应的投融资体制。树立经营城市理念，深化城市建设投融资研究，加强对土地储备的协调领导和规划统筹，摸清存量建设用地情况，做好TOD等重点领域的土地储备及整合工作。深化在库储备土地城市规划，提升土地价值。创新投融资机制，推广运用PPP等模式，更好地推进地铁1号线、环莞三期等项目建设。用好总规模200亿元的莞信基础设施和公共服务投资基金，通过股权投资带动项目融资，保障重大项目资金需求。鼓励镇街（园区）组建基础设施投资基金。推动东实集团、水投集团、交投集团加快资产证券化步伐，提升融资能力，促进轨道交通等重大项目建设。鼓励村集体参与重大基础设施建设。充分发挥市场机制作用，吸引莞民投、民盈集团等民间资本参与经营性项目建设与运营。

加快构建新“三位一体”的城市中心体系。加强中心城区、松山湖、滨海湾新区“三心”之间的交通、市政等基础设施网络联系，实现城市功能有机疏散、错位发展。适度提升中心城区首位度，抓好“两轴三节点”城市品质提升，加快南城国际商务区规划建设，启动环同沙地区规划建设及整治提升，推进“三江六岸”统筹开发。加快建设魅力小城，出台设计技术指引，每个镇街（园区）选取至少1条道路和1个片区进行示范提升。打造美丽幸福村居，启动第一批3个市级示范片区的申报建设工作，探索实施镇级连片建设。开展城市生态修复、城市功能修补，用好山水资源，进一步彰显“一半山水一半

城，城市就在山水间”的城市特色。

狠抓城市品质三年提升计划项目实施。做好项目统筹谋划，出台项目管理、财政激励、建设指引等政策，优化审批流程，落实工作责任，全面掀起项目建设高潮。按照“完成一批、启动一批、谋划一批”的要求，大力推进400多个、总投资超1700亿元的项目建设，每个镇街打造建成2–3个示范项目，让群众尽快感受到城市品质提升带来的明显变化。

全力推进城市更新和TOD开发。抓紧修编城市更新专项规划，出台城市更新规划单元划定标准及管理办法，制定集体经济组织公开选择合作企业的操作指引、连片改造专项政策，组建城市更新基金，鼓励“工改工”连片开发。重点推进南城东华、麻涌滨江、樟木头樟洋、凤岗天堂围、长安科技商务区等总面积1.7万亩的8个片区改造。支持常平国际创新港、黄江灵狮小镇等4个旧工业区活化更新。推进挂影洲围统筹开发。加快东莞火车站、东莞东火车站、常平火车站、虎门高铁站、东莞西站、松山湖北站、谢岗银瓶站以及深茂铁路滨海湾站等的TOD开发，划定首期轨道站点TID项目用地范围，探索轨道交通站点车辆段上盖物业开发的可行性，提前介入、策划新线车站地下空间，提高轨道交通综合经营能力。

抓好地铁1号线等基础设施建设。全面推进赣深客专东莞段建设，完成深茂铁路东莞段前期工作，加快穗莞深、佛莞城际东莞段工程建设。抓好穗莞深轨道衔接工作，适时启动寮步高铁始发主站规划，构建与湾区中心、区域重大枢纽快速联系。开工建设地铁1号线一期工程，争取完成2号线三期项目立项，加快推进虎门二桥、莞番高速、深圳外环高速东莞段等建设，对水乡大道等实施快速化改造，对与深广惠交接的20个国省县道门户路段进行改造提升，打通一批断头路，进一步完善市域综合交通一张网。实施电网升级行动，力争完成投资30.6亿元。建设光网无线城市，新增4G基站1万个、光缆6500公里，打造全省一流、全国领先的信息基础设施。

大力整治交通拥堵、“两违”等突出问题。按照“建、控、活、优、增、投、管、减、合”的思路，进一步强化交通拥堵整治统筹领导，出台系统科学、标本兼治的整治方案，力争一年实现拥堵状况得到有效缓解，三年实现交通通行能力明显提升。抓紧改造环城路等7个拥堵节点，实施道路微循环改造。升级交通指挥系统。编制公交专用道网络规划，加大对常规公交投入。加强出租车、网约车、共享单车管理。新建22座人行天桥，完善城市慢行系统。开展历史遗留违法建筑普查摸底，建立信息数据库和台账。探索实施分类处理，逐步消化存量违法建筑。严厉打击新增违法建筑，对违规建设销售小产权房从源头进行精准打击。强化“两违”整治联合执法力度，每月通报整改和拆除情况，对不力的镇街进行约谈、问责。

努力让城市更有序、更干净、更靓丽。充分发挥“智网工程”在城市网格化、精细化管理中的重要作用，进一步加强信息系统、指挥调度体系、网格管理队伍等建设，推动更多的部门入格，提升基层化解问题的能力和水平。推广东坑经验，推进城市“六乱”、生活噪音等综合整治。打造精品工程，提升东莞大道、中心广场、黄旗山城市公园等的景观和品质，加强高铁站、火车站、汽车站和旅游景点等区域管理，每个镇街打造至少1个上档次的城市公园。加强公厕规划、管理和建设。实施“填坑补绿”行动，抓好道路设施、园林绿化等改造提升，全面消除道路坑洼、人行道塌陷、绿化管养不到位等现象。开展城市精细化管理考核，逐步实现精细化管理全覆盖。进一步丰富城市建设的文化内涵，努力让城市更有品位。

六、加快创建国家生态文明建设示范市，满足人民日益增长的优美生态环境需要

深入推进水污染治理攻坚战。年内新建截污管网1300公里，争取1600公里。抓好破损截污主干管网修复，健全管网维护保养机制。同步实施接水通水工程，加快推动厂网一体化运营，充分发挥截污管网作用。改扩建污水处理厂6家，提标改造35家，加快推进首批分散式污水处理设施建设，将全市污水处理能力提升至356.5万立方米/日。加大对企业排污的监管力度，从严处理偷排等违法行为。实施考核断面水质保障工程，深入推进“八大专项行动、十项整改措施”。2018年春节前完成40条重污染河涌整治示范项目，年内完成不少于100条内河涌整治。

加强固废、大气、土壤等治理。建成东南部卫生填埋场、市区有机资源再生利用工程等项目，启动工业垃圾处理设施项目建设，加快厚街环保热电厂技改增容工程，推进建筑垃圾和余泥渣土消纳场建设，力争年内在全省率先实现新增生活垃圾全焚烧、零填埋。出台生活垃圾强制分类工作方案。抓好垃圾填埋场渗滤液的全面收集处理。加大力度推进存量垃圾综合治理，逐步整治39座污染重、库容大的填埋场。完成124个砂场（含洗砂场）的整治。统筹推进大气污染防治行动计划，重点整治臭氧、PM2.5等造成的污染，完成印刷、塑胶等重点行业VOCs污染整治任务。加强施工扬尘污染治理，有效整治泥头车撒漏现象。深入推进“土十条”。开展土壤污染详查，实施重点监管企业名录制度，完成石碣、麻涌、洪梅土壤修复试点工程。

大力抓好生态系统保护。加强“两区一园”保护建设工作。加快推进东莞植物园二期、银瓶山三期项目建设，完成大屏嶂、大岭山森林公园和同沙生态公园品质提升前期工作。启动黄江巍峨山、谢岗银山、企石东丫湖等公园建设。创建国家生态园林城市和省森林小镇。加强地质灾害隐患点治理和海岸线修复整治。完成15个易涝点整治，做好黄沙河流域海绵城市试点工作。建设海洋环境在线监测系统。

发展绿色、低碳、循环经济。实施能效倍增行动，推动500家用能单位5年内实现能效倍增。积极推动装配式建筑，规模化发展绿色建筑。保持好农用地的生产与生态功能，稳定粮食生产能力，强化粮食安全保障，做大做强高端精品农业。积极建设国家生态文明先行示范区，加快创建国家生态文明示范市。

七、着力改善民生和创新社会治理，不断提升人民获得感、幸福感和安全感

优先发展教育事业。扩充公共教育资源，新建扩建公办中小学20所。开展小区配套幼儿园专项整治。力争公办幼儿园占比未达30%的镇街（园区）新建（新增）1所以上公办幼儿园。努力挖掘公办学位潜力，增加民办学位补贴数量，向随迁子女新提供学位13万个。创建品牌学校30所，推进教育集团化办学。制定民办教育“1+N”政策文件，进一步提升民办学校教育质量。实施“互联网+教育”战略，新增优课微课1万节。抓好高中阶段学校考试招生制度省级试点改革。改革职业教育人才培养模式，积极创建省现代职业教育综合改革示范市。建设高水平理工科大学。深化名校研究生联合培养工作。大力推动老年教育发展。不断提升全民教育水平。

加强社会保障体系建设。进一步完善养老保险和医保制度，将中央、省属机关事业单位纳入机关养老保险，建立医保按病种分值付费方式，推广工伤预防试点经验，推进社保医疗O2O服务平台建设，做好基本养老金调整工作。实施积极的就业创业政策，全面放开小额创业贷款户籍条件，促进高校毕业生

和就业困难人员等重点群体稳定就业。出台构建科学住房体系的配套政策，搭建住房租赁监管平台，加强人才住房保障工作，抓好房地产调控、去库存工作，扩大住房公积金制度覆盖面，助推房地产市场健康平稳发展。完善社会救助体系，启动社会综合福利院建设，鼓励和支持社会力量参与养老事业。出台新的拥军优属实施办法，深化军民融合，做好全国双拥模范城中期考核迎检。

扎实做好市内外帮扶工作。大力推进次发达镇加快发展，制定资金池竞争性分配办法，落实共同帮扶机制，推动引进更多高质量项目，力争4个以上次发达镇生产总值突破100亿元。大力推动次发达村（社区）加快发展，基本实现次发达村（社区）村组两级经营性纯收入稳定在300万元以上或比2015年增长20%。抓好东莞韶关对口帮扶工作，加快华南装备园、莞韶园、县级共建园区的建设和招商。做好对韶关、揭阳精准扶贫精准脱贫工作，确保贫困村内100%相对贫困户脱贫、100%相对贫困村出列。扎实推进新疆兵团草湖工业园和41团草湖镇共建工作。加快西藏巴宜区小康示范镇村建设。做好东莞昭通扶贫协作工作。深入开展与牡丹江市对口合作。加强与四川雅江县、九龙县和重庆巫山县的对口联系。

推进“健康东莞”建设。全面深化医药卫生体制改革。优化整合医疗资源，加快5所区域中心医院建设，推进医疗联合体建设，推动部分公立医院向专科医院、医养结合机构等转型，完成150所社区卫生机构的升级达标。推进公立医院药品跨区域联合集中采购改革。建成市儿童医院。启动国医馆、市中西医结合医院建设，打造中医药强市。建立符合医疗卫生行业特点的薪酬制度。全面推进家庭医生签约服务。成立市医疗和健康保障中心。举办1000场健康讲座。每个镇街选择1–2个以上农贸市场进行提升改造。启动国家食品安全示范城市创建。

健全公共安全防控体系。严厉打击“两抢”犯罪，始终保持对涉枪、涉管制刀具、涉金融和“黄赌毒黑拐骗”等违法犯罪的高压态势，力争各类刑事犯罪立案数下降8%以上，其中“两抢”警情数、立案数分别下降30%和40%以上。出台加强公安工作意见。抓好流动人口和出租屋基础信息采集。推进辅警队伍正规化建设。探索建立警区警务统筹联动工作机制。推进社会治安视频监控系统建设。启用新情报指挥中心。推广铁骑勤务。抓好危险化学品安全综合治理，加强安全生产标准化建设，落实企业全员安全生产责任制。健全出租屋、三小场所、高层建筑消防安全长效治理机制，建设消防安全“技防”系统，推进电气火灾综合治理，挂牌督办一批火灾隐患。提高应对自然灾害及其引发的次生、衍生灾害的能力。完善应急管理体制机制，强化突发事件处置组织领导，提升基层预防和处置水平。

推动文化体育事业繁荣发展。巩固全国文明城市“四连冠”成果，培育和践行社会主义核心价值观，广泛开展理想信念教育，加强公民道德建设，启动“新东莞文明美丽乡村”建设，打造一批“友善企业”、“文明社区”，推动文明创建全域化、长效化。大力实施文化惠民工程，开展全民艺术普及行动计划，加快图书馆、文化馆总分馆制建设，推动基层综合性文化服务中心全覆盖。落实上级部署，筹划组织纪念改革开放40周年系列文化活动，创作一批优秀文艺作品。做好红色革命遗址保护利用工作，加强文物保护利用和文化遗产传承。加快筹建市博物馆新馆。积极申报国家历史文化名城。打造虎门“中国近代史开篇地”文化旅游品牌。优化体育公共服务体系建设，开放50个公共体育设施，开展万人体育公益培训。办好第一届市民运动会。迎战省运会。抓好男篮世界杯筹备工作。推动档案数字化，推进市档案中心和新方志馆建设。

八、提振与新时代·新征程·新东莞相适应的精气神，建设人民满意的服务型政府

打造一体化的政务服务体系。加强政务服务改革顶层设计。深入推进公共服务事项标准化，按“最小颗粒度”的要求细化办事指南和流程，让企业和群众办事更加便捷。探索推进相对集中行政许可权，实施部门行政审批职能整合归并。按照全市一盘棋的要求，统筹全市政务信息化建设，促进政务信息资源共享，加快“数字政府”改革和一体化政务服务平台建设。加强政府网站建设与管理，全面推进政务服务公开，努力使政务服务工作走在全省前列。

全面推进依法行政。加强改进政府立法工作，将一批成熟的经验和做法以规范性文件、政府规章、地方法规的形式固化下来。完善政府法律顾问制度，深入推进行政复议应诉试点工作，加大培训力度，不断提高政府工作人员法治思维和依法行政能力。以依法及时解决群众合理诉求为核心，全面构建新时代信访工作机制体制，着力解决反映强烈、社会关注度高的信访问题。抓好“七五”普法。建成市镇村三级公共法律服务实体平台网。力争90%以上村（社区）达到省级民主法治村（社区）创建标准。

切实加强廉政建设。严格落实中央八项规定精神，进一步纠正“四风”问题。依法接受人大及其常委会的监督，自觉接受政协的民主监督，接受社会和舆论监督。坚定不移惩治腐败，认真查找廉政风险点，完善审计改革配套制度，完善政府投资工程廉情预警评估系统，大力整治腐败问题，增强群众认同感。

进一步强化主动作为的责任意识和担当意识。深入推进“三大建设”，教育和引导各级领导干部牢牢把握正确的政治方向，进一步增强“四个意识”和“四个自信”。正确处理好勇于担当、依法办事、干成事业之间的关系，增强狠抓落实的本领，提振攻坚克难的锐气，以更高的要求、更优的作风、更实的举措，高质高效地完成全年各项目标任务。

各位代表！潮平两岸阔，风正一帆悬。让我们乘着改革开放四十周年的春风，高举习近平新时代中国特色社会主义思想伟大旗帜，在省委、省政府和市委的坚强领导下，与全市人民一道，锐意进取，主动作为，真抓实干，共同谱写更高水平发展新篇章，再创东莞现代化建设新辉煌！

名词注解：

三项工作：一是推动工商注册制度便利化工作及时到位、落实事中事后监管等相关政策措施社会反映好；二是土地集约节约利用成效较好、闲置土地较少；三是推动实施“中国制造2025”、促进工业稳增长和转型升级成效明显。

实体经济十条：指省出台的《广东省降低制造业企业成本支持实体经济发展若干政策措施》（简称省“实体经济十条”）和我市出台的《东莞市贯彻广东省降低制造业成本若干政策措施全面推进实体经济企业规模与效益倍增实施方案》（简称市“实体经济十条”）。

中子科学城：位于松山湖南部与大朗交界处，规划面积53.3平方公里。计划依托散裂中子源等创新资源，引入同步辐射光源等大科学装置，聚集国家级实验室平台与团队，建设综合性国家科学中心。

“三互”大通关：指口岸管理相关部门推动信息互换、监管互认、执法互助，实现通关效率大幅提升的改革。

单一窗口：指建立一个大数据共享的政府信息平台，投资企业或进出境商品电子数据只需提交一次，就能达到所有相关管理部门的审批要求。

VOCs：挥发性有机物的英文简称，是生成臭氧（O_3）和细颗粒物（PM2.5）二次污染物的重要前体物。

一心两廊三区四门户多节点：“一心”指中心城区，“两廊”指沿广深高速和新城大道—生态园大道两条区域创新走廊，“三区”指松山湖（生态园）、滨海湾新区和水乡新城，“四门户”指东莞火车站、虎门高铁站、东莞西站以及

松山湖北站，“多节点”指重要的对外联系站点和各镇街（园区）重点打造的连片示范区等功能节点。

四大提升工程：指精神文明建设水平提升工程、城镇规划建设管理水平提升工程、社会民生建设水平提升工程、市民文明素养提升工程。

十大专项行动：指户外广告整治行动、城市“牛皮癣”整治行动、环境卫生整治行动、“涉黄”整治巩固行动、交通秩序整治行动，以及公益广告氛围提升行动、核心价值观融入提升行动、城乡规划建设提升行动、基层服务提升行动、市民素质提升行动。

九个一百：指百个文明示范村（社区）、百条示范路街、百个志愿服务示范站点、百个示范企业、百个示范市场、百个示范小区、百个示范窗口、百个示范学校、百个文明家庭。

“1+8”合作协议：“1”指东莞、中山、昭通签署的《扶贫协作框架协议》；“8”指三市在示范点建设、干部人才交流、产业协作、劳务培训与输出等8个领域开展交流合作。

“五个一”工作任务：指开展一次地市间领导交流活动、组织一次机关干部交流活动、推动一批地市间干部挂职交流活动、组织一次对口合作经贸交流会活动、推动一批对口合作项目落地活动。

以案说防：公安等部门以分析典型案例为主题在社区开展的普法活动，旨在提高群众的法律意识和安全防范技能。

一呼百应：由公安等部门发动各类群体，通过建设相当数量的警民联防执勤点，配备相应的联防执勤装备，利用公网对讲机、微信等手段的指挥呼叫通讯模式，实现社会群防群治力量联动。

“四黑”专项整治行动：指黑油、黑气、黑危化品、黑危险货物运输车辆专项整治行动。

“个十百千万”工程：“个”指开展省、市两级政府挂牌督办的3个火灾隐患重点镇街整治；“十”指开展三小场所、出租屋、“分租式”厂房、高层建筑等10个领域的专项治理；“百”指对火灾起数排名靠前的100个村（社区）挂牌督办整治；“千”指提升全市2231家消防安全重点单位微型站的建设质量；“万”指建设10000个微型消防宣传教育体验点。

一门式一网式：指依托基层公共服务综合平台和网上办事大厅，整合部门分设的办事窗口和审批服务系统，建设政府综合服务窗口和网上统一申办受理平台，实现一门集中、一网受理、一窗通办。

六大制约：指产业体系的结构性制约、开放模式的局限性制约、动能转换的胶着期制约、资源配置的碎片化制约、社会治理的复杂性制约、城市发展的滞后性制约。

“三同”工程：“同线同标同质”的简称，指出口企业在同一条生产线上，按照相同的标准生产出口和内销产品，从而使供应国内市场和供应国际市场的产品达到相同的质量水准。

广深高速创新带“1+1+11”：指一条路、一个核、十一个镇街。一条路即广深高速公路，一个核即滨海湾新区，十一个镇街即沿线周边的麻涌镇、中堂镇、望牛墩镇、洪梅镇、道滘镇、万江街道、南城街道、厚街镇、沙田镇、虎门镇和长安镇。

双随机一公开：指在监管过程中随机抽取检查对象，随机选派执法检查人员，抽查情况及查处结果及时向社会公开。

TOD：Transit-Oriented-Development。即以公共交通为导向的开发。

两轴三节点：是指中心城区核心地段，“两轴”指东莞大道-东城中路（东纵路至四环路段）、鸿福路（莞太路至莞长路段），“三节点”指轨道2号线东城站、旗峰公园站和鸿福路站的周边地区。

三江六岸：指中心片区内以东江南支流、汾溪河、东莞水道三条水系为依托的滨水空间。

TID：Transport-Integrated-Development。即轨道交通站场综合体。

按病种分值付费：指按不同病种医疗费用之间的比例关系，年初给每一病种确定相应的分值，年终由社保经办机构根据各医院的分值总数，支付医院医疗费用的方式。

最小颗粒度：在审批服务事项梳理工作中，按最细化的情形来划分审批服务事项，实行一个情形对应唯一的审批对象、唯一的审批流程和唯一的申请材料等。

三大建设：指领导班子建设、干部队伍建设、党的作风建设。

第二部分　统计资料

Part Two　Statistics

一、综　合

General Survey

1-1 东莞行政区划（2017年）

Divisions of Administrative Areas in Dongguan (2017)

镇 街	村（居）委会		
	个 数		名 称
合 计	村委会	350	
	社区居委会	242	
莞 城	社区居委会	8	东正 市桥 北隅 西隅 罗沙 博厦 兴塘 创业
石 龙	村委会	7	西湖 忠维 林屋 蒲溪 新维 王屋洲 黄家山
	社区居委会	3	中山东 中山西 兴龙
虎 门	社区居委会	30	虎门寨 东方 则徐 大宁 树田 白沙 沙角 怀德 博涌 镇口 村头 新联 九门寨 居岐 金洲 南面 北栅 小捷滘 北面 陈村 东风 武山沙 黄村 南栅 龙眼 宴岗 赤岗 路东 新湾 民泰
东 城	社区居委会	23	岗贝 花园新村 东泰 温塘 桑园 周屋 余屋 鳌峙塘 峡口 柏洲边 上桥 下桥 樟村 梨川 堑头 主山 石井 同沙 光明 牛山 立新 火炼树 星城
万 江	社区居委会	28	万江墟 万江 石美 莫屋 拔蛟窝 黄粘洲 蚬涌 谷涌 小享 滘联 上甲 新村 新谷涌 共联 水蛇涌 大莲塘 牌楼基 严屋 大汾 流涌尾 金泰 曲海 坝头 胜利 官桥滘 简沙洲 新和 新城
南 城	社区居委会	18	鸿福 宏远 胜和 元美 亨美 三元里 篁村 新基 周溪 袁屋边 白马 石鼓 蛤地 西平 雅园 水濂 新城 宏图
中 堂	村委会	15	潢涌 三涌 湛翠 凤冲 袁家涌 吴家涌 鹤田 中堂 一村 东向 蕉利 槎滘 下芦 马沥 四乡
	社区居委会	5	中心 斗朗 红锋 东泊 江南
望牛墩	村委会	21	李屋 望东 扶涌 赤滘 五涌 下漕 上合 聚龙江 望联 洲湾 洲涡 杜屋 寮厦 芙蓉沙 官桥涌 横沥 福安 石排 官洲 朱平沙 锦涡
	社区居委会	1	望牛墩
麻 涌	村委会	13	麻一 麻三 麻四 大步 东太 新基 川槎 鸥涌 华阳 南洲 大盛 漳澎 黎滘
	社区居委会	2	麻涌 麻二
石 碣	村委会	14	石碣 唐洪 黄泗围 西南 单屋 梁家村 沙腰 刘屋 水南 四甲 鹤田厦 涌口 横滘 桔洲
	社区居委会	1	城中
高 埗	村委会	18	冼沙 卢溪 宝莲 塘厦 草墩 护安围 保安围 三联 横滘头 低涌 朱磡 新联 欧邓 芦村 高埗 凌屋 上江城 下江城
	社区居委会	1	新创
道 滘	村委会	13	南城 南丫 闸口 大鱼沙 小河 永庆 北永 昌平 厚德 九曲 大罗沙 大岭丫 蔡白
	社区居委会	1	兴隆
洪 梅	村委会	9	洪屋涡 新庄 梅沙 氹涌 黎洲角 夏汇 尧均 乌沙 金鳌沙
	社区居委会	1	洪梅
沙 田	村委会	16	中围 和安 大流 泥洲 杨公洲 福禄沙 阇西 民田 先锋 西大坦 穗丰年 大泥 齐沙 稔洲 义沙 西太隆
	社区居委会	2	横流 滨港
厚 街	社区居委会	24	竹溪 厚街 珊美 宝屯 三屯 陈屋 赤岭 河田 寮厦 汀山 环冈 大迳 新围 桥头 南五 新塘 涌口 双岗 溪头 沙塘 宝塘 下汴 白濠 湖景
长 安	社区居委会	13	长盛 涌头 霄边 咸西 锦厦 新安 乌沙 新民 沙头 上沙 厦岗 厦边 上角

1–1　续表

（2017年）

镇　街	村（居）委会		
	个　数		名　称
寮　步	村委会	20	西溪　凫山　石龙坑　石步　良边　富竹山　塘唇　向西　霞边　上屯　下岭贝　竹园　上底　药勒　刘屋巷　浮竹山　陈家埔　井巷　小坑　长坑
	社区居委会	10	寮步　塘边　横坑　岭厦　新旧围　缪边　牛杨　泉塘　坑口　良平
大岭山	村委会	21	太公岭　大塘朗　下高田　连平　鸡翅岭　马蹄岗　金桔　大沙　百花洞　大塘　水朗　杨屋　矮岭冚　颜屋　大片美　梅林　元岭　大岭　新塘　旧飞鹅　大环
	社区居委会	2	大岭山　农场
大　朗	村委会	16	高英　洋乌　洋坑塘　松柏朗　黎贝岭　松木山　犀牛陂　水平　宝陂　石厦　杨涌　沙步　新马莲　佛子凹　蔡边　水口
	社区居委会	12	大朗　佛新　巷头　巷尾　大井头　屏山　竹山　求富路　长塘　黄草朗　圣堂　长富
黄　江	社区居委会	7	新市　田美　三新　梅塘　宝山　北岸　长龙
樟木头	社区居委会	10	圩镇　樟罗　百果洞　樟洋　石新　柏地　官仓　裕丰　金河　樟新
清　溪	村委会	20	浮岗　上元　清厦　铁松　铁场　谢坑　青皇　大埔　长山头　三中　九乡　三星　渔樑围　厦坭　大利　土桥　重河　松岗　罗马　荔横
	社区居委会	1	清溪
塘　厦	社区居委会	22	塘厦　三局　林村　石潭埔　四村　振兴围　大坪　莆心湖　平山　诸佛岭　桥陇　龙背岭　石鼓　田心　横塘　蛟乙塘　凤凰岗　莲湖　沙湖　石马　清湖头　塘新
凤　岗	村委会	11	雁田　官井头　油甘埔　凤德岭　塘沥　黄洞　竹塘　竹尾田　三联　五联　天堂围
	社区居委会	1	凤岗
谢　岗	村委会	11	黎村　窑山　南面　大龙　大厚　赵林　稔子园　五星　曹乐　谢岗　谢山
	社区居委会	1	泰园
常　平	村委会	31	岗梓　塘角　苏坑　袁山贝　金美　还珠沥　朗贝　桥沥　卢屋　九江水　朗洲　陈屋贝　司马　霞坑　漱旧　漱新　黄泥塘　元江元　横江厦　沙湖口　白石岗　松柏塘　上坑　木棆　下墟　板石　田尾　白花沥　桥梓　麦元　土塘
	社区居委会	2	常平　新民
桥　头	村委会	11	田头角　李屋　朗厦　岗头　屋厦　禾坑　邓屋　邵岗头　东江　山和　石水口
	社区居委会	6	莲城　田新　桥头　大洲　迳联　岭头
横　沥	村委会	16	石涌　隔坑　半仙山　田头　田坑　横沥　村头　长巷　田饶步　六甲　村尾　水边　新四　山厦　月塘　张坑
	社区居委会	1	恒泉
东　坑	村委会	14	东坑　坑美　角社　塔岗　黄麻岭　初坑　凤大　黄屋　寮边头　长安塘　新门楼　井美　彭屋　丁屋
	社区居委会	2	草塘　骏达
企　石	村委会	19	铁岗　深巷　湖美　博夏　上洞　江边　旧围　清湖　东平　上截　下截　东山　莫屋　杨屋　新南　南坑　铁炉坑　企石　霞朗
	社区居委会	1	宝石
石　排	村委会	18	石排　下沙　福隆　庙边王　沙角　黄家壆　赤坎　向西　水贝　田寮　横山　埔心　谷吓　塘尾　李家坊　田边　中坑　燕窝
	社区居委会	1	太和
茶　山	村委会	16	上元　茶山　下朗　横江　增埗　卢边　寒溪水　南社　塘角　博头　冲美　粟边　孙屋　超朗　京山　刘黄
	社区居委会	2	茶山圩　茶溪
松山湖（生态园）			

1-2 历年东莞行政区划

Divisions of Administrative Areas in Dongguan over Years

单位：个

年 份	镇 街	村（居）委会	村委会	社区居委会
1978	33	526	496	30
1979	33	531	501	30
1980	33	545	515	30
1981	34	554	524	30
1982	34	561	531	30
1983	34	561	531	30
1984	34	542	512	30
1985	33	546	516	30
1986	33	560	530	30
1987	34	580	537	43
1988	33	582	542	40
1989	33	583	544	39
1990	33	583	543	40
1991	33	586	546	40
1992	33	590	549	41
1993	33	590	549	41
1994	33	592	551	41
1995	33	592	551	41
1996	33	593	552	41
1997	33	594	551	43
1998	32	594	551	43
1999	32	593	546	47
2000	32	675	546	129
2001	32	678	546	132
2002	32	678	546	132
2003	32	616	487	129
2004	32	596	440	156
2005	32	596	404	192
2006	32	596	394	202
2007	32	591	386	205
2008	32	591	383	208
2009	32	598	383	215
2010	32	599	383	216
2011	32	594	350	244
2012	32	595	350	245
2013	32	597	350	247
2014	32	597	350	247
2015	32	597	350	247
2016	32	593	350	243
2017	32	592	350	242

注：2013年起，虎门港社区居委会并入沙田镇；2015年起，生态园并入松山湖。

1-3 主要年份户数、人口与自然资源

Number of Households, Population and Natural Resources in Main Years

项目	单位	1978年	1990年	1995年	2000年	2005年	2010年	2015年	2016年	2017年
户数										
年末户籍总户数	万户	24.82	32.73	36.43	41.40	46.50	53.05	56.72	58.26	60.74
#城镇户数	万户	4.37	8.91	10.06	11.44	18.90	27.08	50.39	51.88	54.24
人口与劳动力										
年末常住人口	万人		175.62	336.45	644.84	656.07	822.48	825.41	826.14	834.25
年末户籍人口	万人	111.23	131.85	143.65	152.61	165.65	181.77	195.01	200.94	211.31
#城镇人口	万人	18.49	30.87	35.38	39.61	65.84	92.09	172.65	178.20	188.00
人口密度（常住人口）	人/平方公里		712	1365	2616	2662	3343	3355	3358	3391
人口密度（户籍人口）	人/平方公里	451	535	583	619	672	739	793	817	859
全社会从业人员	万人					388.13	626.25	653.41	653.97	660.39
第一产业	万人					13.65	6.05	6.08	5.89	5.79
第二产业	万人					250.04	476.94	445.81	446.32	450.78
第三产业	万人					124.45	143.26	201.52	201.76	203.82
城镇登记失业率	%				0.60	1.29	1.70	2.26	2.26	2.24
土地										
土地面积	平方公里	2465	2465	2465	2465	2465	2460	2460	2460	2460
年末耕地面积	万亩	118.39	88.26	70.86	66.33	50.29	57.69	55.05	54.62	54.28
人均耕地面积	亩	1.06	0.67	0.49	0.43	0.30	0.32	0.28	0.27	0.26
建成区面积	平方公里			82.48	147.68	620.31	798.48	928.87	956.54	988.89
#市区建成区面积	平方公里				28.13	108.10	91.65	119.18	119.97	121.14
气候										
年降水量	毫米	1748.3	1602.9	1664.8	2019.3	1837.6	2165.9	2137.9	2612.0	1769.4
年平均气温	摄氏度	21.9	22.8	22.4	23.2	22.7	22.4	23.5	22.8	23.2
极端最高气温	摄氏度	35.7	37.8	36.2	37.0	37.4	36.1	36.5	37.1	37.9
极端最低气温	摄氏度	2.7	4.3	6.7	5.6	1.8	1.9	7.5	2.0	5.4
年日照时数	小时	1958.8	1910.2	1935.7	2059.5	1736.3	1699.7	1787.2	1641.6	1890.7
森林										
有林地面积	万亩		83.48	91.48	92.16	89.23	87.30	77.32	86.42	50.56
林木蓄积量	万立方米		167.18	123.02	136.11	175.38	255.82	352.00	374.26	331.78
森林覆盖率	%		31.4	29.7	30.6	33.1	36.7	37.4	37.4	37.4
水资源										
大陆海岸线总长度	公里	61.4	61.4	61.4	115.9	92.1	97.2	112.2	112.2	112.2
海水养殖可养面积	万亩	5.0	5.0	5.5	2.6	16.9	2.0	0.9	0.4	0.3
淡水养殖可养面积	万亩	30.0	30.0	28.0	14.3	30.7	10.0	12.0	10.2	8.7

注：1．土地面积数据来源于市国土局，不包括海域面积。
2．人均耕地面积按户籍人口计算。
3．大陆海岸线从2000年起以咸水为界定。
4．常住人口2006—2010年数据，根据东莞市第六次全国人口普查数据结果重新修订，下同。
5．按建立城乡统一的户口登记制度要求，2015年起户籍户数和人口数按城镇和乡村划分，取消原来的农业和非农业的登记统计，数据与往年不可比，下同。

1-4 历年土地与自然资源

Land and Natural Resources over Years

年 份	土地面积 (平方公里)	气候				
		年降水量 (毫米)	年平均气温 (摄氏度)	极端最高气温 (摄氏度)	极端最低气温 (摄氏度)	年日照时数 (小时)
1978	2465	1748.3	21.9	35.7	2.7	1958.8
1979	2465	2007.1	21.9	36.5	2.9	1991.4
1980	2465	1434.7	22.3	37.7	3.3	2157.1
1981	2465	2394.9	22.1	35.6	3.2	1792.2
1982	2465	1454.1	22.1	37.5	3.8	1754.1
1983	2465	1947.1	21.8	35.8	3.3	1909.7
1984	2465	1444.5	21.5	35.9	3.1	1749.2
1985	2465	1678.0	21.8	35.8	4.2	1671.7
1986	2465	1665.2	22.2	35.9	3.0	2098.1
1987	2465	1908.8	22.9	37.0	4.3	1816.6
1988	2465	1735.0	22.0	37.0	7.0	1836.5
1989	2465	1567.2	22.5	37.6	5.2	1926.0
1990	2465	1602.9	22.8	37.8	4.3	1910.2
1991	2465	1219.6	23.0	36.6	1.2	1968.8
1992	2465	1827.1	22.3	37.0	4.5	1854.5
1993	2465	2393.6	22.5	35.6	3.0	1965.7
1994	2465	1809.1	23.0	38.2	5.4	1828.6
1995	2465	1664.8	22.4	36.2	6.7	1935.7
1996	2465	1547.4	22.7	37.1	3.4	2036.0
1997	2465	2074.0	22.8	36.3	6.1	1558.1
1998	2465	1844.5	23.6	36.5	5.6	1699.0
1999	2465	1614.5	23.3	37.8	3.1	2015.8
2000	2465	2019.3	23.2	37.0	5.6	2059.5
2001	2465	2042.6	23.3	36.6	6.6	1978.2
2002	2465	1557.4	23.6	36.7	4.5	2046.9
2003	2465	1416.7	23.0	36.1	3.8	2268.7
2004	2465	1705.8	22.8	38.0	3.5	2192.9
2005	2465	1837.6	22.7	37.4	1.8	1736.3
2006	2465	2412.0	22.7	36.8	4.7	1616.4
2007	2465	1806.9	22.9	35.9	6.7	1876.7
2008	2465	2710.9	22.2	36.8	4.8	1879.3
2009	2465	1881.6	22.8	36.3	5.3	1967.8
2010	2460	2165.9	22.4	36.1	1.9	1699.7
2011	2460	1298.6	22.1	36.2	3.2	2120.1
2012	2460	1838.6	22.6	36.7	4.1	1708.7
2013	2460	2087.2	22.8	36.4	6.1	1830.0
2014	2460	1935.6	22.9	36.8	3.9	1958.8
2015	2460	2137.9	23.5	36.5	7.5	1787.2
2016	2460	2612.0	22.8	37.1	2.0	1641.6
2017	2460	1769.4	23.2	37.9	5.4	1890.7

注：土地面积数据由市国土资源局提供，不包括海域面积，下同。

1-4 续表

年 份	森 林			水 资 源		
	有林地面 积(万亩)	林木蓄积 量(万立方米)	森 林覆盖率(%)	大陆海岸线总长度(公里)	海水养殖可养面积(万亩)	淡水养殖可养面积(万亩)
1978				61.4	5.0	30.0
1979	44.4	110.3	14.7	61.4	5.0	30.0
1980				61.4	5.0	30.0
1981				61.4	5.0	30.0
1982				61.4	5.0	30.0
1983				61.4	5.0	30.0
1984	76.6	160.5	21.9	61.4	5.0	30.0
1985	78.3	156.0	28.6	61.4	5.0	30.0
1986	82.4	157.8	30.0	61.4	5.0	30.0
1987	83.9	183.9	34.5	61.4	5.0	30.0
1988	84.3	169.1	34.7	61.4	5.0	30.0
1989	80.9	164.8	31.1	61.4	5.0	30.0
1990	83.5	167.2	31.4	61.4	5.0	30.0
1991	85.0	169.2	31.6	61.4	5.0	29.0
1992	86.3	169.8	31.3	61.4	5.5	29.0
1993	87.3	168.9	31.9	61.4	5.5	28.0
1994	86.1	116.8	28.3	61.4	5.5	28.0
1995	91.5	123.0	29.7	61.4	5.5	28.0
1996	91.9	115.7	29.9	61.4	5.5	28.5
1997	93.5	121.1	29.9	61.4	5.7	28.7
1998	93.4	126.0	30.1	61.4	5.7	28.7
1999	92.2	120.4	30.1	115.9	4.8	28.7
2000	92.2	136.1	30.6	115.9	2.6	14.3
2001	93.3	146.0	31.2	116.0	2.8	12.9
2002	93.8	155.0	31.7	115.9	4.1	11.7
2003	93.3	165.1	32.2	92.1	4.2	10.4
2004	93.3	165.1	33.0	92.1	4.0	10.0
2005	89.2	175.4	33.1	92.1	16.9	30.7
2006	88.9	194.4	33.5	92.1	16.6	30.5
2007	89.1	215.1	35.5	92.1	16.9	30.7
2008	88.6	227.9	36.2	97.2	2.5	15.0
2009	90.1	241.4	36.5	97.2	2.0	10.0
2010	87.3	255.8	36.7	97.2	2.0	10.0
2011	87.4	273.0	36.9	97.2	1.1	10.0
2012	87.6	291.0	37.1	97.2	1.1	10.0
2013	79.3	262.8	37.3	97.2	0.9	8.5
2014	79.8	282.9	37.4	97.2	0.9	12.9
2015	77.3	352.0	37.4	112.2	0.9	12.0
2016	86.4	374.3	37.4	112.2	0.4	10.2
2017	50.6	331.8	37.4	112.2	0.3	8.7

1–5 主要年份国民经济主要指标

Main Indicators on National Economy in Main Years

项　　目	单位	1978年	1995年	2000年	2005年	2010年	2015年	2016年	2017年
国民经济核算									
地区生产总值	亿元	6.11	296.45	821.14	2188.19	4308.92	6374.29	6937.08	7582.09
第一产业	亿元	2.72	21.43	25.91	20.55	15.94	19.92	22.76	22.85
第二产业	亿元	2.68	167.11	451.47	1232.14	2218.61	3007.87	3268.30	3663.23
第三产业	亿元	0.71	107.91	343.76	935.50	2074.36	3346.51	3646.02	3896.01
农村经济									
农林牧渔业总产值	亿元	4.24	42.69	54.64	42.05	26.35	31.88	35.47	35.49
农村集体经营总收入	亿元		41.23	77.50	120.57	143.38	180.43	190.35	202.61
年末耕地面积	万亩		70.86	66.33	50.29	57.69	55.05	54.62	54.28
工　业									
规模以上工业企业指标									
工业增加值	亿元		64.99	259.44	1062.42	1708.31	2611.96	2968.16	3618.19
主营业务收入	亿元	2.69	275.84	988.91	3912.15	7708.17	12454.22	14889.63	18240.15
年末固定资产原值	亿元	0.78	60.14	728.85	1856.09	3216.25	4355.07	4701.29	5009.41
年末固定资产净值	亿元	0.51	46.26	470.19	1105.26	1783.69	2158.12	2303.51	2556.13
流动资产合计	亿元	0.26	21.28	529.82	1873.28	3788.83	6189.26	7445.44	8995.67
资产总额	亿元		52.98	1122.60	3345.33	6001.71	9134.65	10676.05	12586.92
负债总额	亿元			563.04	1858.09	3525.30	5369.92	6435.49	7628.67
资产负债率	%			50.2	55.5	58.7	58.8	60.3	60.6
利润总额	亿元			50.36	124.35	352.36	407.50	502.73	722.04
综合效益指数	%			114.0	119.9	130.3	148.7	159.8	175.3
能源消费									
单位生产总值能耗上升率或下降率	±%					-2.02	-7.90	-4.65	-4.87
规模以上工业综合能源消费量	万吨标准煤				1203.77	1496.06	1329.38	1388.87	1422.24

注：1.2016年，国家统计局改革地区研发支出的核算方法，将能够为所有者带来经济利益的研发支出不再作为中间消耗，而是作为固定资本形成处理。根据新的核算方法，修订了1995–2016年全市地区生产总值数据。2018年根据全国第三次农业普查，修订了2006–2017年全市地区生产总值数据。本表为修订后的数据。

2.规模以上工业企业1997年及以前为独立核算企业口径，1998–2005年为全部国有及年销售收入500万元以上非国有企业口径，2006–2010年为年主营业务收入500万元及以上口径，2011年起为年主营业务收入2000万元及以上口径。2005年以前工业相关数据采用第一次经济普查资料修订的数据，2008年采用第二次经济普查资料修订的数据，下同。

3.根据《全国农业普查条例》，农业2007–2017年的农林牧渔业总产值、增加值和主要农产品产量等相关数据以全国第三次农业普查结果为基础做了修订，下同。

1-5 续表 1

项目	单位	1978年	1990年	1995年	2000年	2005年	2010年	2015年	2016年	2017年
运输邮电										
公路通车里程	公里	1259	1325	2327	2518	2871	4751	5165	5265	5262
#高速公路	公里				89	154	217	335	387	387
旅客周转量	亿人公里	0.94	32.22	44.62	100.19	118.53	129.07	77.13	77.32	68.14
水运	亿人公里	0.43	0.15	0.19	0.14	0.33	0.20	0.21	0.18	0.15
公路	亿人公里	0.51	32.07	44.43	100.05	118.20	128.87	76.92	77.14	67.99
货物周转量	亿吨公里	1.51	18.47	26.46	40.47	42.48	109.03	504.85	455.23	483.62
水运	亿吨公里	1.42	11.25	13.66	15.86	15.23	57.95	433.16	383.56	409.29
公路	亿吨公里	0.09	7.22	12.80	24.60	27.25	51.08	71.69	71.67	74.33
港口货物吞吐量	万吨	293	233	201	746	2280	5657	13149	14584	15714
邮政业务收入(含快递)	亿元						6.32	99.25	139.55	167.20
电信业务收入	亿元						149.02	149.73	155.58	167.99
局用交换机容量	万门		6.98	52.29	103.13	286.25	365.02	358.00	358.00	58.00
年末移动电话交换机总容量	万户			4.80	154.20	1059.10	1657.00	2033.00	2424.00	2425.00
本地电话用户	万户	0.20	4.90	31.58	78.12	384.52	332.42	298.23	272.63	244.64
移动电话用户(含充值卡)	万户		0.05	4.77	123.68	1016.41	1607.60	1756.75	1575.08	1680.97
#充值卡	万户				42.71	839.58	1433.56	1004.69	787.65	910.79
互联网用户	万户			0.05	13.78	52.90	153.92	201.74	185.27	175.67
供用电										
总供电量	亿千瓦时	1.64	18.01	68.00	178.03	415.66	556.89	661.26	695.59	753.80
#网供	亿千瓦时	1.64	11.18	38.48	134.91	342.26	547.33	648.27	681.39	735.52
全社会用电量	亿千瓦时		18.01	68.00	179.66	419.83	562.00	666.84	702.01	760.68
#工业用电	亿千瓦时				136.79	337.43	159.37	483.31	506.00	555.39
固定资产投资										
固定资产投资总额	亿元	0.23	7.51	63.14	102.89	597.24	1114.98	1446.52	1557.46	1712.83
#房地产开发	亿元			8.52	11.25	144.43	298.99	575.21	642.76	702.15
房地产开发当年房屋施工面积	万平方米					1160.20	2060.54	3921.20	4408.65	4553.68
房地产开发当年房屋竣工面积	万平方米					132.90	296.59	325.43	232.68	471.02
商品房销售面积	万平方米					321.90	511.25	1040.65	1024.25	799.46
商品房销售额	亿元					119.40	373.77	1019.11	1418.17	1349.22
新增固定资产	亿元					173.30	577.86	726.94	742.60	881.26
固定资产交付使用率	%					29.0	51.8	50.3	47.7	51.5
国内贸易										
限额以上批发和零售业销售额	亿元				135.46	568.35	1427.14	3219.18	3910.89	5141.40
社会消费品零售总额	亿元	2.13	31.97	113.01	235.16	506.29	1223.34	2184.70	2470.78	2687.88
城镇	亿元						1129.10	2011.67	2204.93	2363.38
乡村	亿元						94.24	173.03	265.85	324.51

注：1．2006年起公路通车里程含专用公路和村道，与往年数据不可比，下同。
2．2014年客运量和旅客周转量不含城市客运量，数据与往年不可比，下同。
3．2005年以前国内贸易相关数据采用第一次经济普查资料修订的数据，2005—2008年采用第二次经济普查资料修订的数据，2009—2013年采用第三次经济普查资料修订的数据，下同。
4．2015年起邮政业务收入采用邮管局数据，含快递业务，数据与往年不可比，下同。
5．2015年起本地电话取消小灵通用户，下同。

1–5 续表 2

项 目	单 位	1978年	1990年	1995年	2000年	2005年	2010年	2015年	2016年	2017年
物价指数（以上年价格为100）										
商品零售物价总指数	%	100.4	94.9	109.7	100.1	103.0	103.2	99.4	100.9	101.1
居民消费价格总指数	%		96.6	113.9	101.5	102.4	102.8	101.4	102.7	101.4
消费品价格指数	%		94.9	109.7	100.1	103.0	102.8	101.2	103.1	100.6
服务项目价格指数	%		111.0	128.9	112.8	100.4	102.6	101.9	102.1	102.8
对外经济贸易、旅游										
进出口总额（美元）	亿美元		10.82	153.91	320.45	743.72	1213.38	1676.73	1723.14	1811.73
出口总额	亿美元		5.68	77.99	171.59	409.29	695.98	639.55	990.35	1038.61
#一般贸易	亿美元			2.32	2.09	17.55	95.41	1037.19	357.20	451.20
来料加工装配	亿美元			43.46	83.43	161.17	195.54	379.63	84.77	86.12
进料加工	亿美元			32.02	85.84	230.43	394.62	105.40	489.66	462.06
进口总额	亿美元		5.14	75.92	148.86	334.42	517.40	516.77	732.79	773.12
进出口总额（人民币）	亿元							10399.92	11415.99	12264.37
出口总额	亿元							6428.91	6556.85	7027.38
进口总额	亿元							3971.19	4859.15	5236.99
新签利用外资协议（合同）数	宗					773	869	440	446	925
合同外资金额（新口径）	亿美元					29.80	25.97	50.59	47.32	26.08
实际利用外资（新口径）	亿美元					14.68	27.32	53.20	39.26	17.19
全年接待旅游人数	万人次		125	89	291	1156	2251	3199	3792	4142
#国际及港澳台旅游者	万人次		27	27	106	169	327	373	400	404
国际旅游外汇收入	万美元				7617	28189	67592	157743	153117	159582
财政、金融										
来源于东莞的财政收入	亿元	0.66	3.57	18.01	103.56	331.91	785.10	1155.50	1569.19	1647.24
一般公共预算收入	亿元			11.56	30.47	103.97	277.84	517.97	544.75	592.07
一般公共预算支出	亿元	0.18	2.28	12.42	33.61	117.04	289.83	581.24	599.29	667.65
金融机构各项人民币存款余额	亿元	1.05	68.07	383.68	1228.67	2933.40	5943.39	9736.24	11198.43	11836.66
#住户存款余额	亿元	0.54	45.51	232.97	672.07	1728.28	3386.85	4591.38	4882.91	5103.42
金融机构各项人民币贷款余额	亿元	1.96	63.04	254.85	630.84	1500.52	3329.82	5816.04	6402.48	6855.44
人民生活										
全市职工年平均工资	元						16108	41864	46242	53446
城镇在岗职工年平均工资	元	474	3552	9682	14051	28253	46576	53221	57649	61619
城镇常住居民人均可支配收入	元		2508	9588	14142	22882	35690	39793	43096	46739
城镇常住居民人均消费性支出	元		2038	9220	12529	21768	25733	29001	30688	32498
农村常住居民人均可支配收入	元	149	1542	4769	8484	13076	20486	24225	26526	29078
科技										
全社会R&D人员	人						38330	68211	73113	82130
全社会R&D经费支出	亿元						51.67	147.88	164.83	188.14
R&D占GDP比重	%						1.22	2.36	2.41	2.48

注：1. 2013年起，将原属于乡镇企业且符合城镇非私营单位条件的“四上”企业纳入城镇单位从业人员及工资统计的范围，下同。

2. 全年接待旅游人数和旅游外汇收入2002年起是旅游局口径，与往年数不可比。

3. 按照国家统计局的统一部署，自2012年12月起正式启动城乡住户调查一体化改革工作。2014年起正式发布全体居民人均可支配收入和消费性支出指标。新口径指标将城市居民人均可支配收入和人均消费性支出改为城镇常住居民人均可支配收入和人均消费性支出，农民人均纯收入改为农村常住居民人均可支配收入，与往年数不可比，下同。

4. 2015年起，“城乡居民储蓄存款余额”改名为“住户存款”，口径有变，数据与往年不可比。

5. 2016年起，主管部门对外发布的进出口相关数据采用人民币口径。

1-6 主要年份国民经济和社会发展主要比例与效益指标

Main Indicators on National Economy and Social Development in Main Years

项　　目	单 位	1990年	1995年	2000年	2005年	2010年	2015年	2016年	2017年
户籍人口									
出生率	‰	17.07	17.59	12.11	10.62	10.90	11.34	13.92	22.22
死亡率	‰	4.76	4.84	4.59	4.60	4.68	4.93	5.28	4.84
自然增长率	‰	12.30	12.75	7.52	6.02	6.23	6.41	8.64	17.38
人口性别比（男/女）	%	97.1	100.4	102.4	103.1	103.1	102.5	102.0	101.2
地区生产总值中三次产业比重									
第一产业	%	16.5	7.2	3.1	0.9	0.4	0.3	0.3	0.3
第二产业	%	50.4	56.4	55.0	56.3	51.5	47.2	47.1	48.3
第三产业	%	33.1	36.4	41.9	42.8	48.1	52.5	52.6	51.4
全员劳动生产率	元/人				59879	71953	97031	106122	115373
(按全社会从业人员、增加值计算)									
第一产业	元/人				14238	23108	33908	38028	39106
第二产业	元/人				50811	52519	67084	73270	81669
第三产业	元/人				86221	122376	165108	180816	192119
农　业									
农林牧渔业总产值结构									
农　业	%	54.9	45.7	39.6	25.5	55.0	66.1	73.0	74.0
林　业	%	1.8	2.1	0.7	0.4	1.1	1.2	1.1	1.0
牧　业	%	19.2	30.0	41.4	57.7	15.1	6.9	5.4	5.1
渔　业	%	13.3	16.1	14.9	14.9	25.3	22.0	17.0	16.3
农林牧渔服务业	%				1.5	3.5	3.8	3.5	3.6
工　业									
规模以上工业企业效益									
固定资产利税率	%	8.5	10.7	11.5	9.9	26.3	30.0	35.9	46.2

1-6　续表 1

项　　目	单 位	1990年	1995年	2000年	2005年	2010年	2015年	2016年	2017年
资金利税率	%	6.3	7.7	7.5	5.5	7.8	7.8	8.5	10.2
产值利税率	%	5.4	10.0	9.2	4.6	6.1	5.1	5.6	6.7
固定资产投资									
固定资产投资相当于地区生产总值比例	%	9.3	21.3	12.5	27.3	25.9	22.7	22.5	22.6
全社会房屋建筑面积竣工率	%	45.2	34.1	60.7	22.5	20.7	9.4	5.6	10.9
财　政									
来源于东莞的财政收入相当于地区生产总值比例	%	4.4	6.1	12.6	15.2	18.2	18.1	22.6	21.7
一般公共预算支出相当于地区生产总值比例	%	2.8	4.2	4.1	5.3	6.7	9.1	8.6	8.8
外经外贸									
利用外资结构									
外商直接投资	%	41.2	63.6	66.0	75.2	86.4	97.3	98.6	97.6
外商其他投资	%	58.8	36.4	34.0	24.8	13.6	2.7	1.4	2.4
实际利用外资额相当于协议规定外商投资额比例	%	80.6	31.9	89.7	78.9	103.0	107.2	83.0	67.2
进出口总额比例									
进口总额	%	47.5	49.3	46.5	45.0	42.6	38.1	42.6	42.7
出口总额	%	52.5	50.7	53.6	55.0	57.4	61.9	57.4	57.3
#一般贸易	%		3.0	1.2	4.3	13.7	36.6	36.0	43.4
来料加工装配	%		55.7	48.6	39.4	28.1	10.2	8.5	8.3
进料加工	%		41.1	50.0	56.3	56.7	49.8	49.3	44.5
保税物流	%						3.4	4.0	3.5
其他	%		0.2	0.2		1.5	0.02	2.1	0.3

1-6 续表 2

项目	单位	1990年	1995年	2000年	2005年	2010年	2015年	2016年	2017年
交通运输									
货运量中各种运输方式比例									
公路	%	58.2	55.7	63.3	71.7	82.0	68.0	66.2	62.9
水运	%	41.8	44.3	36.7	28.3	18.0	32.0	33.8	37.1
金融									
各项人民币存款相当于生产总值比例	%	84.6	129.4	149.6	134.1	137.9	152.7	161.4	156.1
各项人民币贷款相当于生产总值比例	%	78.4	86.0	76.8	68.6	77.3	91.2	92.3	90.4
人民币住户存款占人民币存款比例	%	66.9	60.7	54.7	58.9	57.0	47.2	43.6	52.8
科技、教育、文化、卫生									
科教文卫事业费占财政支出比例	%	28.7	24.5	25.8	17.8	27.9	33.5	36.3	36.2
学龄儿童入学率	%	99.9	100.0	100.0	100.0	100.0	100.0	100.0	100.0
小学毕业生升学率	%	95.4	99.2	99.8	99.9	100.0	100.0	100.0	100.0
初中毕业生升学率	%	44.1	85.4	90.3	94.1	97.9	98.5	98.4	98.5
普通高中毕业生升学率	%	31.2	64.9	70.5	96.5	95.1	98.0	98.9	98.3
每一教师负担学生数									
普通高等学校	人		13.7	20.1	15.4	17.6	17.4	24.2	22.5
中等职业技术学校	人	20.6	21.8	19.0	18.2	20.3	23.5	22.9	21.5
普通中学	人	20.7	21.1	22.4	19.8	17.7	16.2	15.7	15.5
小学	人	24.0	24.2	34.3	27.5	23.3	23.8	22.9	22.2
人民生活									
城镇常住居民消费结构									
食品类	%	63.5	39.5	32.3	27.7	33.9	33.2	32.5	32.4
衣着类	%	4.7	6.6	3.9	5.9	6.6	5.6	6.0	5.6
其他	%	31.8	53.9	63.8	66.4	59.5	61.2	61.5	62.0

1-7 国民经济主要指标分月变化情况（2017年，累计绝对数）

Main Indicators on National Economy by Month
(2017, Accumulative Figures in Value Terms)

项　　目	单位	1 月	1-2 月	1-3 月	1-4 月	1-5 月	1-6 月
规模以上工业增加值	亿元		445.48	712.48	964.18	1240.28	1538.68
#内资企业	亿元		210.39	332.71	450.85	573.07	721.82
外资企业	亿元		235.09	379.77	513.34	667.21	816.86
#民营企业	亿元		188.78	301.04	406.95	515.02	651.24
#五大支柱产业	亿元		307.69	498.69	673.25	862.96	1070.85
#四个特色产业	亿元		39.19	62.83	85.51	114.81	142.57
#先进制造业	亿元		238.39	378.26	512.88	654.01	784.20
#高技术制造业	亿元		182.10	289.64	390.10	493.07	604.59
规模以上工业销售产值	亿元		2268.51	3564.90	4859.07	6139.42	7641.22
规模以上工业产品出口交货值	亿元		883.13	1460.54	1968.16	2473.69	3073.82
规模以上工业产品产销率	%		96.9	95.7	96.7	96.5	97.1
规模以上工业企业利润总额	亿元		63.67	117.66	172.86	214.84	290.97
固定资产投资总额	亿元		167.42	284.92	405.50	544.01	709.86
#房地产开发	亿元		78.03	128.23	194.36	257.21	327.17
社会消费品零售总额	亿元		420.80	641.95	843.48	1058.54	1279.63
进出口总额	亿元	922.7	1677.7	2675.5	3612.6	4584.7	5616.6
#进口总额	亿元	378.7	775.2	1208.1	1589.6	2019.5	2476.4
出口总额	亿元	544.0	902.5	1467.4	2023.0	2565.1	3140.2
实际利用外资	亿美元	1.94	2.72	4.47	5.67	6.88	8.58
金融机构各项本外币存款余额	亿元	11468.51	11637.79	11908.28	11849.53	11982.63	12161.55
#住户存款	亿元	4911.97	4887.86	4992.52	4965.20	5019.27	5132.42
金融机构各项本外币贷款余额	亿元	6699.21	6781.32	6739.17	6735.36	6723.57	6739.65
一般公共预算收入	亿元	78.96	109.09	157.74	207.42	256.10	301.98
一般公共预算支出	亿元	53.69	99.01	170.78	217.49	277.58	394.28
全社会用电量	亿千瓦时	39.92	81.13	139.60	196.91	261.05	335.80
#工业用电	亿千瓦时	31.00	61.52	104.57	149.59	197.88	253.75
工商注册登记户数	万户	84.84	85.34	86.65	87.96	89.17	90.37
#企业	万户	33.45	33.77	34.61	35.56	36.30	37.03
居民消费价格总指数	%	103.1	101.6	101.3	101.2	101.3	101.3
公路运输总周转量	亿吨公里	5.42	12.68	19.61	26.49	33.19	40.04
水路运输总周转量	亿吨公里	29.99	67.80	96.60	134.17	168.33	202.38
邮政业务收入（含快递）	亿元	12.27	22.65	36.53	49.80	63.44	77.23
快递业务量	万件	7539	15408	25791	35982	45774	55783

注：物价指数以上年同期为100；各项指标1—12月累计不等于年报数。

1-7 续表

(2017年，累计绝对数)

项目	单位	1-7 月	1-8 月	1-9 月	1-10 月	1-11 月	1-12 月
规模以上工业增加值	亿元	1819.15	2111.69	2424.48	2712.43	3019.57	3316.97
#内资企业	亿元	856.54	992.99	1155.58	1297.25	1450.87	1593.78
外资企业	亿元	962.61	1118.70	1268.90	1415.19	1568.70	1723.19
#民营企业	亿元	771.73	893.81	1027.47	1152.27	1291.00	1420.36
#五大支柱产业	亿元	1263.44	1461.73	1674.66	1871.54	2087.72	2288.28
#四个特色产业	亿元	170.51	200.35	231.61	259.75	288.73	321.37
#先进制造业	亿元	922.34	1065.10	1218.49	1361.56	1520.02	1675.49
#高技术制造业	亿元	711.95	823.88	941.07	1051.88	1177.01	1292.23
规模以上工业销售产值	亿元	9026.67	10474.38	12037.89	13496.16	15080.66	16609.83
规模以上工业产品出口交货值	亿元	3593.52	4189.34	4808.52	5353.41	5961.02	6495.45
规模以上工业产品产销率	%	97.2	97.4	97.7	98.0	98.2	98.6
规模以上工业企业利润总额	亿元	350.89	432.72	506.06	575.93	658.35	696.17
固定资产投资总额	亿元	856.23	1015.49	1224.00	1367.96	1526.83	1712.83
#房地产开发	亿元	382.70	450.40	540.88	585.36	648.08	702.15
社会消费品零售总额	亿元	1490.01	1710.62	1942.70	2189.57	2425.90	2687.88
进出口总额	亿元	6624.4	7691.7	8888.2	9839.7	10980.0	12264.4
#进口总额	亿元	2912.7	3376.5	3906.1	4310.5	4777.4	5237.0
出口总额	亿元	3711.7	4315.3	4982.1	5529.2	6202.6	7027.4
实际利用外资	亿美元	10.19	12.23	13.70	14.35	16.66	17.19
金融机构各项本外币存款余额	亿元	12054.31	12272.89	12329.77	12490.14	12669.30	12497.97
#住户存款	亿元	5102.88	5137.26	5201.45	5166.39	5207.95	5160.71
金融机构各项本外币贷款余额	亿元	6763.10	6811.54	6912.67	6980.28	7023.10	6986.26
一般公共预算收入	亿元	357.27	392.25	442.18	507.98	545.16	592.00
一般公共预算支出	亿元	426.45	476.32	554.29	570.96	648.38	661.20
全社会用电量	亿千瓦时	412.20	494.59	573.02	638.42	700.03	760.68
#工业用电	亿千瓦时	307.83	366.37	419.90	465.58	508.65	555.39
工商注册登记户数	万户	91.91	93.50	94.98	96.28	98.06	100.09
#企业	万户	37.87	38.66	39.27	39.78	40.53	41.33
居民消费价格总指数	%	101.3	101.3	101.3	101.3	101.3	101.4
公路运输总周转量	亿吨公里	46.83	53.71	60.66	67.41	74.23	81.13
水路运输总周转量	亿吨公里	239.27	271.34	295.94	335.16	367.61	409.37
邮政业务收入（含快递）	户	90.55	104.32	118.76	133.24	150.84	167.20
快递业务量	万件	65612	75306	85810	96583	110583	122486

1-8 国民经济主要指标分月变化情况（2017年，比上年同期增长）

Main Indicators on National Economy by Month

(2017, Compare with Same Period of Preceding Year %)

项　　目	单位	1 月	1-2 月	1-3 月	1-4 月	1-5 月	1-6 月
规模以上工业增加值	%		8.4	10.0	11.0	11.0	12.3
#内资企业	%		21.2	17.2	18.6	18.3	20.4
外资企业	%		-1.1	4.6	5.2	5.5	6.2
#民营企业	%		24.8	18.8	20.3	20.0	22.1
#五大支柱产业	%		11.2	12.4	13.9	13.7	15.5
#四个特色产业	%		3.1	4.8	5.4	6.1	6.4
#先进制造业	%		18.1	17.3	19.3	18.9	17.8
#高技术制造业	%		21.0	19.2	21.6	20.1	21.4
规模以上工业销售产值	%		18.4	13.9	16.1	16.8	18.8
规模以上工业产品出口交货值	%		16.0	12.3	13.7	14.2	16.2
规模以上工业产品产销率	%		-2.9	-1.3	-0.9	-0.5	-0.1
规模以上工业企业利润总额	%		134.4	107.9	86.3	69.4	78.6
固定资产投资总额	%		8.3	8.5	6.2	5.2	6.1
#房地产开发	%		7.9	5.8	8.5	6.3	10.4
社会消费品零售总额	%		8.2	9.5	9.6	9.0	9.5
进出口总额（海关口径）	%	11.2	23.4	25.4	21.5	21.0	20.9
#进口总额	%	16.8	38.9	36.9	28.4	27.5	27.4
出口总额	%	7.6	12.7	17.2	16.6	16.3	16.3
实际利用外资	%	8.0	1.2	10.1	9.3	8.6	9.0
金融机构各项本外币存款余额	%	11.2	14.0	13.4	12.6	13.3	13.4
#住户存款	%	5.9	7.5	7.3	7.7	7.9	8.4
金融机构各项本外币贷款余额	%	8.5	8.4	6.2	6.6	5.6	5.3
一般公共预算收入	%	41.0	17.8	17.6	13.2	12.7	13.1
一般公共预算支出	%	55.6	4.0	37.6	31.5	11.6	42.0
全社会用电量	%	-19.2	3.9	6.1	6.9	5.8	6.9
#工业用电	%	-19.3	2.3	10.5	10.4	8.7	9.5
工商注册登记户数	%	18.0	18.3	18.8	19.0	19.0	18.8
#企业	%	28.5	28.8	29.5	30.0	29.7	28.8
居民消费价格总指数	%	3.1	1.6	101.3	1.2	1.3	1.3
公路运输总周转量	%	-15.0	-1.8	-0.2	1.1	1.6	2.2
水路运输总周转量	%	-20.7	6.2	-3.1	4.2	0.7	-0.5
邮政业务收入（含快递）	%	22.4	42.0	38.4	34.1	31.5	29.6
快递业务量	%	4.0	41.0	37.1	33.5	28.1	24.3

1-8　续表

(2017年，比上年同期增长)

项　　目	单位	1-7 月	1-8 月	1-9 月	1-10 月	1-11 月	1-12 月
规模以上工业增加值	%	12.0	12.0	11.0	10.7	10.6	10.0
#内资企业	%	19.8	19.7	18.1	17.5	17.7	16.6
外资企业	%	5.9	5.9	5.2	5.0	4.8	4.6
#民营企业	%	21.8	21.9	20.5	19.7	19.7	18.4
#五大支柱产业	%	15.4	15.3	14.1	13.5	13.5	12.9
#四个特色产业	%	7.3	7.8	6.0	6.7	6.4	5.6
#先进制造业	%	17.4	17.2	16.0	14.9	14.6	13.7
#高技术制造业	%	20.7	20.3	18.6	17.1	16.6	15.0
规模以上工业销售产值	%	19.6	17.9	17.4	17.1	16.8	15.5
规模以上工业产品出口交货值	%	16.9	14.1	13.2	12.4	11.5	9.9
规模以上工业产品产销率	%	-0.1	—	0.4	0.7	1.0	0.8
规模以上工业企业利润总额	%	63.5	57.7	49.0	48.0	47.2	41.6
固定资产投资总额	%	7.2	7.6	7.3	9.8	11.3	10.0
#房地产开发	%	7.2	8.1	12.2	11.1	11.2	9.2
社会消费品零售总额	%	9.3	9.3	9.1	9.0	8.8	8.8
进出口总额（海关口径）	%	19.2	17.1	15.6	11.6	7.7	7.5
#进口总额	%	25.3	22.1	20.2	15.6	10.9	7.6
出口总额	%	14.7	13.5	12.2	8.6	5.4	7.4
实际利用外资	%	8.9	-14.0	-48.5	-51.0	-48.5	-56.2
金融机构各项本外币存款余额	%	10.9	10.8	10.8	9.3	9.5	8.3
#住户存款	%	7.5	7.2	6.9	5.9	5.5	4.4
金融机构各项本外币贷款余额	%	4.8	6.5	6.6	5.7	5.9	6.7
一般公共预算收入	%	15.7	13.8	12.6	13.3	10.9	11.2
一般公共预算支出	%	23.5	28.1	24.3	6.1	10.8	10.0
全社会用电量	%	6.3	7.6	8.9	8.7	8.5	8.4
#工业用电	%	9.0	10.3	11.2	10.6	10.0	9.8
工商注册登记户数	%	18.6	18.2	18.1	18.2	18.3	19.1
#企业	%	28.4	28.2	27.9	27.1	26.2	25.7
居民消费价格总指数	%	1.3	1.3	1.3	1.3	1.3	1.4
公路运输总周转量	%	2.5	2.5	2.8	2.8	3.0	2.2
水路运输总周转量	%	2.1	2.2	1.0	4.1	6.6	6.7
邮政业务收入（含快递）	%	27.4	25.9	23.4	21.4	20.3	19.8
快递业务量	%	21.4	19.0	16.9	15.4	15.6	14.6

1–9　历年地区生产总值

Gross Domestic Product over Years

年　份	地区生产总值 (万元)	第一产业	第二产业	第三产业	人均地区生产总值 (元)
1978	61122	27235	26781	7106	553
1979	66233	26460	29244	10528	593
1980	72199	26323	33290	12586	643
1981	91131	32772	42980	15379	802
1982	114322	37257	58137	18927	991
1983	130340	39847	68962	21531	1115
1984	159632	45671	78091	35869	1350
1985	226033	61475	116584	47973	1885
1986	300167	81416	135735	83016	2462
1987	392859	98236	177249	117373	3170
1988	554583	118888	282771	152924	4408
1989	609202	126568	279724	202910	4768
1990	804401	132787	405290	266325	6173
1991	959073	134523	503220	321330	5106
1992	1108922	144115	592701	372106	5184
1993	1570491	143953	873114	553424	6447
1994	2170341	174796	1194928	800616	7823
1995	2964508	214306	1671107	1079095	9383
1996	3619867	248645	1996851	1374370	10060
1997	4489223	256388	2435592	1797243	10955
1998	5584463	259437	3060632	2264395	11966
1999	6678607	257863	3675846	2744898	12566
2000	8211390	259087	4514659	3437644	13563
2001	9934806	260968	5418709	4255129	15293
2002	11890547	248791	6506241	5135516	18164
2003	14546999	228165	8000632	6318202	22208
2004	18096091	227087	10191067	7677937	27608
2005	21881901	205546	12321389	9354966	33363
2006	26356193	123937	15128115	11104141	39287
2007	31692610	118198	17626138	13948274	45189
2008	37156805	145778	19121631	17889396	50635
2009	38110051	144076	18578966	19387009	49601
2010	43089156	159445	22186136	20743575	53575
2011	48153177	169717	24554624	23428836	58440
2012	50959555	177991	24966790	25814774	61593
2013	55905728	184322	26889395	28832011	67320
2014	59683841	191634	28740991	30751216	71651
2015	63742937	199167	30078684	33465086	76812
2016	69370818	227590	32683016	36460212	84007
2017	75820879	228500	36632267	38960113	91329

注：1.2016年，国家统计局改革地区研发支出的核算方法，将能够为所有者带来经济利益的研发支出不再作为中间消耗，而是作为固定资本形成处理。根据新的核算方法，修订了1995—2016年全市地区生产总值数据。2018年根据全国第三次农业普查，修订了2006—2017年全市地区生产总值数据。本表为修订后的数据。

2.人均地区生产总值1990年及以前按户籍人口计算，1991年起按常住人口计算，与以前年份不可比。

1-10 历年地区生产总值指数

Indices of Gross Domestic Product over Years

年 份	地区生产总值指数(上年=100)	第一产业	第二产业	第三产业	人均地区生产总值指数(上年=100)	人均地区生产总值指数与地区生产总值指数之比
1979	99.5	86.5	107.0	146.4	98.6	0.991
1980	102.7	90.3	117.3	113.9	102.0	0.993
1981	116.6	115.0	122.1	110.8	115.4	0.989
1982	116.9	105.3	131.0	117.6	115.1	0.985
1983	110.4	104.8	115.7	111.3	108.9	0.987
1984	114.2	109.0	107.0	140.9	112.9	0.988
1985	132.3	118.9	144.5	132.7	130.5	0.986
1986	126.1	111.9	110.3	174.7	124.0	0.983
1987	122.5	111.6	127.7	126.0	120.5	0.984
1988	115.7	90.6	143.7	103.0	114.0	0.985
1989	107.1	99.8	106.2	113.7	105.5	0.985
1990	123.2	104.4	127.6	128.0	120.8	0.980
1991	117.5	103.1	121.5	118.6	108.8	0.926
1992	108.3	100.0	112.6	105.1	95.1	0.878
1993	127.9	79.4	139.2	129.0	112.3	0.878
1994	122.5	107.2	124.7	122.3	107.5	0.878
1995	127.4	110.5	135.1	116.8	111.8	0.878
1996	117.5	109.4	115.5	123.6	103.2	0.878
1997	119.6	104.5	119.9	121.8	105.0	0.878
1998	121.8	100.9	122.1	124.5	106.9	0.878
1999	119.7	102.3	120.6	120.3	105.1	0.878
2000	119.7	99.8	120.7	120.0	105.1	0.878
2001	120.0	103.0	121.7	119.0	111.8	0.932
2002	120.5	97.6	122.7	119.1	119.6	0.993
2003	120.5	90.2	122.2	119.7	120.4	0.999
2004	121.1	91.2	125.7	115.8	121.0	0.999
2005	119.5	102.3	120.0	119.4	119.5	1.000
2006	119.3	60.6	121.9	117.1	116.6	0.977
2007	118.3	90.2	114.8	123.3	113.1	0.956
2008	114.0	110.3	106.2	124.0	109.0	0.956
2009	105.7	102.5	100.9	110.9	100.9	0.955
2010	110.4	101.4	117.1	103.7	105.4	0.955
2011	108.1	100.8	107.7	108.7	105.6	0.977
2012	106.3	99.9	106.6	106.1	105.9	0.996
2013	109.9	100.1	111.7	108.0	109.5	0.996
2014	107.9	103.1	109.3	106.3	107.6	0.997
2015	108.0	102.6	106.0	110.3	108.5	1.005
2016	108.0	106.0	108.6	107.6	108.6	1.006
2017	108.1	102.1	110.7	105.7	107.5	0.995

1-11　历年地区生产总值产业构成

Composition of Gross Domestic Product over Years

单位：%

年　份	地区生产总　值	第一产业	第二产业	第三产业
1978	100.0	44.6	43.8	11.6
1979	100.0	39.9	44.2	15.9
1980	100.0	36.5	46.1	17.4
1981	100.0	35.9	47.2	16.9
1982	100.0	32.6	50.8	16.6
1983	100.0	30.6	52.9	16.5
1984	100.0	28.6	48.9	22.5
1985	100.0	27.2	51.6	21.2
1986	100.0	27.1	45.2	27.7
1987	100.0	25.0	45.1	29.9
1988	100.0	21.4	51.0	27.6
1989	100.0	20.8	45.9	33.3
1990	100.0	16.5	50.4	33.1
1991	100.0	14.0	52.5	33.5
1992	100.0	13.0	53.4	33.6
1993	100.0	9.2	55.6	35.2
1994	100.0	8.0	55.1	36.9
1995	100.0	7.2	56.4	36.4
1996	100.0	6.9	55.1	38.0
1997	100.0	5.7	54.3	40.0
1998	100.0	4.6	54.8	40.6
1999	100.0	3.9	55.0	41.1
2000	100.0	3.1	55.0	41.9
2001	100.0	2.6	54.6	42.8
2002	100.0	2.1	54.7	43.2
2003	100.0	1.6	55.0	43.4
2004	100.0	1.3	56.3	42.4
2005	100.0	0.9	56.3	42.8
2006	100.0	0.5	57.4	42.1
2007	100.0	0.4	55.6	44.0
2008	100.0	0.4	51.5	48.1
2009	100.0	0.4	48.7	50.9
2010	100.0	0.4	51.5	48.1
2011	100.0	0.3	51.0	48.7
2012	100.0	0.3	49.0	50.7
2013	100.0	0.3	48.1	51.6
2014	100.0	0.3	48.2	51.5
2015	100.0	0.3	47.2	52.5
2016	100.0	0.3	47.1	52.6
2017	100.0	0.3	48.3	51.4

1−12 主要年份支出法地区生产总值

Gross Domestic Product by Expenditure Approach in Main Years

项　　目	1995年	2000年	2005年	2010年	2015年	2016年	2017年
支出法地区生产总值（万元）	2964508	8211390	21881901	43089156	63742937	69370818	75820879
最终消费	1502524	4342480	11203316	22996481	34482428	38373222	41335557
资本形成总额	1210078	2369818	7196527	13059008	19527321	24219307	27187468
货物和服务净出口	251906	1499092	3482058	7033667	9733188	6778289	7297854
资本形成率（投资率）(%)	40.8	28.9	32.9	30.3	30.6	34.9	35.9
最终消费率（消费率）(%)	50.7	52.9	51.2	53.4	54.1	55.3	54.5

1−13 主要年份资本形成总额及构成

Gross Capital Formation and Its Composition in Main Years

项　　目	1995年	2000年	2005年	2010年	2015年	2016年	2017年
资本形成总额（万元）	1210078	2369818	7196527	13059008	19527321	24219307	27187468
固定资产形成总额	884671	1775228	6163320	10815223	16893175	19039622	23920293
存货增加	325407	594590	1033207	2243785	2634146	5179685	3267175
比重（资本形成总额=100）							
固定资产形成总额	73.1	74.9	85.6	82.8	86.5	78.6	88.0
存货增加	26.9	25.1	14.4	17.2	13.5	21.4	12.0

1−14 主要年份最终消费支出及构成

Final Consumption Expenditure and Its Composition in Main Years

项　　目	1995年	2000年	2005年	2010年	2015年	2016年	2017年
最终消费（万元）	1502524	4342480	11203316	22996481	34482428	38373222	41335557
居民消费	1262972	3752814	9798031	19852461	29347377	31333711	34291132
政府消费	239552	589666	1405285	3144020	5135051	7039511	7044425
比重（最终消费=100）							
居民消费	84.1	86.4	87.5	86.3	85.1	81.7	83.0
政府消费	15.9	13.6	12.5	13.7	14.9	18.3	17.0

1-15 主要年份全市企业和个体工商户登记注册年末实有数量

Enterprises and Self-employed Individuals Registered in Main Years

单位：户

项　　目	2005年	2010年	2015年	2016年	2017年
工商登记户数合计	353266	518544	713298	840367	1000940
#内资企业	13898	12439	16096	18854	22292
#国有	1977	1058	815	831	795
集体	6478	2180	1471	1398	1333
有限责任公司	1606	7649	11764	14461	17947
外商投资企业	7675	10113	12279	12614	13417
#中外合资	1013	1120	476	522	590
中外合作	482	179	91	87	85
“三来一补”企业	9552	4906	1535	1386	1287
私营企业	29017	88650	226499	296005	376328
个体工商户	293124	402405	456055	510754	586893

注：本表数据来源于市工商局。

1-16 个体工商户情况（2017年）

Statistics on Self-employed Individuals (2017)

项　　目	户　数（户）	从　业人　员（人）	资　金数　额（万元）	其中城镇		
				户　数（户）	从业人员（人）	资金数额（万元）
合　　计	586893	1216536	1806262	270204	535559	782148
农、林、牧、渔业	672	1962	11977	171	388	3430
工　业	85804	299194	397413	26068	90769	114590
建筑业	556	1313	2790	257	599	1148
交通运输、仓储和邮政业	3743	8185	17360	1572	3526	6147
信息传输、软件和信息技术服务业	1070	1669	1720	629	944	890
批发和零售业	377419	627097	941588	185261	303295	442116
住宿和餐饮业	67926	165281	260088	31447	79856	125704
房地产业	39	72	111	26	45	67
租赁和商务服务业	6457	12825	23449	3420	6777	11795
居民服务、修理和其他服务业	38284	87958	120347	18760	43407	57080
卫生和社会工作	297	1226	11046	217	985	9619
文化、体育和娱乐业	984	2488	8177	525	1294	4195
其他行业	3642	7266	10196	1851	3674	5367

注：本表数据来源于市工商局。

1-17 私营工商企业基本情况（2017年）

Basic Statistics on Private Industrial & Commercial Enterprises (2017)

项目	户数（户）	投资者人数（人）	雇工人数（人）	注册资本（万元）	其中：1．独资企业			
					户数（户）	投资者人数（人）	雇工人数（人）	注册资本（万元）
合计	376328	611445	2113163	93101346	9889	9735	65953	299934
农、林、牧、渔业	1007	1712	8914	733306	209	209	4359	17322
工业	138618	229181	814475	25333210	3871	3865	32558	103477
建筑业	17660	26662	101169	7184922	23	23	90	305
交通运输、仓储和邮政业	6622	10171	33842	1708302	48	47	110	333
信息传输、软件和信息技术服务业	8733	14360	46426	2368696	1253	1244	5643	54614
批发和零售业	122119	184821	671883	21686162	1880	1834	5462	20101
住宿和餐饮业	4760	7423	27760	643962	597	569	5394	42818
房地产业	7019	10920	36004	2371147	5	5	19	75
租赁和商务服务业	40390	75693	214900	21057589	355	339	943	5190
居民服务、修理和其他服务业	8227	12245	44461	1084809	822	782	6019	19823
卫生和社会工作	179	304	1211	88173	5	5	24	720
文化、体育和娱乐业	5476	9045	30596	1065411	755	753	5101	32949
其他行业	15518	28908	81522	7775657	66	60	231	2207

1-17 续表

项目	2．合伙企业				3．有限责任公司			
	户数（户）	合伙人数（人）	雇工人数（人）	注册资本（万元）	户数（户）	投资者人数（人）	雇工人数（人）	注册资本（万元）
合计	1981	10607	8614	6637836	363604	587806	2033653	83256210
农、林、牧、渔业	57	140	932	4348	738	1335	3613	483798
工业	262	642	2062	28466	134230	223418	778083	24078103
建筑业	2	7	5	55	17597	26594	100869	7148337
交通运输、仓储和邮政业	3	8	12	95	6561	10100	33668	1698294
信息传输、软件和信息技术服务业	127	285	759	64087	7311	12694	39824	2144475
批发和零售业	86	256	303	8494	120017	182049	665549	21141973
住宿和餐饮业	82	212	622	19755	4079	6637	21741	580389
房地产业	5	19	10	334	7001	10880	35939	2349001
租赁和商务服务业	1078	7571	2963	6317295	38847	67273	210523	14347342
居民服务、修理和其他服务业	75	282	465	5476	7317	11157	37937	1056901
卫生和社会工作					172	279	1181	83116
文化、体育和娱乐业	40	110	151	4904	4671	8154	25295	1006690
其他行业	164	1075	330	184527	15063	27236	79431	7137792

注：本表数据来源于市工商局。

1-18 历年总供用电

Gross Electricity Supply over Years

单位：万千瓦时

年　份	总供电量	#网供	全社会用电量	#工业用电	照明用电
1978	16375	16376			1741
1979	19271	19271			2338
1980	21659	21569			3372
1981	22247	22247			4650
1982	26871	26351			6272
1983	31527	31527			8052
1984	32617	28566			9484
1985	38183	33907			9934
1986	39305	35100			10204
1987	64258	45129			16657
1988	94842	66295			22347
1989	120861	76762			26139
1990	180142	111800	180142		39677
1991	240471	139841	240471		56504
1992	320003	180902	320003		25578
1993	436231	242205	436231		103583
1994	585763	393312	585763		110357
1995	680030	384764	680004		125135
1996	800300	506062	800300		153093
1997	949296	612907	948296		180583
1998	1094816	724758	1094818		221750
1999	1327788	973427	1343746	1017261	261629
2000	1780290	1349134	1796578	1367883	337044
2001	2077248	1649458	2091668	1616179	584700
2002	2585474	2219054	2598555	2004227	392879
2003	3216468	2846679	3235342	2499705	424869
2004	3728441	3196454	3758498	2822014	527332
2005	4156629	3422603	4198289	3374306	652514
2006	4644506	3676492	4720112	3735651	759384
2007	5078933	4167125	5154025	4061784	859851
2008	5073489	4423085	5141578	3962669	935510
2009	4888467	4318868	4955750	3673716	1011494
2010	5568902	5473261	5619996	4262339	1070692
2011	5793482	5699321	5860652	4351290	1196914
2012	6005828	5911793	6042842	4429317	1274923
2013	6172030	6061530	6225139	4537990	1338917
2014	6557176	6450483	6609853	4829488	1473307
2015	6612570	6482740	6668438	4833053	1530443
2016	6955925	6813874	7020063	5060048	1618277
2017	7538049	7355160	7606805	5553946	1736807

1-19 历年国民经济主要指标人均水平

The Per Capita Level of Main National Economic Indicators over Years

年份	人均地区生产总值(元)	人均一般公共预算收入(元)	人均出口总额(美元)	人均消费品零售额(元)	人均固定资产投资额(元)	人均用电量(千瓦时)	年末人均人民币住户存款余额(元)
1978	553	60	36	192	21		49
1979	593	59	48	224	15		64
1980	643	60	69	281	21		104
1981	802	60	81	354	33		178
1982	991	70	94	417	157		238
1983	1115	73	102	447	157		328
1984	1350	72	110	625	254		520
1985	1885	93	146	781	589		761
1986	2462	132	191	1004	945		1068
1987	3170	163	216	1214	1145		1519
1988	4408	215	253	1959	1315		1965
1989	4768	250	273	2116	392		2529
1990	6173	274	436	2454	576		2592
1991	5106	236	879	1943	732	1280	3074
1992	5184	263	1217	2073	883	1496	3580
1993	6447	385	1318	2615	1345	1791	4131
1994	7823	277	1548	3070	5074	2111	5130
1995	9383	366	2468	3577	1998	2152	6924
1996	10060	268	2553	3489	1879	2224	8300
1997	10955	278	2774	3564	1608	2314	9758
1998	11966	324	2799	3753	1650	2509	10740
1999	12566	344	2851	3806	1662	2528	10890
2000	13563	503	2834	3884	1700	2968	10422
2001	15293	693	2923	4244	1932	3220	12212
2002	18164	845	3626	4907	2926	3971	15297
2003	22208	1030	4275	5645	4876	4939	18788
2004	27608	1101	5369	6506	6940	5734	21836
2005	33363	1585	6240	7719	9106	6401	26343
2006	39287	1922	7062	8934	10516	7036	29364
2007	45189	2658	8588	10301	11994	7349	29577
2008	50635	2851	8931	12008	12869	7007	35146
2009	49601	3009	7180	13393	14239	6450	36950
2010	53575	3455	8653	15210	13863	6988	41179
2011	58440	3799	9506	17491	13099	7113	44956
2012	61593	4307	10282	19344	14267	7304	50700
2013	67320	4929	10942	21514	16665	7496	53825
2014	71651	5465	11653	23317	17132	7935	55217
2015	76812	6242	12498	26326	17431	8036	55626
2016	84007	6597	11993	29921	18861	8501	59105
2017	91329	7128	12504	32359	20621	9158	61109

注：1. 人均指标1991年以前按户籍人口计算，1991年起按常住人口计算；时点数按年末人口计算，时期数按年平均人口计算。
2. 人均指标2006—2010年数据，根据东莞市第六次全国人口普查数据结果重新修订，下同。
3. 2017年人民币口径的人均出口总额为84602元。

主要统计指标解释

Explanatory Notes on Main Statistical Indicators

国内（地区）生产总值 指按市场价格计算的一个国家（或地区）所有常住单位在一定时期内生产活动的最终成果。国内（地区）生产总值有三种计算方法，即生产法、收入法和支出法。三种方法分别从不同的方面反映国内（地区）生产总值及其构成。

增加值 指常住单位生产过程创造的新增价值和固定资产的转移价值。它可以按生产法计算，也可以按收入法计算，按生产法计算，它等于总产出减去中间投入；按收入法计算，它等于劳动者报酬、生产税净额、固定资产折旧和营业盈余之和。

劳动者报酬 指劳动者因从事生产活动所获得的全部报酬，包括劳动者获得的各种形式的工资、奖金和津贴，既包括货币形式的，也包括实物形式的，还包括劳动者所享受的公费医疗和医药卫生费、上下班交通补贴和单位支付的社会保险费、住房公积金等。对于个体经济来说，其所有者所获得的劳动报酬和经营利润不易区分，这两部分统一作为劳动者报酬处理。

生产税净额 指生产税减生产补贴后的差额。生产税指政府对生产单位从事生产、销售和经营活动以及因从事生产活动使用某些生产要素（如固定资产、土地、劳动力）所征收的各种税、附加费和规费。生产补贴与生产税相反，指政府对生产单位的单方面转移支付，因此视为负生产税，包括政策性亏损补贴、价格补贴等。

固定资产折旧 指一定时期内为弥补固定资产损耗按照规定的固定资产折旧率提取的固定资产折旧，或按国民经济核算统一规定的折旧率虚拟计算的固定资产折旧。它反映了固定资产在当期生产中的转移价值。各类企业和企业化管理的事业单位的固定资产折旧是指实际计提的折旧费；不计提折旧的政府机关、非企业化管理的事业单位和居民住房的固定资产折旧是按照统一规定的折旧率和固定资产原值计算的虚拟折旧。

营业盈余 指常住单位创造的增加值扣除劳动者报酬、固定资产折旧和生产税净额后的余额。它相当于企业的营业利润加上生产补贴，但要扣除从利润中开支的工资和福利等。

三次产业 三次产业的划分是世界上较为常用的产业结构分类，但各国的划分不尽一致。根据《国民经济行业分类》(GB/T 4754—2011)，我国的三产产业划分是：

第一产业：指农、林、牧、渔业（不含农、林、牧、渔服务业）；

第二产业：指采矿业（不含开采辅助活动），制造业（不含金属制品、机械和设备修理业），电力、热力、燃气及水生产和供应业，建筑业；

第三产业：指服务业，是指除第一产业、第二产业以外的其他行业。第三产业包括：批发和零售业，交通运输、仓储和邮政业，住宿和餐饮业，信息传输、软件和信息技术服务业，金融业，房地产业，租赁和商务服务业，科学研究和技术服务业，水利、环境和公共设施管理业，居民服务、修理和其他服务业，教育，卫生和社会工作，文化、体育和娱乐业，公共管理、社会保障和社会组织，国际组织，以及农、林、牧、渔业中的农、林、牧、渔服务业，采矿业中的开采辅助活动，制造业中的金属制品、机械和设备修理业。

支出法国内（地区）生产总值 是从最终使用的角度反映一个国家（或地区）一定时期内生产活动最终成果的一种方法，包括最终消费支出、资本形成总额及货物和服务净出口三部分。计算公式为：

支出法国内（地区）生产总值=最终消费支出+资本形成总额+货物和服务净出口

最终消费支出　指常住单位为满足物质、文化和精神生活的需要，从本国经济领土和国外购买的货物和服务的支出。不包括非常住单位在本国经济领土内的消费支出。最终消费支出分为居民消费支出和政府消费支出。

居民消费支出　指常住住户在一定时期内对于货物和服务的全部最终消费支出。居民消费支出除了直接以货币形式购买的货物和服务的消费之外，还包括以其他方式获得的货物和服务的消费，即所谓的虚拟消费支出。居民虚拟消费支出包括如下几种类型：单位以实物报酬及实物转移的形式提供给劳动者的货物和服务；住户生产并由本住户消费发的货物和服务，其中的服务仅指住户的自有住房服务和付酬的家庭雇员提供的家庭和个人服务；金融机构提供的金融媒介服务等。

政府消费支出　指政府部门为全社会提供公共服务的消费支出和免费或以较低价格向住户提供的货物和服务的净支出。前者等于政府服务的产出价值减去政府单位所获得的经营收入后的价值，后者等于政府部门免费或以较低价格向住户提供的货物和服务的市场价值减去向住户收取的价值。

资本形成总额　指常住单位在一定时期内获得的减去处置的固定资产和存货的净额，包括固定资本形成总额和存货变动两部分。

固定资本形成总额　指生产者在一定时期内获得的固定资产减处置的固定资产的价值总额。固定资产是通过生产活动生产出来的，且其使用年限在一年以上、单位价值在规定标准以上的资产，不包括自然资产。可分为有形固定资本形成总额和无形固定资本形成总额。有形固定资本形成总额包括一定时期内完成的建筑工程、安装工程、设备工器具购置（减处置）价值，以及土地改良、新增役、种、奶、毛、娱乐用牲畜和新增经济林木价值。无形固定资本形成总额包括矿藏的勘探、计算机软件等获得减处置的价值。

存货变动　指常住单位存货实物量变动的市场价值，即期末价值减期初价值的差额，再扣除当期由于价格变动而产生的持有收益。存货增加可以是正值，也可以是负值；正值表示存货上升，负值表示存货下降。存货包括生产单位购进的原材料、燃料和储备物资等存货，以及生产单位生产的产成品、在制品和半成品等存货。

货物和服务净出口　指货物和服务出口减货物和服务进口的差额。出口包括常住单位向非常住单位出售或无偿转让的各种货物和服务的价值；进口包括常住单位从非常住单位购买或无偿得到的各种货物和服务价值。由于服务活动的提供与使用同时发生，一般把常住单位从非常住单位得到的服务作为进口，非常住单位从常住单位得到的服务作为出口。货物的出口和进口都按离岸价格计算。

发展速度　用以反映社会经济发展程度的相对指标，根据两个时期发展水平的对比而得。由于比较的标准时期不同，发展速度可分为定基发展速度和环比发展速度两种。

增长速度　发展速度 - 1（或 100%）就是增长速度。即增长速度=发展速度 - 1（或 100%）。

平均每年增长速度　我国计算平均增长速度有两种方法，一种是习惯上经常使用的“水平法”，又称几何平均法，是以间隔最后一年的水平同基期水平对比来计算平均每年增长（或下降）的速度；另一种是“累计法”又称代数平均法或方程法，是以间隔年内各年水平的总和同基期水平对比来计算平均每年增长（或下降）的速度。具体计算方法，可参照中国财经出版社出版的《平均增长速度查对表》。

在一般正常情况下，两种方法计算的平均每年增长速度比较接近，但在经济发展不平衡出现大起大落时，两种方法计算的结果差别较大。

本《年鉴》内所列的平均每年增长速度都是用水平法计算的。从某年到某年平均增长速度的年份，均不包基期年在内。如 1981-2017 年平均每年增长速度，是以 1980 年为基期，2017 年为报告期，年份从 1981 年算起，共 37 年。

二、人口与劳动力

Population and Labor Force

2-1 历年总人口数与人口密度

Total Population and Density over Years

单位：万人

年 份	户籍人口	按性别分		按城镇、乡村分		外来暂住人口	常住人口	人口密度（人/平方公里）
		男	女	城镇人口	乡村人口			
1949	68.24	32.87	35.37	11.95	56.29			
1952	71.68	34.53	37.15	12.99	58.69			
1957	77.48	37.50	39.98	14.96	62.52			
1962	79.64	38.07	41.57	15.22	64.42			
1965	86.46	41.83	44.63	16.18	70.28			
1970	98.56	47.91	50.65	17.30	81.26			
1975	107.94	52.70	55.24	17.57	90.37			
1978	111.23	54.34	56.89	18.29	92.74			451
1979	112.04	54.45	57.59	19.18	92.86			455
1980	112.70	54.43	58.27	19.83	92.87			457
1981	114.46	55.36	59.10	20.38	94.08			464
1982	116.19	56.28	59.91	20.87	95.32			471
1983	117.59	57.05	60.54	21.23	96.36			477
1984	118.95	57.80	61.15	22.48	96.47			483
1985	120.85	58.84	62.01	25.49	95.36			490
1986	123.01	59.95	63.06	26.48	96.53	15.62		499
1987	124.86	61.02	63.84	27.66	97.20	25.29		507
1988	126.76	62.09	64.67	28.80	97.96	36.89		514
1989	128.76	63.27	65.49	29.94	98.82	47.19		522
1990	131.85	64.96	66.89	30.86	100.99	65.59	175.62	712
1991	133.65	66.10	67.55	31.86	101.79	80.58	200.01	811
1992	136.06	67.55	68.51	32.71	103.35	114.48	227.78	924
1993	138.92	69.20	69.72	33.74	105.18	121.70	259.41	1052
1994	141.40	70.64	70.76	34.55	106.85	139.09	295.43	1198
1995	143.65	71.97	71.68	35.38	108.27	142.18	336.45	1365
1996	145.25	72.92	72.33	36.14	109.11	143.32	383.17	1554
1997	147.12	74.04	73.08	36.97	110.15	144.68	436.38	1770
1998	148.77	74.99	73.78	37.84	110.93	199.11	496.97	2016
1999	150.82	76.18	74.64	38.73	112.09	244.81	565.98	2296
2000	152.61	77.22	75.39	39.61	113.00	254.72	644.84	2616
2001	153.89	77.94	75.95	40.37	113.52	457.82	654.43	2655
2002	156.19	79.14	77.05	41.02	115.17	433.65	654.84	2657
2003	158.96	80.65	78.31	56.87	102.09	440.45	655.25	2658
2004	161.97	82.25	79.72	61.48	100.49	486.95	655.66	2660
2005	165.65	84.07	81.58	65.84	99.81	584.98	656.07	2662
2006	168.31	85.43	82.88	70.42	97.89	586.76	685.66	2782
2007	171.26	87.00	84.26	73.67	97.59	557.80	717.02	2909
2008	174.86	88.88	85.98	76.80	98.06	552.50	750.60	3045
2009	178.73	90.78	87.95	81.46	97.27	429.96	786.08	3189
2010	181.77	92.27	89.50	92.09	89.68	411.47	822.48	3343
2011	184.77	93.76	91.01	94.46	90.31	413.62	825.48	3356
2012	187.02	94.92	92.10	95.96	91.05	416.74	829.23	3371
2013	188.93	95.83	93.10	97.34	91.59	434.68	831.66	3381
2014	191.39	97.02	94.37	99.17	92.21	415.86	834.31	3392
2015	195.01	98.71	96.30	172.65	22.36	400.81	825.41	3355
2016	200.94	101.47	99.47	178.20	22.74	428.39	826.14	3358
2017	211.31	106.30	105.01	188.00	23.31	438.60	834.25	3391

注：1.人口密度1990年以前户籍人口计算，1990年起按常住人口计算。
2.常住人口2006—2010年数据，根据东莞市第六次全国人口普查数据结果重新修订，下同。
3.按建立城乡统一的户口登记制度要求，2015年起户籍户数和人口数按城镇和乡村划分，取消原来的农业和非农业的登记统计，数据与往年不可比，下同。

2-2 主要年份户籍人口与劳动力指标

Main Indicators of Household Population and Labor in Main Years

指 标	单 位	1990年	1995年	2000年	2005年	2010年	2015年	2016年	2017年
年末户籍人口	人	1318526	1436525	1526090	1656541	1817709	1950089	2009352	2113081
#乡村人口	人	1009857	1082703	1130002	998159	896789	223575	227379	233078
人口性别比（女性人口=100）	%	97.1	100.4	102.4	103.1	103.1	102.5	102.0	101.2
人口密度	人/平方公里	535	583	619	672	739	793	817	859
人口出生率	‰	17.1	17.6	12.1	10.6	10.9	11.3	13.9	22.2
人口死亡率	‰	4.8	4.8	4.6	4.6	4.7	4.9	5.3	4.8
人口自然增长率	‰	12.3	12.8	7.5	6.0	6.2	6.4	8.6	17.4
人口净迁移率	‰	1.9	1.9	2.2	16.4	12.0	7.8	18.5	30.6
城镇本年新登记的失业人员人数	人		6536	6524	7080	3207	10143	11065	11310
城镇失业人员安置就业人数	人			5683	6088	3796	9276	10136	11445

2-3 历年户籍人口自然变动情况

Changes of Household Population over Years

年 份	出 生		死 亡		自然增长	
	人 数 (人)	出生率 (‰)	人 数 (人)	死亡率 (‰)	人 数 (人)	自然增长率 (‰)
1978	20728	18.73	5451	4.92	15277	13.81
1979	26931	24.13	5755	5.13	21176	19.00
1980	27428	24.41	5747	5.10	21681	19.31
1981	24828	21.86	6016	5.29	18812	16.57
1982	21991	19.07	5681	4.93	16310	14.14
1983	19573	16.74	6100	5.21	13473	11.53
1984	18380	15.54	5841	4.94	12539	10.60
1985	18432	15.37	5439	4.54	12993	10.83
1986	20049	16.44	5955	4.88	14094	11.56
1987	19962	16.11	5502	4.44	14459	11.67
1988	21077	16.75	5863	4.66	15214	12.09
1989	23457	17.06	5966	4.67	17491	12.57
1990	22238	17.07	6208	4.76	16030	12.30
1991	23771	17.91	6070	4.57	17701	13.33
1992	26040	19.31	6485	4.81	19555	13.38
1993	25270	18.38	6833	4.97	18437	13.30
1994	24152	17.88	6319	4.51	17833	13.01
1995	25312	17.59	6898	4.84	18414	12.75
1996	24635	17.05	7333	5.08	17302	11.97
1997	24106	16.50	6448	4.41	17658	12.09
1998	22563	15.31	6553	4.45	16010	10.86
1999	21673	14.55	6460	4.34	15213	10.22
2000	18260	12.11	6923	4.59	11337	7.52
2001	17083	11.16	6344	4.14	10739	7.01
2002	16029	10.35	6873	4.44	9156	5.91
2003	16204	10.34	7346	4.69	8858	5.65
2004	17312	10.86	7814	4.90	9498	5.96
2005	17301	10.62	7497	4.60	9804	6.02
2006	16819	10.14	7103	4.28	9716	5.85
2007	17482	10.39	7418	4.41	10064	5.98
2008	18382	10.77	7752	4.54	10630	6.23
2009	18584	10.67	7587	4.36	10997	6.31
2010	19509	10.90	8367	4.68	11142	6.23
2011	19884	10.92	8728	4.79	11156	6.13
2012	24712	13.32	9684	5.22	15028	8.10
2013	22222	11.79	8693	4.61	13529	7.18
2014	21383	11.20	10253	5.37	11130	5.83
2015	21951	11.34	9545	4.93	12406	6.41
2016	27613	13.92	10475	5.28	17138	8.64
2017	47101	22.22	10250	4.84	36851	17.38

注：本表数据来源于市卫计局。

2–4 历年户籍人口迁移变动情况

Changes of Household Migration over Years

年 份	迁 入		迁 出		总迁移		净迁移	
	人 数 (人)	迁入率 (‰)	人 数 (人)	迁出率 (‰)	人 数 (人)	总迁移率 (‰)	人 数 (人)	净迁移率 (‰)
1978	10148	9.2	13179	11.9	23327	21.1	-3031	-2.7
1980	13345	11.9	28624	25.5	41969	37.4	-15279	-13.6
1985	19205	16.0	15636	13.0	34841	29.1	3569	3.0
1990	13485	10.4	11061	8.5	24546	18.8	2424	1.9
1991	12628	9.5	12531	9.4	25159	19.0	97	0.1
1992	14622	10.8	11168	8.3	25790	19.1	3454	2.5
1993	10801	7.9	4886	3.6	15687	11.4	5915	4.3
1994	10127	7.2	6406	4.6	16533	11.8	3721	2.7
1995	10312	7.2	7675	5.4	17987	12.6	2637	1.9
1996	9273	6.4	11508	8.0	20781	14.4	-2235	-1.6
1997	10284	7.0	9469	6.5	19753	13.5	815	0.6
1998	12400	8.4	11253	7.6	23653	16.0	1147	0.8
1999	15049	10.0	11497	7.6	26546	17.6	3552	2.4
2000	15618	10.2	12314	8.1	27932	18.3	3304	2.2
2001	15968	10.4	11099	7.2	27067	17.6	4869	3.2
2002	20214	12.9	8033	5.1	28247	18.1	12181	7.8
2003	27143	17.1	7173	4.5	34316	21.6	19970	12.6
2004	29621	18.3	7618	4.7	37239	23.0	22003	13.6
2005	43026	26.0	15798	9.5	58824	35.5	27228	16.4
2006	30710	18.2	11442	6.8	42152	25.0	19268	11.4
2007	26940	15.7	4847	2.8	31787	18.6	22093	12.9
2008	33595	19.2	5974	3.4	39569	22.6	27621	15.8
2009	36387	20.4	7381	4.1	43768	24.5	29006	16.2
2010	28534	15.7	6651	3.7	35185	19.4	21883	12.0
2011	28623	15.5	7425	4.0	36048	19.5	21198	11.5
2012	20698	11.1	8326	4.5	29024	15.5	12372	6.6
2013	18812	10.0	11035	5.8	29847	15.8	7777	4.1
2014	25530	13.3	10748	5.6	36278	19.0	14782	7.7
2015	21654	11.1	6480	3.3	28134	14.4	15174	7.8
2016	43738	21.8	6630	3.3	50368	25.1	37108	18.5
2017	71868	34.0	7194	3.4	79062	37.4	64674	30.6

注：本表数据来源于市公安局。

2−5 历年外来暂住人口与外来劳动力

Temporary Residents and Labor over Years

单位：人

年份	外来暂住人口总计	按性别分		按省内省外分						
		男性	女性	本省	外省	#湖南省	四川省	广西自治区	湖北省	江西省
1986	156222									
1987	252895									
1988	368913									
1989	481850									
1990	655902			333180	322722					
1991	805790			360379	445411					
1992	1144753	440500	704253	494278	650475					
1993	1217010	529096	687914	370770	846240					
1994	1390884	547435	843449	380790	1010094	257348	227793	139137	66189	60638
1995	1421754	581304	840450	371816	1023510	253574	223727	149478	84727	67562
1996	1433157	606524	826633	305821	1106749	232329	223315	137933	90528	79730
1997	1446830	554193	892637	298510	1130981	243384	227077	140483	89140	83272
1998	1991122	850266	1140856	402267	1569963	330241	294149	183734	143662	118685
1999	2448134	1084492	1363642	504722	1921206	391491	387730	236936	173787	149000
2000	2547221	1155277	1391944	485889	2041959	377257	319039	240923	196697	157323
2001	4578163	2138218	2439945	731931	3826830	718295	622166	442904	359872	294740
2002	4336453	1973316	2363137	722894	3593034	685311	555569	394088	389735	294086
2003	4404467	2198324	2206143	665549	3720408	663487	591145	432738	443603	339518
2004	4869462	2347115	2522347	747804	4096599	812976	581272	483329	490063	329715
2005	5849785	2746833	3102952	1036417	4747692	844053	642170	574634	514760	376526
2006	5867555	2775718	3091837	1012637	4807064	875904	617644	556961	531987	367094
2007	5577988	2666292	2911696	986062	4551507	816688	553907	497438	521529	355798
2008	5525022	2657712	2867310	1012341	4468505	828779	533496	488226	517519	353738
2009	4299615	2093055	2206560	889160	3367565	604891	441758	396425	391650	269133
2010	4114745	2010869	2103876	791665	3275768	587153	411005	405051	353414	252936
2011	4136177	2054179	2081998	900560	3194930	571601	370717	387198	350490	264965
2012	4167396	2072592	2094804	940956	3183488	587921	387226	398858	352191	236544
2013	4346839	2186786	2160053	949443	3356719	629746	387979	438718	380395	258666
2014	4158580	2103624	2054956	927905	3189809	570631	350809	441886	356586	252054
2015	4008120	2047374	1960746	867677	3099936	549724	330102	430882	334220	233460
2016	4283923	2274363	2009560	1112539	3171384	561944	319526	446556	334267	235517
2017	4386025	2301003	2085022	1214871	3171154	548885	328635	449460	332869	234864

注：外来暂住人口相关数据来源于市公安局，下同。

2–5 续表

单位：人

年份	外来劳动力	工业	农业	商业	服务业
1986	104091	87154	9849	2509	4579
1987	180285	154842	13110	4181	8152
1988	292499	260237	16911	5797	9554
1989	405287	365840	19893	7763	11791
1990	572044	518971	25576	10793	16704
1991	701982	633400	25838	17945	24799
1992	1071048	874149	62324	88087	46488
1993	1126813	933147	40177	88524	64965
1994	1241814	1069478	52146	39869	80321
1995	1265368	1084860	54714	52965	72829
1996	1276626	1084330	64732	61092	66472
1997	1307279	1114235	57214	67242	68588
1998	1831939	1577922	68143	100041	85833
1999	2161487	1609539	113324	282938	155686
2000	2448415	2043270	88195	187015	129935
2001	4496771	3681099	174936	283277	357459
2002	4260142	3573355	127584	300642	258561
2003	4327312	3753904	85109	278632	209667
2004	4733903	4078400	98272	315021	242210
2005	5534248	4676454	107933	420810	329051
2006	5669798	4820388	124942	412180	312288
2007	5389490	4480800	102519	460114	346057
2008	5303008	4227211	97597	560345	417855
2009	4134581	3361306	74982	430183	268110
2010	3912274	3191436	92451	402786	225601
2011	3947135	3277984	82025	358941	228185
2012	3979414	3278448	85557	390327	225082
2013	4127952	3431195	93051	397091	206615
2014	3893258	3243831	63386	377854	208187
2015	3765415	3147707	55658	365507	196543
2016	3953862	3016145	65948	352141	259544
2017	4386025	3162514	66525	328735	249029

2-6 全社会从业人员

Number of Employed Persons of the Whole City by Sector

单位：人

指 标	2010年	2015年	2016年	2017年
全社会从业人员	6262527	6534121	6539724	6603923
#农、林、牧、渔业	60497	60857	59010	58198
采矿业	830		35	35
制造业	4650613	4334996	4339951	4383487
电力、热力、燃气及水的生产和供应业	20937	12935	12950	13080
建筑业	97018	110207	110334	111441
交通运输、仓储和邮政业	78872	135001	135156	136512
信息传输、软件和信息技术服务业	26167	49099	49155	49648
批发和零售业	630398	460303	460832	465455
住宿和餐饮业	215599	157018	157199	158776
金融业	36628	26308	26338	26602
房地产业	47851	129925	130075	131380
租赁和商务服务业	32401	300588	300934	303953
科学研究和技术服务	6515	65829	65905	66566
水利、环境和公共设施管理业	15898	23024	23050	23281
居民服务、修理和其他服务业	89676	76071	76159	76923
教育	65895	184372	184585	186437
卫生和社会工作	39119	82633	82728	83558
文化、体育和娱乐业	21732	40560	40607	41014
公共管理、社会保障和社会组织	125881	284394	284721	287577
国际组织				
#第一产业	60497	60772	58925	57938
第二产业	4769398	4458138	4463158	4507789
第三产业	1432632	2015210	2017641	2038196

注：全社会从业人员统计范围为东莞市辖区内城乡各类法人单位、城乡个体从业人员及农村从事农林牧渔业的从业人员。

2-7 主要年份城镇在岗职工年末人数

Number of Employed Persons in Urban Areas at Year-end in Main Years

单位：人

项　　目	1985年	1990年	1995年	2000年	2005年	2010年	2015年	2016年	2017年
合　计	122951	131631	178724	164080	188579	226268	2267844	2269355	2371619
#工　业	60571	68508	105782	68354	79359	84992	1840487	1830149	1872609
采矿业			130	62	59	52	35	35	35
制造业			99194	62790	71569	77544	1831287	1821209	1864556
电力、热力、燃气及水的生产和供应业			6458	5502	7731	7396	9165	8905	8018
建筑业			5103	7799	1237	2144	42163	41055	55048
交通运输、仓储和邮政业						6427	28719	28436	27873
信息传输、软件和信息技术服务业						2535	8406	11091	24747
批发和零售业						6215	56306	59023	70476
住宿和餐饮业						739	27861	26247	26700
金融业	2270	4291	9487	13945	16584	20706	27169	23821	26056
房地产业	1551	2529	73	387	427	488	22879	26297	30035
租赁和商务服务业						2270	39146	47380	50585
科学研究和技术服务						1984	13991	13041	15999
水利、环境和公共设施管理业						654	2764	4051	4243
居民服务、修理和其他服务业						105	12471	12270	12840
教育						26138	35671	37782	41753
卫生和社会工作						26859	45983	46304	49368
文化、体育和娱乐业						1711	6812	6632	6168
公共管理、社会保障和社会组织	5854	7887	9711	15733	28542	41676	56670	55520	56838
国际组织									
#第一产业	2432	2053	620	476	483	625			48
第二产业	64525	72993	110885	76153	80596	87136	1882650	1871092	1927193
第三产业	55994	56585	67219	87451	107500	138507	385194	398263	444378

注：1.2012年起城镇在岗职工含劳务派遣人员。

2.2013年起，将原属于乡镇企业且符合城镇非私营单位条件的“四上”企业纳入城镇单位从业人员及工资统计的范围，下同。

2-8 历年分行业城镇在岗职工人数

Numbers of Employers by Sector in Urban Areas over Years

单位：人

年 份	年末城镇在岗职工人数合计	#第一产业	第二产业	第三产业	#工业
1978	81971	2875	41179	37917	38729
1979	96807	3051	44905	48851	42251
1980	98587	2637	47374	48576	44737
1981	106626	2897	52638	51091	50370
1982	114119	2133	56391	55595	52418
1983	115926	1978	58139	55809	53246
1984	117627	1933	59129	56565	54916
1985	122951	2432	64525	55994	60571
1986	132744	2252	73922	56570	65674
1987	136666	2359	76393	57914	69985
1988	127098	2702	69385	55011	64631
1989	131039	2397	73042	55600	68738
1990	131631	2053	72993	56585	68508
1991	145873	2083	84992	58798	79389
1992	154712	2043	89713	62956	82611
1993	176578	1933	107296	67349	92212
1994	160872	621	95378	64873	83322
1995	178724	620	110885	67219	105782
1996	174964	497	98061	76406	91228
1997	164987	616	82513	81858	76619
1998	164047	779	80510	82758	70499
1999	163917	583	76905	86429	68860
2000	164080	476	76153	87451	68354
2001	164226	444	76181	87601	69260
2002	164209	431	75384	88394	68348
2003	165978	522	73357	92099	72118
2004	175415	565	78003	96847	76786
2005	188579	483	80596	107500	79359
2006	199878	483	84618	114777	83328
2007	205640	487	81448	123705	79949
2008	207234	459	77982	128793	76563
2009	225990	477	94365	131148	92943
2010	226268	625	87136	138507	84992
2011	246083	966	82164	162953	80648
2012	250225	925	85582	163718	82647
2013	2398215	575	2001324	396316	1968085
2014	2342549	28	1956590	385931	1922112
2015	2267844		1882650	385194	1840487
2016	2269355		1871092	398263	1830149
2017	2371619	48	1927193	444378	1872609

2−9　主要年份国有单位分行业年末城镇在岗职工人数

Number of Employed Persons in Urban State-owned Units at Year-end by Sector in Main Years

单位：人

指　　标	1985年	1990年	1995年	2000年	2005年	2010年	2015年	2016年	2017年
合　　计	56534	63469	71165	78216	94902	121690	141037	139412	142611
按企业、事业、机关单位分									
企业	40201	43538	38022	31988	20401	20348	15922	14738	15157
事业	11362	13072	23147	31506	46382	60310	69850	70504	71902
机关	4971	6859	9996	14722	28119	41032	55265	54170	55552
按国民经济行业分									
#工　业	20919	19390	14610	10119	3471	3638	615	540	483
采矿业	423	72	130	62	59	52			
制造业	19625	16912	12908	6611	1217	981	615	519	483
电力、热力、燃气及水的生产和供应业	871	2406	1572	3446	2195	2605		21	
建筑业	1454	3487	2753	1539	971	1250	38	92	131
交通运输、仓储和邮政业					3381	2182	5166	4153	3971
信息传输、软件和信息技术服务业					2243	2275	243	129	7
批发和零售业					1582	1790	128	133	130
住宿和餐饮业									
金融业	943	2215	5634	7343	9401	9319	10231	10010	10901
房地产业	138	149	44	98	244	329	17	15	16
租赁和商务服务业					676	1437	442	747	422
科学研究和技术服务					1496	1928	1001	1058	1092
水利、环境和公共设施管理业					484	542	693	465	463
居民服务、修理和其他服务业					95	105	119	125	126
教育					23301	26138	26795	27641	27497
卫生和社会工作					17134	26795	37102	36992	38816
文化、体育和娱乐业					1398	1661	1566	1573	1448
公共管理、社会保障和社会组织	4971	6859	9563	15372	28542	41676	56670	55520	56838
国际组织									
#第一产业	2264	1956	712	476	483	625			48
第二产业	22373	22877	17363	11658	4442	4888	653	632	614
第三产业	31897	38571	53090	66082	89977	116177	140384	138780	141949

2-10 主要年份集体单位分行业年末城镇在岗职工人数

Number of Employed Persons in Urban Collective-owned Units at Year-end by Sector in Main Years

单位：人

指　　标	1985年	1990年	1995年	2000年	2005年	2010年	2015年	2016年	2017年
合　　计	63383	58749	64923	50592	44251	35106	39317	31884	33368
按企业、事业、机关单位分									
企业	58258	54671	63194	49257	43200	34245	35833	28072	29493
事业	4062	3050	1581	974	1051	861	236	210	125
机关	1063	1028	148	361					
按国民经济行业分									
#工　业	37358	40979	49984	28698	32527	22879	13825	9681	7147
采矿业		433							
制造业		40458	48600	27268	30772	21497	11624	7731	5296
电力、热力、燃气及水的生产和供应业		88	1384	1430	1755	1382	2201	1950	1851
建筑业	2500	998	2350	6260	251	886	5025	3805	3651
交通运输、仓储和邮政业					3446	3543	464	93	326
信息传输、软件和信息技术服务业					45	40			100
批发和零售业					2078	1818	1376	1415	1453
住宿和餐饮业					307	289	663	424	396
金融业	1327	2076	3844	3437	4184	4533	5932	5986	9178
房地产业			29	289	183	159	743	705	776
租赁和商务服务业					843	677	7126	6731	7287
科学研究和技术服务					16	56	1467	303	361
水利、环境和公共设施管理业					237	112	109	131	
居民服务、修理和其他服务业							5	5	5
教育								30	
卫生和社会工作					92	64	2485	2493	2599
文化、体育和娱乐业					42	50	97	82	89
公共管理、社会保障和社会组织	1063	1028	148	361					
国际组织									
#第一产业	168	97	33						
第二产业	39858	41795	52334	34958	32778	23765	18850	13486	10798
第三产业	23357	16857	12556	15634	11473	11341	20467	18398	22570

2-11 主要年份其他所有制单位分行业年末城镇在岗职工人数

Number of Employed Persons in Urban Other Ownership Units at Year-end by Sector in Main Years

单位：人

指　　标	1985年	1990年	1995年	2000年	2005年	2010年	2015年	2016年	2017年
合　　计	3034	9413	42636	35272	49426	69472	2087490	2098059	2195640
按企业、事业、机关单位分									
企业	2312	9413	42597	35272	49426	69472	2080290	2090782	2185603
事业	722		39				320	305	266
机关									
其他							6880	6972	9771
按国民经济行业分									
#工　业	2294	8321	41188	29537	43361	58475	1826047	1819928	1864979
采矿业		48					35	35	35
制造业		8273	37686	28911	39580	55066	1819048	1812959	1858777
电力、热力、燃气及水的生产和供应业			3502	626	3781	3409	6964	6934	6167
建筑业					15	8	37100	37158	51266
交通运输、仓储和邮政业					412	702	23089	24190	23576
信息传输、软件和信息技术服务业					240	220	8163	10962	24640
批发和零售业					1530	2607	54802	57475	68893
住宿和餐饮业					678	450	27198	25823	26304
金融业			9	3165	2999	6854	11006	7825	5977
房地产业	722						22119	25577	29243
租赁和商务服务业					191	156	31578	39902	42876
科学研究、技术服务业							11523	11680	14546
水利、环境和公共设施管理业							1962	3455	3780
居民服务、修理和其他服务业							12347	12140	12709
教育							8876	10111	14256
卫生和社会工作							6396	6819	7953
文化、体育和娱乐业							5149	4977	4631
国际组织									
公共管理、社会保障和社会组织									
#第一产业									
第二产业	2294	8321	41188	29537	43376	58483	1863147	1856974	1915781
第三产业	740	1092	1448	5735	6050	10989	224343	241085	279859

2-12 工业、建筑业企业年末城镇在岗职工人数（2016-2017年）

Number of Urban Employed Persons in Industrial and Construction Enterprises at Year-end (2016-2017)

单位：人

指　　标	2016年	2017年
工业总计	1830149	1872609
按经济类型分		
国有经济单位	540	483
城镇集体经济单位	9681	7147
其他各种经济单位	1819928	1864979
按工业行业分（大类）		
非金属矿采选业	35	35
农副食品加工业	5288	4584
食品制造业	18234	15346
酒、饮料和精制茶制造业	4975	4361
烟草制品业		
纺织业	26098	26974
纺织服装、服饰业	83368	75686
皮革、毛皮、羽毛及其制品和制鞋业	128369	118997
木材加工和木、竹、藤、棕、草制品业	1682	2170
家具制造业	52754	55886
造纸和纸制品业	37867	40942
印刷和记录媒介复制业	39455	40545
文教、工美、体育和娱乐用品制造业	133986	132885
石油加工、炼焦和核燃料加工业	232	418
化学原料和化学制品制造业	16433	17257
医药制造业	2822	2823
化学纤维制造业	1335	1104
橡胶和塑料制品业	142613	152725
非金属矿物制品业	19932	22825
黑色金属冶炼和压延加工业	2808	2463
有色金属冶炼和压延加工业	6023	7704
金属制品业	100579	116006
通用设备制造业	79877	75253
专用设备制造业	66807	80780
汽车制造业	19287	22027
铁路、船舶、航空航天和其他运输设备制造业	6597	6649
电气机械和器材制造业	184981	197607
计算机、通信和其他电子设备制造业	580372	579367
仪器仪表制造业	48031	51783
其他制造业	10246	8794
废弃资源综合利用业	46	131
电力、热力生产和供应业	3660	1964
燃气生产和供应业	850	1545
水的生产和供应业	4395	4509
建筑业总计	41055	55048
国有经济单位	92	131
城镇集体经济单位	3805	3651
其他各种经济单位	37158	51266

2–13 按经济类型分行业城镇在岗职工人数及构成（2017年）

Employed Persons in Urban Areas by Registration Status and Sector (2017)

项 目	合 计	国有经济单位	城镇集体经济单位	其他经济单位
合 计（人）	2371619	142611	33368	2195640
#工 业	1872609	483	7147	1864979
采矿业	35			35
制造业	1864556	483	5296	1858777
电力、热力、燃气及水的生产和供应业	8018		1851	6167
建筑业	55048	131	3651	51266
交通运输、仓储和邮政业	27873	3971	326	23576
信息传输、软件和信息技术服务业	24747	7	100	24640
批发和零售业	70476	130	1453	68893
住宿和餐饮业	26700		396	26304
金融业	26056	10901	9178	5977
房地产业	30035	16	776	29243
租赁和商务服务业	50585	422	7287	42876
科学研究和技术服务	15999	1092	361	14546
水利、环境和公共设施管理业	4243	463		3780
居民服务、修理和其他服务业	12840	126	5	12709
教育	41753	27497		14256
卫生和社会工作	49368	38816	2599	7953
文化、体育和娱乐业	6168	1448	89	4631
公共管理、社会保障和社会组织	56838	56838		
国际组织				
#第一产业	48	48		
第二产业	1927193	614	10798	1915781
第三产业	444378	141949	22570	279859
各项比重（%）	100	6.0	1.4	92.6
#工 业	78.96	0.34	21.42	84.94
采矿业	0.001			0.002
制造业	78.62	0.34	15.87	84.66
电力、燃气及水的生产和供应业	0.34		5.55	0.28
建筑业	2.32	0.09	10.94	2.33
交通运输、仓储和邮政业	1.18	2.78	0.98	1.07
信息传输、软件和信息技术服务业	1.04	0.005	0.30	1.12
批发和零售业	2.97	0.09	4.35	3.14
住宿和餐饮业	1.13		1.19	1.20
金融业	1.10	7.64	27.51	0.27
房地产业	1.27	0.01	2.33	1.33
租赁和商务服务业	2.13	0.30	21.84	1.95
科学研究和技术服务	0.67	0.77	1.08	0.66
水利、环境和公共设施管理业	0.18	0.32		0.17
居民服务、修理和其他服务业	0.54	0.09	0.01	0.58
教育	1.76	19.28		0.65
卫生和社会工作	2.08	27.22	7.79	0.36
文化、体育和娱乐业	0.26	1.02	0.27	0.21
公共管理、社会保障和社会组织	2.40	39.86		
国际组织				
#第一产业	0.002	0.03		
第二产业	81.26	0.43	32.36	87.25
第三产业	18.74	99.54	67.64	12.75

主要统计指标解释

Explanatory Notes on Main Statistical Indicators

总人口数 指一定时点、一定地区范围内的有生命的个人的总和。按不同的统计范围可分为常住人口和户籍人口；统计时点通常为每年 12 月 31 日 24 时。

常住人口 指实际居住在某地区半年以上的人口，应抱括：1.居住在本乡、镇、街道，并已在本乡、镇街道办理常住户口登记的人；2.已在本乡、镇 、街道居住半年以上，常住户口在本乡、镇 、街道以外的人；3.在本乡、镇 、街道居住不满半年，但已离开常住户口登记地半年以上的人；4.居住在本乡、镇 、街道，常住户口待定的人；5.原住本乡、镇、街道，人口统计（或登记）时在国外工作或学习的人。

户籍人口 指公民依照《中华人民共和国户口登记条例》在公安户籍管理机关登记了常住户口的人。这类人口不管其是否外出，也不管外出时间长短，只要在某地注册有常住户口，则为该地区的户籍人口。

外来暂住人口 指户口登记地在外县、市，目前在本市暂住的人口。

性别比 反映两性人口之间比例的指标。指在总人口中或在各年龄人口中，男性人数与女性人数之比。通常用每 100 个女性人口相应有多少男性人口表示。

出生率（又称粗出生率） 指在一定时期（通常为一年）内活产婴儿数与同期总人口的生存人口数（或同期平均总人口、年中人口数）之比，一般用千分率表示。

死亡率（又称粗死亡率） 指在一定时期内（通常为一年）一定地区的死亡人数与同期平均人数（或期中人数）之比，一般用千分率表示。

人口自然增长率 指在一定时期内（通常为一年）人口自然增加数（出生人数减死亡人数）与该时期内平均人口数（或期中人数）之比，一般用千分率表示。

总迁移率 是反映人口迁移变动总规模的相对指标，是某地区一定时期内（通常为一年）迁入人数及迁出人数之和与同时期平均人口数之比，一般用千分率表示。

净迁移率 是反映人口迁移变动的相对指标之一，是某地区一定时期内（通常为一年）迁入与迁出相抵销后（迁入人口减迁出人口）与同时期平均总人口数之比，一般用千分率表示。

在岗职工 指在本单位工作且与本单位签订劳动合同，并由单位支付各项工资和社会保险、住房公积金的人员，以及上述人员中由于学习、病伤、产假等原因暂未工作仍由单位支付工资的人员。在岗职工还包括：

(1)应订立劳动合同而未订立劳动合同人员（如使用的农村户籍人员）；

(2)处于试用期人员；

(3)编制外招用的人员；

(4)派往外单位工作，但工资仍由本单位发放的人员（如挂职锻炼、外派工作等情况）。

三、农　业

Agriculture

3-1 主要年份农业指标

Main Indicators of Agriculture in Main Years

指　　标	单　位	1978年	1980年	1985年	1990年	1995年	2000年
乡镇从业人员	人	467757	478599	544734	598911	639985	727328
第一产业	人	390585	368322	283425	269460	202138	189349
第二产业	人	51422	94576	167116	228114	283050	362666
第三产业	人	25750	15701	94193	101337	154797	175313
年末耕地面积	亩	1183926	1177400	966725	882602	708595	663304
农业机械总动力	千瓦	248760	354250	667750	1003980	795120	586063
水利建设总投资	万元	413	927	886	5428	16900	35550
化肥施用量（实物量）	吨	113296	100776	150083	235836	124263	103570
农药施用量	吨	4276	3382	2951	3453	1924	1836
农村用电量	万千瓦时	5667	7355	14365	82545	406327	1312931
农林牧渔业总产值	万元	42394	41943	91244	236412	426901	546383
主要农产品产量							
粮　食	吨	532308	529381	488705	494259	227441	204136
糖　蔗	吨	508976	447318	526033	538712	233803	49359
花　生	吨	14157	29015	20963	13411	3724	1960
水　果	吨	26457	23688	189350	282410	243231	129367
水产品	吨	30900	25471	32641	68508	74778	95076
肉　类	吨	26920	27652	33298	62191	97572	179032
#猪　肉	吨	22790	23461	25759	40130	68649	149648
禽　蛋	吨	425	398	2424	6906	5431	4367
森林覆盖率	%			28.6	31.4	29.2	30.6

注：本表乡镇从业人员含部分外来从业人员，下同。

3-1 续表

指　　标	单　位	2005年	2010年	2015年	2016年	2017年
乡镇从业人员	人	830705	878912	963509	970192	982945
#从事农业人员	人	110612	72856	60857	59460	58198
年末耕地面积	亩	502937	576883	550482	546163	542789
农业机械总动力	千瓦	229297	367988	450375	463104	473025
水利建设总投资	万元	59437	78308	90322	90746	85799
化肥施用量(实物量)	吨	52749	41445	28149	23498	22786
农药施用量	吨	1090	819	757	711	703
农村用电量	万千瓦时	2970738	3950486	4765174	5000900	5440628
农林牧渔业总产值	万元	420496	263544	318815	354657	354888
主要农产品产量						
粮　食	吨	20004	10554	5500	4806	4790
花　生	吨	114	129	263	216	219
水　果	吨	151255	73288	58835	55081	54583
水产品	吨	67381	76268	68946	56623	51392
肉　类	吨	171737	12228	7544	6573	6624
#猪　肉	吨	159169	6609	3018	2556	2465
禽　蛋	吨	1355	861	725	720	767
森林覆盖率	%	33.1	36.7	37.4	37.4	37.4

注：1. 2010年起，农业机械总动力数据采用农业局统计口径，下同。
2. 2011年起，农村用电量数据采用供电局统计口径，下同。
3. 根据《全国农业普查条例》，农业2007—2017年的农林牧渔业总产值、增加值和主要农产品产量等相关数据以全国第三次农业普查结果为基础做了修订，下同。

3-2 主要年份农村经济比例和效益指标

Main Indicators of Proportions and Efficiency in Rural Economy in Main Years

指　　标	单　位	1990年	1995年	2000年	2005年	2010年	2015年	2016年	2017年
农村基层组织									
镇街政府	个	33	33	32	32	32	32	32	32
社区居委会、村委会	个	583	594	593	596	599	597	593	592
镇街户籍总户数	户	327344	364273	414007	465008	530497	567171	582644	607373
#乡村户	户	238221	263669	299576	275988	259691	63280	63812	64976
镇街户籍总人口	人	1318526	1436525	1526090	1656541	1817709	1950089	2009352	2113081
#乡村人口	人	1009857	1082703	1130002	998159	896789	223575	227379	233078
乡镇从业人员	人	598911	639985	727328	830705	878912	963509	970192	982945
按性别分									
男性	人	289258	315892	364866	427840	475996	512145	515985	523011
女性	人	309653	324093	362462	402865	402916	451364	454207	459934
劳动生产条件									
平均每一农业人口用电量	千瓦时	826	3778	11666	29762	44051	213135	219937	233425
每亩耕地农业机械总动力	瓦特	1138	1122	884	455	638	818	848	871
平均每亩耕地化肥施用量	公斤	267	175	156	105	72	51	43	42
平均每亩耕地农药施用量	公斤	3.91	2.72	2.77	2.17	1.42	1.38	1.30	1.30
农林牧渔业增加值率	%		57.8	56.9	51.9	60.5	64.0	65.6	65.9
劳动生产率									
人均农林牧渔业总产值	元/人	3977	6737	7828	5062	2999	3309	3656	3610
人均农林牧渔业增加值	元/人		3892	4453	2627	1814	2119	2399	2378
人均粮食产量	吨/人	0.83	0.36	0.29	0.02	0.01	0.01	0.005	0.005
人均蔬菜（含菜用瓜）产量	吨/人	0.75	0.88	0.94	0.55	0.38	0.37	0.41	0.40
人均水果产量	吨/人	0.48	0.38	0.19	0.18	0.08	0.06	0.06	0.06
人均畜牧总肉产量	吨/人	0.10	0.15	0.26	0.21	0.01	0.01	0.01	0.01
#猪　肉	吨/人	0.07	0.11	0.21	0.19	0.01	0.003	0.003	0.003
人均水产品产量	吨/人	0.12	0.12	0.14	0.08	0.09	0.07	0.06	0.05

注：1.平均每亩耕地化肥施用量按化肥施用实物量计算。
2.按建立城乡统一的户口登记制度要求，2015年起户籍户数和人口数按城镇和乡村划分，取消原来的农业和非农业的登记统计，数据与往年不可比，下同。

3-3 主要年份农村集体(经联社、经济社两级)资产负债及收益分配

Assets, Liabilities and Income Distribution of Rural Collective Economy in Main Years

单位：亿元

指　　标	2005年	2010年	2015年	2016年	2017年
资产负债情况					
资产总额	929.60	1228.20	1436.83	1522.07	1603.47
负债总额	221.56	292.15	253.69	266.06	265.74
资产负债率(%)	23.83	23.79	17.66	17.48	16.60
净资产	708.04	936.05	1183.14	1256.01	1337.73
收益分配情况					
经营总收入	120.57	143.38	180.43	190.35	202.61
#销售收入	12.83	14.39	6.17	6.58	6.56
出租收入	77.02	91.65	130.21	136.28	143.58
#协作服务款	13.07	7.51	7.41	6.96	6.77
农业发包及上交收入	3.17	2.09	2.29	2.45	2.56
投资收益	5.07	7.07	15.90	17.59	19.75
其他收入	9.40	17.15	22.44	23.28	25.39
经营总费用	48.05	66.45	66.70	67.36	68.54
#销售成本	6.46	8.59	5.97	6.00	6.09
出租成本	24.05	32.62	36.78	37.80	37.84
经营税金		1.90	2.84	2.57	2.52
管理费用	9.34	12.46	11.90	12.73	14.46
其他支出	7.92	10.89	6.72	5.75	4.94
经营纯收入	72.52	76.93	113.73	122.98	134.07
收益分配总额	64.57	92.79	110.71	116.82	124.77
可弥补分配的收益总额	3.29	15.79	20.19	20.10	20.62

3-4 历年莞产农产品户籍人口人均拥有量

Per Capita Possession of Agricultural Products over Years

单位：公斤/人

年 份	粮 食		#稻 谷		蔬 菜（含菜用瓜）	
	按总人口	按乡村人口	按总人口	按乡村人口	按总人口	按乡村人口
1949	312	378	304	368		
1952	379	463	364	444		
1957	373	463	337	419		
1962	414	514	392	486		
1965	513	632	502	618		
1970	463	562	451	546		
1975	473	565	452	539		
1980	471	570	462	558	111	134
1985	408	510	397	497	260	330
1990	379	495	368	480	337	440
1995	160	211	148	196	388	515
1996	168	224	155	207	411	548
1997	169	225	155	207	436	582
1998	167	224	151	203	450	603
1999	165	222	149	200	443	597
2000	135	181	121	163	431	582
2001	83	113	71	97	459	623
2002	34	54	27	43	418	653
2003	19	30	13	20	352	549
2004	19	30	8	12	329	530
2005	12	20	7	12	278	461
2006	6	10	4	8	212	364
2007	6	10	4	7	182	320
2008	7	12	3	6	198	353
2009	6	12	4	7	196	361
2010	6	12	5	9	181	368
2011	6	12	5	10	183	374
2012	5	10	4	9	175	360
2013	4	9	3	7	169	350
2014	3	7	2	5	185	384
2015	3	25	2	17	182	1587
2016	2	21	2	14	199	1759
2017	2	21	2	14	186	1684

注：本表按户籍人口计算。按建立城乡统一的户口登记制度要求，2015年起户籍户数和人口数按城镇和乡村划分，取消原来的农业和非农业的登记统计，数据与往年不可比，下同。

3-4 续表

单位：公斤/人

年份	水果		猪肉		水产品	
	按总人口	按乡村人口	按总人口	按乡村人口	按总人口	按乡村人口
1949					5	6
1952					5	6
1957					5	7
1962					8	10
1965	53	66			12	14
1970	71	87			17	20
1975	34	41			20	24
1980	21	26	21	25	23	27
1985	158	197	21	27	27	34
1990	218	283	31	40	53	69
1995	171	226	48	64	52	70
1996	143	190	58	77	56	76
1997	113	151	68	91	63	84
1998	77	103	84	112	65	88
1999	91	122	87	117	63	84
2000	85	115	97	131	61	82
2001	98	132	109	148	58	79
2002	121	190	106	165	53	82
2003	92	143	85	133	48	74
2004	108	175	79	128	44	71
2005	91	152	96	159	41	68
2006	83	143	18	31	28	48
2007	76	134	3	5	28	48
2008	57	102	3	5	41	74
2009	50	92	3	6	41	75
2010	40	82	4	7	42	85
2011	38	79	3	6	42	87
2012	33	68	3	6	41	85
2013	31	63	3	6	39	81
2014	31	64	2	5	38	79
2015	30	263	2	13	35	308
2016	27	242	1	11	28	249
2017	26	234	1	11	24	220

3–5 历年耕地面积

Area of Cultivated Land over Years

单位：亩

年　份	年末实有耕地面积	当　年新增面积	当　年减少面积	粮　食耕地面积
1949	1398338			1260357
1952	1445016			1283151
1957	1435861			1199575
1962	1214417	15405	75905	1053985
1965	1199611	4142	11473	956906
1970	1203350	11359	8818	944903
1975	1193180	1246	6402	922916
1978	1183926	288	6515	874967
1979	1182292	120	1754	896347
1980	1177400	177	5069	856824
1981	1159963	279	17716	824166
1982	1146458	1086	14591	834028
1983	1121311	216	25363	837642
1984	1077659	664	44316	784763
1985	966725	1655	112589	691895
1986	889780	2350	79295	624471
1987	887369	1986	22271	618066
1988	877308	12374	22435	609332
1989	885694	13885	5499	626334
1990	882602	6991	10083	621564
1991	878980	962	4584	614994
1992	845159	100	33921	532296
1993	753746	6319	97732	391736
1994	718144	11169	46771	382238
1995	708595	12227	21776	394913
1996	674588	6270	40277	391610
1997	663013	6350	17925	382890
1998	663045	156	124	376133
1999	663122	1684	1607	381933
2000	663304	1632	1450	354980
2001	643648	4410	24066	255771
2002	500694		150	116989
2003	492433	1922	10183	81939
2004	489448	625	3610	85988
2005	502937	291	4302	76037
2006	491535		11403	34366
2007	483740		7795	32314
2008	479260	375	4855	40795
2009	516623	9	1212	41561
2010	576883	65649	5362	41922
2011	571850		5033	41461
2012	564267	12181	19621	41282
2013	560884	67	3421	41115
2014	554163	5	6326	41263
2015	550482	42	3702	42089
2016	546163	17	4336	41664
2017	542789	85	3398	41667

3-6 历年耕地面积变动情况

Changes of Cultivated Land over Years

单位：亩

年份	当年增加耕地面积	#新开荒	围海造田	当年减少耕地面积	#国家基建占用	种果占用	鱼塘占用
“六五”时期累计	3900	1152		214575	6687	148244	33462
1981	279	91		17716	1275	7577	4507
1982	1086	215		14591	505	3345	8073
1983	216	135		25363	788	19590	2152
1984	664	148		44316	1122	31072	7694
1985	1655	563		112589	2997	86660	11036
“七五”时期累计	33250	2507	600	38017	9587	9138	2698
1986							
1987							
1988	12374	1199		22435	6971	5379	1871
1989	13885	651	100	5499	1433	330	151
1990	6991	657	500	10083	1183	3429	676
“八五”时期累计	30777	569	150	204784	5339	101880	44542
1991	962	95	150	4584	1463	430	57
1992	100	5		33921	1090	17435	3154
1993	6319	270		97732	808	64790	19032
1994	11169	139		46771	645	16031	16162
1995	12227	60		21776	1333	3194	6137
“九五”时期累计	16092	443	175	61383	2824	26550	9637
1996	6270	194	19	40277	532	16382	5597
1997	6350			17925	797	10168	4027
1998	156		156	124	85		
1999	1684	148		1607	128		
2000	1632	101		1450	1282		13
“十五”时期累计	7248			42311	3114	14531	5704
2001	4410			24066	1406	14434	5704
2002				150			
2003	1922			10183	1587		
2004	625			3610	121		
2005	291			4302		97	
“十一五”时期累计	66033	23627		30627			
2006				11403			
2007				7795			
2008	375			4855			
2009	9			1212			
2010	65649	23627		5362			
“十二五”时期累计	12295	251		38103			
2011				5033			
2012	12181	138		19621			
2013	67	67		3421			
2014	5	4		6326			
2015	42	42		3702			
“十三五”时期累计	102	102		7734			
2016	17	17		4336			
2017	85	85		3398			

3-7 历年乡镇从业人员

Towmship Employees over Years

单位：人

年 份	合 计	#从事农业人员	#男	女
1978	467757	390585		
1979	468059	373438		
1980	478599	368322	227496	251103
1981	484346	367225	231033	253313
1982	502066	360387	239398	262668
1983	512240	305715	262608	249632
1984	526766	248406	253922	272844
1985	544734	283425	260439	284295
1986	557048	277085	265132	291916
1987	571077	269984	272044	299033
1988	582425	270357	281299	301126
1989	589920	273377	281420	308500
1990	598911	269460	289258	309653
1991	601467	261271	286328	315139
1992	612142	239845	298997	313145
1993	625571	219230	311208	314363
1994	627366	200833	313942	313424
1995	639985	202138	315892	324093
1996	639492	206543	316928	322564
1997	643671	208030	320844	322827
1998	661604	205300	329713	331891
1999	668473	207432	333136	335337
2000	727328	189349	364866	362462
2001	743662	174786	377491	366171
2002	754294	151487	384417	369877
2003	851484	130930	439406	412078
2004	798954	119347	412687	386267
2005	830705	110612	427840	402865
2006	847361	92819	445915	401446
2007	837283	85246	446755	390528
2008	842933	82059	451325	390608
2009	870156	77502	468137	402019
2010	878912	72856	475996	402916
2011	913251	58767	490951	422300
2012	944317	60062	506083	438234
2013	951610	59340	509024	442586
2014	927522	56786	496671	430851
2015	963509	60857	512145	451364
2016	970192	59460	515985	454207
2017	982945	58198	523011	459934

注：本表乡镇从业人员包含部分外来从业人员，下同。

3-8 历年农林牧渔业总产值及指数

Gross Output Value and Indices of Agriculture over Years

年份	农林牧渔业总产值（万元）	农业	林业	牧业	渔业	农林牧渔服务业
1978	42394	29425	312	5665	3149	
1980	41943	28054	238	6313	2878	
1985	91244	57684	759	12652	6219	
1986	122988	79251	2425	18078	8940	
1987	148414	90502	2330	23324	11930	
1988	203685	109531	4732	36915	26500	
1989	221079	117464	4316	45313	28495	
1990	236412	129032	4324	45405	31449	
1991	242587	130986	4038	47839	32640	
1992	271293	148412	5307	57163	38026	
1993	284539	130666	5489	78919	46737	
1994	347451	158315	6735	101117	60263	
1995	426901	194921	8850	128089	68547	
1996	497161	213018	9149	155112	86992	
1997	514373	232721	4383	176254	81573	
1998	536047	220614	5472	193404	93090	
1999	537442	236429	5640	197474	75495	
2000	546383	216318	3649	226293	81118	
2001	559280	228740	5309	245444	72132	
2002	536729	224452	2346	242928	67003	
2003	490206	209739	1414	203477	67276	8300
2004	441912	163246	2247	199912	67272	9235
2005	420496	107174	1746	242534	62639	6403
2006	212632	116110	3101	50638	31968	10815
2007	195712	113231	3238	35214	33578	10451
2008	244953	128399	3586	44465	59917	8587
2009	239756	129849	2232	38962	59889	8824
2010	263544	144942	2937	39719	66671	9276
2011	280401	155773	2109	42671	69719	10129
2012	292133	164957	1675	40250	74622	10628
2013	303070	182976	3626	31656	73704	11108
2014	311261	195611	3579	26890	73570	11610
2015	318815	210824	3651	22100	70212	12028
2016	354657	258923	3889	19130	60134	12580
2017	354888	262810	3521	18065	57726	12767

注：1.绝对值按当年价格计算，指数按可比价格计。
2.从2003年起新增农林牧渔服务业。
3.根据《全国农业普查条例》，2007—2017年的农林牧渔业总产值及指数以全国第三次农业普查结果为基础做了修订。

3-8 续表

年　份	农林牧渔业总产值(%)	农业	林业	牧业	渔业	农林牧渔服务业
指数（1978=100）						
1978	100.0	100.0	100.0	100.0	100.0	
1980	98.0	100.3	65.6	81.4	88.3	
1985	138.9	131.3	154.2	130.7	127.5	
1986	174.6	158.0	677.2	183.5	166.7	
1987	186.4	160.1	416.9	194.9	241.0	
1988	182.1	143.5	476.4	215.1	262.2	
1989	181.9	138.0	372.4	225.4	288.4	
1990	195.3	150.6	320.6	238.5	316.2	
1991	199.5	149.4	286.4	262.1	335.9	
1992	211.3	163.7	325.7	289.3	356.7	
1993	175.5	115.7	281.8	320.1	332.3	
1994	188.4	123.9	235.5	364.3	382.1	
1995	207.8	132.8	337.0	410.4	407.0	
1996	216.3	122.6	312.7	465.1	467.4	
1997	225.0	129.1	167.7	532.0	540.4	
1998	227.3	103.6	225.3	612.8	659.7	
1999	242.8	140.2	297.4	616.2	686.0	
2000	243.3	111.5	214.9	697.5	769.6	
2001	246.3	111.8	233.4	750.0	766.0	
2002	263.2	150.9	124.5	730.2	652.5	
2003	209.7	105.7	62.1	600.5	666.2	100.0
2004	213.5	118.0	123.9	563.1	647.9	108.0
2005	222.2	107.7	171.4	662.2	653.8	72.9
2006	121.0	108.3	246.6	155.2	590.7	121.2
2007	105.6	102.7	261.7	93.6	584.9	111.5
2008	118.3	104.3	286.3	109.6	899.9	84.1
2009	122.1	107.6	179.0	117.1	929.6	84.7
2010	125.6	105.9	205.3	132.4	982.5	84.7
2011	125.9	109.4	144.5	121.3	983.5	86.0
2012	126.5	107.0	111.7	125.2	1034.5	86.0
2013	126.0	109.4	240.5	107.3	1023.2	86.0
2014	128.2	116.6	236.6	94.9	981.2	86.0
2015	129.4	124.0	242.8	74.0	931.2	86.0
2016	134.4	139.4	251.4	62.8	787.2	86.1
2017	136.8	145.3	243.4	63.6	727.6	86.1

3-9 历年农林牧渔业增加值

Added Value of Agriculture over Years

单位：万元

年 份	农林牧渔业增加值	农业	林业	牧业	渔业	农林牧渔服务业
1978	27235	18903	200	3639	2023	
1980	26323	17606	149	3962	1806	
1985	61475	38864	511	8524	4190	
1986	81416	52463	1605	11967	5918	
1987	98236	59904	1542	15438	7897	
1988	118888	63932	2762	21547	15468	
1989	126568	67248	2471	25942	16313	
1990	132787	72474	2429	25503	17664	
1991	134523	72636	2239	26528	18100	
1992	144115	78839	2819	30366	20200	
1993	143953	66106	2777	39926	23645	
1994	174796	79645	3388	50870	30317	
1995	214306	97851	4443	64301	34411	
1996	248645	106537	4576	77576	43507	
1997	256388	115999	2185	87853	40660	
1998	259437	106773	2648	93604	45054	
1999	257863	113438	2706	94747	36222	
2000	259087	102575	1730	107305	38465	
2001	260968	106733	2477	114528	33658	
2002	248791	104041	1087	112605	31058	
2003	228165	96676	658	94708	31313	4810
2004	227087	84939	1155	102730	34569	3694
2005	218212	82306	1162	97864	34412	2468
2006	123936	83612	1913	17938	16011	4462
2007	118198	81560	2106	12471	17747	4314
2008	145778	92486	2332	15747	31668	3545
2009	144076	93530	1451	13798	31654	3643
2010	159445	104402	1910	14066	35238	3829
2011	169717	112203	1372	15112	36849	4181
2012	177991	118819	1089	14255	39441	4387
2013	188907	131797	2358	11211	38955	4586
2014	196427	140899	2328	9523	38884	4793
2015	204133	151857	2374	7827	37110	4965
2016	232783	186502	2529	6775	31783	5193
2017	233770	189302	2290	6398	30510	5270

注：1.绝对值按当年价格计算。

2.根据《全国农业普查条例》，2007—2017年的农林牧渔业增加值数据以全国第三次农业普查结果为基础做了修订。

3-10 历年农作物播种面积

Total Sown Area of Farm Crops over Years

单位：亩

年份	农作物总播种面积	#粮食	#稻谷	薯类	大豆	甘蔗	花生	蔬菜(含菜用瓜)
1978	2859494	2072184	1715230	66400	36764	131200	155021	68743
1979	2585334	1937441	1676936	62537	37993	110580	185434	63959
1980	2436118	1756854	1624873	49665	39261	92397	232541	58550
1981	2267521	1606926	1525072	48999	32143	131453	264903	63768
1982	2204381	1600137	1511345	57188	35450	125787	217612	82982
1983	2193087	1635344	1530918	71430	32029	110684	152335	119370
1984	2165276	1576777	1468801	77105	31718	98449	173198	153636
1985	1950081	1395692	1293847	70997	28982	96627	159918	139795
1986	1791221	1257126	1174464	54993	31469	67920	152214	159100
1987	1795990	1250934	1165554	57850	28471	63655	130292	184744
1988	1792952	1236359	1151493	55368	27929	69694	113882	208930
1989	1834039	1284184	1199979	55964	26200	85238	101077	211217
1990	1848814	1286028	1194153	61281	26444	85977	97808	229532
1991	1791266	1226573	1138043	60107	22785	90137	85537	238418
1992	1561497	963947	889074	51273	20688	76184	67897	318193
1993	1068053	551155	499223	34449	12843	43720	39062	361826
1994	1009468	536191	482051	32615	7542	36346	25344	367122
1995	1078363	598547	527594	43346	7058	28521	24779	379362
1996	1083418	628347	559499	37989	8276	32620	20805	363331
1997	1082610	624091	560506	32629	8190	41427	18490	369113
1998	1101826	624383	558668	34799	7028	48602	16824	385151
1999	1088854	626481	558508	36329	5597	31641	14305	388173
2000	986022	527689	465616	31754	5290	7566	11969	407304
2001	854229	338467	283351	31214	3947	4610	9405	465659
2002	634205	148184	112388	18265	1983	3193	4746	445447
2003	509504	84782	54970	11154	1550	1879	2823	380252
2004	462244	81207	31108	24683	816	868	1544	350412
2005	410648	62084	34356	9390	1006	950	574	315537
2006	333854	34366	25159	4100	183	575	556	241070
2007	285188	31223	19356	4434	236	1766	381	212894
2008	311254	39049	18440	3032	387	2588	621	249296
2009	322609	38886	18124	2905	112	4852	915	262095
2010	301142	33839	25184	1529		3633	801	242636
2011	300806	32103	25230	1692	289	3115	528	242905
2012	294768	28729	22409	2666	618	3337	1108	240986
2013	282876	24027	16858	3441	692	2504	1257	238146
2014	306279	19906	12744	3906	729	1599	1455	268406
2015	302828	16933	10181	4040	1148	2088	1199	268817
2016	329330	15047	8441	3761	944	1311	1023	293956
2017	326220	14600	8437	3797	1004	1796	1004	287594

注：1.2006年及以前年份，粮食数据不含大豆。
　　2.根据《全国农业普查条例》，2007—2017年的农作物播种面积数据以全国第三次农业普查结果为基础做了修订。

3-11 历年农作物产量

Total Output of Farm Crops over Years

单位：吨

年 份	粮食	#稻谷	薯类	大豆	甘蔗	花生	蔬菜（含菜用瓜）
1978	532308	501074	6458	1948	511492	14157	135603
1979	535342	516263	6568	1982	366424	19100	127918
1980	529381	518591	5432	2245	449907	29015	124859
1981	447540	439534	6318	1722	678160	35506	132846
1982	543349	532998	8430	2162	707764	29930	123117
1983	561246	548073	11345	1875	553174	19662	168878
1984	558216	545548	10946	1980	569225	23076	230454
1985	488705	476399	10304	1771	556983	20963	314539
1986	455243	443760	9422	2050	382608	20056	427138
1987	462830	451032	10058	1920	378094	17019	414261
1988	460929	448923	9950	1965	420391	15119	412436
1989	487648	474476	11052	2023	528463	13746	410879
1990	494259	479350	12452	2184	557102	13411	444377
1991	473663	458425	12998	1838	619884	11510	446204
1992	368083	354298	11070	1763	543657	9323	523806
1993	202097	192018	7366	1035	343133	5594	572376
1994	202356	189688	7929	668	313851	3678	537442
1995	227441	210876	10758	647	246707	3724	557807
1996	243204	224469	11271	806	285732	3120	597732
1997	246901	227163	11487	811	354420	2879	641403
1998	247194	223938	13916	758	411555	2588	668753
1999	247287	223403	14580	566	242773	2204	668822
2000	204136	183485	9730	610	54095	1960	658196
2001	128366	109881	9920	426	33387	1556	706775
2002	53732	42508	5420	244	20224	865	653272
2003	30500	20423	3415	215	8019	395	560523
2004	30374	12230	9803	138	4763	216	532116
2005	20004	11941	2733	147	4433	114	460204
2006	10040	7548	1314	31	3167	99	356347
2007	10200	6408	1432	43	11585	106	312510
2008	11637	5898	943	82	17479	138	346622
2009	11226	6382	812	17	28177	123	350725
2010	10554	8453	312		20857	129	329799
2011	10426	8728	342	36	19908	90	337360
2012	9355	7910	515	111	19484	335	327656
2013	7813	6049	841	93	15111	296	320186
2014	6451	4614	1035	109	9178	267	354134
2015	5500	3781	1095	176	12763	263	354786
2016	4806	3130	1034	158	7997	216	400016
2017	4790	3247	1026	156	7874	219	392431

注：根据《全国农业普查条例》，2007—2017年的农作物产量数据以全国第三次农业普查结果为基础做了修订。

3-12 主要年份农作物播种面积、亩产及总产量

Sown Area, Yield Per Acreage and Total Output of Farm Crops in Main Years

单位：亩、公斤/亩、吨

指　　标	1978年			1985年			1990年		
	播种面积	亩产	总产量	播种面积	亩产	总产量	播种面积	亩产	总产量
粮食作物	2072184	257	532308	1395692	350	488705	1286028	384	494259
按品种分									
稻谷	1715230	292	501074	1293847	368	476399	1194153	401	479350
旱粮	290554	85	24776	30848	65	2002	30594	80	2457
薯类	66400	97	6458	70997	145	10304	61281	203	12452
大豆	36764	53	1948	28982	61	1771	26444	83	2184
按季节分									
春收				30978	131	4042	33352	174	5790
夏收	1127790	248	279552	649856	377	244755	614059	399	244890
#早稻	814852	309	251907	620409	389	241413	587821	410	241018
秋收	944394	268	252757	714858	336	239907	638617	381	243579
#晚稻	900378	277	249167	673438	349	234985	606332	393	238332
经济作物				306406			209120		
#甘蔗	131200	3899	511492	96627	5765	556983	85977	6480	557102
糖蔗	130676	3895	508976	91884	5725	526033	83246	6471	538712
果蔗	524	4802	2516	4743	6525	30950	2731	6734	18390
油料作物				160186	131	20974	97808	137	13411
#花生	155021	91	14157	159918	131	20963	97808	137	13411
其他作物				219001			327222		
#蔬菜（含菜用瓜）	68743	1973	135603	139795	2250	314539	229532	1936	444377

3-12 续表 1

单位：亩、公斤/亩、吨

指　　标	1995年			2000年			2005年		
	播种面积	亩产	总产量	播种面积	亩产	总产量	播种面积	亩产	总产量
粮食作物	598547	380	227441	527689	387	204136	62084	322	20004
按品种分									
稻谷	527594	400	210876	465616	394	183485	34356	348	11941
旱粮	27607	210	5807	30319	360	10921	18338	291	5330
薯类	43346	248	10758	31754	306	9730	9390	291	2733
大豆	7058	92	647	5290	115	610	1006	146	147
按季节分									
春收	17880	224	4008	20787	287	5966	9665	312	3019
夏收	282978	388	109914	245110	392	96015	23286	306	7136
#早稻	255886	405	103592	225985	397	89729	14713	351	5164
秋收	297689	381	113519	261792	390	102155	29133	338	9850
#晚稻	271708	395	107284	239631	391	93756	19643	345	6777
经济作物	62092			35221			18011		
#甘蔗	28521	8650	246707	7566	7150	54095	950	4666	4433
糖蔗	26488	8827	233803	6775	7285	49359	55	8182	450
果蔗	2033	6347	12904	791	5987	4736	895	4450	3983
油料作物	24779	150	3724	11969	164	1960	574	199	114
#花生	24779	150	3724	11969	164	1960	574	199	114
其他作物	410666			417822			329547		
#蔬菜（含菜用瓜）	379362	1470	557807	407304	1616	658196	315537	1458	460204

3-12 续表 2

单位：亩、公斤/亩、吨

指 标	2010年			2015年			2017年		
	播种面积	亩产	总产量	播种面积	亩产	总产量	播种面积	亩产	总产量
粮食作物	41922	298	12482	42089	301	12675	14600	328	4790
按品种分									
稻谷	26124	336	8768	11056	371	4106	8437	385	3247
旱粮	12606	242	3046	7734	286	2214	1039	290	301
薯类	3192	209	668	21177	285	6030	3797	270	1026
大豆				2122	153	325	1004	155	156
按季节分									
春收	5202	221	1150	6740	266	1794	1552	251	389
夏收	17948	306	5501	17296	295	5104	6382	333	2127
#早稻	12017	330	3965	5574	372	2073	4063	383	1558
秋收	18772	311	5831	18575	316	5864	6666	341	2274
#晚稻	14107	340	4803	5482	371	2033	4374	386	1689
经济作物	14084			15545					
#甘蔗	2944	5418	15952	1301	5367	6982	1796	4384	7874
果蔗	2844	5328	15152	1301	5367	6982	1796	4384	7874
油料作物	713	161	115	922	219	202	1004	218	219
#花生	713	161	115	922	219	202	1004	218	219
其他作物	313251			316857			288596		
#蔬菜（含菜用瓜）	300622	1307	392904	313509	1281	401640	287594	1365	392431

注：2017年的粮食、经济及其他作物的播种面积、亩产及总产量数据以全国第三次农业普查结果为基础做了修订。

3-13 主要年份农机总动力、水利、化肥、农药及农村用电量

Basic Statistics on Total Power of Agricultural Machinery, Water Conservancy, Consumption of Chemical Fertilizers and Pesticides, and Electricity Consumed in Rural Areas in Main Years

指　　标	单 位	1978年	1990年	1995年	2000年	2005年	2010年	2015年	2016年	2017年
农业机械总动力	千瓦	248760	1003980	795120	586063	229297	367988	450375	463104	473025
#耕作机械	千瓦	42550	157910	83482	51848	16386	24079	25863	25446	32352
排灌机械	千瓦	104050	178280	112392	91745	36251	99716	124388	124412	124418
收获机械	千瓦	6180	84130	54722	51084	969	2280	766	766	750
运输机械	千瓦	16930	322950	397735	184949	41678	12463	20806	18146	18025
水利建设总投资	万元	413	5428	16900	35550	59437	78308	90322	90746	85799
化肥施用实物量	吨	113296	235836	124263	103570	52749	41445	28149	23498	22786
氮肥	吨	86371	84642	43441	30214	14439	10214	6336	5775	4970
磷肥	吨	23164	52483	28939	23939	10967	8055	5842	4169	3952
钾肥	吨	3761	26131	16915	14606	6403	5030	3466	3057	2892
复合肥	吨		39098	34968	34811	20940	18146	12505	10497	10972
农药施用量	吨	4276	3453	1924	1836	1090	819	757	711	703
农村用电量	亿千瓦时	0.57	8.25	40.63	131.29	297.07	395.05	476.52	500.09	544.06
平均每一农业人口用电量	千瓦时		826	3778	11666	29762	44051	213135	219937	233425

注：农业机械总动力数据从2010年起采用农业局统计口径，数据与往年不可比，下同。

3-14 历年水果面积及产量

Planted Area and Output of Fruits over Years

年 份	年末种植水果面积(亩)	#香(大)蕉	荔 枝	水 果总产量(吨)	#香(大)蕉	荔 枝
1978	93245	18828	46678	26457	18867	4959
1979	91021	17977	46697	23346	12165	8667
1980	88444	15582	46743	23688	10894	7884
1981	97468	18042	48230	46909	25513	15599
1982	114730	28439	50669	58196	40872	7042
1983	159260	39749	63349	77225	42079	20724
1984	235311	66506	84183	105851	69186	14714
1985	407416	125998	115428	189350	133503	19304
1986	609347	171168	168820	307743	210439	18577
1987	609569	158874	175366	363085	222826	17439
1988	548482	99256	176979	263710	126655	7699
1989	476598	54867	164782	221418	69410	6165
1990	452729	54185	160355	282410	73555	16994
1991	440442	56481	154456	343155	85702	6201
1992	420661	81331	139584	344751	97986	22972
1993	360130	86299	117557	271346	80982	717
1994	325336	67595	121236	264875	92072	12703
1995	322876	62351	142370	243231	86466	23324
1996	326291	59822	159403	206276	77768	14804
1997	319556	57583	188220	165016	80355	22572
1998	310873	46377	208899	114106	78978	2885
1999	285514	48975	198144	136317	82169	35218
2000	297618	71454	189862	129367	108913	9107
2001	275428	86578	156019	150115	132292	7059
2002	209924	76764	109948	189343	135209	45339
2003	199634	82024	95812	146414	130688	9012
2004	183375	84812	80115	175389	150669	18312
2005	176845	75452	83357	151255	123986	21026
2006	173470	73493	81395	139582	124601	8615
2007	162987	66203	80313	130579	115606	10107
2008	177332	62804	94953	100016	85004	8498
2009	175784	51120	103364	89490	72993	10240
2010	168619	45463	100136	73288	57746	8266
2011	165314	40674	101458	71124	52449	11032
2012	175740	34416	118158	62035	48700	6333
2013	190520	32466	133793	57990	43375	7910
2014	193855	29142	140915	58806	39922	11500
2015	190965	28231	138273	58835	39121	11280
2016	193328	27977	138981	55081	38804	5492
2017	190927	25381	138151	54583	39051	2962

注：根据《全国农业普查条例》，2007—2017年的水果面积及产量数据以全国第三次农业普查结果为基础做了修订。

3-15 历年林业生产

Basic Statistics on Forestry Production over Years

年份	林业用地面积(亩)	#杉	松	桉	当年育苗面积(亩)	当年幼林抚育面积(亩)	当年四旁植树(万株)
1978	700570	63994	541492	49008	485	32900	44
1979	705764	67104	543210	50439	880	14900	30
1980	740052	70665	568729	56272	316	9500	15
1981	743697	67236	584674	49994	133	12500	12
1982	698715	63730	535072	52925	500	11945	19
1983	769893	67423	574171	56724	361	40464	17
1984	739402	66107	552721	58092	501	106982	16
1985	761460				801	120000	150
1986	706823	61438	510042	60581	33231	210540	22
1987	714664	57824	526254	75498	1728	53759	35
1988	729896	59351	512451	90998	3667	70275	37
1989	691944	53293	490370	103887	2101	64950	58
1990	709240	47054	484397	133706	3464	56647	54
1991	709306	44432	459015	148127	609	53827	63
1992	662919	39326	422527	149944	762	60764	49
1993	628612	36213	400816	144346	677	28511	57
1994	1016138	43815	382482	129473	2492	28127	34
1995	1015223	43661	360591	125133	4273	25130	48
1996	1014972	9654	248288	115878	699	21000	133
1997	1014954	8843	235410	113928	823	23745	218
1998	1014876	8367	222147	112005	387	36000	417
1999	1009965	10890	221585	133500	506	29863	522
2000	1009037	29940	526797	280618	625	47145	425
2001	1007298	9678	189930	133464	705	45000	357
2002	900335	8265	187665	138525	516	46500	98
2003	890877	6540	66206	105666	420	38910	147
2004	980942				255	60000	625
2005	934700	3086	2860	100145	195	61005	253
2006	930162	3716	60890	162125	15	25320	480
2007	926760	3870	62363	149440	255	43320	600
2008	923097	3873	59864	145340	255	49571	610
2009	921000	3719	58375	143690	610	56545	60
2010	909900	3719	56987	142971	285	37278	18
2011	905370	3719	56801	141945	345	41085	22
2012	902927	2934	41480	99353	360	35790	19
2013	902148	3719	56433	144674	390	39920	309
2014	803735	1091	10821	101783	885	39810	316
2015	803735	1091	10821	101783	906	31403	320
2016	733000	323	7915	40172	456	31021	344
2017	729397	1072	10679	97525	306	24332	354

3-16 历年畜牧业生产及产品产量

Production of Animal Husbandry and Output of Livestock Products over Years

年 份	牛年末存栏量(头)	羊年末存栏量(头)	生 猪饲养量(头)	生 猪存栏量(头)	生 猪出栏量(头)	三 鸟饲养量(万只)	三 鸟出栏量(万只)	畜 牧总肉量(吨)	#猪肉	禽 蛋总产量(吨)
1978	53004		1018060	672919	345141	428	219	26920	22790	425
1979	50595		995408	626435	368973	379	187	29209	25647	367
1980	53385		799568	501380	298188	420	209	27652	23461	444
1981	58619		703659	449638	254021	476	252	28011	23387	1284
1982	64067		791518	526106	265412	568	309	33037	27374	679
1983	69117		842198	489887	352311	630	370	35695	28872	1256
1984	70992		784473	458804	325669	652	369	33260	26301	1899
1985	62763		790505	471268	319237	832	414	33298	25759	2424
1986	62874		812102	428545	383557	940	655	43302	30920	5159
1987	58577		781957	396082	385875	1235	862	46120	32588	5478
1988	54723		811945	402035	409910	1400	1020	56125	35067	6734
1989	52713		846598	407317	439281	1565	1136	58563	38270	7109
1990	48760	1559	870782	410875	459907	1592	1188	62191	40130	6906
1991	44121	1396	930377	420919	509458	1806	1336	68844	44702	5924
1992	32259	1068	981698	448586	533112	1889	1419	67983	45492	5845
1993	18688	783	982084	404352	577732	2185	1647	76562	49470	4990
1994	14219	863	1089793	434904	654889	2334	1730	85448	57920	5521
1995	12207	1593	1250597	469355	781242	2501	1881	97572	68649	5431
1996	12945	1806	1407080	490161	916919	2418	1851	116058	83404	5862
1997	12675	2391	1772892	619114	1153778	2608	1863	128992	99300	6295
1998	10522	2159	2217247	776851	1440396	2291	1742	153513	123874	4738
1999	6811	1508	2573310	900285	1673025	2228	1667	159889	130494	4742
2000	5550	1675	2894126	967056	1927070	2362	1784	179032	149648	4367
2001	4618	1851	3255780	1079397	2176383	2226	1683	198423	168353	4441
2002	2919	1931	3075523	927477	2148046	1962	1557	188774	165344	4052
2003	1727	1789	2525252	742101	1783151	1652	1282	154615	135344	3597
2004	1024	1936	2444990	785289	1659701	1396	1048	146184	128286	3435
2005	827	998	2487962	214120	2273842	1314	1072	171737	159169	1355
2006	82	242	530959	110396	420563	485	312	34891	30199	371
2007	111		122915	53484	69431	569	485	9640	4802	216
2008	108		132012	56445	75567	625	532	10421	5227	237
2009	209		136193	53650	82543	648	551	11072	5607	1144
2010	491	100	151024	51387	99637	636	548	12228	6609	861
2011	322	90	135495	52325	83170	627	541	11721	5682	1438
2012	151	156	128400	42469	85931	664	578	12638	5873	1897
2013	326	63	90070	19786	70284	405	334	10726	5131	2393
2014	709	3021	86466	23325	63141	384	316	9558	4500	1643
2015	905	2069	60690	19088	41602	373	298	7544	3018	725
2016	560	2328	54347	19082	35265	345	299	6573	2556	720
2017	563	2340	51977	17981	33995	370	313	6624	2465	767

注：根据《全国农业普查条例》，2007—2017年的畜牧业生产及产品产量数据以全国第三次农业普查结果为基础做了修订。

3-17 历年水产品产量及养殖面积

Output and Cultured Area of Aquatic Products over Years

年 份	水产品产量(吨)	海水产量	海水捕捞	海水养殖	淡水产量	淡水捕捞	淡水养殖	养殖面积(亩)	海水养殖	淡水养殖
1978	30900	23307	23307		7593		7593	89040		89040
1979	22309	13878	13878		8431		8431	94916		94916
1980	25471	17069	17069		8402		8402	95549		95549
1981	24905	15669	15669		9236		9236	104069		104069
1982	27695	16120	16120		11575		11575	112586		112586
1983	30292	17330	17330		12962		12962	116943		116943
1984	32465	18025	18025		14440		14440	119456		119456
1985	32641	15422	15214	208	17219		17219	131350	5301	126049
1986	46534	28439	25918	2521	18095		18095	138651	16078	122573
1987	65679	45214	42793	2421	20465		20465	163225	15036	148189
1988	68087	44111	42926	1185	23976	182	23794	137966	9670	128296
1989	62306	37189	35372	1817	25117	1194	23923	123090	10350	112740
1990	68508	41002	38423	2579	27506	2177	25329	136174	19286	116888
1991	69025	39906	37209	2697	29119	2147	26972	131849	18446	113403
1992	73164	42429	38033	4396	30735	2590	28145	134558	20400	114158
1993	64973	33745	28192	5553	31228	3120	28108	143696	25855	117841
1994	67420	31284	24059	7225	36136	2565	33571	144869	26583	118286
1995	74778	32132	24637	7495	42646	2084	40562	162609	27795	134814
1996	81067	33363	25471	7892	47704	1940	45764	172656	27791	144865
1997	91901	35407	26704	8703	56494	5157	51337	184889	30326	154563
1998	96872	33618	24319	9299	63254	3146	60108	192381	29223	163158
1999	94023	31332	24257	7075	62691	2747	59944	167880	19440	148440
2000	95076	33234	24180	9054	61842	3135	58707	167841	25695	142146
2001	89599	30877	23726	7151	58722	2285	56437	155720	27928	127792
2002	82361	30800	23474	7326	51561	2762	48799	142167	26696	115471
2003	75756	30151	22826	7325	45605	2121	43484	126660	27097	99563
2004	71526	29289	22382	6907	42237	3078	39159	125116	25652	99464
2005	67381	28319	21622	6697	39062	1783	37279	102023	23530	78493
2006	47059	21152	15256	5897	25907	1062	24845	71745	6345	65400
2007	47292	21637	15992	5645	25655	857	24797	71100	5925	65175
2008	72282	21297	14322	6975	50985	512	50473	137718	17559	120159
2009	73323	19034	13205	5829	54289		54289	129136	4197	124939
2010	76268	19300	13257	6043	56968	1563	55405	132960	4147	128813
2011	78229	17816	12255	5561	60413	1801	58612	118676	3473	115203
2012	76967	17131	11664	5467	59836	1513	58323	131640	10175	121465
2013	74526	14672	10783	3889	59854	1494	58360	144005	9395	134610
2014	72660	13838	9386	4452	58822	1442	57380	137818	9114	128704
2015	68946	12662	8375	4287	56284	1560	54724	128550	8850	119700
2016	56623	7817	6422	1395	48806	1392	47414	105833	3873	101960
2017	51392	7599	6300	1299	43793	886	42907	90176	2768	87408

3-18 主要农产品产量与最高年份比较（2017年）

Output of Main Agricultural Products in Comparison with Peak Year (2017)

指　　标	单位	2017年	建国以来最高年份		
			年　份	产　量	2017年为最高年份的(%)
粮食总产量	吨	4790	1977	563463	0.9
#稻　谷	吨	3247	1973	548073	0.6
#早　稻	吨	1558	1983	279723	0.6
晚　稻	吨	1689	1984	279898	0.6
大　豆	吨	156	1954	2790	5.6
经济作物					
#甘　蔗	吨	7874	1982	707764	1.1
花　生	吨	219	1981	35506	0.6
其他作物					
#蔬　菜（含菜用瓜）	吨	392431	2001	706775	55.5
水果总产量	吨	54583	1987	363085	15.0
#香（大）蕉	吨	39051	1987	222826	17.5
荔　枝	吨	2962	2002	45339	6.5
水产品	吨	51392	1998	96872	53.1
生猪年末存栏量	头	17981	2001	1079397	1.7
生猪年出栏头数	头	33995	2005	2273842	1.5
猪肉产量	吨	2465	2001	168353	1.5
三鸟饲养量	万只	370	2000	2362	15.7
三鸟出栏量	万只	313	2000	1784	17.5
禽蛋产量	吨	767	1989	7109	10.8

主要统计指标解释

Explanatory Notes on Main Statistical Indicators

耕地面积 指可以用来种植农作物、经常进行耕锄的田地，包括熟地、当年新开荒地、连续撂荒未满三年的耕地和当年的休闲地(轮歇地)，还包括以种植农作物为主并附带种植桑树、茶树、果树和其他林木的土地，以及沿海、沿湖地区已围垦利用的“海涂”、“湖田”等面积。不包括属于专业性的桑园、茶园、果园、果木苗圃、林地、芦苇地、天然或人工草地面积。

农作物播种面积 指实际播种或移植有农作物的面积。凡是实际种植有农作物的面积，不论种植在耕地上还是种植在非耕地上，均包括在农作物播种面积中。在播种季节基本结束后，因遭灾而重新改种和补种的农作物面积，也包括在内。

粮食产量 指全社会的产量。包括国有经济经营的、集体统一经营的和农民家庭经营的粮食产量，还包括工矿企业办的农场和其他生产单位的产量。粮食除包括稻谷、小麦、玉米、高粱、谷子及其他杂粮外，还包括薯类和豆类。其产量计算方法，豆类按去豆荚后的干豆计算；薯类(包括甘薯和马铃薯，不包括芋头和木薯)1963年以前按每4公斤鲜薯折1公斤粮食计算，从1964年开始改为按5公斤鲜薯折1公斤粮食计算。城市郊区作为蔬菜的薯类(如马铃薯等)按鲜品计算，并且不作粮食统计。其他粮食一律按脱粒后的原粮计算。

水产品产量 指人工养殖的水产品和天然生长的水产品的捕捞量。包括海水的鱼类、虾蟹类、贝类和藻类以及内陆水域的鱼类、虾蟹类和贝类，不包括淡水生植物。

猪、牛、羊肉产量 指当年出栏并已屠宰、除去头蹄下水后带骨肉(即胴体重)的重量。

期初(末)畜禽存栏头(只)数 指报告期初(末)农村各种合作经济组织和国营农场、农民个人、机关、团体、学校、工矿企业、部队等单位以及城镇居民饲养的大牲畜、猪、羊、家禽等畜禽的存栏数。

农林牧渔业总产值 指以货币表现的农、林、牧、渔业全部产品的总量，它反映一定时期内农业生产总规模和总成果。农业总产值的计算方法通常是按农林牧渔业产品及其副产品的产量分别乘以各自单位产品价格求得；少数生产周期较长，当年没有产品或产品产量不易统计的，则采用间接方法匡算其产值；然后将四业产品产值相加即为农业总产值。

农业机械总动力 指主要用于农、林、牧、渔业的各种动力机械的动力总和。包括耕作机械、排灌机械、收获机械、农用运输机械、植物保护机械、牧业机械、林业机械、渔业机械和其他农业机械〔内燃机按引擎马力折成瓦(特)计算、电动机按功率折成瓦(特)计算〕。不包括专门用于乡、镇、村、组办工业、基本建设、非农业运输、科学试验和教学等非农业生产方面用的动力机械与作业机械。

四、工　业

Industry

4-1 主要年份工业主要指标

Main Indicators of Industry in Main Years

指　　标	单位	1998年	2000年	2005年	2010年	2015年	2016年	2017年
全市工业企业单位数	个	16406	16975	21868	38273	97944	121762	151533
规模以上工业:								
企业单位数	个	1500	1663	4505	5899	5688	5869	7669
年末固定资产原值合计	万元	6257040	7288486	18560858	32162507	43550738	47012949	50094077
年末固定资产	万元	4392164	4701886	11052566	17836928	22538217	23833905	25140928
年末流动资产	万元	3798813	5298239	18732801	37888251	61892638	74454397	89956725
年末资产总额	万元	9267121	11225950	33453291	60017098	91346482	106760526	125869201
年末负债总额	万元	4752964	5630399	18580908	35252952	53699190	64354878	76286654
所有者权益	万元	4514157	5595551	14872383	24750103	37005020	42437530	49287199
工业增加值	万元	1687134	2594352	10624190	17083110	26119633	29681560	36181853
主营业务收入	万元	6399088	9889058	39121487	77081695	124542179	148896282	182401487
利润总额	万元	255715	503589	1243516	3523632	4075012	5027329	7220424
全员劳动生产率（按增加值计算）	元/人	26688	36101	53340	60854	102756	118291	133936
综合效益指数	%	94.1	114.0	119.9	130.3	148.7	159.8	175.3

注：1. 2005年以前数据根据东莞市第一次经济普查取得，2008年数据根据第二次经济普查取得，下同。
2. 规模以上工业企业1997年及以前年份为独立核算工业企业口径，1998—2005年为全部国有工业及年销售收入500万元以上非国有工业企业口径，2006—2010年为年主营业务收入500万元及以上工业企业口径，2011年起为年主营业务收入2000万元及以上的工业企业口径,下同。

4-2 历年工业企业单位数

Number of Industrial Enterprises over Years

单位：个

年 份	全市工业企业单位数	#规模以上工业企业	#国 有	集体企业	外商企业
1949	1		1		
1952	23		20	3	
1957	262		76	186	
1962	280		57	223	
1965	260		61	199	
1970	220		57	163	
1975	324		61	263	
1978	1290	377	64	1226	
1979	1250	428	63	1187	
1980	1293	506	64	1229	
1981	1479	539	64	1415	
1982	1862	574	66	1796	
1983	1964	594	68	1896	
1984	2329	664	69	2109	
1985	4187	736	73	2990	79
1986	5949	831	81	4263	89
1987	8106	912	74	5123	175
1988	8408	972	72	5424	241
1989	8757	1049	76	5835	323
1990	9892	1129	78	6165	525
1991	10094	1213	77	6404	758
1992	11639	1251	72	6400	936
1993	12449	1348	75	7129	1412
1994	14086	1287	45	7185	2193
1995	15215	2431	70	9345	2841
1996	15326	1495	40	8958	2381
1997	16857	1572	41	9949	2379
1998	16406	1500	29	8814	2511
1999	16877	1545	29	10325	3358
2000	16975	1663	23	10184	3610
2001	18094	1680	20	9978	4791
2002	21313	1993	19	198	11737
2003	21935	2042	19	200	11927
2004	22156	4224	13	211	10872
2005	21868	4505	10	220	12234
2006	22447	4580	10	211	12461
2007	22587	4987	16	151	12569
2008	26372	5954	35	484	7611
2009	31160	5801	26	313	7580
2010	38273	5899	21	262	7864
2011	46413	4243	20	215	8676
2012	57808	4526	20	254	8965
2013	67332	5361	17	222	9151
2014	80567	5377	16	194	8911
2015	97944	5688	15	138	8978
2016	121762	5869	14	170	8987
2017	151533	7669	13	165	8920

注：2002年起集体企业不包括“三来一补”企业。

4-3 主要年份工业企业单位数（按不同类型分）

Number of Industrial Enterprises in Main Years (by Ownership)

单位：个

指　　标	1998年	2000年	2005年	2010年	2015年	2016年	2017年
全市企业单位数	16406	16975	21868	38273	97944	121762	151533
轻工业	14389	14440	12651	20651	50091	60663	70659
重工业	2017	2535	9217	17622	47853	61099	80874
在总计中：							
（一）规模以上工业企业	1500	1663	4505	5899	5688	5869	7669
按轻重工业分							
轻工业	1082	1124	2569	3183	2909	2924	3576
重工业	418	539	1936	2716	2779	2945	4093
按登记注册类型分							
国有	29	16	5	10	2	2	2
集体	204	248	162	151	31	27	28
私营	24	44	621	1159	1434	1566	2322
联营	5	6	2	5			
股份合作	9	6	1	2			
股份有限公司	6	3	18	20	84	116	163
外商投资	134	201	820	1321	1057	991	1056
港澳台商投资	1082	1119	2481	2564	1918	1889	2083
其他	7	20	395	667	1162	1278	2015
按企业规模分							
大型企业	16	28	39	84	240	266	297
中型企业	27	19	579	1327	1701	1638	1675
小型企业	1457	1616	3887	4488	3557	3760	5454
微型企业					190	205	243
（二）规模以下工业企业	14906	15312	17363	32374	92256	115893	143864

注：2011年起采用新的企业规模划分标准，共分大型、中型、小型、微型四类企业规模，下同。

4-4 历年规模以上工业企业主要指标

Main Indicators of Industrial Enterprises above Designated Size over Years

年 份	企业单位数 (个)	工业总产值 (万元)	工业增加值 (万元)	工业销售产值 (万元)	利润总额 (万元)
1978	377	34589	10149	27746	2564
1979	428	39655	13341	31320	2767
1980	506	43631	14647	35299	3344
1981	539	49958	17131	42545	3886
1982	574	57997	20074	49145	4025
1983	594	65653	21309	52676	4107
1984	664	76602	24310	60449	3724
1985	736	120375	34919	92323	2303
1986	831	157965	42826	117814	4529
1987	912	233619	56671	179262	7079
1988	972	339559	79262	258338	10998
1989	1049	442282	93572	367730	23480
1990	1129	597726	134392	474459	6577
1991	1213	837538	176255	675667	25525
1992	1251	1259351	256615	960928	52730
1993	1348	1907897	350460	1496844	70382
1994	1287	2755275	566108	2125156	140047
1995	2431	3762595	649943	2540566	130705
1996	1495	5071395	841401	2960514	115994
1997	1572	6149355	1038982	3488063	238867
1998	1500	8162888	1687134	5979353	257715
1999	1545	10395384	2321454	7419604	357952
2000	1663	12714419	2594352	9125730	503589
2001	1680	14669051	2906664	10378741	433640
2002	1993	20016645	4666142	16704243	670514
2003	2042	25574017	5954787	21460231	747504
2004	4224	31454169	8004475	31402443	966646
2005	4505	39420346	10624190	39212800	1243516
2006	4580	48397003	13185849	48177825	1600791
2007	4987	58515055	14305996	58087957	1913921
2008	5954	66328201	16898996	63289873	1430566
2009	5801	60711098	14533667	60238631	2972487
2010	5899	77390869	17083110	77273008	3523632
2011	4243	84696933	16424508	84357680	3165403
2012	4526	94925533	19781297	95234082	2916748
2013	5361	110234490	24256174	108423080	3137479
2014	5377	121337147	24908441	118842699	3659798
2015	5688	127444179	26119633	124816789	4075012
2016	5869	146924605	29681560	143507573	5027329
2017	7669	176285285	36181853	174330958	7220424

4-5 规模以上工业企业单位数（2017年）

Number of Industrial Enterprises above Designated Size (2017)

单位：个

项　　目	工业单位数	按登记注册类型分		
		内资企业	港澳台商投资企业	外商投资企业
总　计	7669	4530	2083	1056
按轻重工业分				
轻工业	3576	2067	1085	424
重工业	4093	2463	998	632
按企业规模分				
大型企业	297	95	137	65
中型企业	1675	610	716	349
小型企业	5454	3644	1193	617
微型企业	243	181	37	25
按工业行业分（大类）				
煤炭开采和洗选业				
石油和天然气开采业				
黑色金属矿采选业				
有色金属矿采选业				
非金属矿采选业	1	1		
开采辅助活动				
其他采矿业				
农副食品加工业	61	44	7	10
食品制造业	49	31	14	4
酒、饮料和精制茶制造业	16	9	4	3
烟草制品业				
纺织业	136	73	56	7
纺织服装、服饰业	403	271	113	19
皮革、毛皮、羽毛及其制品和制鞋业	382	197	115	70
木材加工和木、竹、藤、棕、草制品业	48	35	8	5
家具制造业	380	278	67	35
造纸和纸制品业	256	185	61	10
印刷和记录媒介复制业	165	90	57	18
文教、工美、体育和娱乐用品制造业	326	126	152	48
石油加工、炼焦和核燃料加工业	7	3	4	
化学原料和化学制品制造业	265	185	44	36
医药制造业	15	11	2	2
化学纤维制造业	13	6	5	2
橡胶和塑料制品业	893	510	269	114
非金属矿物制品业	170	125	31	14
黑色金属冶炼和压延加工业	38	22	8	8
有色金属冶炼和压延加工业	90	57	16	17
金属制品业	598	379	160	59
通用设备制造业	380	250	85	45
专用设备制造业	411	259	94	58
汽车制造业	81	35	19	27
铁路、船舶、航空航天和其他运输设备制造业	34	19	5	10
电气机械和器材制造业	846	473	242	131
计算机、通信和其他电子设备制造业	1312	684	365	263
仪器仪表制造业	128	64	44	20
其他制造业	76	39	25	12
废弃资源综合利用业	4	4		
金属制品、机械和设备修理业	4	3	1	
电力、热力生产和供应业	19	8	9	2
燃气生产和供应业	24	16	1	7
水的生产和供应业	38	38		

4-6 规模以上工业增加值（2017年）

Value-added of Industrial Enterprises above Designated Size (2017)

单位：万元

项目	工业增加值	按登记注册类型分		
		内资企业	港澳台商投资企业	外商投资企业
总计	36181853	18670619	11375211	6136023
按轻重工业分				
轻工业	13310576	5364229	5801821	2144526
重工业	22871277	13306389	5573390	3991497
按企业规模分				
大型企业	17978936	9902542	5409124	2667270
中型企业	9546694	3432304	3883243	2231147
小型企业	8405878	5174544	2031923	1199412
微型企业	250344	161229	50921	38194
按工业行业分（大类）				
煤炭开采和洗选业				
石油和天然气开采业				
黑色金属矿采选业				
有色金属矿采选业				
非金属矿采选业	735	735		
开采辅助活动				
其他采矿业				
农副食品加工业	359239	219921	55084	84234
食品制造业	351898	91528	236114	24256
酒、饮料和精制茶制造业	204373	42621	35593	126160
烟草制品业				
纺织业	479104	100304	250299	128501
纺织服装、服饰业	1243613	727786	448912	66915
皮革、毛皮、羽毛及其制品和制鞋业	1150165	368604	462334	319227
木材加工和木、竹、藤、棕、草制品业	89490	61909	8779	18802
家具制造业	829268	529502	190321	109445
造纸和纸制品业	1961359	702629	1222851	35879
印刷和记录媒介复制业	600335	210610	263106	126619
文教、工美、体育和娱乐用品制造业	1169852	272156	728819	168877
石油加工、炼焦和核燃料加工业	43877	6344	37532	
化学原料和化学制品制造业	684233	304905	203154	176174
医药制造业	133409	88664	33526	11219
化学纤维制造业	33524	17331	13003	3190
橡胶和塑料制品业	2230124	986559	923580	319985
非金属矿物制品业	623929	293299	266236	64393
黑色金属冶炼和压延加工业	130390	67124	32386	30880
有色金属冶炼和压延加工业	223463	132513	36317	54633
金属制品业	1918553	922815	780464	215274
通用设备制造业	1280506	549292	437277	293937
专用设备制造业	1326112	686112	483798	156202
汽车制造业	538724	119279	61274	358171
铁路、船舶、航空航天和其他运输设备制造业	126516	37453	48034	41029
电气机械和器材制造业	2938379	1162669	1180852	594858
计算机、通信和其他电子设备制造业	13290827	8458390	2598579	2233858
仪器仪表制造业	602401	149249	236485	216666
其他制造业	133445	57400	52108	23937
废弃资源综合利用业	3426	3426		
金属制品、机械和设备修理业	6958	4279	2679	
电力、热力生产和供应业	1215590	1121139	41605	52847
燃气生产和供应业	114162	30198	4110	79855
水的生产和供应业	143874	143874		

4-7 规模以上工业企业主要财务指标（2017年）

Main Financial Indicators of Industrial Enterprises above Designated Size (2017)

指标	全市总计	按登记注册类型分			按轻重工业分	
		内资企业	港澳台商投资企业	外商投资企业	轻工业	重工业
企业单位数（个）	7669	4530	2083	1056	3576	4093
年末资产（万元）						
流动资产合计	89956725	51078583	24832979	14045163	29851051	60105674
#产成品存货	6209589	3047333	2097521	1064735	2610104	3599485
固定资产净值	25561287	12295175	8938028	4328085	8728660	16832627
年末资产总额	125869201	69219939	37169373	19479889	42575561	83293639
年末负债及所有者权益（万元）						
年末负债总额	76286654	48606763	18234014	9445877	23097530	53189124
所有者权益合计	49287199	20519404	18866507	9901288	19371047	29916152
损益及分配（万元）						
主营业务收入	182401487	107537312	45752865	29111310	54546988	127854499
主营业务成本	158968998	93362464	39883579	25722955	47020840	111948158
主营业务税金及附加	699041	391960	182262	124818	243085	455955
主营业务利润	22733448	13782887	5687024	3263537	7283062	15450386
销售费用	4577077	3150446	893838	532793	1655670	2921407
管理费用	10616412	5933884	2987544	1694985	3556298	7060114
财务费用	332308	130962	134351	66995	179835	152473
#利息支出	569945	368643	147584	53718	211870	358075
利润总额	7220424	4112016	1947912	1160497	2271276	4949148
亏损企业亏损总额	749751	296146	255690	197914	244431	505320

4-8 规模以上工业企业主要指标（2017年）

Main Indicators of Industrial Enterprises above Designated Size (2017)

项 目	企业单位数（个）	#亏损企业	工业销售产值（万元）	工业增加值（万元）
总 计	7669	881	174330958	36181853
按轻重工业分				
轻工业	3576	462	53873387	13310576
重工业	4093	419	120457571	22871277
按企业规模分				
大型企业	297	34	96549192	17978936
中型企业	1675	205	38067391	9546694
小型企业	5454	589	38357300	8405878
微型企业	243	53	1357075	250344
按工业行业分（大类）				
煤炭开采和洗选业				
石油和天然气开采业				
黑色金属矿采选业				
有色金属矿采选业				
非金属矿采选业	1		2906	735
开采辅助活动				
其他采矿业				
农副食品加工业	61	15	4620504	359239
食品制造业	49	9	1174712	351898
酒、饮料和精制茶制造业	16	2	820985	204373
烟草制品业				
纺织业	136	17	1759311	479104
纺织服装、服饰业	403	43	4606310	1243613
皮革、毛皮、羽毛及其制品和制鞋业	382	56	3376501	1150165
木材加工和木、竹、藤、棕、草制品业	48	7	332693	89490
家具制造业	380	39	3268449	829268
造纸和纸制品业	256	20	8327927	1961359
印刷和记录媒介复制业	165	16	1989344	600335
文教、工美、体育和娱乐用品制造业	326	52	4282833	1169852
石油加工、炼焦和核燃料加工业	7		122745	43877
化学原料和化学制品制造业	265	21	3501491	684233
医药制造业	15	1	236126	133409
化学纤维制造业	13		130068	33524
橡胶和塑料制品业	893	97	8354836	2230124
非金属矿物制品业	170	16	2501554	623929
黑色金属冶炼和压延加工业	38	8	653070	130390
有色金属冶炼和压延加工业	90	12	852286	223463
金属制品业	598	55	6214014	1918553
通用设备制造业	380	26	6663322	1280506
专用设备制造业	411	41	4350895	1326112
汽车制造业	81	4	1957463	538724
铁路、船舶、航空航天和其他运输设备制造业	34	9	612667	126516
电气机械和器材制造业	846	94	13200502	2938379
计算机、通信和其他电子设备制造业	1312	182	81193046	13290827
仪器仪表制造业	128	19	1789455	602401
其他制造业	76	10	514316	133445
废弃资源综合利用业	4		14391	3426
金属制品、机械和设备修理业	4		15450	6958
电力、热力生产和供应业	19	5	6008803	1215590
燃气生产和供应业	24		525941	114162
水的生产和供应业	38	5	356043	143874

4-8 续表 1

(2017年)

单位：万元

项目	年末资产合计	#流动资产合计	#产成品	固定资产合计	年末负债合计
总计	125869201	89956725	6209589	25140928	76286654
按轻重工业分					
轻工业	42575561	29851051	2610104	8508618	23097530
重工业	83293639	60105674	3599485	16632309	53189124
按企业规模分					
大型企业	61663649	44240500	2510643	12643096	38478673
中型企业	32349169	22201543	2047439	6855721	17761676
小型企业	30392011	22587647	1619561	5329903	19247829
微型企业	1464372	927035	31947	312207	798476
按工业行业分（大类）					
煤炭开采和洗选业					
石油和天然气开采业					
黑色金属矿采选业					
有色金属矿采选业					
非金属矿采选业	4456	1904		2551	1032
开采辅助活动					
其他采矿业					
农副食品加工业	2675323	1940697	176337	320957	1858109
食品制造业	1240778	783503	48997	337493	564982
酒、饮料和精制茶制造业	662761	348159	16242	246902	403493
烟草制品业					
纺织业	1639757	1165246	120287	205992	612629
纺织服装、服饰业	4430758	3566116	348764	411161	2520705
皮革、毛皮、羽毛及其制品和制鞋业	2167416	1673446	130019	331575	1333688
木材加工和木、竹、藤、棕、草制品业	246591	187913	13869	44030	180034
家具制造业	2287973	1790368	173210	269933	1322467
造纸和纸制品业	6897806	3843842	384711	2391199	3152492
印刷和记录媒介复制业	1879343	1369376	77170	397546	919422
文教、工美、体育和娱乐用品制造业	2900831	2253194	296939	437893	1738655
石油加工、炼焦和核燃料加工业	96937	73439	5150	11790	57721
化学原料和化学制品制造业	2996232	2115945	160343	392566	1436513
医药制造业	889018	339035	9224	109725	416521
化学纤维制造业	87389	59270	6418	24316	47823
橡胶和塑料制品业	6489099	4583013	410609	1269629	3678148
非金属矿物制品业	2596384	1618659	89254	730805	1260429
黑色金属冶炼和压延加工业	419041	308503	40117	67994	241071
有色金属冶炼和压延加工业	583554	467353	42082	78439	357922
金属制品业	5876505	3868795	301594	1662930	3404087
通用设备制造业	4655711	3676218	311489	640397	2707188
专用设备制造业	4066301	2986777	309933	727362	2117724
汽车制造业	1583878	1040689	58512	325973	736673
铁路、船舶、航空航天和其他运输设备制造业	847884	601142	49816	162251	610236
电气机械和器材制造业	11091051	8565660	667677	1616726	6011432
计算机、通信和其他电子设备制造业	46564671	38017941	1853488	6147277	33158624
仪器仪表制造业	1469677	868676	75043	387700	588695
其他制造业	398399	253929	26167	91814	207819
废弃资源综合利用业	14081	9344	89	3244	6757
金属制品、机械和设备修理业	31955	19933	1489	10749	21456
电力、热力生产和供应业	6569539	1032267	1539	4621926	3624838
燃气生产和供应业	454594	132183	271	260150	247792
水的生产和供应业	1053512	394191	2743	399935	739477

4-8 续表 2

(2017年)

单位：万元

项　　　目	主营业务收入	主营业务税金及附加	成本费用总额	本年应交增值税
总　　计	182401487	699041	177437735	3859612
按轻重工业分				
轻工业	54546988	243085	52689449	1082177
重工业	127854499	455955	124748286	2777435
按企业规模分				
大型企业	103479057	354803	100309639	2514109
中型企业	38375750	188001	37331574	665545
小型企业	39009556	151529	38206324	657252
微型企业	1537124	4708	1590198	22707
按工业行业分（大类）				
煤炭开采和洗选业				
石油和天然气开采业				
黑色金属矿采选业				
有色金属矿采选业				
非金属矿采选业	2906	271	1046	451
开采辅助活动				
其他采矿业				
农副食品加工业	5530712	6224	5437419	8436
食品制造业	1216225	8129	1143920	57762
酒、饮料和精制茶制造业	831877	17002	779314	39118
烟草制品业				
纺织业	1750423	7982	1723772	33536
纺织服装、服饰业	4417207	19766	4232289	112877
皮革、毛皮、羽毛及其制品和制鞋业	3421761	18498	3385137	41329
木材加工和木、竹、藤、棕、草制品业	341922	1670	329239	10875
家具制造业	3271838	15234	3209495	65264
造纸和纸制品业	8403326	36035	7770889	343556
印刷和记录媒介复制业	1993512	9313	1918692	34382
文教、工美、体育和娱乐用品制造业	4283117	18359	4217640	24231
石油加工、炼焦和核燃料加工业	121407	1488	117035	3853
化学原料和化学制品制造业	3501662	15436	3330196	87005
医药制造业	230509	2539	244958	13369
化学纤维制造业	128876	688	126491	4226
橡胶和塑料制品业	8382632	34139	8152198	153591
非金属矿物制品业	2453717	13358	2339450	70329
黑色金属冶炼和压延加工业	643475	2250	627495	11994
有色金属冶炼和压延加工业	878943	2456	869910	15788
金属制品业	6212259	29449	6042459	119770
通用设备制造业	6615889	23452	6299226	80031
专用设备制造业	4337196	23192	4108374	107421
汽车制造业	1990990	10963	1819364	45892
铁路、船舶、航空航天和其他运输设备制造业	611906	3509	621385	11068
电气机械和器材制造业	13229808	56083	12779289	183856
计算机、通信和其他电子设备制造业	88351631	283080	86721423	1952258
仪器仪表制造业	1764053	7485	1687552	21700
其他制造业	515632	2698	502555	5039
废弃资源综合利用业	14271	40	14313	175
金属制品、机械和设备修理业	23734	182	22378	1750
电力、热力生产和供应业	6026679	23861	6058846	175671
燃气生产和供应业	549406	2025	478966	11858
水的生产和供应业	351988	2190	325020	11150

4-8 续表 3

(2017年)

项　　目	亏损企业亏损总额(万元)	全部从业人员平均人数(人)	利润总额(万元)	人均利润(元)
总　计	749751	2701434	7220424	26728
按轻重工业分				
轻工业	244431	1232037	2271276	18435
重工业	505320	1469397	4949148	33681
按企业规模分				
大型企业	192481	985827	4556605	46221
中型企业	277438	1025449	1522334	14846
小型企业	221707	684900	1172076	17113
微型企业	58125	5258	-30591	-58181
按工业行业分（大类）				
煤炭开采和洗选业				
石油和天然气开采业				
黑色金属矿采选业				
有色金属矿采选业				
非金属矿采选业		35	1588	453829
开采辅助活动				
其他采矿业				
农副食品加工业	19890	9090	108726	119610
食品制造业	18416	19222	62931	32739
酒、饮料和精制茶制造业	19793	6663	38116	57206
烟草制品业				
纺织业	9048	42040	46266	11005
纺织服装、服饰业	19430	143095	184107	12866
皮革、毛皮、羽毛及其制品和制鞋业	21577	159850	40836	2555
木材加工和木、竹、藤、棕、草制品业	451	6158	12824	20825
家具制造业	9715	90161	109729	12170
造纸和纸制品业	4822	64171	740466	115389
印刷和记录媒介复制业	5772	55122	96396	17488
文教、工美、体育和娱乐用品制造业	16008	174510	91676	5253
石油加工、炼焦和核燃料加工业		485	4375	90200
化学原料和化学制品制造业	12053	29205	184720	63249
医药制造业	11	3781	87513	231454
化学纤维制造业		2527	4098	16215
橡胶和塑料制品业	84710	216194	220515	10200
非金属矿物制品业	15959	38729	149889	38702
黑色金属冶炼和压延加工业	5090	7294	21200	29065
有色金属冶炼和压延加工业	1871	11297	20725	18345
金属制品业	30956	161504	230934	14299
通用设备制造业	8981	99614	337935	33924
专用设备制造业	23077	108089	255513	23639
汽车制造业	869	29457	177177	60148
铁路、船舶、航空航天和其他运输设备制造业	27688	10922	-10233	-9370
电气机械和器材制造业	62548	287688	529222	18396
计算机、通信和其他电子设备制造业	289776	822158	3016974	36696
仪器仪表制造业	20194	59032	89708	15197
其他制造业	2082	14034	12133	8645
废弃资源综合利用业		139	1032	74216
金属制品、机械和设备修理业		606	1954	32239
电力、热力生产和供应业	17478	21689	234396	108071
燃气生产和供应业		1747	87338	499929
水的生产和供应业	1488	5126	29648	57838

4-9 规模以上工业企业主要经济效益指标（2017年）

Main Indicators on Economic Benefit of Industrial Enterprises above Designated Size (2017)

项目	工业增加值率(%)	总资产贡献率(%)	资产负债率(%)	流动资产周转率(次/年)	成本费用利润率(%)	全员劳动生产率(元/人)	产品销售率(%)
总计	20.5	9.6	60.6	2.1	4.1	133936	98.9
按轻重工业分							
轻工业	24.5	8.8	54.3	1.8	4.3	108037	99.0
重工业	18.8	10.0	63.9	2.2	4.0	155651	98.8
按企业规模分							
大型企业	18.5	12.0	62.4	2.4	4.5	182374	99.3
中型企业	24.5	7.8	54.9	1.8	4.1	93098	97.9
小型企业	21.7	7.0	63.3	1.8	3.1	122731	99.0
微型企业	18.3	-0.1	54.5	1.7	-1.9	476120	99.4
按工业行业分（大类）							
煤炭开采和洗选业							
石油和天然气开采业							
黑色金属矿采选业							
有色金属矿采选业							
非金属矿采选业	25.3	51.9	23.2	1.5	151.9	210000	100.0
开采辅助活动							
其他采矿业							
农副食品加工业	8.0	5.3	69.5	2.9	2.0	395202	103.5
食品制造业	29.5	10.9	45.5	1.6	5.5	183070	98.4
酒、饮料和精制茶制造业	24.2	14.6	60.9	2.4	4.9	306728	97.4
烟草制品业							
纺织业	26.9	5.6	37.4	1.5	2.7	113964	99.0
纺织服装、服饰业	26.4	7.6	56.9	1.2	4.4	86908	97.8
皮革、毛皮、羽毛及其制品和制鞋业	34.1	4.8	61.5	2.1	1.2	71953	100.2
木材加工和木、竹、藤、棕、草制品业	26.0	11.0	73.0	1.8	3.9	145323	96.7
家具制造业	25.0	8.4	57.8	1.8	3.4	91976	98.6
造纸和纸制品业	23.3	16.8	45.7	2.2	9.5	305646	98.7
印刷和记录媒介复制业	29.7	7.7	48.9	1.5	5.0	108910	98.6
文教、工美、体育和娱乐用品制造业	27.1	5.4	59.9	1.9	2.2	67036	99.3
石油加工、炼焦和核燃料加工业	38.0	11.5	59.5	1.7	3.7	904680	106.2
化学原料和化学制品制造业	19.4	10.0	47.9	1.7	5.6	234286	99.2
医药制造业	55.4	12.1	46.9	0.9	35.7	352841	98.1
化学纤维制造业	25.1	10.8	54.7	2.2	3.2	132663	97.4
橡胶和塑料制品业	26.3	6.4	56.7	1.8	2.7	103154	98.4
非金属矿物制品业	24.9	9.5	48.6	1.5	6.4	161101	100.0
黑色金属冶炼和压延加工业	20.1	8.9	57.5	2.1	3.4	178763	100.7
有色金属冶炼和压延加工业	26.2	7.4	61.3	1.9	2.4	197807	99.9
金属制品业	30.4	6.8	57.9	1.6	3.8	118793	98.5
通用设备制造业	18.9	9.6	58.2	1.8	5.4	128547	98.3
专用设备制造业	29.7	9.8	52.1	1.5	6.2	122687	97.3
汽车制造业	26.4	15.3	46.5	1.9	9.7	182885	95.8
铁路、船舶、航空航天和其他运输设备制造业	20.6	1.8	72.0	1.0	-1.7	115836	99.5
电气机械和器材制造业	21.8	7.2	54.2	1.6	4.1	102138	98.1
计算机、通信和其他电子设备制造业	16.2	11.1	71.2	2.4	3.5	161658	99.0
仪器仪表制造业	33.2	8.4	40.1	2.0	5.3	102047	98.7
其他制造业	24.6	5.2	52.2	2.0	2.4	95087	94.7
废弃资源综合利用业	23.8	9.0	48.0	1.5	7.2	246475	100.0
金属制品、机械和设备修理业	28.0	12.4	67.2	1.2	8.7	114818	62.1
电力、热力生产和供应业	20.1	7.9	55.2	6.1	3.9	560464	99.4
燃气生产和供应业	21.8	22.5	54.5	4.2	18.2	653475	100.4
水的生产和供应业	41.0	6.1	70.2	0.9	9.1	280675	101.5

4-10 规模以上国有及国有控股工业企业主要经济指标（2017年）

Main Indicators of State-owned and State-holding Industrial Enterprises above Designated Size (2017)

项目	企业单位数（个）	#亏损企业	工业增加值（万元）	主营业务收入（万元）
总计	42	8	1509105	7853588
按轻重工业分				
轻工业	18	3	140489	1304091
重工业	24	5	1368616	6549496
按企业规模分				
大型企业	6	1	1283816	6200277
中型企业	12	2	151489	883225
小型企业	23	5	70536	517338
微型企业	1		3264	252748
按销售收入分				
10亿元以上	9	3	1312337	7104008
5-10亿元	5		97059	362430
1-5亿元	13	3	79610	311564
1亿元以下	15	2	20099	75586
按工业行业分（大类）				
煤炭开采和洗选业				
石油和天然气开采业				
黑色金属矿采选业				
有色金属矿采选业				
非金属矿采选业				
开采辅助活动				
其他采矿业				
农副食品加工业	4	2	18418	887025
食品制造业				
酒、饮料和精制茶制造业	2		11951	58786
烟草制品业				
纺织业				
纺织服装、服饰业	1		2993	11908
皮革、毛皮、羽毛及其制品和制鞋业	1		3544	9592
木材加工和木、竹、藤、棕、草制品业				
家具制造业				
造纸和纸制品业				
印刷和记录媒介复制业	1		543	5767
文教、工美、体育和娱乐用品制造业	2		11795	20380
石油加工、炼焦和核燃料加工业				
化学原料和化学制品制造业	2		2208	9835
医药制造业				
化学纤维制造业				
橡胶和塑料制品业	1		1796	6807
非金属矿物制品业				
黑色金属冶炼和压延加工业	2		14955	92156
有色金属冶炼和压延加工业	1	1	602	2439
金属制品业	3	1	468	64772
通用设备制造业	1		21458	84411
专用设备制造业				
汽车制造业				
铁路、船舶、航空航天和其他运输设备制造业	1	1	31781	105061
电气机械和器材制造业	3	1	21629	73179
计算机、通信和其他电子设备制造业	4	1	175321	800670
仪器仪表制造业				
其他制造业				
废弃资源综合利用业				
金属制品、机械和设备修理业	1		1437	9107
电力、热力生产和供应业	5	1	1114474	5449214
燃气生产和供应业				
水的生产和供应业	7		73732	162482

4−10 续表

(2017年)

项　　目	亏损企业亏损总额(万元)	利　润总　额(万元)	人　均利　润(元)
总　　计	34921	232260	48679
按轻重工业分			
轻工业	4173	20937	30628
重工业	30748	211323	51697
按企业规模分			
大型企业	1887	178116	45594
中型企业	24429	-173	-246
小型企业	8605	54189	336787
微型企业		128	
按销售收入分			
10亿元以上	25143	151761	38421
5−10亿元		58908	246786
1−5亿元	9098	11051	25538
1亿元以下	680	10541	70274
按工业行业分（大类）			
煤炭开采和洗选业			
石油和天然气开采业			
黑色金属矿采选业			
有色金属矿采选业			
非金属矿采选业			
开采辅助活动			
其他采矿业			
农副食品加工业	1655	372	6907
食品制造业			
酒、饮料和精制茶制造业		651	16917
烟草制品业			
纺织业			
纺织服装、服饰业		1684	47309
皮革、毛皮、羽毛及其制品和制鞋业		132	3547
木材加工和木、竹、藤、棕、草制品业			
家具制造业			
造纸和纸制品业			
印刷和记录媒介复制业		341	37833
文教、工美、体育和娱乐用品制造业		5164	90759
石油加工、炼焦和核燃料加工业			
化学原料和化学制品制造业		653	62229
医药制造业			
化学纤维制造业			
橡胶和塑料制品业		512	72056
非金属矿物制品业			
黑色金属冶炼和压延加工业		717	87439
有色金属冶炼和压延加工业	371	-371	-26305
金属制品业	774	1658	81665
通用设备制造业		5126	49621
专用设备制造业			
汽车制造业			
铁路、船舶、航空航天和其他运输设备制造业	21911	-21911	-231124
电气机械和器材制造业	2518	1721	8308
计算机、通信和其他电子设备制造业	1887	33432	17821
仪器仪表制造业			
其他制造业			
废弃资源综合利用业			
金属制品、机械和设备修理业		67	1942
电力、热力生产和供应业	5805	181925	93453
燃气生产和供应业			
水的生产和供应业		20386	93773

4-11 规模以上国有及国有控股工业企业主要经济效益指标（2017年）

Main Indicators on Economic Benefit of State-owned and State-holding Industrial Enterprises above Designated Size (2017)

项　　目	工业增加值率 (%)	总资产贡献率 (%)	资产负债率 (%)	流动资产周转率 (次/年)	成本费用利润率 (%)	全员劳动生产率 (元/人)	产品销售率 (%)
总　　计	19.9	6.9	57.4	3.9	3.0	316288	100.8
按轻重工业分							
轻工业	14.1	5.0	60.3	2.9	1.6	205513	106.4
重工业	20.8	7.1	57.0	4.2	3.3	334813	99.9
按企业规模分							
大型企业	20.8	7.5	52.8	6.9	3.0	328627	100.0
中型企业	18.4	2.9	73.4	1.3	-0.02	215244	106.1
小型企业	14.4	8.6	64.7	1.4	10.5	438384	100.4
微型企业	4.8	0.7	68.5	6.2	0.1		103.0
按工业行业分（大类）							
煤炭开采和洗选业							
石油和天然气开采业							
黑色金属矿采选业							
有色金属矿采选业							
非金属矿采选业							
开采辅助活动							
其他采矿业							
农副食品加工业	3.1	0.5	67.2	3.8	0.04	341707	108.7
食品制造业							
酒、饮料和精制茶制造业	21.6	7.7	33.8	4.1	1.1	310416	100.7
烟草制品业							
纺织业							
纺织服装、服饰业	29.9	10.4	22.2	0.8	16.5	84073	95.0
皮革、毛皮、羽毛及其制品和制鞋业	36.9	4.2	74.9	2.4	1.4	95013	100.0
木材加工和木、竹、藤、棕、草制品业							
家具制造业							
造纸和纸制品业							
印刷和记录媒介复制业	9.5	6.7	26.0	1.5	5.7	60333	101.2
文教、工美、体育和娱乐用品制造业	62.8	36.3	58.3	1.1	33.9	207293	110.8
石油加工、炼焦和核燃料加工业							
化学原料和化学制品制造业	22.1	15.7	68.8	1.9	6.9	210286	97.9
医药制造业							
化学纤维制造业							
橡胶和塑料制品业	26.4	11.1	33.1	1.4	7.5	252958	100.1
非金属矿物制品业							
黑色金属冶炼和压延加工业	16.2	3.3	70.9	3.3	0.8	1823780	99.9
有色金属冶炼和压延加工业	20.8	-1.6	60.3	0.6	-13.5	42695	84.0
金属制品业	0.7	-4.5	85.4	0.7	2.6	23054	99.8
通用设备制造业	29.3	16.3	57.9	1.7	6.4	207725	107.9
专用设备制造业							
汽车制造业							
铁路、船舶、航空航天和其他运输设备制造业	30.6	-1.7	84.3	0.3	-17.7	335243	103.0
电气机械和器材制造业	29.0	3.6	55.9	1.0	2.4	104437	101.8
计算机、通信和其他电子设备制造业	21.1	6.3	70.7	1.6	4.3	93455	99.6
仪器仪表制造业							
其他制造业							
废弃资源综合利用业							
金属制品、机械和设备修理业	15.8	16.6	62.6	1.3	0.8	41532	
电力、热力生产和供应业	20.5	8.3	50.5	11.4	3.4	572494	100.0
燃气生产和供应业							
水的生产和供应业	45.6	7.9	67.2	1.3	14.2	339154	104.5

4-12 规模以上集体工业企业主要经济指标（2017年）

Main Indicators of Collective-owned Industrial Enterprises above Designated Size (2017)

项　　目	企　业 单位数 （个）	#亏　损 企　业	工　业 增加值 （万元）	主营业 务收入 （万元）
总　　计	28	4	88169	204047
按轻重工业分				
轻工业	27	4	88083	201413
重工业	1		85	2635
按企业规模分				
大型企业				
中型企业	3		29880	49036
小型企业	25	4	58289	155011
微型企业				
按销售收入分				
10亿元以上				
5-10亿元				
1-5亿元	6	1	46811	104768
1亿元以下	22	3	41357	99280
按工业行业分（大类）				
煤炭开采和洗选业				
石油和天然气开采业				
黑色金属矿采选业				
有色金属矿采选业				
非金属矿采选业				
开采辅助活动				
其他采矿业				
农副食品加工业	1	1	8004	20661
食品制造业				
酒、饮料和精制茶制造业				
烟草制品业				
纺织业				
纺织服装、服饰业				
皮革、毛皮、羽毛及其制品和制鞋业	1		3621	5740
木材加工和木、竹、藤、棕、草制品业				
家具制造业				
造纸和纸制品业				
印刷和记录媒介复制业	1		797	2411
文教、工美、体育和娱乐用品制造业	2		26259	43296
石油加工、炼焦和核燃料加工业				
化学原料和化学制品制造业	1		85	2635
医药制造业				
化学纤维制造业				
橡胶和塑料制品业				
非金属矿物制品业				
黑色金属冶炼和压延加工业				
有色金属冶炼和压延加工业				
金属制品业				
通用设备制造业				
专用设备制造业				
汽车制造业				
铁路、船舶、航空航天和其他运输设备制造业				
电气机械和器材制造业				
计算机、通信和其他电子设备制造业				
仪器仪表制造业				
其他制造业				
废弃资源综合利用业				
金属制品、机械和设备修理业				
电力、热力生产和供应业				
燃气生产和供应业				
水的生产和供应业	22	3	49402	129305

4-12 续表

(2017年)

项　　目	亏损企业亏损总额(万元)	利　润总　额(万元)	人　均利　润(元)
总　　计	1123	8943	10395
按轻重工业分			
轻工业	1123	8906	10444
重工业		37	4882
按企业规模分			
大型企业			
中型企业		2736	4332
小型企业	1123	6208	27119
微型企业			
按销售收入分			
10亿元以上			
5-10亿元			
1-5亿元	162	5353	8221
1亿元以下	961	3590	17161
按工业行业分（大类）			
煤炭开采和洗选业			
石油和天然气开采业			
黑色金属矿采选业			
有色金属矿采选业			
非金属矿采选业			
开采辅助活动			
其他采矿业			
农副食品加工业	162	-162	-73682
食品制造业			
酒、饮料和精制茶制造业			
烟草制品业			
纺织业			
纺织服装、服饰业			
皮革、毛皮、羽毛及其制品和制鞋业		395	10551
木材加工和木、竹、藤、棕、草制品业			
家具制造业			
造纸和纸制品业			
印刷和记录媒介复制业		192	46805
文教、工美、体育和娱乐用品制造业		2341	3941
石油加工、炼焦和核燃料加工业			
化学原料和化学制品制造业		37	4882
医药制造业			
化学纤维制造业			
橡胶和塑料制品业			
非金属矿物制品业			
黑色金属冶炼和压延加工业			
有色金属冶炼和压延加工业			
金属制品业			
通用设备制造业			
专用设备制造业			
汽车制造业			
铁路、船舶、航空航天和其他运输设备制造业			
电气机械和器材制造业			
计算机、通信和其他电子设备制造业			
仪器仪表制造业			
其他制造业			
废弃资源综合利用业			
金属制品、机械和设备修理业			
电力、热力生产和供应业			
燃气生产和供应业			
水的生产和供应业	961	6141	28561

4-13 规模以上集体工业企业主要经济效益指标（2017年）

Main Indicators on Economic Benefit of Collective-owned Industrial Enterprises above Designated Size (2017)

项目	工业增加值率(%)	总资产贡献率(%)	资产负债率(%)	流动资产周转率(次/年)	成本费用利润率(%)	全员劳动生产率(元/人)	产品销售率(%)
总计	43.0	4.1	76.6	0.9	43.0	102486	99.0
按轻重工业分							
轻工业	43.5	4.1	76.7	0.9	43.5	103299	99.0
重工业	3.2	11.0	50.7	2.3	3.2	11184	100.0
按企业规模分							
大型企业							
中型企业	60.9	8.3	120.7	3.0	60.9	47323	100.0
小型企业	37.4	3.7	72.8	0.7	37.4	254648	98.7
微型企业							
按工业行业分（大类）							
煤炭开采和洗选业							
石油和天然气开采业							
黑色金属矿采选业							
有色金属矿采选业							
非金属矿采选业							
开采辅助活动							
其他采矿业							
农副食品加工业	38.7	-18.8	168.6	691.0	38.7	3638182	100.0
食品制造业							
酒、饮料和精制茶制造业							
烟草制品业							
纺织业							
纺织服装、服饰业							
皮革、毛皮、羽毛及其制品和制鞋业	62.6	18.9	56.8	4.5	62.6	96818	100.0
木材加工和木、竹、藤、棕、草制品业							
家具制造业							
造纸和纸制品业							
印刷和记录媒介复制业	29.6	5.0	4.2	0.8	29.6	194390	100.0
文教、工美、体育和娱乐用品制造业	60.6	7.6	125.2	2.9	60.6	44207	100.0
石油加工、炼焦和核燃料加工业							
化学原料和化学制品制造业	3.2	11.0	50.7	2.3	3.2	11184	100.0
医药制造业							
化学纤维制造业							
橡胶和塑料制品业							
非金属矿物制品业							
黑色金属冶炼和压延加工业							
有色金属冶炼和压延加工业							
金属制品业							
通用设备制造业							
专用设备制造业							
汽车制造业							
铁路、船舶、航空航天和其他运输设备制造业							
电气机械和器材制造业							
计算机、通信和其他电子设备制造业							
仪器仪表制造业							
其他制造业							
废弃资源综合利用业							
金属制品、机械和设备修理业							
电力、热力生产和供应业							
燃气生产和供应业							
水的生产和供应业	38.0	3.8	73.3	0.6	38.0	229777	98.4

4-14 规模以上外商投资工业企业主要经济指标（2017年）

Main Indicators of Industrial Enterprises above Designated Size with Foreign Funds (2017)

项目	企业单位数（个）	#亏损企业	工业增加值（万元）	主营业务收入（万元）
总计	1056	197	6136023	29111310
按轻重工业分				
轻工业	424	94	2144526	9177592
重工业	632	103	3991497	19933718
按企业规模分				
大型企业	65	6	2667270	12562163
中型企业	349	56	2231147	10202738
小型企业	617	126	1199412	6041739
微型企业	25	9	38194	304670
按销售收入分				
10亿元以上	53	5	2614779	15207383
5-10亿元	43	7	696825	2858431
1-5亿元	375	54	1988077	8006488
1亿元以下	585	131	836342	3039008
按工业行业分（大类）				
煤炭开采和洗选业				
石油和天然气开采业				
黑色金属矿采选业				
有色金属矿采选业				
非金属矿采选业				
开采辅助活动				
其他采矿业				
农副食品加工业	10	3	84234	1566974
食品制造业	4	1	24256	109367
酒、饮料和精制茶制造业	3		126160	377112
烟草制品业				
纺织业	7	2	128501	435080
纺织服装、服饰业	19	4	66915	208760
皮革、毛皮、羽毛及其制品和制鞋业	70	16	319227	969584
木材加工和木、竹、藤、棕、草制品业	5	2	18802	74682
家具制造业	35	5	109445	471907
造纸和纸制品业	10	3	35879	117621
印刷和记录媒介复制业	18	3	126619	371365
文教、工美、体育和娱乐用品制造业	48	9	168877	516667
石油加工、炼焦和核燃料加工业				
化学原料和化学制品制造业	36	6	176174	1117539
医药制造业	2		11219	20054
化学纤维制造业	2		3190	12050
橡胶和塑料制品业	114	27	319985	1180787
非金属矿物制品业	14	1	64393	198893
黑色金属冶炼和压延加工业	8	3	30880	184408
有色金属冶炼和压延加工业	17	5	54633	218548
金属制品业	59	6	215274	869532
通用设备制造业	45	3	293937	1741673
专用设备制造业	58	11	156202	493273
汽车制造业	27	2	358171	1343527
铁路、船舶、航空航天和其他运输设备制造业	10	4	41029	201633
电气机械和器材制造业	131	20	594858	2451418
计算机、通信和其他电子设备制造业	263	53	2233858	12393757
仪器仪表制造业	20	4	216666	738000
其他制造业	12	4	23937	88716
废弃资源综合利用业				
金属制品、机械和设备修理业				
电力、热力生产和供应业	2		52847	274250
燃气生产和供应业	7		79855	364133
水的生产和供应业				

4-14 续表

(2017年)

项目	亏损企业亏损总额(万元)	利润总额(万元)	人均利润(元)
总计	197914	1160497	21696
按轻重工业分			
轻工业	60943	328723	15458
重工业	136971	831774	25812
按企业规模分			
大型企业	12101	548592	24755
中型企业	114882	370055	16785
小型企业	60968	245492	26627
微型企业	9963	-3642	-59513
按销售收入分			
10亿元以上	62044	642055	37375
5-10亿元	29367	175397	32656
1-5亿元	56396	295485	14489
1亿元以下	50107	47559	4509
按工业行业分（大类）			
煤炭开采和洗选业			
石油和天然气开采业			
黑色金属矿采选业			
有色金属矿采选业			
非金属矿采选业			
开采辅助活动			
其他采矿业			
农副食品加工业	5328	37518	225741
食品制造业	13334	-5910	-62338
酒、饮料和精制茶制造业		46401	365647
烟草制品业			
纺织业	171	11697	12962
纺织服装、服饰业	245	4423	4568
皮革、毛皮、羽毛及其制品和制鞋业	8977	9370	1916
木材加工和木、竹、藤、棕、草制品业	119	4186	28300
家具制造业	2991	28299	18630
造纸和纸制品业	747	3707	17737
印刷和记录媒介复制业	1359	28716	29109
文教、工美、体育和娱乐用品制造业	3242	11664	4547
石油加工、炼焦和核燃料加工业			
化学原料和化学制品制造业	3435	49597	74909
医药制造业		3658	45382
化学纤维制造业		256	8601
橡胶和塑料制品业	13787	40597	12055
非金属矿物制品业	1217	15483	35342
黑色金属冶炼和压延加工业	1849	8482	99435
有色金属冶炼和压延加工业	797	2878	13375
金属制品业	2841	38668	24879
通用设备制造业	1004	60041	25035
专用设备制造业	9378	29458	24479
汽车制造业	600	128845	74980
铁路、船舶、航空航天和其他运输设备制造业	5057	2672	5694
电气机械和器材制造业	12931	108833	17420
计算机、通信和其他电子设备制造业	106512	318661	15571
仪器仪表制造业	1370	40162	23406
其他制造业	625	4175	26239
废弃资源综合利用业			
金属制品、机械和设备修理业			
电力、热力生产和供应业		64537	4302453
燃气生产和供应业		63423	716646
水的生产和供应业			

4-15 规模以上外商投资工业企业主要经济效益指标（2017年）

Main Indicators on Economic Benefit of Industrial Enterprises above Designated Size with Foreign Funds (2017)

项　　目	工业增加值率(%)	总资产贡献率(%)	资　产负债率(%)	流动资产周转率(次/年)	成本费用利润率(%)	全员劳动生产率(元/人)	产　品销售率(%)
总　　计	20.9	8.0	48.5	2.1	4.1	114715	98.2
按轻重工业分							
轻工业	24.1	8.0	46.6	2.2	3.7	100844	98.6
重工业	19.6	7.9	49.4	2.1	4.3	123868	98.1
按企业规模分							
大型企业	20.7	9.0	46.3	2.3	4.5	120357	98.2
中型企业	22.1	8.2	49.1	2.2	3.7	101199	97.9
小型企业	20.0	6.4	51.0	1.8	4.2	130091	99.1
微型企业	12.4	-0.7	49.8	1.6	-1.2	624085	96.6
按工业行业分（大类）							
煤炭开采和洗选业							
石油和天然气开采业							
黑色金属矿采选业							
有色金属矿采选业							
非金属矿采选业							
开采辅助活动							
其他采矿业							
农副食品加工业	7.4	10.3	50.7	4.7	2.4	506823	102.6
食品制造业	22.8	0.3	78.3	2.7	-5.2	255865	101.0
酒、饮料和精制茶制造业	29.4	30.1	42.9	2.3	14.3	994169	86.6
烟草制品业							
纺织业	28.6	4.1	23.8	1.0	2.7	142399	98.5
纺织服装、服饰业	31.7	5.4	50.7	1.9	2.2	69113	99.5
皮革、毛皮、羽毛及其制品和制鞋业	32.6	3.7	49.7	1.9	1.0	65286	97.3
木材加工和木、竹、藤、棕、草制品业	23.4	12.2	71.0	1.3	5.8	127126	94.3
家具制造业	22.5	7.9	49.4	1.5	6.0	72051	99.3
造纸和纸制品业	32.6	6.9	31.0	1.9	3.2	171670	106.4
印刷和记录媒介复制业	33.4	13.7	51.4	1.8	8.3	128352	98.4
文教、工美、体育和娱乐用品制造业	32.2	4.5	46.1	1.9	2.2	65836	99.5
石油加工、炼焦和核燃料加工业							
化学原料和化学制品制造业	15.6	10.6	40.4	2.0	4.6	266084	97.3
医药制造业	56.1	21.4	65.8	1.8	18.6	139194	100.0
化学纤维制造业	25.1	8.3	48.1	1.9	2.1	107047	100.0
橡胶和塑料制品业	26.7	6.6	47.3	1.8	3.5	95019	98.9
非金属矿物制品业	32.0	11.4	28.1	2.1	8.4	146982	98.7
黑色金属冶炼和压延加工业	16.6	9.4	43.5	1.9	4.8	362016	100.4
有色金属冶炼和压延加工业	25.9	3.6	57.6	1.4	1.3	253871	99.2
金属制品业	24.5	8.1	45.3	1.8	4.6	138511	99.2
通用设备制造业	16.5	8.6	49.6	2.7	3.6	122561	97.1
专用设备制造业	30.5	8.2	40.4	1.2	6.3	129801	97.9
汽车制造业	26.3	18.1	41.1	2.2	10.6	208433	95.9
铁路、船舶、航空航天和其他运输设备制造业	20.3	5.0	31.6	2.0	1.4	87445	100.3
电气机械和器材制造业	23.3	7.7	46.8	1.8	4.6	95214	95.9
计算机、通信和其他电子设备制造业	17.6	4.9	53.3	2.2	2.6	109153	98.7
仪器仪表制造业	29.4	9.4	32.5	2.9	5.7	126270	99.7
其他制造业	26.6	5.8	55.6	1.9	5.0	150453	98.2
废弃资源综合利用业							
金属制品、机械和设备修理业							
电力、热力生产和供应业	18.1	18.6	62.4	1.3	24.8	3523133	100.0
燃气生产和供应业	21.8	23.2	55.0	4.3	20.0	902316	100.0
水的生产和供应业							

4-16 规模以上港澳台商投资工业企业主要经济指标（2017年）

Main Indicators of Industrial Enterprises above Designated Size with Hong Kong, Macao and Taiwan Funds (2017)

项目	企业单位数（个）	#亏损企业	工业增加值（万元）	主营业务收入（万元）
总计	2083	305	11375211	45752865
按轻重工业分				
轻工业	1085	167	5801821	20276026
重工业	998	138	5573390	25476839
按企业规模分				
大型企业	137	13	5409124	23277665
中型企业	716	89	3883243	13021767
小型企业	1193	187	2031923	9189185
微型企业	37	16	50921	264248
按销售收入分				
10亿元以上	68	4	4203084	20376244
5-10亿元	76	7	1402945	5325831
1-5亿元	650	62	3868547	13609137
1亿元以下	1289	232	1900636	6441653
按工业行业分（大类）				
煤炭开采和洗选业				
石油和天然气开采业				
黑色金属矿采选业				
有色金属矿采选业				
非金属矿采选业				
开采辅助活动				
其他采矿业				
农副食品加工业	7	2	55084	509864
食品制造业	14	4	236114	670451
酒、饮料和精制茶制造业	4	2	35593	237841
烟草制品业				
纺织业	56	7	250299	950951
纺织服装、服饰业	113	19	448912	1719389
皮革、毛皮、羽毛及其制品和制鞋业	115	14	462334	1262221
木材加工和木、竹、藤、棕、草制品业	8	3	8779	34765
家具制造业	67	12	190321	627047
造纸和纸制品业	61	8	1222851	4361536
印刷和记录媒介复制业	57	7	263106	859385
文教、工美、体育和娱乐用品制造业	152	26	728819	1999425
石油加工、炼焦和核燃料加工业	4		37532	104881
化学原料和化学制品制造业	44	6	203154	858381
医药制造业	2		33526	35300
化学纤维制造业	5		13003	42688
橡胶和塑料制品业	269	34	923580	3479531
非金属矿物制品业	31	3	266236	896971
黑色金属冶炼和压延加工业	8	1	32386	137990
有色金属冶炼和压延加工业	16	3	36317	147396
金属制品业	160	23	780464	2155252
通用设备制造业	85	12	437277	2591819
专用设备制造业	94	11	483798	1617120
汽车制造业	19	1	61274	196930
铁路、船舶、航空航天和其他运输设备制造业	5	1	48034	169214
电气机械和器材制造业	242	29	1180852	5053442
计算机、通信和其他电子设备制造业	365	59	2598579	13981171
仪器仪表制造业	44	10	236485	583562
其他制造业	25	3	52108	196165
废弃资源综合利用业				
金属制品、机械和设备修理业	1		2679	5005
电力、热力生产和供应业	9	5	41605	250236
燃气生产和供应业	1		4110	16935
水的生产和供应业				

4-16 续表

(2017年)

项目	亏损企业亏损总额(万元)	利润总额(万元)	人均利润(元)
总计	255690	1947912	17824
按轻重工业分			
轻工业	89489	1124706	19715
重工业	166202	823206	15758
按企业规模分			
大型企业	89855	1225273	28926
中型企业	75046	444955	9309
小型企业	79283	285886	15056
微型企业	11506	-8202	-56843
按销售收入分			
10亿元以上	89572	1200343	48546
5-10亿元	13674	207005	14685
1-5亿元	79415	464231	10747
1亿元以下	73030	76333	2799
按工业行业分(大类)			
煤炭开采和洗选业			
石油和天然气开采业			
黑色金属矿采选业			
有色金属矿采选业			
非金属矿采选业			
开采辅助活动			
其他采矿业			
农副食品加工业	181	6542	52755
食品制造业	1088	55792	51265
酒、饮料和精制茶制造业	19793	-16941	-50063
烟草制品业			
纺织业	3486	32663	13395
纺织服装、服饰业	13417	25290	3996
皮革、毛皮、羽毛及其制品和制鞋业	9121	14142	2048
木材加工和木、竹、藤、棕、草制品业	249	-71	-793
家具制造业	3812	11598	5077
造纸和纸制品业	2686	614251	248665
印刷和记录媒介复制业	2609	42506	15707
文教、工美、体育和娱乐用品制造业	10294	40731	3470
石油加工、炼焦和核燃料加工业		3190	78571
化学原料和化学制品制造业	3803	71175	92532
医药制造业		36682	618587
化学纤维制造业		2043	16528
橡胶和塑料制品业	59567	62157	6060
非金属矿物制品业	477	85576	73906
黑色金属冶炼和压延加工业	96	9300	53882
有色金属冶炼和压延加工业	344	5958	25441
金属制品业	4366	95913	14742
通用设备制造业	6346	120762	36149
专用设备制造业	8173	62253	13205
汽车制造业	174	6511	10622
铁路、船舶、航空航天和其他运输设备制造业	21911	-18521	-60863
电气机械和器材制造业	10260	209291	16495
计算机、通信和其他电子设备制造业	44563	331937	11894
仪器仪表制造业	10522	12012	3823
其他制造业	874	4547	7330
废弃资源综合利用业			
金属制品、机械和设备修理业		1615	299019
电力、热力生产和供应业	17478	16058	140612
燃气生产和供应业		2951	655778
水的生产和供应业			

4-17 规模以上港澳台商投资工业企业主要经济效益指标（2017年）

Main Indicators on Economic Benefit of Industrial Enterprises above Designated Size with Hong Kong, Macao and Taiwan Funds (2017)

项目	工业增加值率 (%)	总资产贡献率 (%)	资产负债率 (%)	流动资产周转率 (次/年)	成本费用利润率 (%)	全员劳动生产率 (元/人)	产品销售率 (%)
总计	24.4	7.8	49.1	1.9	4.4	104085	98.9
按轻重工业分							
轻工业	27.9	9.3	45.3	1.8	5.8	101702	99.0
重工业	21.6	6.4	52.4	2.0	3.3	106688	98.9
按企业规模分							
大型企业	22.8	9.7	45.3	2.1	5.5	127697	99.3
中型企业	29.1	6.2	52.1	1.7	3.5	81246	98.1
小型企业	22.0	6.1	52.5	1.7	3.1	107010	99.2
微型企业	20.1	-1.0	51.9	1.4	-3.0	352883	99.7
按工业行业分（大类）							
煤炭开采和洗选业							
石油和天然气开采业							
黑色金属矿采选业							
有色金属矿采选业							
非金属矿采选业							
开采辅助活动							
其他采矿业							
农副食品加工业	11.9	0.6	63.9	2.1	1.3	444226	109.7
食品制造业	34.6	12.4	33.9	1.3	9.2	216957	98.3
酒、饮料和精制茶制造业	17.6	-2.3	80.0	1.9	-6.9	105180	116.4
烟草制品业							
纺织业	26.2	6.7	32.4	1.9	3.5	102645	99.3
纺织服装、服饰业	23.1	4.5	55.4	1.6	1.5	70937	95.4
皮革、毛皮、羽毛及其制品和制鞋业	37.8	3.4	65.4	2.0	1.1	66957	102.1
木材加工和木、竹、藤、棕、草制品业	25.5	1.9	55.7	1.7	-0.2	98309	92.5
家具制造业	29.3	3.9	43.0	1.5	1.9	83321	98.8
造纸和纸制品业	27.4	18.1	35.4	2.0	16.0	495041	97.5
印刷和记录媒介复制业	29.9	5.8	40.6	1.1	5.1	97223	97.4
文教、工美、体育和娱乐用品制造业	36.0	4.1	53.2	1.8	2.1	62083	99.0
石油加工、炼焦和核燃料加工业	38.0	10.5	58.2	1.5	3.1	924433	107.3
化学原料和化学制品制造业	23.2	11.8	37.8	1.6	9.1	264111	97.9
医药制造业	84.9	10.7	76.3	1.3	50.3	565363	100.0
化学纤维制造业	29.3	7.3	39.2	2.0	5.0	105202	95.7
橡胶和塑料制品业	26.6	3.9	47.5	1.8	1.8	90040	100.0
非金属矿物制品业	29.0	11.7	38.9	1.6	10.3	229930	100.9
黑色金属冶炼和压延加工业	23.6	12.4	43.2	1.8	7.2	187636	100.7
有色金属冶炼和压延加工业	28.9	7.8	51.1	1.6	4.1	155068	102.5
金属制品业	35.6	6.7	45.2	1.6	4.6	119961	99.1
通用设备制造业	16.5	8.8	59.2	2.0	4.9	130894	99.3
专用设备制造业	28.9	7.8	47.0	1.8	4.0	102624	97.8
汽车制造业	31.5	5.8	36.4	1.8	3.4	99958	101.9
铁路、船舶、航空航天和其他运输设备制造业	28.4	-0.6	80.2	0.5	-10.1	157851	99.7
电气机械和器材制造业	23.2	7.8	46.0	1.9	4.3	93065	99.5
计算机、通信和其他电子设备制造业	18.1	5.9	54.3	2.3	2.4	93115	98.5
仪器仪表制造业	40.1	4.9	49.9	1.9	2.1	75261	98.1
其他制造业	26.4	3.8	38.0	2.0	2.4	83991	99.7
废弃资源综合利用业							
金属制品、机械和设备修理业	53.5	23.5	32.7	0.7	48.5	496111	100.0
电力、热力生产和供应业	16.3	4.2	74.9	1.4	3.6	364317	99.3
燃气生产和供应业	21.8	22.2	39.1	3.8	21.0	913333	100.0
水的生产和供应业							

4-18 规模以上私营工业企业主要经济指标（2017年）

Main Indicators of Private Industrial Enterprises above Designated Size (2017)

项目	企业单位数（个）	#亏损企业	工业增加值（万元）	主营业务收入（万元）
总计	2322	184	9715046	57202681
按轻重工业分				
轻工业	1048	90	2370400	9724680
重工业	1274	94	7344646	47478001
按企业规模分				
大型企业	35	8	5558591	39347783
中型企业	282	25	1427461	5773056
小型企业	1908	138	2656369	11754351
微型企业	97	13	72625	327490
按销售收入分				
10亿元以上	18	2	5238489	38776267
5-10亿元	34	7	536043	2326756
1-5亿元	379	20	1720329	7397937
1亿元以下	1891	155	2220186	8701721
按工业行业分（大类）				
煤炭开采和洗选业				
石油和天然气开采业				
黑色金属矿采选业				
有色金属矿采选业				
非金属矿采选业				
开采辅助活动				
其他采矿业				
农副食品加工业	18	2	83748	762163
食品制造业	16	1	31489	134015
酒、饮料和精制茶制造业	4		21806	122499
烟草制品业				
纺织业	30	3	41232	150586
纺织服装、服饰业	193	10	592514	1934764
皮革、毛皮、羽毛及其制品和制鞋业	79	7	172104	561385
木材加工和木、竹、藤、棕、草制品业	15	1	16064	83359
家具制造业	135	12	195045	808738
造纸和纸制品业	98	5	227418	1392943
印刷和记录媒介复制业	46	2	114678	386184
文教、工美、体育和娱乐用品制造业	60	10	106255	415901
石油加工、炼焦和核燃料加工业				
化学原料和化学制品制造业	84	4	135783	614652
医药制造业	5	1	12119	22386
化学纤维制造业	5		15108	66732
橡胶和塑料制品业	256	17	510148	1779315
非金属矿物制品业	59	8	108455	498471
黑色金属冶炼和压延加工业	14	1	20565	113362
有色金属冶炼和压延加工业	30	2	73294	277033
金属制品业	194	14	373045	1292211
通用设备制造业	140	6	248457	994513
专用设备制造业	145	14	342166	1151371
汽车制造业	12		53042	187141
铁路、船舶、航空航天和其他运输设备制造业	11	3	17710	110421
电气机械和器材制造业	259	19	628744	3437798
计算机、通信和其他电子设备制造业	357	37	5476651	39577082
仪器仪表制造业	31	2	63981	204957
其他制造业	21	3	25180	97684
废弃资源综合利用业	1		906	3584
金属制品、机械和设备修理业	1		2179	5425
电力、热力生产和供应业	1		460	2180
燃气生产和供应业				
水的生产和供应业	2		4699	13829

4-18 续表

(2017年)

项 目	亏损企业亏损总额(万元)	利润总额(万元)	人均利润(元)
总 计	145079	2504619	50973
按轻重工业分			
轻工业	38266	360503	17391
重工业	106813	2144117	75479
按企业规模分			
大型企业	80006	1946902	152969
中型企业	23955	264635	17663
小型企业	34361	295744	13870
微型企业	6757	-2661	-25732
按销售收入分			
10亿元以上	43250	1936902	215429
5-10亿元	36887	102343	24373
1-5亿元	15320	338675	23923
1亿元以下	49622	126699	5815
按工业行业分（大类）			
煤炭开采和洗选业			
石油和天然气开采业			
黑色金属矿采选业			
有色金属矿采选业			
非金属矿采选业			
开采辅助活动			
其他采矿业			
农副食品加工业	164	37967	135064
食品制造业	595	3355	11381
酒、饮料和精制茶制造业		5408	45479
烟草制品业			
纺织业	2885	1056	2620
纺织服装、服饰业	1764	149688	28130
皮革、毛皮、羽毛及其制品和制鞋业	340	10755	5623
木材加工和木、竹、藤、棕、草制品业	19	981	8029
家具制造业	2205	11031	5391
造纸和纸制品业	135	27948	19562
印刷和记录媒介复制业	1183	11734	11623
文教、工美、体育和娱乐用品制造业	1865	3663	3009
石油加工、炼焦和核燃料加工业			
化学原料和化学制品制造业	4513	22100	31562
医药制造业	11	454	5696
化学纤维制造业		1707	18968
橡胶和塑料制品业	2486	81278	21010
非金属矿物制品业	3695	15192	15862
黑色金属冶炼和压延加工业	7	5496	39452
有色金属冶炼和压延加工业	211	5505	16707
金属制品业	19616	13044	3782
通用设备制造业	770	71992	38343
专用设备制造业	3610	76657	30099
汽车制造业		22116	116770
铁路、船舶、航空航天和其他运输设备制造业	484	485	2561
电气机械和器材制造业	23709	132513	26620
计算机、通信和其他电子设备制造业	73696	1771026	119405
仪器仪表制造业	535	18063	39302
其他制造业	583	664	2596
废弃资源综合利用业		814	904333
金属制品、机械和设备修理业		97	6637
电力、热力生产和供应业		30	6250
燃气生产和供应业			
水的生产和供应业		1803	103046

4-19 规模以上私营工业企业主要经济效益指标（2017年）

Main Indicators on Economic Benefit of Private Industrial Enterprises above Designated Size (2017)

项　　目	工业增加值率(%)	总资产贡献率(%)	资产负债率(%)	流动资产周转率(次/年)	成本费用利润率(%)	全员劳动生产率(元/人)	产品销售率(%)
总　　计	18.2	12.8	75.1	2.0	4.5	197718	99.3
按轻重工业分							
轻工业	24.6	9.7	63.9	1.8	3.8	114351	99.1
重工业	16.8	13.6	78.0	2.0	4.6	258553	99.3
按企业规模分							
大型企业	15.7	15.5	78.8	2.1	5.1	436742	99.8
中型企业	24.1	9.4	61.3	1.7	4.8	95275	98.2
小型企业	22.7	8.2	73.3	1.9	2.6	124581	98.0
微型企业	22.0	1.9	83.7	1.3	-0.8	702369	101.5
按工业行业分（大类）							
煤炭开采和洗选业							
石油和天然气开采业							
黑色金属矿采选业							
有色金属矿采选业							
非金属矿采选业							
开采辅助活动							
其他采矿业							
农副食品加工业	14.4	11.8	58.7	2.9	5.2	297930	100.1
食品制造业	24.0	10.0	53.6	2.2	2.6	106815	100.1
酒、饮料和精制茶制造业	18.4	25.9	46.1	4.9	4.6	183398	101.7
烟草制品业							
纺织业	28.9	4.5	75.8	1.3	0.7	102313	100.1
纺织服装、服饰业	29.6	11.3	49.5	1.1	8.4	111348	100.0
皮革、毛皮、羽毛及其制品和制鞋业	31.3	7.4	62.5	2.2	2.0	89984	101.5
木材加工和木、竹、藤、棕、草制品业	20.5	5.8	82.3	2.3	1.2	131457	95.4
家具制造业	24.0	6.5	71.5	1.6	1.4	95321	98.1
造纸和纸制品业	16.5	11.8	75.3	3.3	2.0	159178	98.1
印刷和记录媒介复制业	29.8	9.2	73.6	2.1	3.1	113588	100.0
文教、工美、体育和娱乐用品制造业	25.3	5.9	82.6	2.5	0.9	87287	98.0
石油加工、炼焦和核燃料加工业							
化学原料和化学制品制造业	21.1	7.5	62.1	1.5	3.7	193920	96.4
医药制造业	46.8	8.3	72.7	1.2	2.1	152058	92.8
化学纤维制造业	22.3	19.0	69.8	2.8	2.6	167867	97.8
橡胶和塑料制品业	28.4	11.4	67.8	1.8	4.8	131872	98.1
非金属矿物制品业	21.4	6.6	74.1	1.3	3.1	113233	100.2
黑色金属冶炼和压延加工业	17.7	14.0	67.1	2.3	5.1	147631	101.0
有色金属冶炼和压延加工业	26.6	10.8	62.6	2.5	2.0	222440	100.5
金属制品业	27.8	5.2	82.9	1.8	1.0	108167	97.3
通用设备制造业	23.4	11.3	56.4	1.3	7.7	132327	97.2
专用设备制造业	28.6	11.1	60.2	1.4	7.1	134351	97.1
汽车制造业	24.0	15.7	63.2	1.5	13.3	280053	85.2
铁路、船舶、航空航天和其他运输设备制造业	15.3	2.8	89.9	1.8	0.4	93506	95.5
电气机械和器材制造业	18.1	7.0	67.1	1.3	4.0	126305	98.5
计算机、通信和其他电子设备制造业	15.4	15.6	83.0	2.2	4.6	369243	99.7
仪器仪表制造业	27.2	7.9	31.8	1.4	9.4	139210	99.0
其他制造业	25.4	7.0	67.7	2.2	0.7	98513	97.3
废弃资源综合利用业	25.3	42.0	25.8	2.9	29.6	1006667	100.0
金属制品、机械和设备修理业	33.2	3.3	87.4	2.3	1.6	149247	95.2
电力、热力生产和供应业	21.1	2.3	8.1	1.5	1.4	95833	100.0
燃气生产和供应业							
水的生产和供应业	37.8	9.9	85.8	5.0	14.1	268514	100.0

4-20 大中型工业企业主要经济指标（2017年）

Main Indicators of Large and Medium-sized Industrial Enterprises (2017)

项　　目	企业单位数（个）	#亏损企业	工业增加值（万元）	主营业务收入（万元）
总　计	1972	239	27525631	141854807
按轻重工业分				
轻工业	1015	117	9496702	36670844
重工业	957	122	18028928	105183964
按企业规模分				
大型企业	297	34	17978936	103479057
中型企业	1675	205	9546694	38375750
按工业行业分（大类）				
煤炭开采和洗选业				
石油和天然气开采业				
黑色金属矿采选业				
有色金属矿采选业				
非金属矿采选业				
开采辅助活动				
其他采矿业				
农副食品加工业	10	2	162295	2587433
食品制造业	15	2	283395	921817
酒、饮料和精制茶制造业	7	1	174135	708957
烟草制品业				
纺织业	29	4	342962	1242129
纺织服装、服饰业	101	9	860120	2873448
皮革、毛皮、羽毛及其制品和制鞋业	128	14	807161	2366105
木材加工和木、竹、藤、棕、草制品业	3		36497	103428
家具制造业	78	4	463736	1760907
造纸和纸制品业	57	3	1598907	6173982
印刷和记录媒介复制业	49	5	405072	1291820
文教、工美、体育和娱乐用品制造业	140	18	930127	3367866
石油加工、炼焦和核燃料加工业				
化学原料和化学制品制造业	21	1	158523	597623
医药制造业	4		93152	147296
化学纤维制造业	3		13860	52238
橡胶和塑料制品业	167	23	1219732	4266203
非金属矿物制品业	31	3	366832	1234114
黑色金属冶炼和压延加工业	4	2	42049	121659
有色金属冶炼和压延加工业	6		25925	94472
金属制品业	94	7	1128449	3219940
通用设备制造业	66	6	865174	4811462
专用设备制造业	71	8	799232	2490219
汽车制造业	25	1	414140	1508972
铁路、船舶、航空航天和其他运输设备制造业	14	5	95407	417614
电气机械和器材制造业	262	30	2175725	9021617
计算机、通信和其他电子设备制造业	519	78	12317260	83076185
仪器仪表制造业	50	11	463053	1341983
其他制造业	12	2	53671	179233
废弃资源综合利用业				
金属制品、机械和设备修理业	1		1437	9107
电力、热力生产和供应业	2		1101643	5424897
燃气生产和供应业	1		68157	310976
水的生产和供应业	2		57801	131107

4-20 续表

(2017年)

项　　目	亏损企业亏损总额(万元)	利　润总　额(万元)	人　均利　润(元)
总　　计	469919	6078939	30224
按轻重工业分			
轻工业	104291	1980684	21846
重工业	365627	4098255	37101
按企业规模分			
大型企业	192481	4556605	46221
中型企业	277438	1522334	14846
按工业行业分（大类）			
煤炭开采和洗选业			
石油和天然气开采业			
黑色金属矿采选业			
有色金属矿采选业			
非金属矿采选业			
开采辅助活动			
其他采矿业			
农副食品加工业	291	50207	108439
食品制造业	692	71446	49064
酒、饮料和精制茶制造业	12172	40991	75006
烟草制品业			
纺织业	4956	41726	13286
纺织服装、服饰业	3044	181131	17639
皮革、毛皮、羽毛及其制品和制鞋业	11178	34290	2780
木材加工和木、竹、藤、棕、草制品业		11293	52041
家具制造业	3019	93380	17166
造纸和纸制品业	1138	695676	167467
印刷和记录媒介复制业	1805	73185	18264
文教、工美、体育和娱乐用品制造业	7268	81545	5619
石油加工、炼焦和核燃料加工业			
化学原料和化学制品制造业	178	43100	45920
医药制造业		72689	305932
化学纤维制造业		1869	15459
橡胶和塑料制品业	64149	123891	9050
非金属矿物制品业	11693	97845	42599
黑色金属冶炼和压延加工业	2523	1754	4156
有色金属冶炼和压延加工业		5998	19808
金属制品业	17801	147795	14528
通用设备制造业	5295	242909	37085
专用设备制造业	9125	178337	26646
汽车制造业	197	140732	63490
铁路、船舶、航空航天和其他运输设备制造业	24828	-13895	-17673
电气机械和器材制造业	45769	442517	20812
计算机、通信和其他电子设备制造业	223880	2943992	41471
仪器仪表制造业	18643	58574	11663
其他制造业	275	5976	9139
废弃资源综合利用业			
金属制品、机械和设备修理业		67	1942
电力、热力生产和供应业		142077	72219
燃气生产和供应业		57327	1144250
水的生产和供应业		10514	58937

4-21 大中型工业企业主要经济效益指标（2017年）

Main Indicators on Economic Benefit of Large and Medium-sized Industrial Enterprises (2017)

项目	工业增加值率(%)	总资产贡献率(%)	资产负债率(%)	流动资产周转率(次/年)	成本费用利润率(%)	全员劳动生产率(元/人)	产品销售率(%)
总计	20.2	10.6	59.8	2.2	4.4	136857	98.9
按轻重工业分							
轻工业	25.6	10.2	49.1	1.8	5.6	104744	98.8
重工业	18.2	10.8	64.9	2.3	4.0	163214	98.9
按企业规模分							
大型企业	18.5	12.0	62.4	2.4	4.5	182374	99.3
中型企业	24.5	7.8	54.9	1.8	4.1	93098	97.9
按工业行业分（大类）							
煤炭开采和洗选业							
石油和天然气开采业							
黑色金属矿采选业							
有色金属矿采选业							
非金属矿采选业							
开采辅助活动							
其他采矿业							
农副食品加工业	7.7	6.2	66.2	3.5	2.0	350529	103.3
食品制造业	31.3	13.9	39.3	1.5	8.5	194613	97.8
酒、饮料和精制茶制造业	24.2	23.0	79.2	2.7	6.2	318637	96.8
烟草制品业							
纺织业	26.9	5.5	32.7	1.4	3.4	109203	99.0
纺织服装、服饰业	27.9	9.3	47.0	1.2	6.7	83763	97.1
皮革、毛皮、羽毛及其制品和制鞋业	34.7	5.0	58.7	2.1	1.5	65430	100.5
木材加工和木、竹、藤、棕、草制品业	34.8	28.4	60.4	2.0	12.1	168189	100.0
家具制造业	25.5	10.7	49.8	1.9	5.5	85249	98.2
造纸和纸制品业	25.7	18.2	40.7	2.1	12.5	384899	98.7
印刷和记录媒介复制业	30.7	7.7	45.0	1.4	5.9	101091	98.4
文教、工美、体育和娱乐用品制造业	27.3	5.7	58.1	2.0	2.5	64091	99.2
石油加工、炼焦和核燃料加工业							
化学原料和化学制品制造业	26.3	11.0	42.6	1.6	7.8	168893	100.4
医药制造业	60.7	11.7	44.3	0.9	42.3	392054	98.6
化学纤维制造业	25.1	11.7	47.5	2.3	3.6	114640	96.9
橡胶和塑料制品业	27.9	6.0	51.6	1.8	3.0	89100	97.9
非金属矿物制品业	29.7	9.4	45.7	1.3	8.4	159707	100.9
黑色金属冶炼和压延加工业	33.8	8.8	74.5	1.9	1.4	99619	100.8
有色金属冶炼和压延加工业	27.4	12.6	71.7	1.8	6.4	85618	99.8
金属制品业	34.3	7.1	52.9	1.6	4.8	110922	98.6
通用设备制造业	17.4	9.7	57.1	2.1	5.3	132088	98.3
专用设备制造业	30.5	10.7	46.0	1.5	7.7	119418	96.9
汽车制造业	27.2	16.4	41.7	2.1	10.3	186836	96.8
铁路、船舶、航空航天和其他运输设备制造业	22.8	1.0	72.4	0.9	-3.2	121352	100.5
电气机械和器材制造业	23.5	7.5	51.0	1.5	5.1	102327	97.7
计算机、通信和其他电子设备制造业	16.1	11.9	72.2	2.4	3.6	173507	99.1
仪器仪表制造业	33.5	6.8	35.6	2.2	4.5	92203	98.9
其他制造业	26.3	5.2	51.6	1.9	3.4	82078	88.2
废弃资源综合利用业							
金属制品、机械和设备修理业	15.8	16.6	62.6	1.3	0.8	41532	
电力、热力生产和供应业	20.4	7.5	50.3	12.9	2.7	559977	99.6
燃气生产和供应业	21.8	24.9	57.9	4.3	21.3	1360419	100.0
水的生产和供应业	46.7	7.2	72.6	2.0	8.7	323997	105.9

4-22 主要年份规模以上工业企业经济效益指标

Main Indicators on Economic Benefit of Industrial Enterprises above Designated Size in Main Years

项　　目	单位	1985年	1990年	1995年	2000年	2005年	2010年	2015年	2016年	2017年
产品销售率	%	85.6	94.7	98.7	99.8	99.5	99.9	97.9	97.7	98.9
成本费用利润率	%	6.5	1.5	5.0	5.4	3.3	4.8	3.3	3.4	4.1
产值利税率	%	6.9	6.4	9.8	9.2	4.6	6.1	5.1	5.6	6.7
资金利税率	%	9.0	6.3	6.9	7.5	5.5	7.8	7.8	8.5	10.2
销售利税率	%	8.2	6.7	9.1	9.2	4.7	6.1	5.2	5.6	6.5
每百元固定资产原值实现的产值	元	174.85	133.63	108.70	125.49	212.40	240.60	292.63	312.52	351.91
每百元固定资产原值实现的利税	元	14.24	8.48	10.65	11.54	9.90	14.60	14.88	17.59	23.56
每百元固定资产原值实现的利润	元	4.36	1.76	5.52	6.90	6.70	11.00	9.36	10.69	14.41
每百元流动资产实现的产值	元	210.15	247.80	169.43	178.59	216.30	204.30	205.91	197.34	195.97
每百元流动资产实现的利税	元	17.12	15.73	16.59	16.42	10.00	12.40	10.47	11.11	13.12
每百元流动资产实现的利润	元	4.89	3.29	8.60	9.83	6.80	9.30	6.58	6.75	8.03
亏损企业亏损面	%	7.2	11.1	25.9	31.3	30.1	16.2	15.0	13.7	11.5
全部流动资产周转天数	天	173.69	155.62	201.07	189.04	169.80	179.40	175.88	177.24	175.38
全员劳动生产率	元/人	2906	6439	13778	36101	53340	60854	102756	118291	133936

注：由于1993年财务会计制度改革，本表中有关财务指标1993年起数据与往年不可比；全员劳动生产率1993年起按增加值计算，以前年份按净产值计算；1993年以前的流动资产按定额资金计算，下同。

4-23 主要年份规模以上国有经济工业企业经济效益指标

Main Indicators on Economic Benefit of State-owned and State-holding Industrial Enterprises above Designated Size in Main Years

项　　目	单位	1985年	1990年	1995年	2000年	2005年	2010年	2015年	2016年	2017年
产品销售率	%	89.6	102.0	100.8	98.3	100.0	99.8	99.7	98.6	100.8
成本费用利润率	%	8.0	-0.8	15.5	7.0	5.8	3.2	5.4	5.6	3.0
产值利税率	%	13.2	9.2	40.6	69.4	11.3	7.3	10.0	10.1	5.9
资金利税率	%	20.4	8.3	14.9	21.6	10.6	6.7	12.2	11.2	6.7
销售利税率	%	14.8	9.0	20.6	19.2	11.3	7.3	9.6	9.6	5.6
每百元固定资产原值实现的产值	元	142.93	85.48	61.08	63.42	105.00	79.00	70.94	70.66	81.58
每百元固定资产原值实现的利税	元	21.11	7.82	24.82	43.98	11.80	5.70	7.07	7.16	4.78
每百元固定资产原值实现的利润	元	9.55	-0.63	10.81	14.46	5.60	2.40	3.79	3.96	2.50
每百元流动资产实现的产值	元	445.06	397.84	96.27	73.38	443.40	794.50	417.58	321.50	375.52
每百元流动资产实现的利税	元	65.73	36.41	39.12	50.89	50.00	57.70	41.60	32.58	22.01
每百元流动资产实现的利润	元	27.46	-2.44	17.03	16.73	23.80	24.60	22.33	18.01	11.53
亏损企业亏损面	%	9.9	16.7	20.9		20.0		25.8	14.3	19.0
全部流动资产周转天数	天	80.86	88.69	299.83	137.70	83.00	46.10	82.33	105.41	91.81
全员劳动生产率	元/人	3641	11253	73910	456736	2320312	405232	533494	461074	316288

4-24 主要年份规模以上集体经济工业企业经济效益指标

Main Indicators on Economic Benefit of Collective-owned Industrial Enterprises above Designated Size in Main Years

项　　目	单位	1985年	1990年	1995年	2000年	2005年	2010年	2015年	2016年	2017年
产品销售率	%	85.1	92.2	98.0	97.0	100.5	97.4	99.0	98.9	99.0
成本费用利润率	%	5.9	3.3	5.2	2.7	3.3	9.7	-1.4	6.8	4.6
产值利税率	%	9.3	6.9	9.0	5.1	5.8	10.4	0.3	8.5	6.4
资金利税率	%	15.1	9.7	6.0	2.9	3.2	9.7	0.3	4.4	3.5
销售利税率	%	11.0	7.5	8.7	5.2	5.8	10.7	0.4	8.4	6.4
每百元固定资产原值实现的产值	元	236.65	159.39	127.97	99.30	98.10	131.10	71.76	52.33	60.59
每百元固定资产原值实现的利税	元	22.07	10.98	11.46	5.01	5.70	13.60	0.25	4.43	3.85
每百元固定资产原值实现的利润	元	10.77	4.54	6.43	2.44	3.00	11.50	-0.85	3.40	2.64
每百元流动资产实现的产值	元	509.04	225.69	179.47	113.76	157.70	214.90	145.21	89.70	86.39
每百元流动资产实现的利税	元	47.47	15.55	16.07	5.74	9.10	22.40	0.50	7.60	5.49
每百元流动资产实现的利润	元	23.16	6.44	9.02	2.79	4.80	18.80	-1.72	5.82	3.77
亏损企业亏损面	%	6.6	8.8	12.8	18.6	25.9	22.5	41.9	22.2	14.3
全部流动资产周转天数	天	84.25	175.32	197.36	340.07	241.70	175.10	293.10	396.23	416.09
全员劳动生产率	元/人	2664	5437	5820	16344	28414	31412	80545	76840	102486

4-25 主要年份大中型工业企业经济效益指标

Main Indicators on Economic Benefit of Large and Medium-sized Industrial Enterprises in Main Years

项　　目	单位	1985年	1990年	1995年	2000年	2005年	2010年	2015年	2016年	2017年
产品销售率	%	104.3	103.5	99.7	98.6	99.5	100.6	98.0	97.7	98.9
成本费用利润率	%	14.3	2.2	12.9	12.0	3.8	5.1	3.4	3.5	4.4
产值利税率	%	16.1	8.7	19.9	21.4	4.7	6.4	5.1	5.7	7.2
资金利税率	%	14.8	6.5	14.0	15.3	6.1	8.4	8.1	9.0	11.4
销售利税率	%	15.5	8.4	19.8	21.7	4.7	6.4	5.2	5.6	6.9
每百元固定资产原值实现的产值	元	106.02	87.07	112.80	98.43	229.80	221.60	286.90	319.06	346.12
每百元固定资产原值实现的利税	元	17.10	7.57	22.40	21.06	10.70	14.20	14.59	18.14	24.95
每百元固定资产原值实现的利润	元	11.50	1.69	13.09	12.98	8.40	10.90	9.34	11.10	15.45
每百元流动资产实现的产值	元	758.81	329.30	174.27	183.41	227.40	220.60	221.16	209.19	204.96
每百元流动资产实现的利税	元	122.37	28.61	34.60	39.24	10.60	14.20	11.24	11.89	14.78
每百元流动资产实现的利润	元	82.34	6.39	20.22	24.18	8.30	10.90	7.20	7.28	9.15
亏损企业亏损面	%		17.2	22.2	12.8	20.1	12.2	14.8	12.3	12.1
全部流动资产周转天数	天	46.12	107.14	209.45	210.16	160.80	164.80	163.80	167.05	166.52
全员劳动生产率	元/人	6202	16492	81787	280810	72657	66101	98655	116931	136857

4-26 主要年份规模以上港澳台商投资工业企业经济效益指标

Main Indicators on Economic Benefit of Industrial Enterprises above Designated Size with Hong Kong, Macao and Taiwan Funds in Main Years

项　　目	单位	1995年	2000年	2005年	2010年	2015年	2016年	2017年
产品销售率	%	99.6	100.8	99.4	99.7	97.6	98.4	98.9
成本费用利润率	%	2.1	4.6	3.2	5.4	3.5	4.0	4.4
产值利税率	%	4.9	6.6	4.0	6.3	4.8	5.5	6.0
资金利税率	%	3.8	5.4	4.6	7.6	6.5	7.4	8.3
销售利税率	%	4.9	6.5	4.1	6.3	5.0	5.7	6.1
每百元固定资产原值实现的产值	元	114.79	114.54	198.10	216.60	221.70	220.08	248.56
每百元固定资产原值实现的利税	元	5.61	7.54	8.00	13.60	10.68	12.10	14.88
每百元固定资产原值实现的利润	元	2.58	5.07	6.00	11.10	7.22	8.27	10.39
每百元流动资产实现的产值	元	165.18	182.24	192.30	189.10	187.80	183.60	187.71
每百元流动资产实现的利税	元	8.08	12.00	7.80	11.80	9.05	10.10	11.24
每百元流动资产实现的利润	元	3.71	8.09	5.80	9.70	6.12	6.90	7.84
亏损企业亏损面	%	46.4	36.1	35.1	20.2	19.9	15.9	14.6
全部流动资产周转天数	天	199.12	199.88	191.10	194.10	196.26	200.28	192.73
全员劳动生产率	元/人	17478	28933	41933	54793	86953	97233	104085

4-27 主要年份规模以上外商投资工业企业经济效益指标

Main Indicators on Economic Benefit of Foreign-funded Industrial Enterprises above Designated Size in Main Years

项　　目	单位	1995年	2000年	2005年	2010年	2015年	2016年	2017年
产品销售率	%	91.0	99.2	99.4	100.1	97.6	98.2	98.2
成本费用利润率	%	-2.6	4.7	2.8	4.4	3.1	4.0	4.1
产值利税率	%	-0.6	5.7	3.2	5.3	4.2	5.2	5.2
资金利税率	%	-0.5	7.4	4.1	7.5	7.0	8.3	8.3
销售利税率	%	-0.6	5.7	3.2	5.3	4.3	5.2	5.2
每百元固定资产原值实现的产值	元	155.45	231.22	285.20	286.90	310.33	295.22	293.88
每百元固定资产原值实现的利税	元	-0.87	13.08	9.20	15.30	12.93	15.34	15.25
每百元固定资产原值实现的利润	元	-1.90	10.26	7.60	12.10	9.23	11.35	11.63
每百元流动资产实现的产值	元	94.26	250.96	223.60	211.10	224.39	210.81	208.78
每百元流动资产实现的利税	元	-1.53	14.20	7.20	11.20	9.35	10.95	10.84
每百元流动资产实现的利润	元	5.53	11.14	5.90	8.90	6.67	8.10	8.26
亏损企业亏损面	%	38.2	31.3	34.5	18.8	20.2	18.3	18.7
全部流动资产周转天数	天	174.06	148.44	164.40	173.00	163.11	169.38	171.43
全员劳动生产率	元/人	3646	50318	70722	66212	95545	109193	114715

4–28 主要年份规模以上工业产品产量

Output of Main Industrial Products of Industrial Enterprises above Designated Size in Main Years

产　品　名　称	单　位	1985年	1990年	1995年	2000年	2005年	2010年	2016年	2017年
精制食用植物油	吨	5571	4431	6824	5180	181869	1135677	972212	1196503
饮料酒	千升	4034	2441	1720			493644	356882	390405
软饮料	吨		44061	71566	158599	861853	3142076	520099	494275
棉　纱	吨		321	9902	3048	49383	11252	1488	683
布	万米		82	31045	28139	65669	15794	4287	4310
服　装	万件	108	1835	112177	85635	70054	140556	137783	137314
#衬　衫	万件			2518	3624	2210	6372	6653	6234
西服套装	万件			205	1761	555	204	143	172
轻　革	万平方米		5	1076	378	1391	744	193	230
皮革鞋靴	万双	17	457	27184	23474	31942	43062	14457	12453
人造板	立方米		7100	40666		167088	266113	213298	247278
家　具	万件	815	8657	77501	151374	7974	7390	3749	3852
机制纸及纸板	万吨	3	11	34	62	408	933	1508	1518
中成药	吨		216	6268	2354	1759	2478	2812	3590
塑料制品	吨	3089	17335	624476	571900	1265865	3998208	1179573	1224851
#塑料薄膜	吨		1928	59128	71394	83954	134737	120976	151571
水　泥	万吨	41	140	283	435	305	249	209	245
卫生陶瓷制品	万件	561	480	2414	1860	5745	2426	465	
钢　材	吨	4678	1730	19690	14550	1087242	191656	200070	160782
铝　材	吨		881	3536	4080	61510	69933	148274	220817
输送机械	吨		8622	3736		33200		1001	2665
电动手提式工具	万台		1.89	471	357	6	1520	2690	2999
滚动轴承	万套	36	373	691	594	1333	4232	20930	17581
民用钢质船舶	载重吨	1916	841	3620	2894		18186	63024	2900

注：2000年以前家具的计量单位为“万元”。

4-28 续表

产品名称	单位	1985年	1990年	1995年	2000年	2005年	2010年	2016年	2017年
交流电动机	万千瓦	23	19	43	87		193	187	238
变压器	千伏安				6730	816409	2980343	3147563	2498703
电力电缆	千米		15091	20694	61996	78266	383829	3415175	3641508
原电池及原电池组	万只	12354	7607	63237	69401	214507	417215	405795	534646
家用吸尘器	万台	0.13	7.35	483	67	464	428	61	82
家用电风扇	万台		106	474	436	964	2081	960	1039
房间空气调节器	台	31		26480	39582	4941			1141352
自行车	辆			95439	185608	885211	1014533	511812	1103767
白炽灯泡	万只			5778	8560	45164	13198	7627	8380
灯具及照明装置	万件		87	42407	25135	14017	22819	24308	24060
电话单机	万部		17	877	1074	3651	4809	3159	3056
移动通信手持机（手机）	万部				619	639	1995	35909	35443
电子计算机整机	万台				27	180	44	126	603
电子元件	亿只	0.14	2.05	72	104	4642	9185	12319	14511
显示器	万台						157	305	231
打印机	万台						57	60	50
硬盘存储器	万台						30	229	458
半导体分立器件	亿只			248.48	3.23	220.32	404.44	520.06	610.43
彩色电视机	万台		1.04	81	134	135	536	301	481
组合音响	万台			1136	1572	2446	3637	2238	2032
照相机	万台		3	374	122	1355	210	58	2
表	万只		15	8514	954	1370	2168	1707	1726
钟	万只			1986	984	1193	3776	341	345
发电量	亿千瓦时	0.29	93	139	269	344	356	338.48	350.20
自来水生产量	万立方米			21070	102083	94962	179639	158720	167969

4-29 规模以上五大支柱产业及四个特色产业主要经济指标（2017年）

Main Indicators of Five Pillar Industries & Four Characteristic Industries above Designated Size (2017)

项　　目	企业单位数（个）	#亏损企业	工业增加值（万元）	主营业务收入（万元）
总　计	5638	665	29180782	155644540
按轻重工业分				
轻工业	2832	373	11127832	47300096
重工业	2806	292	18052950	108344444
按企业规模分				
大型企业	261	28	15616925	94084656
中型企业	1381	174	7699498	32475483
小型企业	3847	425	5691729	27862262
微型企业	149	38	172630	1222140
按工业行业分（大类）				
五大支柱产业	4495	537	25853216	142473005
电子信息制造业	1312	182	13290827	88351631
电气机械及设备制造业	1880	193	6812638	28549842
纺织服装鞋帽制造业	921	116	2872882	9589392
食品饮料加工制造业	126	26	915510	7578815
造纸及纸制品业	256	20	1961359	8403326
四个特色产业	1143	128	3327565	13171535
玩具及文体用品制造业	326	52	1169852	4283117
家具制造业	380	39	829268	3271838
化工制品制造业	272	21	728110	3623069
包装印刷业	165	16	600335	1993512

4-29 续表

(2017年)

项目	亏损企业亏损总额(万元)	利润总额(万元)	人均利润(元)
总计	589655	6104640	27616
按轻重工业分			
轻工业	217504	1917692	18469
重工业	372151	4186947	35717
按企业规模分			
大型企业	121505	4284951	49933
中型企业	251973	1114894	13121
小型企业	160638	744753	14930
微型企业	55539	-39958	-102299
按工业行业分（大类）			
五大支柱产业	546107	5617744	30185
电子信息制造业	289776	3016974	36696
电气机械及设备制造业	143356	1379322	23190
纺织服装鞋帽制造业	50055	271210	7861
食品饮料加工制造业	58099	209773	59978
造纸及纸制品业	4822	740466	115389
四个特色产业	43548	486895	13932
玩具及文体用品制造业	16008	91676	5253
家具制造业	9715	109729	12170
化工制品制造业	12053	189094	63690
包装印刷业	5772	96396	17488

4-30 规模以上电子信息、电气机械及仪器仪表制造业主要指标

Main Indicators of Electronic Information, Machinery and Instrument Manufacturing above Designated Size

指　　标	单位	2010年	2015年	2016年	2017年
企业单位数	个	1616	1728	1804	2286
#亏损企业单位数	个	289	287	270	295
工业增加值	亿元	624.72	1039.00	1282.42	1683.16
主营业务收入	亿元	3219.91	6236.17	8294.22	10334.55
成本费用总额	亿元	3110.48	6173.07	8221.13	10118.83
#营业成本及销售费用	亿元	2955.35	5659.08	7789.76	9550.29
管理费用	亿元	153.14	341.81	424.30	573.00
财务费用	亿元	1.99	-2.91	7.07	-4.47
利润总额	亿元	122.56	174.91	213.46	363.59
应交增值税	亿元	21.11	65.44	126.21	215.78
亏损企业亏损总额	亿元	10.19	22.86	23.41	37.25
企业资产总额	亿元	2026.27	3801.31	4784.38	5912.54
#流动资产	亿元	1390.37	2916.84	3795.03	4745.23
#应收帐款余额	亿元	580.85	1219.75	1397.45	1624.23
产成品存货	亿元	103.57	777.49	251.02	259.62
企业负债总额	亿元	1209.40	2439.83	3237.44	3975.88
企业资产负债率	%	59.7	64.2	67.7	67.2
成本费用利润率	%	3.9	2.8	2.6	3.6

注：本表统计范围为规模以上计算机、通信和其他电子设备制造业、电气机械和器材制造业、仪器仪表制造业。

4-31 规模以上先进制造业企业主要经济指标（2017年）

Main Indicators of Advanced Manufacturing Enterprises above Designated Size（2017）

项目	企业单位数（个）	#亏损企业	工业增加值（万元）	主营业务收入（万元）
总计	4713	525	19203333	109204940
按企业规模分				
大型企业	183	20	11076750	74848267
中型企业	997	120	4217571	16667554
小型企业	3386	352	3823239	17097910
微型企业	147	33	85773	591209
按工业行业分				
高端电子信息制造业	914	122	11484800	78420076
集成电路及关键元器件	829	108	4733315	23068612
信息通信设备	77	14	6684395	54881281
新型显示	8		67090	470183
先进装备制造业	1069	91	4490286	17673830
智能制造装备	243	23	667441	2212472
船舶与海洋工程装备	6	1	37804	125267
节能环保装备	98	8	352117	1500432
轨道交通设备				
航空装备	3	1	16668	94019
新能源装备	239	18	814195	3643967
汽车制造	81	4	538724	1990990
卫星及应用	66	8	1165453	5021078
重要基础件	333	28	897884	3085606
石油化工产业	252	17	670783	3312931
先进轻纺制造业	1540	190	1625544	7099734
绿色食品饮料	127	26	276062	2280217
高附加值纺织服装	934	116	871936	2925098
环保多功能家具	380	39	248780	981551
智能节能型家电	99	9	228766	912868
新材料制造业	1072	118	2176868	8186516
高端精品钢材	31	5	65473	402135
高性能复合材料及特种功能材料	1041	113	2111395	7784381
战略前沿材料				
生物医药及高性能医疗器械	32	3	138947	308533
生物制药	15	1	106727	184407
高性能医疗器械	17	2	32220	124125

4-31 续表 1

(2017年)

项目	亏损企业亏损总额(万元)	利润总额(万元)	人均利润(元)	工业增加值率(%)	产品销售率(%)
总计	437890	4185518	25246	18.7	99.0
按企业规模分					
大型企业	122648	2957363	46487	16.3	99.3
中型企业	187639	649148	10809	24.9	97.8
小型企业	89384	608564	14578	22.4	98.9
微型企业	38220	-29557	-80102	15.5	98.2
按工业行业分					
高端电子信息制造业	247267	2744258	44091	16.1	99.2
集成电路及关键元器件	143547	837867	19470	20.2	97.9
信息通信设备	103721	1902186	101426	14.0	99.8
新型显示		4206	9293	14.3	100.8
先进装备制造业	74925	869779	25567	24.8	98.1
智能制造装备	11667	177616	39693	28.8	97.9
船舶与海洋工程装备	21911	-21344	-115684	30.2	101.7
节能环保装备	2003	86751	30052	22.5	95.0
轨道交通设备					
航空装备	89	7865	141968	17.0	96.6
新能源装备	10237	170588	20589	22.2	98.0
汽车制造	869	177177	60148	26.4	95.8
卫星及应用	11413	136203	18622	22.7	100.2
重要基础件	16737	134922	17136	28.6	97.6
石油化工产业	7780	187754	71708	20.2	99.4
先进轻纺制造业	38497	204831	4037	23.5	99.7
绿色食品饮料	17430	62936	17914	14.1	101.7
高附加值纺织服装	15016	82861	2393	29.0	98.8
环保多功能家具	2915	32919	3651	25.0	98.6
智能节能型家电	3136	26116	7286	24.0	99.3
新材料制造业	76655	279211	11071	26.3	98.7
高端精品钢材	1977	15473	61232	16.2	100.7
高性能复合材料及特种功能材料	74678	263737	10563	26.8	98.6
战略前沿材料					
生物医药及高性能医疗器械	212	73784	78477	43.4	97.6
生物制药	8	70010	185163	55.4	98.1
高性能医疗器械	203	3774	6715	25.3	96.9

4-31 续表 2

(2017年)

项　　目	总资产贡献率(%)	资　产负债率(%)	流动资产周转率(次/年)	成本费用利润率(%)	全员劳动生产率(元/人)
总　　计	10.6	65.2	2.1	3.9	115829
按企业规模分					
大型企业	13.1	71.5	2.4	4.1	174115
中型企业	7.2	55.1	1.7	4.0	70224
小型企业	8.2	59.4	1.7	3.7	91584
微型企业	-2.0	48.4	1.5	-4.7	232447
按工业行业分					
高端电子信息制造业	11.9	72.7	2.4	3.6	184520
集成电路及关键元器件	7.4	52.6	2.0	3.8	109989
信息通信设备	15.3	86.9	2.6	3.5	356416
新型显示	2.2	77.5	1.0	0.9	148232
先进装备制造业	10.5	57.0	1.8	5.1	131989
智能制造装备	10.9	50.1	1.3	8.6	149155
船舶与海洋工程装备	-1.3	83.7	0.4	-14.9	204900
节能环保装备	10.0	45.1	1.7	6.1	121979
轨道交通设备					
航空装备	20.5	-13.3	2.5	9.1	300866
新能源装备	7.7	59.7	1.4	4.9	98269
汽车制造	15.3	46.5	1.9	9.7	182885
卫星及应用	17.0	69.4	4.6	2.7	159348
重要基础件	8.7	58.3	1.6	4.6	114036
石油化工产业	10.7	46.6	1.7	6.0	256190
先进轻纺制造业	7.1	56.8	1.8	3.0	32039
绿色食品饮料	8.1	61.9	2.5	2.8	78576
高附加值纺织服装	6.5	54.3	1.5	2.9	25184
环保多功能家具	8.4	57.8	1.8	3.4	27593
智能节能型家电	5.6	54.5	1.9	2.9	63826
新材料制造业	7.4	54.1	1.8	3.5	86317
高端精品钢材	9.4	51.8	2.2	4.0	259094
高性能复合材料及特种功能材料	7.3	54.2	1.8	3.5	84568
战略前沿材料					
生物医药及高性能医疗器械	11.6	46.9	1.1	23.3	147785
生物制药	12.1	46.9	0.9	35.7	282272
高性能医疗器械	7.7	47.2	2.0	3.1	57321

4-32 规模以上高技术制造业企业主要经济指标（2017年）

Main Indicators of High-tech Manufacturing Enterprises above Designated Size（2017）

项　　　目	企　业 单位数 （个）	#亏 损 企 业	工　业 增加值 （万元）	主营业 务收入 （万元）
总　　计	1567	222	14590297	93428376
按企业规模分				
大型企业	141	19	10751337	76043232
中型企业	451	72	2537396	10888934
小型企业	935	120	1229416	5960798
微型企业	40	11	72148	535412
按工业行业分				
医药制造业	15	1	133409	230509
化学药品制造	5	1	21745	46000
中药饮片加工	1		591	3352
中成药生产	4		64860	123111
兽用药品制造				
生物药品制造	1		31155	31068
卫生材料及医药用品制造	4		15057	26979
航空、航天器及设备制造业	3	1	16668	94019
飞机制造	1	1	2407	12352
航天器制造				
航空、航天相关设备制造				
其他航空航天器制造	2		14261	81667
航空航天器修理				
电子及通信设备制造业	1258	183	13012749	85087412
电子工业专用设备制造	55	10	152686	472196
光纤、光缆制造	6		27774	106813
锂离子电池制造	58	15	462975	1623274
通信设备制造	77	14	6684395	54881281
广播电视设备制造	36	4	146389	538650
雷达及配套设备制造	2	1	5453	31217
视听设备制造	119	19	547602	3132347
电子器件制造	177	31	937905	6428432
电子元件制造	537	65	3451337	15389580
其他电子设备制造	191	24	596231	2483622
计算机及办公设备制造业	188	26	1123198	6795609
计算机整机制造	6	1	22757	81085
计算机零部件制造	104	14	604626	3678108
计算机外围设备制造	49	8	155432	987378
其他计算机制造	14	1	138700	719933
办公设备制造	15	2	201684	1329107
医疗仪器设备及仪器仪表制造业	101	11	288538	1117019
医疗仪器设备及器械制造	17	2	40276	155157
仪器仪表制造	84	9	248263	961862
信息化学品制造业	2		15735	103808
信息化学品制造	2		15735	103808

4-32 续表 1

(2017年)

项目	亏损企业亏损总额（万元）	利润总额（万元）	人均利润（元）	工业增加值率（%）	产品销售率（%）
总计	342646	3352085	36690	16.7	99.0
按企业规模分					
大型企业	101427	2868450	56489	15.5	99.4
中型企业	166816	343849	12643	22.4	97.0
小型企业	38818	164117	12493	20.6	98.6
微型企业	35585	-24331	-97169	12.9	96.8
按工业行业分					
医药制造业	11	87513	231454	55.4	98.1
化学药品制造	11	9477	126185	43.7	95.4
中药饮片加工		69	21438	17.6	100.0
中成药生产		40574	321759	51.7	98.1
兽用药品制造					
生物药品制造		36636	726913	88.3	100.0
卫生材料及医药用品制造		757	6143	56.0	100.1
航空、航天器及设备制造业	89	7865	141968	17.0	96.6
飞机制造	89	-89	-8822	17.0	87.4
航天器制造					
航空、航天相关设备制造					
其他航空航天器制造		7954	175587	17.0	98.1
航空航天器修理					
电子及通信设备制造业	303768	3044415	40018	16.6	99.1
电子工业专用设备制造	5348	29119	26050	29.2	97.3
光纤、光缆制造		8500	49247	22.4	87.5
锂离子电池制造	31013	86294	27304	28.4	99.2
通信设备制造	103721	1902186	101426	14.0	99.8
广播电视设备制造	3367	15591	9848	25.1	97.4
雷达及配套设备制造	868	-177	-3046	15.3	88.4
视听设备制造	8431	68775	10741	16.7	99.5
电子器件制造	69124	159650	19430	14.4	98.1
电子元件制造	68211	633040	20396	22.1	98.1
其他电子设备制造	13686	141439	25382	22.7	96.5
计算机及办公设备制造业	22913	141396	11476	15.8	97.6
计算机整机制造	96	1246	3288	26.4	99.5
计算机零部件制造	12257	70507	10174	15.6	96.4
计算机外围设备制造	8086	10554	5725	15.1	98.3
其他计算机制造	1930	14164	9847	19.0	99.5
办公设备制造	545	44925	25977	14.5	99.4
医疗仪器设备及仪器仪表制造业	15865	62374	25151	24.8	98.0
医疗仪器设备及器械制造	254	4718	8393	25.3	96.9
仪器仪表制造	15611	57656	30062	24.7	98.2
信息化学品制造业		8522	162023	16.1	114.3
信息化学品制造		8522	162023	16.1	114.3

4-32 续表 2

(2017年)

项目	总资产贡献率(%)	资产负债率(%)	流动资产周转率(次/年)	成本费用利润率(%)	全员劳动生产率(元/人)
总计	10.9	69.3	2.3	3.7	159697
按企业规模分					
大型企业	13.1	73.2	2.5	3.9	211730
中型企业	6.3	58.4	1.7	3.2	93297
小型企业	5.1	64.4	1.7	2.8	93589
微型企业	-1.8	45.6	1.4	-4.3	288131
按工业行业分					
医药制造业	12.1	46.9	0.9	35.7	352841
化学药品制造	12.2	58.6	0.7	24.9	289547
中药饮片加工	6.4	51.6	1.5	2.1	184688
中成药生产	12.8	24.2	0.7	37.3	514354
兽用药品制造					
生物药品制造	11.0	76.7	1.3	53.2	618155
卫生材料及医药用品制造	11.1	62.7	1.8	2.9	122117
航空、航天器及设备制造业	20.5	-13.3	2.5	9.1	300866
飞机制造	-5.6	104.6	2.1	-0.7	238317
航天器制造					
航空、航天相关设备制造					
其他航空航天器制造	25.0	-33.8	2.5	10.8	314812
航空航天器修理					
电子及通信设备制造业	11.4	71.3	2.3	3.7	171050
电子工业专用设备制造	10.0	62.1	1.2	6.6	136595
光纤、光缆制造	14.2	68.3	1.6	8.7	160915
锂离子电池制造	6.9	56.0	1.2	5.6	146488
通信设备制造	15.3	86.9	2.6	3.5	356416
广播电视设备制造	8.8	52.7	1.9	2.9	92470
雷达及配套设备制造	1.5	27.9	1.1	-0.6	93855
视听设备制造	6.0	66.4	1.9	2.2	85523
电子器件制造	5.4	51.3	2.2	2.5	114146
电子元件制造	8.1	52.3	2.0	4.3	111201
其他电子设备制造	6.6	63.8	1.9	5.9	106995
计算机及办公设备制造业	5.4	58.4	2.2	2.1	91165
计算机整机制造	1.0	47.5	1.3	1.5	60045
计算机零部件制造	4.7	62.1	2.0	2.0	87246
计算机外围设备制造	4.8	66.3	2.3	1.1	84309
其他计算机制造	6.5	49.5	2.4	2.0	96427
办公设备制造	8.7	45.2	3.1	3.5	116621
医疗仪器设备及仪器仪表制造业	9.6	41.1	1.9	5.9	116346
医疗仪器设备及器械制造	7.7	47.2	2.0	3.1	71653
仪器仪表制造	9.8	40.4	1.9	6.3	129445
信息化学品制造业	20.0	50.0	2.0	9.0	299144
信息化学品制造	20.0	50.0	2.0	9.0	299144

4-33 规模以上IT制造业企业主要经济指标（2017年）

Main Indicators of IT Manufacturing Enterprises above Designated Size (2017)

项目	企业单位数（个）	#亏损企业	工业增加值（万元）	主营业务收入（万元）
总计	1659	233	14645302	92741138
按企业规模分				
大型企业	139	16	10673411	74019138
中型企业	513	77	2679344	11631835
小型企业	969	126	1250231	6755613
微型企业	38	14	42316	334552
按工业行业分（小类）				
训练健身器材制造	4		6195	26602
玩具制造	165	26	673579	1830206
信息化学品制造	2		15735	103808
照相机及器材制造	9	1	43641	216292
复印和胶印设备制造	11	1	161709	977717
计算器及货币专用设备制造	4	1	39975	351390
医疗诊断、监护及治疗设备制造	4	1	4251	14225
微电机及其他电机制造	31	2	235172	928628
电线、电缆制造	181	18	471377	3024287
光纤、光缆制造	6		27774	106813
锂离子电池制造	58	15	462975	1623274
镍氢电池制造	1		5035	20825
其他电池制造	22	5	81140	343080
计算机整机制造	6	1	22757	81085
其他计算机制造	14	1	138700	719933
通信系统设备制造	23	2	999567	4383545
通信终端设备制造	54	12	5684828	50497736
电视机制造	6		65308	476937
音响设备制造	93	15	382155	1943517
影视录放设备制造	20	4	100139	711893
电子真空器件制造	1		5837	26500
集成电路制造	15	3	148867	818066
光电子器件及其他电子器件制造	155	28	724007	5309138
电子元件及组件制造	470	54	3104580	14207758
印制电路板制造	67	11	346757	1181822
其他电子设备制造	191	24	596231	2483622
电子测量仪器制造	6		17424	65400
其他未列明制造业	40	8	79585	267040

4-33 续表 1

(2017年)

项　　目	亏损企业亏损总额(万元)	利　润总　额(万元)	人　均利　润(元)	工业增加值率(%)	产　品销售率(%)
总　　计	316841	3281151	33975	17.0	99.1
按企业规模分					
大型企业	95430	2881378	57276	15.9	99.5
中型企业	149380	288645	8914	22.3	97.1
小型企业	36751	141842	10389	18.6	99.0
微型企业	35280	-30715	-130700	12.2	95.1
按工业行业分（小类）					
训练健身器材制造		409	7269	23.6	101.3
玩具制造	8736	38845	3549	36.1	98.2
信息化学品制造		8522	162023	16.1	114.3
照相机及器材制造	1638	4474	8288	19.6	97.8
复印和胶印设备制造	259	44824	35994	15.7	99.2
计算器及货币专用设备制造	286	101	209	11.1	100.0
医疗诊断、监护及治疗设备制造	142	381	6958	27.9	95.2
微电机及其他电机制造	868	61597	31977	23.9	93.2
电线、电缆制造	3383	76690	14655	15.4	98.7
光纤、光缆制造		8500	49247	22.4	87.5
锂离子电池制造	31013	86294	27304	28.4	99.2
镍氢电池制造		10188	148953	24.2	100.0
其他电池制造	4107	17293	33520	23.3	99.7
计算机整机制造	96	1246	3288	26.4	99.5
其他计算机制造	1930	14164	9847	19.0	99.5
通信系统设备制造	1031	123795	22370	22.5	100.6
通信终端设备制造	102690	1778391	134518	13.2	99.7
电视机制造		3935	9654	13.8	100.9
音响设备制造	4932	41400	8372	18.4	99.7
影视录放设备制造	3499	23441	22312	13.8	98.1
电子真空器件制造		2012	52953	22.0	100.0
集成电路制造	8145	36026	36361	17.9	99.0
光电子器件及其他电子器件制造	60979	111313	16527	13.4	97.8
电子元件及组件制造	59318	604328	21469	21.6	98.2
印制电路板制造	8893	28711	9941	27.9	96.8
其他电子设备制造	13686	141439	25382	22.7	96.5
电子测量仪器制造		3557	28162	27.4	102.7
其他未列明制造业	1210	9276	14400	29.3	98.6

4-33 续表 2

(2017年)

项目	总资产贡献率(%)	资产负债率(%)	流动资产周转率(次/年)	成本费用利润率(%)	全员劳动生产率(元/人)
总计	11.0	69.6	2.3	3.6	151648
按企业规模分					
大型企业	13.5	72.8	2.5	4.0	212167
中型企业	5.6	60.8	1.7	2.5	82747
小型企业	4.2	66.2	1.8	2.1	91575
微型企业	-3.2	44.7	1.1	-8.3	180068
按工业行业分（小类）					
训练健身器材制造	5.9	62.5	2.0	1.6	110231
玩具制造	4.3	61.2	1.8	2.2	61535
信息化学品制造	20.0	50.0	2.0	9.0	299144
照相机及器材制造	4.9	43.7	1.9	2.1	80847
复印和胶印设备制造	12.2	54.3	3.1	4.8	129855
计算器及货币专用设备制造	1.0	25.3	3.0	0.03	82576
医疗诊断、监护及治疗设备制造	4.8	30.5	1.0	2.7	77715
微电机及其他电机制造	11.4	39.5	1.9	7.1	122085
电线、电缆制造	6.3	55.1	1.9	2.6	90079
光纤、光缆制造	14.2	68.3	1.6	8.7	160915
锂离子电池制造	6.9	56.0	1.2	5.6	146488
镍氢电池制造	34.8	32.0	0.8	49.3	73611
其他电池制造	8.7	55.0	1.9	5.3	157279
计算机整机制造	1.0	47.5	1.3	1.5	60045
其他计算机制造	6.5	49.5	2.4	2.0	96427
通信系统设备制造	19.9	75.4	5.7	2.9	180623
通信终端设备制造	15.0	87.6	2.5	3.6	430001
电视机制造	2.0	78.4	1.0	0.8	160226
音响设备制造	5.8	61.7	2.2	2.2	77284
影视录放设备制造	13.2	64.1	2.6	3.4	95316
电子真空器件制造	20.1	48.6	2.6	8.1	153605
集成电路制造	7.6	47.5	1.7	4.6	150249
光电子器件及其他电子器件制造	5.0	53.0	2.3	2.1	107496
电子元件及组件制造	8.6	52.5	2.0	4.4	110293
印制电路板制造	4.4	50.2	1.8	2.5	120060
其他电子设备制造	6.6	63.8	1.9	5.9	106995
电子测量仪器制造	22.0	45.5	3.3	5.7	137957
其他未列明制造业	6.1	53.0	2.1	3.6	123541

主要统计指标解释

Explanatory Notes on Main Statistical Indicators

工业 指从事自然资源的开采，对采掘品和农产品进行加工和再加工的物质生产部门。具体包括：对自然资源的开采，如采矿、晒盐、森林采伐等（但不包括禽兽捕猎和水产捕捞）；对农副产品的加工、再加工，如粮油加工、食品加工、轧花、缫丝、纺织、制革等；对采掘品的加工、再加工，如炼铁、炼钢、化工生产、石油加工、机器制造、木材加工等，以及电力、自来水、煤气的生产和供应等；对工业品的修理、翻新，如机器制造设备的修理、交通运输工具（包括小卧车）的修理等。

轻工业 是指主要提供生活消费品和制作手工工具的工业。按其所使用的原料不同，可分为两大类：以农产品为原料的轻工业，是指直接或以农产品为基本原料的轻工业，主要包括食品制造、饮料制造、烟草加工、纺织、缝纫、皮革和毛皮制作、造纸以及印刷等工业；以非农产品为原料的轻工业，是以工业品为原料的轻工业，主要包括文教体育用品、化学药品制造、合成纤维制造、日用化学制品、日用玻璃制品、日用金属制品、手工工具制造、医疗器械制造、文化和办公用机械制造等工业。

重工业 是指为国民经济各部门提供物质技术基础的主要生产资料的工业。按其生产性质和产品用途，可以分为下列三类：采掘（伐）工业，是对自然资源的开采，包括石油开采、煤炭开采、金属矿开采等工业；原材料工业，指向国民经济各部门提供基本材料、动力和燃料的工业，包括金属冶炼及加工、炼焦及焦炭化学、化学原料、水泥、人造板以及电力、石油和煤炭加工等工业；加工工业，是指对工业原材料进行再加工制造的工业，包括装备国民经济各部门的机械设备制造工业、金属结构、水泥制造等工业，以及为农业提供的生产资料如化肥、农药等工业。

资产总额 是指企业拥有或控制的能以货币计量的经济资源，包括各种财产、债权和其他权利。资产按其流动性（即资产的变现能力和支付能力）划分为：流动资产、长期投资、固定资产、无形资产、递延资产和其他资产，即为企业资产负债表中的资产总计项。

流动资产 是企业资产的重要组成部分，通常是指一年内或超过一年的一个营业周期内可以变现或耗用的资产。其特点是在企业的生产经营或者业务活动中不断地在生产循环中周转，不断改变其形态。其价值一次性消耗、转移或者实现。包括：货币资金、短期投资、应收票据、应收账款、预付账款、其他应收款、存货、待摊费用、待处理流动资产损失、一年内到期的本期债券投资及其他流动资产。

固定资产原价 是指企业在建造、购置、安装、改建、扩建、技术改造某项固定资产时实际支出的全部货币总额。它一般包括买价、包装费、运杂费和安装费等。

固定资产合计 包括固定资产净值、固定资产清理、在建工程、待处理固定资产净损失所占用的资金合计。

固定资产净值 是指固定资产原价减去历年已提折旧额后的净额。

负债 是指企业所承担的能以货币计量，将以资产或劳务偿付的债务。其偿还形式可以用货币，也可以用资产或提供劳务的方式进行。包括流动负债、长期负债和递延税款贷项等，即为企业资产负债表的负债合计项。

实收资本 是指企业实际收到的投资人投入的资本。包括有国家资本、集体资本、法人资本、个人资本、外商资本、港澳台资本等。

主营业务收入 是企业在销售商品、提供劳务及让渡资产使用权等日常活动中所产生的收入。

主营业务税金及附加 是指企业日常活动应负担的税金及附加，包括营业税、消费税、城市维护建设税、资源税、土地增值税和教育费附加等。

主营业务成本 是指企业因销售商品、提供劳务或让渡资产使用权等日常活动而发生的实际成本。

营业利润　是企业生产经营活动所取得的利润，包括主营业务利润和其他业务利润。

利润总额　是指企业在一定时期内生产经营活动的最终的财务成果，是企业的收入减去有关成本与费用后的差额，收入大于相关的成本费用，企业就盈利，反之则亏损。包括营业利润、补贴收入、投资净收益、营业外收支净额、以前年度损失调整。

应交增值税　是指企业按税法规定，从事货物销售或提供加工、修理修配劳务等增加货物价值的活动本期应交纳的税金，即企业在报告期应交的增值税额。计算公式为：

应交增值税 = 销项税额-(进项税额-进项税额转出)-出口抵减内销产品应纳税额-减免税款+出口退税

从业人员平均人数　从业人员指企业工作并取得劳动报酬的全部人员数。包括在岗职工、再就业的离退休人员、民办教师及在企业工作的外方人员和港澳台方人员、兼职人员、借用的外单位人员和第二职业者。不包括离开本单位但仍保留劳动关系的职工。而从业人员平均人数指报告期内每天平均拥有的从业人员人数。其计算公式为：

月平均人数=报告月内每天实有人数之和÷报告月日历日数

季平均人数=季内各月平均人数之和÷3

年平均人数=全年各月平均人数之和÷12

资产利税率　是在一定时期内已实现的利润、税金总额与同期的资产总额之比。计算公式：

$$\text{资产利税率（\%）} = \frac{\text{报告期累计实现利税总额}}{\text{资产总额}} \times 100\%$$

资产利税率反映每单位（通常是每万元）资产所提供的利税金额。它是考察和评价部门或企业资金运用的经济效益，分析资金投入效果的主要分析指标。

产值利税率　是报告期已实现的利润、税金总额（包括利润总额、产品销售税金及附加和应交增值税）占同期全部工业总产值的百分比，计算公式为：

$$\text{产值利税率（\%）} = \frac{\text{利税总额}}{\text{工业总产值（现价）}} \times 100\%$$

工业经济效益综合指数　是现行综合评价工业经济效益总体水平及工业经济运行质量的指数，它是以若干项代表性经济效益指标，分别除以各项指标的标准值，再乘以各自的权数，加总后除以总权数求得。其计算公式为：

$$\text{工业经济效益综合指数} = \Sigma\left(\frac{\text{某项经济效益指标报告期数值}}{\text{该项指标标准值}} \times \text{权数}\right) \div \text{总权数}$$

上式总权数为100。

工业产品销售率　是反映工业产品已实现销售的程度，是分析工业产销衔接情况、研究工业产品满足社会需求的指标。计算公式是：

$$\text{产品销售率（\%）} = \frac{\text{现价工业销售产值}}{\text{现价工业总产值}} \times 100\%$$

总资产贡献率　是指企业一定时期内全部资产获利能力，是企业经营业绩和管理水平的集中体现，是评价和考核企业盈利能力的核心指标。计算公式为：

$$总资产贡献率（\%）=\frac{利润总额+税金总额+利息支出}{平均资产总额}\times 100\%\times\frac{12}{累计月数}$$

注：税金总额为主营业务税金及附加与应交增值税之和，平均资产总额为期初、期末资产总计的算术平均值。

资本保值增值率　是反映企业净资产变动状况的一个重要指标，是企业发展能力的集中体现。是指期末所有者权益总额与期初所有者权益总额的比率。计算公式为：

$$资本保值增值率（\%）=\frac{期末所有者权益}{期初所有者权益}\times 100\%$$

所有者权益等于资产总计减负债总计。

资产负债率　是指反映企业经营风险的大小，反映企业利用债权人提供的资金从事经营活动的能力。计算公式为：

$$资产负债率（\%）=\frac{负债总额}{资产总额}\times 100\%$$

资产及负债均为报告期期末数。

流动资产周转率　是指一定时期内流动资产完成的周转次数，反映投入工业企业流动资金的周转速度，一般以一年内周转多少次表示。计算公式为：

$$流动资产周转率（次）=\frac{产品销售收入}{流动资产平均余额}\times\frac{12}{累计月数}$$

成本费用利润率　是指工业企业投入的生产成本及费用的经济效益，同时也反映企业降低成本所取得的经济效益。计算公式为：

$$成本费用利润率（\%）=\frac{利润总额}{成本费用总额}\times 100\%$$

注：成本费用总额为产品销售成本、销售费用、管理费用、财务费用之和。

全员劳动生产率　是指反映企业的生产效率和劳动投入的经济效益。一般用平均每人一年创造的工业增加值表示。计算公式为：

$$全员劳动生产率（元/人）=\frac{工业增加值}{全部职工平均人数}\times\frac{12}{累计月数}$$

五、固定资产投资与建筑业

Investment in Fixed Assets and Construction

5-1 主要年份固定资产投资与建筑业主要指标

Main Indicators of Investment in Fixed Assets and Construction in Main Years

项目	单位	1990年	2000年	2005年	2010年	2015年	2016年	2017年
固定资产投资总额	万元	75052	1028914	5972443	11149822	14465180	15574580	17128291
#国有单位	万元	50658	197658	686333	1479886	1782379	1206638	1933879
私营个体经济	万元			1027969	2077250	3304853	4172283	4780861
港澳台投资经济	万元		130501	1246450	1326063	1343480	1851731	1931125
外商投资经济	万元		92699	507322	938943	1336845	1079654	1211838
新增固定资产	万元			1732967	5778616	7269377	7425999	8812628
固定资产交付使用率	%			29.0	51.8	50.3	47.7	51.5
房屋竣工面积	万平方米			696.99	686.22	499.49	320.55	611.53
房屋面积竣工率	%			22.5	20.7	9.4	5.6	10.9
固定资产计划总投资	万元			13905355	45000174	68582894	77048003	86603509
固定资产投资建设周期	年			2.32	4.04	4.74	4.95	5.06
固定资产投资资金来源	万元	50100	1047861	6717711	18550102	26149934	30918002	33984528
#国家预算内资金	万元	3600	10490	536	130717	553110	322080	390664
国内贷款	万元	2900	122561	651723	1882278	2087480	2479501	3409565
利用外资	万元	17000	207444	940432	1400920	698707	624388	410709
自筹资金	万元	25400	587176	3901138	8390847	8998227	8819572	10037157
房地产开发投资	万元		112498	1444277	2989853	5752145	6427591	7021544
房地产开发当年房屋施工面积	万平方米		315.45	1160.17	2060.54	3921.20	4408.65	4553.68
房地产开发当年房屋竣工面积	万平方米		103.20	132.88	296.59	325.43	232.68	471.02
#住宅	万平方米		77.97	115.23	256.09	266.01	169.62	363.39
商品房销售面积	万平方米		63.21	321.85	511.25	1040.65	1024.25	799.46
#住宅	万平方米		51.02	297.19	469.90	948.50	887.01	588.81
建筑企业（单位）个数	个	8	99	361	431	540	542	627
建筑企业平均人数	人	6803	64300	79965	57473	81440	100723	133203
建筑企业总产值	万元	12678	404493	843540	1220569	2245873	2672168	3240350
劳动生产率（按总产值计算）	元/人	18636	60849	108136	218076	275770	265299	243264
建筑业房屋施工面积	万平方米	66.30	1218.00	1234.98	733.44	1072.42	914.05	946.91
建筑业房屋竣工面积	万平方米	29.95	53.76	707.77	311.94	453.13	349.06	407.00

注：从2011年起，固定资产投资统计起点由计划投资50万元提高到计划投资500万元，下同。

5–2 历年固定资产投资

Total Investment in Fixed Assets over Years

单位：万元

年 份	固定资产投资总额						
	总 量	增长速度(%)	#房地产开发		#民营	#外资	
			总 量	增长速度(%)			#港澳台
1978	2319						
1979	1641	-29.2					
1980	2395	45.9					
1981	3756	56.8					
1982	18102	381.9					
1983	18370	1.5					
1984	30050	63.6					
1985	70600	134.9					
1986	115173	63.1					
1987	141856	23.2					
1988	165459	16.6					
1989	50135	-69.7					
1990	75052	49.7					
1991	137464	83.2					
1992	188824	37.4					
1993	327630	73.5	52110			62600	
1994	1407621	329.6	78392	50.4		1038599	
1995	631355	-55.1	85163	8.6		240690	
1996	676185	7.1	86258	1.3		259705	
1997	658941	-2.6	86662	0.5		69055	
1998	769953	16.8	95451	10.1		91719	35868
1999	883201	14.7	104411	9.4		188036	116708
2000	1028914	16.5	112498	7.7		146887	96112
2001	1254945	22.0	148544	32.0		224812	181822
2002	1915741	52.7	268350	80.7		466569	213458
2003	3193889	66.7	551184	105.4		888664	619193
2004	4548691	42.4	1144195	107.6		1094045	716611
2005	5972443	31.3	1444277	26.2		1753772	1246450
2006	7054511	18.1	1642398	13.7	2410417	2297486	1584104
2007	8412074	19.2	2094187	27.5	2841860	2356983	1136955
2008	9443426	12.3	2714197	29.6	3240949	2710398	1469186
2009	10940753	13.0	2776623	2.3	4279669	2038232	1114631
2010	11149822	1.9	2989853	7.7	4847208	2265006	1326063
2011	10793144	8.1	3733062	25.0	4438880	2228117	1460388
2012	11803493	9.4	3773210	1.1	6662441	2942143	1891724
2013	13839352	18.3	4976593	31.9	8835235	2566790	1460423
2014	14271099	10.0	5880630	18.2	9496756	2234743	1174881
2015	14465180	3.3	5752145	-2.2	9475855	2680325	1343480
2016	15574580	7.7	6427591	11.7	10610512	2931385	1851731
2017	17128291	10.0	7021544	9.2	11469734	3142963	1931125

5-3 按登记类型和行业分的固定资产投资(2017年)

Total Investment in Fixed Assets by Registration Status and Sector (2017)

单位：万元

项 目	全市合计	#房地产
合 计	17128291	7021544
按登记注册类型分		
内资	13985328	6364818
国有	1232967	
集体	561456	256898
股份合作	7678	
国有联营		
集体联营	8200	
国有与集体联营	56219	
其他联营		
国有独资公司	700912	5486
其他有限责任公司	6119878	3636472
股份有限公司	336272	71047
私营	4769214	2392015
其他	180885	2900
个体经营：个体户	11647	
个人合伙		
港澳台商投资	1931125	421249
#合资经营	315051	66788
合作经营	125639	107241
独资	1393803	241121
股份有限公司	45629	
外商投资	1211838	235477
#合资经营	238871	47985
合作经营	20049	5484
独资	860463	182008
股份有限公司	11077	
按国民经济行业分		
第一产业	4479	
第二产业	6472205	
制造业	5553313	
电力、热力、燃气及水的生产和供应业	917592	
建筑业	1550	
第三产业	10651607	7021544
交通运输、仓储和邮政业	1273090	
信息传输、软件和信息技术服务业	205304	
批发和零售业	193059	
住宿和餐饮业	30109	
金融业	19000	
房地产业	7672241	7021544
租赁和商务服务业	61150	
科学研究和技术服务业	208170	
水利、环境和公共设施管理业	690973	
居民服务、修理和其他服务业	10240	
教育	174098	
卫生和社会工作	75911	
文化、体育和娱乐业	12526	
公共管理、社会保障和社会组织	25486	

5-4 固定资产投资主要指标(2017年)

Main Indicators of Total Investment in Fixed Assets (2017)

单位：万元

项目	计划总投资	本年完成投资	建筑工程	安装工程	设备工器具购置	其他费用
合计	46929522	10106747	4657373	543878	3820858	1084638
按登记注册类型分						
内资	40042264	7620510	3973626	420349	2255773	970762
国有	8357855	1232967	948289	39632	36404	208642
集体	1702959	304558	271032	16334	10392	6800
股份合作	14439	7678	4438		2592	648
国有联营	27000					
集体联营	23491	8200	5725	576	876	1023
国有与集体联营	1120700	56219	29285			26934
其他联营						
国有独资公司	2406215	695426	250543	104617	217198	123068
其他有限责任公司	15969667	2483406	1141290	135151	903824	303141
股份有限公司	1270932	265225	90818	13214	151594	9599
私营个体	8214933	2388846	1085023	105954	921911	275958
其他	934073	177985	147183	4871	10982	14949
港澳台商投资	4804088	1509876	427241	90150	915212	77273
外商投资	2083170	976361	256506	33379	649873	36603
按国民经济行业分						
第一产业	19181	4479	3755			724
第二产业	19181619	6472205	2128871	384939	3551411	406984
制造业	16754404	5553313	1795541	236464	3213526	307782
电力、热力、燃气及水的生产和供应业	2410215	917592	333320	147645	337425	99202
建筑业	20000	1550	260	830	460	
第三产业	27728722	3630063	2524747	158939	269447	676930
交通运输、仓储和邮政业	14667245	1273090	835897	14742	57494	364957
信息传输、软件和信息技术服务业	428944	205304	34305	48920	112186	9893
批发和零售业	775534	193059	121812	22610	23637	25000
住宿和餐饮业	209754	30109	15548	3281	504	10776
金融业	380000	19000	14600	4400		
房地产业	3359652	650697	439947	21509	4048	185193
租赁和商务服务业	491094	61150	35672	3918	5236	16324
科学研究和技术服务业	1639288	208170	147785	3848	30187	26350
水利、环境和公共设施管理业	4179215	690973	623623	26473	10238	30639
居民服务、修理和其他服务业	10819	10240	8060	2180		
教育	1151516	174098	156335	4159	7201	6403
卫生和社会工作	262600	75911	55838		18678	1395
文化、体育和娱乐业	91454	12526	9911	2577	38	
公共管理、社会保障和社会组织	78607	25486	25164	322		
按建设性质分						
新建	36665374	5575354	3604624	295823	714128	960779
扩建	2785865	737243	408757	51638	243286	33562
改建和技术改造	5618366	2546731	597228	191518	1678624	79361
单纯建造生活设施	47439	25136	17591	4525		3020
迁建	347241	117114	21604	374	87220	7916
恢复	38826	7569	7569			
单纯购置	1426411	1097600			1097600	

注：本表不含房地产开发投资。

5-4 续表 1

(2017年)

单位：万元

项　　目	本年新增固定资产	本年施工房屋面积（万平方米）	本年竣工房屋面积（万平方米）	本年资金来源合计	#上年末结余资金
合　　计	6205261	1064.29	140.51	10217677	734910
按登记注册类型分					
内资	4401069	858.54	124.40	7571399	465286
国有	392867	38.15		1226112	119644
集体	290032	89.26	15.29	285588	2631
股份合作		3.91		7678	
国有联营					
集体联营	2229	1.12	1.12	8248	
国有与集体联营	112			96884	8024
其他联营					
国有独资公司	451097	19.88		777280	89606
其他有限责任公司	1329655	285.83	31.13	2460254	198004
股份有限公司	160541	49.53	11.37	251388	1087
私营个体	1575332	319.89	47.65	2284179	38237
其他	199204	50.98	17.85	173788	8053
港澳台商投资	1039525	101.34	9.07	1716558	129790
外商投资	764667	104.41	7.04	929720	139834
按国民经济行业分					
第一产业	4279			4480	
第二产业	4641077	548.62	69.13	6476144	354259
制造业	3884531	547.40	69.13	5569633	323512
电力、热力、燃气及水的生产和供应业	756796			905210	30747
建筑业		2.16		1551	
第三产业	1559905	515.67	71.38	3737053	380651
交通运输、仓储和邮政业	303587	108.68	3.89	1428866	212104
信息传输、软件和信息技术服务业	182306			32449	8380
批发和零售业	48470	19.03	0.65	181759	25311
住宿和餐饮业	7867	14.85	0.24	30799	463
金融业		20.93		39128	100
房地产业	306822	177.54	34.79	641408	46258
租赁和商务服务业	8588	14.04		55266	4852
科学研究和技术服务业	50010	37.02		375153	54343
水利、环境和公共设施管理业	346864	5.27		659244	21478
居民服务、修理和其他服务业	10240	1.73		10240	
教育	214065	34.58	23.44	174165	2392
卫生和社会工作	54635	27.30	7.97	74414	4350
文化、体育和娱乐业	2555	1.11		10978	
公共管理、社会保障和社会组织	23646	5.02	0.40	22934	620
按建设性质分					
新建	2674776	944.93	115.56	6045666	536005
扩建	412782	68.31	10.71	713299	33349
改建和技术改造	2110061	51.04	14.24	2265345	152169
单纯建造生活设施	16359			19480	497
迁建	29678			103788	5420
恢复	27460			6963	
单纯购置	934145			1063136	7470

5-4　续表 2

(2017年)

单位：万元

项　　目	本年资金来源					
	#本年资金来源小计	国家预算内资金	国内贷款	利用外资	自筹资金	其他资金来源
合　　计	9482767	390664	970114	401958	7062243	657568
按登记注册类型分						
内资	7106113	383864	886053	17322	5301871	516783
国有	1106468	360801	47750		567016	130901
集体	282957	13526	1500		228181	39750
股份合作	7678				7127	551
国有联营						
集体联营	8248				8248	
国有与集体联营	88860					88860
其他联营						
国有独资公司	687674		495055		148429	44190
其他有限责任公司	2262250	9287	211769	8087	1934709	98398
股份有限公司	250301		25503		222343	2455
私营个体	2245942	250	60976	9235	2076185	99076
其他	165735		43500		109633	12602
港澳台商投资	1586768	6800	73666	232335	1160136	113831
外商投资	789886		10395	152301	600236	26954
按国民经济行业分						
第一产业	4480				4480	
第二产业	6121885	33814	657137	392611	4809719	228604
制造业	5246121		138237	338465	4553847	215572
电力、热力、燃气及水的生产和供应业	874463	33814	518900	54146	254571	13032
建筑业	1551				1551	
第三产业	3356402	356850	312977	9347	2248044	428964
交通运输、仓储和邮政业	1216762	117558	231877	7100	714054	146173
信息传输、软件和信息技术服务业	24069	2200			13667	8202
批发和零售业	156448	6500	27000	1187	118032	3729
住宿和餐饮业	30336				29826	510
金融业	39028				39028	
房地产业	595150	45976	15700		450198	83276
租赁和商务服务业	50414	1318	13800		27790	7506
科学研究和技术服务业	320810	41156	20200	320	247700	11214
水利、环境和公共设施管理业	637766	110027			379750	147989
居民服务、修理和其他服务业	10240			740	9500	
教育	171773	22830	2500		136638	9805
卫生和社会工作	70064	1146			66610	2308
文化、体育和娱乐业	10978	757	1900		7274	1047
公共管理、社会保障和社会组织	22314	7382			7727	7205
按建设性质分						
新建	5509661	295401	860133	83220	3794918	475769
扩建	679950	39853	40227	3816	574894	21160
改建和技术改造	2113176	51756	51492	148382	1722823	138723
单纯建造生活设施	18983			1187	11138	6658
迁建	98368		2500		94868	1000
恢复	6963	2204			2120	2639
单纯购置	1055666	1450	15762	165353	861482	11619

5-5 固定资产投资分类情况（2017年）

Basic Statistics on Total Investment in Fixed Assets by Type (2017)

单位：万元

项　　目	计　划 总投资	自开始建设 累计完成投资	本年完 成投资	#住宅	本年新增 固定资产
固定资产投资总额	46929522	28829997	10106747	32974	7876119
#基础设施	16570060	10271172	2657030		1406488
#基础产业	17170833	10514689	2793275		1437125
#城市建设	3419993	2058619	702400		375301
#原材料	867530	409164	202673		106721
#能源	1928373	1351504	825552		684554
#工业合计	18044713	11929712	6470905	241	4641327
#工业九大产业	11950491	8014316	4254056	241	2946174
#电子信息业	5850283	4306941	2402065	241	1493732
电气机械及专用设备	2329103	1599545	855113		795545
石油及化学	548107	199731	128210		64062
纺织及服装	523879	389130	204153		166988
食品饮料	981483	642465	178297		110546
建筑材料	309424	182578	110484		73988
森工造纸	466114	340859	245164		168921
医药	266022	107991	39722		10576
汽车	676076	245076	90848		61816

注：本表不含房地产开发投资。

5-6 房地产开发主要指标

Main Indicators of Real Estate Development

项　　目	单位	2005年	2010年	2015年	2016年	2017年
本年土地购置面积	万平方米	45	136	122	89	119
本年完成投资额	万元	1444277	2989853	5752145	6427591	7021544
#住宅	万元	1197154	2504525	4016931	4391349	5124443
资金来源	万元	1632570	6533564	10836961	14121627	14996934
#国内贷款	万元	114755	1271530	1112220	1711476	2439451
利用外资	万元	2075	75182	2960	859	8751
自筹资金	万元	867824	2025670	2405896	2200519	2974914
房屋施工面积	万平方米	1160	2061	3921	4409	4554
#住宅	万平方米	890	1687	2831	3158	3211
房屋竣工面积	万平方米	133	297	325	233	471
#住宅	万平方米	115	256	266	170	363
商品房屋销售额	万元	1193991	3737742	10191063	14181733	13492246
#住宅	万元	1091095	3341485	9145019	12223119	10169560
商品房屋销售面积	万平方米	322	511	1041	1024	799
#住宅	万平方米	297	470	949	887	589

5-7 房地产开发企业主要经济指标(2017年)

Main Indicators of Real Estate Enterprises (2017)

单位：万元

项　　目	资产总计	负债总计	主营业务收入	主营业务税金及附加	利润总额
合　　计	47846665	40327582	8412889	990543	1729724
按登记注册类型分					
#内资	43548197	37194507	7767101	875572	1600347
港澳台商投资	2431631	1682902	452575	97434	93288
外商投资	1866837	1450172	193213	17537	36089
民营经济	42413461	35903774	7674098	878698	1582335
按控股情况分					
国有控股	1621363	1515423	198173	21466	51789
集体控股	1976926	1612888	830091	72397	221200
私人控股	23885206	20611561	4060413	368981	662985
港澳台控股	1818770	1260097	366046	76948	63955
外商控股	1993071	1648287	174572	13431	31645
其他控股	16551329	13679326	2783593	437320	698150
按资质等级分					
一级	3719858	2132685	514900	219462	103648
二级	7474163	6846977	278805	21394	20042
三级	4352290	3421739	599402	127640	126186
四级	6743643	4777548	2010482	193724	476095
暂定	22760428	20631303	4708486	405977	950482
其他	2796283	2517330	300813	22346	53271

5-8 房地产开发投资情况（2016-2017年）

Investment in Real Estate Development (2016-2017)

项目	2016年		2017年	
	房地产开发投资（万元）	#住宅	房地产开发投资（万元）	#住宅
合计	6427591	4391349	7021544	5124443
内资	5804301	3928623	6364818	4602977
国有				
集体	256575	191275	256898	220781
国有独资公司	7807	7807	5486	5486
其他有限责任公司	3186560	2089119	3636472	2669799
私营独资	68509	23950	112291	90404
私营有限责任公司	2180328	1541755	2275348	1580746
私营股份有限公司	25869	21047	4376	3308
其他(内资企业)	54197	30009	2900	1100
港澳台商投资	425994	333000	421249	309558
外商投资	197296	129726	235477	211908

5-9 房地产开发企业、房屋建筑面积及价值(2016-2017年)

Floor Space and Value of Buildings in Real Estate Development (2016-2017)

项目	2016年			2017年		
	房屋建筑面积(平方米)		竣工房屋价值(万元)	房屋建筑面积(平方米)		竣工房屋价值(万元)
	施工面积	竣工面积		施工面积	竣工面积	
合计	44086547	2326810	1186996	45536809	4710153	2186990
内资	39663515	2182160	1057774	41456974	3852974	1925082
国有						
集体	1618892	245530	85067	1585175	497761	242154
国有独资公司	104976			104976		
其他有限责任公司	22664278	1040476	608004	24637489	2323502	1164627
私营独资	296248	78197	15500	146971		
私营有限责任公司	14230740	817957	349203	14483252	882492	432142
私营股份有限公司	220173			136579		
其他(内资企业)	287819			52847		
港澳台商投资	3262456	57431	70475	2580278	659303	187099
外商投资	1160576	87219	58747	1499557	197876	74809

5-10 商品房屋销售情况(2017年)

Sale of Commercialized Buildings (2017)

项　　目	商品房屋销售面积 (平方米)	#住宅	商品房屋销售额 (万元)	#住宅
合　　计	7994574	5888128	13492246	10169560
内资	7410810	5391728	12468512	9312805
国有				
集体	468541	421485	960187	903450
国有独资公司	4992	1684	4748	1589
其他有限责任公司	4188132	3021818	7026738	5183092
私营独资	27331	27265	60696	60596
私营有限责任公司	2687793	1898410	4353388	3116358
私营股份有限公司	18551	10026	28680	17644
其他内资企业				
港澳台商投资	430789	380605	744975	641910
外商投资	152975	115795	278759	214845

5-11 劳务分包建筑业企业主要指标(2016-2017年)

Main Indicators of Labour Subcontract Construction Enterprises (2016-2017)

指　　标	单　位	2016年	2017年
企业单位数	个	63	72
年平均人数	人	29857	36617
固定资产原价	万元	18954	4959
建筑业总产值	万元	220353	266186
资产合计	万元	120331	152473
主营业务收入	万元	228557	267500
利润总额	万元	5892	6062

5-12 总承包和专业承包建筑业企业主要指标(2016-2017年)

Main Indicators of Construction Enterprises Qualified for General Contracts and Specialized Contracts (2016-2017)

指　　标	单　位	2016年	2017年
企业单位数	个	479	555
年平均人数	人	70866	96586
固定资产原价	万元	338775	371029
固定资产净值	万元	192570	178356
自有施工机械设备年末总台数	台	11029	12781
自有施工机械设备年末净值	万元	60102	91123
自有施工机械设备年末总功率	万千瓦	52	27
建筑业总产值	万元	2451815	2974164
建筑工程产值	万元	2094076	2535134
安装工程产值	万元	296677	340978
其他产值	万元	61062	98052
建筑业竣工产值	万元	1411221	2098313
房屋建筑施工面积	万平方米	914	947
房屋建筑竣工面积	万平方米	349	407
资产合计	万元	4795166	5716290
主营业务收入	万元	2774754	3235371
利润总额	万元	80806	188405

主要统计指标解释

Explanatory Notes on Main Statistical Indicators

固定资产投资额 是以货币形式表现的在一定时期内建造和购置固定资产的工作量以及与此有关的费用的总称。按构成可分为建筑工程、安装工程、设备工器具购置和其他费用。

新增固定资产 指已经完成建造和购置过程，并已交付生产或使用单位的固定资产的价值。它是表示固定资产投资成果的价值指标，也是反映建设进度，计算固定资产投资效果的重要依据。

固定资产交付使用率 指一定时期新增固定资产与同期完成投资额的比率。它是反映各个时期固定资产动用速度，衡量建设过程中投资效果的一个综合性指标。

基础设施 基础设施投资指在电力、热水的生产和供应业，燃气生产和供应业，水的生产和供应业，铁路运输业，道路运输业，水上运输业，航空运输业，管道运输业，装卸搬运和运输代理业，邮政业，电信、广播电视和卫星传输服务，互联网和相关服务，水利管理业，生态保护和环境治理业和公共设施管理业等行业方面的固定资产投资。

房地产开发投资 各种登记注册类型的房地产开发公司 、商品房建设公司及其他房地产开发单位统一开发的包括统代建、拆迁还建的住宅、厂房、仓库、饭店、宾馆、度假村、写字楼、办公楼等房屋建筑物和配套的服务设施、土地开发工程，如道路、给水、排水、供电 、供热、通讯、平整场地等基础设施工程的投资。包括实际从事房地产开发或经营活动的附营房地产开发单位。不包括单纯的土地交易活动。

房屋建筑施工面积 指报告期内施工的全部房屋建筑面积。包括本期新开工的面积和上期开工跨入本期继续施工的房屋面积，以及上期已停建在本期复工的房屋面积。本期竣工和本期施工后又停缓建的房屋，其建筑面积仍计入本期施工房屋面积中。

住宅 指供人们居住的房屋，包括职工家属宿舍、集体宿舍（包括职工单身宿舍和学生宿舍）及供居住的各种公寓等。住宅建筑面积中不包括作为人防用、不住人的地下室面积和供办公用的公寓。

房屋建筑竣工面积 指在报告期内房屋建筑按照设计要求已全部完工，达到住人和使用条件，经验收鉴定合格(或达到竣工验收标准)，可正式移交使用的各栋房屋建筑面积的总和。

房屋建筑面积竣工率 指一定时期内房屋竣工面积占同期房屋施工面积的比率。它是从房屋建筑施工速度的角度反映投资效果和建筑业经济效益的指标。

六、运输邮电

Transport, Postal and Telecommunication Services

6-1 主要年份运输邮电主要指标

Main Indicators of Transport, Postal and Telecommunication Services in Main Years

项　　目	单　位	1985年	1990年	1995年	2000年	2005年	2010年	2015年	2016年	2017年
公路通车里程	公里	1240	1325	2327	2519	2871	4751	5165	5265	5262
#高速公路	公里				89	154	217	335	387	387
一级公路	公里		6	679	782	1315	2394	2601	2649	2624
内河通航里程	公里	532	598	598	798	664	643	643	643	643
公路桥梁	座	211	267	338	538	826	1211	1422	1432	1452
民用汽车	辆	7897	19394	88311	153684	406577	920766	1844948	2246220	2627618
#载客	辆	1878	7225	25366	69658	268918	772701	1694322	2082986	2449663
载货	辆	5980	12087	52242	80405	129298	143005	145659	158212	172735
摩托车	辆	11786	47881	255591	482636	775838	423766	32698	772	536
机动船	艘	2883	5885	5292	806	467	286	422	424	423
机动船净载重	吨位	80324	186056	259329	152661	148737	557846	1767170	1852267	1952667
邮电局(所)	处	52	53	273	594	702	555	797	787	535
邮路长度	公里	790	459	685	3550	6835	4667	5168	9032	4070
局用交换机容量	万门	1.14	6.98	52.29	103.13	286.25	365.02	358.00	358.00	58.00
移动电话交换机总容量	万户			4.8	154.2	1059.1	1657.0	2033.0	2424.0	2425.0
本地电话用户	万户	0.77	4.90	31.57	78.12	384.52	332.42	298.23	272.63	244.64
移动电话用户(含充值卡)	万户		0.05	4.77	123.68	1016.41	1607.60	1756.75	1575.08	1680.97
互联网用户	万户			0.05	13.78	52.90	153.92	201.74	185.27	175.67
邮政业务收入(含快递)	万元						63178	992490	1395519	1672002
电信业务收入	万元						1490174	1497315	1555812	1679919
客运量	万人	2072	5758	10237	30697	33551	77446	4961	4874	4342
#公路	万人	1940	5728	10210	30680	33510	77415	4928	4847	4319
旅客周转量	万人公里	95237	322236	446230	1001906	1185290	1290692	771316	773196	681427
#公路	万人公里	90950	320690	444293	1000492	1182000	1288675	769168	771437	679900
货运量	万吨	2913	2701	4266	5431	6400	9312	15385	15593	16725
#公路	万吨	1922	1571	2377	3440	4586	7640	10469	10325	10521
货物周转量	万吨公里	171591	184700	264605	404678	424829	1090340	5048509	4552332	4836221
#公路	万吨公里	113038	72162	128026	246046	272500	510801	716902	716734	743334
港口货物吞吐量	万吨	276	233	201	746	2280	5657	13149	14584	15714

注：1. 2006年起公路通车里程含专用公路和村道，下同。
2. 2010年起，邮政业务相关指标不包括速递物流及邮政储蓄银行独立运营部分；2015年起采用邮管局数据，含快递业务，下同。
3. 2014年起，客运量和旅客周转量不含城市客运量，数据与往年不可比，下同。

6-2 历年运输线路长度与公路密度

Length of Transportation Routes and Road Density over Years

年 份	公路通车里程(公里)	等级公路	#一级	等外公路	高级、次高级路面通车里程(公里)	内河通航里程(公里)	公路密度(公里/百平方公里)
1978	1259	287		972		530	51.08
1979	1225	355		870		603	49.70
1980	1225	355		870		603	49.70
1981	1225	845		380		415	49.70
1982	1225	845		380		115	49.70
1983	1225	872		353		132	49.70
1984	1240	896		344		132	50.30
1985	1240	490		750		132	50.30
1986	1248	977		271		274	50.63
1987	1261	991		270		598	51.16
1988	1302	1068	6	234		598	52.82
1989	1325	1091	6	234		598	53.75
1990	1325	1102	6	223	750	598	53.75
1991	1759	1226	6	533	1137	598	71.36
1992	2055	1431	151	624	1442	599	83.37
1993	2260	1673	315	587	1675	598	91.68
1994	2292	1868	599	424	1773	598	92.98
1995	2327	1930	679	397	1650	598	94.40
1996	2330	2087	689	243	1653	598	94.50
1997	2330	2087	690	243	1563	598	94.50
1998	2429	1897	714	480	1958	598	98.52
1999	2467	1935	717	480	2048	798	100.06
2000	2519	2339	782	91	2253	798	102.15
2001	2570	2393	845	78	2321	798	104.26
2002	2641	2464	908	78	2406	798	107.14
2003	2688	2508	967	75	2472	716	109.05
2004	2759	2609	1148	37	2637	798	111.93
2005	2871	2686	1315	31	2774	664	116.47
2006	3891	3619	1585	117	3823	664	157.85
2007	3924	3650	1591	116	3860	535	159.19
2008	4001	3884	1639	117	3864	643	162.31
2009	4713	4598	2389	115	4643	643	191.21
2010	4751	4637	2394	114	4681	643	192.74
2011	4828	4716	2420	112	4759	643	196.24
2012	4966	4861	2484	108	4800	643	201.98
2013	5002	4896	2507	106	4937	643	202.94
2014	5145	5058	2580	87	5093	643	208.72
2015	5165	5078	2601	86	5165	643	209.53
2016	5265	5180	2649	86	5225	643	214.08
2017	5262	5179	2624	83	5227	643	213.92

注：公路密度数据来源于交通运输局，下同。

6-3 主要年份运输线路长度

Length of Transport Routes in Main Years

项　　目	单　位	1980年	1990年	1995年	2000年	2005年	2010年	2015年	2016年	2017年
公路通车里程合计	公里	1225	1325	2327	2519	2871	4751	5165	5265.05	5262.33
#按等级分										
等级公路	公里	355	1102	1930	2339	2686	4637	5078	5178.77	5179.24
高速公路	公里				89	154	217	335	386.96	386.79
一　级	公里		6	679	782	1315	2394	2601	2648.93	2624.49
二　级	公里		65	361	684	703	1317	1366	1363.02	1398.05
三　级	公里		60	135	310	297	178	256	258.53	266.97
四　级	公里	355	971	755	563	371	532	520	521.32	502.94
等外公路	公里	870	223	397	91	31	114	86	86.27	83.09
#按路面分										
有路面里程	公里		800	1808	2508	2858	4689	5165	5214.28	5227.28
#高级、次高级	公里		750	1650	2253	2774	4681	5165	5214.28	5227.28
无路面里程	公里		524	519	11	13	62	41	41.10	35.05
桥梁合计	座		267	338	538	826	1211	1422	1432	1452
	延米				39956	112385	162767	242319	245371	249120
公路密度	公里/百平方公里	49.70	53.75	94.40	102.15	116.47	192.74	209.53	214.03	213.92
#等级公路密度	公里/百平方公里	14.40	44.71	78.30	94.89	108.97	188.12	206.00	210.52	210.54
内河通航里程	公里	603	598	598	798	664	643	643	643	643

6-4 主要年份运输工具拥有量

Possession of Main Means of Transport in Main Years

项　　目	单　位	1985年	1990年	1995年	2000年	2005年	2010年	2015年	2016年	2017年
民用车辆拥有量										
汽车	辆	7897	19394	88311	153684	406577	920766	1844948	2246220	2627618
载客汽车	辆	1878	7225	25366	69658	268918	772701	1694322	2082986	2449663
	客位	23462	66361	302844	560155	2420591	5101240	9742352	11728222	13618571
载货汽车	辆	5980	12087	55000	81623	129298	143005	145659	158212	172735
	吨位	20428	38010	133757	332621	243390	253879	305135	347079	391463
其他汽车	辆	39	82	7945	2403	8361	5060	4967	5022	5220
摩托车	辆	11786	47881	255591	482636	775838	423766	32698	772	536
挂车	辆				8	2222	2983	3757	4155	5150
民用运输船舶拥有量										
机动船	艘	2883	5885	5292	806	467	286	422	424	423
	净载重吨位	80323	186056	259329	152661	148737	557846	1767170	1852267	1952667
	客位	2056	776	1881	1054	604	902	550	550	517
#货船	艘	2866	5875	5259	796	465	283	420	422	421
	净载重吨位	80285	186038	259314	152661	148431	557236	1766865	1851962	1952496
客船	艘			26	10	2	3	2	2	2
	客位			1295	1054	604	902	550	550	517
期末机动车驾驶员	人	44186	118229	351947	563564	798086	1287738	2254668	2565483	2712209
#汽车驾驶员	人	10661	28768	94778	173865	428912	1110932	2202712	2524781	2672092

注：2002年起民用汽车拥有量按新的口径分类，部分指标数值与往年不可比。

6–5 历年客货运输量

Passenger and Freight Traffic over Years

年 份	客运量（万人）	公 路	水 运	旅客周转量（万人公里）	公 路	水 运
1978	403	224	179	9425	5097	4328
1979	467	272	195	11162	6354	4808
1980	572	362	210	13584	8285	5299
1981	578	349	229	13845	7943	5902
1982	639	405	234	16026	9683	6343
1983	1281	1071	210	54075	47939	6136
1984	1287	1130	157	62107	56890	5217
1985	2072	1940	132	95237	90950	4287
1986	2304	2224	80	127458	124322	3136
1987	3359	3283	76	159117	156578	2539
1988	3223	3176	47	173335	171575	1760
1989	5288	5254	34	240999	239193	1806
1990	5758	5728	30	322236	320690	1546
1991	6749	6719	30	373284	371720	1564
1992	9267	9247	20	503973	502607	1366
1993	10907	10897	10	577800	576116	1684
1994	11234	11229	5	595134	594100	1034
1995	10237	10210	27	446230	444293	1937
1996	10749	10723	26	477466	476072	1394
1997	11300	11273	27	511592	509614	1978
1998	17485	17463	22	577452	575541	1911
1999	25404	25385	19	804278	802590	1688
2000	30697	30680	17	1001906	1000492	1414
2001	31220	31203	17	1031579	1030192	1387
2002	32100	32081	19	1091821	1090155	1666
2003	32588	32566	22	1126964	1125098	1866
2004	33240	33200	40	1166262	1163010	3352
2005	33551	33510	41	1185290	1182000	3290
2006	35182	35143	39	1213809	1210944	2865
2007	37182	37136	46	1264982	1261777	3205
2008	122468	122431	37	2248521	2246128	2393
2009	73324	73291	33	1053469	1051324	2145
2010	77446	77415	31	1290692	1288675	2017
2011	80337	80306	31	1458811	1456782	2029
2012	79739	79707	32	1568758	1566652	2106
2013	78113	78082	31	1559856	1557823	2033
2014	5555	5524	31	854595	852594	2004
2015	4961	4928	33	771316	769168	2148
2016	4874	4847	27	773196	771437	1757
2017	4342	4319	23	681427	679900	1527

6-5 续表 1

年 份	货运量(万吨)	公 路	#个体及联户	水 运	#个体及联户
1978	394	73		321	
1979	399	68		331	
1980	349	51		298	
1981	317	37		280	
1982	319	35		284	
1983	2366	1519	1515	847	535
1984	2738	1728	1710	1018	718
1985	3110	1922	1906	1188	814
1986	3296	2208	2190	1088	725
1987	2618	1304	1288	1314	928
1988	2685	1374	1358	1311	912
1989	3233	1516	1501	1717	1375
1990	2701	1571	1557	1130	837
1991	2456	1300	1286	1156	282
1992	2895	1703	1688	1192	902
1993	3256	1976	1960	1280	1011
1994	3646	2233	2222	1413	1147
1995	4266	2377	2368	1889	1599
1996	4451	2645	2636	1806	1556
1997	4644	2748	2740	1896	1622
1998	4776	2808	2808	1968	1678
1999	5016	3039	3039	1977	1653
2000	5431	3440	3440	1991	1660
2001	5527	3539	3539	1988	1659
2002	5857	4015	4015	1842	1504
2003	5877	4046	4046	1831	1496
2004	6054	4250	4250	1804	721
2005	6400	4586	4586	1814	1484
2006	5481	4930	4930	551	
2007	5676	5115	1194	561	75
2008	9273	8010	1273	1263	86
2009	8733	6944	1973	1789	159
2010	9312	7640	2080	1672	158
2011	10165	8210	2155	1955	133
2012	11191	8421	2310	2770	84
2013	12863	9162	2897	3701	80
2014	15375	10915	4033	4460	81
2015	15385	10469	4523	4916	100
2016	15593	10325	4493	5269	90
2017	16725	10521	4368	6204	171

6-5 续表 2

年 份	货物周转量(万吨公里)	公 路	#个体及联户	水 运	#个体及联户	港口货物吞吐量(万吨)
1978	15148	924		14224		293
1979	15390	636		14654		297
1980	16353	1479		14874		295
1981	15606	304		15302		272
1982	17185	252		16933		253
1983	108634	70723	70572	37911	20317	319
1984	140113	91774	91702	48339	29179	268
1985	171591	113038	113002	58553	31784	276
1986	126898	71392	71358	55506	27916	268
1987	174942	101285	101253	73657	41049	296
1988	169112	69014	68986	100098	82351	320
1989	186626	70942	70921	115684	82351	297
1990	184700	72162	72141	112538	83094	233
1991	194101	82555	82534	111546	82075	267
1992	232752	116698	116673	116054	85084	292
1993	248230	134918	134890	113312	87574	313
1994	273053	151108	148152	121945	93235	370
1995	264605	128026	127928	136579	105099	201
1996	267193	121625	121603	145568	118169	289
1997	278649	126336	126244	152313	122428	338
1998	285889	130378	130378	155511	123343	516
1999	300410	143465	143465	156945	119120	654
2000	404678	246046	246046	158632	119855	746
2001	406247	250121	250121	156126	118112	883
2002	420684	265908	265908	154776	115444	1611
2003	422822	268998	268998	153824	114812	2352
2004	423669	272220	272220	151449	48377	2600
2005	424829	272500	272500	152329	113249	2280
2006	336783	278566	278566	58217		1951
2007	356677	297223	50803	59454	6414	2017
2008	1747489	462797	38398	1284692	5598	3208
2009	1016490	452880	126052	563610	8787	3530
2010	1090340	510801	131929	579539	9399	5657
2011	1874802	531304	138976	1343498	9606	6848
2012	2967132	543633	147604	2423499	5941	9228
2013	4322745	683889	216590	3638856	5296	11187
2014	4480053	755240	389342	3724812	4103	12900
2015	5048509	716902	307772	4331607	5629	13149
2016	4552332	716734	311885	3835597	4909	14584
2017	4836221	743334	312111	4092888	8133	15714

6-6 历年主要运输工具年末拥有量

Possession of Main Means of Transport at Year-end over Years

年 份	民用汽车（辆）	#客车	货车	摩托车（辆）	机动船（艘）	市区万人拥有公共汽(电)车数量（标台）
1978	623	78	506	134	2169	
1979	1115	178	1089	156	2034	
1980	2009	516	1457	170	1948	
1981	3039	751	2031	517	2107	
1982	3419	791	2724	1168	2285	
1983	4473	854	3580	1636	2313	
1984	6059	1243	4822	7060	2563	
1985	7897	1878	5980	11786	2883	
1986	8632	2245	6334	18006	4368	
1987	9983	2954	6973	21308	4884	
1988	13581	3456	8690	26995	4911	
1989	16340	4214	10434	36820	4901	
1990	19394	7225	12087	47881	5885	
1991	20734	5206	15423	65770	4405	
1992	32625	5753	25048	106013	4351	
1993	48145	8710	35421	153014	4379	
1994	61572	11550	43925	200543	4562	
1995	88311	25366	55000	255591	5292	
1996	90793	29430	54870	249492	5313	
1997	103425	40101	62507	287076	5064	
1998	113435	47769	64434	382010	456	
1999	127007	55715	69470	399324	690	
2000	153684	69658	82841	482636	806	
2001	183638	89677	91304	560310	536	
2002	220134	116783	102253	642034	483	
2003	255603	155206	97047	692562	392	
2004	319725	210531	105050	687651	417	
2005	406577	268918	129298	775838	467	
2006	489306	351265	131704	697175	440	
2007	608933	466999	134825	567002	393	
2008	701600	557359	136295	521118	326	
2009	795554	653273	137334	470818	293	
2010	920766	772701	143005	423766	286	
2011	1061373	906454	149635	352553	312	
2012	1207044	1047922	153655	276401	333	
2013	1389103	1225695	158298	154568	351	17.47
2014	1559588	1405878	148612	88339	386	18.36
2015	1844948	1694322	145659	32698	422	16.88
2016	2246220	2082986	158212	772	424	19.73
2017	2627618	2449663	172735	536	423	18.94

6-7 主要年份邮电通信业务基本情况

Basic Statistics on Postal and Telecommunication Services in Main Years

项　　目	单位	1978年	1990年	1995年	2000年	2005年	2010年	2015年	2016年	2017年
邮电通信网										
邮电局、所	处	50	53	273	594	702	555	797	787	535
邮路长度	公里	513	459	685	3550	6835	4667	5168	9032	9587
农村投递线路长度	公里	1985	1812	2057	8865	19722	13261	21549	22390	28279
邮电通信工具										
邮政汽车	辆		7	10	35	192	131	190	222	254
移动电话交换机总容量	万户			5	154	1059	1657	2033.0	2424	2425
移动电话用户(含充值卡)	万户				123.68	1016.41	1607.60	1756.75	1575.08	1680.97
移动电话用户(不含充值卡)	万户		0.05	4.77	80.97	176.83	174.04	752.06	787.43	770.18
局用交换机容量	万门		6.98	52.29	103.13	286.25	365.02	358.00	358.00	58.00
本地电话用户	万户	0.20	4.90	31.57	78.12	384.52	332.42	298.23	272.63	244.64
市内电话用户	万户	0.04	1.50	9.78	19.69	68.30	85.76	65.12	58.00	54.07
农村电话用户	万户	0.16	3.40	21.80	58.43	316.22	246.66	233.10	214.61	186.84
数字数据用户(DDN)	端口				2741	2170	1098	375	375	375
互联网用户	万户			0.05	13.78	52.90	153.92	201.74	185.27	175.67
邮电业务量										
邮电业务收入(含快递)	亿元					132.82	155.34	248.98	295.13	335.19
＃电信业务	亿元						149.02	149.73	155.58	167.99
＃移动通信业务	亿元						105.78	108.99	113.81	125.56
邮政业务收入(含快递)	亿元							99.25	139.55	167.20
邮政函件业务量	万件		3372	10407	8124	9429.79	4507.00	6718.32	9201.45	9429.40
快递业务量	万件							75122	106896	122486
快递业务收入	万元							854642	1226029	1476834

6-8 历年邮电通信业务主要指标

Main Indicators of Postal and Telecommunication Services over Years

年 份	邮 电 局、所 (处)	局用交换机容量 (万门)	本地电话用户 (万户)	移动电话用户 (万户)	邮电业务收入 (亿元)
1978	50		0.20		
1979	50		0.21		
1980	50		0.31		
1981	50		0.34		
1982	51		0.35		
1983	51		0.39		
1984	52		0.48		
1985	52		0.77		
1986	53		0.88		
1987	45		1.63		
1988	48		2.52		
1989	50		4.30	0.02	
1990	53	6.98	4.90	0.05	
1991	60	9.82	7.50	0.11	
1992	91	11.07	9.70	0.30	
1993	161	21.24	14.98	0.72	
1994	216	36.37	23.19	2.41	
1995	273	52.29	31.57	4.77	
1996	310	52.79	36.91	8.24	
1997	339	57.76	42.65	15.29	
1998	397	73.09	50.13	26.17	
1999	458	84.79	60.87	51.01	
2000	594	103.13	78.12	123.68	
2001	689	155.29	98.96	295.76	
2002	696	176.94	127.93	412.39	90.56
2003	846	220.28	206.11	660.86	105.12
2004	854	265.66	281.35	856.09	120.78
2005	702	286.25	384.52	1016.41	132.82
2006	560	299.19	461.31	1216.34	146.69
2007	567	329.50	469.17	1408.23	161.90
2008	547	340.71	439.41	1454.29	172.38
2009	546	347.15	378.40	1409.29	156.31
2010	555	365.02	332.42	1607.60	155.34
2011	626	357.00	319.55	1677.77	164.86
2012	595	364.00	330.79	1797.75	169.96
2013	611	295.26	314.48	1850.39	175.78
2014	715	363.83	327.22	1763.09	169.46
2015	797	358.00	298.23	1756.75	248.98
2016	787	358.00	272.63	1575.08	295.13
2017	535	58.00	244.64	1680.97	335.19

注：本地电话2015年起取消小灵通用户。

6-9　邮电通信企业财务指标（2016-2017年）

Main Financial Indicators of Postal and Telecommunication Enterprises (2016-2017)

单位：万元

指　　标	2016年	2017年
年初存货	6219	3234
期末资产负债		
流动资产合计	89304	190685
#应收账款	55994	133216
存货	3213	3795
固定资产原价	3757697	3951723
本年折旧	2416676	281453
资产总计	1788246	1899237
负债合计	1521902	1560044
所有者权益合计	266344	339193
损益及分配		
营业收入	1837553	1897448
#主营业务收入	1825206	1882323
营业成本	898760	864024
#主营业务成本	886443	851749
营业税金及附加	5947	4457
#主营业务税金及附加	3309	2702
销售费用	185393	193507
管理费用	54570	59053
#税金	1438	
财务费用	-33	-942
#利息收入	240	202
利息支出	137	-852
投资收益（损失以“-”号记）		
营业利润	625739	694039
营业外收入	6919	7223
营业外支出	12275	14581
利润总额	620383	686681
应交所得税	107549	117614
人工成本及增值税		
应付职工薪酬（本年贷方累计发生额）	146393	155801
应交增值税	96782	77804
从事服务业活动的从业人员平均人数（人）	8297	8343

主要统计指标解释

Explanatory Notes on Main Statistical Indicators

公路通车里程 指在一定时点上实际达到交通部规定的公路技术等级标准，并经公路主管部门正式验收交付使用的公路里程数。包括大、中城市的郊区公路以及公路通过城镇（指县城、集镇）街道的里程数。但不包括大、中城市街道，厂矿、林区内部生产用道、农业生产用道，以及新建公路尚未进行验收交付使用的路段里程。公路按工程技术等级分为高速、一、二、三、四级公路；按公路是否铺设路面分为有路面和无路面公路；按公路通车情况分为晴雨通车里程和晴通雨阻里程。

民用汽车拥有量 指报告期末，在公安交通管理部门按照《机动车注册登记工作规范》，已注册登记领有民用车辆牌照的全部汽车数量。汽车拥有量统计的主要分类：根据汽车结构分为载客汽车、载货汽车及其他汽车；根据汽车所有者不同分为个人（私人）汽车、单位汽车；根据汽车的使用性质分为营运汽车、非营运汽车；根据汽车大小规格不同，载客汽车分为大型、中型、小型和微型，载货汽车分为重型、中型、轻型和微型。

机动船 又称自航船，指装有各种发动机推进装置，以机械动力行驶的船舶。

货（客）运量 在一定时期内，各运输部门实际运送的货物（旅客）数量。货运按吨计算，客运按人计算。货物不论运输距离长短，货物类型，均按实际重量统计；旅客不论行程远近或票价多少，均按一人一次作为客运量统计。半价票，小孩票也按一人统计。货（客）运量反映运输业为国民经济和人民生活服务的数量，也是制定和检查运输生产计划，研究运输发展规模和速度的重要指标。

货物（旅客）周转量 指在一定时期内，由各种运输工具运输业运送的货物（旅客）数量与其相应运输距离的乘积，通常以吨公里和人公里为计算单位。计算货物周转量通常按发出站与到达站之间的最短距离，也就是计费距离计算。它是反映运输业生产总成果的重要指标，也是编制和检查运输生产计划，计算运输效率，劳动生产率以及核算运输单位成本的主要基础资料。

港口货物吞吐量 是指经由水运运进、运出港区范围，并经过装卸的货物数量。货物吞吐量分别按国内进口（装卸）、出口（装船），外贸进口、出口统计。货物吞吐量按货物实际重量吨统计，以货物交接清单或货单上记载的重量吨为准。如无实际重量吨，可根据船舶装载情况来推算。在本港区内的水运转口分别按进口和出口各计算一次吞吐量。货物吞吐量是衡量港口生产规模的一个主要数量指标。

邮电业务收入 是指邮电营运企业从事邮政、电信、移动及其他邮电业务所取得的营业收入。

局用交换机容量 指安装在本地电信运营商内用于接读本地固定电话的电话交换机容量，有倍增设备按倍增后的数量计数。包括现用和备用的人工或自动交换全部容量。

本地电话用户 是指接入本地电信运营商固定电话网上的电话用户。包括：住宅电话、单位用户、公用电话用户等。按电话用户位置又分城市电话用户和乡村电话用户。按通信手段又分为固定电话用户和无线电话用户。

移动电话用户 是指在移动通信部门办理登记手续，通过移动电话交换机进入移动电话网，占用移动电话号码的电话用户。包括签约用户和智能网预付费用户。一个移动电话号码统计为一户。

移动电话交换机容量 是指移动电话交换机根据一定话务模型和交换机处理能力计算出来的最大同时服务用户的数量。

邮政局所 指经邮政部门审批许可，有固定的地址，领有上级发给的邮政日戳或邮政戳记，对外营业直接为用户办理邮政业务（至少办理出售邮票和收寄给据函件）的服务机构。邮政局所按经营方式分为自办局所和代办局所；按设置地点分为城市局所和农村局所。

七、国内贸易

Domestic Trade

7–1 历年社会消费品零售总额

Total Retail Sales of Consumer Goods over Years

年　份	社会消费品零售总额		按城乡分	
	绝对值（万元）	增速（%）	城镇（万元）	乡村（万元）
1978	21269			
1979	24956	17.3		
1980	31595	26.6		
1981	40201	27.2		
1982	48126	19.7		
1983	52255	8.6		
1984	73930	41.5		
1985	93640	26.7		
1986	122420	30.7		
1987	150511	23.0		
1988	246518	63.8		
1989	270354	9.7		
1990	319738	18.3		
1991	364972	14.2		
1992	443464	21.5		
1993	636882	43.6		
1994	851556	33.7		
1995	1130081	32.7		
1996	1255311	11.1		
1997	1460396	16.3		
1998	1751551	19.9		
1999	2023008	15.5		
2000	2351634	16.2		
2001	2757143	17.2		
2002	3212436	16.5		
2003	3697814	15.1		
2004	4264704	15.3		
2005	5062917	18.7		
2006	5993201	18.4		
2007	7224491	20.5		
2008	8811519	22.0		
2009	10290420	16.7		
2010	12233380	18.9	11290960	942420
2011	14412451	17.8	13418775	993676
2012	16004124	11.0	14932002	1072122
2013	17866589	11.6	16684394	1182195
2014	19422889	8.7	18083947	1338942
2015	21846996	10.9	20116701	1730296
2016	24707782	13.1	22049314	2658468
2017	26878849	8.8	23633775	3245074

注：本表1979—2003年数据根据东莞市第一次全国经济普查结果重新核定，2005—2008年数据根据东莞市第二次全国经济普查结果重新核定，2009—2013年数据根据东莞市第三次全国经济普查结果重新核定。

7-2 历年批发零售贸易企业与个体户数

Wholesale and Retail Trades Enterprises and Self-employed Individuals over Years

单位：个

年　份	单位数合计	国有经济	集体经济	其他经济	#私营个体经济
1979	2459	406	1918	135	135
1980	2613	395	1679	539	537
1981	4603	371	1954	2278	2274
1982	3323	373	1838	1112	1107
1983	8723	401	1539	6783	6783
1984	18917	431	6720	11766	11766
1985	16885	670	4543	11672	11671
1986	18547	823	3063	14661	14660
1987	23468	739	4102	18627	18626
1988	26247	665	4405	21177	21176
1989	28453	695	4196	23562	23561
1990	27931	709	3512	23710	23709
1991	29474	678	3934	24862	24862
1992	34465	803	4193	29469	29469
1993	43511	886	7640	34985	34985
1994	49706	633	11396	37677	37677
1995	56339	745	14492	41102	41101
1996	60078	670	15183	44225	44224
1997	48910	811	8477	39622	39546
1998	52543	1064	4046	47433	46615
1999	55925	1056	3843	51026	50172
2000	57474	1024	3581	5289	51914
2001	68909	866	2960	65083	63760
2002	89246	748	2424	86078	84614
2003	113531	530	2068	110933	109236
2004	149067	539	1941	146587	144304
2005	192525	393	1451	190681	188082
2006	236124	283	1090	234751	231930
2007	284109	268	930	282911	279524
2008	301996	288	833	300875	296613
2009	300088	256	744	299088	294753
2010	300668	239	654	299775	295166
2011	288904	223	629	288052	283209
2012	305784	227	594	304963	299666
2013	313612	197	555	312860	307352
2014	339933	183	513	339237	333920
2015	378148	198	482	377468	371503
2016	437800	199	457	437144	430547
2017	507972	198	431	507343	499538

7-3 历年限额以上批发和零售企业商品购进、销售、库存总额

Total Purchases, Sales and Inventory of Enterprises above Designated Size in Wholesale and Retail Trades over Years

单位：万元

年 份	商品购进	商品销售			年末库存
	总 额	总 额	批发总额	零售总额	总 额
1978	82347	74936	50207	24729	7576
1979	91074	82878	55528	27350	8378
1980	109147	99324	66547	32777	10041
1981	131797	119936	80357	39579	12125
1982	156730	142615	95552	47063	14418
1983	160485	146042	97848	48194	14764
1984	214364	195072	130698	64374	19721
1985	254458	231557	155143	76414	23410
1986	630988	283945	190243	93702	28706
1987	380242	346021	231834	114187	34982
1988	714661	650342	435729	214613	65749
1989	729163	663539	444570	218969	67083
1990	766549	697560	467365	230195	70523
1991	796488	672666	433991	238675	74092
1992	881697	743990	473014	270976	64939
1993	1141163	1063567	725979	337588	92249
1994	1323263	1296363	912457	383906	177377
1995	1584470	1556882	1044334	512548	143404
1996	1694496	1737121	1117111	620010	166267
1997	1857884	1922001	1212399	709602	175715
1998	779319	863214	696921	166293	91640
1999	1064070	1106048	875799	230249	73620
2000	1232026	1354640	1072929	281711	58304
2001	1312924	1405409	1080688	324721	67415
2002	1588853	1682579	1188961	493618	102657
2003	1712564	1805840	1138496	667344	107996
2004		5406921	3479209	1927712	251427
2005	4798504	5683548	3882222	1801326	322445
2006	5324450	6487742	4215562	2272180	335108
2007	6706290	8102415	4875668	3226748	485401
2008	8349926	10772768	6604662	4168106	790691
2009	8689984	10167222	6137228	4029994	839175
2010	12846503	14271362	9046899	5224463	1002940
2011	15777469	18129917	11738336	6391581	1401733
2012	20036523	22307974	15515426	6792549	1699355
2013	26698507	29369393	21570487	7798906	3189454
2014	25329332	29033764	20733048	8300715	2551678
2015	27857102	32191772	21844876	10346896	4769611
2016	35341899	39108916	27811404	11297512	2113452
2017	46650914	51413974	38137326	13276648	3873710

注：本表2004年采用经济普查数据，由于普查报表制度没有设“商品购进”指标，故数据空缺。

7-4 限额以上批发和零售业商品购进、销售、库存总额（2017年）

Total Purchases, Sales and Inventory of Enterprises above Designated Size in Wholesale and Retail Trades (2017)

项目	法人企业（个）	从业人数（人）	商品购进总额（万元）	商品销售总额（万元）			年末库存总额（万元）
					批发额	零售额	
总计	2241	115947	46650914	51413974	38137326	13276648	3873710
批发企业	1606	62959	36176450	38979088	37774642	1204446	2996308
按登记注册类型分							
内资企业	1458	56530	33769797	36231771	35050376	1181394	2705327
港、澳、台商投资企业	105	5471	1587710	1853202	1833143	20059	252862
外商投资企业	43	958	818943	894115	891123	2992	38119
按国民经济行业分							
农、林、牧产品批发业	14	315	637934	717742	717259	483	42184
食品、饮料及烟草制品批发业	121	10073	3092021	3571840	3539533	32307	208059
纺织、服装及家庭用品批发业	225	9132	4695050	4909788	4842178	67610	247499
文化、体育用品及器材批发业	79	3775	947384	974872	955418	19454	127850
医药及医疗器材批发业	52	4464	1140316	1241578	1209098	32480	150463
矿产品、建材及化工产品批发业	659	15312	12618947	13261833	12714601	547233	1071131
机械设备、五金交电及电子产品批发业	312	15741	10146146	11238074	10792532	445542	942104
贸易经纪与代理	65	1296	1505963	1536721	1528559	8162	68984
其他批发业	79	2851	1392690	1526640	1475465	51175	138035
零售企业	635	52988	10474464	12434886	362684	12072202	877402
按登记注册类型分							
内资企业	598	44724	9150159	10924100	343719	10580381	795012
港、澳、台商投资企业	22	3254	613864	705682	7025	698657	47092
外商投资企业	15	5010	710441	805103	11940	793164	35298
按国民经济行业分							
综合零售业	66	12133	820549	987478	5368	982111	68085
食品、饮料及烟草制品专门零售业	17	724	54608	79051	5210	73841	13323
纺织、服装及日用品专门零售业	20	1024	65762	79901	2072	77830	21970
文化、体育用品及器材专门零售业	5	202	14136	17783	1114	16668	3863
医药及医疗器材专门零售业	36	4807	149376	197042	15702	181341	33817
汽车、摩托车、燃料及零配件专门零售业	409	27918	7433832	8970126	311361	8658766	647646
家用电器及电子产品专门零售业	41	2930	491405	514429	4117	510312	73311
五金、家具及室内装修材料专门零售业	13	728	51780	59379	2945	56434	5856
货摊、无店铺及其他零售业	28	2522	1393018	1529696	14796	1514900	9532

7-5 限额以上批发和零售企业财务状况（2017年）

Main Financial Indicators of Enterprises above Designated Size in Wholesale and Retail Trade (2017)

项目	法人企业数（个）	年末资产负债				
		流动资产合计（万元）	#存货	固定资产原价（万元）	累计折旧（万元）	#本年折旧
总计	2241	17928254	3232127	2077971	808017	100693
批发企业	1606	12435653	2422884	1440493	501884	64833
按登记注册类型分						
内资企业	1458	11285093	2200101	1381972	481655	67422
港、澳、台商投资企业	105	948701	187498	49509	14837	3192
外商投资企业	43	201859	35284	9012	5393	-5782
按国民经济行业分						
农、林、牧产品批发业	14	112310	43647	41460	1498	1308
食品、饮料及烟草制品批发业	121	893248	184236	78385	27507	4467
纺织、服装及家庭用品批发业	225	1617603	214833	43966	24036	3102
文化、体育用品及器材批发业	79	417429	116197	17201	6907	1448
医药及医疗器材批发业	52	602042	153380	38505	13419	3031
矿产品、建材及化工产品批发业	659	4313613	685488	989959	352902	42161
机械设备、五金交电及电子产品批发业	312	3533626	885352	184260	56746	6865
贸易经纪与代理	65	487536	11543	25036	10516	1065
其他批发业	79	458246	128209	21722	8353	1387
零售企业	635	5492601	809243	637477	306133	35860
按登记注册类型分						
内资企业	598	5123625	731312	505700	236725	27308
港、澳、台商投资企业	22	210973	43543	71891	33370	4718
外商投资企业	15	158004	34388	59886	36039	3834
按国民经济行业分						
综合零售业	66	259916	54884	148754	87915	9283
食品、饮料及烟草制品专门零售业	17	28984	11623	6499	2961	306
纺织、服装及日用品专门零售业	20	59457	23146	14588	4766	750
文化、体育用品及器材专门零售业	5	12515	4406	362	273	15
医药及医疗器材专门零售业	36	74197	36134	14450	6139	708
汽车、摩托车、燃料及零配件专门零售业	409	4259271	593784	371175	170239	20133
家用电器及电子产品专门零售业	41	250907	68965	37399	12387	1786
五金、家具及室内装修材料专门零售业	13	20268	7775	5169	3950	178
货摊、无店铺及其他零售业	28	527086	8526	39082	17504	2703

7-5 续表 1

（2017年）

单位：万元

项目	年末资产负债				损益及分配	
	资产总计	负债合计	所有者权益合计	#实收资本	营业收入合计	#主营业务收入
总　计	21188610	15928842	5259769	2300504	45928829	45506408
批发企业	14994882	11839823	3155059	1721743	34639835	34462441
按登记注册类型分						
内资企业	13643825	10906056	2737770	1427657	32181298	32013418
港、澳、台商投资企业	1130402	797805	332597	238773	1652721	1643365
外商投资企业	220656	135962	84693	55313	805817	805657
按国民经济行业分						
农、林、牧产品批发业	190359	146446	43913	41679	574037	574037
食品、饮料及烟草制品批发业	1298270	864905	433365	120599	3197147	3151249
纺织、服装及家庭用品批发业	1773727	1467572	306155	205667	4633703	4626625
文化、体育用品及器材批发业	454944	351836	103108	85175	860613	857458
医药及医疗器材批发业	636101	542387	93714	167830	1068790	1065043
矿产品、建材及化工产品批发业	5429325	4278275	1151049	676533	11635086	11565101
机械设备、五金交电及电子产品批发业	4116886	3345302	771585	307637	9775346	9732571
贸易经纪与代理	590282	432796	157485	66491	1521032	1519649
其他批发业	504990	410304	94686	50133	1374081	1370708
零售企业	6193728	4089019	2104709	578762	11288994	11043967
按登记注册类型分						
内资企业	5711815	3804860	1906956	452078	9887343	9682664
港、澳、台商投资企业	265135	126723	138413	44643	670985	649377
外商投资企业	216777	157436	59341	82041	730666	711925
按国民经济行业分						
综合零售业	425452	353937	71514	92399	931898	870972
食品、饮料及烟草制品专门零售业	34719	19274	15444	7960	70517	70085
纺织、服装及日用品专门零售业	70571	74953	-4382	6396	75899	70577
文化、体育用品及器材专门零售业	16337	11217	5120	4261	17714	17537
医药及医疗器材专门零售业	87421	67062	20359	7069	173818	173632
汽车、摩托车、燃料及零配件专门零售业	4684748	2837635	1847113	359861	8163144	7997285
家用电器及电子产品专门零售业	286857	223415	63442	32056	477624	468241
五金、家具及室内装修材料专门零售业	23417	25280	-1863	12138	53169	53115
货摊、无店铺及其他零售业	564206	476245	87961	56621	1325210	1322523

7-5 续表 2

(2017年)

单位：万元

项目	损益及分配				
	主营业务成本	税金及附加	其他业务利润	销售费用	管理费用
总　计	42181402	176616	138015	1473017	1053258
批发企业	32087357	154002	48051	872072	852803
按登记注册类型分					
内资企业	29857609	150719	45715	774429	785453
港、澳、台商投资企业	1465755	2594	2127	83327	53627
外商投资企业	763993	689	209	14316	13723
按国民经济行业分					
农、林、牧产品批发业	557824	233		7937	3667
食品、饮料及烟草制品批发业	2721381	123349	2497	123507	69519
纺织、服装及家庭用品批发业	4413203	3057	5191	86478	73075
文化、体育用品及器材批发业	795945	1698	-77	32325	20445
医药及医疗器材批发业	970336	2526	1551	37986	30014
矿产品、建材及化工产品批发业	11052660	11044	3753	227466	111649
机械设备、五金交电及电子产品批发业	8879576	9812	31582	300396	509411
贸易经纪与代理	1486571	747	537	14821	15204
其他批发业	1209862	1536	3018	41157	19820
零售企业	10094045	22614	89964	600946	200455
按登记注册类型分					
内资企业	8917715	18046	73795	503636	175231
港、澳、台商投资企业	551233	2919	11392	40300	14967
外商投资企业	625096	1649	4777	57009	10257
按国民经济行业分					
综合零售业	731197	3713	19285	156467	19062
食品、饮料及烟草制品专门零售业	56907	216	45	5216	3371
纺织、服装及日用品专门零售业	55486	263	42	10709	5947
文化、体育用品及器材专门零售业	14819	65	176	2130	493
医药及医疗器材专门零售业	130249	553	1314	25991	14037
汽车、摩托车、燃料及零配件专门零售业	7407079	14605	57102	281491	134775
家用电器及电子产品专门零售业	423568	1385	7396	32831	13398
五金、家具及室内装修材料专门零售业	40993	223	9	9404	1782
货摊、无店铺及其他零售业	1233747	1589	4597	76708	7590

7–5　续表 3

(2017年)

单位：万元

项　　目	损益及分配				应付职工薪酬	应交增值税
	财务费用	营业利润	利润总额	所得税费用		
总　计	167486	731821	806089	133590	704983	434656
批发企业	109201	480733	493167	80869	400197	302550
按登记注册类型分						
内资企业	107724	424552	443867	67821	345858	277532
港、澳、台商投资企业	1128	43253	39400	9518	44592	21868
外商投资企业	349	12928	9900	3531	9746	3150
按国民经济行业分						
农、林、牧产品批发业	2014	1989	2103	55	4050	486
食品、饮料及烟草制品批发业	9504	152926	154593	11674	68237	65016
纺织、服装及家庭用品批发业	8222	55456	50251	11290	52370	31767
文化、体育用品及器材批发业	3175	13376	12231	2271	17170	6224
医药及医疗器材批发业	10952	16469	18245	4977	25799	14064
矿产品、建材及化工产品批发业	65854	139075	135032	23514	94325	76857
机械设备、五金交电及电子产品批发业	5031	74399	92222	19658	110577	88656
贸易经纪与代理	1706	7345	7730	2218	9946	3968
其他批发业	2743	19698	20760	5213	17722	15512
零售企业	58285	251088	312922	52721	304786	132106
按登记注册类型分						
内资企业	53472	165190	226392	34973	251299	101072
港、澳、台商投资企业	2297	57662	58175	12894	22166	18337
外商投资企业	2517	28236	28355	4854	31321	12697
按国民经济行业分						
综合零售业	3078	15199	17640	5057	53246	15300
食品、饮料及烟草制品专门零售业	85	4334	4277	1135	3447	1244
纺织、服装及日用品专门零售业	1826	-665	-567	264	4452	1975
文化、体育用品及器材专门零售业	23	144	146	137	963	81
医药及医疗器材专门零售业	792	2192	2412	827	22191	4768
汽车、摩托车、燃料及零配件专门零售业	48758	221678	277870	42415	181728	94682
家用电器及电子产品专门零售业	2530	2888	5469	552	16282	7757
五金、家具及室内装修材料专门零售业	-19	686	636	105	6507	2014
货摊、无店铺及其他零售业	1212	4632	5039	2230	15970	4284

7-6 限额以上批发和零售业商品销售情况（2017年）

Total Sales of Commodities above Designated Size in Wholesale and Retail Trades (2017)

单位：万元

项　　目	商品销售总额	批发额	零售额
粮油、食品类	2301202	1842358	458844
#粮油类	1167415	1055071	112343
肉禽蛋类	111999	65660	46339
水产品类	16448	2191	14257
蔬菜类	63670	31374	32296
干鲜果品类	115095	38977	76119
饮料类	463722	381194	82528
烟酒类	1239959	1185112	54847
服装鞋帽、针纺织品类	2006537	1669413	337125
#服装类	1056796	838158	218638
鞋帽类	299880	242742	57138
针、纺织品类	649861	588513	61348
化妆品类	75298	11138	64160
金银珠宝类	77093	46681	30413
日用品类	586608	414915	171693
#儿童玩具类	71512	63826	7686
五金、电料类	570665	551989	18676
体育、娱乐用品类	49806	12129	37677
#照相器材类	16		16
书报杂志类	40420	20726	19694
电子出版物及音像制品类	4596	3994	602
家用电器和音像器材类	1432499	775729	656770
中西药品类	1150509	969284	181224
#西药	476546	373330	103216
中草药及中成药	477914	415974	61940
文化办公用品类	1174845	179567	995278
#计算机及其配套产品	974946	20651	954296
家具类	978099	957228	20871
通讯器材类	7803251	7357204	446047
煤炭及制品类	1901504	1900965	539
木材及制品类	145638	145638	
石油及制品类	6271431	4252229	2019202
化工材料及制品类	3273771	3273771	
#化肥类	9652	9652	
金属材料类	991078	991078	
建筑及装潢材料类	327212	249729	77483
机电产品及设备类	743142	718104	25037
#农机类	553	553	
汽车类	6615936	413622	6202315
种子饲料类	1527	1527	
棉麻类	218	218	
其它	3155725	3012903	142822

注：分类别情况采用月度数据。

7-7 限额以上住宿业和餐饮业经营情况（2017年）

Business of Hotels and Catering Services above Designated Size (2017)

项目	法人企业(个)	从业人数(人)	营业额(万元)				
				客房收入	餐费收入	商品销售收入	其它收入
总计	389	48337	886885	182331	587711	57098	59746
住宿业	174	26045	423023	175010	190112	4719	53183
按登记注册类型分							
内资企业	161	23003	379572	159066	168563	4004	47938
港、澳、台商投资企业	9	1865	29278	11361	13998	714	3205
外商投资企业	4	1177	14174	4583	7551	1	2040
按国民经济行业分							
旅游饭店	132	23968	393736	154036	185027	3788	50885
一般旅馆	39	1989	28002	19913	5038	863	2187
其它住宿服务业	3	88	1286	1062	46	68	110
餐饮业	215	22292	463861	7321	397599	52379	6563
按登记注册类型分							
内资企业	194	16902	349575	7321	286368	50331	5557
港、澳、台商投资企业	13	3623	59629		56645	2002	983
外商投资企业	8	1767	54657		54586	47	24
按国民经济行业分							
正餐服务业	156	11305	192639	6653	175264	7597	3125
快餐服务业	15	5616	112080		112080		
饮料及冷饮服务业	2	384	2388		490	1899	
其他餐饮服务业	42	4987	156754	667	109765	42884	3438

7-8 限额以上住宿和餐饮企业财务状况（2017年）

Main Financial Indicators of Enterprises above Designated Size in Hotels and Catering Services (2017)

项目	法人企业数（个）	年末资产负债				
		流动资产合计（万元）	存货（万元）	固定资产原价（万元）	累计折旧（万元）	本年折旧（万元）
总计	389	729688	31298	1088281	618799	38918
住宿业	174	507944	19937	981822	557218	33287
按登记注册类型分						
内资企业	161	422752	18421	785623	421082	29944
港、澳、台商投资企业	9	80174	998	153387	114839	2615
外商投资企业	4	5017	518	42812	21298	728
按国民经济行业分						
旅游饭店	132	491469	19346	946696	539888	31774
一般旅馆	39	16299	527	33825	16629	1454
其它住宿服务业	3	176	64	1301	701	58
餐饮业	215	221745	11361	106459	61581	5631
按登记注册类型分						
内资企业	194	153888	9927	59724	36397	2836
港、澳、台商投资企业	13	53841	764	36630	18606	2557
外商投资企业	8	14016	671	10105	6577	238
按国民经济行业分						
正餐服务业	156	104024	6075	76594	43886	3181
快餐服务业	15	64952	1343	26319	15965	2021
饮料及冷饮服务业	2	602	534	310	166	32
其他餐饮服务业	42	52166	3409	3236	1564	398

7-8 续表 1

(2017年)

单位：万元

项　　目	年末资产负债				损益及分配	
	资产总计	负债合计	所有者权益合计	#实收资本	营业收入	#主营业务收入
总　计	1460841	1564438	-103597	347253	848399	841099
住宿业	1124851	1413758	-288907	251023	404896	398548
按登记注册类型分						
内资企业	966038	1140079	-174041	180969	363465	357248
港、澳、台商投资企业	128056	244568	-116512	48507	27718	27711
外商投资企业	30757	29111	1646	21547	13713	13589
按国民经济行业分						
旅游饭店	1086946	1386356	-299409	234808	376576	370344
一般旅馆	35439	23742	11696	16015	27067	26968
其它住宿服务业	2466	3660	-1194	200	1253	1236
餐饮业	335991	150680	185310	96231	443503	442551
按登记注册类型分						
内资企业	226777	105508	121269	67475	335192	334608
港、澳、台商投资企业	83891	38129	45762	19475	56283	56097
外商投资企业	25323	7043	18280	9282	52029	51846
按国民经济行业分						
正餐服务业	163700	118096	45605	54241	184734	184114
快餐服务业	111797	1995	109802	25708	105044	105044
饮料及冷饮服务业	841	188	653	290	2388	2388
其他餐饮服务业	59652	30402	29251	15991	151337	151005

7−8　续表 2

(2017年)

单位：万元

项　　目	损益及分配				
	主营业务成本	税　金及附加	其他业务利润	销售费用	管理费用
总　计	422517	5925	13141	240796	160539
住宿业	141200	3912	8896	141592	111913
按登记注册类型分					
内资企业	126392	3314	8553	126451	97583
港、澳、台商投资企业	8449	297	8	9651	10870
外商投资企业	6358	301	335	5490	3461
按国民经济行业分					
旅游饭店	126200	3613	7755	133835	106434
一般旅馆	14367	271	1141	7335	5308
其它住宿服务业	632	28		422	172
餐饮业	281317	2013	4245	99204	48626
按登记注册类型分					
内资企业	233609	1835	826	53413	40862
港、澳、台商投资企业	22305	155	3420	27776	4005
外商投资企业	25404	24		18015	3759
按国民经济行业分					
正餐服务业	105125	1269	538	51078	26126
快餐服务业	47443	123	3391	41943	9227
饮料及冷饮服务业	1406	1		858	53
其他餐饮服务业	127343	620	316	5326	13219

7-8 续表 3

(2017年)

单位：万元

项　　目	损益及分配				应付职工薪酬	应交增值税
	财务费用	营业利润	利润总额	所得税费用		
总　计	16216	-6660	-2323	6284	193407	18581
住宿业	16861	-21960	-17413	2126	109894	10054
按登记注册类型分						
内资企业	18014	-19875	-15369	2124	96445	8784
港、澳、台商投资企业	-1276	-273	-254	2	9050	938
外商投资企业	123	-1813	-1791		4399	332
按国民经济行业分						
旅游饭店	16519	-21383	-17095	2015	102093	9303
一般旅馆	339	-550	-292	111	7474	713
其它住宿服务业	3	-27	-27		327	38
餐饮业	-645	15300	15091	4158	83514	8527
按登记注册类型分						
内资企业	658	4680	4449	1336	64939	7926
港、澳、台商投资企业	-1097	6531	6228	1767	9955	495
外商投资企业	-207	4090	4414	1055	8620	106
按国民经济行业分						
正餐服务业	265	920	921	606	45103	4593
快餐服务业	-1021	9751	9550	2657	17492	754
饮料及冷饮服务业	3	67	57	14	946	6
其他餐饮服务业	109	4562	4562	882	19972	3174

7-9 历年住宿餐饮企业与个体户数

Enterprises and Self-employed Individuals in Hotels and Catering Services over Years

单位：个

年 份	单位数合 计	国有经济	集体经济	其他经济	#私营个体经济
1979	147	22	115	10	10
1980	182	23	121	38	38
1981	622	24	283	315	315
1982	308	24	102	182	182
1983	2069	31	98	1940	1940
1984	4012	31	445	3536	3536
1985	2982	36	389	2557	2557
1986	3268	38	270	2960	2956
1987	2281	35	308	1938	1934
1988	2265	31	296	1938	1934
1989	2850	32	276	2542	2538
1990	3387	30	439	2918	2914
1991	3438	44	225	3169	3165
1992	4456	25	320	4111	4106
1993	7119	12	1851	5256	5232
1994	7819	12	1748	6059	6051
1995	8918	26	1802	7090	7082
1996	9708	9	1900	7799	7789
1997	9968	28	606	9334	9210
1998	11069	102	368	10599	10532
1999	11904	80	337	11487	11392
2000	8335	78	361	7896	7831
2001	9776	67	343	9366	9318
2002	15128	74	265	14789	14740
2003	17615	64	229	17322	17276
2004	19802	39	424	19339	19224
2005	25972	28	315	25629	25522
2006	27108	16	247	26845	26747
2007	38435	11	219	38205	38094
2008	40154	9	177	39968	39687
2009	38220	5	130	38085	37795
2010	36156	4	113	36039	35728
2011	29280	4	91	29185	28825
2012	29381	4	81	29296	28874
2013	31780	2	70	31708	31205
2014	36172	2	55	36115	35559
2015	41690	3	53	41634	41021
2016	54831	1	49	54781	54115
2017	73499		46	73453	72686

7-10　专业市场分类基本情况（2016-2017年）

Basic Statistics on Specialized Market Classification (2016-2017)

单位：个

项　目	2016年			2017年		
	合　计	城　市	农　村	合　计	城　市	农　村
合　计	227	101	126	243	99	144
消费品市场	176	84	92	198	86	112
消费品综合市场	92	37	55	108	41	67
农副产品市场	11	7	4	20	7	13
农副产品综合市场	10	7	3			
农副产品专业市场	1		1	20	7	13
工业品消费市场	49	25	24	47	24	23
工业消费品综合市场	14	9	5	14	8	6
工业消费品专业市场	35	16	19	33	16	17
其他消费品市场	24	15	9	23	14	9
生产资料市场	51	17	34	45	13	32
生产资料综合市场	13	1	12	13	1	12
工业生产资料市场	28	10	18	21	6	15
机动车交易市场	7	3	4	5	2	3
钢材交易市场	2	1	1	1		1
煤炭交易市场						
木材交易市场	4		4	4		4
其他工业生产资料市场	15	6	9	11	4	7
其他生产资料市场	10	6	4	11	6	5

注：本表数据来源于市工商局，不包括集贸市场数。

7-11 历年城乡集市贸易

Statistics on Urban and Rural Trade Fairs over Years

单位：个

年 份	集贸市场		
	总 数	城 市	农 村
1978	35		35
1979	35		35
1980	35		35
1981	38		38
1982	40		40
1983	41		41
1984	43		43
1985	48		48
1986	57	7	50
1987	63	10	53
1988	66	12	54
1989	69	11	58
1990	73	10	63
1991	75	10	65
1992	53	7	46
1993	155	13	142
1994	162	12	150
1995	189	17	172
1996	219	20	199
1997	241	23	218
1998	252	25	227
1999	286	36	250
2000	308	29	279
2001	375	31	344
2002	495	28	467
2003	576	34	542
2004	610	35	575
2005	665	36	629
2006	812	39	773
2007	845	36	809
2008	871	228	643
2009	883	225	658
2010	792	194	598
2011	812	181	631
2012	816	186	630
2013	815	185	630
2014	779	146	633
2015	816	392	424
2016	390	78	312
2017	407	79	328

注：1.2008年以前的城市集贸市场数只包括莞城的集贸市场，2008年起包括莞城、东城、南城和万江四大街道办的市场数。
2.2016年起，按统计标准要求，剔除了部分不符合要求的集贸市场数据。

主要统计指标解释

Explanatory Notes on Main Statistical Indicators

社会消费品零售总额 指企业（单位、个体户）通过交易直接售给个人、社会集团非生产、非经营用的实物商品金额，以及提供餐饮服务所取得的收入金额。个人包括城乡居民和入境人员，社会集团包括机关、社会团体、部队、学校、企事业单位、居委会或村委会等。

商品购进总额 指从本企业以外的单位和个人购进（包括从国外直接进口）作为转卖或加工后转卖的商品金额（含增值税）。本指标反映批发和零售业从国内外市场上购进商品的总价。

商品销售总额 指对本单位以外的单位和个人出售的商品金额（包括售给本单位消费用的商品，含增值税），本指标反映批发和零售业在国内市场上销售商品以及出口商品的总量。

期末库存 对于批发和零售业法人企业和个体经营户，是指取得所有权的全部商品金额（含增值税）；对于批发和零售业产业活动单位，是指期末实际在库且归属法人具有所有权的全部商品金额（含增值税）。这个指标反映批发和零售业的商品库存情况，以及对市场商品供应的保证程度。

批发额 指售给国民经济各行业企业（单位）用于生产、经营用的商品金额。

零售额 指售给城乡居民用于生活消费和社会集团用于公共消费的商品金额。

住宿和餐饮业零售额 指住宿和餐饮业单位因为提供就餐服务或销售商品取得的全部收入，包括餐费收入和商品销售收入（含增值税）。

流动资产合计 资产满足以下条件之一应归为流动资产：（1）预计在一个正常营业周期中变现、出售或耗用，主要包括存货、应收帐款等；（2）主要为交易目的而持有；（3）预计在资产负债表日起一年内（含一年）变现；（4）自资产负债日起一年内，交换其他资产或清偿负债的能力不受限制的现金或现金等价物。包括货币资金、应收票据、应收账款、存货等项目。根据会计“资产负债表”中“流动资产合计”项目的期末余额数填报。

固定资产合计 指企业为生产商品、提供劳务、出租或经营管理而持有的，使用寿命超过一个会计年度的有形资产。包括使用期限超过一年的房屋、建筑物、机器、机械、运输工具以及其他与生产、经营有关的设备、器具、工具等。固定资产合计是时点指标，表示固定资产经过扣减折旧、减值准备等后的期末余额。根据会计“资产负债表”中“固定资产”项目的期末余额数填报。

所有者权益合计 指企业资产扣除负债后由所有者享有的剩余权益。公司的所有者权益又称股东权益。包括实收资本、资本公积、盈余公积、未分配利润等。根据会计“资产负债表”中“所有者权益合计”项目的期末余额数填报。

营业税金及附加 指企业因从事生产经营活动按税法规定缴纳的应从经营收入中抵扣的税金和附加，包括营业税、消费税、城市维护建设税、教育费附加等。根据会计“利润表”中“营业税金及附加”项目的本期金额数填报。

利润总额 指企业在一定会计期间的经营成果，是生产经营过程中各种收入扣除各种耗费后的盈余，反映企业在报告期内实现的亏盈总额。根据会计“利润表”中“利润总额”项目的本期金额数填报。执行2006年《企业会计准则》的企业，利润总额为营业利润加上营业外收入，减去营业外支出后的金额；未执行2006年《企业会计准则》的企业，利润总额为营业利润加上投资收益、补贴收入、营业外收入，再减去营业外支出后的金额。

应交增值税 指企业按税法规定，从事货物销售或提供加工、修理修配劳务等增加货物价值的活动本期应交纳的税金。指企业在报告期应交增值税额。

计算公式一 本年应交增值税＝销项税额－（进项税额－进项税额转出）－出口抵减内销产品应纳税额－减免税款＋出口退税

计算公式二 应交增值税 = 销项税额－（进项税额－进项税额转出－免、抵、退应退税额） + 简易计税办法计算的应纳税额 + 按简易计税办法计算的纳税检查应补缴税额 － 应纳税额减征额

批发零售贸易、餐饮业统计限额标准

行业类别	统计指标名称	限额标准
批发业	年主营业务收入	2000万元
零售业	年主营业务收入	500万元
住宿业、餐饮业	年主营业务收入	200万元

说明：

1. 外贸企业包括在批发业中，其年销售额以外币计量的，应折合成人民币，按批发业标准执行。

2. 本限额标准对象为批发和零售业、住宿和餐饮业法人企业和个体经营户、非批发和零售业、住宿和餐饮业法人单位附营的批发和零售业、住宿和餐饮业产业活动单位。

八、价格指数

Price Indices

8-1 各种价格指数（以上年价格为100）

Price Indices (Preceding Year=100)

年 份	商品零售价格总指数	#食品	#家用电器及音像器材	居民消费价格总指数	#食品	# 服 务价格指数	工业生产者出厂价格指数
1978	100.4	101.6					
1979	102.6	107.1					
1980	110.9	114.5					
1981	109.3	110.3					
1982	101.2	100.8					
1983	99.6	99.5					
1984	98.6	97.5		99.3	97.5	102.0	
1985	106.9	108.7		106.5	108.7	103.3	
1986	104.4	105.0		104.2	105.0	102.3	
1987	112.2	113.6		112.0	113.6	109.6	
1988	132.8	133.9		136.0	133.9	168.0	
1989	122.4	125.7		122.0	127.5	118.8	
1990	94.9	92.8		96.6	92.8	111.0	
1991	101.4	101.1		102.4	101.1	109.8	
1992	107.7	109.0		109.2	109.0	117.9	
1993	119.5	123.7		121.8	123.7	134.6	
1994	118.4	125.9	99.6	123.5	126.4	141.2	
1995	109.7	119.5	95.6	113.9	119.1	128.9	
1996	104.7	108.1	94.5	106.8	107.8	115.0	
1997	99.7	100.0	92.7	101.5	99.4	113.1	
1998	98.7	99.9	93.3	99.9	99.5	108.4	
1999	95.9	95.6	94.9	97.9	95.7	109.5	
2000	100.1	100.3	97.2	101.5	100.4	112.8	
2001	97.8	99.1	97.0	96.6	98.9	101.1	
2002	99.1	100.9	98.0	98.1	99.0	98.7	
2003	101.7	103.6	99.0	100.7	103.5	97.8	
2004	103.2	108.6	98.7	103.0	108.6	99.7	
2005	103.0	106.5	101.1	102.4	106.5	100.4	100.4
2006	102.8	100.1	100.5	101.2	100.1	101.6	100.7
2007	104.2	108.3	98.2	103.1	108.0	100.2	101.4
2008	107.9	115.6	100.4	105.5	115.1	100.1	101.7
2009	95.3	97.9	95.6	96.9	98.1	96.3	96.8
2010	103.2	104.8	95.6	102.8	104.6	102.6	102.6
2011	104.7	111.1	99.3	104.9	111.1	103.0	102.9
2012	102.4	106.4	95.2	102.9	106.1	101.1	99.8
2013	100.6	103.2	96.9	101.9	103.1	102.1	98.9
2014	101.2	106.1	95.9	102.3	106.0	101.4	99.0
2015	99.4	104.0	98.6	101.4	103.8	101.9	98.2
2016	100.9	106.0	99.7	102.7	106.1	102.1	99.9
2017	101.1	99.9	97.6	101.4	99.0	102.8	101.7

8-2 居民消费价格分类指数（2017年，以上年价格为100）

Consumer Price Indices by Category (2017, Preceding Year=100)

项　　目	指 数	项　　目	指 数
居民消费价格总指数	101.4	水电燃料	101.7
非食品烟酒价格指数	101.9	自有住房	102.1
服务价格指数	102.8	生活用品及服务	101.8
消费品价格指数	100.6	家具及室内装饰品	106.3
扣除鲜菜鲜果价格指数	101.7	家用器具	96.7
食品烟酒	100.3	家用纺织品	100.0
食品	99.0	家庭日用杂品	100.6
粮食	101.7	个人护理用品	101.5
薯类	97.7	家庭服务	107.2
豆类	99.9	交通和通信	101.0
食用油	100.0	交通	101.7
菜	91.7	交通费	103.1
畜肉类	96.4	通信	99.7
禽肉类	100.4	邮递服务	101.2
水产品	105.2	教育文化和娱乐	102.7
蛋类	97.4	教育	104.9
奶类	99.6	教育用品	104.9
干鲜瓜果类	100.4	教育服务	104.9
茶及饮料	100.2	文化娱乐	99.7
烟酒	100.1	旅游	100.1
在外餐饮	103.3	医疗保健	104.0
衣着	99.2	药品及医疗器具	100.7
服装	100.1	中药	100.1
服装材料	108.9	西药	105.1
其他衣着及配件	97.1	医疗服务	106.2
衣着加工服务费	101.6	其他用品和服务	102.5
鞋类	96.1	其他用品类	101.0
居住	102.1	其他服务类	103.7
租赁房房租	102.5	旅馆住宿	102.6
住房保养维修及管理	102.4		

8-3 居民消费价格分月指数（2017年，以上月价格为100）

Consumer Price Indices by Month (2017, Preceding Month=100)

项　　目	1 月	2 月	3 月	4 月	5 月	6 月
居民消费价格总指数	101.0	99.5	99.6	100.3	100.3	100.3
非食品烟酒价格指数	101.1	99.6	99.9	100.0	100.3	100.2
服务价格指数	101.8	99.0	99.7	99.9	100.4	100.4
消费品价格指数	100.6	99.8	99.5	100.6	100.2	100.3
扣除鲜菜鲜果价格指数	101.0	99.5	99.6	100.3	100.3	100.0
食品烟酒	100.9	99.3	98.9	101.2	100.2	100.5
衣着	99.0	99.7	100.5	99.9	101.8	99.8
居住	100.2	100.5	100.9	100.1	100.5	99.6
生活用品及服务	102.7	99.1	99.6	100.7	100.3	100.8
交通和通信	102.4	98.7	99.2	99.4	99.7	100.3
教育文化和娱乐	102.1	98.6	98.6	99.8	99.9	101.6
医疗保健	100.2	100.1	100.0	99.8	100.1	99.4
其他用品和服务	100.2	100.5	100.5	100.8	100.5	99.8

8-3 续表

项　　目	7 月	8 月	9 月	10 月	11 月	12月
居民消费价格总指数	100.2	99.8	100.6	99.9	100.0	100.5
非食品烟酒价格指数	100.0	100.0	100.5	99.9	100.1	100.4
服务价格指数	100.8	100.0	100.7	99.6	99.8	100.2
消费品价格指数	99.8	99.7	100.6	100.2	100.1	100.7
扣除鲜菜鲜果价格指数	100.0	100.0	100.4	100.0	100.1	100.5
食品烟酒	100.4	99.4	100.7	100.0	99.7	100.8
衣着	99.8	99.4	100.5	100.1	100.6	100.5
居住	99.2	99.9	100.2	100.2	100.2	100.4
生活用品及服务	99.7	100.0	100.0	100.2	99.9	100.2
交通和通信	100.0	100.5	100.1	100.2	100.8	100.5
教育文化和娱乐	102.0	99.9	102.2	98.9	98.9	100.6
医疗保健	100.0	100.0	100.0	99.7	100.0	100.0
其他用品和服务	100.6	100.0	100.6	99.8	99.8	99.8

8-4 居民消费价格分月指数（2017年，以上年同月价格为100）

Consumer Price Indices by Month (2017, Same Month of Preceding Year=100)

项　　目	1 月	2 月	3 月	4 月	5 月	6 月
居民消费价格总指数	103.1	100.1	100.8	100.8	101.6	101.4
非食品烟酒价格指数	102.6	101.7	102.3	102.3	102.4	101.6
服务价格指数	104.1	102.1	103.5	103.4	103.7	102.3
消费品价格指数	102.5	99.0	99.3	99.4	100.4	100.8
扣除鲜菜鲜果价格指数	103.5	101.9	102.2	101.8	101.8	101.2
食品烟酒	104.1	96.9	97.7	97.8	100.0	100.8
衣着	98.3	98.3	97.5	97.6	99.0	99.0
居住	101.7	102.2	103.0	102.7	103.1	102.5
生活用品及服务	102.4	100.4	100.1	100.7	101.5	102.3
交通和通信	102.0	99.1	101.5	101.2	100.5	100.4
教育文化和娱乐	103.4	101.9	102.0	101.8	101.6	102.7
医疗保健	111.8	111.6	111.0	110.7	110.1	99.9
其他用品和服务	102.8	101.6	102.2	103.2	103.3	103.1
工业生产者价格指数	102.6	102.7	102.6	102.3	101.9	101.6

8-4 续表

项　　目	7 月	8 月	9 月	10 月	11 月	12月
居民消费价格总指数	101.4	101.2	101.2	101.5	101.3	102.0
非食品烟酒价格指数	101.3	101.6	101.6	101.6	101.5	102.0
服务价格指数	102.5	102.7	102.7	102.2	101.9	102.2
消费品价格指数	100.8	100.4	100.4	101.1	100.9	101.9
扣除鲜菜鲜果价格指数	101.0	101.2	101.1	101.3	101.4	101.8
食品烟酒	101.8	100.6	100.5	101.4	100.7	102.0
衣着	99.3	99.6	99.6	100.3	100.4	101.6
居住	101.6	101.3	101.5	101.7	101.7	102.0
生活用品及服务	102.3	102.2	102.0	102.2	102.6	103.2
交通和通信	100.3	101.4	101.0	101.0	101.5	101.7
教育文化和娱乐	102.8	103.8	104.0	102.9	101.9	102.9
医疗保健	99.6	99.6	99.6	99.3	99.4	99.4
其他用品和服务	102.3	101.4	102.2	103.1	102.4	102.8
工业生产者价格指数	101.6	101.8	101.4	101.5	101.0	100.1

8-5 居民消费价格分月指数（2017年，以上年同期价格为100）

Consumer Price Indices by Month (2017, Cumulative Month(s) of Preceding Year=100)

项　　目	1 月	2 月	3 月	4 月	5 月	6 月
居民消费价格总指数	103.1	101.6	101.3	101.2	101.3	101.3
非食品烟酒价格指数	102.6	102.2	102.2	102.2	102.3	102.2
服务价格指数	104.1	103.1	103.2	103.3	103.3	103.2
消费品价格指数	102.5	100.7	100.2	100.0	100.1	100.2
扣除鲜菜鲜果价格指数	103.5	102.7	102.5	102.3	102.2	102.1
食品烟酒	104.1	100.4	99.5	99.1	99.2	99.5
衣着	98.3	98.3	98.0	97.9	98.1	98.3
居住	101.7	101.9	102.3	102.4	102.5	102.5
生活用品及服务	102.4	101.4	100.9	100.9	101.0	101.2
交通和通信	102.0	100.5	100.8	100.9	100.9	100.8
教育文化和娱乐	103.4	102.6	102.4	102.3	102.1	102.2
医疗保健	111.8	111.7	111.5	111.3	111.0	109.0
其他用品和服务	102.8	102.2	102.2	102.4	102.6	102.7
工业生产者价格指数	102.6	102.7	102.6	102.6	102.4	102.3

8-5 续表

项　　目	7 月	8 月	9 月	10 月	11 月	12月
居民消费价格总指数	101.3	101.3	101.3	101.3	101.3	101.4
非食品烟酒价格指数	102.0	102.0	101.9	101.9	101.9	101.9
服务价格指数	103.1	103.0	103.0	102.9	102.8	102.8
消费品价格指数	100.3	100.3	100.3	100.4	100.4	100.6
扣除鲜菜鲜果价格指数	101.9	101.8	101.7	101.7	101.7	101.7
食品烟酒	99.8	99.9	100.0	100.1	100.2	100.3
衣着	98.4	98.6	98.7	98.9	99.0	99.2
居住	102.4	102.3	102.2	102.1	102.1	102.1
生活用品及服务	101.4	101.5	101.5	101.6	101.7	101.8
交通和通信	100.7	100.8	100.8	100.8	100.9	101.0
教育文化和娱乐	102.3	102.5	102.7	102.7	102.6	102.7
医疗保健	107.6	106.5	105.7	105.0	104.5	104.0
其他用品和服务	102.6	102.5	102.4	102.5	102.5	102.5
工业生产者价格指数	102.2	102.1	102.1	102.0	101.9	101.7

8-6 服务项目价格分类指数（2016-2017年，以上年价格为100）

Service Price Indices by Category (2016-2017, Preceding Year=100)

项　　目	2016年	2017年
服务价格指数	102.1	102.8
#租赁房房租	103.3	102.5
家庭服务	104.2	107.2
交通费	100.7	103.1
通信服务	100.5	99.8
邮递服务	100.8	101.2
教育服务	102.4	104.9
文化娱乐服务	99.6	101.1
旅游	98.8	100.1
医疗服务	109.5	106.2
其他服务类	100.9	103.7

8-7 商品零售价格分类指数（2017年，以上年价格为100）

Retail Price Indices by Category (2017, Preceding Year=100)

项　　　目	指　数	项　　　目	指　数
商品零售价格总指数	101.1	专业音像器材	105.6
食品	99.9	文化办公用品	99.1
粮食	101.5	日用品	100.1
薯类	97.7	日用百货	99.3
豆类	99.9	厨具餐具茶具	102.1
食用油	100.1	清洗用品	101.7
菜	92.0	其他日用品	98.5
畜肉类	96.4	体育娱乐用品	98.8
禽肉类	100.4	体育户外用品	98.5
水产品	105.1	娱乐用品	99.0
蛋类	97.5	交通、通信用品	98.8
奶类	99.7	交通运输机械	98.6
干鲜瓜果类	100.2	通信器材	99.5
糖果糕点类	106.1	家具	107.4
调味品	101.9	化妆品	100.8
其他食品类	100.2	金银饰品	102.7
在外餐饮	102.8	中西药品及医疗保健用品类	101.6
饮料、烟酒	100.2	医疗卫生器具	99.4
茶及饮料	100.2	中药	100.1
烟草	99.6	西药	105.3
酒类	100.9	保健器具及用品	97.2
服装、鞋帽	99.1	书报杂志及电子出版物类	104.0
服装	100.2	教材及参考书	104.8
鞋帽袜	95.8	书报杂志	107.0
其他衣着配件	97.9	计算机办公软件	99.1
纺织品	102.9	燃料	108.6
服装材料	108.9	煤炭及制品	103.2
床上用品	99.6	石油及制品	108.8
家用电器及音像器材	97.6	建筑材料及五金电料类	101.8
家庭设备	96.6	建筑装璜材料	102.4
文娱用耐用消费品	96.3	五金水暖	100.1

8-8 工业生产者出厂价格指数（2016—2017年，以上年价格为100）

Producer Price Index (PPI) for Manufactured Goods (2016-2017, Preceding Year=100)

项　　目	2016年	2017年
工业生产者出厂价格指数	99.9	101.7
#轻工业	101.1	103.0
重工业	99.3	101.1
#农副食品加工业	102.6	104.2
食品制造业	101.7	102.5
酒、饮料和精制茶制造业	99.5	100.0
纺织业	99.8	101.7
纺织服装、服饰业	101.3	102.7
皮革、皮毛、羽毛及其制品和制鞋业	101.4	98.7
木材加工和木、竹、藤、棕、草制品业	100.1	101.4
家具制造业	102.1	102.9
造纸和纸制品业	100.3	110.0
印刷和记录媒介复制业	100.8	100.6
文教、工美、体育和娱乐用品制造业	103.6	101.3
石油加工、炼焦和核燃料加工业	90.8	118.9
化学原料和化学制品制造业	96.6	109.4
医药制造业	101.3	103.7
化学纤维制造业	96.4	108.6
橡胶和塑料制品业	98.9	101.8
非金属矿物制品业	97.9	109.5
黑色金属冶炼和压延加工业	99.3	125.7
有色金属冶炼和压延加工业	98.9	114.4
金属制品业	99.2	106.8
通用设备制造业	101.3	101.0
专用设备制造业	98.1	102.6
汽车制造业	98.2	102.6
铁路、船舶、航空航天和其他运输设备制造业	100.3	102.9
电气机械和器材制造业	99.4	103.5
计算机、通信和其他电子设备制造业	99.7	99.2
仪器仪表制造业	100.4	101.2
其他制造业	103.1	99.5
废弃资源综合利用业	92.9	114.2
金属制品、机械和设备修理业		
电力、热力的生产和供应业	98.5	98.4
燃气生产和供应业	87.2	111.8
水的生产和供应业	102.9	102.4

主要统计指标解释

Explanatory Notes on Main Statistical Indicators

居民消费价格指数 是度量消费商品及服务项目价格水平随着时间而变动的相对数，反映居民家庭购买的消费品及服务价格水平的变动情况。它是宏观经济分析、决策、调控和价格总水平监测以及国民经济核算的重要指标。其按年度计算的变动率通常被用来作为反映通货膨胀(或紧缩)程度的指标。

商品零售价格指数 是度量市场商品零售价格水平变动趋势和变动程度的相对数，反映商品在流通过程中最后一个环节的价格即工业、商业、餐饮业和其他零售企业向城乡居民、机关团体出售生活消费品和办公用品价格水平的变动趋势。它可以为国家宏观调控和国民经济核算提供参考依据，并在此基础上派生其他价格指数。

工业生产者出厂价格总指数 是反映各工业部门主要工业产品出厂价格变动趋势和程度的相对数。编制该价格指数，用以观察和分析在生产环节中工业品价格变动对企业经济效益及宏观经济运行的影响，并为工业增长速度的科学计算提供重要的依据。

九、对外经济贸易与旅游

Foreign Trade and Tourism

9-1 主要年份对外经济与旅游业主要指标

Main Indicators of Foreign Trade and Economic Cooperation and Tourism in Main Years

指　　标	单 位	1985年	1995年	2000年	2005年	2010年	2015年	2016年	2017年
进出口总额(美元)	万美元		1539112	3204526	7437150	12133773	16767331	17231357	18117300
出口总额	万美元	17545	779867	1715927	4092905	6959751	10371861	9903479	10386135
进口总额	万美元		759245	1488599	3344245	5174022	6395470	7327879	7731165
进出口总额(人民币)	万元						103999200	114159947	122643709
出口总额	万元						64289105	65568458	70273787
进口总额	万元						39711907	48591489	52369922
新签利用外资协议(合同)数	宗	625	3077	1276	992	875	440	446	925
"三来一补"项目	宗	514	2094	871	219	6			
"三资"项目	宗	111	983	405	773	869	440	446	925
利用外资增资项目宗数	宗				1138	1059	552	488	320
合同规定外商投资额	万美元	6815	330920	183633	475238	307282	509080	479046	261769
"三来一补"项目	万美元	1870	97428	69302	166363	47542	3226	5873	986
"三资"项目	万美元	4945	233492	114331	308875	259740	505854	473173	260783
合同规定外商增资项目	万美元				187422	180723	429045	375001	151037
实际利用外资	万美元	2894	105665	164712	375139	316287	546838	398385	176038
"三来一补"项目	万美元	1511	38418	55975	93023	43116	14856	5768	4145
"三资"项目	万美元	1383	67247	108737	282116	273171	531982	392617	171893
本年止累计"三来一补"企业投产宗数	宗	1592	8447	9917	8997	5688	1112	978	963
年末"三来一补"企业从业人员	万人	9.82	59.44	72.89	126.49	81.00	23.70	10.60	8.97
本年止累计"三资"企业投产数	宗	51	2629	3908	6657	8338	10016	10240	10996
年末"三资"企业从业人员	万人	0.64	25.01	87.17	145.50	163.53	203.50	207.47	182.12
当年来料加工企业转为三资或民营企业	家					1250	68	58	36
合同规定外商投资额(新口径)	万美元				298029	259740	505854	473173	260783
实际利用外资(新口径)	万美元				146796	273171	531982	392617	171893
全年接待旅游人数	万人次		89	291	1156	2251	3199	3792	4142
#国际及港澳台旅游者	万人次		27	106	169	327	373	400	404
#外国人	万人次		6	15	70	109	105	111	113
国内旅客	万人次		62	185	987	1924	2826	3392	3738
国际旅游收入	万美元		5679	7617	28189	67592	157743	153117	159582
星级以上宾馆酒店客房数	间		7568	18024	18258	16631	12127	10354	9666
宾馆酒店客房开房率	%		68.80	61.88	58.90	58.12	54.00	57.38	59.16

注：1. 对外经济部分除有注明新口径的以外均为旧口径，旧口径包括"三资"和"三来一补"，新口径不含"三来一补"且以验资作为统计标准，后同。
2. 2002年起，旅游业指标采用旅游局口径，与往年数不可比。
3. 2016年起，主管部门对外发布的进出口相关数据采用人民币口径。

9-2 进出口贸易（2015-2017年）

Total Imports and Exports (2015-2017)

单位：亿元

项　　目	2015年	2016年	2017年	2017年比2016年增长(%)
进出口总额	10399.92	11415.99	12264.37	7.5
出口总额	6428.91	6556.85	7027.38	7.4
按贸易方式分				
#一般贸易	2345.95	2360.95	3050.47	29.1
加工贸易	3861.95	3794.46	3713.49	-2.1
来料加工	654.43	559.69	583.03	4.2
进料加工	3207.53	3234.77	3130.46	-3.2
保税物流	219.49	262.40	245.08	-5.1
按经济类型分				
#国有企业	149.02	143.13	105.76	-19.7
三资企业	3955.09	3907.19	4006.88	2.5
集体企业	8.96	4.07	2.44	-40.0
民营企业	2310.79	2486.96	2912.28	11.2
进口总额	3971.19	4859.15	5236.99	7.6
按贸易方式分				
#一般贸易	869.28	991.21	1291.88	30.1
加工贸易	2340.64	2255.11	2177.24	-4.8
来料加工	445.54	326.98	346.93	5.0
进料加工	1895.10	1928.12	1830.31	-6.4
保税物流	742.42	1585.85	1750.10	11.6
按经济类型分				
#国有企业	80.64	70.64	56.36	-20.7
三资企业	2429.22	2246.34	2324.02	2.3
集体企业	4.91	1.51	1.29	-15.6
民营企业	1455.95	2526.85	2849.12	13.2
贸易顺差	2457.72	1697.70	1790.39	5.5

9–3 历年进出口总额

Total Value of Imports and Exports over Years

单位：万美元

年 份	进出口总 额	出口总额	#一般贸易	来料加工装配	进料加工	进口总额	#一般贸易	来料加工装配	进料加工
1978		3938							
1979		5382							
1980		7737							
1981		9173							
1982		10879							
1983		11890							
1984		12966							
1985		17545							
1986		23280							
1987		26755							
1988		31781							
1989		34868							
1990	108229	56828				51401			
1991	317463	165159				152304			
1992	509007	260272				248735			
1993	675647	321137				354510			
1994	882997	429416				453581			
1995	1539112	779867	23180	434646	320186	759245	5394	353138	259397
1996	1784222	918683	16377	496833	405066	865539	8956	383988	309710
1997	2129885	1136768	18020	582863	535708	993117	7598	445237	420014
1998	2327324	1306055	15409	652853	636822	1021269	10406	462194	463450
1999	2846291	1515391	16347	759638	738191	1330900	51726	584224	582721
2000	3204526	1715927	20937	834347	858409	1488599	72475	645562	616319
2001	3445457	1898924	25945	940908	931766	1546533	68392	684323	656910
2002	4424706	2373646	34848	1171688	1167047	2051060	83522	922916	886699
2003	5210623	2800227	48988	1257934	1492723	2410396	144235	962367	1127404
2004	6451775	3519237	85056	1503757	1929967	2932538	222262	1090197	1402413
2005	7437150	4092905	175502	1611676	2304325	3344245	236133	1216566	1625629
2006	8422107	4737640	265784	1661399	2806910	3684467	259709	1265725	1879233
2007	10687290	6023212	357941	2235125	3398212	4664078	371073	1702595	2196521
2008	11329947	6553738	487193	2428365	3585619	4776209	455447	1712939	2206139
2009	9415458	5516861	571682	1823160	3055047	3898597	456075	1297315	1820882
2010	12133773	6959751	954098	1955379	3946227	5174022	755349	1424118	2457194
2011	13522382	7832871	1341146	1693479	4654300	5689511	988370	1174341	2881689
2012	14441587	8506606	1692301	1216525	5398579	5934981	1096531	901512	3322199
2013	15307167	9086371	2007791	1070242	5758315	6220796	1237293	806988	3573281
2014	16253046	9706918	2687709	1102722	5472315	6546128	1614999	775951	3333100
2015	16767331	10371861	3796284	1054049	5167717	6395470	1400324	718358	3055447
2016	17231357	9903479	3571993	847655	4896564	7327879	1499468	495662	2915403
2017	18117300	10386135	4511970	861158	4620598	7731165	1904938	512156	2701884

注：1.出口总额1990年以前为外经贸口径，1990年起为海关口径。
2.2016年起，主管部门对外发布的进出口相关数据采用人民币口径。2017年人民币口径的进出口总额为12264.37亿元。其中，出口总额7027.38亿元，进口总额5236.99亿元。

9-4 分国别（地区）进出口总值（2016-2017年）

Total Value of Imports and Exports by Countries (Regions) (2016-2017)

单位：亿元

国别（地区）	实际出口				进口到货			
	2016年	比重（%）	2017年	比重（%）	2016年	比重（%）	2017年	比重（%）
全市	6556.85	100.0	7027.38	100.0	4859.15	100.0	5236.99	100.0
亚洲	3548.91	54.1	3692.82	52.5	4348.48	89.5	4637.21	88.5
东南亚联盟	583.16	8.9	603.91	8.6	798.93	16.4	721.48	13.8
非洲	81.80	1.2	81.25	1.2	23.26	0.5	39.88	0.8
欧洲	1102.57	16.8	1277.71	18.2	176.20	3.6	203.93	3.9
欧盟	1043.37	15.9	1186.25	16.9	166.32	3.4	190.55	3.6
拉丁美洲	200.78	3.1	245.63	3.5	96.85	2.0	103.53	2.0
北美洲	1532.11	23.4	1637.89	23.3	188.12	3.9	225.29	4.3
大洋洲	80.96	1.2	92.08	1.3	18.06	0.4	27.13	0.5
美国	1460.91	22.3	1561.00	22.2	160.38	3.3	182.46	3.5
香港	1713.57	26.1	1732.27	24.7	17.92	0.4	18.72	0.4
日本	486.56	7.4	510.52	7.3	494.31	10.2	510.30	9.7
荷兰	194.85	3.0	217.62	3.1	9.84	0.2	12.83	0.2
德国	190.62	2.9	226.09	3.2	49.26	1.0	57.81	1.1
英国	175.98	2.7	177.07	2.5	19.05	0.4	20.30	0.4
韩国	316.87	4.8	268.24	3.8	881.89	18.1	937.60	17.9
台湾	98.12	1.5	113.32	1.6	802.62	16.5	914.30	17.5
法国	80.44	1.2	91.07	1.3	10.19	0.2	10.95	0.2
加拿大	71.20	1.1	76.89	1.1	27.74	0.6	42.83	0.8
澳大利亚	70.72	1.1	81.19	1.2	14.69	0.3	23.40	0.4
新加坡	72.09	1.1	60.23	0.9	118.18	2.4	111.44	2.1
马来西亚	108.18	1.6	84.66	1.2	155.28	3.2	151.42	2.9

9-5 主要商品类别出口总值（2016-2017年）

Total Export Value by Category of Main Commodities（2016-2017）

单位：亿元

商品名称	2016年	2017年
机电产品（包括本目录已具体列名的机电产品）	4659.17	5237.90
高新技术产品	2586.40	2892.48
电话机	657.53	869.98
文化产品	558.19	426.41
自动数据处理设备及其部件	410.87	455.89
服装及衣着附件	354.77	340.16
家具及其零件	291.31	301.45
静止式变流器	195.99	209.19
玩具	175.73	189.30
自动数据处理设备的零件	172.53	166.15
鞋类	164.79	161.99
贵金属或包贵金属的首饰	164.45	4.60
灯具、照明装置及零件	150.48	131.77
通断保护电路装置及零件	144.22	170.01
箱包及类似容器	141.18	139.45
电线和电缆	137.55	152.85
塑料制品	127.55	149.90
纺织纱线、织物及制品	102.46	124.39
电视、收音机及无线电讯设备的零附件	97.23	131.22
打印机（包括多功能一体机）	71.76	66.92
眼镜及其零件	66.93	73.96
印刷电路	58.25	59.12

9-6 主要商品进口数量与金额（海关口径，2016-2017年）

Main Import Commodities in Volume and Value（Custom Statistics）(2016-2017)

金额单位：万元

商品名称	数量单位	2016年		2017年	
		数量	金额	数量	金额
谷物及谷物粉	万吨	22.13	57987	34.70	71187
食用植物油	万吨	21.44	92742	26.92	125959
食糖	万吨	17.63	39979	11.14	34979
天然橡胶（包括胶乳）	万吨	2.90	22821	3.31	31468
合成橡胶（包括胶乳）	万吨	5.04	76369	5.16	85537
原木	万立方	40996.43	64541	56598.54	101062
锯材	万立方	32582.53	120388	35838.91	145356
羊毛（包括羊毛条）	吨	957.90	5332	894.87	4961
纺织用合成纤维	万吨	0.69	11555	0.78	13121
#聚酯纤维	万吨	0.54	6181	5225.98	5649
人造纤维短纤	吨	403.98	771	150.38	283
成品油	万吨	4.28	23074	6.30	30721
合成有机染料	吨	1339.51	8975	1470.67	10307
初级形状的塑料	万吨	152.75	1886530	166.97	2274207
#初级形状的聚乙烯	万吨	12.23	109648	14.86	135379
初级形状的聚丙烯	万吨	20.98	190696	21.60	199687
初级形状的苯乙烯聚合物	万吨	41.07	454227	47.32	598792
初级形状的聚氯乙烯	万吨	13.82	91812	14.22	103481
初级形状的聚酯	万吨	17.30	334558	19.35	408333
牛皮革及马皮革	万吨	4.49	275660	5.03	278325
纸及纸板（未切成形的）	万吨	19.72	119026	48.19	232493
毛纱线	万吨	0.38	28639	0.29	25076
合成纤维纱线	万吨	3.49	104281	3.25	101692
棉机织物	万米	5230.16	75026	4525.17	65401
涂覆浸渍塑料的织物	万吨	1.40	66926	1.30	67335
针织或钩编织物	万米	11195	121048	9868.23	121126
钢材	万吨	65.29	458195	66.58	569255
#钢铁板材	万吨	53.10	331206	54.57	423762
未锻轧铜及铜材	万吨	15.32	644201	13.30	703972
#铜材	万吨	10.88	499648	11.03	607907
未锻轧铝及铝材	万吨	2.10	67277	1.90	65223
#铝材	万吨	1.71	59198	1.50	56608

9-6 续表

金额单位：万元

商品名称	数量单位	2016年		2017年	
		数量	金额	数量	金额
钢铁或铝制结构体及其部件	吨	1249.07	849	906.15	1522
蒸汽锅炉及过热水锅炉	台	3	93	1	90
液泵及液体提升机	万台	144.68	9410	132.18	10642
冷冻机和制冷设备	金额		203		576
机械提升搬运装卸设备及零件	金额		25871		42121
制造纸及纸制品用机械及零件	金额		10103		16236
印刷、装订机械及零件	金额		298494		283165
纺织机械及零件	金额		35554		66670
#针织机及缝编机	台	525	25037	943	38138
纱线织物等后整理机器	台	202	4991	212	15425
工业用缝纫机	台	323	1413	588	1626
金属加工机床	台	2338	94245	3136	117132
橡胶或塑料加工机械及零件	金额		47386		73884
型模及金属铸造用型箱	金额		60179		52548
自动数据处理设备及其部件	万台	5819.06	916836	5711.32	1012513
自动数据处理设备的零件	吨	8596.48	830410	8588.83	812149
电动机及发电机	万台	19993.00	116449	16010.90	101780
发电机组及旋转式变流机	台	74	6360	75	14381
电视、收音机及无线电讯设备	吨	3328.87	415047	3446.42	391726
通断保护电路装置及零件	金额		1258740		1376588
二极管及类似半导体器件	亿个	630.44	1429339	635.19	1422173
电线和电缆	吨	21702.33	262616	22240.67	276191
计量检测分析自控仪器及器具	金额		460080		303630
塑料制品	吨	17895.79	123667	17979.07	145613

9-7 主要商品出口数量与金额（海关口径，2016-2017年）

Main Export Commodities in Volume and Value（Custom Statistics）(2016-2017)

金额单位：万元

商品名称	数量单位	2016年		2017年	
		数 量	金 额	数 量	金 额
活猪（种猪除外）	万头	14.20	223	13.85	224
水海产品	万吨	0.17	5482	0.14	4252
蔬菜	万吨	0.92	3764	1.88	4397
食用植物油（包括棕榈油）	吨	259.17	531	32467.39	18535
成品油	万吨	42.04	114936		
医药品	吨	1017.00	9732	2043.88	11980
美容化妆品及护肤品	吨	3827.84	23393	3351.98	30679
洗衣粉	吨	17693.43	9193	22904.77	15878
初级形状的聚氯乙烯	万吨	1.20	9885	1.45	14290
家用或装饰用木制品	万吨	0.84	30398	0.70	28337
纸及纸板（未切成形的）	万吨	22.74	92250	8.10	51862
纺织纱线、织物及制品	金额		1025873		1243500
#棉纱线	吨	7811.24	26547	6013.95	21630
亚麻及苎麻机织物	万米	4.58	103	56.78	98
棉机织物	万米	1262.05	24140	2015.25	36888
玻璃制品	吨	16382.94	48626	15809.16	48047
家用陶瓷	万吨	2.84	87697	2.26	79669
钢材	万吨	2.32	29113	2.38	34124
未锻轧铜及铜材	吨	33459.30	130609	32990.16	158522
未锻轧铝及铝材	万吨	0.69	20470	0.67	19656
手用或机用工具	万吨	2.56	231095	3.42	302464
电扇	万台	10532.83	261545	10729.72	295692
纺织机械及零件	金额		21183		29891
金属加工机床	万台	1.64	41510	6.75	49571
电子计算器	亿台	0.10	16934	0.08	15642
电动机及发电机	亿台	5.14	426824	5.21	461097

9-7 续表

金额单位：万元

商品名称	数量单位	2016年		2017年	
		数量	金额	数量	金额
静止式变流器	亿个	4.70	1960235	5.00	2091401
原电池	亿个	16.25	109169	18.05	114682
蓄电池	万个	391.66	21418	51.69	11780
电话机	万台	12454.83	6577658	13262.54	8699807
扬声器	亿个	1.33	563878	1.72	689578
收音设备（包括收录音组合机）	万台	3258.03	425428	3443.14	444644
电视机	万台	178.05	400571	219.36	489793
#彩色电视机	万台	178.05	400571	219.36	489793
电视、收音机及无线电讯零附件	万吨	3.62	974471	3.17	1311683
电容器	万吨	0.92	445571	0.96	461562
通断及保护电路装置及零件	金额		1447350		1701959
二极管及类似半导体器件	亿个	691.64	445988	767.53	459003
电线和电缆	万吨	18.48	1376699	19.18	1528718
照相机	万架	552.97	142908	621.45	163779
医疗仪器及器械	金额		180117		219242
手表	万只	4549.32	107211	4355.13	118104
#电动手表	万只	4525.97	104788	4332.89	115762
家具及其零件	金额		2914422		3014296
灯具、照明装置及零件	金额		1515785		1317161
箱包及类似容器	万吨	16.88	1412598	15.50	1396400
服装及衣着附件	金额		3548516		3403264
#织物制服装	金额		3090101		2914542
裘皮服装	吨	78.17	8235	73.87	11465
帽类	万个	5450.92	120433	5311.61	116115
鞋	亿双	1.30	1516238	1.14	1457492
塑料制品	万吨	55.87	1276752	58.59	1500583
玩具	金额		1759532		1891342
贵金属或包贵金属的首饰	千克	15851.64	1644502	14975.15	46776

9-8 历年新签利用外资协议（合同）宗数

Number of Signed Agreements or Contracts of Utilization of Foreign Capital over Years

单位：宗

年　份	新签协议（合同）数	“三来一补”企业	“三资”企业
1979	184	184	
1980	415	415	
1981	555	553	2
1982	470	468	2
1983	454	447	7
1984	551	508	43
1985	625	514	111
1986	618	559	59
1987	824	729	95
1988	2048	1839	209
1989	939	779	160
1990	1267	1075	192
1991	1636	1268	368
1992	2232	1374	858
1993	3118	1773	1345
1994	2678	1521	1157
1995	3077	2094	983
1996	1678	1343	335
1997	1685	1492	193
1998	1383	1051	332
1999	1362	1135	227
2000	1276	871	405
2001	1395	705	690
2002	1391	524	867
2003	1524	392	1132
2004	1423	391	1032
2005	992	219	773
2006	786	177	609
2007	790	82	708
2008	588	35	553
2009	601	22	579
2010	875	6	869
2011	1325	1	1324
2012	690		690
2013	506		506
2014	465		465
2015	440		440
2016	446		446
2017	925		925

9-9 历年新签利用外资协议（合同）规定外商投资额

Amount of Signed Agreements or Contracts of Utilization of Foreign Capital over Years

单位：万美元

年份	协议（合同）规定外商投资额	"三来一补"企业	"三资"企业
1979	476	476	
1980	1055	1055	
1981	806	784	22
1982	787	771	16
1983	1616	841	775
1984	3217	1013	2204
1985	6815	1870	4945
1986	3398	1593	1805
1987	18513	14082	4431
1988	62173	42507	19666
1989	23365	9268	14097
1990	30180	12346	17834
1991	64483	19348	45135
1992	208825	29720	179105
1993	355515	54823	300692
1994	349703	47700	302003
1995	330920	97428	233492
1996	208861	62811	146050
1997	121351	62114	59237
1998	163677	58709	104968
1999	147247	69756	77491
2000	183633	69302	114331
2001	209779	56833	152946
2002	248914	47285	201629
2003	325633	59538	266095
2004	413216	124089	289127
2005	475238	166363	308875
2006	552758	197836	354922
2007	625088	176903	448185
2008	393701	134952	258749
2009	203040	41420	161620
2010	307282	47542	259740
2011	370189	19353	350836
2012	415522	34491	381031
2013	415614	11504	404110
2014	443973	12514	431459
2015	509080	3226	505854
2016	479046	5873	473173
2017	261769	986	260783

9-10 历年实际利用外资

Foreign Capital Actually Utilized over Years

单位：万美元

年 份	累计实际利用外资	当年实际利用外资		
			"三来一补"企业	"三资"企业
1979	173	173	173	
1980	1107	934	934	
1981	1642	535	528	7
1982	2357	715	668	47
1983	3258	901	871	30
1984	5175	1917	1233	684
1985	8069	2894	1511	1383
1986	11111	3042	1553	1489
1987	22370	11259	9185	2074
1988	46496	24126	17717	6409
1989	71445	24949	16559	8390
1990	95764	24319	14309	10010
1991	121918	26154	11478	14676
1992	168510	46592	13716	32876
1993	261938	93428	14181	79247
1994	366750	104812	26938	77874
1995	472415	105665	38418	67247
1996	579979	107564	38061	69503
1997	701406	121427	33467	87960
1998	835219	133813	40780	93033
1999	980951	145732	48620	97112
2000	1145663	164712	55975	108737
2001	1327225	181562	66841	114721
2002	1542073	214848	68980	145868
2003	1798409	256336	80936	175400
2004	2101839	303430	89555	213875
2005	2476978	375139	93023	146796
2006	2910751	433773	98543	180789
2007	3415146	504395	94365	211759
2008	3737716	322570	77902	244668
2009	4031873	294157	34758	259399
2010	4348160	316287	43116	273171
2011	4353694	321821	16769	305052
2012	4725598	371904	34966	336938
2013	5128533	402935	9160	393775
2014	5590667	462134	9215	452919
2015	6137505	546838	14856	531982
2016	6535890	398385	5768	392617
2017	6711928	176038	4145	171893

9-11 主要年份“三资”企业利用外资

Utilization of Foreign Capital of Enterprises with Foreign Investment in Main Years

项　　目	单　位	1990年	1995年	2000年	2005年	2010年	2015年	2016年	2017年
全部“三资”企业利用外资情况									
当年新签协议宗数	宗	192	983	405	773	869	440	446	925
本年止累计执行宗数	宗	591	2807	4012	6657	8338	10016	10240	11012
#已投产	宗	454	2629	3908	5870	7469	9561	9746	10087
项目（协议）终止宗数	宗	24	48	338	193	471	270	260	153
实际利用外资总额	万美元	18642	75853	115801	290553	277547	531982	392617	171893
引进设备价值	万美元	6619	50267	80215	118401	63822	15852	11508	16533
出口总值	万美元	13439	178351	835600	2353253	4426236	6371274	5918937	5915085
期末职工人数	万人	3.81	25.01	87.17	145.50	163.53	203.50	207.47	182.12
中外合作企业利用外资情况									
当年新签协议宗数	宗	72	195	19	2				1
本年止累计执行宗数	宗	237	730	705	337	184	107	104	103
#已投产	宗	177	682	700	299	184	107	104	102
项目（协议）终止宗数	宗	15	12	130	25	23	10	6	2
实际利用外资总额	万美元	5072	15159	10045	13529	1345	4264	2049	13
引进设备价值	万美元	2411	9320	5033	4060	651			
出口总值	万美元	2423	35718	92100	116157	117188	46676	39566	47080
期末职工人数	万人	1.02	5.82	13.57	10.38	3.50	1.49	2.11	1.07

注：本表2000年起出口总值是海关口径。

9-11 续表

项　　目	单　位	1990年	1995年	2000年	2005年	2010年	2015年	2016年	2017年
中外合资企业利用外资情况									
当年新签协议宗数	宗	93	378	29	31	18	43	52	71
本年止累计执行宗数	宗	338	1590	1690	712	507	502	553	613
#已投产	宗	251	1498	1650	668	489	459	525	542
项目（协议）终止宗数	宗	9	31	159	53	99	9	5	11
实际利用外资总额	万美元	13070	39659	23966	25672	36342	40981	5512	11814
引进设备价值	万美元	3920	25557	14365	4060	28850	2886	312	744
出口总值	万美元	10934	90357	248800	289344	348622	299587	276141	279740
期末职工人数	万人	2.69	13.51	24.68	17.95	11.60	9.57	11.20	12.74
外商独资企业利用外资情况									
当年新签协议宗数	宗	27	410	357	740	851	397	394	851
本年止累计执行宗数	宗	16	487	1614	5607	7641	9388	9583	10296
#已投产	宗	8	449	1555	4903	6790	8991	9313	9443
项目（协议）终止宗数	宗		5	49	115	349	251	249	140
实际利用外资总额	万美元	500	21035	79113	252194	239860	482771	243182	159267
引进设备价值	万美元	288	15390	58140	91288	34321	12966	11196	15788
出口总值	万美元	82	52276	494700	1947751	3960425	6025010	5603230	5588265
期末职工人数	万人	0.10	5.67	48.92	117.17	148.43	192.44	194.16	168.31

9-12 主要年份分方式、分国别（地区）实际利用外资

Foreign Capital Actually Utilized by Type and Countries（Regions）in Main Years

单位：万美元

项目	1990年	1995年	2000年	2005年	2010年	2015年	2016年	2017年
按引进方式分								
总计	10167	68438	164712	375139	316287	546841	398385	176038
外商直接投资	10010	67247	108737	282116	273171	531985	392617	171893
合资经营企业	5871	31314	18865	18195	32135	40981	36796	11814
合作经营企业	3645	14983	8305	12669	1176	4264	2049	13
外资（独资）经营企业	494	20950	78890	251252	239634	482771	347321	159267
外商投资股份公司			2677		226	3969	6451	799
外商其他投资	157	1191	55975	93023	43116	14856	5768	4145
国际租赁								
补偿贸易								
加工装配	157	1191	55975	93023	43116	14856	5768	4145
按国家和地区分								
总计	10167	67247	164712	375139	316287	546841	392617	171893
香港	10167	58333	88950	185214	182600	373441	271386	119541
澳门		13		44	442	389	798	710
台湾		3016	23722	130682	82674	100227	1323	24682
日本		391	7476	25253	12861	19413	735	8486
泰国		96	33	20		2	38	14
新加坡		822	3511	3994	6094	9070	4908	401
德国		3	1884	487	1488	250		
法国			89	20	688	881	43	
瑞士			546		127		410	
加拿大		46	15	99	568	4226	8	950
美国		3230	2391	8122	3309	8685	2085	6574
澳大利亚		56	14	48	61	215	81	152
韩国			2362	6958	5955	4970	3042	1270
利比亚			153					
英国		79		12	277	572	25	292
其他		1162	33566	14186	19143	24500	107735	8821

注：1995年分国别地区的外商投资额是外商直接投资额。

9-13 外商直接投资分行业情况（2016-2017年）

Foreign Direct Investment by Sector（2016-2017）

单位：万美元

行业	2016年			2017年		
	项目个数（个）	合同外资金额	实际投资金额	项目个数（个）	合同外资金额	实际投资金额
总计	446	473173	392617	925	260783	171893
农、林、牧、渔业	1	19858		1	30	15
采矿业	1	6518	776			
制造业	186	187114	169644	259	164940	111114
#纺织业	5	11948	9200	10	6684	3186
化学原料及化学制品制造业	7	584	1898	8	1804	1240
医药制造业	2	164	53	1	577	347
通用设备制造业	10	2472	5017	29	35925	3332
专用设备制造业	15	15785	14762	30	6128	2572
通信设备、计算机及其他电子设备制造业	32	27960	26625	39	27297	30120
电力、燃气及水的生产和供应业		46146	48105		9537	7638
建筑业	4	24048	6869	5	228	2
交通运输、仓储和邮政业	8	12763	6904	10	138	7013
信息传输、计算机服务和软件业	10	220	29	47	3600	31
批发和零售业	169	27463	23529	416	17239	11450
住宿和餐饮业	5	5200	16	10	1237	64
金融业				9	5460	
房地产业	9	16971	10018	17	14458	3350
#房地产开发经营	9	16971	10018			
租赁和商务服务业	25	125601	124282	85	39330	30967
科学研究、技术服务和地质勘查业	24	2291	2417	51	3849	169
居民服务和其他服务业	2	126	25	5	252	80
卫生、社会保障和社会福利业						
公共管理和社会组织						

9-14 主要年份宾馆酒店接待能力和接待人数

Capacity and Tourists Received by Hotels in Main Years

项目	单位	1990年	1995年	2000年	2005年	2010年	2015年	2016年	2017年
三星级以上宾馆（酒店）	家	3	16	30	63	82	54	36	32
三星级	家	3	16	23	27	35	18	8	6
四星级	家			6	22	25	17	12	12
五星级	家			1	14	22	19	16	14
客房（已评1星以上）	间	3793	7568	18024	18258	16631	12127	10354	9666
床位（已评1星以上）	张	8531	15136	30895	25014	24841	16444	14324	13176
开房率	%	60.2	68.8	61.9	58.9	58.1	54.0	57.4	59.2
全年接待人数	万人次	125	89	291	1156	2251	3199.09	3791.98	4141.85
国际及港澳台旅游者	万人次	27	27	106	169	327	373.40	399.54	403.67
#外国人	万人次	1	6	15	70	109	105.02	110.62	112.54
港澳台同胞	万人次	26	21	89	99	219	268.38	288.92	291.13
国内旅客	万人次	98	62	185	987	1924	2825.69	3392.43	3738.18
外出旅游人数	万人次					154	142.88	148.04	162.34
国内旅游人数	万人次					139	124.64	131.31	146.95
出国（境）游人数	万人次					15	18.24	16.72	15.39

9−15 历年旅游业情况

Basic Statistics on Tourism over Years

年份	三星级以上宾馆(酒店)(家)	客房(已评1星以上)(间)	床位(已评1星以上)(张)	开房率(%)	全年接待人数(万人次)	国际及港澳台旅游者	外国人	港澳台同胞	国内游客	国际旅游外汇收入(万美元)
1986					80	11		10	69	554
1987					107	19	1	18	87	453
1988		6435	7641	65.8	125	20		19	105	710
1989		3324	7376	64.8	115	18		18	97	504
1990		3793	8531	60.2	125	27	1	26	98	1025
1991		4004	8701	64.9	155	37	1	36	118	2443
1992		4042	8770	72.6	172	47	2	46	125	2473
1993		4258	8517	75.1	169	52	2	50	117	2888
1994		3542	7443	77.6	119	44	4	40	75	3464
1995	16	7568	15136	68.8	89	27	6	21	62	5679
1996	16	13409	26818	50.3	175	36	6	29	139	6464
1997	19	10420	19142	50.6	171	59	5	54	112	6778
1998	20	17428	31987	53.3	216	75	11	63	141	6601
1999	20	17931	25482	63.5	253	97	17	77	156	7055
2000	30	18024	30895	61.9	291	106	15	89	185	7617
2001	48	20572	32789	62.0	327	110	22	88	217	8200
2002	53	9427	14652	69.0	930	108	22	86	822	11847
2003	52	8170	12599	65.0	1086	80	24	56	1006	13825
2004	60	10530	14934	61.2	1131	149	66	83	982	23437
2005	63	18258	25014	58.9	1156	169	70	99	987	28189
2006	71	18258	25014	60.1	1363	193	81	112	1170	33180
2007	74	19023	26132	63.4	1725	248	102	146	1477	42702
2008	77	19510	26864	58.9	1872	268	103	165	1604	45614
2009	80	16332	24389	58.0	2037	286	104	182	1751	51756
2010	82	16631	24841	58.1	2251	327	109	219	1924	67592
2011	77	17899	24348	60.0	2615	357	121	236	2258	90975
2012	75	17254	23612	59.9	2744	415	135	280	2329	126924
2013	75	18611	24437	56.9	2826	418	138	280	2408	144981
2014	58	12855	16921	51.2	2791	356	122	234	2435	157493
2015	54	12127	16444	54.0	3199	373	105	268	2826	157743
2016	36	10354	14324	57.4	3792	400	111	289	3392	153117
2017	32	9666	13176	59.2	4142	404	113	291	3738	159582

注：国际旅游外汇收入1995年以前单位为万元（外汇券），1995年起为万美元。

主要统计指标解释

Explanatory Notes on Main Statistical Indicators

海关进出口总额 指实际进出我国国境的货物（包括贸易和非贸易）的价值总和。主要包括对外贸易实际进出口货物，来料加工装配、补偿贸易、进料加工进出口货物，国家间及国际组织无偿援助物资和赠送品，华侨、港澳台同胞和外籍华人捐赠品，租赁期满归承租人所有的租赁货物，边境地方贸易及边境地区小额贸易进出口货物（边民互市贸易除外），中外合资、合作经营企业、外商独资经营企业进出口货物和公用物品，到、离岸价格在规定限额以上的进出口货样和广告品（无商业价值、无使用价值和免费提供出口的除外），从保税仓库提取在中国境内销售的进出口货物，以及其他进出口货物。海关进出口总额反映一个国家在对外经济贸易方面实际进出口货物的总规模。

贸易出口 指由外贸进出口公司、工农贸易进出口公司和地方性的进出口公司由国家统一安排的出口、代理出口和自营、联营出口，其中包括进料加工出口，以及各进出口公司在国内以外汇结算方式售给友谊商店、华侨商店、出国人员服务公司和中外合资、合作经营和外资企业等的出口商品。

“三来一补”出口 指来料加工装配出口按工缴费计算，中小型补偿贸易按金额计算。

“三资”企业出口 指三资企业自己出口的本企业产品。不包括委托外贸进出口公司出口的商品。

利用外资 指我国各级政府、部门、企业和其他经济组织通过对外借款、吸收外商直接投资以及向境外发行债券、股票等方式筹措的境外资金。

外资的形式可以是现汇、实物、工业产权或专有技术等有形资本和无形资本。

我国自有外汇如国家外汇、中国银行等金融机构用自有资金发放的外汇贷款等，华侨、港澳同胞的捐赠，联合国或其他国际组织的无偿赠送资金、无偿援建的项目均不属于外资范围。

利用外资的方式有：对外借款，外国（或港澳地区）企业和经济组织或个人在我国境内开办独资企业，与我国境内的企业或组织共同开办合资企业合作经营（企业）项目或合作开发资源，以及补偿贸易、国际租赁等。

外商直接投资 指外国企业和经济组织或个人（包括华侨、港澳同胞以及我在境外注册的企业）按我国有关政策、法规，在我国境内开办外商独资企业，与我国境内的企业或经济组织共同举办中外合资企业、合作经营企业或合作开发资源的投资以及外商从企业得到收益的再投资。

新口径合同利用外资 根据2003年修订的《利用外资统计制度》，明确指出合同外资的统计指外商直接投资（三资企业）企业设立时，根据合同（章程）规定，外方投资者应缴付的注册资本。

国际旅游（外汇）收入 指国内各部门为来我国旅游的外国人、华侨、港澳和台湾同胞提供商品和劳务而得到的外汇收入。包括供应商品、饮食和提供住宿、交通、邮电、文化娱乐、导游等各项服务所得的全部外汇收入。

十、财政、金融与保险

Finance, Banking and Insurance

10−1 主要年份财政收支主要指标

Main Indicators of Government Revenue and Expenditure in Main Years

单位：万元

项　　目	1978年	1980年	1985年	1990年	2000年	2005年
财政收入						
来源于东莞的财政收入	6604	6710	11118	35719	1035561	3319079
中央财政收入					617151	1935069
#关税和海关代征税					273972	483327
省级财政收入					113681	344330
一般公共预算收入	6604	6710	11118	35719	304730	1039680
工商税收						
工商税收总额					867584	2923001
国税（不含关税）					607216	1849818
地税					260368	1073183
财政支出						
一般公共预算支出	1792	2015	4999	22779	336102	1170427
#基本建设支出					27426	276646
企业挖潜改造支出		88	15	37	1584	9107
科技三项费用支出		7		140	9963	31572
农林水气部门事业费支出		304	1154	3261	40097	62181
工交部门事业费支出		2	7	180	192	20499
城市维护费支出		31	219	1350	41267	162370
科教文卫体事业费支出		1051	2139	7357	86737	210620
#科学事业费				404	936	3956
教育事业费		760	1504	3786	68194	171055
卫生事业费		185	262	743	12083	11469
体育事业费		18	50	827	1517	2860
抚恤和社会福利救济支出		75	132	368	2888	8335
行政管理费支出		293	320	1324	29817	102296
公检法司支出			92	740	46446	166055

注：1. 1995年及以前年份，来源于东莞的财政收入不含关税。
　　2. 从2007年起财政收支按新的分类项目，在10−1续表中反映。

10-1 续表

单位：万元

指　　标	2010年	2015年	2016年	2017年
来源于东莞的财政收入	7851003	11554989	15691913	16472449
一般公共预算收入	2778404	5179682	5447543	5920682
#增值税	626301	1421654	1659498	2047853
营业税	458712	538241	330255	4487
企业所得税	247986	396494	467438	621889
个人所得税	110441	144828	197378	268924
房产税	92706	184115	134380	280333
契税	186994	354276	481239	333640
罚没收入	78400	88266	69064	113588
一般公共预算支出	2898306	5812410	5992899	6676462
#一般公共服务	269505	470871	636650	644053
公共安全	388243	635334	815375	850815
教育	653090	1309337	1429470	1475796
科学技术	79830	308338	279373	339579
社会保障和就业	264017	529597	352863	444371
农林水事务	229613	312956	283313	379340
交通运输	90609	542551	244051	356798
税收总额	6887249	14130921	17049638	20106327
#国税	4394366	9552458	12296585	15058005
地税	2492883	4578463	4753053	4777654

注：1．2009及以前年份，国税不含海关代征税。
2．2010年及以前年份，地税不含契税和耕地占用税。
3．2011年起，来源于东莞的财政收入含政府性基金和出口退税。

10-2 历年财政收支

Basic Conditions of Local Government General Budgetary Revenue and Expenditure over Years

单位：万元

年份	一般公共预算收入						一般公共预算支出	
	总量	增长速度(%)	#各项税收	工商税收	专项收入	其他收入	总量	增长速度(%)
1978	6604		6595	5826		9	1792	
1979	6634	0.5	6625	5725		9	1908	6.5
1980	6710	1.1	6699	5785		11	2015	5.6
1981	6823	1.7	6805	5942		18	2139	6.2
1982	8103	18.8	8068	7184		35	2612	22.1
1983	8578	5.9	8501	7599		77	2804	7.4
1984	8469	-1.3	8385	7442		84	3013	7.5
1985	11118	31.3	10998	9708		120	4999	65.9
1986	16053	44.4	15865	14574	45	143	9916	98.4
1987	20221	26.0	19989	18551	50	182	12512	26.2
1988	27076	33.9	26837	25309	76	163	17475	39.7
1989	31888	17.8	30997	29331	116	775	21623	23.7
1990	35719	12.0	33544	31911	686	1489	22779	5.3
1991	44374	24.2	41659	39302	913	1802	27499	20.7
1992	56204	26.7	52620	48272	1351	2233	38162	38.8
1993	93828	66.9	88920	83462	1947	2961	72910	91.1
1994	76940	-18.0	70451	60889	2697	3792	88984	22.0
1995	115618	50.3	106388	95463	4070	5160	124173	39.5
1996	96541	-16.5	85648	74323	4470	6423	124059	-0.1
1997	114069	18.2	96980	85245	4794	12295	148510	19.7
1998	151012	32.4	123816	106700	5693	21503	179064	20.6
1999	182577	20.9	159873	134852	8759	13945	212641	18.8
2000	304730	66.9	265565	248159	14709	24456	336102	58.1
2001	450163	47.7	402668	381660	18356	29139	478646	42.4
2002	552933	22.8	489780	467998	26438	36715	649606	35.7
2003	674461	22.0	575342	536390	30710	68409	765190	17.8
2004	721959	7.0	707954	655571	35273	83162	941554	23.0
2005	1039680	44.0	879653	797038	36423	123604	1170427	24.3
2006	1289445	24.0	1077152	990029	49285	163008	1478955	26.4
2007	1864468	44.6	1652620	1291335	55863	155985	1930968	30.6
2008	2092248	12.2	1682270	1555499	60590	349388	2182626	13.0
2009	2311555	10.5	1822650	1618514	60007	428899	2326216	6.6
2010	2778404	20.2	2217675	1950773	72153	488576	2898306	24.6
2011	3130639	12.7	2433937	2171228	133951	562751	3519171	21.4
2012	3563245	13.8	2792883	2514813	159582	610780	3855844	9.6
2013	4092897	14.9	3318201	2938124	221062	553634	4446589	15.3
2014	4552119	11.2	3651289	3364746	233430	667400	4576816	2.9
2015	5179682	10.2	3995152	3564401	412612	771918	5812410	27.0
2016	5447543	8.2	4311691	3786326	420802	715050	5992899	3.1
2017	5920682	11.2	4789158	4420501	486407	645117	6676462	11.4

10-3 税务登记情况及税种征收情况（2016-2017年）

Taxes (2016-2017)

指　　标	国税		地税	
	2016年	2017年	2016年	2017年
税务登记情况（户）	545448	447754	599349	697144
#国有企业	403	342	410	374
集体企业	3296	2815	5780	3622
私营企业	117079	152815	116459	171966
港澳台投资企业	7798	8165	8599	9692
外商投资企业	5475	4782	4828	5156
个体经营	274336	278835	306835	306820
工商税收总额（万元）	12296585	15060027	4753053	4777654
#国有企业	29855	44031	29129	16894
集体企业	39902	55123	140603	111854
私营企业	1850349	25900051	844884	988969
港澳台投资企业	1893012	2004531	675034	834119
外商投资企业	1489155	1659205	496505	587961
个体经营	586401	636589	564061	523027
#增值税	6634259	8199383	23792	74170
消费税	117666	122192		
营业税			905558	17948
企业所得税	1447045	1928623	926138	1237342
个人所得税	5	5	986884	1344614
房产税			134380	280332
印花税			121790	139771
城镇土地使用税			81669	169426
土地增值税			515104	515756
车船税			92532	105713
车辆购置税	443156	495119		
#第一产业	809	1604	1515	2552
第二产业	6002223	7119150	1533297	1995921
#采矿业	1057	934	2951	1759
制造业	5612772	6623731	1210511	1859438
农副食品加工业	17818	26054	10438	13238
食品制造业	96119	79729	30668	27974
酒、饮料和精制茶制造业	29977	30881	20131	16286
烟草制品业				
纺织业	146942	135618	15667	22396
纺织服装、服饰业	267495	235003	35304	40576
皮革、毛皮、羽毛及其制品和制鞋业	209803	201371	27431	42072
木材加工和木、竹、藤、棕、草制品业	24223	28072	3271	11294
家具制造业	147072	164223	18306	34896
造纸和纸制品业	202783	309504	51326	104896

10−3 续表

单位：万元

指　　标	国税		地税	
	2016年	2017年	2016年	2017年
印刷和记录媒介复制业	98745	104588	18643	21699
文教、工美、体育和娱乐用品制造业	175956	149840	28760	44151
石油加工、炼焦和核燃料加工业	15295	15428	1361	1028
化学原料和化学制品制造业	112544	118333	22682	24750
医药制造业	28930	33912	8610	10260
化学纤维制造业	9732	10355	630	1047
橡胶和塑料制品业	469807	495880	70113	114537
非金属矿物制品业	94639	109415	13510	23428
黑色金属冶炼和压延加工业	2333	3793	1867	2099
有色金属冶炼和压延加工业	8167	9887	2831	3386
金属制品业	482521	589457	73106	138496
通用设备制造业	225920	343544	23652	36204
专用设备制造业	222665	275417	41246	49532
汽车制造业	79754	89305	10094	11830
铁路、船舶、航空航天和其他运输设备制造业	13683	13596	7722	5845
电气机械和器材制造业	458035	507526	96543	129633
计算机、通信和其他电子设备制造业	1748311	2206256	459968	778429
仪器仪表制造业	82655	82987	12630	17106
其他制造业	139384	244009	103660	131568
废弃资源综合利用业	1464	2012	341	328
金属制品、机械和设备修理业		7736		454
电力、燃气及水的生产和供应业	250222	232033	45968	45380
建筑业	138172	262452	273867	89344
房屋建筑业	30207	50945	28248	19908
土木工程建筑业	10665	18718	3671	5107
建筑安装业	62065	115840	162973	38820
建筑装饰和其他建筑业	35235	76949	78975	25509
第三产业	6293553	7939273	3218241	2779181
#交通运输、仓储及邮政业	76004	96842	213167	256925
信息传输、软件和信息技术服务业	47517	57746	42214	56446
批发和零售业	997480	1282129	39618	21544
住宿和餐饮业	19436	31531	146117	38882
金融业	360456	479390	427032	306465
房地产业	410213	701599	1396651	1118346
租赁和商务服务业	133187	257255	217141	272294
科学研究和技术服务业	67734	165653	34443	46404
水利、环境和公共设施管理业	5600	7728	21082	31256
居民服务、修理和其他服务业	109136	108810	137349	177464
教育	5918	5902	10797	13412
卫生和社会工作	5840	9745	11030	15285
文化、体育和娱乐业	4482	5266	10883	13396
公共管理、社会保障和社会组织	274304	1281	510615	411013
其他行业	3776246	4728396	21184	49

10-4 历年金融机构各项存贷款余额

Deposits and Loans in All Financial institutions over Years

单位：万元

年 份	各项本外币存款余额	#住户存款	各项本外币贷款余额	各项人民币存款余额	#住户存款	各项人民币贷款余额
1978	10496	5410	19607	10496	5410	19607
1979	14875	7185	21302	14875	7185	21302
1980	26093	11718	30797	26093	11718	30797
1981	38003	20339	40243	38003	20339	40243
1982	45120	27650	45525	45120	27650	45525
1983	60547	38597	57618	60547	38597	57618
1984	110265	61823	121891	110265	61823	121891
1985	134867	91941	142437	134867	91941	142437
1986	195948	131352	206813	195948	131352	206813
1987	284819	189654	312431	284819	189654	312431
1988	380511	249134	415818	380511	249134	415818
1989	468203	325670	493737	468203	325670	493737
1990	680696	455140	630355	680696	455140	630355
1991	1029899	679935	852849	949713	614737	783957
1992	1577735	895260	1185126	1473354	815404	1059794
1993	1946346	1186421	1512129	1795701	1071713	1338033
1994	2737104	1700582	1990311	2497834	1515445	1709945
1995	4114645	2526179	2828201	3836761	2329685	2548512
1996	5201272	3392956	3404854	4896463	3180215	3128076
1997	7083202	4507195	4076237	6711687	4258238	3826560
1998	9166048	5724445	4641324	8640053	5337482	4427394
1999	11169344	6740770	5426244	10408377	6163430	5243735
2000	13277901	7537819	6421906	12286706	6720704	6308405
2001	15659074	8868348	7656842	14586491	7991768	7501801
2002	19024082	10930292	9517967	17901799	10016909	9334054
2003	22377551	13173589	12472347	21267775	12310616	12067237
2004	25769443	15142762	14502244	24628693	14316777	14052461
2005	30367695	17966871	15404787	29334026	17282760	15005217
2006	34643620	20739887	17752094	33656508	20133979	17305554
2007	38433605	21640637	22179330	37518345	21207413	21547660
2008	44602450	26775123	24328833	43545340	26380433	23803585
2009	50949212	29455910	30170741	49866108	29045704	29037984
2010	60778667	34258874	34419920	59433885	33868535	33298244
2011	67566598	37503559	38609164	66093904	37109919	37160847
2012	76912423	42469653	44468248	74304570	42042032	41956074
2013	88749114	45175855	49894985	86307325	44764310	47742282
2014	93232801	46482691	55623579	90699213	46067942	53316348
2015	99687961	46306942	59808985	97362437	45913850	58160376
2016	115450990	49435649	65456575	111984273	48829068	64024779
2017	124979678	51607075	69862641	118366589	51034188	68554427

注：2015年起，“城乡居民储蓄存款余额”改名为“住户存款”，口径有变，数据与往年不可比。

10-5 保险行业主要指标

Main Indicators of Insurance

指　　标	单位	2010年	2011年	2012年	2013年	2014年	2015年	2016年	2017年
保险公司	家	37	38	46	52	52	54	56	62
保险业从业人员	人	27281	28064	33449	40867	43886	57664	71226	76161
保费收入	万元	1597166	1636513	1776566	2071338	2580654	3053737	4726882	4682661
寿险类	万元	1129950	1085528	1166113	1355224	1731887	2062920	3650822	3439725
#传统寿险	万元	72494	72212	79299	110599	465876	717225	1351292	1617759
分红险	万元	867738	813006	966343	1072335	1026853	945344	1015713	1128731
万能险	万元	110035	18650	17032	16823	18354	16280	307938	16859
投连险	万元	18953	805	724	680	768	827	883	934
意外险	万元	18718	23730	27899	37653	54475	79625	104923	127916
健康险	万元	42012	57507	74816	117135	165561	303619	870073	547526
财险类	万元	467216	550985	610453	716114	848797	990817	1076060	1242937
#机动车险	万元	400405	460241	515282	612210	722660	852862	945118	1050212
企财险	万元	32123	34107	32135	35318	35246	32487	31770	33162
家财险	万元	1832	1806	1476	1761	1482	1634	2379	2182
货运险	万元	4576	6917	7164	5695	6218	3622	3648	3291
责任险	万元	9772	10516	12930	16584	19837	22055	27050	31091
短健险	万元	4289	7222	6924	7268	7382	8362	7998	9727
短意险	万元	11073	10271	11959	13650	14914	17525	20409	27178
农业险	万元	55	35	61	130	25	27	47	117

主要统计指标解释

Explanatory Notes on Main Statistical Indicators

一般公共预算收入　指国家财政参与社会产品分配所取得的收入，是实现国家职能的财力保证，主要包括：

（1）各项税收：包括国内增值税、国内消费税、进口货物增值税和消费税、出口货物退增值税和消费税、营业税、企业所得税、个人所得税、资源税、城市维护建设税、房产税、印花税、城镇土地使用税、土地增值税、车船税、船舶吨税、车辆购置税、关税、耕地占用税、契税、烟叶税等。

（2）非税收入：包括专项收入、行政事业性收费、罚没收入和其他收入。

一般公共预算支出　指国家财政将筹集起来的资金进行分配使用，以满足经济建设和各项事业的需要。主要包括：一般公共服务、外交、国防、公共安全、教育、科学技术、文化体育与传媒、社会保障和就业、医疗卫生、环境保护、城乡社区事务、农林水事务、交通运输、资源勘探电力信息等事务、商业服务等事务。

信贷资金　指金融机构以信用方式积聚和分配的货币资金。金融机构信贷资金的来源有各项存款、金对国际金融机构负债、流通中现金、银行自有资金及当年结益等；信贷资金的运用有各项贷款、黄金占款、外汇占款、财政借款及在国际金融机构中的资产等。

存款　指机构或个人在保留资金或者货币所有权的条件下，以不可流通的存款凭证为依据，暂时让渡或者接受资金使用权所形成的债权或者债务。存款对象或性质的不同可划分为单位存款、个人存款、财政性存款等项目。

贷款　指机构或个人在保留资金或者货币所有权的条件下，以不可流通的贷款凭证或类似凭证为依据，暂时让渡或者接受资金使用权所形成的债权或者债务。贷款分单位贷款、个人贷款、融资租赁等项目。

住户存款　个人客户在其他存款性公司开立账户并存入资金或者货币，由其他存款性公司出具存款凭证，个人客户凭存款凭证可以支取本金或利息的存款。

保费　指投保人为取得保险人在约定范围内所承担赔偿责任而支付给保险人的费用。

十一、人民生活

People's Living Conditions

11-1 主要年份人民生活主要指标

Basic Statistics on People's Living Conditions in Main Years

指　　标	单位	1985年	1990年	1995年	2000年	2005年	2010年	2015年	2016年	2017年
全市职工年平均工资	元				7765	10639	16108	41864	46242	53446
城镇在岗职工年平均工资	元	1456	3552	9682	14051	28253	46576	53221	57649	61619
国有单位	元	1400	3600	9390	16371	37919	57275	91982	109565	116358
城镇集体单位	元	1501	3507	7507	10475	15958	27391	63105	72895	88696
其他各种单位	元	1571	3525	7891	14218	20882	37803	50487	54026	57742
城镇常住居民人均可支配收入	元	791	2508	9588	14142	22882	35690	39793	43096	46739
城镇常住居民人均消费性支出	元	689	2038	9220	12529	21768	25733	29001	30688	32498
食品烟酒	元	493	1295	3644	4048	6035	8732	9625	9966	10533
衣着	元	28	95	604	487	1285	1706	1637	1836	1834
居住	元	58	184	1084	1218	1242	2089	4870	5407	5716
生活用品及服务	元	48	153	694	623	1165	1771	1643	1688	1780
医疗保健	元	14	42	258	431	811	1294	1315	1344	1505
交通通信	元	4	25	1562	3309	7482	5925	5820	6146	6589
教育文化娱乐	元	21	113	991	1517	3205	3443	3168	3383	3526
其他用品和服务	元	23	131	383	896	543	773	924	917	1016
农村常住居民人均可支配收入	元	803	1542	4769	8484	13076	20486	24225	26526	29078
农村常住居民人均消费性支出	元						11842	19889	21539	23090
居民人均可支配收入	元							38651	41902	45451
居民人均消费性支出	元							28256	29906	31849

注：1．2012年起城镇在岗职工含劳务派遣人员；2013年起，将原属于乡镇企业且符合城镇非私营单位条件的“四上”企业纳入城镇单位从业人员及工资统计的范围，下同。

2．全市职工年平均工资调查范围为东莞市辖区内除农户以外各类经济实体。

3．按照国家统计局的统一部署，自2012年12月起正式启动城乡住户调查一体化改革工作。2014年起正式对外发布全体居民人均可支配收入和消费性支出指标。新口径指标将原城市居民人均可支配收入改为城镇常住居民人均可支配收入，农民人均纯收入改为农村常住居民人均可支配收入，与往年数不可比，下同。

11-2 历年城镇在岗职工工资总额与平均工资

Total and Average Wage of Employed Persons in Urban Areas over Years

年 份	工 资 总 额 (万元)	国 有 单 位	城镇集 体单位	其 他 单 位	平 均 工 资 (元)	国 有 单 位	城镇集 体单位	其 他 单 位
1978	4485	2911	1574		474	630	325	
1979	5869	3611	2258		650	708	574	
1980	7255	4210	3045		750	867	632	
1981	9416	5000	4416		887	979	801	
1982	11839	6440	5399		1095	1089	1102	
1983	12808	6834	5974		1197	1138	1273	
1984	14963	7002	7961		1383	1333	1431	
1985	17260	7619	9238	403	1456	1400	1501	1571
1986	20980	10336	10026	618	2616	1698	1525	1940
1987	27610	12300	14159	1151	2067	2028	2094	2166
1988	35007	17931	14854	2222	2757	2942	2588	2574
1989	42947	20340	20808	1799	3320	3355	3295	3236
1990	46780	22321	21012	3447	3552	3600	3507	3525
1991	54002	24456	23268	6278	3777	3841	3674	3933
1992	68360	30469	28886	9005	4531	4610	4404	4696
1993	107088	47088	40171	19829	6228	7007	5583	6044
1994	131160	61869	49323	19968	8360	9390	7507	7891
1995	171543	75157	51398	44988	9682	10802	8007	10367
1996	178968	83372	52581	43015	10382	11623	8658	10775
1997	175156	87890	47185	40081	10691	12160	8774	10610
1998	187636	98109	50302	39225	11422	13123	9362	10959
1999	204550	109437	52217	42896	12557	14601	9966	12062
2000	229404	125711	53903	49790	14051	16371	10475	14218
2001	261645	152564	52645	56436	16183	19869	11001	15238
2002	291778	165611	58907	67260	17804	22228	11640	17348
2003	362935	230464	55866	76605	22598	29773	12940	19140
2004	432893	282512	62898	87483	25326	35163	13954	19223
2005	518216	349572	70872	97772	28253	37919	15958	20882
2006	608670	413718	74637	120315	31135	41457	17174	23032
2007	707007	487826	74408	144773	35284	46197	18807	26218
2008	809893	570134	82432	157327	39516	51441	20833	28838
2009	944243	639161	76001	229081	42585	56129	22077	31195
2010	1029873	678673	96664	254537	46576	57275	27391	37803
2011	1229001	826777	104824	297400	50398	61504	30549	39591
2012	1434133	960274	126456	347404	57007	66857	35977	47726
2013	10499782	1138596	218818	9142369	42870	75846	38409	40776
2014	11319163	1189178	226508	9903477	47600	78384	47024	45469
2015	12308012	1288341	255177	10764494	53221	91982	63105	50487
2016	13160504	1511235	235480	11413789	57649	109565	72895	54026
2017	14844731	1643574	304130	12897027	61619	116358	88696	57742

11-3 城镇在岗职工工资总额及平均工资(2017年，按经济类型、行业分)

Total and Average Wage of Fully Employed Persons in Urban Areas (2017, by Status of Registration and Sector)

项目	工资总额(万元)	国有单位	城镇集体单位	其他单位	平均工资(元)	国有单位	城镇集体单位	其他单位
总计	14844731	1643574	304130	12897027	61619	116358	88696	57742
按企业、事业和机关分								
企业	13369560	247145	276026	12846389	58914	162360	90441	57773
事业	806166	803065	938	2163	112492	112676	75016	81011
机关	593365	593365			108363	108363		
按国民经济行业分								
农、林、牧、渔业	3450	3262		188	124556	122635		171000
工业	10780396	2418	34272	10743705	56219	51015	42734	56277
建筑业	293455	991	21957	270507	56664	86174	58288	56465
交通运输、仓储和邮政业	208793	46913	1847	160033	72887	115748	55979	65958
信息传输、软件和信息技术服务业	217599	100	791	216708	97604	142429	66454	97757
批发和零售业	430518	1688	6765	422066	61681	131836	46815	61865
住宿和餐饮业	110821		1582	109238	40664		40058	40673
金融业	453563	193551	164854	95158	173341	176921	180128	156665
房地产业	235008	232	4977	229799	78501	144688	63316	78874
租赁和商务服务业	289449	6207	36827	246416	58072	147425	50351	58520
科学研究、技术服务业	157616	14246	5760	137610	98899	133890	173485	94636
水利、环境和公共设施管理业	17357	2957		14400	37838	64276		34892
居民服务、修理和其他服务业	44714	821	26	43867	34627	67810	52600	34306
教育	449230	354823		94407	108264	129106		67381
卫生和社会工作	506590	399728	23953	82909	104791	104583	94490	109278
文化、体育和娱乐业	42222	11688	519	30014	67512	80277	58348	63738
公共管理、社会保障和社会组织	603951	603951			107798	107798		
国际组织								

11-4 主要年份各种分组的城镇在岗职工平均工资

Average Wage of Employed Persons in Urban Areas by Item in Main Years

单位：元

项　　目	1985年	1990年	1995年	2000年	2005年	2010年	2015年	2016年	2017年
职工平均工资	1456	3552	9682	14051	28253	46576	53221	57649	61619
按经济类型分									
国有单位	1400	3600	10802	16371	37919	57275	91982	109565	116358
城镇集体单位	1501	3507	8007	10475	15958	27391	63105	72895	88696
其他单位	1571	3525	10367	14218	20882	37803	50487	54026	57742
按国民经济行业分									
农、林、牧、渔业	1312	3639	12412	14000	37046	61606	99510	126208	124556
工　业	1450	3481	8945	12316	18371	30418	48893	52658	56219
建筑业	2052	3813	9125	9820	18385	31020	47757	52982	56664
交通运输、仓储和邮政业					31989	40809	61710	69238	72887
信息传输、软件和信息技术服务业					71801	110207	124608	116202	97604
批发和零售业					28565	38986	50656	54056	61681
住宿和餐饮业					18257	21955	34957	38441	40664
金融业	1500	3303	13254	20560	40655	94569	176578	167117	173341
房地产业	1779	4414	11184	17993	34805	53939	74262	80058	78501
租赁和商务服务业					29824	47505	52828	56364	58072
科学研究、技术服务业					37423	51017	84770	89573	98899
水利、环境和公共设施管理业					34573	51426	44510	35692	37838
居民服务、修理和其他服务业					44853	56776	32474	34252	34627
教育					27255	37734	89780	95429	108264
卫生和社会工作					37991	52867	86091	103825	104791
文化、体育和娱乐业					37710	58317	58686	67158	67512
公共管理、社会保障和社会组织	1519	3666	12347	15424	37888	56817	79271	102374	107798
国际组织									

11-5 各种经济类型分行业城镇在岗职工工资总额、平均工资(2016-2017年)

Total and Average Wage of Employed Persons in Urban Areas by Status of Registration and Sector (2016-2017)

项　　目	国有经济		城镇集体经济		其他经济类型	
	2016年	2017年	2016年	2017年	2016年	2017年
职工工资总额(万元)	1511235	1643574	235480	304130	11413789	12897027
农、林、牧、渔业	2964	3262			254	188
工业	3137	2418	42928	34272	9713550	10743705
建筑业	789	991	21637	21957	186128	270507
交通运输、仓储和邮政业	49816	46913	389	1847	141439	160033
信息传输、软件和信息技术服务业	1212	100		791	122567	216708
批发和零售业	2187	1688	6149	6765	308137	422066
住宿和餐饮业			1996	1582	99916	109238
金融业	170022	193551	98110	164854	131678	95158
房地产业	213	232	4652	4977	201932	229799
租赁和商务服务业	7753	6207	32302	36827	198855	246416
科学研究、技术服务业	13201	14246	5050	5760	98185	137610
水利、环境和公共设施管理业	2938	2957	598		11112	14400
居民服务、修理和其他服务业	805	821	26	26	43382	43867
教育	298078	354823	142		60471	94407
卫生和社会工作	384174	399728	20742	23953	65777	82909
文化、体育和娱乐业	13560	11688	760	519	30407	30014
公共管理、社会保障和社会组织	560386	603951				
国际组织						
职工平均工资(元)	109565	116358	72895	88696	54026	57742
农、林、牧、渔业	135963	122635			68730	171000
工业	49946	51015	40517	42734	52729	56277
建筑业	62126	86174	64243	58288	51892	56465
交通运输、仓储和邮政业	121533	115748	41860	55979	60220	65958
信息传输、软件和信息技术服务业	113224	142429		66454	116232	97757
批发和零售业	166969	131836	43032	46815	54072	61865
住宿和餐饮业			38901	40058	38432	40673
金融业	168991	176921	165084	180128	166261	156665
房地产业	142000	144688	65701	63316	80425	78874
租赁和商务服务业	103791	147425	48575	50351	56832	58520
科学研究、技术服务业	130061	133890	167222	173485	84048	94636
水利、环境和公共设施管理业	62782	64276	45626		31703	34892
居民服务、修理和其他服务业	64424	67810	51000	52600	33951	34306
教育	107980	129106	49034		60756	67381
卫生和社会工作	105929	104583	84455	94490	99481	109278
文化、体育和娱乐业	85934	80277	92695	58348	60813	63738
公共管理、社会保障和社会组织	102374	107798				
国际组织						

11-6 国有企、事业和机关单位城镇在岗职工工资总额及平均工资(2017年)

Total and Average Wage of Employed Persons in Urban State-owned Enterprises, Institutions and Government Agencies (2017)

项目	单位从业人员劳动报酬(万元)	在岗职工工资总额	其他从业人员工资总额	在岗职工平均工资(元)
总计	1654479	1643574	10905	116358
按企事业机关分				
企业	247805	247145	660	162360
#地方	196018	195399	620	156244
事业	806624	803065	3559	112676
#地方	803937	800378	3559	112596
机关	600050	593365	6685	108363
#地方	600050	593365	6685	108363
按行业分				
农、林、牧、渔业	3289	3262	27	122635
工业	2502	2418	84	51015
建筑业	991	991		86174
交通运输、仓储和邮政业	47195	46913	282	115748
信息传输、软件和信息技术服务业	100	100		142429
批发和零售业	1688	1688		131836
住宿和餐饮业				
金融业	194011	193551	460	176921
房地产业	241	232	10	144688
租赁和商务服务业	6220	6207	14	147425
科学研究、技术服务业	14478	14246	232	133890
水利、环境和公共设施管理业	2957	2957		64276
居民服务、修理和其他服务业	821	821		67810
教育	354833	354823	10	129106
卫生和社会工作	402319	399728	2592	104583
文化、体育和娱乐业	11791	11688	103	80277
公共管理、社会保障和社会组织	611044	603951	7093	107798
国际组织				

11-7 工业、建筑业城镇在岗职工工资总额和平均工资（2016-2017年）

Total and Average Wage of Employed Persons in Urban Industrial and Construction Units (2016-2017)

项目	2016年		2017年	
	工资总额（万元）	平均工资（元）	工资总额（万元）	平均工资（元）
工业总计	9759614	52658	10780396	56219
按经济类型分				
国有单位	3137	49946	2418	51015
城镇集体单位	42928	40517	34272	42734
其他各种单位	9713550	52729	10743705	56277
按工业行业分(大类)				
农副食品加工业	32997	67148	35730	77894
食品制造业	66350	42625	73318	52475
酒、饮料和精制茶制造业	42342	75543	29915	62702
烟草制品业				
纺织业	129542	48841	147776	53731
纺织服装、服饰业	389908	44623	375005	48090
皮革、毛皮、羽毛及其制品和制鞋业	643183	46070	581871	46938
木材加工和木、竹、藤、棕、草制品业	8255	46557	11064	49351
家具制造业	256318	47845	283244	50289
造纸和纸制品业	215920	56042	240315	58915
印刷和记录媒介复制业	199780	50083	229597	54575
文教、工美、体育和娱乐用品制造业	605768	43462	651756	45509
石油加工、炼焦和核燃料加工业	1808	75333	3821	86843
化学原料和化学制品制造业	122503	75188	129097	75451
医药制造业	22078	77986	22096	73433
化学纤维制造业	7210	51245	5851	52427
橡胶和塑料制品业	733317	50664	839253	53578
非金属矿物制品业	110048	54977	134890	59371
黑色金属冶炼和压延加工业	16290	57460	16210	65416
有色金属冶炼和压延加工业	29463	47066	39800	52486
金属制品业	554246	54567	682037	58010
通用设备制造业	435433	59434	472994	60389
专用设备制造业	377878	57049	486568	60003
汽车制造业	132916	69386	158684	73153
铁路、船舶、航空航天和其他设备制造业	45495	64587	47664	67388
电气机械和器材制造业	935596	49484	1076153	53230
计算机、通信和其他电子设备制造业	3260633	55934	3565880	60356
仪器仪表制造业	255951	53890	325812	61508
其他制造业	52012	50853	44796	51020
废弃资源综合利用业	211	47932	717	55115
电力、热力生产和供应业	39743	109877	18765	96428
燃气生产和供应业	8306	95356	15862	104215
水的生产和供应业	27369	62990	29642	66299
建筑业总计	208554	52982	293455	56664
国有单位	789	62126	991	86174
城镇集体单位	21637	64243	21957	58288
其他单位	186128	51892	270507	56465

11-8 历年城乡居民收入

Income of Households over Years

单位：元

年 份	全体居民人均可支配收入	城镇常住居民人均可支配收入	农村常住居民人均可支配收入
1978			149
1979			188
1980			272
1981			463
1982			567
1983			618
1984			691
1985		791	803
1986		1033	951
1987		1247	1142
1988		1778	1325
1989		2282	1424
1990		2508	1542
1991		3068	1673
1992		4026	2290
1993		5970	2903
1994		8270	3769
1995		9588	4769
1996		10824	5554
1997		11032	6132
1998		11506	6830
1999		12954	7704
2000		14142	8484
2001		16938	9383
2002		16949	10178
2003		18471	11033
2004		20526	11941
2005		22882	13076
2006		25320	14313
2007		27025	15747
2008		30275	16904
2009		33045	18098
2010		35690	20486
2011		39513	22842
2012		42944	24944
2013		46594	27214
2014	35712	36764	22327
2015	38651	39793	24225
2016	41902	43096	26526
2017	45451	46739	29078

注：本表城镇居民人均可支配收入1997年以前是生活费收入口径，1997年起是可支配收入口径，2014年起为新口径，下同。

11-9 历年城镇常住居民人均可支配收入

Income of Urban Households over Years

单位：元

年　份	可支配收入	工资性收入	经营净收入	财产净收入	转移净收入
1985	791	603			
1986	1033	974			
1987	1247	989			
1988	1778	1097			
1989	2282	1185			
1990	2508	1459	46	30	417
1991	3062	2160	226	55	534
1992	4026	2560	411	175	709
1993	5969	3684	749	889	319
1994	8270	5758	840	553	994
1995	9588	6260	1210	659	1329
1996	10824	8428	1127	455	1273
1997	11032	8024	625	349	1544
1998	11506	8334	884	319	1207
1999	12954	7910	1799	357	1541
2000	14142	8702	2740	895	720
2001	16938	11037	2643	895	1879
2002	16949	13050	1662	1076	1923
2003	18471	15282	1598	1210	1388
2004	20526	17153	1634	1553	1535
2005	22882	18524	2709	1894	1536
2006	25320	18318	4389	2504	1946
2007	27025	18930	3359	4849	2101
2008	30275	20872	4521	3527	3047
2009	33045	23723	4724	4209	3094
2010	35690	26799	4171	4771	3220
2011	39513	27272	4075	7481	4374
2012	42944	30518	3940	9099	3484
2013	46594	33051	4003	10136	3941
2014	36764	28256	3993	6711	-2196
2015	39793	29750	3973	7397	-1326
2016	43096	31826	4576	7505	-810
2017	46739	34415	4718	8203	-597

11-10 历年城镇常住居民人均消费性支出

Living Expenditure of Urban Resident over Years

单位：元

年份	年人均消费性支出	食品烟酒	衣着	居住	生活用品及服务	医疗保健	交通通信	教育文化娱乐	其他用品和服务	恩格尔系数(%)
1985	689	493	28	58	48	14	4	21	23	71.6
1986	883	588	43	66	84	15	6	46	35	66.6
1987	1174	709	64	79	128	55	9	106	24	60.4
1988	1583	977	64	136	171	22	12	124	77	61.7
1989	1980	1235	101	156	196	55	24	115	98	62.4
1990	2038	1295	95	184	153	42	25	113	131	63.5
1991	2481	1476	188	254	122	47	47	211	136	59.5
1992	3901	1834	259	369	263	94	587	331	164	47.0
1993	5533	2615	373	333	583	133	855	389	252	47.3
1994	7270	3172	420	761	925	192	850	714	236	43.6
1995	9220	3644	604	1084	694	258	1562	991	383	39.5
1996	8585	3682	706	674	660	225	990	847	802	42.9
1997	8309	3681	594	880	435	415	916	939	449	44.3
1998	8644	3785	457	659	612	455	1025	1074	577	43.8
1999	11348	3712	400	898	601	371	3398	1043	923	32.7
2000	12529	4048	487	1218	623	431	3309	1517	896	32.3
2001	14669	4572	648	1173	746	513	4258	1429	1330	31.2
2002	15157	4818	748	1060	611	529	4303	2660	428	31.8
2003	15446	4804	921	2966	1093	693	2062	2512	395	31.1
2004	18426	5041	1134	2517	925	811	4973	2673	352	27.4
2005	21768	6035	1285	1242	1165	811	7482	3205	543	27.7
2006	18995	6321	1238	2341	1229	809	3531	3001	525	33.3
2007	21545	6966	1213	1903	1342	860	5208	3515	538	32.3
2008	23208	7778	1349	2585	1539	1332	4462	3464	699	33.5
2009	24270	7972	1492	2232	1616	1400	5456	3326	776	32.8
2010	25733	8732	1706	2089	1771	1294	5925	3443	773	33.9
2011	27495	9513	1806	2128	1902	1251	6035	3886	974	34.6
2012	31369	11103	2121	2852	2173	1521	6108	4348	1143	35.4
2013	33251	11704	2280	3034	2328	1619	6408	4666	1212	35.2
2014	27071	9022	1653	4550	1932	1280	4712	3200	723	33.3
2015	29001	9625	1637	4870	1643	1315	5820	3168	924	33.2
2016	30688	9966	1836	5407	1688	1344	6146	3383	917	32.5
2017	32498	10533	1834	5716	1780	1505	6589	3526	1016	32.4

11-11 历年农村常住居民人均收入

Per Capita Actual Income of Rural Households over Years

单位：元

年　份	可支配收入	工资性收入	经营净收入	财产净收入	转移净收入
2006	17676	8522	4195	4171	789
2007	19945	9446	4388	5191	920
2008	20622	9876	4326	5531	889
2009	22077	10442	4517	6210	908
2010	22537	11201	3629	6402	1305
2011	26460	13254	4150	7232	1822
2012	27008	14045	3829	7013	2121
2013	29399	15147	4171	7368	2713
2014	22327	21030	2286	1846	-2836
2015	24225	21405	2241	2181	-1602
2016	26526	23113	2250	2207	-1043
2017	29078	25068	2306	2505	-801

11-12 历年农村常住居民人均消费性支出

Per Capita Consumption Expenditure of Rural Households over Years

单位：元

年　份	年人均消费性支　出	食品烟酒	衣　着	居　住	生活用品及 服 务	医　疗保　健	交　通通　信	教育文化娱乐服务	其他用品和 服 务
2006	9370	3380	448	1458	474	510	1543	932	625
2007	10771	3805	602	2001	581	494	1953	1029	306
2008	10887	3823	691	1500	622	545	1799	1198	709
2009	10598	3711	633	1485	471	565	1764	1223	746
2010	11842	4447	627	1877	480	569	2120	1082	640
2011	14055	5313	655	2345	574	665	2698	1225	580
2012	16103	5980	751	2817	771	765	2828	1533	659
2013	17003	6291	812	2744	752	748	3103	1769	784
2014	18505	7154	1131	3191	817	471	3811	1684	245
2015	19889	7493	1197	2861	975	881	3861	2316	304
2016	21539	8102	1263	3150	1079	904	4153	2567	323
2017	23090	8637	1227	3398	1180	1001	4535	2765	348

11-13 居民人均收入和支出（2016-2017年）

Income and Expenditure of Households (2016-2017)

单位：元

项　　目	2016年			2017年		
	常住居民	城镇常住居　民	农村常住居　民	常住居民	城镇常住居　民	农村常住居　民
人均可支配收入	41902	43096	26526	45451	46739	29078
工资性收入	31466	31826	23113	34017	34415	25068
经营净收入	4316	4576	2250	4428	4718	2306
财产净收入	7053	7505	2207	7713	8203	2505
转移净收入	-933	-810	-1043	-707	-597	-801
人均消费支出	29906	30688	21539	31849	32498	23090
食品烟酒	9837	9966	8102	10444	10533	8637
衣着	1705	1836	1263	1703	1834	1227
居住	5205	5407	3150	5523	5716	3398
生活用品及服务	1634	1688	1079	1738	1780	1180
交通通信	5960	6146	4153	6457	6589	4535
教育文化娱乐	3347	3383	2567	3524	3526	2765
医疗保健	1316	1344	904	1470	1505	1001
其他用品和服务	902	917	323	990	1016	348

主要统计指标解释

Explanatory Notes on Main Statistical Indicators

可支配收入　指调查户在调查期内获得的、可用于最终消费支出和储蓄的总和，即调查户可以用来自由支配的收入。可支配收入既包括现金，也包括实物收入。按照收入的来源，可支配收入包含四项，分别为：工资性收入、经营净收入、财产净收入和转移净收入。计算公式为：

可支配收入 ＝ 工资性收入 ＋ 经营净收入 ＋ 财产净收入 ＋ 转移净收入

其中：经营净收入 ＝ 经营收入 － 经营费用 － 生产性固定资产折旧 － 生产税

财产净收入 ＝ 财产性收入 － 财产性支出

转移净收入 ＝ 转移性收入 － 转移性支出

工资性收入　指就业人员通过各种途径得到的全部劳动报酬和各种福利，包括受雇于单位或个人、从事各种自由职业、兼职和零星劳动得到的全部劳动报酬和福利。

经营净收入　指住户或住户成员从事生产经营活动所获得的净收入，是全部经营收入中扣除经营费用、生产性固定资产折旧和生产税之后得到的净收入。

财产净收入　指住户或住户成员将其所拥有的金融资产、住房等非金融资产和自然资源交由其他机构单位、住户或个人支配而获得的回报并扣除相关的费用之后得到的净收入。财产净收入包括利息净收入、红利收入、储蓄性保险净收益、转让承包土地经营权租金净收入、出租房屋净收入、出租其他资产净收入和自有住房折算净租金等。

转移净收入　计算公式为：转移净收入 ＝ 转移性收入 － 转移性支出

转移性收入　指国家、单位、社会团体对住户的各种经常性转移支付和住户之间的经常性收入转移。包括政府、非行政事业单位、社会团体对居民转移的养老金或退休金、社会救济和补助、惠农补贴、政策性生活补贴、救灾款、经常性捐赠和赔偿以及报销医疗费等；住户之间的赡养收入、经常性捐赠和赔偿以及在外（含国外）工作的本住户非常住成员寄回带回的收入等。

转移性支出　指调查户对国家、单位、住户或个人的经常性或义务性转移支付。包括缴纳的税款、各项社会保障支出、赡养支出、经常性捐赠和赔偿支出、外来从业人员寄给家人的支出以及其他经常转移支出等。

消费支出　指住户用于满足家庭日常生活消费需要的全部支出，包括用于消费品的支出和用于服务性消费的支出。根据用途不同，消费支出可划分为食品烟酒、衣着、居住、生活用品及服务、交通通信、教育文化娱乐、医疗保健、其他用品及服务八大类。根据来源不同，消费支出可划分为现金消费支出、实物消费支出（含自产自用、来自单位、来自政府和其他社会组织）。

职工工资总额　指各单位在一定时期内直接支付给本单位全部职工的劳动报酬总额。工资总额的计算原则应以直接支付给职工的全部劳动报酬为根据。各单位支付给职工的劳动报酬以及其他根据有关规定支付的工资，不论是计入成本的还是不计入成本的，不论是按国家规定列入计征奖金税项目的，还是未列入计征奖金税项目的，不论是以货币形式支付的还是以实物形式支付的，均包括在工资总额内。

职工平均工资　指企业、事业、机关单位的职工在一定时期内平均每人所得的货币工资额。它表明一定时期职工工资收入的高低程度，是反映职工工资水平的主要指标。计算公式为：职工平均工资=报告期实际支付全部职工工资总额/报告期全部职工平均人数。

十二、社会事业

Social Undertakings

12-1 主要年份社会事业主要指标

Main Indicators of Social Undertakings in Main Years

项　　目	单位	1985年	1990年	1995年	2000年	2005年	2010年	2015年	2016年	2017年
公有企事业单位科学技术人员数	人	9166	11629	16856		42593	40025	42624	43225	43581
专利申请量	件		34	325	1653	6694	21654	38094	56653	81275
专利授权量	件		30	262	1399	3114	20397	26820	28559	45204
各类技术合同签订项目数	项		5	46	110	50	90	177	178	252
各类技术合同签订项目金额	万元		12	1804	3469	4058	18366	9853	17370	94186
在校学生数										
普通高等学校	人			1628	3241	16645	38293	114626	112603	118416
成人高等学校	人	403	531	1254	3642	12665	21703	43894	22301	26377
中等职业技术学校	人	3363	8919	18737	23144	29487	47531	69734	74700	80294
普通中学	人	46596	61188	92481	112418	191044	258276	287582	295753	310169
小学	人	134421	162664	195063	272793	480923	552377	719263	738686	765120
小学学龄儿童入学率	%	99.8	99.9	100.0	100.0	100.0	100.0	100.0	100.0	100.0
小学毕业生升学率	%	79.5	95.4	99.2	99.8	99.9	100.0	100.0	100.0	100.0
初中毕业生升学率	%	38.5	43.6	85.4	90.3	94.1	97.9	98.5	98.4	98.5
普通高中毕业生升学率	%	26.5	31.2	64.9	70.5	96.5	95.1	98.0	98.9	98.3
电影放映单位	个	60	114	218	192	70	46	79	96	125
艺术表演团体	个	1	7	2	1		4	20	20	26
文化馆(群众艺术馆)	个	1	1	1	1	1	1	1	1	1
公共图书馆	个	3	5	15	18	473	505	641	605	653
博物馆	个	2	2	2	3	16	30	48	49	54
档案馆	个	1	1	1	1	1	1	1	1	1
《东莞日报》发行量	万份		177	987	1578	2751	4563	4356	5691	5697
广播电台	座		1	1	1	1	1	1	1	1
电视台	座	1	1	1	1	1	1	1	1	1
卫生事业机构病床床位数	张	2323	3866	5798	7081	11972	19980	27457	28138	29866
卫生技术人员数	人	3305	3902	5290	6915	16608	37487	45226	47668	50600
#执业（助理）医师	人	1201	1721	2299	3309	6901	13214	15889	16680	17506
举办全民健身活动	次							367	417	429
参加全民健身活动人数	万人次							20.12	41.80	30.03
律师人数	人	6	12	85	130	625	1366	2035	2282	2570
公证人员数	人	6	10	19	20	48	96	120	115	121
人民调解委员会调解人员数	人	3603	3664	3664	3644	4556	17438	14683	14350	13800
优抚收养单位收养人数	人次		19	11	7	8	8	7	7	7
一般工业固体废物综合利用率	%	37.5	17.9	18.2	63.8	86.5	95.0	88.7	83.7	72.4
城市环境空气质量达标天数	天						357	307	319	301

注：1．2010年起，公有企事业单位科学技术人员数只统计在编在岗人员数，与往年数不可比。
2．中等职业技术学校包含市技工学校，不含一般成人中专。
3．2004年起，卫生方面包含诊所、卫生所、医务室及村卫生室的数据，与往年数不可比。

12-2 科技活动基本情况（2017年）

Basic Statistics on Scientific and Technological Activities (2017)

项　　目	单位	2017年	项　　目	单位	2017年
科技企业			全镇科技投入	亿元	147
企业数			国家高新技术企业数	个	3326
#国家高新技术企业	个	4058	火炬计划特色产业基地	个	6
省创新型试点企业	个	66	#工业总产值	亿元	1545
省创新型企业	个	33	国家高新技术企业数	个	542
省创新百强企业	个	10	科技企业孵化器/加速器	个	98
重点培育上市后备科技企业	个	134	#建筑场地面积	万平方米	168.7
科技机构			在孵企业数	个	2880
机构数	个	41	毕业企业数	个	1095
职工总数	人	3482	工程中心		
#单位在职从事科技活动人员	人	2713	国家级工程中心	个	1
#大学本科及以上学历	人	2418	省级工程中心	个	283
科技活动收入	万元	81844.2	#工程中心从业人员	人	28119
#政府拨款	万元	65058.2	经费收入	万元	1814959
科技经费内部支出	万元	70532.7	发表论文	篇	468
课题数	项	369	专利授权数	项	6000
课题经费支出额	万元	31889.4	研发新产品生产项数	项	1644
科技论文数	篇	268	研发新产品产值	万元	6900413
专利申请受理	件	675	市级工程中心	个	140
专利授权数	件	334	#工程中心从业人员	人	14605
科技园区和基地			经费收入	万元	1471695
国家级高新区	个	1	发表论文	篇	156
省级高新区	个		专利授权数	项	3750
专业镇	个	36	研发新产品生产项数	项	1008
#工业总产值	亿元	14468	研发新产品产值	万元	2721728

12-3 规模以上工业企业R&D活动及相关情况

The Main Indicators on R&D of Industrial Enterprises above Designated Size

指 标	单位	2011年	2012年	2013年	2014年	2015年	2016年	2017年
R&D企业情况								
有研发机构的企业数	家	351	321	372	563	950	2004	2959
有R&D活动的企业数	家	428	607	709	855	1145	1709	2119
企业办研发机构情况								
机构数	个	468	417	476	716	1126	2264	3256
机构人员合计	人	29772	27060	29943	40012	54234	98662	140923
机构经费支出	万元	395075	440568	558771	746857	1016937	1966566	2723383
R&D项目情况								
全部R&D项目数	项	2448	3083	3973	4307	4484	5812	7047
R&D活动人员情况								
R&D人员合计	人	39400	51386	53258	58752	59469	64963	73644
#研究人员	人	5513	6807	9109	8707	13851	14562	13860
R&D人员折合全时当量合计	人年	31743	44335	43635	49457	47449	48209	50728
#研究人员	人年	4421	5999	7727	7432	11240	11133	9864
R&D经费支出合计	万元	612516	748347	983720	1150506	1267890	1434038	1614225
其中：①经常费支出	万元	493831	676645	855711	1041473	1142706	1295452	1521925
②资产性支出	万元	118686	71702	128009	109034	125183	138586	92300
其中：①基础研究支出								
②应用研究支出	万元	7790	348	183	3754	4302	1086	2373
③试验发展支出	万元	604726	747999	983537	1146753	1263587	1432952	1611852
其中：①政府资金	万元	23729	16789	16012	11334	15031	18231	20037
②企业资金	万元	576732	720243	938785	1114200	1232605	1365448	1583556
③境外资金	万元	3045	5626	22682	14807	7670	26395	2697
④其他资金	万元	9010	5690	6241	10165	12583	23965	7936
委托外单位开展研发的经费支出合计	万元	13888	28331	49266	143368	278714	601287	793196
#对境内研究机构支出	万元	10703	4437	14379	120399	236268	522990	691110
对境内高等学校支出	万元	2577	2980	2142	1626	1692	1760	1848
对境内企业支出					8166	9354	26272	31401
对境外支出	万元	225	1245	7380	13177	31401	50265	68837
科技活动产出及相关情况								
自主知识产权情况								
专利申请数	件	5746	8038	10946	9586	9209	15068	22501
#发明专利	件	1177	2574	4256	3819	2772	4427	6290
有效发明专利数	件	3320	2064	3217	5363	6084	10236	17756
#境外授权	件	237	119	210	283	287	596	2304
专利所有权转让及许可数	件	537	136	112	119	184	183	423
专利所有权转让及许可收入	万元	15859	10584	2908	3733	2917	11498	70774
新产品开发、生产及销售情况								
新产品开发项目数	项	2534	3094	6376	5978	6414	9929	15286
新产品开发经费支出	万元	776818	765927	1232410	1497801	1638609	2203250	2977748
新产品产值	万元	6945494	8643848	11744374	22172598	24746366	45756078	64091704
新产品销售收入	万元	6373687	8385864	11951808	21901522	24215567	46427486	63927517
#出口	万元	3109605	3466739	3786174	8113170	7917504	16506231	18840166
其他情况								
发表科技论文	篇	340	309	209	190	174	218	273
拥有注册商标数量	件	3047	3194	3580	4327	5421	7603	9059
#境外注册	件	326	309	482	752	612	690	917
形成国家或行业标准	项	50	201	172	139	83	154	297

12-4 规模以上服务业企业R&D活动及相关情况（2016-2017年）

The Main Indicators on R&D of Service Enterprises above Designated Size (2016-2017)

指　　标	单位	2016年	2017年
R&D企业情况			
有研发机构的企业数	家	18	31
有R&D活动的企业数	家	14	27
企业办研发机构情况			
机构数	个	21	38
机构人员合计	人	2854	6544
机构经费支出	万元	50387	224897
R&D项目情况			
全部R&D项目数	项	129	140
R&D活动人员情况			
R&D人员合计	人	4194	4080
#研究人员	人	1724	1712
R&D人员折合全时当量合计	人年	3352	2164
#研究人员	人年	1374	913
R&D经费支出合计	万元	134449	150549
其中：①经常费支出	万元	128011	147141
②资产性支出	万元	6438	3408
其中：①基础研究支出			
②应用研究支出	万元	716	597
③试验发展支出	万元	133733	149952
其中：①政府资金	万元	56	
②企业资金	万元	134393	150549
③境外资金	万元		
④其他资金	万元		
委托外单位开展研发的经费支出合计	万元	1974	25706
#对境内研究机构支出	万元		635
对境内高等学校支出	万元		24
对境内企业支出	万元	21	20875
对境外支出	万元	1953	4173
科技活动产出及相关情况			
专利申请数	件	4974	5943
#发明专利	件	4619	4946
有效发明专利数	件	901	2353

12-5 主要年份公有企事业单位科学技术人员

Scientific and Technical Personnel in Public Enterprises and Institutions in Main Years

单位：人

项　　目	1990年	1995年	2005年	2010年	2015年	2016年	2017年
公有企事业单位科技人员数	11629	16856	42593	40025	42624	43225	43238
#工程技术人员	1084	1718	1839	1438	1795	1948	2119
农业技术人员	432	230	290	172	205	210	273
卫生技术人员	1430	1988	16188	11171	10360	10411	9569
科学研究人员	21	52	77	16	58	85	318
教学人员	7524	11553	21717	24010	25937	25951	26045
经济人员	278	329	636	1184	1971	1990	2347
会计人员	581	484	1299	1454	1561	1737	1800
统计人员	170	77	82	91	94	91	84

注：2010年起，公有企事业单位科学技术人员数只统计在编在岗人员数，与往年数不可比，下同。

12-6 主要年份三种专利申请量与授权量

Three Kinds of Patents Application Accepted and Granted in Main Years

单位：件

项　　目	1990年	1995年	2000年	2005年	2010年	2015年	2016年	2017年
申请量	34	325	1653	6694	21654	38094	56653	81275
发　明	1	5	35	245	3143	11166	17024	20402
实用新型	5	70	386	1971	7677	17567	28096	48255
外观设计	28	250	1232	4478	10834	9361	11533	12618
授权量	30	262	1399	3114	20397	26820	28559	45204
发　明	1	8	4	24	442	2795	3682	4969
实用新型	4	41	344	1116	7529	14074	16454	30102
外观设计	25	213	1051	1974	12426	9951	8423	10133

12-7 主要年份各类技术合同签订情况

Basic Statistics on Technical Contracts Signed by Type in Main Years

项目	1990年	1995年	2000年	2005年	2010年	2015年	2016年	2017年
技术合同项目数(项)	5	46	110	50	90	177	178	252
#技术开发合同	3		1	41	79	156	159	232
技术咨询合同				2		1		
技术转让合同	2	44	78	1	2	2	6	15
技术服务合同		2	31	6	9	18	13	5
技术合同金额(万元)	12	1804	3469	4058	18366	9853	17370	94186
#技术开发合同			1000	1888	6878	7677	11804	68217
技术咨询合同				80		10		
技术转让合同	12	1656	2007	2000	11046	750	5198	25826
技术服务合同		148	1362	90	442	1416	368	144
技术合同实现金额(万元)	7	1623	2398	2522	17891	9571	15002	92822
#技术开发合同			700	1427	6402	7505	9437	66852
技术咨询合同				35		10		
技术转让合同	7	1535	1260	1000	11046	750	5198	25826
技术服务合同		88	438	60	442	1306	367	144

12-8 主要年份高新科技发展情况

Basic Statistics on High-tech Development in Main Years

项目	单位	1995年	2000年	2005年	2010年	2015年	2016年	2017年
高新技术企业								
企业数	个	11	66	247	334	986	2028	4058
总产值	亿元	30.55	274.41	925.07	1240.59	2719.73	4073.20	6409.90
总收入	亿元	26.76	266.49	927.72	1249.50	2989.10	4438.20	6726.10
出口总额	亿美元	0.54	7.34	71.59	99.08	774.69	1221.90	1851.60
从业人员数	人	6400	36304	171812	246134	320119	510073	798169
#科技活动人员	人	832	8663	34448	72833	64010	94424	141448

注：高新技术企业情况2009年以前为省级高新技术企业情况，2009年起为国家级高新技术企业情况。

12-9 主要年份科学技术成果项数

Achievements for Scientific and Technological Research in Main Years

单位：项

项　　目	1985年	1990年	1995年	2000年	2005年	2010年	2015年	2016年	2017年
获省级科技进步奖		1	4	6	3	8	5	4	11
市级科技进步奖	68	31	22	47	75	87	63	63	63
农业方面	30	8	3	13	9	7	6	4	4
一等奖	1	4		2	1	2	1	1	1
二等奖	3	3		5	3	2	1		
三等奖	18	1	3	6	5	3	4	3	3
工业方面	32	18	14	24	42	57	37	37	44
特等奖				1	2				
一等奖	1	3		5	7	13	6	6	6
二等奖	8	11	5	8	19	21	13	14	14
三等奖	10	4	9	10	14	23	18	18	24
医药卫生方面	6	5	5	10	25	23	20	21	15
特等奖									
一等奖			1			5	1	1	2
二等奖		1		2	4	6	6	6	4
三等奖	2	4	4	8	19	12	13	14	9
市长奖						5	3	3	3
技术成果类						1			1
荣誉类						4	3	3	2

12-10 科技创新平台情况（2012-2017年）

Basic Statistics on Technology Innovation Platform (2012-2017)

单位：个

项　　目	2012年	2013年	2014年	2015年	2016年	2017年
科技创新平台						
#公共科技创新平台(新型研发机构)	13	16	17	27	24	34
专业镇创新服务平台	12	12	12	15	3	3
企业创新平台						
#企业工程技术研究开发中心	124	161	186	219	289	424
#国家级	1	1	1	1	1	1
省级	45	76	92	126	166	283
市级	78	84	93	92	122	140
实验室				76	90	101
#国家级				1	1	1
省级	11	11	11	12	12	12
市级	31	35	37	42	77	88
#重点实验室	31	35	37	42	51	62

12-11 历年公有企事业单位科学技术人员数

Scientific and Technical Personnel in Public Enterprises and Institutions over Years

单位：人

年 份	科学技术人员	#工程技术人员	农业技术人员	卫生技术人员	科学研究人员	教学人员	经济人员	会计人员	统计人员
1980	6619	370	190	1076	19	4282		564	99
1981	7473	463	217	1166	23	4978		501	109
1982	7547	468	243	1241	28	4954		509	101
1983	8453	525	315	1699		5257		109	109
1984	9033	615	307	1791		5534		261	201
1985	9166	663	318	2319	6	5129		491	214
1986	9490	768	358	2398	5	5222		501	203
1987	10945	797	378	2426	6	6495		583	222
1988	12495	1014	359	3093	24	7064	72	590	197
1989	11306	960	388	1393	19	7394	281	632	181
1990	11629	1084	432	1430	21	7524	278	581	170
1991	15004	2170	405	3347	13	7843	308	558	153
1992	16809	2522	375	3690	18	8659	313	613	153
1993	18491	2871	264	4074	112	9511	290	916	141
1994	20198	3490	272	4513	57	9949	300	657	112
1995	23104	3944	255	4878	66	11613	329	750	171
1996	24693	4037	263	5356	51	12287	360	740	143
1997	26103	4258	294	5504	48	13371	418	882	280
1998	26582	4321	310	4862	48	14316	376	894	171
1999	28789	4620	288	5246	48	15604	416	946	152
2001	24677	795	121	5493	31	17309	252	273	40
2002	34168	5261	246	6538	28	18756	555	1319	184
2003	33070	996	159	11145	44	19614	314	741	57
2004	39398	1752	276	14541	141	20905	561	613	74
2005	42593	1839	290	16188	77	21717	636	1299	82
2006	46371	1913	462	18401	70	22434	763	1512	93
2007	49032	2037	492	19528	71	23364	892	1832	92
2008	51729	2375	343	20955	50	24063	1048	1827	100
2009	55097	2302	284	21679	43	26741	1129	1940	122
2010	40025	1438	172	11171	16	24010	1184	1454	91
2011	41370	1427	216	11117	21	25084	1393	1426	90
2012	41336	1426	217	10762	24	25412	1261	1556	79
2013	41812	1378	208	10613	17	25707	1678	1514	169
2014	42141	1552	205	10290	19	25807	1954	1628	87
2015	42624	1795	205	10360	58	25937	1971	1561	94
2016	43225	1948	210	10411	85	25951	1990	1737	91
2017	43238	2119	273	9569	318	26045	2347	1800	84

注：本表数据来源于市科技局，经核实2000年没有公有企事业单位科学技术人员相关数据。

12-12 历年三种专利与技术合同签订情况

Basic Statistics on Three Kinds of Patents and Technical Contracts Signed by Type over Years

年 份	专 利 申 请 量 (件)	#发明	专 利 授 权 量 (件)	#发明	技术合同签订项目数（项）	技术合同签订金额（万元）	技术合同实现金额（万元）
1990	34	1	30	1	5	12	7
1991	70	3	50	1	4	10	10
1992	102	5	78	2	3	23	10
1993	100	3	90	1	2	24	2
1994	104	4	100	2	14	2537	1756
1995	325	5	262	8	46	1804	1623
1996	333	3	312	4	133	4839	3756
1997	725	1	321		78	2036	800
1998	890	15	709	9	62	3048	2398
1999	1221	15	819	16	20	1124	1077
2000	1653	35	1399	4	110	3469	2398
2001	2914	71	1753	5	89	1335	953
2002	3100	90	2680	10	91	766	730
2003	3865	93	2858	14	58	700	680
2004	4325	185	3167	26	69	4278	2726
2005	6694	245	3114	24	50	4058	2522
2006	9879	553	4872	28	25	13644	13402
2007	13842	876	6752	44	53	8510	8138
2008	14406	1188	8093	115	54	12838	3694
2009	19106	1593	12918	254	60	6996	6264
2010	21654	3143	20397	442	70	15760	15572
2011	24455	4214	19353	758	163	31966	29923
2012	29199	5568	20894	1385	152	14516	13577
2013	29012	6454	22595	1495	175	25960	24610
2014	28431	6912	20336	1624	177	11241	10298
2015	38094	11166	26820	2795	177	9853	9571
2016	56653	17024	28559	3682	178	17370	15002
2017	81275	20402	45204	4969	252	94186	92822

12-13 历年科学技术成果项数

Scientific and Technological Achievements over Years

单位：项

年份	获国家级科技进步奖	获省级科技进步奖	获市级科技进步奖	特等奖	一等奖	二等奖	三等奖	四等奖
1979			25			5	4	16
1980			27			2	11	14
1981			35		2	4	11	18
1982			62		1	3	21	37
1983			38		2	6	11	19
1984			35			11	11	13
1985			68		2	11	30	25
1986			86		5	14	27	40
1987			59		2	19	25	13
1988		1	37		6	10	16	5
1989		1	32		4	6	22	
1990		1	31		7	15	9	
1991		4	35	1	3	18	13	
1992		3	19		4	7	8	
1993			18	1	3	8	6	
1994		6	23		4	9	10	
1995		4	22		1	5	16	
1996		3	32		7	6	19	
1997		4	32		7	6	19	
1998		6	38	1	2	11	24	
1999		9	39		6	11	22	
2000		6	47	1	7	15	24	
2001		4	51		4	23	24	
2002		3	47		7	15	25	
2003		4	50		7	14	29	
2004		6	60	1	6	19	34	
2005		3	75	2	10	25	38	
2006		2	70	1	8	24	37	
2007		7	83	1	18	26	38	
2008		7	83		19	28	36	
2009		19	85		22	24	39	
2010		8	87		20	29	38	
2011		13	77		21	30	26	
2012		9	93		22	33	38	
2013		9	93		26	33	34	
2014		8	75		12	27	36	
2015		5	63		8	20	35	
2016		4	63		8	20	35	
2017		11	63		9	18	36	

12-14 主要年份各类学校情况

Basic Statistics on Schools by Type in Main Years

项　　目	单位	1985年	1990年	1995年	2000年	2005年	2010年	2015年	2016年	2017年
普通高等专业学校										
学校数	所			1	1	4	5	8	9	9
毕业生数	人			395	985	1439	8105	23927	22974	28205
招生数	人			576	1440	7273	12660	33319	31362	35393
在校学生数	人			1628	3241	16645	38293	114626	112603	118416
教职工数	人			262	293	1761	3192	7451	6440	7078
#专任教师	人			119	161	1081	2174	6569	4651	5257
中等职业技术学校										
学校数	所	3	17	20	23	21	26	25	26	28
毕业生数	人	234	2210	4641	9554	9062	14028	17119	20593	20504
招生数	人	1508	3866	8697	8759	10971	18477	26074	29139	30437
在校学生数	人	3363	8919	18737	23144	29487	47531	69734	74700	80294
教职员工数	人	217	619	1134	1608	2230	2996	3783	4126	5272
#专任教师	人	150	434	859	1221	1621	2341	2973	3257	3741
普通中学										
学校数	所	106	64	69	77	134	190	218	231	234
毕业生数	人	12317	18688	24165	30261	48935	73810	84541	85524	85796
#高中生	人	2055	2527	3231	7120	12233	20816	25322	25673	26274
招生数	人	16978	20441	33086	41488	70843	93196	103313	110681	115754
#高中生	个	2915	3389	6099	9048	19540	24668	26720	27153	27916
在校学生数	人	46596	61188	92481	112418	191044	258276	287582	295753	310169
#高中生	人	6304	8572	13653	24677	52283	70398	78905	79851	81052
教职员工数	人	3266	4001	5900	6012	12177	16946	23537	25527	30035
#专任教师	个	2420	2963	4381	5027	9640	14572	17701	18885	19991
小　学										
学校数	所	583	570	595	552	414	330	327	328	329
毕业生数	人	17901	18262	27257	33684	61173	77429	89575	98789	103106
招生数	人	20264	26158	36702	53786	84784	108900	140200	138179	142485
在校学生数	人	134421	162664	195063	272793	480923	552377	719263	738686	765120
教职员工数	人	7009	7797	9560	9131	21964	28298	33427	35959	39761
#专任教师	人	6017	6785	8060	7946	17478	23733	30281	32302	34400

注：中等职业技术学校包含市技工学校，不含一般成人中专，下同。

12-14 续表

项目	单位	1985年	1990年	1995年	2000年	2005年	2010年	2015年	2016年	2017年
成人高等专业教育										
当年招生人数	人				1697	6387	6086	14435	9074	10631
在校学生数	人	403	531	1254	3642	12665	21703	43894	22301	26377
小学适龄儿童入学										
小学适龄儿童总数	人	103460	133011	177791	247555	423058	511439	697780	717224	748010
小学已入学儿童数	人	103282	132934	177787	247539	423058	511439	697780	717224	765120
小学学龄儿童入学率	%	99.8	99.9	100.0	100.0	100.0	100.0	100.0	100.0	100.0
小学毕业生升学										
小学毕业生人数	人	17901	18262	27257	33684	61173	77429	89575	98789	103106
已升学人数	人	14235	17413	27166	33627	61095	77429	89575	98606	103106
小学毕业生升学率	%	79.5	95.4	99.2	99.8	99.9	100.0	100.0	100.0	100.0
初中毕业生升学										
初中毕业生人数	人	10262	16161	20933	23141	36702	52994	59219	59851	59522
已升学人数	人	3955	7134	17876	20896	34536	51881	58333	58587	58636
初中毕业生升学率	%	38.5	43.6	85.4	90.3	94.1	97.9	98.5	98.4	98.5
普通高中毕业生升学										
高考录取人数	人	543	759	2095	5017	12461	20099	27426	24094	29907
#高考升本科人数	人	274	250	697	1678	5161	11033	12592	15234	15946
普通高中毕业生升学率	%	26.5	31.2	64.9	70.5	96.5	95.1	98.0	98.9	98.3
幼儿园										
幼儿园数	所	83	86	258	452	511	727	949	1016	1077
在园幼儿数	人	31382	47040	84263	111763	111330	208373	314449	331710	347381
幼教职工数	人	984	1387	1427	7517	12567	22122	39492	43000	46664
#专任教师	人	841	1160	1160	4618	7002	13947	20561	22089	23477
特殊教育										
学校数	所						1	2	2	2
毕业生数	人						89	35	78	107
招生数	人						55	111	90	139
在校学生数	人						501	739	747	850
教职员工数	人						55	185	211	259
#专任教师	人						41	134	159	166
全市教育经费投入总额	亿元				15.5	50.2	94.4	188.6	226.7	247.7

12-15　历年各类学校在校学生数

Number of Students Enrollment by Type of School over Years

单位：人

年　份	普通高等学校	中等职业技术学校	#技工学校	普通中学	#高中	小　学	幼儿园	特殊教育
1949		151		1960	318	52781		
1952		543		3394	296	70359		
1957		561		6652	848	88001		
1962		380		9736	1513	119998		
1965		358		10469	1397	160931		
1970				60150	9873	118128		
1975		689		49569	10847	168236		
1978		595		76025	12092	161114	18228	
1979		450		62292	7010	158008	12774	
1980		386		54829	6909	154871	7630	
1981		450		43514	5755	150857	8103	
1982		661		41683	4654	144754	14650	
1983		967		42777	4798	135440	15436	
1984		1070		46488	5766	134567	23702	
1985		3363		46596	6304	134421	31382	
1986		3891	60	49445	7880	140700	38195	
1987		5847	117	54435	8367	144287	42569	
1988		7120	229	59268	8201	150097	42845	
1989		7878	293	61955	7687	155852	44110	
1990		8919	582	61188	8572	162664	47040	
1991		10938	915	60146	8725	170064	51051	
1992		13161	1277	65171	9711	175203	57537	
1993	1079	14176	1516	75305	10297	180114	65310	
1994	1451	16084	2025	85827	11409	186244	72552	
1995	1628	18737	2404	92481	13653	195063	84263	
1996	1771	22614	2567	95150	16887	205957	85709	
1997	2025	24821	2598	98005	20609	221838	100059	
1998	2171	25588	2291	101202	22490	235787	103585	
1999	2241	25073	2001	105518	23084	248759	109773	
2000	3241	23144	1746	112418	24677	272793	111763	
2001	3802	23638	2039	122115	28232	295384	112963	
2002	5144	25363	2152	135256	32398	342804	108898	
2003	6884	27664	2564	149656	38143	386890	104832	
2004	9104	28487	2559	171336	45050	448296	112538	
2005	16645	29487	2618	191044	52283	480923	111330	
2006	22005	35403	2905	214638	57662	496828	118683	
2007	25178	40429	3063	234578	61151	520684	130932	
2008	28656	45419	3238	248442	63962	528644	156362	
2009	33992	46538	3268	249464	66750	511160	176249	
2010	38293	47531	2955	258276	70398	552377	208373	501
2011	45081	48159	2915	263076	73644	578279	227656	384
2012	52381	50092	2833	267918	75851	608118	255657	421
2013	60877	61011	13101	278289	77045	659138	277777	380
2014	69866	64412	14192	284648	78053	687269	290548	449
2015	114626	69734	16300	287582	78905	719263	314449	739
2016	112603	74700	17457	295753	79851	738686	331710	747
2017	118416	80294	22330	310169	81052	765120	347381	850

注：2013年起中等职业技术学校含东莞市技师学院、东莞市实验技工学校、东莞市联合技工学校数据。

12-16 历年各类学校当年招收学生数

Number of New Students Enrollment by Type of School over Years

单位：人

年 份	普通高等学校	中等职业技术学校	#技工学校	普通中学	#高中	小 学	特殊教育
1949		102					
1952		285		1666	190		
1957		80		2516	259		
1962		45		3716	566		
1965		134		3656	476		
1970				45069	7919		
1975		188		28329	5930		
1978		250		29788	3436	30152	
1979		200		25364	3900	28315	
1980		186		24083	3906	26857	
1981		266		16808	2594	26461	
1982		162		17492	2317	23970	
1983		573		18111	2344	19604	
1984		1964		16609	2477	17644	
1985		1508		16978	2915	20264	
1986		1977	60	17944	2781	25867	
1987		2883	64	21720	2665	28926	
1988		2832	112	23280	2925	29437	
1989		2966	124	21877	2686	27539	
1990		3866	343	20441	3389	26158	
1991		5008	445	21430	3266	27539	
1992		5696	487	26161	3751	28804	
1993	567	5835	633	29948	3944	31841	
1994	569	7064	952	32229	4440	34495	
1995	576	8697	996	33086	6099	36702	
1996	711	10119	978	33576	7385	39689	
1997	750	9718	798	35140	8273	42066	
1998	750	9664	852	36423	8118	43802	
1999	802	9060	665	38400	8199	47715	
2000	1440	8759	527	41488	9048	53786	
2001	1597	8850	1116	44729	10727	56521	
2002	2190	9417	1153	49881	11852	65066	
2003	3104	9809	874	55564	15147	71476	
2004	3804	10618	1044	63085	17467	80525	
2005	7273	10971	1100	70843	19540	84784	
2006	8032	13357	1250	79985	20866	89663	
2007	8519	16491	1297	85816	21146	92860	
2008	10218	17475	1163	89808	22313	94641	
2009	12863	15767	1598	88325	23631	92281	
2010	12660	18477	2052	93196	24668	108900	55
2011	16837	17812	1180	95155	25647	114763	78
2012	20507	18269	1306	96348	25758	123290	55
2013	20816	24687	7069	100170	26039	127237	57
2014	22830	24524	5110	102112	26741	125039	92
2015	33319	26074	6060	103313	26720	140200	111
2016	31362	29139	7442	110681	27153	138179	90
2017	35393	30437	9734	115754	27916	142485	139

12-17 历年各类学校当年毕业生数

Number of Graduates by Type of School over Years

单位：人

年份	普通高等学校	中等职业技术学校	#技工学校	普通中学	#高中	小学	特殊教育
1949				414	83		
1952		48		588	44	14349	
1957		87		1365	203	59056	
1962		209		2680	468	28418	
1965		44		2363	393	32508	
1970				15081	1954	26187	
1975		374		20842	4937	25009	
1978		244		43035	8533	30480	
1979		244		33554	8004	28925	
1980		250		19578	3096	27294	
1981		191		13308	3046	27215	
1982				10483	3004	27348	
1983		260		10752	1940	26723	
1984		230		10969	1404	17870	
1985		234		12317	2055	17901	
1986		660		13527	1271	17533	
1987		819		13895	2296	23183	
1988		1323		15322	2966	23054	
1989		1960	60	15310	2716	20315	
1990		2210	57	18688	2527	18262	
1991		2634	112	19820	2559	19186	
1992		2126	123	19323	2643	23308	
1993	30	2915	390	18363	3020	26893	
1994	197	5035	445	20360	2787	28500	
1995	395	4641	541	24165	3231	27257	
1996	560	5813	753	27675	3483	27156	
1997	484	6745	691	28729	3834	27992	
1998	556	8316	918	29839	5448	29794	
1999	714	9044	796	30109	6585	31426	
2000	985	9554	634	31291	7120	33684	
2001	1019	7748	684	32409	7553	37077	
2002	753	7171	542	34204	8277	40611	
2003	1350	7217	509	39031	8784	45599	
2004	1506	8630	917	43471	10676	51831	
2005	1439	9062	777	48935	12233	61173	
2006	2269	9422	677	55856	15486	70474	
2007	5096	10061	754	60436	17354	74681	
2008	6486	10728	821	66594	19315	78037	
2009	7292	11927	962	71811	20550	78027	
2010	8105	14028	956	73810	20816	77429	89
2011	9463	14774	831	76816	22095	80463	64
2012	12625	14099	993	79449	23398	87733	64
2013	11630	16660	2426	78364	24341	84641	66
2014	12990	17521	2834	82718	25180	86693	48
2015	23927	17119	2985	84541	25322	89575	35
2016	22974	20593	5278	85524	25673	98789	78
2017	28205	20504	4063	85796	26274	103106	107

12−18 历年各级各类学校专任教师数

Number of Full-time Teachers by Level and Type of School over Years

单位：人

年 份	普通高等学校	中等职业技术学校	#技工学校	普通中学	#高中	小 学	幼儿园	特殊教育
1978		34		3641	638	5641		
1979		31		3367	369	6136		
1980		29		2996	370	6022		
1981		32		2343	344	6433		
1982		38		2210	284	6186		
1983		61		2361	296	5830		
1984		63		2352	309	5971		
1985		150		2420	354	6017	841	
1986		168	5	2463	407	6515	720	
1987		208	7	2709	490	6878	941	
1988		306	9	3007	540	7112	967	
1989		422	11	2949	462	6743	980	
1990		434	12	2963	488	6785	1160	
1991		513	15	3019	500	6831	1470	
1992		600	17	3198	479	7164	1569	
1993	99	737	16	3583	610	7314	1773	
1994	113	767	26	4001	710	7610	1920	
1995	119	859	34	4381	733	8060	1160	
1996	119	924	40	4310	886	7410	2175	
1997	123	1151	89	4404	991	7518	2753	
1998	125	1338	93	4632	1065	7912	3247	
1999	133	1205	92	4699	1149	7198	3715	
2000	161	1221	84	5027	1310	7946	4618	
2001	231	1286	121	5348	1411	8693	4701	
2002	290	1445	125	6373	1769	10880	5351	
2003	312	1548	124	7069	1976	12490	5505	
2004	560	1531	134	8437	2367	15512	6218	
2005	1081	1621	150	9640	2817	17478	7002	
2006	1357	1801	122	10953	3215	18717	7919	
2007	1569	1965	156	12272	3678	20511	9279	
2008	1691	2218	161	12995	3976	21203	11072	
2009	1890	2321	160	13598	4178	21130	12419	
2010	2174	2341	171	14572	4541	23733	13947	41
2011	2435	2403	167	15262	4851	24787	15232	43
2012	2729	2448	180	15858	5026	25379	16689	48
2013	2952	2677	458	16422	5114	26681	17640	47
2014	3148	2861	628	17148	5291	28679	18748	54
2015	6569	2973	647	17701	5387	30281	20561	134
2016	4651	3257	700	18885	5671	32302	22089	159
2017	5257	3741	986	19991	5867	34400	23477	166

12-19 历年各类学校入(升)学率与高考入围人数

Number of Passing College Entrance Examination and Proportion of Students Entering Schools over Years

年 份	学龄儿童入学率(%)	小学毕业生升学率(%)	初中毕业生升学率(%)	高中毕业生升学率(%)	高考入围人数(人)
1978	98.36	85.80	14.30	8.14	846
1979	98.70	76.00	16.00	6.71	566
1980	98.85	73.40	25.40	7.15	222
1981	98.72	50.56	27.40	8.64	239
1982	99.06	54.40	34.40	8.04	252
1983	99.75	57.60	37.40	12.34	245
1984	99.65	70.80	29.86	43.32	619
1985	99.83	79.52	38.54	26.50	534
1986	99.90	84.71	33.89	43.69	595
1987	99.94	83.60	40.10	27.09	644
1988	99.93	89.88	42.00	30.63	925
1989	99.92	96.18	43.30	32.92	977
1990	99.94	95.35	43.60	31.20	759
1991	99.92	96.18	45.20	26.22	861
1992	99.94	97.58	56.00	35.59	994
1993	99.95	97.79	68.50	39.23	1102
1994	99.96	98.94	79.02	62.75	1823
1995	99.99	99.16	85.40	64.90	2095
1996	99.98	96.45	86.70	66.80	2160
1997	99.99	99.90	87.35	60.00	2212
1998	99.99	99.86	88.25	47.69	2348
1999	99.99	99.87	89.80	53.15	3501
2000	99.99	99.83	90.30	70.50	5017
2001	100.00	99.77	90.50	74.82	5651
2002	100.00	99.80	91.10	83.00	6873
2003	100.00	99.80	92.10	93.60	9167
2004	100.00	99.90	93.30	96.70	10756
2005	100.00	99.90	94.10	96.50	11196
2006	100.00	100.00	94.80	82.90	11359
2007	100.00	100.00	95.20	89.10	13275
2008	100.00	100.00	96.60	91.00	15047
2009	100.00	100.00	97.00	87.50	17487
2010	100.00	100.00	97.90	95.10	18845
2011	100.00	100.00	98.00	94.50	19588
2012	100.00	100.00	97.80	95.90	22127
2013	100.00	100.00	98.40	95.40	22840
2014	100.00	100.00	98.40	98.37	23900
2015	100.00	100.00	98.50	97.97	26519
2016	100.00	100.00	98.40	98.90	24094
2017	100.00	100.00	98.50	98.33	29907

12-20 历年文化艺术、文物事业机构数

Number of Institutions in Culture and Cultural Relics over Years

年份	电影放映单位(个)	#影剧院	艺术表演团体(个)	群众艺术馆(个)	文化站(广电文化中心)(个)	公共图书馆(个)	公共图书馆藏书量(万册)	博物馆(个)	档案馆(座)
1978	167	5	1	1	33	1	11	2	1
1979	157	5	1	1	33	1	15	2	1
1980	65	5	1	1	33	1	16	2	1
1981	75	6	1	1	33	1	17	2	1
1982	53	6	1	1	33	1	19	2	1
1983	49	6	1	1	33	1	19	2	1
1984	65	6	1	1	33	1	24	2	1
1985	60	7	1	1	33	3	30	2	1
1986	61	9	2	1	33	3	30	2	1
1987	70	13	4	1	33	8	30	2	1
1988	78	15	5	1	33	3	30	2	1
1989	102	26	6	1	33	3	30	2	1
1990	114	26	7	1	33	5	30	2	1
1991	126	36	5	1	33	6	31	2	1
1992	150	50	2	1	33	8	37	2	1
1993	163	53	2	1	33	11	47	2	1
1994	193	63	2	1	33	14	58	2	1
1995	218	97	2	1	33	15	68	2	1
1996	225	111	4	1	33	16	73	2	1
1997	229	130	4	1	33	26	84	2	1
1998	233	147	4	1	32	26	106	3	1
1999	210	87	4	1	32	20	133	3	1
2000	192	87	1	1	32	18	97	3	1
2001	145	84	1	1	32	21	99	3	1
2002	162	81	2	1	32	24	109	3	2
2003	107	55	2	1	32	346	289	3	2
2004	88	78		1	32	397	631	6	2
2005	70	31		1	32	473	660	16	2
2006	51	34		1	33	1222	771	21	2
2007	51	34		1	33	1271	896	23	2
2008	40	34	1	1	33	387	515	23	1
2009	40	62	4	1	33	504	599	31	1
2010	46	62	4	1	33	505	701	30	1
2011	52	62	5	1	33	622	771	31	1
2012	59	11	6	1	33	649	1020	31	1
2013	66	11	10	1	33	641	1061	31	1
2014	60	11	16	1	33	641	996	33	1
2015	79	9	20	1	33	641	1015	48	1
2016	96	7	20	1	33	605	1014	49	1
2017	125	7	26	1	33	653	1066	54	1

12-21　广播电视事业发展情况

Basic Statistics on Radio and Television Industry

项　　目	单位	2015年	2016年	2017年
广播电台				
#机构数	个	1	1	1
节目套数	套	53	53	42
#交通广播	套	17	17	14
综合广播	套	18	18	14
音乐广播	套	18	18	14
电视台				
#机构数	个	1	1	1
节目套数	套	43	36	56
#新闻综合频道	套	23	19	30
公共频道	套	20	17	26

12-22　火灾事故发生情况

Statistics on Fire Accidents

项　　目	单位	2015年	2016年	2017年
发生起数	起	1676	1670	1332
#放火	起	29	45	13
电气	起	556	644	317
违章操作	起	106	99	235
吸烟	起	16	2	43
用火不慎	起	147	116	270
玩火	起	8	7	4
自燃	起	130	110	154
雷击	起	1	3	3
其他	起	683	644	293
死亡人数	人	12	14	6
受伤人数	人	3	10	5
直接财产损失折款	万元	5406	6364	4201
平均每起事故损失	万元	3.23	3.81	3.15

注：本表数据来源于市公安局。

12−23　主要年份交通事故发生情况

Basic Statistics on Traffic Accidents in Main Years

项　　目	单位	1995年	2000年	2005年	2010年	2015年	2016年	2017年
发生起数	起	2015	7386	7124	4874	3595	3648	3471
受伤人数	人	2061	8217	8642	5355	3934	3927	3631
死亡人数	人	692	903	921	528	483	486	483
损失折款	万元	685	1759	934	682	551	814	658
平均每起事故损失	元	3400	2382	1312	1400	1533	2231	1895

注：本表数据来源于市公安局和海事局，含道路和水上交通事故。

12−24　各类卫生事业机构及床位、人员数（2017年）

Number of Health Care Institutions, Beds and Employed Personnel by Type of Institution (2017)

项　　目	机构数（个）	实有床位数（张）	卫生工作人员（人）	#卫生技术人员	#执业（助理）医师
总　　计	2446	29866	60197	50600	17506
医疗机构	2407	29866	59486	50077	17400
县及县以上及其他医院	97	29046	43326	35808	11478
#综合医院	61	25274	38679	32221	10363
中医医院	9	1574	2002	1696	583
专科医院	25	2090	2604	1868	527
护理院	2	108	41	23	5
社区卫生服务中心（站）	396		6421	5206	2001
村（社区）卫生站	4		8	8	6
门诊部（含18所分院个数）	552		4525	4284	2033
诊所、卫生所、医务室	1356		3536	3456	1461
妇幼保健院	1	700	1398	1092	355
专科疾病防治院	1	120	272	223	66
急救中心（站）	1		29	20	
采供血机构	1		136	111	12
疾病预防控制中心（防疫站）	1		220	168	92
卫生监督所	34		314	220	
健康教育所	1				
其他卫生机构	1		12	4	2

12–25　主要年份卫生事业机构各类人员数

Number of Personnel in Health Institutions in Main Years

单位：人

项　　目	1980年	1985年	1990年	1995年	2000年	2005年	2010年	2015年	2016年	2017年
卫生工作人员	3599	3945	4503	6149	9289	22127	46102	54950	57167	60197
#卫生技术人员	2960	3305	3902	5290	8065	18757	37487	45226	47668	50600
执业（助理）医师	1167	1201	1721	2299	3309	8130	13214	15889	16680	17506
注册护士	584	643	1164	1751	2673	6303	14689	19782	21268	22852
药剂人员	236	572	546	602	706	1281	2284	2694	2828	2900
检验人员	120	147	152	216	367	781	1412	1633	1739	1805
其　他	1040	766	316	395	350	2262	5888	5228	5153	5537
其他技术人员	8		13	96	174	786	1217	1361	1526	1322
管理人员	299	282	243	432	597	1080	2418	2307	2178	2265
工勤人员	332	358	345	331	453	1504	4980	6056	5795	6010

注：2004年起，卫生方面包含诊所、卫生所、医务室及村卫生室的数据，与往年数不可比。

12–26　医疗机构服务情况（2017年）

Services in Medical Institutions (2017)

指标名称	诊疗人数（人次）	#门、急诊	入院人数（人）	住院病死率（%）
总　计	67961133	67744947	988509	0.39
医院	36472993	36281888	949294	0.40
#公立医院	29887459	29757379	699192	0.43
#卫生部门办	29377827	29247747	687686	0.42
其他部门办	70957	70957	793	2.51
民营医院	6585534	6524509	250102	0.33
基层医疗机构	29620404	29595422		
社区卫生服务中心（站）	18708151	18695225		
村卫生室	52421	52421		
门诊部	3178312	3172349		
诊所、卫生所、医务室	7681520	7675427		
#诊所	1622169	1621086		
卫生所、医务室	6059351	6054341		
专业公共卫生服务机构	1867736	1867637	39215	0.04
专科疾病防治院	264604	264604	2754	0.04
妇幼保健院	1603132	1603033	36461	0.04

12-27 历年卫生事业机构、床位、人员数

Number of Health Care Institutions, Beds and Personnel over Years

年份	机构数（个）	实有床位数（张）	#医院	卫生工作人员（人）	#卫生技术人员	#执业（助理）医师
1978	82	2257	785	3242	2636	768
1979	81	2271	791	3466	2863	971
1980	83	2207	776	3599	2960	1167
1981	83	2210	826	3724	3091	1102
1982	83	2292	842	3886	3253	1097
1983	83	2098	851	3985	3335	1088
1984	83	2231	880	4005	3351	1132
1985	87	2323	960	3945	3305	1201
1986	88	3054	1646	4084	3454	1179
1987	88	3393	1902	4475	3490	1304
1988	87	3640	2152	4582	3829	1537
1989	87	3677	2129	4522	3874	1620
1990	85	3866	1764	4503	3902	1721
1991	85	4085	1784	4578	3946	1755
1992	83	4517	1879	4705	4127	1832
1993	99	4940	1918	5247	4524	2023
1994	98	5365	1949	5689	4930	2221
1995	99	5798	2089	6149	5290	2299
1996	99	5288	1584	6712	5766	2449
1997	151	5505	1649	7286	6283	2605
1998	171	5892	1659	8306	7139	2955
1999	176	6241	1770	8697	7575	3080
2000	174	7081	1830	9289	8065	3309
2001	173	7474	1961	9323	8064	3429
2002	178	8641	8396	10692	9011	3938
2003	172	9820	9546	11584	9807	4251
2004	944	10797	10528	15058	10522	4870
2005	874	11972	11688	22127	12273	5677
2006	1210	13293	13024	27128	19277	8629
2007	1649	15227	14878	34151	27060	10446
2008	2106	16778	16383	40449	33113	11869
2009	2106	18080	17685	43561	35766	12884
2010	2229	19980	19571	46102	37487	13214
2011	2249	22814	22276	48142	39582	13644
2012	2222	24617	24042	49353	40597	14043
2013	2254	25736	25026	52325	42132	14864
2014	2194	26704	25994	53013	43091	15081
2015	2237	27457	26715	54950	45226	15889
2016	2344	28138	27450	57167	47668	16680
2017	2446	29866	29046	60197	50600	17506

注：2004年起本表包含诊所、卫生所、医务室及村卫生室的数据，与往年数不可比。

12−28　历年体育运动情况

Basic Statistics on Sports over Years

年　份	破（超）世　界纪　录（次）	破（超）亚　洲纪　录（次）	破（超）全　国纪　录（次）	在国际比赛中获得金牌总数（枚）	在全国比赛中获得金牌总数（枚）	在省级比赛中获得金牌总数（枚）	市级运动会参赛运动员人数（人）	为国家省输送运动员（人）
1978			9	1	7	26	2500	11
1979	2		2	1	7		2250	18
1980			12		2		2400	14
1981			11	4	19		2500	13
1982			14	4	30	15	2650	9
1983	1		7	5	6		2420	7
1984			1	16	5		2500	33
1985		2	1	5	2		1960	7
1986		7	4	7	4	52	2420	16
1987	1	1	8	35	9		2130	19
1988	3	1	4	14	25		2540	15
1989			27	5	43	92	6430	18
1990	13	5		4	6		2370	25
1991	2	1	8	12	14		4800	16
1992	2	3	21	10	6		15000	30
1993	2	8	5	12	9		10350	16
1994	34	2	24	6	23	157	2720	14
1995	10	1		5	37		1500	14
1996				3	16		7800	13
1997	10	9		1	6	36	6000	74
1998	2	4	28	4	28	87	1560	74
1999				4	33		6000	6
2000			3	4	91		4000	6
2001				13	22	48	8000	5
2002				2	35	58		11
2003		7		2	31	82		6
2004	3	4	4	49	34			18
2005				2	13	46	8564	44
2006				20	21	32	16000	
2007				3	25	46	2740	9
2008				3	16	49	630	17
2009		1	3	8	20	94	1550	17
2010				4	6	40	9895	16
2011				8	27	116	3300	25
2012					10	127	3400	16
2013					5	55	3600	10
2014					8	113	3998	31
2015					48	135	2010	18
2016				5	96	212	2325	31
2017					44	150	8982	16

12-29 主要年份体育比赛成绩

Basic Statistics on Sports Achievements in Main Years

项　目	单位	1980年	1985年	1990年	1995年	2000年	2005年	2010年	2015年	2016年	2017年
破世界纪录	次			13	10						
获得国际赛冠军	个		5	4	5	4		4			
破亚洲纪录	次		2	5	1						
破全国纪录	次	12	1			3					
获国际比赛奖牌											
金牌	枚		5	4	5	4	2	4			
银牌	枚			4	3	2	1	2			
铜牌	枚						2				
获全国比赛金牌	枚	2	2	6	37	91	13	6	48	96	44

注：“获得国际赛冠军”及“获国际比赛奖牌”含地区赛。

12-30 主要年份群众体育活动情况

Basic Statistics on Activities of Mass Sports in Main Years

项　目	单位	1980年	1985年	1990年	1995年	2000年	2005年	2010年	2015年	2016年	2017年
举办市级运动会	次	5	4	9	4	2	4	16	8	13	11
市级运动会参赛运动员人数	人	2400	1960	2370	1500	4000	8564	9895	2010	2560	8982
举办全民健身活动	次								367	417	429
参加全民健身活动人数	万人次								20.12	41.80	30.03
为国家和省输送运动员人数	人	14	7	25	14	6	47	16	18	31	16

12-31 主要年份治安案件情况

Basic Statistics on Public Security Cases in Main Years

项　　目	单位	2005年	2010年	2015年	2016年	2017年
治安案件受理数	起	13760	44979	128576	117779	104508
扰乱公共秩序	起	2816	198	336	475	591
妨害公共安全	起	243	630	395	637	818
侵犯人身、财产权利	起	6044	24551	102807	94609	84563
#盗窃	起	2599	10513	57235	54513	49665
妨害社会管理秩序	起	4296	19600	25038	22058	18536
#吸毒	起	2697	4455	15165	13612	8866
卖淫、嫖娼	起	153	663	527	741	863
赌博或为赌博提供条件	起	942	10464	5495	1969	1852
治安案件查处数	起	12490	37818	58375	57176	52869
扰乱公共秩序	起	2797	186	256	411	476
妨害公共安全	起	237	583	293	606	768
侵犯人身、财产权利	起	4865	17687	32943	34377	33265
#盗窃	起	2007	5476	16391	18821	18499
妨害社会管理秩序	起	4246	19362	24883	21782	18360
#吸毒	起	2665	4317	15127	13608	8843
卖淫、嫖娼	起	147	659	524	734	848
赌博或为赌博提供条件	起	938	10408	5478	1945	1835
查处违法人员数	人	20692	42815	49312	51116	44820
扰乱公共秩序	人	4486	363	609	641	668
妨害公共安全	人	218	618	293	585	720
侵犯人身、财产权利	人	6769	14145	7984	6846	6160
#盗窃	人	2676	3802	2579	2272	2170
妨害社会管理秩序	人	8201	27689	40426	43044	37272
#吸毒	人	3922	4885	17049	17861	12033
卖淫、嫖娼	人	415	1506	1209	1763	2001
赌博或为赌博提供条件	人	3179	17191	18265	17670	15938

注：本表数据来源于市公安局。

12-32 主要年份刑事案件情况

Basic Statistics on Criminal Cases in Main Years

单位：起

项　　目	2005年	2010年	2015年	2016年	2017年
刑事案件立案数	44641	36965	94541	83440	72916
危害公共安全	264	586	1170	1293	1403
破坏市场经济秩序	451	577	2359	1531	1625
侵犯公民人身权利	3748	3587	2715	2315	2193
#杀人	87	69	21	40	31
伤害	3071	2882	2057	1701	1589
强奸	266	336	333	311	331
侵犯财产	39657	31251	85100	75769	65346
#抢劫	9144	5045	5290	3813	2137
抢夺	3736	3250	10705	8947	4778
入室盗窃	4150	8779	15834	13598	10448
盗窃机动车	16050	3526	1707	1304	912
诈骗	897	3203	14450	13936	16134
妨害社会管理秩序	571	963	3194	2530	2347
#毒品犯罪	215	587	1863	1848	1219
刑事案件破案数	13682	16271	19495	20675	22034
危害公共安全	161	550	693	1014	1169
破坏市场经济秩序	439	388	1032	739	715
侵犯公民人身权利	2037	1933	1198	1077	1228
#杀人	73	61	23	34	23
伤害	1586	1449	887	783	872
强奸	171	224	164	146	179
侵犯财产	10598	12534	13887	15730	17032
#抢劫	3582	2531	1274	965	874
抢夺	1525	1700	2066	2114	1423
入室盗窃	1081	4182	2707	2682	1957
盗窃机动车	1880	631	246	237	217
诈骗	202	536	260	1267	2496
妨害社会管理秩序	490	866	2684	2114	1889
#毒品犯罪	210	569	1664	1703	1014

注：本表数据来源于市公安局。

12-33 主要年份道路交通违法情况

Basic Statistics on Traffic Offense in Main Years

项　　目	单位	2005年	2010年	2015年	2016年	2017年
处理违法起数	万起	61.04	282.48	174.98	193.08	295.32
#机动车	万起		280.44	174.21	192.15	294.06
非机动车	起		10084	7667	9243	11973
行人和乘车人	起		10281	14	23	640
罚款总额	万元	9991.70	44359.52	32453.86	35709.53	53802.67
#机动车	万元		44355.07	32411.54	35655.34	53730.29
非机动车	万元		2.80	42.31	54.17	71.81
行人和乘车人	元		16500	100	23	5700

注：本表数据来源于市公安局。

12-34 主要年份律师、公证、基层司法及普法教育

Basic Statistics on Lawyers, Notarization, Grassroots Judicial Work and Law Education in Main Years

项　　目	单位	1990年	1995年	2000年	2005年	2010年	2015年	2016年	2017年
律师工作									
律师事务所	个	2	8	22	46	115	163	188	213
律师	人	12	85	221	625	1366	2035	2282	2570
担任常年法律顾问	家	102	364	416	1426	2752	3245	4695	5878
民事诉讼代理	件	145	343	1203	6543	12041	16122	19746	24163
非诉讼法律事务	件	110	1162	2079	13391	19967	22678	26476	18891
刑事辩护及代理	件	295	235	438	2496	2776	3566	3847	4405
公证工作									
公证处	个	1	1	1	1	3	3	3	3
公证人员	人	10	19	20	48	96	120	115	121
办结公证总数	件	5347	11377	28910	60685	48296	81253	104845	106033
#国内民事公证	件	113	2795	19607	19627	35104	66946	89703	89207
国内经济公证	件	236	898	1776	34015	3536	3027	2562	2353
涉外公证（含港澳台）	件	4998	7684	4809	4607	9656	14307	15142	14473
基层司法工作									
法律服务所	个	24	29	32	32	32	32	32	32
法律服务工作者	人					58	80	72	64
担任法律顾问	家	62	482	695	1208	724	316	274	253
民事诉讼代理	件	26	568	1221	1790	1090	426	338	278
非诉讼代理	件	129	1045	3016	3837	1549	440	362	201
调解工作									
人民调解委员会	个	904	813	750	814	1552	1554	1483	1425
调解人员	人	3664	3466	3644	4556	17438	14683	14350	13800
调解民间纠纷	件	2005	2632	2642	15210	15239	13471	12880	11426
参加普法教育人数	万人	79.9	170	79	571	288	651	319	760

12-35 历年计划生育情况

Basic Statistics on Family Planning over Years

年份	已婚育龄妇女人数(人)	女性初婚人数(人)	#23周岁及以上	不足20周岁	落实各种节育措施 育龄夫妇(对)	节育率(%)
1978	130438	10974			103414	79.28
1979	134483	11914			104612	77.79
1980	136742	9270			101190	74.00
1981	141079	13714			112956	80.07
1982	142324	8729			115302	81.01
1983	149928	12664			129035	86.06
1984	156444	9579			138785	88.71
1985	159985	11208			142974	89.37
1986	168611	13983	11899		150545	89.30
1987	176868	13492	11252		158857	89.80
1988	183022	12419	10072		164889	90.10
1989	196042	13691	10228	15	172799	88.20
1990	202505	13264	9670	29	177425	87.60
1991	211544	13790	10834	12	184254	87.10
1992	224624	15295	10375	13	190151	84.70
1993	235150	13932	9793	6	200673	85.30
1994	243456	13213	9833	9	208234	85.50
1995	252627	13921	10430	26	215339	85.20
1996	258873	13556	10114	20	221805	85.70
1997	263646	12968	9623	9	226674	85.98
1998	267982	12366	9260	7	233007	86.95
1999	280455	12114	8999	4	249368	88.92
2000	285244	11122	7050	14	249741	87.55
2001	295395	10903	6755	14	260077	88.04
2002	303134	11635	7082	8	268243	88.49
2003	306157	12441	7767	5	266832	87.16
2004	312941	13957	9318	2	273387	87.36
2005	317062	13251	9057	5	275685	86.95
2006	323479	12460	9117	3	279246	86.33
2007	331556	13621	10333	1	293733	85.29
2008	343051	14485	11053	1	291049	84.84
2009	352115	14450	11157	5	297559	84.51
2010	367607	14265	11019	4	309054	84.07
2011	380570	14899	11820	1	320135	84.12
2012	384854	14875	12049	12	320907	83.38
2013	391864	13549	10952	5	327002	83.45
2014	399044	14871	12118	6	333848	83.66
2015	401786	12933	10667	6	338726	84.31
2016	418882	14465	12078	13	339885	81.14
2017	444011	12442	10556	4	349627	78.74

12−35 续表

年 份	领取独生子女证		人口出生率（‰）	政 策 生育率 (%)	多孩率 (%)
	累 计 （人）	领证率 (%)			
1978			18.73		
1979			24.13		
1980			24.41		
1981			21.86		
1982			19.07		
1983			16.74		
1984			15.54		
1985	1954	1.22	15.37	88.94	4.27
1986	2029	1.20	16.44	92.45	2.93
1987	2257	1.28	16.11	93.16	1.97
1988	2408	1.32	16.75	93.58	2.14
1989	2116	1.10	17.06	92.35	2.54
1990	2288	1.13	17.07	89.08	3.71
1991	2514	1.19	17.91	89.55	3.65
1992	2335	1.04	19.31	86.08	4.44
1993	2905	1.24	18.38	87.29	4.50
1994	3245	1.33	17.88	86.50	4.71
1995	3389	1.34	17.76	85.09	4.33
1996	4028	1.63	17.05	83.83	4.87
1997	4514	1.71	16.50	83.98	4.68
1998	4971	1.85	15.31	90.01	2.92
1999	21228	7.57	14.55	89.31	2.92
2000	30921	10.84	12.11	90.17	1.77
2001	41636	14.10	11.16	91.75	1.57
2002	49188	16.23	10.35	91.80	1.31
2003	51814	16.92	10.34	92.45	1.24
2004	55425	17.71	10.86	93.48	1.14
2005	60426	19.06	10.62	94.32	0.80
2006	69507	21.49	10.14	94.69	0.71
2007	73766	22.25	10.39	95.48	0.63
2008	77919	22.71	10.77	96.28	0.54
2009	80738	22.93	10.67	96.75	0.75
2010	81736	22.23	10.90	96.97	0.99
2011	83312	21.89	10.92	98.65	0.90
2012	81341	21.14	13.32	84.23	3.42
2013	81215	20.73	11.79	83.52	3.65
2014	80769	20.24	11.20	89.21	2.57
2015	77688	19.34	11.34	92.47	1.20
2016	69298	16.54	13.92	97.06	1.88
2017	49102	11.06	22.22	98.47	3.02

注：领证率是期末已领取独生子女证人数除以全市已婚育龄妇女人数。

12-36 主要年份优抚和社会救济、福利事业

Basic Statistics on Special Care, Social Relief and Welfare in Main Years

项　　目	单位	1990年	1995年	2000年	2005年	2010年	2015年	2016年	2017年
优抚事业									
优抚收养性事业单位数	个	1	1	1	1	1	1	1	1
优抚收养性单位收养人数	人次	19	11	7	8	8	7	7	7
优抚事业费用	万元	340	213	412	2400	4555	7102	7363	9525
社会救济									
社会救济人数	人次	4433	7273	19914	23886	36516	19000	12552	12571
年末社会散居孤幼人数	人	2026	2444	1596	875	11	109	97	81
#定期救济对象	人	142	569	29	18	11	109	97	81
社会救济福利事业费	万元		190	993	6955	21199	24991	20552	36099
自然灾害生活救助费	万元	4.6	70	50	744	139	536	687	783
社会福利									
社会福利事业单位数	个	1	1	3	36	38	37	37	37
#民政部门办	个	1	1	3	4	3	3	3	6
社会福利事业单位收养人数	人	363	351	406	2240	2609	2737	2810	1790
#民政部门办	人	363	351	406	893	1715	1252	1122	331
安排“四残”人员就业人数	人	199	239	393	351	321	395		
社会福利事业单位费用支出	万元					9770	24991	18112	3896
敬老院情况									
全市敬老院个数	个			32	31	35	34	34	31
年末敬老院供养人数	人			833	1347	894	1485	1688	1459
“五保户”情况									
年末列入“五保户”户数	户			1545	1575	1254	833	824	763
年末列入“五保户”人数	人			1587	1575	1263	833	824	763
全年“五保户”费用支出	万元			2198	1594	1536	1484	1371	1371
城乡基层社会保障									
建立社会保障网络镇街数	个	33	24	32	32	32	32	32	32

注：“五保户”人数及费用支出含敬老院供养人数及费用支出。

12–37 主要年份婚姻登记情况

Basic Statistics on Marriage Registration in Main Years

项　　　目	单位	1985年	1990年	1995年	2000年	2005年	2010年	2015年	2016年	2017年
准予登记结婚	对	11870	13668	14170	10535	14293	11415	18101	17555	17008
#涉外、华侨、港澳台同胞	对	638	709	510	213	113	79	169	159	170
准予登记离婚	对				448	1319	1856	3672	3987	4622
#涉外、华侨、港澳台同胞	对						9	45	55	55

12–38 主要年份环境保护基本情况

Basic Statistics on Environmental Protection in Main Years

项　　　目	单 位	1985年	1990年	1995年	2000年	2005年	2010年	2015年	2016年	2017年
废水										
废水排放总量	万吨	3100	5259	9681	40703	69049	87953	114086	125185	124182
#工业废水	万吨	2686	4124	5511	11753	21355	29742	20429	17245	20735
污水厂集中处理率	%						71.5	95.0	96.2	94.1
废气										
工业废气排放量	亿立方米	34	307	556	1318	1695	2340	3219	3643	4201
一般工业固体废物										
一般工业固体废物产生量	万吨	16	112	108	149	284	313	486	457	523
一般工业固体废物处置量	万吨	8	2	1	5	12	15	55	47	142
一般工业固体废物处置率	%	48.2	1.8	0.9	66.9	99.8	4.8	11.3	10.3	27.2
一般工业固体废物综合利用率	%	37.5	17.9	18.2	63.8	86.5	95.0	88.7	89.7	72.4
城市环境质量及污染控制										
空气质量指数	范围值				21-87	24-123	14-108	20-201	22-203	23-206
交通干线噪声平均值	db				68.4	67.9	67.7	68.8	65.0	62.4
汽车尾气排放达标率	%				81.2	88.1	81.0	86.0	88.0	89.0
全市生活垃圾无害化处理率	%						37.3	74.9	100.0	100.0

12-39 主要年份社会保险事业情况

Basic Statistics on Social Insurance in Main Years

项　　目	单 位	1995年	2000年	2005年	2010年	2015年	2016年	2017年
参加各种社会保险人数	万人次	149.33	338.33	804.71	2726.37	2659.94	2558.79	2561.28
#失业保险	万人	6.49	17.84	177.78	279.90	412.14	409.11	404.01
养老保险	万人	8.46	82.95	182.49	421.84	670.60	651.66	694.49
医疗保险	万人	7.60	88.21	189.40	592.27	601.92	574.47	566.09
工伤保险	万人	126.78	136.53	235.10	469.08	464.46	445.07	430.55
社会保险基金总收入	万元	18155	127964	491540	1544112	4309420	4763827	5225384
#失业保险	万元	60	2732	28954	27008	186278	117224	120946
养老保险	万元	7697	85245	343429	976257	3340876	3668720	4039688
医疗保险	万元	2057	23488	82138	333342	643199	783623	849409
工伤保险	万元	8341	15891	35073	62806	132895	119483	124305
社会保险基金总支出	万元	10520	40454	217413	547470	1684737	1955338	2209577
#失业保险	万元	16	440	6676	9681	58297	85722	77205
养老保险	万元	7450	24130	135958	194055	781414	1074526	1205884
医疗保险	万元	1436	3694	51021	299975	555937	624366	693066
工伤保险	万元	1618	11703	22220	41910	120276	119060	117006

注：1．1997年起养老保险因口径调整，与以前年份不可比。
　　2．参加各种社会保险总人数包含生育保险人数。

12-40 主要年份最低生活保障情况

Basic Statistics on Minimum Income Relief in Main Years

项　　目	单 位	2005年	2010年	2016年	2017年
居民最低生活保障线	元/人月	320	440	610	880
村民最低生活保障线	元/人月	300	440	610	880
居民最低生活保障户数	户	1911	1599	1938	1855
居民最低生活保障人数	人	4885	3643	3569	3419
居民最低生活保障金支出	万元	790	673	2510	2708
村民最低生活保障户数	户	6705	12214	4090	4337
村民最低生活保障人数	人	17426	30785	8343	8515
村民最低生活保障金支出	万元	2318	5922	5317	6041

12-41 主要年份市政建设情况

Basic Statistics on Municipal Construction in Main Years

项目	单位	1995年	2000年	2005年	2010年	2015年	2016年	2017年
水厂日供水能力	万立方米	66	187	480	700	746	747	750
年末供水管道总长度	公里	1580	2106	3680	16268	20100	20841	22466
全年供水量	万立方米	18802	70046	155100	165607	155441	156401	159962
#生活用水量	万立方米	7361	21433	51100	28560	42685	44543	59515
建成区绿地面积	万平方米	800	1396	10298	33092	38801.81	41402.29	41984.38
#公园绿地面积	万平方米				9075	11535.60	14455.69	15745.49
建成区绿化覆盖面积	万平方米	1885	1364	9436	35571	41667.00	45620.01	46455.78
建成区土地面积	平方公里	82.00	147.68	657.17	798.48	928.87	956.54	988.89
公园数	个		273	931	1004	1223	1509	270
公园面积	公顷		1423	2887	11130	14493.14	20692.80	15391.10

注：1.公园数和公园面积不含森林公园数及其面积。
2.2017年起，按《全国城市（县城）建设统计报表》规定，公园个数及面积的统计范围调整为镇级和市级的城市公园，村（社区）级公园不纳入统计范围。

12-42 主要年份液化石油气及天然气供应情况

Basic Statistics on Supply of Liquefied Petroleum Gas and Natural Gas in Main Years

项目	单位	1995年	2000年	2005年	2010年	2015年	2016年	2017年
年末液化石油气用户数	户	63419	110172	144797	956018	885176	917933	1286927
#居民用户数	户	62246	106910	144035	870921	853945	873251	1280000
全年液化石油气供气量	吨	25935	58287	161930	344762	289410	230000	276038
#家庭用量	吨	18948	22104	24354	188108	234500	197640	124577
年末天然气用户数	户			5027	147047	594731	813000	873942
#居民用户数	户			5000	116239	586339	807000	866389
全年天然气供气量	万立方米			1657	29611	72134	79294	87752
#家庭用量	万立方米			45	1600	16400	13578	15000
年末汽车天然气加气站	个				10	15	38	20
天然气汽车加气全年供应量	万立方米				5324	3836	13000	11909

注：本表2000—2006年为市喜威液化石油气有限公司与市中液石油气有限公司的业务量，2007年起调整为市城市管理局统计口径。

12-43 历年环境保护基本情况

Basic Statistics on Environmental Protection over Years

年 份	降 水 PH均值	酸 雨 PH均值	酸雨频率 (%)	酸雨占总降水量 (%)	交通干线噪声平均值 (db)	工业废水排放量 (万吨)
1982						1842
1983						2068
1984	6.53					2127
1985						2686
1986					76.8	2416
1987	6.64	5.38		38.4	78.9	3501
1988	4.85	4.72	63.6	75.1	77.6	3029
1989	5.44	5.21	31.0	31.8	74.1	3976
1990	6.15	5.30	29.5	43.3	75.9	4124
1991	5.24	4.78	35.4	30.4	72.2	5506
1992	5.10	4.71	36.8	35.9	76.0	5849
1993	4.93	4.41	22.5	29.1	75.8	6500
1994	5.33	4.81	23.2	25.5	72.6	7057
1995	5.89	5.49	9.2	13.7	70.3	5511
1996	5.83	5.40	14.7	10.9	70.4	6033
1997	4.94	4.84	56.6	76.4	70.6	8930
1998	4.79	4.70	60.3	80.4	70.3	7989
1999	4.97	4.68	40.0	50.5	69.1	11719
2000	4.90	4.67	50.7	56.6	68.7	11753
2001	5.06	4.74	31.6	43.9	68.2	11694
2002	5.47	5.09	29.3	28.8	68.0	25587
2003	4.55	4.44	60.5	77.2	67.9	23389
2004	4.47	4.41	69.6	85.7	68.0	22501
2005	4.07	4.00	65.7	86.2	67.9	21355
2006	3.57-6.57	4.70	50.0	42.4	68.0	24134
2007	5.21	4.36-7.59	54.2	59.2	67.9	91260
2008	4.83	4.65	60.1	63.6	63.6	33359
2009	5.03	4.88	51.8	67.3	63.8	29960
2010	5.11	4.97	52.2	65.3	67.7	29742
2011	5.02	4.59	47.6	31.9	67.8	29091
2012	5.26	4.98	33.7	47.2	67.9	26909
2013	5.23	4.93	30.8	46.7	68.3	23463
2014	5.46	5.16	38.2	40.2	68.5	28292
2015	5.91	5.35	8.2	7.8	68.8	20429
2016	5.88	5.45	12.6	14.6	65.0	17245
2017	5.79	5.04	15.0	10.9	62.4	20735

注：2007年起，工业废水排放量统计口径变更，与往年不可比。

主要统计指标解释

Explanatory Notes on Main Statistical Indicators

工程技术人员 指在国民经济各行业从事工程技术工作的自然科学技术专业人员，包括：高级工程师、工程师、助理工程师、技术员和未评定职称的技术人员。

农业技术人员 指在国民经济各行业从事农业技术工作的自然科学技术专业人员，包括：高级农艺师、农艺师、助理农艺师、技术员和未评定职称的技术人员。

科学研究人员 指在国民经济各行业从事科学技术活动的科学技术专业人员，包括：正副研究员、助理研究员、研究实习员、技术员和未评定职称的技术人员。

专利申请量 指企业当年向国家知识产权局提出专利申请并被受理项数。

专利授权量 指企业当年获国家知识产权局授予专利权的项数。

发明 专利法及其实施细则所称的发明是指对有关产品、方法或其改进所提出的新的技术方案。

实用新型 专利法及其实施细则所称的实用新型是指对产品的形状、构造或者其结合所提出的适于实用的新的技术方案。

外观设计 专利法及其实施细则所称的外观设计是指对产品的形状、图案、色彩或者其结合所作出的富有美感并适于工业上应用的新设计。

科技活动经费使用总额(内部支出) 指报告期内调查单位用于科技活动的实际支出。包括劳务费、科研业务费、科研管理费、非基建投资购建的固定资产、科研、基建支出以及其他用于科技活动的支出。但不包括生产性活动支出、归还贷款支出及转拨外单位支出。

毕业生数 毕业生数是指上学年内，具有学籍的学生学完教学计划规定的全部课程，考试及格，实际毕业的学生数。不包括结业生和肄业生。

招生数 招生数是指新学年开始时，按规定实际招收入学的新生数，不包括重读生和复学生（高等教育包括春秋两季招收的学生）。

在校学生数 是指具有学籍的注册学生总数。

学龄儿童入学率 指调查范围内已入小学学习的学龄儿童占校内外学龄儿童总数（包括弱智儿童在内，但不包括盲聋哑儿童）的比重。

电影放映单位 指具有放映机器设备、固定或不固定的放映场所与专职或兼职的放映技术人员，经有关部门登记批准，经常为一定的观众对象放映电影的机构。包括经批准对外开放进行营业，并与电影发行放映管理机构分帐的专用放映单位和军委系统租片单位。

公共图书馆藏书量 是指本馆已编目的古籍、图书、期刊和报纸的合订本、小册子、手稿，以及缩微制品、录像带、录音带、光盘等视听文献资料数量之和。

医疗机构 是指根据《医疗机构管理条例》的规定，经登记取得《医疗机构执业许可证》的机构。包括医院、社区卫生服务中心（站）、卫生院、门诊所、诊疗所、医务室、村卫生室、妇幼保健院（所、站）、专科疾病防治院（所、站）、急救中心、临床检验中心。

医院 指设有固定床位能收容病人住院并能为病人提供医疗、护理服务的医疗机构。包括县及县以上医院、农村乡卫生院、其他医院三部分。按所属性质分为卫生部门、工业及其他部门、集体经济单位三类。其中县及县以上医院按业务性质分为综合医院和专科医院。

实有床位 是指报告期末固定实有床位数，包括正规床、简易床、监护床、正在消毒和修理床位、因扩建或修理而停用的床位，不包括产科新生儿床、待产室待产床、库存床、观察床、临时加床和病人家属陪伴床。

诊疗人数 是指所有诊疗工作的总人数。包括病人来院就诊的门诊、急诊人次和出诊、下地段、赴家庭病床、到工厂、农村、工地、会议、集体活动等外出诊疗的人次数，以及外出进行的单项健康检查及健康咨询指导人次数。并包括本院职工的诊疗的人次数及局部的单项健康检查人数。

卫生技术人员 指卫生事业机构支付工资的全部固定职工和合同制职工中现任职务为卫生技术工作的专业人员。包括中医师、西医师、中西医结合高级医师、护师、中药师、西药师、检验师、其他技师、中医士、西医士、护士、助产士、中药剂士、西药剂士、检验士、其他技士、其他中医、护理员、中药剂员、西药剂员、检验员，其他初级卫生技术人员。

病死率 是指年内住院病人中死亡人数占出院人数的比例。

刑事案件立案 是指实施违反我国刑事法律的行为，构成犯罪的案件。根据《关于公安机关办理刑事案件程序规定》第一百六十二条，公安机关受理案件后，经过审查，认为有犯罪事实需要追究刑事责任，且属于自己管辖的，由接受单位制作《刑事案件立案报告书》，经县级以上公安机关负责人批准，予以立案。

刑事案件破案 根据《关于公安机关办理刑事案件程序规定》第一百六十六条的规定，刑事案件破案应当具备下列条件：（一）犯罪事实已有证据证明；（二）有证据证明犯罪事实是犯罪嫌疑人实施的；（三）犯罪嫌疑人或者主要犯罪嫌疑人已经归案。

治安案件查处 是指触犯了《中华人民共和国治安管理处罚条例》规定，给社会或个人造成一定危害，公安机关依照相关法律、法规和规定，应当给予处罚的行为事件。

律师 指受聘参加法律顾问处工作，担任法律顾问、刑（民）事代理人、刑事辩护人，办理非诉讼事件、解答法律询问，代写法律事务文书等主要从事律师业务的专职法律工作者和兼职律师。

公证人员 指在国家公证机关依法办理公证事务的司法人员。包括公证员、助理公证员和在公证处工作的其他人员。

调解人员 在人民调解委员会担负调解民间一般民事纠纷和轻微违法行为所引起的纠纷的工作人员。包括调解委员会的委员和调解小组的调解员。

社会保险基金收入 是指根据国家规定，由纳入基本社会保险范围的单位，按照国家规定的缴费基数和缴费比例缴纳的社会统筹基金，以及通过其他方式取得的形成基金来源的收入，包括：单位缴纳的社会统筹基金收入、财政补贴收入、利息收入、其他收入。

社会保险基金支出 是指按照国家政策规定的开支范围和开支标准从社会统筹基金中支付给参加基本社会保险人员个人的费用，以及由于保险关系转移、上下级之间调剂资金等原因而发生的支出。

社会福利事业单位 指集中收养社会孤老、残、幼的机构。包括由民政部门管理的社会福利院、儿童福利院、精神病人福利院和城镇集体办的福利院，以及农村集体举办的敬老院。

社会福利事业单位收养人数包括民政部门管理的和城镇及农村集体举办的社会福利事业单位中收养的老人、少年儿童、缺乏生活自理能力的残疾人员和精神病人。

废水排放总量 包括工业废水和生活污水。工业废水指工业企业在生产、科研过程中向企业外部排放的所有排放口的废水量总和。生活污水指居民或职工在饮用、洗涤、烹饪、清洁卫生等过程中排放的污水量。

十三、能　源

Energy

13-1 主要节能情况

Main Condition of Energy Conservation

单位：±%

年　份	单位生产总值能耗上升率或下降率	单位生产总值电耗上升率或下降率	单位工业增加值能耗上升率或下降率
2006	-4.86	-5.69	-10.66
2007	-5.36	-7.64	-10.07
2008	-5.11	-12.49	-10.94
2009	-4.48	-8.42	-0.26
2010	-2.02	2.84	-10.92
2011	-4.61	-3.40	-6.12
2012	-4.46	-2.85	-11.42
2013	-5.35	-6.17	-8.45
2014	-5.88	-1.50	-9.74
2015	-7.90	-6.54	-10.88
2016	-4.65	-2.62	-3.93
2017	-4.87	0.23	-7.95

13-2 规模以上工业企业能源加工转换情况（2017年）

Energy Convertion of Industrial Enterprises Above Designated Size (2017)

能源名称	计量单位	工业生产消费量	#加工转换				能源加工转换产出	回收利用
			投入合计	火力发电	供热	加工煤制品		
原煤	吨	15928672	15177438	11103228	3787805	286405		
煤制品	吨	391863	352909	166013	186895		391863	
天然气（气态）	万立方米	164732	136153	130285	5869			
液化天然气（液态）	吨	208	208	208				
柴油	吨	7968	4176	4009	167			
润滑油	吨	78						
热力	百万千焦	56027260	1071235	1071235			69139843	
电力	万千瓦时	975083					3495050	
城市生活垃圾（用于燃料）	吨	2758084	2758084	2758084				
余热余压	百万千焦	843334	843334	843334				843334
能源合计	吨标准煤	16762296	12866926	10075355	2572235	219335	6869620	28758

13-3 全市规模以上工业企业能源购进、消费及库存量（2017年）

Energy Purchases, Consumptton and Stock of Industrial Enterprises of Whole Municipality Above Designated Size (2017)

能源品种	单 位	购进量	消费量	#工业生产	年末库存量
原煤	吨	16562450	16608026	16605443	581823
煤制品	吨	68010	459020	459015	1798
焦炭	吨	5130	4918	4918	32
天然气（气态）	万立方米	191480	191440	190351	24
液化天然气（液态）	吨	6356	6349	5792	
汽油	吨	16923	17171	2509	31
煤油	吨	29	30	28	5
柴油	吨	63257	62372	40873	3771
燃料油	吨	39931	39605	39133	12802
液化石油气	吨	7113	7183	6041	20
润滑油	吨	602	600	594	16
石蜡	吨	3	3	3	
溶剂油	吨	99	99	99	2
热力	百万千焦	12323144	65443822	65289114	
电力	万千瓦时	2653912	3580313	3418407	
城市生活垃圾（用于燃料）	吨	2767010	2758084	2758084	56716
生物燃料	吨标准煤	94229	94650	93408	2544
余热余压	百万千焦		843334	843334	
其他燃料	吨标准煤	1953	2028	2014	

13-4 全市规模以上工业企业分行业能源消费量（2017年）

Total Energy Consumption of Industrial Enterprises Above Designated Size by Sector (2017)

行业	原煤（吨）	煤制品（吨）	焦炭（吨）	天然气（气态）（万立方米）	液化天然气（液态）（吨）	汽油（吨）
总计	16608026	459020	4918	191440	6349	17171
采矿业						4
煤炭开采和洗选业						
石油和天然气开采业						
黑色金属矿采选业						
有色金属矿采选业						
非金属矿采选业						4
开采辅助活动						
其他采矿业						
制造业	7919037	459020	4918	55248	6141	16861
农副食品加工业	65058	60252		501	4	111
食品制造业				1460		226
酒、饮料和精制茶制造业				1165	77	11
烟草制品业						
纺织业	422121			1991		858
纺织服装、服饰业	16	27		353		650
皮革、毛皮、羽毛及其制品和制鞋业				177	37	1157
木材加工和木、竹、藤、棕、草制品业	1088					156
家具制造业	355			687	327	534
造纸和纸制品业	7296492	352909		1315	634	356
印刷和记录媒介复制业	7474			283		641
文教、工美、体育和娱乐用品制造业	1030			396		404
石油加工、炼焦和核燃料加工业				281		
化学原料和化学制品制造业	41007		1889	1411		830
医药制造业				309		77
化学纤维制造业				233		81
橡胶和塑料制品业	39608	214		1045	144	1122
非金属矿物制品业	43779	45618		32568		157
黑色金属冶炼和压延加工业			2480	79	3739	71
有色金属冶炼和压延加工业				1331		262
金属制品业			549	2712	207	997
通用设备制造业				447	21	1148
专用设备制造业				1219	23	1243
汽车制造业				1281		240
铁路、船舶、航空航天和其他运输设备制造业				138	595	22
电气机械和器材制造业	1008			1123	206	1695
计算机、通信和其他电子设备制造业				2558	127	3372
仪器仪表制造业				184		244
其他制造业						184
废弃资源综合利用业						
金属制品、机械和设备修理业						11
电力、热力、燃气及水生产和供应业	8688990			136192	208	306
电力、热力生产和供应业	8664729			136153	208	122
燃气生产和供应业				39		11
水的生产和供应业	24261					173

13-4 续表 1

(2017年)

行　　业	煤油(吨)	柴油(吨)	燃料油(吨)	液化石油气(吨)	润滑油(吨)	石蜡(吨)	溶剂油(吨)
总　　计	30	62372	39605	7183	600	3	99
采矿业							
煤炭开采和洗选业							
石油和天然气开采业							
黑色金属矿采选业							
有色金属矿采选业							
非金属矿采选业							
开采辅助活动							
其他采矿业							
制造业	30	58536	39605	7160	516	3	99
农副食品加工业		1407		10			
食品制造业		1990	119	233			
酒、饮料和精制茶制造业		1146					
烟草制品业							
纺织业		1981	59	5			
纺织服装、服饰业	9	2160	71	232			
皮革、毛皮、羽毛及其制品和制鞋业		2081	17	225	8		86
木材加工和木、竹、藤、棕、草制品业		365					
家具制造业		662		381	2		4
造纸和纸制品业		9154	148	392			
印刷和记录媒介复制业		2073		15			7
文教、工美、体育和娱乐用品制造业		1734	170	62	1	3	
石油加工、炼焦和核燃料加工业							
化学原料和化学制品制造业		3231	1016	605			
医药制造业		46					
化学纤维制造业		110					
橡胶和塑料制品业		3890	40	90			
非金属矿物制品业		4335	35686	459			
黑色金属冶炼和压延加工业		86	1442				
有色金属冶炼和压延加工业		1958	269	349	1		
金属制品业	1	3419	17	575	145		
通用设备制造业	15	1496	34	1177	265		
专用设备制造业		2130	84	42	25		
汽车制造业	2	656			2		
铁路、船舶、航空航天和其他运输设备制造业		2611		16			
电气机械和器材制造业		2520	90	628	7		
计算机、通信和其他电子设备制造业	2	6776	342	1528	60		2
仪器仪表制造业		275		11			
其他制造业		242		125			
废弃资源综合利用业							
金属制品、机械和设备修理业							
电力、热力、燃气及水生产和供应业		3835		23	84		
电力、热力生产和供应业		3748		23	84		
燃气生产和供应业							
水的生产和供应业		87					

13-4 续表 2

(2017年)

行　　业	热力(百万千焦)	电力(万千瓦时)	城市生活垃圾(用于燃料)(吨)	生物燃料(吨标准煤)	余热余压(百万千焦)	其他燃料(吨标准煤)
总　　计	65443822	3580313	2758084	94650	843334	2028
采矿业		208				
煤炭开采和洗选业						
石油和天然气开采业						
黑色金属矿采选业						
有色金属矿采选业						
非金属矿采选业		208				
开采辅助活动						
其他采矿业						
制造业	65443822	3335235		94650	843334	2028
农副食品加工业	3207773	54682		5706		
食品制造业	465612	25715		1949		
酒、饮料和精制茶制造业	278066	15510		2929		
烟草制品业						
纺织业	7637611	76700		6032		
纺织服装、服饰业	69753	50198		6888		
皮革、毛皮、羽毛及其制品和制鞋业	245213	77351		900		
木材加工和木、竹、藤、棕、草制品业		7898		3755		
家具制造业		62267		4621		
造纸和纸制品业	52502603	815505		28737		
印刷和记录媒介复制业	6131	53500		1378		
文教、工美、体育和娱乐用品制造业		102015		965		
石油加工、炼焦和核燃料加工业		336				
化学原料和化学制品制造业	237666	55914		3173		
医药制造业	11101	3669		1765		
化学纤维制造业		7922		5343		
橡胶和塑料制品业	705948	297617		9765		
非金属矿物制品业		136221		9209	843334	
黑色金属冶炼和压延加工业		11702				
有色金属冶炼和压延加工业		21340				
金属制品业	11102	171758				84
通用设备制造业		78658				
专用设备制造业		89596				
汽车制造业		38639				
铁路、船舶、航空航天和其他运输设备制造业	64445	10834				
电气机械和器材制造业	800	247309		606		1943
计算机、通信和其他电子设备制造业		767264		928		
仪器仪表制造业		41483				
其他制造业		12685				
废弃资源综合利用业		122				
金属制品、机械和设备修理业		825				
电力、热力、燃气及水生产和供应业		244870	2758084			
电力、热力生产和供应业		201999	2758084			
燃气生产和供应业		877				
水的生产和供应业		41994				

13-5 主要年份全社会用电量

Total Consumption of Electricity in Main Years

单位：万千瓦时

项　　目	2005年	2010年	2015年	2016年	2017年
全社会用电量总计	4198289	5619996	6668438	7020063	7606805
#各行业用电量合计	3855742	5036303	5822942	6114137	6679673
第一产业	9761	10279	14115	16046	16574
第二产业	3397588	4317267	4877762	5100277	5591034
第三产业	448393	708757	931065	997814	1072065
城乡居民生活用电量合计	342547	583693	845497	905927	927132
各行业用电分类					
农、林、牧、渔业	9761	10279	14115	16046	16574
工　业	3374306	4262339	4833053	5060048	5553946
#轻工业	1357858	1821542	1990103	2076914	2259205
重工业	2016448	2440797	2842950	2983134	3294742
#采矿业	8112	8044	531	603	329
制造业	3044575	3953169	4493951	4739265	5187907
电力、燃气及水的生产和供应业	321619	301126	338572	320180	365710
电力、热力的生产和供应业	240737	183361	229753	216778	257373
#电厂生产全部耗用电量	41656	51096	55866	64138	68755
线路损失电量	190736	132265	163744	127989	165083
燃气生产和供应业	654	1778	382	450	655
水的生产和供应业	80228	115987	108436	102952	107683
建筑业	23282	54928	44709	40228	37088
交通运输、仓储和邮政业	14425	26524	51705	66732	74995
交通运输业	8614	16173	30546	42253	46707
仓储业	2084	5774	16094	19121	23709
邮政业	3727	4577	5065	5358	4578
信息传输、计算机服务和软件业	15277	35085	61673	64937	68739
商业住宿和餐饮业	282238	376037	511790	533834	568906
批发和零售业	148555	194549	335417	353663	385222
住宿和餐饮业	130153	181488	176372	180171	183684
金融、房地产、商务及居民服务业	65223	117690	95148	104831	117164
金融业	16158	14156	8311	9411	11396
房地产业	21976	23489	14002	15330	15765
租赁和商务服务、居民服务和其他服务	27089	80045	72835	80090	90003
公共事业及管理组织	71230	153421	210750	227480	242262
科学研究、技术服务和地质勘查业	4550	2950	4724	7567	12228
#地质勘查业	248	45	215	217	203
水利、环境和公共设施管理业	26633	56514	70396	75455	78893
#水利管理业	12157	5208	4823	5027	5503
教育、文化、体育和娱乐业	13596	29655	51512	56975	60833
#教育	4793	8615	42007	47300	51224
卫生、社会保障和社会福利业	12151	8964	36193	38417	39817
公共管理和社会组织、国际组织	14300	55338	47926	49066	50491

13-6　规模以上工业综合能源消费量（2016-2017年）

Overall Energy Consumpiton of Industrial Enterprises above Designated Size (2016-2017)

单位：万吨标准煤

指　　标	2016年	2017年
合　计	1388.87	1422.24
采矿业	0.04	0.03
煤炭开采和洗选业		
石油和天然气开采业		
黑色金属矿采选业		
有色金属矿采选业		
非金属矿采选业	0.04	0.03
开采辅助活动		
其他采矿业		
制造业	890.44	916.33
农副食品加工业	27.83	26.85
食品制造业	6.95	6.88
酒、饮料和精制茶制造业	4.41	4.72
烟草制品业		
纺织业	44.76	49.71
纺织服装、服饰业	7.83	7.18
皮革、毛皮、羽毛及其制品和制鞋业	11.10	9.84
木材加工和木、竹、藤、棕、草制品业	1.19	1.43
家具制造业	7.96	8.46
造纸和纸制品业	473.78	466.67
印刷和记录媒介复制业	6.68	7.17
文教、工美、体育和娱乐用品制造业	12.10	12.41
石油加工、炼焦和核燃料加工业	0.24	0.41
化学原料和化学制品制造业	11.78	13.12
医药制造业	0.99	1.02
化学纤维制造业	1.69	1.76
橡胶和塑料制品业	41.37	42.16
非金属矿物制品业	61.29	66.56
黑色金属冶炼和压延加工业	2.54	2.50
有色金属冶炼和压延加工业	3.83	4.48
金属制品业	18.94	23.55
通用设备制造业	8.93	9.92
专用设备制造业	9.82	11.89
汽车制造业	4.88	6.12
铁路、船舶、航空航天和其他运输设备制造业	1.87	1.98
电气机械和器材制造业	28.40	30.34
计算机、通信和其他电子设备制造业	83.96	92.61
仪器仪表制造业	4.22	4.93
其他制造业	1.05	1.55
废弃资源综合利用业	0.01	0.01
金属制品、机械和设备修理业	0.08	0.09
电力、热力、燃气及水生产和供应业	498.39	505.88
电力、热力生产和供应业	493.34	498.93
燃气生产和供应业	0.14	0.10
水的生产和供应业	4.92	6.86

主要统计指标解释

Explanatory Notes on Main Statistical Indicators

能源购进量 指能源使用企业（单位）在报告期购进、用于本企业（单位）消费的各种能源数量。本指标解释不涉及能源贸易企业的能源购进量。

工业企业能源消费量 指工业企业在工业生产活动和非工业生产活动中消费的能源，包括工业生产活动中作为燃料、动力、原料、辅助材料使用的能源，生产工艺中使用的能源，用于能源加工转换的能源；非工业生产活动中使用的能源。

工业生产能源消费量 指工业企业为进行工业生产活动所消费的能源。主要包括：

（1）用于本企业产品生产、工业性作业的能源，包括用作原料、材料、燃料、动力的能源；作为能源加工转换企业，还包括用作加工转换的能源。

（2）产品生产过程中作为辅助材料使用的能源。

（3）生产工艺过程使用的能源。

（4）新技术研究、新产品试制、科学试验使用的能源。

（5）为了工业生产活动而在进行的各种修理过程中使用的能源。

（6）生产区内的劳动保护用能等。

能源库存量 指能源使用企业（单位）在报告期的某时间点所拥有的、用于企业（单位）消费的各种能源的库存量。本指标解释不涉及能源生产企业的能源产成品库存和能源贸易企业的能源商品库存。

综合能源消费量 指企业（单位）在报告期内工业生产实际消费的各种能源（扣除能源加工转换和能源回收利用等重复因素）的总和。计算综合能源消费量时，需要将各种能源品种的消费量换算成按照标准计量单位（如：吨标准煤）计量的消费量。

能源加工转换投入 能源加工转换，指为了特定的用途，将一种能源（一般为一次能源），经过一定的工艺，加工或转换成另外一种能源（二次能源）。

火力发电的加工转换投入 指火力发电企业为发电而投入发电锅炉燃烧室的燃料数量。通常燃料主要有：煤炭、燃料油、天然气、焦炉煤气、高炉煤气、转炉煤气、生物质燃料、可燃废弃物和可燃垃圾等。

供热的加工转换投入 指热力生产企业为生产热力而投入供热锅炉燃烧室的燃料数量，以及热电联产机组按照热电产出比例分摊的用于供热的燃料投入量。

加工煤制品的加工转换投入 指煤制品生产企业，在不改变煤炭基本属性的情况下，为生产型煤（煤球、煤饼、蜂窝煤）、煤粉、水煤浆等煤制品而使用的原煤或其他煤炭产品的数量。

能源加工转换产出量 指一次能源经过加工转换产出的二次能源产品（包括不作能源使用的其他副产品和联产品）的数量，比如火力发电产出的电力，热电联产同时产出的电力、蒸汽、热水，原煤洗选产出的洗精煤、洗中煤、洗煤泥等，炼焦产出的焦炭、焦炉煤气和其他焦化产品（煤焦油、粗苯等），炼油和煤制油产出的汽油、煤油、柴油、燃料油、液化石油气、炼厂干气 、石脑油、润滑油、石蜡、溶剂油、石油焦、石油沥青等，制气（指煤气生产）产出的发生炉煤气、焦炭和其他焦化产品（煤焦油、粗苯等）。

十四、镇街主要指标

Main Indicators of Towns

14-1 镇街生产总值

Gross Domestic Product by Town

单位：万元

镇街	(1991年) 地区生产总值	第一产业	第二产业	第三产业	(1992年) 地区生产总值	第一产业	第二产业	第三产业
莞城	22046	174	16612	5260	28881	108	22263	6510
石龙	25154	907	17669	6578	29467	1026	21163	7278
虎门	44900	10059	16412	18429	56539	10336	24781	21422
东城	23500	7179	13793	2528	32770	7362	21392	4016
万江	18518	3874	11653	2991	27997	3968	18928	5102
南城	13339	2219	8181	2939	18147	1973	12681	3493
中堂	14889	3300	9065	2524	19902	4360	10669	4873
望牛墩	11950	2794	7394	1762	13789	2854	8683	2252
麻涌	24449	10489	11478	2482	26907	9797	14294	2816
石碣	12556	2686	7660	2210	16967	2888	11140	2939
高埗	11546	3352	5163	3031	14295	4017	6503	3775
道滘	15659	4540	9542	1577	19009	4805	12003	2201
洪梅	6492	3879	1872	741	6906	2441	3435	1030
沙田	12616	6467	4552	1597	16779	6511	7850	2417
厚街	31303	5679	22403	3221	38272	6064	28528	3680
长安	24850	7961	13185	3704	36298	8980	21883	5435
寮步	23700	9030	8979	5691	30083	9256	12627	8200
大岭山	10557	5918	3123	1516	16175	6342	4928	4905
大朗	19481	11277	4870	3334	24694	10104	9836	4754
黄江	20403	2765	15888	1750	28355	3244	22864	2247
樟木头	10515	10515	2107	6426	13972	2212	8536	3224
清溪	8673	2076	4428	2169	12742	2405	6936	3401
塘厦	17826	6128	9049	2649	30454	6300	19988	4166
凤岗	8676	2698	5550	428	12119	3257	8146	716
谢岗	9472	2019	5197	2256	7178	2339	4236	603
常平	38008	13134	14511	10363	45046	11625	20103	13317
桥头	14030	4083	8114	1833	22099	5429	10336	6334
横沥	11125	2499	6349	2277	15673	2710	9342	3621
东坑	16245	3544	11393	1308	22332	3368	17294	1670
企石	16155	3731	9575	2849	21159	4699	13097	3363
石排	16123	2350	10727	3046	18091	2704	11839	3548
茶山	13328	3385	7146	2797	16377	4160	8782	3435

注：各镇街合计不等于全市数，下同。

14-1 续表 1

单位：万元

镇街	(1993年)				(1994年)			
	地区生产总值	第一产业	第二产业	第三产业	地区生产总值	第一产业	第二产业	第三产业
莞城	41307		32838	8469	55021		43120	11901
石龙	34182	582	21188	12412	48891	216	32738	15937
虎门	74808	11281	37710	25816	103070	14350	51597	37123
东城	37567	4379	25901	7287	44963	5223	30065	9675
万江	39317	4818	26939	7561	45953	5499	31186	9268
南城	23341	2767	16312	4262	46416	2811	38511	5094
中堂	31352	7282	16982	7089	34819	6271	19472	9076
望牛墩	15717	2642	10196	2879	18449	2796	11974	3679
麻涌	34553	9305	22223	3025	42676	9160	27917	5599
石碣	23877	2542	16311	5024	34401	2816	24582	7003
高埗	17843	4751	8347	4745	22368	5495	10877	5996
道滘	24306	5086	15471	3749	37062	5698	27835	14072
洪梅	8069	2265	4292	1512	9020	2406	4756	1858
沙田	24446	6574	14434	3438	31950	6196	20646	5107
厚街	57912	6707	44408	6796	101289	7615	77637	16037
长安	49862	9995	31962	7905	68914	11024	46939	10951
寮步	46311	9423	21926	14962	63089	12428	30205	20456
大岭山	22611	6717	7660	8234	27722	6725	11258	9739
大朗	32720	10237	15152	7331	46550	13958	21052	11540
黄江	37008	3021	30171	3816	47096	3254	39031	4811
樟木头	18265	1361	13994	2910	23438	1680	18008	3750
清溪	19533	3299	12076	4158	30510	4230	20391	5889
塘厦	41635	4353	31001	6281	80870	6396	65620	8854
凤岗	16961	3282	12778	901	24520	4166	19054	1300
谢岗	12063	2367	8997	699	16093	3365	11143	1585
常平	67921	12564	34518	20839	100294	13561	62109	24624
桥头	27654	5023	15085	7546	40632	6225	22445	11962
横沥	23825	23825	2604	13815	33565	3922	17444	12198
东坑	33565	4073	25007	4485	36161	4245	26665	5251
企石	28573	5167	17684	5722	34915	6545	21854	6516
石排	25462	2992	17949	4521	31920	3699	21172	7049
茶山	21196	4908	12096	4192	30233	6017	18221	5995

14-1 续表 2

单位：万元

镇 街	(1995年) 地区生产总值	第一产业	第二产业	第三产业	(1996年) 地区生产总值	第一产业	第二产业	第三产业
莞 城	69318		52710	16608	72335		50523	21812
石 龙	70501	318	46550	23633	72190	303	36303	35584
虎 门	130282	18388	68784	43110	158257	25193	85444	47620
东 城	85114	6208	57257	21649	100581	6744	66136	27701
万 江	55648	6705	37884	11059	63649	8488	40934	14227
南 城	83707	2938	63407	17362	103785	3667	79347	20771
中 堂	41537	6593	23358	11585	50533	7418	28908	14206
望牛墩	21961	3197	14061	4703	25963	3440	16512	6011
麻 涌	47340	11783	28584	6973	49764	15494	26884	7386
石 碣	46831	3332	33206	10293	66081	3495	45532	17054
高 埗	28324	6213	14403	7708	36274	6945	19348	9981
道 滘	47605	5698	27835	14072	55596	6031	35931	13634
洪 梅	15209	2667	6923	5619	16733	2908	7657	6168
沙 田	42922	7741	29376	5806	49023	10655	32354	6015
厚 街	118353	9670	90642	18041	140036	10906	83151	45979
长 安	93323	12505	65233	15585	131672	12882	97066	21724
寮 步	75398	14727	32311	28360	85876	15651	37022	33203
大岭山	39228	8485	17265	13478	49383	9773	21083	18527
大 朗	66807	17319	25844	23644	78506	16982	29641	31883
黄 江	61098	3708	46392	10998	63391	3929	46558	12904
樟木头	31914	2662	24710	4543	41323	3443	32232	5647
清 溪	52550	5721	35627	11202	82953	6083	55419	21451
塘 厦	112158	6909	90588	14661	139903	9900	112916	17087
凤 岗	37051	4767	30135	2149	48015	5521	39670	2824
谢 岗	18872	4356	12655	1861	25536	5213	18242	2081
常 平	135315	18444	87856	29015	146594	19303	86033	41258
桥 头	54012	7206	30626	16180	64694	8418	38393	17883
横 沥	44663	4484	23559	16620	54922	4717	29045	21161
东 坑	34654	5179	19727	9748	50965	5274	32218	13473
企 石	44588	7760	28861	7967	54066	8947	35535	9584
石 排	34349	4898	20547	8904	37946	5718	21459	10769
茶 山	41484	6017	18221	5995	51339	7159	24892	9433

14-1 续表 3

单位：万元

镇街	(1997年)				(1998年)			
	地区生产总值	第一产业	第二产业	第三产业	地区生产总值	第一产业	第二产业	第三产业
莞城	80298		49962	30336	110076		49677	60399
石龙	95560	293	48361	46906	133953	116	77910	55927
虎门	246823	25799	130963	90061	362826	29535	176729	156562
东城	125730	5850	78959	40921	161819	5246	105142	51431
万江	69516	8749	42333	18434	82239	9424	50075	22922
南城	130392	3490	103126	23776	160524	3933	128850	27741
中堂	61741	7610	35991	18140	76980	7727	45359	23894
望牛墩	30854	3780	19390	7684	36531	3941	22769	9821
麻涌	52217	15965	29345	6907	62531	16443	35485	10603
石碣	85990	3782	54674	27534	109255	3852	70872	34531
高埗	46630	7586	26579	12465	60242	8235	36383	15624
道滘	69424	6383	47525	15516	80887	6756	54039	20092
洪梅	20052	4501	7602	7949	23134	4607	9569	8958
沙田	54881	11342	36602	6936	71203	16829	42167	12207
厚街	184205	11448	96880	75877	247177	12150	146229	88798
长安	180377	13111	134235	33031	245676	13562	183031	49083
寮步	103656	17341	45112	41203	129731	18768	60452	50511
大岭山	65246	10538	31884	22824	83268	9134	45040	29094
大朗	95301	19093	38996	37212	122409	15008	53085	54316
黄江	67618	4139	47073	16406	83585	4244	58492	20849
樟木头	55682	4725	43020	7936	71299	5333	51615	14351
清溪	120961	7519	84276	29166	160483	7802	115314	37367
塘厦	178757	11467	140870	26420	230580	12121	177569	40890
凤岗	63066	5925	51486	5655	79286	6187	65440	7659
谢岗	29488	6379	20521	2588	34881	6958	24888	3035
常平	185390	20195	98068	67127	231059	19811	131252	79995
桥头	79685	8523	51919	19243	96661	9712	61140	25809
横沥	67894	6411	34892	26591	81263	5364	45427	30472
东坑	63718	4810	44682	14226	78576	5726	54359	18491
企石	62625	9562	42240	10823	72065	9827	47551	14687
石排	43477	6463	23530	13484	53842	6606	28932	18304
茶山	63955	9321	39524	15110	77319	9878	47785	19656

14-1 续表 4

单位：万元

镇街	(1999年) 地区生产总值	第一产业	第二产业	第三产业	(2000年) 地区生产总值	第一产业	第二产业	第三产业
莞城	131005		58104	72901	184225		67030	117195
石龙	157715	349	86171	71195	184256	189	98240	85827
虎门	442633	31013	213607	198014	532946	30479	263928	238539
东城	207432	4126	125159	78147	262854	4233	153667	104954
万江	97379	9435	59636	28308	138724	11604	85526	41594
南城	198820	2756	149678	46386	233013	3119	171413	58481
中堂	94412	7001	57217	30194	123213	7032	76571	39610
望牛墩	43303	4012	26738	12553	51516	4072	31399	16045
麻涌	75449	12466	44768	18215	90816	12213	45965	32638
石碣	137148	3866	88152	45130	175180	4021	111038	60121
高埗	78709	8792	50131	19786	102516	9155	67888	25473
道滘	93751	7151	61687	24913	109999	7569	67841	34589
洪梅	26118	4162	11872	10084	29921	4383	14095	11443
沙田	86339	12167	53505	20667	109128	12714	71503	24911
厚街	300721	12412	171495	116814	405317	12705	221947	170665
长安	332335	13820	240690	77825	419347	14256	299650	105441
寮步	161782	19944	82582	59256	202379	20732	110577	71070
大岭山	108469	9238	67662	31569	138789	9742	89991	39056
大朗	156427	16699	69193	70535	201504	17826	94065	89613
黄江	97621	4410	67206	26005	123331	5243	83748	34340
樟木头	94385	4225	64138	26021	147697	4639	71921	71138
清溪	206524	8790	151219	46515	303131	9984	231303	61844
塘厦	288110	12783	217897	57430	363971	13486	272234	78251
凤岗	100753	6267	61392	33094	128298	6336	79138	42824
谢岗	42142	3610	29017	9515	50174	3975	35779	10420
常平	302805	15703	166347	120755	395318	16116	218229	160974
桥头	111892	9062	69595	33235	130380	9093	82261	39026
横沥	97209	6178	55276	35756	116749	8593	62314	45842
东坑	101287	5363	65010	30913	118430	6241	76250	35940
企石	85313	10000	51789	23524	99467	11339	58897	29231
石排	69030	6772	37874	24384	87817	6913	48532	32372
茶山	90250	9514	55468	25268	105432	10712	64726	29994

14-1 续表 5

单位：万元

镇街	(2001年)				(2002年)			
	地区生产总值	第一产业	第二产业	第三产业	地区生产总值	第一产业	第二产业	第三产业
莞城	222233		80203	142030	312742		76890	235852
石龙	215738	150	115691	99897	248664	144	135163	113357
虎门	618557	30469	304781	283307	717425	26838	350636	339951
东城	342044	3785	188628	149631	466960	2110	232502	232348
万江	175693	13015	90857	71821	213919	11026	106945	95948
南城	286473	2929	211622	71922	350029	2711	262431	84887
中堂	153366	7155	95677	50533	194263	5908	122819	65536
望牛墩	60921	3540	36872	20509	73104	3591	43299	26214
麻涌	127061	12298	74806	39957	173557	1002	120426	43079
石碣	243163	4139	150613	88411	340162	4141	209830	126191
高埗	133362	9477	90730	33155	173004	9701	120415	42888
道滘	128327	8011	76692	43624	153201	8479	87039	57683
洪梅	34245	4587	16543	13115	41756	4793	21676	15287
沙田	142060	13641	92266	36153	182363	13912	119778	48673
厚街	483117	13088	253149	216880	583689	13976	297707	272006
长安	529219	14496	371263	143460	679022	14622	469032	195368
寮步	252526	21246	143824	87456	314871	20276	182688	111907
大岭山	194021	10089	133489	50443	251078	5741	178811	66526
大朗	264929	17764	128283	118882	341930	15525	181234	145171
黄江	154595	5176	98438	50981	199781	5288	122001	72492
樟木头	176062	4460	84195	87407	210845	5545	101237	104063
清溪	393471	10517	302613	80341	501941	11106	382584	108251
塘厦	457175	13796	335872	107507	573947	13603	425078	135266
凤岗	162854	6400	97540	58914	205006	2035	126903	76068
谢岗	58323	4115	41585	12623	71092	5665	40790	24637
常平	493419	16451	272983	203985	557039	16077	310537	230425
桥头	151979	8366	98054	45559	179442	7245	118564	53633
横沥	140251	9252	74148	56851	168932	9380	90576	68976
东坑	132805	6013	84256	42535	149147	5438	92587	51122
企石	115314	12403	63421	39490	127616	9088	68807	49721
石排	107585	6925	61859	38801	131394	6967	75798	48629
茶山	123931	9801	75341	38789	153215	9801	91916	51498

14-1 续表 6

单位：万元

镇街	(2003年) 地区生产总值	第一产业	第二产业	第三产业	(2004年) 地区生产总值	第一产业	第二产业	第三产业
莞城	415993		80802	335191	552370		94035	458335
石龙	287713	116	167126	120471	317521	51	186652	130820
虎门	905165	27106	462105	415954	1139827	27168	598000	514659
东城	652408	1657	314094	336657	897727	900	411172	485655
万江	269593	9622	129625	130346	329849	5617	156431	167801
南城	452911	2743	314752	135416	741609	1869	349496	390244
中堂	256251	7013	162945	86292	338808	5956	206693	126159
望牛墩	87872	3520	50846	33506	106086	3550	59709	42827
麻涌	234612	8769	177540	48303	292911	8664	226131	58116
石碣	463023	4253	290495	168275	590604	3649	381862	205093
高埗	224078	9891	157949	56238	282716	9943	202317	70456
道滘	178954	8975	100566	69413	217400	9499	119688	88213
洪梅	53960	5113	29668	19179	76686	4770	41140	30776
沙田	236769	13944	155438	67387	310921	13975	202383	94563
厚街	721188	12275	374482	334431	878666	12341	454284	412041
长安	887947	14863	603308	269776	1162826	15040	759582	388204
寮步	394322	13167	234806	146349	498253	5327	303435	189491
大岭山	322872	4937	226565	91370	447412	4571	313857	128984
大朗	443891	10640	240983	192268	574604	6986	325826	241792
黄江	258682	4567	152903	101212	331432	3294	187369	140769
樟木头	250877	4863	119145	126869	291893	4350	139729	147814
清溪	645553	11218	495035	139300	848426	9610	660589	178227
塘厦	710030	13565	526730	169735	882099	13700	653816	214583
凤岗	284608	2048	170574	111986	373309	2015	220434	150860
谢岗	91482	4266	51312	35904	119007	4328	69024	45655
常平	657385	12627	377679	267079	796109	10792	468642	316674
桥头	213712	5419	134937	73356	264849	4495	144282	116072
横沥	205872	9602	117554	78716	253887	9075	153884	90928
东坑	181394	8423	113270	59701	230057	7943	145998	76116
企石	142717	5216	72284	65217	167279	3848	80461	82970
石排	157729	7144	92020	58565	190127	7259	109953	72915
茶山	195098	8607	118895	67596	268473	7413	161070	99990

14-1 续表 7

单位：万元

镇街	(2005年)				(2006年)			
	地区生产总值	第一产业	第二产业	第三产业	地区生产总值	第一产业	第二产业	第三产业
莞城	617849		153367	464482	712319		230144	482174
石龙	349301	141	194749	154411	384329	35	213392	170902
虎门	1283052	22937	668632	591483	1492628	11446	763086	718096
东城	1049758	480	473888	575389	1264850	427	571728	692694
万江	375471	4209	164099	207164	440346	4711	187932	247702
南城	1016644	1900	440431	574313	1229016	1995	508223	718798
中堂	424212	6122	276399	141691	507968	6428	332766	168774
望牛墩	126751	3511	73191	50049	156949	3480	87638	65831
麻涌	387211	8588	310275	68348	494018	7106	398466	88445
石碣	728816	3782	491498	233535	868731	3091	588622	277018
高埗	366593	10020	254017	102556	456695	6552	320225	129918
道滘	255589	8753	143285	103551	301036	9568	174820	116648
洪梅	102660	3939	61138	37583	123863	4082	77274	42507
沙田	364800	13695	240822	110283	442784	12585	293854	136345
厚街	1033929	11722	531019	491188	1199117	6929	609223	582965
长安	1339428	9492	917732	412204	1539236	7505	1042139	489592
寮步	598969	7765	364261	226943	739610	1136	451671	286803
大岭山	547734	4102	370108	173524	675091	2329	431260	241502
大朗	707369	14112	411161	282096	850356	1491	499588	349277
黄江	364377	3065	220654	140658	441152	741	276062	164349
樟木头	330537	3463	157434	169640	393688	600	185556	207532
清溪	984943	9036	761281	214626	1097986	8012	828219	261755
塘厦	1057175	13661	771724	271790	1186644	12312	830537	343794
凤岗	517427	1762	320177	195488	623929	1750	373375	248804
谢岗	148917	4467	91026	53424	192841	4795	118714	69332
常平	951464	10062	556932	384470	1119659	6338	644544	468777
桥头	287240	4495	168473	114271	388604	1387	210763	176454
横沥	304870	8593	195659	100619	373304	7274	242406	123624
东坑	261238	11543	165441	84254	295233	5703	194653	94877
企石	200581	3129	102183	95269	244027	2266	129255	112506
石排	234709	7268	128132	99308	294009	7283	154259	132467
茶山	305183	6652	190620	107911	384988	3215	245078	136695

14-1 续表 8

单位：万元

镇街	(2007年)				(2008年)			
	地区生产总值	第一产业	第二产业	第三产业	地区生产总值	第一产业	第二产业	第三产业
莞城	897597		298250	599347	1015311		294311	721000
石龙	427216	10	235821	191385	475742	7	239943	235792
虎门	1846638	10373	936639	899626	2153489	11940	1093014	1048535
东城	1559123	377	699730	859017	1816793	339	773623	1042831
万江	520636	3405	221314	295917	604659	3702	262498	338459
南城	1425257	2015	583496	839747	1632407	1285	618209	1012913
中堂	588085	6553	379181	202351	659949	6760	419455	233734
望牛墩	193635	3462	105983	84190	236495	3359	127759	105377
麻涌	651344	5985	537412	107947	834681	7564	693959	133158
石碣	994532	3096	670790	320646	1082524	2795	694349	385380
高埗	568276	6530	384637	177109	690604	6526	442377	241701
道滘	362268	8202	211240	142826	439328	7218	240510	191600
洪梅	163384	4281	110958	48145	206785	4381	147969	54435
沙田	515106	12403	327706	174997	588063	12863	337140	238060
厚街	1420026	7270	719643	693113	1616483	7971	797404	811108
长安	1770272	7746	1152474	610052	2029075	4979	1158887	865209
寮步	886584	1118	531815	353650	1038493	2141	584767	451585
大岭山	822554	2241	502679	317634	960138	2248	554712	403178
大朗	1025864	2098	592111	431655	1100875	877	688340	411658
黄江	556305	740	347972	207593	721414	724	438204	282486
樟木头	461719	505	228647	232567	507743	311	253050	254382
清溪	1266762	6207	924401	336153	1417816	5170	966538	446108
塘厦	1365736	11206	903107	451422	1602945	10447	980030	612468
凤岗	747757	1752	409163	336843	901696	1725	472782	427189
谢岗	239771	5178	143093	91500	273944	9273	160217	104454
常平	1311744	6665	747353	557726	1495652	6058	796227	693366
桥头	467790	1326	242928	223536	536868	2692	254438	279737
横沥	443014	4350	275399	163265	522130	6972	300380	214778
东坑	320991	4532	204804	111654	372361	4017	231268	137076
企石	291765	2868	150052	138844	320630	2314	159252	159064
石排	360806	7308	187787	165711	417073	7313	216033	193727
茶山	476010	3131	293991	178888	593265	4327	353036	235902
松山湖					618635		297419	321216

14-1 续表 9

单位：万元

镇街	(2009年) 地区生产总值	第一产业	第二产业	第三产业	(2010年) 地区生产总值	第一产业	第二产业	第三产业
莞城	1039596		304342	735255	1120356		302272	818084
石龙	504196	7	251309	252880	563812	18	304608	259186
虎门	2424929	12828	1214281	1197820	2712345	16705	1300263	1395378
东城	1972630	500	746158	1225972	2308515	656	963402	1344456
万江	608904	3390	242069	363446	681580	3222	271521	406837
南城	1838797	1284	700382	1137130	1996248	1269	503015	1491965
中堂	667852	7100	403004	257748	680472	7310	409239	263924
望牛墩	287776	3472	164372	119932	304774	3658	169114	132002
麻涌	936352	7862	783010	145479	1097963	8234	904031	185698
石碣	1086458	2648	641252	442558	1119051	3295	741995	373761
高埗	606138	5999	383433	216706	691277	5892	444102	241283
道滘	451406	8351	239202	203854	524691	8861	301184	214645
洪梅	259432	4740	193219	61473	341015	4887	262817	73311
沙田	611189	13163	359306	238720	671307	13446	415810	242050
厚街	1678345	8479	898569	771297	1900402	9339	1049787	841276
长安	2191401	4875	1290474	896052	2476284	5739	1522056	948489
寮步	1113184	1661	635046	476478	1331469	1897	785661	543911
大岭山	978589	2294	513473	462823	1065349	2490	541915	520944
大朗	1169527	1280	684678	483568	1380864	1436	828791	550638
黄江	759627	770	426511	332346	850323	852	478420	371051
樟木头	525108	370	253945	270793	550792	387	238952	311453
清溪	1355016	5502	890772	458742	1432701	6065	944468	482168
塘厦	1737670	11238	1072265	654167	1854479	11288	1148809	694383
凤岗	1019431	1233	520978	497220	1130971	1248	560451	569272
谢岗	295849	9452	170525	115872	364081	8230	226867	128984
常平	1527726	6940	797473	723314	1647385	7562	785535	854288
桥头	533939	3291	258057	272591	591569	4943	291724	294902
横沥	544391	6058	334338	203994	593004	3689	338669	250646
东坑	407774	1903	257886	147986	495426	1420	325976	168030
企石	317899	2160	178008	137731	330285	1973	196062	132250
石排	443189	7210	248863	187116	521559	6950	314768	199840
茶山	610347	4214	359288	246846	624169	2729	343837	277602
松山湖	807836		384075	423761	994690		473193	521497

14-1 续表 10

单位：万元

镇街	(2011年)				(2012年)			
	地区生产总值	第一产业	第二产业	第三产业	地区生产总值	第一产业	第二产业	第三产业
莞城	1222655		345656	876999	1312960		336032	976928
石龙	629604	20	335392	294192	674289	28	351445	322817
虎门	3083685	16073	1354138	1713474	3449740	16086	1528888	1904766
东城	2549277	869	994680	1553728	2759681	1210	957773	1800698
万江	771560	2832	302715	466013	806233	2684	297329	506219
南城	2324783	1316	568939	1754528	2602379	1230	565615	2035535
中堂	759504	8362	452733	298409	759839	8500	438227	313112
望牛墩	362001	4049	203523	154429	372158	4493	193674	173991
麻涌	1225141	9587	949921	265633	1274486	10132	936615	327739
石碣	1120241	3031	737704	379506	1126839	3139	727501	396199
高埗	796174	5677	505676	284821	835235	5775	516211	313249
道滘	597487	10424	336278	250785	632178	11771	344767	275640
洪梅	367244	5430	271593	90221	368660	5029	267867	95764
沙田	722343	16062	420766	285516	770194	18396	369414	382384
厚街	2183188	10109	1238029	935050	2672266	10596	1612391	1049279
长安	2700394	5630	1623068	1071697	2997437	5850	1888651	1102936
寮步	1474860	1431	860989	612441	1585830	8556	906576	670698
大岭山	1230485	2592	604612	623281	1340909	2738	678908	659263
大朗	1519385	1701	889042	628642	1647461	2111	942467	702883
黄江	953803	936	511631	441236	1092088	1103	592122	498864
樟木头	626259	417	264935	360907	654566	328	272232	382006
清溪	1519387	6889	954224	558274	1554412	7990	941313	605109
塘厦	2136115	11593	1250805	873717	2296084	13283	1262674	1020128
凤岗	1338390	1414	655037	681939	1443889	1634	671346	770909
谢岗	429711	10748	273012	145951	482047	14028	315477	152542
常平	1863138	8627	884541	969971	2066421	9493	923396	1133532
桥头	636208	3917	319231	313060	754630	3897	412213	338520
横沥	654815	4617	367161	283037	713002	4492	394598	313912
东坑	624978	1621	425730	197628	704773	1549	473215	230010
企石	373472	2380	215989	155103	405816	2780	230741	172295
石排	550833	6716	311739	232378	554266	6839	309790	237638
茶山	696375	3086	355755	337534	737038	3438	396459	337141
松山湖	1322103		625162	696941	1507742		719184	788558

14-1 续表 11

单位：万元

镇　街	(2013年)				(2014年)			
	地区生产总值	第一产业	第二产业	第三产业	地区生产总值	第一产业	第二产业	第三产业
莞城街道	1339920		317520	1022401	1419815		316944	1102870
石 龙 镇	768510	40	411491	356979	828879	42	444840	383998
虎 门 镇	3824840	16924	1634600	2173316	4132811	17675	1745903	2369233
东城街道	3303629	1679	1229249	2072701	3456419	1753	1268004	2186663
万江街道	939750	2724	350319	586707	986999	2845	359822	624332
南城街道	3012235	1269	650744	2360222	3239733	1243	623104	2615386
中 堂 镇	793906	9280	435852	348775	833920	9688	460049	364183
望牛墩镇	486471	4921	251694	229856	520110	5139	262892	252078
麻 涌 镇	1470511	11042	1000864	458605	1535610	11510	1046529	477571
石 碣 镇	1152872	3046	754524	395302	1245249	3184	814839	427226
高 埗 镇	1023272	5958	649450	367864	1102860	6220	698804	397836
道 滘 镇	701067	13120	381843	306105	747656	13676	397045	336935
洪 梅 镇	432280	5536	313316	113428	501312	5782	353550	141980
沙 田 镇	889532	20113	393891	475528	977426	20998	425057	531371
厚 街 镇	2848938	11491	1553664	1283783	3029896	11978	1555886	1462032
长 安 镇	3404500	6274	2226636	1171590	3636575	6540	2378672	1251363
寮 步 镇	1872441	7996	1080016	784429	2006549	8335	1140825	857389
大岭山镇	1521845	2899	831833	687112	1633407	3026	883138	747243
大 朗 镇	1851180	2338	1009803	839039	2007114	2502	1075277	929335
黄 江 镇	1215390	1263	649602	564525	1256520	1317	661385	593819
樟木头镇	754398	344	320684	433370	795822	358	359653	435810
清 溪 镇	1806184	8817	1088267	709101	1923374	9221	1148214	765939
塘 厦 镇	2612946	13965	1577367	1021614	2788544	14754	1680339	1093451
凤 岗 镇	1749523	1734	849065	898724	1945158	1808	1007922	935428
谢 岗 镇	536402	12346	358653	165403	622337	12894	428006	181437
常 平 镇	2450935	10491	1136304	1304139	2599815	10935	1186883	1401996
桥 头 镇	907965	3873	497587	406505	1036247	4037	602304	429906
横 沥 镇	840177	4630	470940	364606	920083	4834	511149	404100
东 坑 镇	825806	1490	550685	273632	903038	1556	596840	304642
企 石 镇	467766	3258	263467	201041	496360	3396	279580	213384
石 排 镇	641382	7042	359996	274345	687253	7355	390947	288952
茶 山 镇	849677	3585	460233	385858	911046	3737	495466	411843
松 山 湖	1705264		816223	889041	2109233		1094934	1014299

14-1 续表 12

单位：万元

镇街	(2015年) 地区生产总值	第一产业	第二产业	第三产业	(2016年) 地区生产总值	第一产业	第二产业	第三产业
莞城街道	1469204		312012	1157192	1607618		329064	1278554
石龙镇	866308	42	451583	414683	938670	46	468374	470250
虎门镇	4471700	17799	1696749	2757152	5021366	19276	1758233	3243857
东城街道	3728664	1765	1317384	2409514	4184545	1912	1458514	2724119
万江街道	1047196	2865	368943	675387	1157444	3103	406486	747855
南城街道	3525763	1252	571781	2952730	3939945	1258	544154	3394533
中堂镇	846736	9756	444721	392259	912847	10565	471127	431155
望牛墩镇	550965	5175	266361	279429	588352	5605	264456	318292
麻涌镇	1673252	11855	1101360	560036	1902179	12839	1081667	807673
石碣镇	1331428	3232	849448	478748	1506329	3394	960761	542174
高埗镇	1177880	6264	748243	423374	1276036	6783	772977	496276
道滘镇	773870	13772	382549	377549	910175	13813	436493	459868
洪梅镇	509711	5822	355860	148030	550602	6305	375402	168895
沙田镇	1068619	21145	450820	596654	1195097	22900	467328	704868
厚街镇	3219431	12062	1507369	1700000	3620158	13063	1594226	2012868
长安镇	4005148	6586	2551639	1446924	4762883	7132	2855099	1900652
寮步镇	2104805	8393	1129050	967361	2354125	9091	1223541	1121493
大岭山镇	1758093	3047	899316	855729	1963138	3300	966898	992939
大朗镇	2201519	2534	1127473	1071512	2452937	2745	1244721	1205472
黄江镇	1339779	1325	680780	657674	1478209	1435	736771	740003
樟木头镇	851972	361	384459	467152	949296	391	434253	514652
清溪镇	2080511	9285	1204527	866700	2327992	10056	1350034	967902
塘厦镇	3029267	14858	1848880	1165529	3398348	16091	1990905	1391351
凤岗镇	2128717	1820	1084089	1042808	2440587	1971	1261335	1177281
谢岗镇	675484	12984	474917	187583	743758	14062	533666	196030
常平镇	2801648	11012	1276021	1514615	3077228	11926	1303918	1761384
桥头镇	1102103	4065	620647	477391	1261685	4402	727709	529574
横沥镇	1007554	4868	551780	450907	1134366	5272	622787	506306
东坑镇	1004595	1567	687782	315246	1116579	1697	773517	341365
企石镇	539762	3420	306508	229834	608549	3704	343441	261404
石排镇	731026	7406	417557	306063	841650	8021	485439	348190
茶山镇	975074	4040	512132	458902	1082617	4396	570790	507432
松山湖	2592604		1969666	622938	3302273		2582557	719716

14-1 续表 13

单位：万元

镇街	(2017年)			
	地区生产总值	第一产业	第二产业	第三产业
莞城街道	1773237		358519	1414718
石龙镇	1001561	45	487279	514237
虎门镇	5638632	18852	1914209	3705571
东城街道	4712712	1870	1578154	3132689
万江街道	1280749	3034	446609	831106
南城街道	4356219	1261	439692	3915267
中堂镇	1023308	10333	525603	487372
望牛墩镇	717725	5482	337013	375230
麻涌镇	2200482	13481	1264665	922337
石碣镇	1677009	3411	1049618	623980
高埗镇	1397178	6634	843027	547517
道滘镇	1045886	13509	493068	539309
洪梅镇	679536	6166	474885	198485
沙田镇	1337973	22396	508368	807208
厚街镇	3965634	12776	1763138	2189721
长安镇	5503629	6975	3170670	2325984
寮步镇	2642527	8891	1423532	1210103
大岭山镇	2207052	3227	1120847	1082978
大朗镇	2738993	2937	1404135	1331921
黄江镇	1734170	1438	929237	803495
樟木头镇	1060614	382	488654	571579
清溪镇	2608679	9835	1486902	1111942
塘厦镇	3776302	15737	2195492	1565073
凤岗镇	2731375	1928	1452709	1276738
谢岗镇	835231	13753	597415	224064
常平镇	3305945	11664	1376601	1917681
桥头镇	1432269	4306	847739	580224
横沥镇	1273546	5156	714676	553714
东坑镇	1259793	1660	884494	373640
企石镇	702385	3622	406519	292244
石排镇	980919	7844	581756	391319
茶山镇	1212888	4749	637382	570756
松山湖	3860809		3119570	741239

14–2 镇街第三产业增加值（2017年）

Value-added of the Tertiary Industry by Town (2017)

单位：万元

镇街	第三产业增加值	#交通运输及仓储业	批发和零售业	住宿和餐饮业	金融业	房地产业
莞城街道	1414718	109243	278403	28146	245706	191798
石龙镇	514237	25474	153931	26048	56468	67550
虎门镇	3705571	298340	808798	179607	318862	817505
东城街道	3132689	203228	491169	143499	568586	448417
万江街道	831106	57456	176573	64620	102660	140645
南城街道	3915267	62968	550305	74085	702703	568663
中堂镇	487372	10319	147612	35753	41988	55868
望牛墩镇	375230	40966	80520	19512	42201	55769
麻涌镇	922337	143110	495577	17847	56751	80506
石碣镇	623980	13483	222326	41701	50855	82417
高埗镇	547517	30704	118967	43144	42608	119075
道滘镇	539309	21638	166792	28373	50288	122829
洪梅镇	198485	24694	69976	6936	13634	22058
沙田镇	807208	291311	171818	26413	31747	91558
厚街镇	2189721	49747	629582	178291	206167	606552
长安镇	2325984	36081	891143	110153	184268	232773
寮步镇	1210103	135064	484101	59485	87417	136844
大岭山镇	1082978	33880	333548	61745	89169	209426
大朗镇	1331921	58139	403249	61365	131714	256469
黄江镇	803495	19509	325075	56766	105754	122231
樟木头镇	571579	34712	137516	40098	62551	117565
清溪镇	1111942	35347	491981	71554	81451	141589
塘厦镇	1565073	39824	511240	124051	168280	297358
凤岗镇	1276738	36407	282414	70505	144037	246565
谢岗镇	224064	12802	58643	18461	27970	36103
常平镇	1917681	57942	531433	125897	144690	269673
桥头镇	580224	5079	215465	39279	58725	68657
横沥镇	553714	22649	185525	47759	66838	87305
东坑镇	373640	18115	109232	17787	29872	78791
企石镇	292244	17485	63569	12353	33343	65978
石排镇	391319	17082	106767	30765	51586	64316
茶山镇	570756	27824	150091	39990	64216	80607
松山湖	741239	11186	147765	11377	111180	135619

14–3 镇街户籍户数与人口数（2017年）

Population of Household by Town (2017)

单位：人

镇 街	户 数（户）	城镇户	乡村户	人口数	按性别分 男	女	按城镇、乡村分 城镇人口	乡村人口
全 市	607373	542397	64976	2113081	1062955	1050126	1880003	233078
莞城街道	42993	42993		187141	94228	92913	187141	
石 龙 镇	22417	22417		74788	37062	37726	74788	
虎 门 镇	36730	31819	4911	139980	70513	69467	119703	20277
东城街道	31566	31566		113889	57402	56487	113889	
万江街道	29160	29160		92193	46543	45650	92193	
南城街道	32332	32332		107095	53918	53177	107095	
中 堂 镇	23547	22458	1089	81203	41236	39967	77713	3490
望牛墩镇	12749	11259	1490	49217	24511	24706	42985	6232
麻 涌 镇	22372	12216	10156	79340	39536	39804	40715	38625
石 碣 镇	16168	16168		49359	25013	24346	49359	
高 埗 镇	12060	9418	2642	41169	20706	20463	32258	8911
道 滘 镇	17627	13115	4512	60100	30102	29998	43630	16470
洪 梅 镇	7450	4449	3001	24460	12276	12184	13904	10556
沙 田 镇	13485	6924	6561	46385	23158	23227	23197	23188
厚 街 镇	31059	28826	2233	108538	54328	54210	100024	8514
长 安 镇	16067	16067		58048	29174	28874	58048	
寮 步 镇	26206	23966	2240	86288	43238	43050	79462	6826
大岭山镇	14498	12496	2002	52154	26221	25933	44957	7197
大 朗 镇	22421	20869	1552	81190	41646	39544	75644	5546
黄 江 镇	9981	5560	4421	31957	15894	16063	17212	14745
樟木头镇	9708	9708		33826	16911	16915	33826	
清 溪 镇	13130	10571	2559	40862	20270	20592	33097	7765
塘 厦 镇	20296	19154	1142	61489	30394	31095	58032	3457
凤 岗 镇	8673	8673		31478	15228	16250	31478	
谢 岗 镇	5326	3278	2048	22357	11131	11226	13338	9019
常 平 镇	28081	27893	188	86644	44185	42459	85990	654
桥 头 镇	12242	9279	2963	39445	19886	19559	29273	10172
横 沥 镇	12448	10798	1650	41529	21285	20244	35445	6084
东 坑 镇	10562	8837	1725	32121	16522	15599	26462	5659
企 石 镇	14108	10844	3264	45857	23511	22346	34866	10991
石 排 镇	13836	13836		46149	23325	22824	46149	
茶 山 镇	14445	11818	2627	47986	23898	24088	39286	8700
松 山 湖	3630	3630		18844	9704	9140	18844	

注：户籍人口相关数据来源于市公安局，下同。

14-4 镇街户籍人口自然变动情况（2017年）

Population Household by Town (2017)

镇街	出生		死亡		自然增长	
	人数（人）	出生率（‰）	人数（人）	死亡率（‰）	人数（人）	自然增长率（‰）
全　市	47101	22.22	10250	4.84	36851	17.38
莞城街道	3774	20.22	807	4.32	2967	15.90
石龙镇	1226	16.04	489	6.40	737	9.64
虎门镇	2637	18.56	788	5.55	1849	13.02
东城街道	2750	24.33	380	3.36	2370	20.97
万江街道	2241	24.04	432	4.63	1809	19.40
南城街道	3097	29.53	257	2.45	2840	27.08
中堂镇	1735	21.31	470	5.77	1265	15.54
望牛墩镇	1015	20.54	256	5.18	759	15.36
麻涌镇	1822	22.90	463	5.82	1359	17.08
石碣镇	1036	20.88	262	5.28	774	15.60
高埗镇	832	19.89	228	5.45	604	14.44
道滘镇	1168	18.96	382	6.20	786	12.76
洪梅镇	528	21.41	125	5.07	403	16.34
沙田镇	1023	22.01	248	5.33	775	16.67
厚街镇	2125	20.04	552	5.21	1573	14.84
长安镇	1275	21.74	226	3.85	1049	17.89
寮步镇	2112	24.65	395	4.61	1717	20.04
大岭山镇	1400	27.00	221	4.26	1179	22.74
大朗镇	1946	24.01	421	5.20	1525	18.82
黄江镇	835	25.84	131	4.05	704	21.78
樟木头镇	890	25.64	114	3.28	776	22.35
清溪镇	1041	24.89	228	5.45	813	19.44
塘厦镇	1580	25.35	219	3.51	1361	21.84
凤岗镇	848	26.19	150	4.63	698	21.56
谢岗镇	558	25.01	110	4.93	448	20.08
常平镇	1797	20.54	460	5.26	1337	15.28
桥头镇	835	20.95	232	5.82	603	15.13
横沥镇	936	22.62	233	5.63	703	16.99
东坑镇	649	20.19	192	5.97	457	14.22
企石镇	836	17.95	277	5.95	559	12.00
石排镇	911	19.72	216	4.67	695	15.04
茶山镇	941	19.70	280	5.86	661	13.84
松山湖	702	37.81	6	0.32	696	37.49

注：本表数据来源于市卫计局。

14-5 镇街人口迁移变动情况（2017年）

Population Migration by Town (2017)

单位：人

镇　街	迁移总计	省　内	省　外	迁入总计	省内迁入	省外迁入	迁出总计	迁往省内	迁往省外
全　市	79062	28800	50262	71868	25225	46643	7194	3575	3619
莞城街道	4057	1704	2353	3410	1332	2078	647	372	275
石 龙 镇	1909	976	933	1585	805	780	324	171	153
虎 门 镇	3395	1447	1948	3036	1253	1783	359	194	165
东城街道	6286	2316	3970	5820	2095	3725	466	221	245
万江街道	3568	1164	2404	3344	1059	2285	224	105	119
南城街道	10440	3269	7171	9605	2772	6833	835	497	338
中 堂 镇	655	287	368	546	241	305	109	46	63
望牛墩镇	335	150	185	279	128	151	56	22	34
麻 涌 镇	1001	442	559	873	368	505	128	74	54
石 碣 镇	1394	453	941	1195	372	823	199	81	118
高 埗 镇	417	169	248	383	151	232	34	18	16
道 滘 镇	752	236	516	702	214	488	50	22	28
洪 梅 镇	252	96	156	222	85	137	30	11	19
沙 田 镇	1062	351	711	979	323	656	83	28	55
厚 街 镇	2940	1008	1932	2771	917	1854	169	91	78
长 安 镇	5131	1607	3524	4781	1388	3393	350	219	131
寮 步 镇	4872	1726	3146	4580	1564	3016	292	162	130
大岭山镇	1383	567	816	1306	519	787	77	48	29
大 朗 镇	2613	1095	1518	2499	1052	1447	114	43	71
黄 江 镇	1981	804	1177	1872	737	1135	109	67	42
樟木头镇	2142	774	1368	1939	688	1251	203	86	117
清 溪 镇	1627	594	1033	1433	547	886	194	47	147
塘 厦 镇	5519	1989	3530	5175	1793	3382	344	196	148
凤 岗 镇	2380	1017	1363	2189	915	1274	191	102	89
谢 岗 镇	357	200	157	273	173	100	84	27	57
常 平 镇	4019	1498	2521	3714	1383	2331	305	115	190
桥 头 镇	847	360	487	747	319	428	100	41	59
横 沥 镇	1117	425	692	1008	387	621	109	38	71
东 坑 镇	579	204	375	521	183	338	58	21	37
企 石 镇	542	207	335	412	169	243	130	38	92
石 排 镇	626	190	436	467	169	298	159	21	138
茶 山 镇	680	241	439	543	214	329	137	27	110
松 山 湖	4184	1234	2950	3659	910	2749	525	324	201

注：本表按户籍人口统计，数据来源于市公安局。

14-6 镇街土地面积和人口密度（2017年）

Land Area and Population Density by Town (2017)

镇　　街	土地面积（平方公里）	人口密度（人/平方公里）	
		户籍人口	常住人口
莞城街道	11.2	16709	15063
石 龙 镇	13.8	5419	10406
虎 门 镇	166.5	841	3840
东城街道	105.1	1084	4637
万江街道	48.5	1901	5142
南城街道	56.6	1892	5625
中 堂 镇	59.9	1356	2351
望牛墩镇	31.6	1558	2728
麻 涌 镇	87.2	910	1386
石 碣 镇	36.2	1364	6671
高 埗 镇	34.6	1190	6223
道 滘 镇	54.3	1107	2624
洪 梅 镇	33.2	737	1765
沙 田 镇	117.7	394	1528
厚 街 镇	125.7	863	3488
长 安 镇	89.5	649	7417
寮 步 镇	72.5	1190	5705
大岭山镇	95.5	546	2927
大 朗 镇	97.5	833	3239
黄 江 镇	92.9	344	2475
樟木头镇	118.8	285	1126
清 溪 镇	140.1	292	2218
塘 厦 镇	128.2	480	3846
凤 岗 镇	82.4	382	3885
谢 岗 镇	91.0	246	1078
常 平 镇	103.3	839	3771
桥 头 镇	56.0	704	2961
横 沥 镇	44.7	929	4591
东 坑 镇	23.7	1355	5675
企 石 镇	58.2	788	2100
石 排 镇	48.7	948	3238
茶 山 镇	45.4	1057	3504
松 山 湖	89.6	210	1329

注：土地面积数据来源于市国土局，不包括海域面积。其中，沙田镇面积含虎门港，松山湖面积含生态园。

14-7 镇街常住人口（2016-2017年）

Permanent Population by Town (2016-2017)

单位：万人

镇　　街	2016年	2017年	镇　　街	2016年	2017年
莞城街道	16.64	16.87	寮 步 镇	40.88	41.36
石 龙 镇	14.20	14.36	大岭山镇	27.76	27.95
虎 门 镇	63.58	63.94	大 朗 镇	31.27	31.58
东城街道	48.11	48.73	黄 江 镇	22.74	22.99
万江街道	24.55	24.94	樟木头镇	13.18	13.38
南城街道	30.91	31.84	清 溪 镇	30.91	31.07
中 堂 镇	13.94	14.08	塘 厦 镇	48.82	49.31
望牛墩镇	8.54	8.62	凤 岗 镇	31.76	32.01
麻 涌 镇	11.92	12.09	谢 岗 镇	9.76	9.81
石 碣 镇	24.01	24.15	常 平 镇	38.57	38.95
高 埗 镇	21.45	21.53	桥 头 镇	16.48	16.58
道 滘 镇	14.14	14.25	横 沥 镇	20.39	20.52
洪 梅 镇	5.81	5.86	东 坑 镇	13.38	13.45
沙 田 镇	17.87	17.99	企 石 镇	12.15	12.22
厚 街 镇	43.52	43.85	石 排 镇	15.69	15.77
长 安 镇	65.94	66.38	茶 山 镇	15.82	15.91
松 山 湖	11.45	11.91			

14-8 镇街外来暂住人口数（2016-2017）

Migrant Population by Town (2016-2017)

单位：人

镇　　街	2016年			2017年		
	外来暂住人口	男	女	外来暂住人口	男	女
全　　市	4283923	2274363	2009560	4386025	2301003	2085022
莞城街道	50936	26969	23967	58181	30934	27247
石 龙 镇	54300	24636	29664	52331	23536	28795
虎 门 镇	354968	181136	173832	406347	210287	196060
东城街道	156312	83258	73054	154233	83054	71179
万江街道	68951	36792	32159	71065	38261	32804
南城街道	140981	75107	65874	151560	82159	69401
中 堂 镇	42235	24458	17777	44780	26026	18754
望牛墩镇	30146	15462	14684	33416	18552	14864
麻 涌 镇	37586	23401	14185	44440	27328	17112
石 碣 镇	97546	45291	52255	87331	39823	47508
高 埗 镇	86675	45283	41392	75160	39952	35208
道 滘 镇	35051	17514	17537	33603	17343	16260
洪 梅 镇	23547	12934	10613	21930	13241	8689
沙 田 镇	61084	34416	26668	76681	42806	33875
厚 街 镇	240479	143316	97163	340687	195786	144901
长 安 镇	393260	209753	183507	394483	209141	185342
寮 步 镇	206112	120105	86007	208315	115402	92913
大岭山镇	200994	118753	82241	180137	104780	75357
大 朗 镇	201248	94266	106982	200679	93999	106680
黄 江 镇	144085	78505	65580	141164	76583	64581
樟木头镇	90825	49303	41522	88124	47583	40541
清 溪 镇	158515	66671	91844	136981	57814	79167
塘 厦 镇	417889	219069	198820	368983	170618	198365
凤 岗 镇	179193	96521	82672	191482	104996	86486
谢 岗 镇	46516	24202	22314	44931	22844	22087
常 平 镇	178036	89859	88177	176990	89994	86996
桥 头 镇	70943	36478	34465	69980	36314	33666
横 沥 镇	97362	56123	41239	100443	58007	42436
东 坑 镇	56103	28514	27589	55988	26631	29357
企 石 镇	43717	24665	19052	45133	25665	19468
石 排 镇	91816	44552	47264	90123	43731	46392
茶 山 镇	72871	36274	36597	67870	32405	35465
松 山 湖	146762	86748	60014	165605	91379	74226

注：外来暂住人口相关数据来源于市公安局，下同。

14–9 镇街计划生育情况（2017年）

Basic Statistics on Family Planning by Town (2017)

镇街	已婚育龄妇女人数（人）	女性初婚人数（人）	#23周岁及以上	落实各种节育措施 育龄夫妇（对）	节育率（%）	领取独生子女证 累计（人）	领证率（%）	政策生育率（%）	多孩率（%）
全市	444011	12442	10556	349627	78.74	49102	11.06	98.47	3.02
莞城街道	35028	763	703	28063	80.12	5399	15.41	98.57	2.57
石龙镇	13825	380	339	10811	78.20	2201	15.92	99.27	1.71
虎门镇	28091	730	626	20277	72.18	2434	8.66	97.91	3.79
东城街道	26041	619	547	18388	70.61	2715	10.43	98.80	2.73
万江街道	19764	554	486	16845	85.23	2627	13.29	98.04	3.03
南城街道	29282	630	578	21132	72.17	2501	8.54	98.06	3.42
中堂镇	14820	549	458	11969	80.76	1767	11.92	98.56	2.82
望牛墩镇	8989	367	306	7088	78.85	977	10.87	97.14	5.22
麻涌镇	15673	618	559	12892	82.26	2542	16.22	98.68	2.41
石碣镇	10082	261	213	8505	84.36	1217	12.07	99.03	2.51
高埗镇	7758	290	248	6752	87.03	920	11.86	99.16	2.76
道滘镇	10626	350	298	8466	79.67	1277	12.02	96.92	4.45
洪梅镇	4823	187	153	4036	83.68	552	11.45	98.86	3.03
沙田镇	9775	259	202	7835	80.15	1398	14.30	99.02	3.52
厚街镇	21064	562	480	17157	81.45	2093	9.94	97.88	3.25
长安镇	14541	340	307	12469	85.75	972	6.68	99.69	2.51
寮步镇	18872	533	436	13450	71.27	1598	8.47	99.15	2.65
大岭山镇	11637	431	345	9448	81.19	1049	9.01	99.21	2.64
大朗镇	16635	577	454	13915	83.65	1956	11.76	97.58	3.03
黄江镇	7759	177	143	6578	84.78	975	12.57	97.84	3.47
樟木头镇	8289	202	161	6372	76.87	492	5.94	98.20	3.60
清溪镇	9112	230	183	6441	70.69	851	9.34	98.37	3.84
塘厦镇	14919	358	306	10545	70.68	1395	9.35	98.48	3.67
凤岗镇	7823	190	166	6065	77.53	390	4.99	98.00	2.83
谢岗镇	4733	131	103	4147	87.62	402	8.49	97.31	3.41
常平镇	18277	504	420	13861	75.84	2333	12.76	98.89	2.45
桥头镇	8100	218	177	6658	82.20	1008	12.44	98.20	2.87
横沥镇	8466	276	220	7062	83.42	868	10.25	99.79	1.71
东坑镇	5860	200	161	4885	83.36	754	12.87	99.08	1.69
企石镇	9172	263	194	7713	84.09	884	9.64	98.44	3.83
石排镇	9285	277	222	7649	82.38	1111	11.97	98.35	3.51
茶山镇	9362	305	252	7675	81.98	791	8.45	98.94	3.19
松山湖	5528	111	110	4478	81.01	653	11.81	99.29	1.99

14—10 镇街农林牧渔业总产值（2017年）

Gross Output Value of Agriculture by Town (2017)

单位：万元

镇 街	农林牧渔业总产值	农业	林业	牧业	渔业
石龙镇	125		95		30
虎门镇	20279	8307	209	946	10818
东城街道	2220	1629	137	32	422
万江街道	9831	9065	114		652
南城街道	1021	899	122		
中堂镇	22224	19907	102	408	1806
望牛墩镇	6374	5447	63	51	814
麻涌镇	16109	14527	99		1483
石碣镇	5046	4500	61		486
高埗镇	9542	8808	53		682
道滘镇	10818	8151	75	2	2589
洪梅镇	4821	1963	29	22	2807
沙田镇	28884	12379	55	1074	15376
厚街镇	22405	19155	152	89	3009
长安镇	1842	896	80	118	749
寮步镇	51763	51513	106		145
大岭山镇	5571	4729	66	624	152
大朗镇	3047	1965	101	491	491
黄江镇	2053	1011	168	420	454
樟木头镇	542	263	95	183	
清溪镇	25893	24534	212	925	222
塘厦镇	18257	14556	78	2895	728
凤岗镇	1871	1641	126	6	97
谢岗镇	19409	13940	60	1800	3609
常平镇	13234	10452	212	1968	602
桥头镇	6657	4935	49	55	1618
横沥镇	8332	4657	51	2644	979
东坑镇	2210	2022	39	62	87
企石镇	5659	3974	58	937	689
石排镇	8220	4373	58	395	3393
茶山镇	6419	2196	61	1424	2739

14—11 镇街主要农产品生产及产品产量（2017年）

Production and Output of Main Agricultural Products by Town (2017)

镇街	粮食播种面积（亩）	粮食总产量（吨）	稻谷播种面积（亩）	稻谷产量（吨）	蔬菜（含菜用瓜）播种面积（亩）	蔬菜（含菜用瓜）产量（吨）	水果总面积（亩）	水果总产量（吨）
石龙镇								
虎门镇	246	88	196	74	16411	18333	6023	1447
东城街道	1420	614	1342	593	2620	3198	1732	244
万江街道	513	197	429	176	13727	21657	147	322
南城街道	322	87	38	15	233	231	1826	97
中堂镇	928	323	732	269	15922	21472	1835	3969
望牛墩镇	1788	480	218	92	4539	6183	3872	6723
麻涌镇	2454	772	2314	734	5144	5475	14841	19781
石碣镇	70	19			9674	11767	167	134
高埗镇	279	94	101	41	13393	19954	135	249
道滘镇	2529	942	1413	634	10868	23313	633	1023
洪梅镇	1219	451	1211	450	617	746	1471	1930
沙田镇	236	92	227	88	21797	25384	1650	1964
厚街镇	89	30	40	15	40464	45289	30253	5714
长安镇	21	6			1422	1584	4538	209
寮步镇	42	8			1768	19134	2791	430
大岭山镇	161	29			8442	10275	9996	2092
大朗镇	175	36			4098	4042	17362	374
黄江镇	8	2			2028	2383	14169	134
樟木头镇	111	17			363	527	5063	49
清溪镇	93	24	5	1	11423	18140	14520	612
塘厦镇	252	59			30594	36726	11835	920
凤岗镇	24	7			3442	3132	8815	501
谢岗镇	315	96	75	27	18192	25559	14703	1195
常平镇	172	43			14886	24199	8001	279
桥头镇	150	42	6	2	7475	10905	2021	561
横沥镇	109	32			5910	5836	3415	1157
东坑镇	222	47	20	8	1604	1404	1672	816
企石镇	639	150	71	28	6250	9508	3579	848
石排镇	6	3			8908	10888	558	370
茶山镇	4	1			5377	5186	3305	441

14—11 续表 1

(2017年)

镇　街	香（大）蕉面积（亩）	香（大）蕉产量（吨）	荔　枝面　积（亩）	荔　枝产　量（吨）	林业用地面积（亩）	当年种植面积（亩）	生猪年末存栏量（头）	生　猪出栏量（头）
石 龙 镇					109			
虎 门 镇	102	174	4435	366	29851	629	1207	2748
东城街道	251	103	354	11	10081	320		
万江街道	95	274	16	6				
南城街道			1120	45	11513	130		
中 堂 镇	1161	2993	42	6				1202
望牛墩镇	3330	6326	8	1	249			
麻 涌 镇	12976	17347			1090			
石 碣 镇	9	16	50	12				
高 埗 镇								
道 滘 镇	443	845			261			
洪 梅 镇	1373	1873	40	8				
沙 田 镇	1248	1578	65	12	484			
厚 街 镇	1166	4679	25042	350	50331			324
长 安 镇			4418	183	18153			108
寮 步 镇	18	50	2200	126	11108			
大岭山镇			9000	105	48481			851
大 朗 镇	27	18	15652	249	27110		459	1454
黄 江 镇			13140	31	72254			1007
樟木头镇			4470	35	52801	499		166
清 溪 镇			11534	65	67086	1004		3420
塘 厦 镇			10564	157	33510			2168
凤 岗 镇			6500	317	38990			
谢 岗 镇	1026	723	13000	32	58395			
常 平 镇	54	15	6875	207	22329	1000		
桥 头 镇	378	239	680	25	6037			
横 沥 镇	198	585	3060	382	4580		16316	13332
东 坑 镇	114	177	1075	5	3117			
企 石 镇	1216	704	1816	113	9726			4981
石 排 镇	58	115	115	11	1168			2235
茶 山 镇	140	216	2880	102	6900			

注：林业用地面积、当年种植面积指标采用林业局数据。

14-11　续表 2

(2017年)

镇　街	三鸟年末存栏量(只)	三鸟出栏量(只)	畜牧总肉量(吨)	#猪肉	禽蛋产量(吨)	淡水养殖面积(亩)	水产品产量(吨)	#淡水产量
石龙镇						11	27	27
虎门镇	62670	157908	376	183		9222	7105	3594
东城街道	24225	10063	12			1275	498	498
万江街道						1605	713	713
南城街道								
中堂镇	11713	52628	158	88		3525	1786	1786
望牛墩镇	12873	15819	19			140	856	856
麻涌镇						2100	991	991
石碣镇						930	493	493
高埗镇						1710	697	697
道滘镇		729	1		0.2	6180	2118	2118
洪梅镇	17585	6903	8			4943	2123	2123
沙田镇	138744	272613	405		8	9372	9684	5893
厚街镇	15617	11107	36	22		5430	1730	1730
长安镇	40918	19553	40	8		1200	428	248
寮步镇						507	144	144
大岭山镇	58455	66497	201	55		735	134	134
大朗镇	67856	76090	190	100		3050	588	588
黄江镇		51420	155	75		4635	449	449
樟木头镇	15617	46171	69	12				
清溪镇	1869	36543	298	253	0.2	780	212	212
塘厦镇		746766	1086	161		2475	740	740
凤岗镇	16124	2008	2			195	110	110
谢岗镇		639805	802			7110	3808	3808
常平镇		472543	615		658	2910	675	675
桥头镇	11713	14538	17		20	3705	1946	1946
横沥镇	5973	98358	1115	1003	22	2013	1104	1104
东坑镇	40764	19234	23			270	78	78
企石镇		5469	385	354		1393	767	767
石排镇	19911	6512	159	151	59	6315	3182	3182
茶山镇		303836	451			2070	2349	2349

14-12 镇街农业主要物质消耗（2017年）

Main Material Consumption of Agriculture by Town (2017)

镇　街	农　村 用电量 (万千瓦时)	化肥施用 实物量 (吨)	农　药 使用量 (吨)
石龙镇	2026		
虎门镇	503254	1432	53
东城街道	67228	90	2
万江街道	150961	721	30
南城街道	40876	33	1
中堂镇	156210	1393	40
望牛墩镇	94837	385	10
麻涌镇	14866	1243	22
石碣镇	194641	544	18
高埗镇	132764	274	3
道滘镇	122509	898	45
洪梅镇	1406	285	7
沙田镇	62581	1417	82
厚街镇	357700	1584	78
长安镇	701869	315	4
寮步镇	29852	282	6
大岭山镇	31025	858	13
大朗镇	377049	973	42
黄江镇	12402	155	22
樟木头镇	107186	191	13
清溪镇	318515	1424	71
塘厦镇	508900	2895	34
凤岗镇	330815	330	6
谢岗镇	5180	1477	34
常平镇	322793	640	16
桥头镇	136437	703	7
横沥镇	150063	390	5
东坑镇	117487	173	4
企石镇	107580	602	1
石排镇	18992	617	27
茶山镇	175914	462	7

14-13 镇街农村集体(经联社、经济社两级合计)经济收益分配(2017年)

Income Distribution of Rural Economy by Town (2017)

单位：万元

镇　街	经营总收入	经营总费用	经营纯收入
全　市	2026140	685419	1340720
莞城街道	20127	5374	14753
石 龙 镇	20686	8659	12027
虎 门 镇	195938	66197	129741
东城街道	125239	41742	83498
万江街道	61739	21665	40074
南城街道	77989	24751	53238
中 堂 镇	86452	18059	68394
望牛墩镇	12201	3761	8440
麻 涌 镇	23577	6651	16926
石 碣 镇	78730	31052	47678
高 埗 镇	28379	9234	19145
道 滘 镇	27848	8954	18894
洪 梅 镇	6878	2623	4254
沙 田 镇	32727	12055	20672
厚 街 镇	136640	57261	79380
长 安 镇	199164	54870	144294
寮 步 镇	107061	43755	63306
大岭山镇	55564	13916	41649
大 朗 镇	93885	36319	57566
黄 江 镇	29427	8752	20675
樟木头镇	26702	13340	13362
清 溪 镇	69029	24028	45002
塘 厦 镇	93693	23970	69723
凤 岗 镇	98518	22577	75940
谢 岗 镇	19797	3917	15880
常 平 镇	82672	31381	51291
桥 头 镇	39089	14766	24322
横 沥 镇	32105	14337	17768
东 坑 镇	30054	10827	19227
企 石 镇	22131	10228	11903
石 排 镇	39219	16002	23217
茶 山 镇	52883	24399	28484

14-14 镇街规模以上工业企业主要经济指标（2017年）

Main Indicators of Industrial Enterprises above Designated Size by Town (2017)

镇 街	企业单位数（个）	亏损企业	工业销售产值（万元）	工业增加值（万元）	先进制造业工业增加值（万元）
莞城街道	33	2	1165488	301502	194349
石 龙 镇	53	9	2158589	447511	252603
虎 门 镇	458	38	5959848	1676694	836685
东城街道	361	30	4780213	1307328	605995
万江街道	150	14	1356701	368516	132285
南城街道	67	4	1236815	372204	168052
中 堂 镇	143	9	3136437	656327	78078
望牛墩镇	111	14	1373476	286809	81313
麻 涌 镇	109	18	6640930	1368242	336759
石 碣 镇	206	19	4888447	965773	654881
高 埗 镇	175	27	3036690	819377	313712
道 滘 镇	153	11	1826505	392682	195839
洪 梅 镇	55	9	2496607	497442	146141
沙 田 镇	170	17	2260254	493107	251110
厚 街 镇	378	50	8420000	1621066	628618
长 安 镇	597	92	25574788	4076952	3061260
寮 步 镇	369	50	5243520	1208940	637896
大岭山镇	333	40	5938835	1139182	652850
大 朗 镇	390	45	4591712	1076808	539139
黄 江 镇	214	26	3545616	851884	510249
樟木头镇	117	12	1413307	372806	140353
清 溪 镇	349	40	6129386	1338927	411441
塘 厦 镇	505	48	7929310	1916728	843842
凤 岗 镇	308	42	5028957	1257456	394477
谢 岗 镇	126	20	1462146	347808	141356
常 平 镇	369	38	4693083	1127665	570066
桥 头 镇	246	31	4231124	738414	332176
横 沥 镇	258	21	2683303	666497	339447
东 坑 镇	156	20	3661227	857525	427974
企 石 镇	170	19	1617154	363001	128424
石 排 镇	202	15	1851776	472562	180298
茶 山 镇	224	20	2352807	580287	253991
松 山 湖	113	31	30365982	5126792	4761675

14-14 续表 1

(2017年)

镇　　街	高技术制造业工业增加值（万元）	资产总额（万元）	#流动资产	固定资产净值	负债总额（万元）
莞城街道	17804	1005199	490841	348011	506810
石 龙 镇	311037	1737875	1286016	166290	898637
虎 门 镇	460195	5567113	3993524	988905	2819889
东城街道	374268	4086364	2785827	1010449	2250366
万江街道	49572	1224430	903391	201245	756551
南城街道	97997	1432650	932792	362311	570308
中 堂 镇	14042	2189439	1356386	627242	1337134
望牛墩镇	30935	889645	599666	207365	503936
麻 涌 镇	25198	6022860	3147943	2012895	2916934
石 碣 镇	716368	3048683	2406759	493674	1927083
高 埗 镇	106219	2251761	1605281	529881	1367382
道 滘 镇	73852	1787525	1196065	266414	756991
洪 梅 镇	7037	2529500	1802746	599476	1143352
沙 田 镇	56576	1540098	969209	431571	878109
厚 街 镇	363993	5096121	4004391	689857	2689444
长 安 镇	2396323	13568582	11003647	1735364	10424412
寮 步 镇	449035	4019772	2934971	705672	2305294
大岭山镇	397548	4870418	3947621	667800	3445793
大 朗 镇	273266	3900197	3072231	579155	2596136
黄 江 镇	372480	2811584	1893780	722634	1651222
樟木头镇	53094	1115265	780648	278841	664136
清 溪 镇	433551	4700716	3447512	931632	2386912
塘 厦 镇	641144	5658712	4262658	992606	3067706
凤 岗 镇	271967	4105311	2825002	1110801	2231644
谢 岗 镇	175460	932000	696971	195092	569874
常 平 镇	289914	3967460	3075150	690688	1930047
桥 头 镇	263388	2624713	1988484	491292	1691574
横 沥 镇	152579	2463819	1628211	538243	1522193
东 坑 镇	577619	2389179	1805550	472740	1519115
企 石 镇	79132	952363	735362	171489	604808
石 排 镇	125554	1360625	869386	323696	807004
茶 山 镇	100868	1690683	1270865	306908	918787
松 山 湖	4832281	19668917	15903782	1904677	14306564

14-14　续表 2

(2017年)

镇　街	主营业务收　入(万元)	主营业务税金及附加(万元)	利　润总　额(万元)	本年应交增值税(万元)	全部从业人员平均人数（人）
莞城街道	1161818	6230	91525	31939	12902
石 龙 镇	2132318	10053	144092	24187	28278
虎 门 镇	6040164	33652	347477	127112	164412
东城街道	4766874	37187	340497	126852	105241
万江街道	1374212	7435	59613	37601	36016
南城街道	1252192	7651	104407	35960	21297
中 堂 镇	3241141	20219	136094	164198	30279
望牛墩镇	1374613	5730	66911	40390	20195
麻 涌 镇	7452359	23231	485343	120973	39150
石 碣 镇	4863240	17321	150467	62799	93749
高 埗 镇	3055951	12404	113100	30995	82474
道 滘 镇	1832310	7508	70613	40946	28796
洪 梅 镇	2482073	4477	215339	57565	20395
沙 田 镇	2235396	8762	67004	33882	36186
厚 街 镇	8502975	24939	314336	96598	157043
长 安 镇	32863086	35363	245171	1220889	306325
寮 步 镇	5225211	19810	144125	79769	117436
大岭山镇	5922111	18200	194364	103459	95484
大 朗 镇	4485404	17015	152340	91947	92977
黄 江 镇	3577912	13172	150262	51036	79099
樟木头镇	1379874	5546	29860	29794	33665
清 溪 镇	5944112	22034	174128	69222	146449
塘 厦 镇	7889360	35753	306948	120615	198950
凤 岗 镇	4888436	19732	172822	96906	120721
谢 岗 镇	1441758	5627	75261	27838	30809
常 平 镇	4664395	19636	164735	41091	117421
桥 头 镇	4289074	12987	105721	-45854	71436
横 沥 镇	2667236	11020	109446	30531	73067
东 坑 镇	3561943	13386	96544	79843	76370
企 石 镇	1606740	7553	39239	31706	35791
石 排 镇	1869168	8135	32713	35701	62586
茶 山 镇	2358642	10357	67906	45041	50196
松 山 湖	30684196	177103	2112467	562925	96966

14-15 镇街规模以上工业企业主要经济效益指标（2017年）

Main Indicators on Economic Benefit of Industrial Enterprises above Designated Size by Town (2017)

镇　　街	工业增加值率 (%)	总资产贡献率 (%)	资　产负债率 (%)	流动资产周转率 (次/年)	成本费用利润率 (%)	全员劳动生产率 (元/人)	产　品销售率 (%)
莞城街道	26.1	13.8	50.4	2.4	8.5	233686	101.0
石 龙 镇	20.5	10.3	51.7	1.7	7.2	158254	98.9
虎 门 镇	27.7	9.4	50.7	1.6	5.9	101981	98.4
东城街道	26.8	12.8	55.1	1.7	7.6	124222	98.1
万江街道	27.1	9.5	61.8	1.5	4.5	102320	99.9
南城街道	28.5	10.4	39.8	1.4	9.1	174768	94.8
中 堂 镇	20.8	16.2	61.1	2.4	4.4	216760	99.5
望牛墩镇	20.8	13.4	56.6	2.3	5.1	142020	99.8
麻 涌 镇	20.6	11.1	48.4	2.4	6.9	349487	100.1
石 碣 镇	19.4	8.2	63.2	2.0	3.2	103017	98.0
高 埗 镇	27.2	7.4	60.7	1.9	3.8	99350	100.9
道 滘 镇	21.5	7.4	42.4	1.5	4.0	136367	100.1
洪 梅 镇	20.1	10.7	45.2	1.4	9.5	243904	100.7
沙 田 镇	20.9	7.8	57.0	2.3	3.1	136270	95.8
厚 街 镇	19.1	8.8	52.8	2.1	3.8	103224	99.1
长 安 镇	16.0	10.9	76.8	3.0	0.8	133092	100.7
寮 步 镇	23.1	6.7	57.4	1.8	2.8	102945	100.2
大岭山镇	18.7	7.7	70.8	1.5	3.4	119306	97.4
大 朗 镇	23.2	7.0	66.6	1.5	3.5	115814	99.1
黄 江 镇	23.1	7.9	58.7	1.9	4.4	107698	96.2
樟木头镇	26.1	6.7	59.6	1.8	2.2	110740	98.8
清 溪 镇	21.0	5.9	50.8	1.7	3.0	91426	96.2
塘 厦 镇	23.3	8.4	54.2	1.9	4.0	96342	96.5
凤 岗 镇	24.0	7.5	54.4	1.8	3.6	104162	96.1
谢 岗 镇	23.1	11.9	61.2	2.1	5.5	112892	97.1
常 平 镇	23.7	5.8	48.7	1.5	3.6	96036	98.8
桥 头 镇	17.3	3.1	64.5	2.2	2.5	103367	99.3
横 沥 镇	24.4	6.5	61.8	1.7	4.2	91217	98.0
东 坑 镇	23.8	8.1	63.6	2.0	2.7	112286	101.5
企 石 镇	21.6	8.7	63.5	2.2	2.5	101422	96.2
石 排 镇	24.9	5.9	59.3	2.2	1.8	75506	97.7
茶 山 镇	24.5	7.9	54.3	1.9	3.0	115604	99.4
松 山 湖	16.7	13.8	72.7	2.0	7.1	528721	99.1

14−16　镇街规模以上工业企业R&D人员情况（2017年）

R&D Personnel of Industrial Enterprises above Designated Size by Town (2017)

镇　街	有R&D活动的工业企业数（个）	R&D人员合计（人）	#参加项目人员	#女性	#研究人员	#全时人员	非全时人员
全　市	2119	73644	71313	14119	13860	59067	14577
莞城街道	7	153	146	24	34	115	38
石 龙 镇	39	1783	1763	535	176	1214	569
虎 门 镇	68	2684	2628	535	485	1875	809
东城街道	125	4585	4501	715	918	3817	768
万江街道	63	1430	1393	302	223	1200	230
南城街道	25	527	513	94	120	369	158
中 堂 镇	35	831	819	141	131	484	347
望牛墩镇	40	781	767	136	126	676	105
麻 涌 镇	53	2347	2237	359	480	1629	718
石 碣 镇	67	3971	3865	819	804	3324	647
高 埗 镇	43	1393	1389	313	216	1122	271
道 滘 镇	41	838	826	148	147	681	157
洪 梅 镇	22	1295	1292	251	114	1139	156
沙 田 镇	45	1174	1143	259	194	926	248
厚 街 镇	47	1747	1655	418	247	1423	324
长 安 镇	71	4176	4021	575	522	3396	780
寮 步 镇	123	3494	3303	722	591	2932	562
大岭山镇	85	2796	2744	574	383	2399	397
大 朗 镇	102	3311	3152	507	631	2625	686
黄 江 镇	100	2523	2345	343	468	1864	659
樟木头镇	38	1000	991	195	170	862	138
清 溪 镇	102	3689	3582	919	514	3074	615
塘 厦 镇	132	5069	4737	1053	941	4052	1017
凤 岗 镇	85	2861	2752	545	398	2354	507
谢 岗 镇	46	1111	1046	179	211	913	198
常 平 镇	114	3099	2985	672	461	2468	631
桥 头 镇	74	1541	1482	305	250	1253	288
横 沥 镇	74	1457	1421	240	243	1220	237
东 坑 镇	41	1776	1765	345	420	1402	374
企 石 镇	52	1288	1271	228	301	1000	288
石 排 镇	43	1620	1590	364	218	1104	516
茶 山 镇	62	1701	1654	362	198	1326	375
松 山 湖	55	5593	5535	932	2524	4838	755

14-17 镇街规模以上工业企业R&D人员全时当量情况（2017年）

R&D Personnel Full-time-equivalent of Industrial Enterprises above Designated Size by Town (2017)

镇　街	有R&D活动的工业企业数（个）	R&D人员全时当量（人年）	#研究人员	#应用研究人员	#试验发展人员
全　市	2119	50728	9864	184	50544
莞城街道	7	101	24		101
石龙镇	39	1188	141		1188
虎门镇	68	1910	347		1910
东城街道	125	2994	624	13	2980
万江街道	63	956	151		956
南城街道	25	325	71		325
中堂镇	35	545	87		545
望牛墩镇	40	538	88		538
麻涌镇	53	1401	287	3	1398
石碣镇	67	2873	600		2873
高埗镇	43	1066	167		1066
道滘镇	41	551	102	10	541
洪梅镇	22	947	77		947
沙田镇	45	890	145		890
厚街镇	47	1305	183		1305
长安镇	71	2810	363		2810
寮步镇	123	2372	406	9	2363
大岭山镇	85	1931	269	11	1920
大朗镇	102	2044	379		2044
黄江镇	100	1663	312		1663
樟木头镇	38	617	106	94	524
清溪镇	102	2686	364	10	2676
塘厦镇	132	3706	732	5	3701
凤岗镇	85	1765	240		1765
谢岗镇	46	749	152	8	741
常平镇	114	2056	303	7	2049
桥头镇	74	1029	167	3	1026
横沥镇	74	992	152		992
东坑镇	41	1193	258		1193
企石镇	52	879	219	4	875
石排镇	43	1040	142	2	1038
茶山镇	62	1106	126		1106
松山湖	55	4517	2086		4517

14–18 镇街规模以上工业企业R&D经费情况（2017年）

The R&D Funds of Industrial Enterprises above Designated Size by Town (2017)

镇　街	R&D经费支出合计（万元）	按活动类型分组			按资金来源分组			
		基础研究支出	应用研究支出	试验发展支出	政府资金	企业资金	境外资金	其他资金
全　市	1614225		2373	1611852	20037	1583556	2697	7936
莞城街道	3795			3795		1753		2042
石龙镇	28955			28955	1117	26720		1118
虎门镇	47115			47115	834	44942	1191	147
东城街道	69945		185	69760	2552	66792		600
万江街道	17451			17451	273	17093		85
南城街道	7205			7205	354	6669		182
中堂镇	19672			19672	86	19473		114
望牛墩镇	15069			15069	30	15039		
麻涌镇	65082		43	65039	1067	63968		48
石碣镇	60981			60981	65	60916		
高埗镇	23910			23910	116	23794		
道滘镇	13743		171	13573	491	13252		
洪梅镇	29916			29916	56	29861		
沙田镇	22247			22247	64	21199		985
厚街镇	50867			50867	473	50394		
长安镇	65588			65588	1666	63923		
寮步镇	55380		125	55255	733	53411	344	892
大岭山镇	47615		216	47399	371	47217		28
大朗镇	50236			50236	1580	47934	420	302
黄江镇	34970			34970	739	33475	87	669
樟木头镇	11297		584	10713		11237		60
清溪镇	53807		293	53515	941	48899		3967
塘厦镇	80283		105	80178	365	79698		220
凤岗镇	37430			37430	324	37106		
谢岗镇	14850		92	14759	1	13386	665	799
常平镇	50198		344	49854	176	48697	639	687
桥头镇	27824		76	27748	30	27264		530
横沥镇	21702			21702	509	21114		78
东坑镇	27850			27850	242	27154	86	368
企石镇	16421		99	16322	46	16192		183
石排镇	21188		42	21147	180	20352	102	555
茶山镇	21751			21751	194	21418		139
松山湖	499886			499886	4366	495057		463

14-18 续表

(2017年)

镇街	按使用项目分		委托外单位开展研发的经费支出合计(万元)	对境内研究机构支出	对境内高等院校支出	对境内企业支出	对境外支出
	经常性支出	资产性支出					
全　市	1521925	92300	793196	691110	1848	31401	68837
莞城街道	2820	975	266		56	210	
石 龙 镇	23884	5071	2163	1995	19		149
虎 门 镇	44066	3049	33	20	13		
东城街道	65714	4230	166	10	40	116	
万江街道	16202	1249	255	0.1	55	200	
南城街道	6715	491	33	7		26	
中 堂 镇	16410	3261	189	9	37	143	
望牛墩镇	13504	1565					
麻 涌 镇	61515	3568	264	188	14	62	
石 碣 镇	58522	2459	4491	102	126	4194	69
高 埗 镇	22264	1646	1		1		
道 滘 镇	12873	870	126		55	71	
洪 梅 镇	29066	850	132		59	59	14
沙 田 镇	19641	2606	23	8	15		
厚 街 镇	49537	1330	83		24	2	58
长 安 镇	60007	5581	309	251	10	18	30
寮 步 镇	52546	2835	277	66		207	5
大岭山镇	42201	5415	161	29	26		106
大 朗 镇	44614	5622	1149	5	2	1141	
黄 江 镇	32161	2809	257	15	4	238	
樟木头镇	10472	825	37			37	
清 溪 镇	49719	4088	393	279	113	2	
塘 厦 镇	76209	4074	384	5	192	187	
凤 岗 镇	35163	2266	22			22	
谢 岗 镇	12813	2037	128	128	0.4		
常 平 镇	46403	3795	81	12	52	17	
桥 头 镇	25177	2647	598	417	72	12	97
横 沥 镇	20620	1081	90	59	29	2	
东 坑 镇	25866	1984	22		13	9	
企 石 镇	15187	1233	3	2	1		
石 排 镇	18257	2931	5			5	
茶 山 镇	19566	2184	216	1		215	
松 山 湖	492213	7673	780839	687502	819	24208	68310

14-19 镇街规模以上工业企业全部R&D项目情况（2017年）

Basic Statistics on R&D Projects of Industrial Enterprises above Designated Size by Town (2017)

镇 街	项目数 (个)	项目人员折合全时当量 (人年)	全部项目经费内部支出 (万元)
全 市	7047	48953	1611627
莞城街道	25	168	8401
石 龙 镇	134	1164	28948
虎 门 镇	243	1867	47106
东城街道	445	2851	65309
万江街道	191	929	17174
南城街道	98	321	7204
中 堂 镇	110	539	19657
望牛墩镇	123	527	15064
麻 涌 镇	181	1349	65077
石 碣 镇	249	2793	60961
高 埗 镇	100	1063	23899
道 滘 镇	158	540	13737
洪 梅 镇	87	928	29901
沙 田 镇	134	866	22219
厚 街 镇	141	1236	50862
长 安 镇	335	2669	65582
寮 步 镇	446	2268	56241
大岭山镇	256	1916	48281
大 朗 镇	379	1955	50175
黄 江 镇	301	1530	34944
樟木头镇	132	608	11271
清 溪 镇	333	2576	53794
塘 厦 镇	396	3423	80248
凤 岗 镇	334	1697	37423
谢 岗 镇	152	698	14846
常 平 镇	358	1967	50127
桥 头 镇	205	985	27796
横 沥 镇	214	961	21565
东 坑 镇	167	1151	26859
企 石 镇	136	839	16092
石 排 镇	154	1039	21362
茶 山 镇	182	1075	21750
松 山 湖	148	4455	497752

14–20 镇街规模以上工业企业办科技机构情况（2017年）

Basic Statistics on Scientific and Technological Institutions of Industrial Enterprises above Designated Size by Town (2017)

镇　街	有研发机构的工业企业数（个）	机构数（个）	机构人员合计（人）	#博士毕业	#硕士毕业	机构经费支出（万元）
全　市	2959	3256	140923	891	5807	2723383
莞城街道	14	16	460	2	16	9423
石 龙 镇	45	45	2384	5	49	43109
虎 门 镇	98	108	4699	14	89	71805
东城街道	148	159	5745	26	186	94922
万江街道	68	71	2418	17	53	32716
南城街道	25	28	704	2	30	10505
中 堂 镇	55	56	1198	6	27	25113
望牛墩镇	42	44	1475	2	34	29075
麻 涌 镇	65	76	3979	16	122	118165
石 碣 镇	97	101	5524	12	175	73157
高 埗 镇	97	98	4489	5	36	68916
道 滘 镇	56	56	1432	8	42	26160
洪 梅 镇	24	28	1816	6	14	39326
沙 田 镇	60	60	2285	9	45	37288
厚 街 镇	91	109	3763	3	51	81398
长 安 镇	213	228	11748	41	256	155473
寮 步 镇	159	169	6579	30	128	105879
大岭山镇	95	97	4477	18	76	68267
大 朗 镇	126	141	5085	51	184	82609
黄 江 镇	114	121	4890	47	126	68924
樟木头镇	34	41	1546	5	28	17901
清 溪 镇	134	160	9122	31	113	124363
塘 厦 镇	247	274	13212	43	351	185379
凤 岗 镇	104	119	5206	18	182	62133
谢 岗 镇	46	49	1497	10	26	18567
常 平 镇	129	141	4870	16	68	77048
桥 头 镇	102	105	3096	18	34	51271
横 沥 镇	106	109	3405	15	98	45342
东 坑 镇	61	63	3248	60	75	49077
企 石 镇	79	84	2294	12	31	30548
石 排 镇	60	64	2649	14	40	30713
茶 山 镇	82	84	2380	10	30	36297
松 山 湖	83	152	13248	319	2992	752517

14-21 镇街固定资产投资总额（2017年）

Total Investment in Fixed Assets by Town (2017)

单位：万元

镇 街	固定资产投资	#第二产业	第三产业	#工 业	#房地产开发投资	#民营
莞城街道	274052	56463	217589	56463	174891	222338
石 龙 镇	196570	60053	136517	60053	100624	90436
虎 门 镇	1000092	278966	706839	278966	578669	722984
东城街道	741553	159740	581813	158190	481642	517742
万江街道	238331	77207	161124	77207	130895	152306
南城街道	703983	80213	623770	80213	539311	526675
中 堂 镇	183000	48095	132486	48095	72835	138889
望牛墩镇	172308	34027	136421	34277	89348	169778
麻 涌 镇	802801	317071	485530	317071	229936	473259
石 碣 镇	291090	125004	166086	125004	163939	193330
高 埗 镇	167337	87211	80126	87211	45241	73993
道 滘 镇	194561	68403	126158	68403	101497	188211
洪 梅 镇	177050	91422	85628	91422	42250	77888
沙 田 镇	616033	229736	386297	229736	197927	318414
厚 街 镇	487166	223538	263628	223538	178506	242126
长 安 镇	783384	577364	206020	577364	146213	630038
寮 步 镇	658388	154096	504292	154096	372941	493068
大岭山镇	455926	189623	266303	189623	235689	354455
大 朗 镇	631256	162782	468474	162782	416560	551759
黄 江 镇	611661	159252	452409	159252	404308	389455
樟木头镇	284219	110047	174172	110047	125484	214726
清 溪 镇	649630	364199	285431	364199	183998	488145
塘 厦 镇	641700	234499	407201	234499	370676	524023
凤 岗 镇	649000	193529	455471	193529	362607	395158
谢 岗 镇	151744	130153	21591	130153		70796
常 平 镇	462775	51801	405333	51801	272752	390775
桥 头 镇	326299	184113	142186	184113	116926	201192
横 沥 镇	231145	111240	119905	111240	104085	173020
东 坑 镇	277821	170655	107166	170655	99475	210424
企 石 镇	257973	98617	159356	98617	128080	243366
石 排 镇	393066	173744	219322	173744	186144	328999
茶 山 镇	446962	150651	296311	150651	215667	332724
松 山 湖	1485909	859164	626745	859164	79473	1286419

14-22 镇街邮电局、所通信能力及服务网点（2016-2017年）

Communication Capacity and Service Establishments of Telecommunication Offices by Town (2016-2017)

镇 街	邮电局（所、综合营业厅）(处)		服务网点（含报刊亭）(处)		固定电话用户 (户)	
	2017年	2016年	2017年	2016年	2017年	2016年
全 市	535	787	10676	9455	2143933	2447838
市 区	66	80	1281	1263	412743	468838
石龙镇	10	13	226	70	70597	78375
虎门镇	45	52	768	845	167814	185796
中堂镇	11	22	116	123	41987	43850
望牛墩镇	6	14	83	92	20274	21499
麻涌镇	8	9	103	99	27322	28354
石碣镇	16	19	215	299	54489	64237
高埗镇	15	20	172	120	34375	37937
道滘镇	7	9	114	85	34120	40623
洪梅镇	5	8	72	44	19353	15612
沙田镇	10	16	228	142	36164	38628
厚街镇	30	41	804	734	123535	145188
长安镇	43	55	1006	901	150071	169168
寮步镇	18	24	621	484	86812	100524
大岭山镇	17	29	313	140	55598	68847
大朗镇	20	29	587	364	92277	113204
黄江镇	15	25	172	263	51250	59060
樟木头镇	13	20	372	309	55039	62930
清溪镇	25	25	475	495	61491	72047
塘厦镇	30	46	612	473	82673	114098
凤岗镇	21	36	358	327	66153	74653
谢岗镇	7	12	110	107	26740	28637
常平镇	27	43	585	458	109271	131306
桥头镇	13	26	194	271	44844	50527
横沥镇	13	25	181	250	43120	45551
东坑镇	8	19	202	217	27078	31387
企石镇	8	14	188	134	32793	38465
石排镇	10	19	274	175	44022	52217
茶山镇	13	32	231	163	46778	48450
松山湖	5	5	13	8	25150	17829

注：市区指莞城、南城、东城、万江四个街道。

14-23 镇街商贸情况（2017年）

Statistics on Commerce by Town (2017)

单位：万元

镇　　街	社会消费品零售总额	限额以上批发和零售业销售额	限额以上住宿和餐饮业营业额
莞城街道	1267605	2793367	24913
石 龙 镇	449815	230062	14038
虎 门 镇	2249154	1242814	94774
东城街道	1501671	3149243	95117
万江街道	641438	850882	35319
南城街道	2206956	5378446	114642
中 堂 镇	356474	709210	18229
望牛墩镇	121721	306171	2531
麻 涌 镇	1757002	3789733	6101
石 碣 镇	459181	402476	18071
高 埗 镇	292372	307520	11091
道 滘 镇	217618	525881	6665
洪 梅 镇	72718	105984	3641
沙 田 镇	333803	4100167	9746
厚 街 镇	1799686	1497215	118788
长 安 镇	1536681	7763901	63135
寮 步 镇	2796848	3057456	41952
大岭山镇	714440	762899	14054
大 朗 镇	966227	932857	30086
黄 江 镇	461110	335266	8067
樟木头镇	713983	1287173	19081
清 溪 镇	576970	424035	13887
塘 厦 镇	1065155	723231	50095
凤 岗 镇	588627	386628	21669
谢 岗 镇	147881	162688	2627
常 平 镇	1399728	1006631	37592
桥 头 镇	321383	124770	16400
横 沥 镇	309787	260437	6438
东 坑 镇	210985	115860	3207
企 石 镇	194934	72263	4411
石 排 镇	296345	161786	4915
茶 山 镇	366475	259732	9459
松 山 湖	61808	756791	29588

14－24 镇街注册工商企业及个体户数（2017年）

Registered Industrial & Commercial Enterprises and Self-employed Individuals by Town (2017)

单位：户

镇　街	总户数	#内资企业	外商投资企业	三来一补	私营企业	个体户
全　市	1000940	22292	13417	1287	376328	586893
莞城街道	24279	820	261	4	10020	13138
石龙镇	14718	300	126	5	2764	11516
虎门镇	87776	1622	775	48	30557	54746
东城街道	71010	2090	892	36	28524	39394
万江街道	32489	658	208	7	14194	17417
南城街道	63638	2940	805	12	38885	20886
中堂镇	16304	321	106	13	4050	11804
望牛墩镇	5011	164	95	2	1471	3274
麻涌镇	11275	359	86	6	2079	8723
石碣镇	23780	364	240	24	7156	15988
高埗镇	14662	219	148	6	4297	9985
道滘镇	11988	282	176	7	4237	7279
洪梅镇	3580	125	86	1	859	2504
沙田镇	14024	484	302	5	4502	8718
厚街镇	52884	955	703	34	17217	33924
长安镇	89341	1281	1289	189	41485	45020
寮步镇	52221	858	502	14	17438	33388
大岭山镇	34088	606	385	23	13301	19756
大朗镇	50162	680	455	55	14173	34788
黄江镇	23588	479	358	34	9104	13592
樟木头镇	23465	429	264	19	10265	12468
清溪镇	27243	464	617	96	9674	16379
塘厦镇	52418	940	986	165	22860	27449
凤岗镇	31186	674	597	144	10975	18790
谢岗镇	9094	186	234	33	2716	5911
常平镇	46629	972	764	107	17956	26763
桥头镇	17500	316	353	40	5233	11552
横沥镇	22927	372	392	44	7026	15067
东坑镇	12206	294	177	14	4054	7664
企石镇	13674	272	209	27	3651	9512
石排镇	20126	328	250	38	5601	13904
茶山镇	21512	362	272	35	5949	14890
松山湖	6142	1076	304		4055	704

注：本表数据来源于市工商局。

14−25 镇街集市贸易市场数及私营个体户注册资金额（2016−2017年）

Fair Trades and Registered Capital of Private Enterprises & Self-employed Individuals by Town (2016-2017)

镇　街	集市贸易市场数（个）		个体工商户注册资金额（万元）		私营企业注册资金额（万元）	
	2017年	2016年	2017年	2016年	2017年	2016年
全　市	407	390	1806262	1471722	93101346	66699226
莞城街道	8	9	37501	30460	5413180	6040719
石龙镇	7	6	28595	24565	506932	387582
虎门镇	24	37	159000	137424	5487343	4027429
东城街道	26	25	108268	81219	9729620	6954210
万江街道	24	23	49060	40896	3400164	2323855
南城街道	21	21	72052	57082	15459735	11368623
中堂镇	10	9	39315	33768	863070	558919
望牛墩镇	4	4	11438	10407	460445	294149
麻涌镇	8	8	27980	18791	587092	417750
石碣镇	15	13	48392	41516	963998	676470
高埗镇	12	11	31912	26159	1056150	767545
道滘镇	4	3	21348	18219	1416696	1071834
洪梅镇	3	3	7627	6608	290395	236820
沙田镇	10	10	26482	21731	1143049	715777
厚街镇	17	16	101951	78189	3477945	2418365
长安镇	19	19	121778	100209	6620136	4320794
寮步镇	26	8	92568	66651	3745282	2732243
大岭山镇	11	10	59643	48402	2372802	1580776
大朗镇	12	12	135204	109955	2737119	1902992
黄江镇	7	7	44249	35360	1754331	1307820
樟木头镇	12	12	37272	32711	1977746	1219251
清溪镇	15	14	54096	43748	1552507	1086708
塘厦镇	21	22	75087	59598	5495661	2916403
凤岗镇	12	12	56987	47355	1446895	943578
谢岗镇	8	8	24425	22182	312360	156597
常平镇	26	21	97204	81372	4044284	2838205
桥头镇	7	6	37514	31176	957283	639953
横沥镇	6	7	48822	38207	1238711	789648
东坑镇	4	3	25467	19989	643864	531349
企石镇	7	9	36018	30177	777835	446434
石排镇	8	9	42279	38280	719368	470821
茶山镇	11	11	40600	34468	960102	627309
松山湖	2	2	6132	4847	5489247	3928300

注：本表数据来源于市工商局；2016年起，按统计标准剔除部分不符合要求的集贸市场数据。

14-26 镇街来料加工装配签约宗数、出口值及引进设备价值（2017年）

Contracts of Processing and Assembling of Import Materials, Export Value and Value of Equipments Imported by Town (2017)

镇　街	累计投产宗数 (宗)	出口值 (万元)	引进设备价值 (万元)
莞城街道	8		
石 龙 镇	4	1880	4
虎 门 镇	55	3410	2
东城街道	33	26290	
万江街道	7	3637	
南城街道	12	2847	
中 堂 镇	9	461	
望牛墩镇	2		
麻 涌 镇	2		
石 碣 镇	28	3211	
高 埗 镇	2		
道 滘 镇	5	4272	
洪 梅 镇	1		
沙 田 镇	1		
厚 街 镇	22	25576	
长 安 镇	157	1117222	510
寮 步 镇	32	866	
大岭山镇	17	109959	353
大 朗 镇	34	5546	
黄 江 镇	32	519746	81
樟木头镇	30	7593	
清 溪 镇	71	54991	31
塘 厦 镇	124	84273	5
凤 岗 镇	66	26516	
谢 岗 镇	22	5001	
常 平 镇	56		
桥 头 镇	23	9170	
横 沥 镇	35	17305	
东 坑 镇	7	3291	
企 石 镇	20	7831	
石 排 镇	28	9171	
茶 山 镇	18	45300	
松 山 湖			

14-27 镇街"三资"企业签约、实际利用外资及出口值(新口径)(2017年)

Contracts, Foreign Capital Actually Utilized and Export Value of Enterprises with Foreign Investment by Town (2017)

镇　街	签约宗数(宗)	投产企业宗数(宗)	协议(合同)规定外商投资总额(万美元)	外商实际投资总额(万美元)	出口值(万元)
莞城街道	16	116	1105	113	213061
石龙镇	10	82	680	158	1213232
虎门镇	31	623	6168	4648	1447177
东城街道	116	569	14313	1340	1122356
万江街道	8	158	620	959	148812
南城街道	83	389	11468	581	383089
中堂镇	5	95	230	27	172774
望牛墩镇	4	96	1359	1024	144703
麻涌镇	3	65	25707	14987	753780
石碣镇	14	254	2206	2638	2461289
高埗镇	4	123	398	1559	728516
道滘镇	13	166	1920	834	212413
洪梅镇	5	81	239	5966	224641
沙田镇	48	254	9362	8786	625381
厚街镇	57	496	4515	2640	5132768
长安镇	116	970	17214	8503	3003330
寮步镇	16	428	4605	8911	2226052
大岭山镇	27	323	12027	3876	865715
大朗镇	16	420	4176	4545	806683
黄江镇	12	318	11170	7893	1706385
樟木头镇	15	209	5867	1878	414117
清溪镇	24	549	8602	5317	2785932
塘厦镇	39	887	10942	6269	2542122
凤岗镇	20	514	8916	5406	1379081
谢岗镇	13	229	8056	2099	528285
常平镇	45	628	39485	8321	2275817
桥头镇	18	318	4182	9693	2526679
横沥镇	13	359	4306	9765	827747
东坑镇	5	160	1313	2381	1305348
企石镇	15	192	1028	1493	316173
石排镇	18	232	2526	4230	456969
茶山镇	15	222	2432	4630	516143
松山湖	79	263	35226	31423	581974

14-28 镇街进出口总额（2016-2017年，海关口径）

Total Value of Exports and Imports by Town (2016-2017, Custom Statistics)

单位：万元

镇 街	2016年			2017年		
	进出口总额	进 口	出 口	进出口总额	进 口	出 口
莞城街道	1431237	308753	1122484	1511866	454135	1057730
石 龙 镇	1704353	492499	1211855	1751816	506964	1244851
虎 门 镇	3169586	1159393	2010193	3543748	1544024	1999725
东城街道	3964887	656428	3308459	4235235	830781	3404454
万江街道	435280	106279	329001	451984	102637	349347
南城街道	3568304	739415	2828889	3540519	673227	2867292
中 堂 镇	519855	313458	206397	642148	391845	250303
望牛墩镇	248637	64298	184340	307370	78976	228394
麻 涌 镇	1746454	1066042	680413	2107143	1339033	768111
石 碣 镇	3865641	1454527	2411113	3951465	1347713	2603752
高 埗 镇	1472736	467109	1005627	1928155	490821	1437334
道 滘 镇	734419	294380	440039	626973	277488	349485
洪 梅 镇	1035299	828308	206990	1419431	1148925	270506
沙 田 镇	4484264	2225338	2258926	5203776	2871251	2332525
厚 街 镇	9437140	3360916	6076224	8364581	2744977	5619604
长 安 镇	18885160	12271602	6613558	22110866	13156852	8954014
寮 步 镇	5837277	2282581	3554696	5407052	2473369	2933682
大岭山镇	3104268	1339751	1764518	3766961	1638061	2128900
大 朗 镇	1907081	579188	1327893	1981861	649243	1332618
黄 江 镇	3661912	1337527	2324384	3993219	1471381	2521838
樟木头镇	916291	286464	629828	986869	329147	657722
清 溪 镇	4599070	1482751	3116319	4910013	1630927	3279086
塘 厦 镇	4523047	1439772	3083275	4747864	1591278	3156585
凤 岗 镇	2324413	643062	1681351	2251835	627444	1624391
谢 岗 镇	594187	132744	461443	718616	159683	558933
常 平 镇	6206922	2358533	3848389	4056778	1302074	2754704
桥 头 镇	4461596	1871917	2589679	5089454	2060826	3028628
横 沥 镇	1375967	371729	1004238	1449728	364549	1085179
东 坑 镇	2468231	958718	1509513	2606294	1024521	1581773
企 石 镇	591042	123346	467696	658119	145612	512507
石 排 镇	822205	154963	667242	945181	175895	769285
茶 山 镇	1084123	349436	734686	1098493	368044	730449
松 山 湖	12937446	7036529	5943824	16278299	8398221	7880078

14-29 镇街实际利用外资（2016-2017年）

Foreign Capital Actually Utilized by Town (2016-2017)

单位：万美元

镇　街	2016年	2017年	镇　街	2016年	2017年
莞城街道	1536	113	寮 步 镇	5963	8911
石 龙 镇	356	158	大岭山镇	7295	3876
虎 门 镇	4003	4648	大 朗 镇	4508	4545
东城街道	16898	1340	黄 江 镇	7450	7893
万江街道	4147	959	樟木头镇	1602	1878
南城街道	3813	581	清 溪 镇	6653	5317
中 堂 镇	3284	27	塘 厦 镇	5644	6269
望牛墩镇	1898	1024	凤 岗 镇	28356	5406
麻 涌 镇	29565	14987	谢 岗 镇	8663	2099
石 碣 镇	2536	2638	常 平 镇	5966	8321
高 埗 镇	762	1559	桥 头 镇	9620	9693
道 滘 镇	1257	834	横 沥 镇	12582	9765
洪 梅 镇	13069	5966	东 坑 镇	884	2381
沙 田 镇	8746	8786	企 石 镇	1822	1493
厚 街 镇	9782	2640	石 排 镇	6397	4230
长 安 镇	7355	8503	茶 山 镇	9006	4630
松 山 湖	126062	31423			

14-30 镇街税收总额（2016-2017年）

Taxes by Town (2016-2017)

单位：万元

镇街	2016年			2017年		
	税收总额	国税	地税	税收总额	国税	地税
莞城街道	400217	199967	200250	402428	217950	184478
石龙镇	183787	116840	66946	190379	113083	77296
虎门镇	782250	448989	333261	833208	488532	344676
东城街道	1133444	721349	412094	1209620	869290	340330
万江街道	208204	139809	68395	201435	138177	63259
南城街道	1350372	797027	553345	1365461	954334	411127
中堂镇	148012	109071	38941	201964	151501	50462
望牛墩镇	82518	64593	17925	107465	77729	29736
麻涌镇	297813	179765	118048	404825	221872	182953
石碣镇	309471	211735	97736	358491	259857	98634
高埗镇	156614	108015	48600	177389	129697	47692
道滘镇	173367	112041	61326	184261	132382	51879
洪梅镇	75282	54970	20311	105142	78205	26938
沙田镇	255124	147330	107794	269055	176340	92715
厚街镇	550054	325406	224648	630988	410359	220630
长安镇	1028012	772482	255530	1483947	1159726	324221
寮步镇	620822	450025	170796	695321	527762	167559
大岭山镇	367089	235644	131445	432291	286678	145613
大朗镇	372886	255439	117447	446184	321340	124844
黄江镇	330004	178955	151050	357975	243548	114427
樟木头镇	202177	102748	99430	222396	132565	89832
清溪镇	432927	291605	141322	469980	325930	144050
塘厦镇	749519	487298	262221	841336	583864	257472
凤岗镇	501407	289490	211917	547828	341806	206021
谢岗镇	90041	68295	21746	100030	79493	20537
常平镇	385315	262193	123122	445334	302058	143276
桥头镇	202187	140672	61515	233701	176254	57446
横沥镇	216064	159249	56815	251442	198284	53158
东坑镇	149146	105296	43849	201669	154339	47330
企石镇	99968	73204	26764	111680	84490	27190
石排镇	134835	99179	35657	160239	120224	40016
茶山镇	192354	140715	51639	214373	161215	53158
松山湖	1007715	618930	388784	1481103	942402	538702

14-31 镇街财政收支情况（2016-2017年）

Government Revenue and Expenditure by Town (2016-2017)

单位：万元

镇 街	地方财政总收入		地方财政总支出		地方财政总财力	
	2016年	2017年	2016年	2017年	2016年	2017年
莞城街道	130522	97920	90368	105521	157837	127491
石 龙 镇	52399	52529	80755	91529	83680	91747
虎 门 镇	184808	197844	263635	286570	271856	291822
东城街道	302082	263491	306229	368796	480841	438102
万江街道	206852	50727	265958	146245	404256	241095
南城街道	176993	174223	182261	196076	305258	243598
中 堂 镇	41110	68664	84328	96973	95829	124974
望牛墩镇	59861	90459	59941	76623	60144	90662
麻 涌 镇	128233	239714	169892	272924	170381	273644
石 碣 镇	76496	66952	195341	117359	194433	129075
高 埗 镇	37887	40603	126092	84758	131431	89802
道 滘 镇	44831	53720	137290	113386	149070	120327
洪 梅 镇	32798	46693	105841	96162	107871	105020
沙 田 镇	143554	130833	284658	167643	286156	225044
厚 街 镇	148824	150850	241779	248488	267223	255747
长 安 镇	237303	334314	365716	429315	417108	448983
寮 步 镇	127681	196977	204301	275044	208696	275726
大岭山镇	466406	93952	392893	174997	523313	290192
大 朗 镇	362937	232776	288634	242243	453717	442719
黄 江 镇	529165	79816	295015	169684	605798	136434
樟木头镇	57232	59986	121209	110484	163119	131635
清 溪 镇	170683	116737	301310	184541	351040	207096
塘 厦 镇	182218	187044	461681	295009	482887	315872
凤 岗 镇	156371	356583	309591	454524	337042	502608
谢 岗 镇	60995	79150	60461	82468	64503	83192
常 平 镇	145998	199706	186569	214148	216286	274534
桥 头 镇	61692	60293	154592	101268	166272	103737
横 沥 镇	174383	77542	130523	128113	181094	155622
东 坑 镇	49025	48186	129348	108399	134833	115880
企 石 镇	58187	63494	60200	63415	61674	64968
石 排 镇	233438	59877	216280	127986	353822	121390
茶 山 镇	269662	81060	253209	168988	334988	249557
松 山 湖	249022	505684	209852	438123	881252	931004

注：为进一步规范镇街财政收支数据，2016年起，分镇街财政数据按市财政局指导的统计方式填报，数据与往年不可比。

14-32 镇街各项人民币存贷款余额（2016-2017年）

Balance of Deposits and Loans by Town (2016-2017)

单位：万元

镇街	年末各项存款余额		年末各项贷款余额	
	2016年	2017年	2016年	2017年
莞城街道	11982852	12039573	5776053	3988728
石龙镇	1867726	1859204	1001517	1090211
虎门镇	6765009	7185311	4478489	4874112
东城街道	11047407	12995205	7333482	8645136
万江街道	2100728	2232554	1379358	1482646
南城街道	24203519	25170952	13900019	14450706
中堂镇	1168817	1285204	741041	782526
望牛墩镇	565558	772271	324669	409050
麻涌镇	954376	1096942	735591	1092852
石碣镇	1884379	1990263	568348	715789
高埗镇	1016738	1110717	472410	599131
道滘镇	972666	1062905	556095	650644
洪梅镇	379505	429365	308503	298373
沙田镇	1192861	1301203	738439	937176
厚街镇	4690976	4919316	4049311	4555907
长安镇	8221377	8600091	2545792	2726389
寮步镇	2541486	2588540	1659390	1926386
大岭山镇	1979080	2076410	1079293	1188544
大朗镇	3367976	3506046	2029773	2248546
黄江镇	2100636	2150983	919027	1040362
樟木头镇	1478876	1527974	947457	1102284
清溪镇	1930896	2033056	723408	853943
塘厦镇	3722984	3868837	3120169	3204320
凤岗镇	2712779	2730017	2457202	2634686
谢岗镇	715000	783588	228436	251652
常平镇	3679344	3581776	1900958	2123530
桥头镇	1216839	1297455	737598	861542
横沥镇	1297397	1374686	668547	802713
东坑镇	781346	837846	425937	468536
企石镇	828796	946711	347410	401342
石排镇	1274603	1376516	535506	612609
茶山镇	1389880	1426113	443764	470036
松山湖	1951861	2208957	891787	1064023

注：本表数据来源于市人民银行。

14—33 镇街普通中学情况（2017年）

Basic Statistics on Regular Secondary Schools by Town (2017)

镇街	学校数（所）	毕业生数（人）	#普通高中	招生数（人）	#普通高中	在校学生数（人）	#普通高中	教职工数（人）	#专任教师
全市	234	85796	26274	115754	27916	310169	81052	30035	19991
莞城街道									
石龙镇	4	1285		1408		4109		314	276
虎门镇	13	3732	388	4998	378	12934	1123	1493	902
东城街道	16	3837	615	5930	1182	15357	2856	1438	937
万江街道	6	1621		2220		6101		664	376
南城街道	9	3187	689	3834	405	10836	1506	1435	752
中堂镇	7	2008	193	2735	231	7180	700	590	441
望牛墩镇	4	1053		1335		3605		392	235
麻涌镇	2	603		856		2259		308	201
石碣镇	10	1718		2569		6679		645	430
高埗镇	6	789		1353		3438		359	222
道滘镇	4	1691	452	1882	433	5317	1236	488	363
洪梅镇	1	264		287		835		114	58
沙田镇	4	1607	497	2408	524	6370	1653	512	374
厚街镇	11	2503		3793		9387		1001	553
长安镇	6	1960		3133		8217		671	458
寮步镇	8	2574		3486		9154		789	610
大岭山镇	8	1865	294	2494	280	6682	774	706	434
大朗镇	8	2951	509	4419	483	11221	1452	1035	627
黄江镇	3	937		1325		3502		285	208
樟木头镇	3	1000		1326		3496		241	200
清溪镇	8	1694		2800		7051		743	446
塘厦镇	5	2848	500	4105	544	10843	1514	1002	611
凤岗镇	10	2365	314	3340	313	8837	894	702	493
谢岗镇	3	704		909		2404		183	146
常平镇	11	2601		3502		8962		832	550
桥头镇	5	2017	572	2504	492	6754	1448	790	459
横沥镇	5	1170		1746		4426		354	248
东坑镇	6	1248		1876		4645		461	270
企石镇	3	864		1285		3441		278	222
石排镇	5	973		1519		3821		348	248
茶山镇	8	2943	1065	4841	1506	12095	4066	1410	761
松山湖	4	726	367	1467	475	3763	1304	613	320
市直属	28	28458	19819	34069	20670	96448	60526	8839	6560

14-34 镇街小学情况（2017年）

Basic Statistics on Primary Schools by Town (2017)

镇　街	学校数（所）	毕业生数（人）	招生数（人）	在校学生数（人）	教职工数（人）	#专任教师
全　市	329	103106	142485	765120	39761	34400
莞城街道	9	2148	2553	13986	918	855
石龙镇	6	1740	2021	12034	628	579
虎门镇	24	6064	9318	48364	2558	2194
东城街道	15	5957	8814	46726	2318	2138
万江街道	16	3691	4752	26571	1461	1133
南城街道	10	4035	5734	30367	1847	1629
中堂镇	9	2469	3367	17747	881	829
望牛墩镇	4	971	1275	6813	445	355
麻涌镇	8	918	1722	8108	571	437
石碣镇	6	3335	3920	21838	1050	955
高埗镇	6	1829	2195	12248	649	552
道滘镇	7	1665	1984	11310	639	566
洪梅镇	3	296	411	2237	151	103
沙田镇	4	1899	2600	14171	633	589
厚街镇	15	5115	7488	38885	1875	1695
长安镇	23	5914	9801	50104	2823	2141
寮步镇	16	4612	6280	33171	1827	1425
大岭山镇	10	2932	4263	22256	1156	995
大朗镇	18	5257	6922	37221	1791	1436
黄江镇	10	2389	3742	18006	908	739
樟木头镇	7	2134	2886	15603	764	690
清溪镇	8	3391	4605	24946	1214	1098
塘厦镇	13	4838	7005	36849	1883	1585
凤岗镇	16	4607	6388	34465	1686	1534
谢岗镇	3	1109	1379	7811	386	356
常平镇	18	5119	6741	36892	1758	1597
桥头镇	8	2229	2899	16480	858	789
横沥镇	7	2562	3961	20604	1006	858
东坑镇	5	2241	2955	16488	727	678
企石镇	8	1600	1986	11465	583	531
石排镇	8	2258	2872	16122	802	705
茶山镇	5	2975	3709	21498	1004	978
松山湖	2	833	1668	7877	486	448
市直属	2	3974	4269	25857	1475	1208

14–35 镇街卫生事业机构、床位及人员数（2017年）

Number of Health Care Institutions, Beds and Personnel by Town (2017)

镇　街	机构数（个）	#医院	病床床位（张）	卫生工作人员（人）	#卫生技术人员	#执业（助理）医师	注册护士	药剂人员	检验人员
全　市	2446	97	29866	60197	50600	17506	22852	2900	1805
莞城街道	54	5	446	1236	918	289	373	72	28
石龙镇	36	4	1831	2920	2558	868	1148	158	85
虎门镇	201	10	2329	4561	3803	1408	1763	211	142
东城街道	198	11	4403	8095	6711	2209	3067	357	253
万江街道	75	5	3112	5858	5011	1601	2474	225	136
南城街道	123	9	1523	4076	3371	1263	1408	132	149
中堂镇	67	2	1039	1121	983	307	502	55	32
望牛墩镇	39	1	150	399	331	107	128	33	11
麻涌镇	42	2	490	729	601	200	253	48	28
石碣镇	61	1	278	931	809	293	352	60	23
高埗镇	58	2	305	738	594	239	254	34	18
道滘镇	57	1	200	607	514	167	214	53	20
洪梅镇	24	1	188	330	272	74	113	35	12
沙田镇	52	2	242	682	599	222	229	37	21
厚街镇	120	3	1055	2455	2151	768	1010	99	66
长安镇	127	6	1697	2886	2418	922	1151	142	80
寮步镇	108	3	1140	2036	1669	597	757	98	65
大岭山镇	97	2	450	1282	1120	416	490	66	38
大朗镇	114	2	890	1950	1673	588	774	83	57
黄江镇	60	2	650	1270	1070	368	464	72	47
樟木头镇	35	2	521	1326	1074	336	472	49	36
清溪镇	92	3	703	1680	1392	493	590	85	63
塘厦镇	84	4	989	2499	2061	724	894	164	91
凤岗镇	78	3	1070	1818	1529	526	698	92	75
谢岗镇	33	1	279	496	436	145	190	24	14
常平镇	103	3	1500	2296	1943	698	879	108	72
桥头镇	53	1	500	1067	941	317	457	42	28
横沥镇	66	1	420	1103	911	319	398	57	25
东坑镇	44	2	350	725	627	195	261	25	20
企石镇	36	1	448	980	824	231	357	58	20
石排镇	46	1	360	933	773	266	362	51	22
茶山镇	47	1	308	851	711	262	299	55	24
松山湖	16			261	202	88	71	20	4

14-36 镇街优抚和社会救济基本情况（2017年）

Basic Statistics on Special Care and Social Relief by Town (2017)

镇　街	敬老院个数（个）	敬老院供养人数（人）	最低生活保障户数（户）	最低生活保障人数（人）	最低生活保障费支出（万元）
全　市	31	1459	6192	11934	8749.25
莞城街道	1	54	243	412	348.73
石龙镇	1	102	157	304	278.70
虎门镇	1	44	156	309	277.80
东城街道	1	143	37	75	48.54
万江街道	1	42	302	569	472.85
南城街道			33	55	40.77
中堂镇	1	38	520	962	631.96
望牛墩镇	1	41	340	729	576.22
麻涌镇	1	13	726	1259	865.50
石碣镇	1	22	43	84	63.59
高埗镇	1	32	253	557	336.57
道滘镇	1	36	394	773	573.01
洪梅镇	1	23	264	451	273.83
沙田镇	1	39	238	444	229.98
厚街镇	1	77	273	503	373.26
长安镇	1	17	5	6	5.16
寮步镇	1	26	200	367	251.01
大岭山镇	1	28	246	406	336.58
大朗镇	1	47	169	403	316.52
黄江镇	1	40	73	132	103.99
樟木头镇	1	159	57	111	90.17
清溪镇	1	57	121	236	169.90
塘厦镇	1	54	66	116	66.60
凤岗镇	1	46	15	28	19.89
谢岗镇	1	35	110	289	201.10
常平镇	1	14	122	221	179.78
桥头镇	1	32	68	136	104.68
横沥镇	1	33	142	304	238.67
东坑镇	1	27	113	192	165.61
企石镇	1	12	189	430	285.83
石排镇	1	23	345	698	540.59
茶山镇	1	103	172	373	281.85

14-37 镇街专利申请与授权数（2017年）

Basic Statistics on Patents Application Accepted and Granted by Town (2017)

单位：件

镇　街	有专利申请企业数(家)	专利申请数	#发明	实用新型	外观设计	专利授权数	#发明	实用新型	外观设计
全　市	8921	81275	20402	48255	12618	45204	4969	30102	10133
莞城街道	81	807	84	528	195	349	26	216	107
石龙镇	52	333	56	203	74	214	25	135	54
虎门镇	414	3135	357	2108	670	2095	161	1499	435
东城街道	522	4472	1068	2657	747	2673	227	1814	632
万江街道	353	2370	310	1702	358	1467	91	1111	265
南城街道	366	2237	397	1492	348	1461	121	963	377
中堂镇	102	766	126	568	72	374	33	300	41
望牛墩镇	66	589	58	434	97	341	19	256	66
麻涌镇	57	367	80	261	26	225	33	169	23
石碣镇	235	1831	185	1341	305	1250	89	813	348
高埗镇	145	998	98	752	148	575	25	429	121
道滘镇	150	1097	170	708	219	634	56	429	149
洪梅镇	36	330	31	202	97	225	20	119	86
沙田镇	128	1120	117	843	160	661	26	526	109
厚街镇	337	3453	298	1613	1542	2115	74	817	1224
长安镇	891	15127	8475	5769	883	6142	1606	3822	714
寮步镇	420	3090	356	2187	547	2118	130	1541	447
大岭山镇	357	2638	248	1757	633	1617	67	1013	537
大朗镇	325	2429	303	1878	248	1479	99	1153	227
黄江镇	244	1887	193	1364	330	1262	69	851	342
樟木头镇	185	1611	321	933	357	905	48	553	304
清溪镇	368	2898	316	2201	381	1660	83	1334	243
塘厦镇	649	5009	505	3652	852	3108	188	2312	608
凤岗镇	308	2315	156	1603	556	1569	64	1040	465
谢岗镇	85	634	48	514	72	409	30	332	47
常平镇	398	2871	265	2062	544	1711	118	1245	348
桥头镇	191	1277	95	850	332	833	52	491	290
横沥镇	300	2052	220	1497	335	1270	67	962	241
东坑镇	136	947	66	689	192	617	27	412	178
企石镇	146	936	100	659	177	619	16	432	171
石排镇	215	1703	169	1131	403	987	44	630	313
茶山镇	194	1486	254	997	235	930	124	609	197
松山湖	460	8374	4858	3059	457	3270	1106	1751	413
其　它	5	86	19	41	26	39	5	23	11

14−38 镇街总用电量和总售水量（2016−2017年）

Gross Comsumption of Electicity and Water by Town (2016-2017)

镇街	总用电量（万千瓦时）		总售水量（万吨）	
	2016年	2017年	2016年	2017年
莞城街道	57059		1758	1764
石 龙 镇	75415	78318	1736	1830
虎 门 镇	450114	494063	8563	9813
东城街道	312936		9874	9756
万江街道	139628		3968	4027
南城街道	113908		4907	5114
中 堂 镇	356489	156210	2246	2349
望牛墩镇	87493	94837	1203	1276
麻 涌 镇	150367	156803	2416	2606
石 碣 镇	184316	194641	3668	3655
高 埗 镇	129251	132764	2619	2540
道 滘 镇	112574	122509	2318	2265
洪 梅 镇	47845	54992	967	979
沙 田 镇	150241	163154	3225	3448
厚 街 镇	337265	357700	7331	7755
长 安 镇	643749	701869	10117	10977
寮 步 镇	272827	292885	5948	6012
大岭山镇	220251	252695	3211	3433
大 朗 镇	331822	377400	6615	7100
黄 江 镇	190201	212165	3498	3709
樟木头镇	101602	107186	2283	2195
清 溪 镇	294165	318515	5203	5320
塘 厦 镇	463871	504189	7860	8051
凤 岗 镇	299634	330815	4962	4839
谢 岗 镇	95837	103584	1721	1763
常 平 镇	301173	322793	6843	6951
桥 头 镇	177266	204023	2969	3252
横 沥 镇	161287	183638	3730	3995
东 坑 镇	109637	117488	2101	2084
企 石 镇	102031	119839	2275	2347
石 排 镇	167620	179132	2089	2398
茶 山 镇	165523	175914	3553	3583
松 山 湖	117492	147697	2261	2414

注：1.总售水量数据来源于市水务局。
2.根据市供电局反映，四个街道为统一供电，无法划分。

十五、村（居）委会主要指标

Main Indicators of Villagers' (Neighborhood) Committees

15 村（居）委会主要指标（2017年）

Main Indicators of Villagers' (Neighborhood) Committees (2017)

村（居）委会	土地面积（平方公里）	户籍人口（人）	全部企业及个体户数（个）	#工业企业	资产总额（万元）	负债总额（万元）	资产负债率（%）	村组两级经营纯收入（万元）
莞　　城								
东正社区	1.7	22072	1021	16	647	5	0.8	
市桥社区	0.9	33348	1662	1	522	14	2.7	
北隅社区	1.1	28140	1599	2	890	112	12.6	
西隅社区	0.6	12195	176	1	947	176	18.6	
罗沙社区	1.8	20936	2174	7	544	141	25.9	
博厦社区	1.0	10063	240	7	261	27	10.5	
兴塘社区	2.6	16942	3950	4	229	82	35.8	
创业社区	1.5	25781	2839	14	356	10	2.8	
罗沙联合社					26028	2018	7.8	13326
博厦联合社					7219	855	11.8	1621
细村联合社					20138	1656	8.2	3015
石　　龙								
中山东社区	0.5	22997	776	11	1028	270	26.3	
中山西社区	0.5	21117	652	23	1088	188	17.3	
兴龙社区		20998	2747	9	3647	1006	27.6	
忠 维 村	0.8	1042	275	15	7228	796	11.0	609
林 屋 村	0.7	679	518	5	4082	1178	28.9	857
新 维 村	0.6	580	813	61	17692	1531	8.7	1898
蒲 溪 村	0.7	640	4		4762	1653	34.7	748
西 湖 村	3.5	3014	2390	132	87652	10210	11.6	6317
王屋洲村	3.2	1696	606	38	20646	1501	7.3	1054
黄家山村	2.5	2025	568	55	33269	13397	40.3	544
虎　　门								
东方社区	0.8	9304	484	2	1122	511	45.5	41
则徐社区	1.2	15893	1548	48	1549	608	39.3	46
虎门寨社区	2.0	8060	6106	28	26537	2171	8.2	6487
树田社区	4.0	1570	845	504	11175	3857	34.5	1480
怀德社区	13.8	6732	1424	223	63371	7202	11.4	10997
居岐社区	1.6	1394	448	50	22163	3449	15.6	2172
村头社区	1.3	840	234	74	12853	1782	13.9	1859
陈村社区	1.3	826	64	35	7034	1319	18.8	569
黄村社区	0.9	605	110	31	3579	407	11.4	566
大宁社区	5.4	3024	730	350	188168	6120	3.3	15504
北栅社区	5.9	4922	2106	342	36729	4045	11.0	7973
龙眼社区	3.0	3087	1511	589	114527	9880	8.6	7741
赤岗社区	7.5	4484	562	126	43201	4340	10.0	4006
博涌社区	5.9	7592	3521	264	172467	39514	22.9	10826
新联社区	4.0	1269	425	80	15436	3528	22.9	1748

注：村（居）委会主要指标为镇、村自报数据。

15 续表 1

(2017年)

村（居）委会	土地面积（平方公里）	户籍人口（人）	全部企业及个体户数（个）	#工业企业	资产总额（万元）	负债总额（万元）	资产负债率（%）	村组两级经营纯收入（万元）
白沙社区	7.8	7552	1185	216	46834	10258	21.9	4506
镇口社区	1.8	3275	1385	185	25096	1906	7.6	3422
金洲社区	4.8	6238	1350	60	87888	21379	24.3	6701
小捷滘社区	2.0	985	562	150	15238	2717	17.8	1483
南栅社区	8.2	5701	2000	277	104124	14269	13.7	14605
东风社区	2.8	1879	452	55	16217	5449	33.6	1421
宴岗社区	1.3	1175	120	25	8543	1495	17.5	866
路东社区	5.6	3511	890	218	71698	7422	10.4	11362
沙角社区	11.2	6064	1353	556	48885	12178	24.9	8011
九门寨社区	2.6	1554	291	38	15242	5225	34.3	1229
南面社区	7.3	2996	285	25	21506	2281	10.6	1389
北面社区	5.5	2784	85	58	13022	4475	34.4	1082
武山沙社区	2.9	2484	184	61	7435	2507	33.7	888
新湾社区	1.0	10174	201	23	9267	1663	17.9	848
民泰社区								
东　　城								
岗贝社区	1.7	18186	7277	134	1970	265	13.4	69
花园新村社区	0.9	1886	1374	28	2355	434	18.4	
东泰社区	3.8	20061	2640	51	4375	350	8.0	
温塘社区	11.6	10282	8160	1280	28272	1723	6.1	16163
桑园社区	4.0	3971	3011	336	11885	1260	10.6	4786
周屋社区	2.8	2518	1230	192	7184	395	5.5	2605
余屋社区	2.0	1751	1489	201	8106	766	9.4	2364
鳌峙塘社区	2.0	1112	388	88	4575	1402	30.6	696
峡口社区	1.6	1257	839	132	8144	1568	19.3	1789
柏洲边社区	1.0	1164	730	109	8266	1001	12.1	2152
上桥社区	1.0	1496	763	88	3672	184	5.0	1672
下桥社区	2.0	2787	3471	258	9789	1256	12.8	5035
樟村社区	3.0	3479	2285	78	43725	8491	19.4	4235
梨川社区	1.0	1735	844	88	7409	736	9.9	3260
堑头社区	1.5	3387	2674	99	10353	539	5.2	3860
主山社区	6.6	6722	13599	660	36962	633	1.7	12218
石井社区	6.7	2221	4104	218	12358	2505	20.3	4514
同沙社区	4.5	2587	2197	251	18838	837	4.4	4204
光明社区	1.9	1538	1887	125	10289	839	8.2	1543
牛山社区	11.0	4511	4552	497	15629	2886	18.5	4462
立新社区	2.5	3531	2711	202	6746	2675	39.7	4869
火炼树社区	1.2	2342	2330	36	7666	1734	22.6	3004
星城社区	2.7	16117	972	20	198	36	17.9	
万　　江								
万江墟社区	1.0	6838	242	34	3399	1909	56.2	384
万江社区	2.6	4390	89	81	15695	2565	16.3	2757
石美社区	2.5	4399	300	105	17335	1341	7.7	7060
莫屋社区	1.0	1558	164	105	5332	978	18.3	1292

15 续表 2

(2017年)

村（居）委会	土地面积（平方公里）	户籍人口（人）	全部企业及个体户数（个）	#工业企业	资产总额（万元）	负债总额（万元）	资产负债率（%）	村组两级经营纯收入（万元）
拔蛟窝社区	1.3	2328	268	86	20028	826	4.1	977
黄粘洲社区	0.3	828	45	26	3471	845	24.3	227
蚬涌社区	2.0	2201	265	126	3730	672	18.0	1704
谷涌社区	2.0	3347	175	28	22734	1586	7.0	2699
小享社区	3.8	5337	240	149	19146	904	4.7	1865
滘联社区	2.7	3607	326	44	10533	7726	73.4	455
金泰社区	1.4	2260	126	36	5626	1550	27.6	1445
曲海社区	1.2	1638	35	2	16311	666	4.1	811
牌楼基社区	1.6	1690	292	49	19534	624	3.2	1268
大莲塘社区	0.8	1060	79	45	9243	644	7.0	953
水蛇涌社区	1.5	2449	142	49	14477	1468	10.1	464
共联社区	1.3	2185	167	75	6938	556	8.0	1452
新谷涌社区	1.4	2310	90	49	11607	1170	10.1	1333
坝头社区	1.4	1658	21	15	15537	5915	38.1	1692
胜利社区	0.9	1026	36	30	5162	2288	44.3	1005
官桥滘社区	1.4	1825	160	63	13373	3346	25.0	1068
简沙洲社区	1.6	1790	146	137	3217	4772	148.3	1066
新和社区	3.7	2919	230	148	13174	1081	8.2	2626
上甲社区	1.4	2557	102	86	9531	3058	32.1	304
严屋社区	1.0	1181	45	37	5170	1258	24.3	505
大汾社区	2.6	3565	282	82	17864	1445	8.1	1991
新村社区	5.8	8542	462	202	15587	2761	17.7	1904
流涌尾社区	2.5	2493	110	61	5273	1333	25.3	1151
新城社区		16212	2750	34	308	222	72.1	72
南　城								
鸿福社区		27530	2430	10				
元美社区	0.4	2771	1257	2	10667	1908	17.9	705
胜和社区	4.4	7017	4823	1	38297	3051	8.0	10500
亨美社区	0.5	2168	330	19	30743	3915	12.7	3185
三元里社区	0.2	1213	81	6	30694	2044	6.7	3219
篁村社区	1.0	3173	453	13	30300	2869	9.5	2288
新基社区	2.0	3012	1594	10	101885	1818	1.8	4952
周溪社区	5.0	4255	438	13	48688	1789	3.7	5342
袁屋边社区	2.1	2203	750	3	118055	551	0.5	6070
白马社区	4.0	3562	2625	39	39521	2208	5.6	3784
石鼓社区	2.6	1916	228	22	38692	2851	7.4	3684
蛤地社区	8.0	3001	101	18	27376	3885	14.2	2667
西平社区	3.9	3377	658	2	40378	13392	33.2	3416
水濂社区	6.0	2233	158	30	20574	9023	43.9	2163
雅园社区	1.8	1381	267	72	31254	1312	4.2	1263
新城社区	2.2	4121	2487					
宏远社区	1.2	15616	1488	1				
宏图社区		14599	809					

15 续表 3

(2017年)

村（居）委会	土地面积（平方公里）	户籍人口（人）	全部企业及个体户数（个）	#工业企业	资产总额（万元）	负债总额（万元）	资产负债率（%）	村组两级经营纯收入（万元）
中　　堂								
中心社区	0.7	10072	1756	37	2091	2075	99.2	
斗朗社区	2.5	2812	1128	75	7991	1841	23.0	1305
红锋社区	0.1	816	26	6	2002	874	43.7	197
东泊社区	2.9	3973	1001	286	17483	2279	13.0	1299
江南社区	2.1	2704	1680	578	14113	538	3.8	1167
潢 涌 村	9.3	10469	1304	186	481064	13930	2.9	50599
三 涌 村	4.0	4088	738	129	9285	3913	42.1	1485
湛 翠 村	1.8	2552	283	93	10400	6565	63.1	356
袁家涌村	4.0	5947	773	204	9675	1913	19.8	1115
吴家涌村	3.4	2910	595	132	8097	1738	21.5	900
凤 冲 村	1.3	1725	153	59	3939	1705	43.3	177
鹤 田 村	2.2	2373	600	166	3519	1291	36.7	582
中 堂 村	1.1	2114	283	59	3488	704	20.2	798
一 村 村	0.7	1996	690	32	11098	2791	25.2	1648
东 向 村	2.4	3473	607	158	4208	717	17.0	825
蕉 利 村	4.6	5287	804	245	6046	1217	20.1	1553
槎 滘 村	9.4	11030	876	206	46347	11020	23.8	2971
下 芦 村	1.3	1278	91	42	4402	1384	31.4	334
马 沥 村	1.9	2094	100	38	11963	1210	10.1	665
四 乡 村	4.2	3490	140	22	6144	2471	40.2	416
望 牛 墩								
望牛墩社区		4890			33			
李 屋 村	0.6	702	58	26	7287	2473	33.9	243
望 东 村	1.4	2192	186	19	4414	1356	30.7	547
扶 涌 村	0.6	986	52	11	3561	1611	45.2	239
赤 滘 村	1.9	3230	48	38	15224	2390	15.7	1145
五 涌 村	1.4	1584	48	48	4483	1236	27.6	237
下 漕 村	3.5	4648	91	39	9102	3764	41.0	618
上 合 村	1.9	3189	63	35	6799	2579	37.9	624
聚龙江村	0.7	1050	141	35	7577	1107	14.6	553
望 联 村	2.8	5368	448	18	8831	1765	20.0	691
洲 湾 村	1.6	2016	33	12	5192	2370	45.6	176
洲 涡 村	1.9	2748	42	22	6998	1982	28.3	300
寮 厦 村	1.4	1490	36	22	4619	1869	40.5	418
官桥涌村	0.7	1016	12	10	3598	425	11.8	342
芙蓉沙村	0.8	1080	24	17	4144	1636	39.5	324
杜 屋 村	1.8	2566	68	34	9366	1968	21.0	370
横 沥 村	1.8	2368	43	11	6331	2083	32.9	232
福 安 村	0.6	1144	36	6	4631	829	17.9	281
官 洲 村	1.0	1093	30	12	3993	1402	35.1	283
石 排 村	0.4	675	14	7	2463	1006	40.8	223
朱平沙村	2.7	3569	80	17	15947	3032	19.0	312
锦 涡 村	2.2	1613	35	8	8102	1434	17.7	255

15　续表 4

(2017年)

村（居）委会	土地面积（平方公里）	户籍人口（人）	全部企业及个体户数（个）	#工业企业	资产总额（万元）	负债总额（万元）	资产负债率（%）	村组两级经营纯收入（万元）
麻涌								
麻涌社区		7261						
麻二社区	6.7	3823	272	16	16048	6493	40.5	705
麻一村	4.0	4460	545	40	18637	7798	41.8	810
麻三村	3.6	4106	3102	230	27041	3066	11.3	1012
麻四村	4.4	5208	433	37	23555	3524	15.0	944
大步村	10.6	7819	1537	81	67477	2264	3.4	1588
东太村	4.8	4791	867	30	13108	2499	19.1	1044
新基村	4.4	6062	705	53	18135	1377	7.6	1475
川槎村	2.9	4236	483	90	722	609	84.3	1204
鸥涌村	2.8	4182	491	26	873	424	48.6	1284
黎滘村	1.3	1446	171	25	3693	900	24.4	646
华阳村	5.4	5683	639	27	19934	4948	24.8	986
南洲村	3.3	3078	351	26	9502	1004	10.6	254
大盛村	6.8	3247	1182	55	29117	4741	16.3	2060
漳澎村	25.7	13938	1025	85	73546	32913	44.8	3099
石碣								
城中社区		10160	2956	137	6972	6814	97.7	336
唐洪村	1.0	1846	681	47	14491	3896	26.9	1428
水南村	2.8	3798	1688	155	18863	3625	19.2	5597
石碣村	4.6	5635	1703	209	14825	3115	21.0	8017
刘屋村	4.9	4872	785	132	9750	3043	31.2	3617
横滘村	1.6	2114	1072	115	13673	4226	30.9	3552
鹤田厦村	2.5	2021	401	37	10850	2583	23.8	1607
四甲村	4.0	4926	872	130	18167	1964	10.8	6170
沙腰村	4.0	3796	599	86	18137	1625	8.9	2410
梁家村	2.0	2617	152	60	20303	1358	6.7	1329
桔洲村	1.2	1554	445	76	43884	1730	3.9	3822
单屋村	2.3	1360	225	108	18620	3877	20.8	1148
涌口村	1.6	1863	1216	106	15622	4277	27.4	1264
西南村	2.6	2062	1109	95	58508	4151	7.1	6285
黄泗围村	1.2	735	483	59	13164	830	6.3	1433
高埗								
新创社区		2829						
冼沙村	7.2	8043	1782	152	12680	10962	86.5	3331
卢溪村	1.6	1814	244	70	5457	701	12.8	721
宝莲村	0.9	1088	43	33	2542	591	23.2	111
塘厦村	2.7	2064	286	29	2927	801	27.4	1070
草墩村	0.8	854	43	30	3715	673	18.1	541
护安围村	1.5	1211	125	69	6334	684	10.8	542

15　续表 5

(2017年)

村（居）委会	土地面积（平方公里）	户籍人口（人）	全部企业及个体户数（个）	#工业企业	资产总额（万元）	负债总额（万元）	资产负债率（%）	村组两级经营纯收入（万元）
保安围村	2.8	2559	199	107	18324	15988	87.3	686
三联村	1.1	1418	28	5	4933	2312	46.9	453
横滘头村	0.9	1149	75	36	4540	472	10.4	526
低涌村	2.4	3020	330	28	6074	1913	31.5	1505
朱磡村	1.0	1612	35	30	2495	409	16.4	334
欧邓村	0.7	970	122	20	3058	1600	52.3	272
芦村村	1.4	1808	76	38	4568	677	14.8	256
高埗村	3.4	3552	1132	48	6934	2435	35.1	3841
凌屋村	1.4	1333	82	8	4724	1782	37.7	506
上江城村	2.5	2402	90	18	10353	4785	46.2	1115
下江城村	1.5	1647	130	70	6350	2705	42.6	2105
新联村	0.9	1796	286	27	1520	947	62.3	1231
道滘								
兴隆社区		13123			579	452	78.1	
南城村	5.8	4507	773	73	15844	2212	14.0	2559
闸口村	4.5	2932	487	17	12439	1434	11.5	1470
北永村	4.8	3906	396	113	8189	2087	25.5	1561
永庆村	2.3	1739	120	88	8879	842	9.5	1068
厚德村	3.4	2612	230	35	12477	844	6.8	629
蔡白村	6.5	5054	370	58	22678	6088	26.8	1008
南丫村	6.1	4421	490	152	9979	1985	19.9	3022
九曲村	4.0	3266	168	53	10475	3005	28.7	883
大罗沙村	3.8	3121	96	36	9012	922	10.2	800
小河村	4.8	6016	189	75	7115	1899	26.7	1852
昌平村	3.0	3729	168	48	4916	1532	31.2	1393
大岭丫村	3.5	3870	405	145	16039	3562	22.2	3049
大鱼沙村	1.8	1804	205	32	6478	629	9.7	596
洪梅								
洪梅社区	1.4	1329	509	3				
洪屋涡村	14.1	7412	329	21	25508	3196	12.5	1136
新庄村	1.7	945	68	9	4463	1239	27.8	406
梅沙村	4.7	4393	128	13	10694	3170	29.6	513
金鳌沙村	1.7	1389	45	13	6151	1643	26.7	550
乌沙村	3.9	2379	48	26	13309	1460	11.0	346
尧均村	1.0	652	78	22	4316	1147	26.6	184
夏汇村	0.9	810	10	6	2902	1097	37.8	250
氹涌村	2.1	2148	95	9	8731	2703	31.0	285
黎洲角村	1.6	3003	505	11	15277	2041	13.4	584
沙田								
横流社区	0.4	4006	1738	141	6285	398	6.3	516
滨港社区		2732						

15 续表 6

（2017年）

村（居）委会	土地面积（平方公里）	户籍人口（人）	全部企业及个体户数（个）		资产总额（万元）	负债总额（万元）	资产负债率（%）	村组两级经营纯收入（万元）
				#工业企业				
中围村	2.9	1925	31	4	21343	2484	11.6	1396
和安村	2.7	3458	23	4	16921	5443	32.2	1365
大流村	2.2	2228	53	5	16232	6650	41.0	1196
泥洲村	5.1	4187	38	5	19277	8880	46.1	910
杨公洲村	3.2	2090	1026	338	10523	3124	29.7	1519
阇西村	2.5	2393	1361	177	35207	7543	21.4	2174
民田村	3.0	2850	1342	333	16490	5449	33.0	1359
大泥村	2.5	1987	1600	703	12153	2550	21.0	867
福禄沙村	3.4	2101	409	92	8547	1951	22.8	1346
西大坦村	2.5	2302	108	12	10458	3833	36.6	457
穗丰年村	4.2	2976	602	207	24687	5458	22.1	1793
齐沙村	2.3	2166	878	255	14347	2259	15.7	1887
稔洲村	3.3	2633	1912	685	22108	13331	60.3	1680
义沙村	3.5	2024	571	206	10982	1836	16.7	565
西太隆村	3.7	2169	1051	463	9263	4372	47.2	1242
先锋村	0.3	2131	90	18	8885	2807	31.6	401
厚街								
竹溪社区		11689	189		4625	250	5.4	41
厚街社区	5.7	9424	5923	1048	39204	12474	31.8	3641
珊美社区	2.0	2641	5624	306	9776	889	9.1	2458
寮厦社区	3.4	2738	3975	446	35613	2168	6.1	4925
河田社区	10.1	6667	4667	807	59108	10739	18.2	6286
汀山社区	4.7	2060	2061	727	38203	2128	5.6	1794
环冈社区	5.0	2228	711	177	18815	2340	12.4	1404
三屯社区	3.5	2883	2465	545	94456	6486	6.9	7736
宝屯社区	3.1	2748	2748	768	18820	7849	41.7	3982
陈屋社区	2.5	1575	1486	292	34818	2194	6.3	3587
赤岭社区	6.2	3915	2496	735	65400	21288	32.6	6245
桥头社区	11.7	8487	3449	869	42676	7171	16.8	5321
南五社区	1.2	1719	1278	320	16758	3823	22.8	1107
溪头社区	4.5	4103	1599	394	50139	3683	7.3	9425
沙塘社区	1.4	2136	399	150	15928	1801	11.3	1972
宝塘社区	1.7	1664	734	202	22012	1088	4.9	2164
下汴社区	6.0	1834	1249	433	22704	499	2.2	1882
白濠社区	5.5	5655	2554	1004	50747	5127	10.1	5783
新塘社区	4.4	6019	3213	610	51358	24342	47.4	5425
双岗社区	4.5	7152	1916	562	23760	5318	22.4	2935
涌口社区	3.7	5692	1923	492	53810	2704	5.0	4203
大迳社区	13.2	3805	437	149	13592	3671	27.0	915
新围社区	17.6	4716	524	189	20037	3275	16.3	725
湖景社区		6906						
长安								
长盛社区	0.9	20200	5321	6	11205	2937	26.2	

15 续表 7

(2017年)

村(居)委会	土地面积(平方公里)	户籍人口(人)	全部企业及个体户数(个)	#工业企业	资产总额(万元)	负债总额(万元)	资产负债率(%)	村组两级经营纯收入(万元)
涌头社区	3.9	1851	890	186	30630	11167	36.5	6500
霄边社区	8.1	3658	3180	74	156255	11088	7.1	9951
咸西社区	4.0	1453	1235	147	85069	27468	32.3	4062
锦厦社区	8.1	4641	3877	290	165705	42662	25.7	25754
新安社区	10.4	3715	3092	331	58654	7681	13.1	12191
乌沙社区	9.2	4200	5559	777	64512	10533	16.3	33591
新民社区	2.6	1046	1165	183	41075	20228	49.2	4382
沙头社区	11.1	6677	1162	250	110034	17996	16.4	14986
上沙社区	5.8	3069	2202	256	67013	3920	5.8	11174
厦岗社区	7.8	3436	2552	561	56824	3379	5.9	6681
厦边社区	5.0	2656	2450	631	26180	5473	20.9	6676
上角社区	3.3	1447	1087	210	54182	8903	16.4	8341
寮　步								
寮步社区	1.7	8609	1500	18	7012	1068	15.2	496
塘边社区	0.7	1772	250	30	4090	5358	131.0	2499
岭厦社区	0.9	1078	250	105	19235	718	3.7	2380
新旧围社区	1.4	1060	261	203	8441	887	10.5	902
横坑社区	5.9	5301	1555	110	117587	9517	8.1	10294
牛杨社区	1.2	1715	282	90	27098	10174	37.5	2406
泉塘社区	2.3	1657	58	27	10345	4410	42.6	1473
坑口社区	1.6	1289	680	50	9202	1141	12.4	1103
缪边社区	1.6	1323	162	35	17244	6468	37.5	1617
良平社区		16148	1205					
西溪村	4.5	4898	930	320	21308	8922	41.9	2531
凫山村	4.0	6597	650	110	12829	1349	10.5	6239
石步村	2.3	4850	410	105	20362	1996	9.8	2906
良边村	2.7	3334	334	215	6221	932	15.0	2582
富竹山村	3.5	2149	296	21	14386	1776	12.3	2522
塘唇村	3.4	2485	428	91	22378	1308	5.8	3478
向西村	2.9	2732	479	85	11755	5703	48.5	905
下岭贝村	1.8	1697	217	41	15340	1808	11.8	2937
霞边村	1.3	970	95	20	10088	726	7.2	890
竹园村	1.5	940	144	44	7665	2657	34.7	518
上屯村	4.5	3566	415	45	21859	3137	14.4	2892
石龙坑村	1.9	3809	425	210	10153	582	5.7	2718
浮竹山村	3.4	1679	161	42	14988	1729	11.5	1915
上底村	2.0	1577	125	22	6137	3165	51.6	47
刘屋巷村	1.6	624	55	29	5069	834	16.5	440
药勒村	2.4	1225	158	48	24752	1501	6.1	1837
陈家埔村	1.6	1021	180	23	11274	2919	25.9	1287

15　续表 8

(2017年)

村（居）委会	土地面积(平方公里)	户籍人口(人)	全部企业及个体户数(个)	#工业企业	资产总额(万元)	负债总额(万元)	资产负债率(%)	村组两级经营纯收入(万元)
小坑村	1.5	882	53	16	11096	722	6.5	859
长坑村	1.5	1046	27	19	10309	589	5.7	1203
井巷村	1.1	1019	51	45	8169	962	11.8	882
大岭山								
大岭山社区	10.0	7880	1930	53	1117	470	42.1	420
农场社区	1.0	826	445	15	13109	801	6.1	3365
马蹄岗村	0.8	2361	260	130	11943	3362	28.2	1773
大塘朗村	3.0	1751	135	61	9263	3454	37.3	811
新塘村	2.0	2444	289	86	16381	2250	13.7	3358
元岭村	0.3	1068	116	3	15863	912	5.7	641
金桔村	4.3	4023	533	60	26183	2834	10.8	2295
鸡翅岭村	4.5	1439	205	22	10415	2190	21.0	884
大沙村	3.0	2076	288	265	11406	1794	15.7	2707
旧飞鹅村	3.1	510	21	14	5674	210	3.7	599
连平村	7.2	3346	312	97	9059	820	9.1	3782
梅林村	1.5	603	142	69	3686	363	9.8	1339
下高田村	0.5	505	62	40	3845	655	17.0	318
大环村	2.0	671	85	47	8983	1262	14.0	535
太公岭村	2.2	1872	256	70	5178	378	7.3	1535
百花洞村	4.8	1425	280	63	12762	3568	28.0	1013
大片美村	2.6	1094	408	25	6365	363	5.7	1299
矮岭冚村	5.5	4116	1190	196	16353	5884	36.0	5003
大岭村	7.0	2606	145	90	7467	987	13.2	1193
水朗村	4.5	1612	75	45	45555	4531	9.9	2212
大塘村	8.5	3630	490	260	15378	2186	14.2	1682
杨屋村	12.0	5440	920	416	14516	1283	8.8	4708
颜屋村	3.0	849	468	121	6725	1122	16.7	742
大朗								
大朗社区	0.3	6889	1518	286	4205	956	22.7	373
竹山社区	1.3	1741	514	111	14903	1101	7.4	668
巷头社区	3.5	4895	7275	450	162083	15411	9.5	10153
巷尾社区	1.6	2112	1898	231	56840	17791	31.3	4877
求富路社区	1.4	1603	1108	122	46524	1921	4.1	2348
长塘社区	2.7	5349	2869	220	118636	9233	7.8	6535
大井头社区	4.1	6280	3644	344	105180	30146	28.7	7913
圣堂社区	0.9	1797	2210	49	31430	2473	7.9	2284
黄草朗社区	1.5	2667	1420	316	19705	7572	38.4	841
佛新社区	0.6	974	416	81	16708	1484	8.9	779
屏山社区	2.3	578	152	46	6656	937	14.1	280
长富社区	1.5	5311	628	20				
高英村	1.7	1932	708	160	20700	4283	20.6	1086

15 续表 9

(2017年)

村（居）委会	土地面积(平方公里)	户籍人口(人)	全部企业及个体户数(个)	#工业企业	资产总额(万元)	负债总额(万元)	资产负债率(%)	村组两级经营纯收入(万元)
蔡边村	6.1	4576	2582	409	47092	6875	14.6	1650
水口村	3.3	3165	1525	342	37620	12081	32.1	2209
洋乌村	2.1	1816	915	270	17378	1723	9.9	1677
洋坑塘村	1.1	1208	899	207	13655	4160	30.5	962
松柏朗村	2.5	4792	1292	131	39102	1658	4.2	1061
黎贝岭村	1.9	2458	1563	197	21468	2411	11.2	1623
佛子凹村	1.1	2680	656	71	12795	2399	18.7	1210
松木山村	2.7	2879	1349	349	24818	4713	18.9	2293
犀牛陂村	8.0	3734	2165	572	19339	1799	9.3	2983
水平村	7.9	2089	1009	191	24497	3464	14.1	1692
宝陂村	0.5	782	93	18	15430	6104	39.5	687
石厦村	8.0	3251	1402	284	20629	1985	9.6	1300
杨涌村	1.5	1484	780	138	10415	2187	21.0	462
沙步村	3.1	2446	1526	325	1411	1202	85.2	988
新马莲村	6.6	1710	1176	243	4718	2271	48.1	1189
黄江								
新市社区	1.6	10377	798		1710	464	27.1	181
三新社区	16.2	3244	583	82	22438	2368	10.6	1921
田美社区	15.9	5058	1788	427	36265	3326	9.2	5916
北岸社区	5.9	1777	859	188	13914	1290	9.3	2310
长龙社区	18.0	2749	290	73	12432	2844	22.9	1587
梅塘社区	25.6	5604	1353	409	52159	8641	16.6	4738
宝山社区	4.1	3148	652	133	54540	3731	6.8	4021
樟木头								
圩镇社区	4.3	15376	2900	339	22114	10704	48.4	122
樟罗社区	6.8	3837	2987	78	29832	4072	13.6	3057
百果洞社区	2.4	1046	1125	32	12399	3156	25.4	513
樟洋社区	13.5	2675	1963	58	23045	6054	26.3	1701
石新社区	7.3	2578	1921	453	43705	18777	42.9	4355
柏地社区	6.6	1431	957	106	15157	6866	45.3	905
官仓社区	3.2	307	266	40	7047	2051	29.1	416
裕丰社区	10.0	2234	628	83	10417	3692	35.4	798
金河社区	14.0	1869	807	192	11622	3409	29.3	788
樟新社区								
清溪								
清溪社区	7.0	10523	3055	71	5638	2468	43.8	1634
罗马村	7.0	1979	1132	55	4790	3280	68.5	2048
长山头村	4.3	1263	81	22	14025	2974	21.2	1757
荔横村	3.4	1616	512	58	6731	4437	65.9	4337
浮岗村	3.0	2015	250	48	13133	3778	28.8	2376
松岗村	3.9	1303	324	65	2283	888	38.9	1162
上元村	4.3	1017	464	60	6018	1951	32.4	1258

15 续表 10

(2017年)

村（居）委会	土地面积（平方公里）	户籍人口（人）	全部企业及个体户数（个）	#工业企业	资产总额（万元）	负债总额（万元）	资产负债率（%）	村组两级经营纯收入（万元）
重河村	8.4	2837	350	40	10729	1059	9.8	4970
清厦村	2.3	1674	1470	32	4936	1843	37.3	2113
铁松村	5.6	2670	201	85	11133	2925	26.3	2506
铁场村	7.4	854	36	6	8064	4329	53.7	805
九乡村	7.5	1758	200	61	8435	5487	65.1	1894
大埔村	1.8	766	80	8	3573	1747	48.9	574
大利村	9.6	2768	478	60	16380	3945	24.1	4461
渔樑围村	2.5	1228	365	80	11717	2625	22.4	2849
三星村	2.5	1123	120	30	2396	938	39.2	1230
厦垠村	1.7	940	380	60	8140	6801	83.6	810
土桥村	1.2	638	250	40	8956	4497	50.2	1956
谢坑村	3.2	815	95	52	8045	1611	20.0	1211
三中村	9.0	1875	672	136	17004	6928	40.7	3354
青皇村	6.5	1200	435	172	3202	516	16.1	1695
塘厦								
塘厦社区	0.9	3716	2073	320	5310	894	16.8	1343
三局社区		2775						
林村社区	21.0	6247	2150	270	117971	12359	10.5	17640
莲湖社区	9.0	2398	715	140	19586	3888	19.9	4021
石潭埔社区	6.8	1771	200	66	45136	1945	4.3	3801
横塘社区	4.0	1235	330	116	15040	1700	11.3	2314
莆心湖社区	6.1	2325	208	78	41170	2045	5.0	4153
诸佛岭社区	2.4	1251	318	61	33902	4793	14.1	4171
振兴围社区	2.4	1070	320	50	19705	969	4.9	2027
四村社区	4.0	1245	1001	39	27805	4742	17.1	3052
蛟乙塘社区	4.9	1572	321	140	31440	3698	11.8	2769
大坪社区	13.0	1552	98	98	82230	30772	37.4	2277
田心社区	4.5	984	106	94	18668	1880	10.1	2494
龙背岭社区	8.2	1097	255	168	15368	2549	16.6	1185
石鼓社区	6.4	2845	1600	300	38246	3198	8.4	4936
平山社区	4.8	867	158	167	26603	2992	11.2	2360
桥陇社区	2.8	1168	172	75	13744	2698	19.6	1779
凤凰岗社区	3.5	1465	388	80	22016	2841	12.9	3030
沙湖社区	4.6	649	250	165	14857	941	6.3	1665
石马社区	2.7	545	200	63	7451	1233	16.5	704
清湖头社区	4.1	1601	205	156	25864	2004	7.7	4675
塘新社区		23020						
凤岗								
凤岗社区	1.1	11274	766	11				1185
雁田村	21.8	4020	2886	272	343657	51239	14.9	28829
官井头村	10.4	2130	1562	207	213537	6407	3.0	9707
油甘埔村	6.9	2160	473	456	46730	8281	17.7	9452

15 续表 11

(2017年)

村（居）委会	土地面积（平方公里）	户籍人口（人）	全部企业及个体户数（个）	#工业企业	资产总额（万元）	负债总额（万元）	资产负债率（%）	村组两级经营纯收入（万元）
凤德岭村	3.4	1309	924	340	17839	3796	21.3	3680
塘沥村	6.7	2019	321	90	17074	4225	24.7	5428
黄洞村	11.7	2310	308	202	16262	2961	18.2	3225
竹塘村	5.7	1329	512	258	8509	2375	27.9	4023
竹尾田村	1.5	760	209	60	9918	573	5.8	1158
三联村	3.4	1561	1480	42	5998	439	7.3	3769
五联村	5.6	1424	512	228	18776	6872	36.6	3146
天堂围村	4.2	1182	442	89	24447	2310	9.4	2339
谢岗								
泰园社区	0.8	3184	1362	110	1491	1532	102.8	85
黎村村	12.8	4157	215	85	29212	5450	18.7	3582
南面村	31.6	1668	58	20	7507	1885	25.1	469
窑山村	1.0	547	112	37	3743	556	14.9	342
大龙村	5.9	1117	73	52	3833	1207	31.5	819
大厚村	6.3	1168	180	40	22936	2415	10.5	2297
谢山村	3.9	703	286	35	15916	375	2.4	1109
谢岗村	10.4	3294	158	81	20747	1534	7.4	2641
赵林村	7.1	1869	143	81	19672	1936	9.8	1638
曹乐村	7.1	2458	486	136	8538	1842	21.6	1186
五星村	1.8	1456	120	22	3946	1306	33.1	575
稔子园村	2.4	736	82	45	25663	3600	14.0	1221
常平								
常平社区	0.7	24353	1437		1263	716	57.9	
新民社区								
下墟村	0.4	907	123	33	25013	4612	18.4	2775
岗梓村	2.7	2760	100	70	8454	3399	40.2	1506
桥梓村	2.0	2555	336	164	20392	2008	9.8	2522
塘角村	1.1	1032	170	104	9313	1373	14.7	1017
苏坑村	4.0	3932	948	283	7054	1031	14.6	2352
袁山贝村	5.0	3861	450	295	20878	5655	27.1	2623
金美村	3.0	2781	2523	787	34490	3349	9.7	4790
还珠沥村	5.5	2944	565	120	12184	5009	41.1	2105
朗贝村	3.3	2201	282	77	9399	2379	25.3	2558
板石村	3.1	2157	665	40	3816	880	23.1	2203
桥沥村	9.8	3792	507	279	11439	1140	10.0	3372
卢屋村	3.0	959	165	165	4878	1535	31.5	535
土塘村	8.7	3043	1548	170	20928	2101	10.0	2180
麦元村	2.4	1157	690	27	13183	1548	11.7	1080
九江水村	9.0	1543	248	64	27385	1859	6.8	1534
朗洲村	4.1	654	108	25	5659	898	15.9	465
陈屋贝村	2.2	1169	150	35	12893	948	7.4	780

15 续表 12

(2017年)

村（居）委会	土地面积（平方公里）	户籍人口（人）	全部企业及个体户数（个）	#工业企业	资产总额（万元）	负债总额（万元）	资产负债率（%）	村组两级经营纯收入（万元）
司马村	8.1	2942	619	84	22186	4313	19.4	2542
霞坑村	1.6	766	221	25	8486	378	4.5	506
溅旧村	1.9	1162	424	50	9047	1115	12.3	1518
溅新村	2.4	1336	403	93	11275	1715	15.2	1274
黄泥塘村	1.0	928	98	50	4011	1720	42.9	138
元江元村	2.1	1588	220	98	6898	765	11.1	1026
横江厦村	5.0	2914	1365	85	15319	11900	77.7	855
田尾村	2.1	1592	120	48	5048	2528	50.1	359.8
白花沥村	1.1	723	26	23	3364	821	24.4	127
沙湖口村	1.3	1042	91	18	3765	2090	55.5	318
白石岗村	5.0	3937	102	89	5831	3708	63.6	1484
松柏塘村	3.8	2482	139	40	8172	3900	47.7	613
上坑村	1.3	1004	103	27	8864	1621	18.3	785
木棆村	3.5	2459	1200	42	34904	3974	11.4	5290
桥头								
莲城社区	14.6	11022						
桥头社区	1.0	1511	297	31	28817	1701	5.9	3575
迳联社区	1.5	1939	120	58	22059	1362	6.2	1955
田新社区	2.2	2349	275	181	18559	2006	10.8	1948
岭头社区	1.3	1240	435	68	15223	354	2.3	1329
大洲社区	4.6	3434	195	65	15898	1607	10.1	1718
东江村	4.8	2571	195	42	9313	3082	33.1	778
山和村	2.5	1040	118	37	8761	2056	23.5	664
屋厦村	2.0	742	85	35	5518	549	9.9	733
岗头村	0.6	530	48	38	4217	645	15.3	602
李屋村	2.3	1686	74	38	15133	3027	20.0	833
邓屋村	2.7	2045	49	36	23378	1681	7.2	2268
朗厦村	4.1	1733	78	78	21681	2801	12.9	1802
邵岗头村	1.3	938	50	35	5063	991	19.6	755
石水口村	7.8	4810	436	165	33998	4215	12.4	3688
禾坑村	1.5	1044	88	37	7610	522	6.9	952
田头角村	1.2	811	102	53	7078	540	7.6	966
横沥								
恒泉社区	0.2	8376	2318	14	1882	834	44.3	112
石涌村	3.7	1953	2277	110	15510	1757	11.3	1558
隔坑村	2.2	2937	1615	68	15871	4619	29.1	2877
半仙山村	2.2	1848	1344	47	15258	1897	12.4	1257
横沥村	4.6	3286	1537	44	14756	7795	52.8	1760
田头村	4.1	2741	1883	56	15694	2695	17.2	2035
田坑村	4.8	3066	2032	90	7422	2883	38.8	1913
村头村	3.5	2496	1152	50	14393	3324	23.1	918
长巷村	2.1	1790	150	13	6745	1491	22.1	273

15 续表 13

(2017年)

村（居）委会	土地面积（平方公里）	户籍人口（人）	全部企业及个体户数（个）	#工业企业	资产总额（万元）	负债总额（万元）	资产负债率（%）	村组两级经营纯收入（万元）
田饶步村	2.8	1940	546	85	14980	6707	44.8	150
六甲村	1.4	1185	321	65	8244	3121	37.9	427
村尾村	2.7	1630	987	46	15235	4037	26.5	570
水边村	4.0	3069	527	51	8723	2809	32.2	581
新四村	2.9	2227	626	120	1488	756	50.8	1561
山厦村	2.3	1146	1236	66	13532	851	6.3	835
月塘村	0.5	1184	241	35	12599	1210	9.6	540
张坑村	1.0	658	71	22	7012	1272	18.1	558
东坑								
草塘社区	0.1	2526	316	61	145	9	6.2	
骏达社区	0.1	924	111	22	166	14	8.4	
东坑村	2.0	3236	2038	397	30244	5947	19.7	3318
黄麻岭村	0.8	1144	427	83	8708	2759	31.7	310
长安塘村	1.3	1934	591	115	15021	4539	30.2	1337
寮边头村	0.8	1693	537	104	10751	784	7.3	983
塔岗村	2.1	1855	547	107	15068	2094	13.9	915
坑美村	2.2	2077	559	109	12012	1516	12.6	1078
新门楼村	2.1	1782	677	132	13846	4573	33.0	749
井美村	1.9	2617	1228	239	20646	2395	11.6	1985
初坑村	2.8	2683	1386	271	3513	700	19.9	3034
凤大村	0.3	774	225	43	6858	1862	27.2	485
丁屋村	1.1	1143	272	53	5477	1604	29.3	707
彭屋村	2.1	2074	420	81	7273	1291	17.8	1461
黄屋村	2.0	2160	1869	366	14442	2649	18.3	1354
角社村	2.4	3582	789	182	27820	2043	7.3	1512
企石								
宝石社区	0.9	5836	736	62	233	82	35.2	-2
铁岗村	5.7	2649	117	41	14080	4849	34.4	714.3
深巷村	4.1	2440	225	78	7309	2252	30.8	427
湖美村	1.0	816	30	21	5759	2341	40.7	205
博厦村	6.9	3884	98	34	12275	1867	15.2	327
上洞村	5.1	2940	56	32	7713	1606	20.8	216
清湖村	4.4	2151	108	48	7856	2486	31.6	373
江边村	4.9	3189	70	23	7024	1637	23.3	295
旧围村	3.8	2089	92	38	6641	1651	24.9	369
东平村	1.6	765	216	52	5469	4046	74.0	405
上截村	0.9	1274	78	56	6824	5620	82.3	224
下截村	1.2	1552	32	22	6884	1885	27.4	846
东山村	6.0	4579	769	129	35136	9089	25.9	3031
铁炉坑村	3.4	3504	295	41	23966	1093	4.6	685
企石村	1.5	1605	41	19	6775	2141	31.6	408
杨屋村	0.8	698	51	20	4894	2772	56.6	165
莫屋村	1.0	1375	45	30	7997	3037	38.0	268

15　续表 14

(2017年)

村（居）委会	土地面积(平方公里)	户籍人口(人)	全部企业及个体户数(个)	#工业企业	资产总额(万元)	负债总额(万元)	资产负债率(%)	村组两级经营纯收入(万元)
霞朗村	1.0	980	330	59	12699	883	7.0	1713
新南村	2.8	2237	360	43	10096	2783	27.6	893
南坑村	1.4	1304	75	43	10514	2902	27.6	306
石　排								
太和社区		3692			2117	441	20.8	170.3
石排村	2.4	3772	955	29	3684	505	13.7	2053
下沙村	2.2	2672	508	145	5762	1610	27.9	2607
庙边王村	2.0	2527	688	223	6077	2116	34.8	2055
福隆村	3.7	6198	1146	251	16388	7031	42.9	1859
沙角村	3.4	2708	150	37	4052	861	21.2	620
黄家壆村	2.4	2000	145	30	8802	1172	13.3	945
赤坎村	3.2	1472	163	98	9122	2520	27.6	614
向西村	2.0	1247	481	65	6700	699	10.4	945
水贝村	3.5	3433	368	75	6604	937	14.2	1554
田寮村	3.3	2063	185	56	6919	1884	27.2	653.2
横山村	3.8	2159	178	40	3076	1104	35.9	1657
谷吓村	2.0	2000	177	105	8075	3183	39.4	1767
埔心村	2.2	1683	900	140	12034	553	4.6	2906
塘尾村	0.9	1107	240	52	10244	1431	14.0	473
李家坊村	0.9	974	201	55	6197	981	15.8	541
田边村	4.2	2200	203	75	4658	1090	23.4	1185
中坑村	3.2	2424	283	42	15837	2542	16.1	929
燕窝村	3.6	1830	387	107	8814	1200	13.6	1257
茶　山								
茶山圩社区	0.3	6614	802	25				
茶溪社区		1735						
上元村	5.1	3318	700	100	3003	928	30.9	1609
茶山村	2.3	1839	605	49	11261	2933	26.0	1608
下朗村	1.8	1503	245	34	19061	2708	14.2	1993
横江村	4.3	3381	435	221	15636	2261	14.5	1852
卢边村	3.6	2930	352	115	11613	2767	23.8	1023
寒溪水村	1.3	1032	108	47	5051	2347	46.5	763
增埗村	6.3	7653	708	355	8916	3640	40.8	5835
南社村	4.1	3762	480	230	32815	3030	9.2	1814
塘角村	2.8	3199	400	150	16124	758	4.7	4216
京山村	4.2	2618	380	58	16642	3581	21.5	2996
博头村	0.9	707	126	39	4561	562	12.3	342
冲美村	0.7	824	95	39	8546	1087	12.7	721
粟边村	2.2	2110	215	78	8570	652	7.6	993
刘黄村	1.5	1029	170	62	6716	1924	28.6	658
孙屋村	0.8	724	58	30	2519	898	35.6	173
超朗村	3.3	3008	190	78	26955	4992	18.5	1890

十六、历年国民经济和社会发展主要指标

Main Indicators of National Economy and Social Development over Years

16 历年国民经济和社会发展主要指标

Main Indicators of National Economy and Social Development over Years

年份	户籍人口(万人)	常住人口(万人)	年末城镇常住人口比例(%)	外来暂住人口(万人)	户籍人口自然增长率(‰)	外来暂住从业人员(万人)	全社会从业人员(万人)	城镇在岗职工人数(万人)	城镇在岗职工年平均工资(元)
1949	68.24								
1952	71.68								
1957	77.48							3.90	400
1962	79.64							2.93	552
1965	86.46				29.60			3.17	524
1970	98.56				20.60			3.29	534
1975	107.94				14.51			3.80	577
1978	111.23				13.81			8.20	474
1979	112.04				19.00			9.68	650
1980	112.70				19.31			9.86	750
1981	114.46				16.57			10.66	887
1982	116.19				14.14			11.41	1095
1983	117.59				11.53			11.59	1197
1984	118.95				10.60			11.76	1383
1985	120.85				10.83			12.30	1456
1986	123.01			15.62	11.56	10.41		13.27	2616
1987	124.86			25.29	11.67	18.03		13.67	2067
1988	126.76			36.89	12.09	29.25		12.71	2757
1989	128.76			47.19	12.57	40.53		13.10	3320
1990	131.85	175.62		65.59	12.30	57.20		13.16	3552
1991	133.65	200.01		80.58	13.33	70.20		14.59	3777
1992	136.06	227.78		114.48	13.38	107.10		15.47	4531
1993	138.92	259.41		121.70	13.30	112.68		17.66	6228
1994	141.40	295.43		139.09	13.01	124.18		16.09	8360
1995	143.65	336.45		142.18	12.75	126.54		17.87	9682
1996	145.25	383.17		143.32	11.97	127.66		17.50	10382
1997	147.12	436.38		144.68	12.09	130.73		16.50	10691
1998	148.77	496.97		199.11	10.86	183.19		16.40	11422
1999	150.82	565.98		244.81	10.22	216.15		16.39	12557
2000	152.61	644.84		254.72	7.52	244.84	97.88	16.41	14051
2001	153.89	654.43		457.82	7.01	449.68	100.13	16.42	16183
2002	156.19	654.84		433.65	5.91	426.01	104.10	16.42	17804
2003	158.96	655.25		440.45	5.65	432.73	209.18	16.60	22598
2004	161.97	655.66		486.95	5.96	473.39	342.73	17.54	25326
2005	165.65	656.07	73.02	584.98	6.02	553.42	388.13	18.86	28253
2006	168.31	685.66	85.09	586.76	5.85	566.98	430.10	19.99	31135
2007	171.26	717.02	85.20	557.80	5.98	538.95	472.93	20.56	35284
2008	174.87	750.60	86.39	552.50	6.23	530.30	511.18	20.72	39516
2009	178.73	786.08	86.39	429.96	6.31	413.46	571.45	22.60	42585
2010	181.77	822.48	88.46	411.47	6.23	391.23	626.25	22.63	46576
2011	184.77	825.48	88.60	413.62	6.13	394.71	628.54	24.61	50398
2012	187.02	829.23	88.67	416.74	8.10	397.94	631.40	25.02	57007
2013	188.93	831.66	88.75	434.68	7.18	412.80	633.25	239.82	42870
2014	191.39	834.31	88.81	415.86	5.83	389.33	660.46	234.25	47600
2015	195.01	825.41	88.82	400.81	6.41	376.54	653.41	226.78	53221
2016	200.94	826.14	89.14	428.39	8.64	395.39	653.97	226.94	57649
2017	211.31	834.25	89.86	438.60	17.38	438.60	660.39	237.16	61619

注：2012年起城镇在岗职工含劳务派遣人员；2013年起，将原属于乡镇企业且符合城镇非私营单位条件的"四上"企业纳入城镇单位从业人员及工资统计的范围。

16 续表 1

年 份	地区生产总值（亿元）	第一产业	第二产业	第三产业	人均地区生产总值（元）
1978	6.11	2.72	2.68	0.71	553
1979	6.62	2.65	2.92	1.05	593
1980	7.22	2.63	3.33	1.26	643
1981	9.11	3.28	4.30	1.54	802
1982	11.43	3.73	5.81	1.89	991
1983	13.03	3.98	6.90	2.15	1115
1984	15.96	4.57	7.81	3.59	1350
1985	22.60	6.15	11.66	4.80	1885
1986	30.02	8.14	13.57	8.30	2462
1987	39.29	9.82	17.72	11.74	3170
1988	55.46	11.89	28.28	15.29	4408
1989	60.92	12.66	27.97	20.29	4768
1990	80.44	13.28	40.53	26.63	6173
1991	95.91	13.45	50.32	32.13	5106
1992	110.89	14.41	59.27	37.21	5184
1993	157.05	14.40	87.31	55.34	6447
1994	217.03	17.48	119.49	80.06	7823
1995	296.45	21.43	167.11	107.91	9383
1996	361.99	24.86	199.69	137.44	10060
1997	448.92	25.64	243.56	179.72	10955
1998	558.45	25.94	306.06	226.44	11966
1999	667.86	25.79	367.58	274.49	12566
2000	821.14	25.91	451.47	343.76	13563
2001	993.48	26.10	541.87	425.51	15293
2002	1189.05	24.88	650.62	513.55	18164
2003	1454.70	22.82	800.06	631.82	22208
2004	1809.61	22.71	1019.11	767.79	27608
2005	2188.19	20.55	1232.14	935.50	33363
2006	2635.62	12.39	1512.81	1110.41	39287
2007	3169.26	11.82	1762.61	1394.83	45189
2008	3715.68	14.58	1912.16	1788.94	50635
2009	3811.01	14.41	1857.90	1938.70	49601
2010	4308.92	15.94	2218.61	2074.36	53575
2011	4815.32	16.97	2455.46	2342.88	58440
2012	5095.96	17.80	2496.68	2581.48	61593
2013	5590.57	18.43	2688.94	2883.20	67320
2014	5968.38	19.16	2874.10	3075.12	71651
2015	6374.29	19.92	3007.87	3346.51	76812
2016	6937.08	22.76	3268.30	3646.02	84007
2017	7582.09	22.85	3663.23	3896.01	91329

注：1.2016年，国家统计局改革地区研发支出的核算方法，将能够为所有者带来经济利益的研发支出不再作为中间消耗，而是作为固定资本形成处理。根据新的核算方法，修订了1995—2016年全市地区生产总值数据。2018年根据全国第三次农业普查，修订了2006—2017年全市地区生产总值数据。本表为修订后的数据。

2.人均生产总值1990年及以前年份按年平均户籍人口计算，1991年起按年平均常住人口计算。

16 续表 2

(上年=100)

年 份	地区生产总值指数	第一产业	第二产业	第三产业	人均地区生产总值指数
1979	99.5	86.5	107.0	146.4	98.6
1980	102.7	90.3	117.3	113.9	102.0
1981	116.6	115.0	122.1	110.8	115.4
1982	116.9	105.3	131.0	117.6	115.1
1983	110.4	104.8	115.7	111.3	108.9
1984	114.2	109.0	107.0	140.9	112.9
1985	132.3	118.9	144.5	132.7	130.5
1986	126.1	111.9	110.3	174.7	124.0
1987	122.5	111.6	127.7	126.0	120.5
1988	115.7	90.6	143.7	103.0	114.0
1989	107.1	99.8	106.2	113.7	105.5
1990	123.2	104.4	127.6	128.0	120.8
1991	117.5	103.1	121.5	118.6	108.8
1992	108.3	100.0	112.6	105.1	95.1
1993	127.9	79.4	139.2	129.0	112.3
1994	122.5	107.2	124.7	122.3	107.5
1995	127.4	110.5	135.1	116.8	111.8
1996	117.5	109.4	115.5	123.6	103.2
1997	119.6	104.5	119.9	121.8	105.0
1998	121.8	100.9	122.1	124.5	106.9
1999	119.7	102.3	120.6	120.3	105.1
2000	119.7	99.8	120.7	120.0	105.1
2001	120.0	103.0	121.7	119.0	111.8
2002	120.5	97.6	122.7	119.1	119.6
2003	120.5	90.2	122.2	119.7	120.4
2004	121.1	91.2	125.7	115.8	121.0
2005	119.5	102.3	120.0	119.4	119.5
2006	119.3	60.6	121.9	117.1	116.6
2007	118.3	90.2	114.8	123.3	113.1
2008	114.0	110.3	106.2	124.0	109.0
2009	105.7	102.5	100.9	110.9	100.9
2010	110.4	101.4	117.1	103.7	105.4
2011	108.1	100.8	107.7	108.7	105.6
2012	106.3	99.9	106.6	106.1	105.9
2013	109.9	100.1	111.7	108.0	109.5
2014	107.9	103.1	109.3	106.3	107.6
2015	108.0	102.6	106.0	110.3	108.5
2016	108.0	106.0	108.6	107.6	108.6
2017	108.1	102.1	110.7	105.7	107.5

注：本表按可比价格计算。

16 续表 3

年 份	固定资产投资总额(亿元)	一般公共预算收入(亿元)	一般公共预算支出(亿元)	居民消费价格指数(上年=100)	商品零售价格指数(上年=100)	农林牧渔业总产值(亿元)	农林牧渔业总产值指数(1978年=100)
1949						0.54	
1952		0.28	0.02			0.66	
1957		0.32	0.04			0.78	
1962		0.31	0.07			0.76	
1965		0.47	0.07			1.28	
1970		0.48	0.08			1.47	
1975		0.65	0.11			2.53	
1978	0.23	0.66	0.18		100.4	4.24	100.0
1979	0.16	0.66	0.19		102.6	4.15	96.5
1980	0.24	0.67	0.20		110.9	4.19	98.0
1981	0.38	0.68	0.21		109.3	5.04	102.1
1982	1.81	0.81	0.26		101.2	5.59	117.6
1983	1.84	0.86	0.28		99.6	5.64	117.4
1984	3.01	0.85	0.30	99.3	98.6	7.02	126.7
1985	7.06	1.11	0.50	106.5	106.9	9.12	138.9
1986	11.52	1.61	0.99	104.2	104.4	12.30	174.6
1987	14.19	2.02	1.25	112.0	112.2	14.84	186.4
1988	16.55	2.71	1.75	136.0	132.8	20.37	182.1
1989	5.01	3.19	2.16	122.0	122.4	22.11	181.9
1990	7.51	3.57	2.28	96.6	94.9	23.64	195.3
1991	13.75	4.44	2.75	102.4	101.4	24.26	199.5
1992	18.88	5.62	3.82	109.2	107.7	27.13	211.3
1993	32.76	9.38	7.29	121.8	119.5	28.45	175.5
1994	140.76	7.69	8.90	123.5	118.4	34.75	188.4
1995	63.14	11.56	12.42	113.9	109.7	42.69	207.8
1996	67.62	9.65	12.41	106.8	104.7	49.72	216.3
1997	65.89	11.41	14.85	101.5	99.7	51.44	225.0
1998	77.00	15.10	17.91	99.9	98.7	53.60	227.3
1999	88.32	18.26	21.26	97.9	95.9	53.74	242.8
2000	102.89	30.47	33.61	101.5	100.1	54.64	243.3
2001	125.49	45.02	47.86	96.6	97.8	55.93	246.3
2002	191.57	55.29	64.96	98.1	99.1	53.67	263.2
2003	319.39	67.45	76.52	100.7	101.7	49.02	209.7
2004	454.87	72.20	94.16	103.0	103.2	44.19	213.5
2005	597.24	103.97	117.04	102.4	103.0	42.05	222.2
2006	705.45	128.94	147.90	101.2	102.8	21.26	121.0
2007	841.21	186.45	193.10	103.1	104.2	19.57	105.6
2008	944.34	209.22	218.26	105.5	107.9	24.50	118.3
2009	1094.08	231.16	232.62	96.9	95.3	23.98	122.1
2010	1114.98	277.84	289.83	102.8	103.2	26.35	125.6
2011	1079.31	313.06	351.92	104.9	104.7	28.04	125.9
2012	1180.35	356.32	385.58	102.9	102.4	29.21	126.5
2013	1383.94	409.29	444.66	101.9	100.6	30.31	126.0
2014	1427.11	455.21	457.68	102.3	101.2	31.13	128.2
2015	1446.52	517.97	581.24	101.4	99.4	31.88	129.4
2016	1557.46	544.75	599.29	102.7	100.9	35.47	134.4
2017	1712.83	592.07	667.65	101.4	101.1	35.49	136.8

注：1.农林牧渔总产值1952—1970年按1957年不变价计算，1975年按1970年不变价计算，1978年起按当年价计算。
2.根据《全国农业普查条例》，农业2007—2017年的农林牧渔业总产值、增加值和主要农产品产量等相关数据以全国第三次农业普查结果为基础做了修订，下同。

年　份	农作物总播种面积(千公顷)	#粮食	粮食产量(万吨)	油料产量(万吨)	水果产量(万吨)	肉类产量(万吨)	水产品产量(万吨)
1949	141.26	127.26	21.07	0.15			0.32
1952	167.61	149.68	26.95	0.35			0.34
1957	188.98	165.53	28.80	0.33			0.42
1962	155.97	138.18	33.12	0.38			0.63
1965	158.97	121.64	43.71	0.72	4.54		0.99
1970	174.60	127.25	45.08	0.96	6.95		1.62
1975	202.00	137.03	50.72	1.11	3.68		2.19
1978	190.63	138.15	53.23	1.42	2.65	2.69	3.09
1979	172.36	129.16	53.53	1.91	2.33	2.92	2.23
1980	162.41	117.12	52.94	2.90	2.37	2.77	2.55
1981	151.17	107.13	44.75	3.55	4.69	2.80	2.49
1982	146.96	106.68	54.33	2.99	5.82	3.30	2.77
1983	146.21	109.02	56.12	1.97	7.72	3.57	3.03
1984	144.35	105.12	55.82	2.31	10.59	3.33	3.25
1985	130.01	93.05	48.87	2.10	18.94	3.33	3.26
1986	119.41	83.81	45.52	2.01	30.77	4.33	4.65
1987	119.73	83.40	46.28	1.70	36.31	4.61	6.57
1988	119.53	82.42	46.09	1.51	26.37	5.61	6.81
1989	122.27	85.61	48.76	1.37	22.14	5.86	6.23
1990	123.25	85.74	49.43	1.34	28.24	6.22	6.85
1991	119.42	81.77	47.37	1.15	34.32	6.88	6.90
1992	104.10	64.26	36.81	0.93	34.48	6.80	7.32
1993	71.20	36.74	20.21	0.56	27.13	7.66	6.50
1994	67.30	35.75	20.24	0.37	26.49	8.54	6.74
1995	71.89	39.90	22.74	0.37	24.32	9.76	7.48
1996	72.23	41.89	24.32	0.31	20.63	11.61	8.11
1997	72.17	41.61	24.69	0.29	16.50	12.90	9.19
1998	73.46	41.63	24.72	0.26	11.41	15.35	9.69
1999	72.59	41.77	24.73	0.22	13.63	15.99	9.40
2000	65.73	35.18	20.41	0.20	12.94	17.90	9.51
2001	56.95	22.56	12.84	0.16	15.01	19.84	8.96
2002	42.28	9.88	5.37	0.09	18.93	18.88	8.24
2003	33.97	5.65	3.05	0.04	14.64	15.46	7.58
2004	30.82	5.41	3.04	0.02	17.54	14.62	7.15
2005	27.38	4.14	2.00	0.01	15.13	17.17	6.74
2006	22.26	2.29	1.00	0.01	13.96	3.49	4.71
2007	19.01	2.08	1.02	0.01	13.06	0.96	4.73
2008	20.75	2.60	1.16	0.03	10.00	1.04	7.23
2009	21.51	2.59	1.12	0.03	8.95	1.11	7.33
2010	20.08	2.26	1.06	0.05	7.33	1.22	7.63
2011	20.05	2.14	1.04	0.05	7.11	1.17	7.82
2012	19.65	1.92	0.94	0.26	6.20	1.26	7.70
2013	18.86	1.60	0.78	0.32	5.80	1.07	7.45
2014	20.42	1.33	0.65	0.41	5.88	0.96	7.27
2015	20.19	1.13	0.55	0.57	5.88	0.75	6.89
2016	21.96	1.00	0.48	0.66	5.51	0.66	5.66
2017	21.75	0.97	0.48	0.02	5.46	0.66	5.14

年 份	工业企业单位数(个)	规模以上工业增加值(亿元)	总供电量(亿千瓦时)	全社会用电量(亿千瓦时)	建筑业总产值(亿元)	建筑业增加值(亿元)
1949	1					
1952	23					
1957	262					
1962	280		0.08			
1965	260		0.36			
1970	220		0.71			
1975	324		1.24			
1978	1290	1.01	1.64			
1979	1250	1.33	1.93			
1980	1293	1.46	2.17			
1981	1479	1.71	2.22			
1982	1862	2.01	2.69			
1983	1964	2.13	3.15			
1984	2329	2.43	3.26			
1985	4187	3.49	3.82			
1986	5949	4.28	3.93			3.03
1987	8106	5.67	6.43			3.49
1988	8408	7.93	9.48			3.23
1989	8757	9.36	12.09		1.03	0.75
1990	9892	13.44	18.01	18.01	1.27	1.34
1991	10094	17.63	24.05	24.05	2.19	1.98
1992	11639	25.66	32.00	32.00	3.19	2.64
1993	12449	35.05	43.62	43.62	5.39	4.42
1994	14086	56.61	58.58	58.58	7.99	8.72
1995	15215	64.99	68.00	68.00	9.49	12.78
1996	15326	84.14	80.03	80.03	9.66	11.63
1997	16857	103.90	94.93	94.83	28.73	12.50
1998	16406	168.71	109.48	109.48	35.92	14.99
1999	16877	232.15	132.78	134.37	40.73	17.52
2000	16975	259.44	178.03	179.66	40.45	20.26
2001	18094	290.67	207.72	209.17	50.13	23.48
2002	21313	466.61	258.55	259.86	65.84	26.96
2003	21935	595.48	321.65	323.53	76.48	41.01
2004	22156	800.45	372.84	375.85	77.01	48.03
2005	21868	1062.42	415.66	419.83	84.35	54.64
2006	22447	1318.58	464.45	472.01	94.58	64.92
2007	22587	1430.60	507.89	515.40	112.87	72.84
2008	25656	1689.90	507.35	514.16	108.81	82.40
2009	31160	1453.37	488.85	495.58	99.40	81.58
2010	38273	1708.31	556.89	562.00	122.06	82.40
2011	46413	1642.45	579.35	586.07	130.85	77.84
2012	57808	1978.13	600.58	604.28	157.58	78.18
2013	67332	2425.62	617.20	622.51	188.13	86.77
2014	80567	2490.84	655.72	660.99	204.21	91.44
2015	97944	2611.96	661.26	666.84	224.59	88.81
2016	121762	2968.16	695.59	702.01	267.22	91.37
2017	151533	3618.19	753.80	760.68	324.04	100.94

16 续表 6

年　份	公路通车里程(公里)	民用汽车拥有量(万辆)	旅客周转量(万人公里)	货物周转量(万吨公里)	邮电业务总量(亿元)	邮电业务收入(万元)	本地电话用户(万户)	移动电话用户(万户)
1949	204	0.002						
1952	219	0.002	1350	139				
1957	373	0.005	2100	195				
1962	598	0.007	4120	293				
1965	882	0.010	4725	457				
1970	1134	0.012	2800	900				
1975	1173	0.025	3890	694				
1978	1259	0.06	9425	15148	0.07		0.20	
1979	1225	0.11	11162	15290	0.08		0.21	
1980	1225	0.20	13584	16353	0.09		0.31	
1981	1225	0.30	13845	15606	0.10		0.34	
1982	1225	0.34	16026	17185	0.09		0.35	
1983	1225	0.45	54075	108634	0.10		0.39	
1984	1240	0.61	62107	140113	0.13		0.48	
1985	1240	0.79	95237	171591	0.16		0.77	
1986	1248	0.86	127458	126898	0.20		0.88	
1987	1261	1.00	159117	174942	0.34		1.63	
1988	1302	1.36	173335	169112	0.57		2.52	
1989	1325	1.63	240999	186626	0.96		4.30	0.02
1990	1325	1.94	322236	184700	1.76		4.90	0.05
1991	1759	2.07	373284	194101	2.77		7.50	0.11
1992	2055	3.26	503973	232752	4.22		9.70	0.30
1993	2260	4.81	577800	248230	6.57		14.98	0.72
1994	2292	6.16	595134	273053	10.22		23.19	2.41
1995	2327	8.83	446230	264605	15.28		31.57	4.77
1996	2330	9.08	477466	267193	20.76		36.91	8.24
1997	2330	10.34	511592	278649	28.43		42.65	15.29
1998	2377	11.34	577452	285889	37.67		50.13	26.17
1999	2467	12.70	804278	300410	51.59		60.87	51.01
2000	2518	15.37	1001906	404678	74.05		78.12	123.68
2001	2570	18.36	1031579	406247	88.64		98.96	295.76
2002	2641	22.01	1091821	420684	109.45		127.93	412.39
2003	2688	25.56	1126964	422822	157.05	1051220	206.11	660.86
2004	2759	31.97	1166262	423669	245.52	1207778	281.35	856.09
2005	2871	40.66	1185290	424829	304.76	1328172	384.52	1016.41
2006	3891	48.93	1213809	336783	368.25	1466871	461.31	1216.34
2007	3924	60.89	1264982	356677	400.93	1619048	469.17	1408.23
2008	4001	70.16	2248521	1747489	525.79	1723829	439.41	1454.29
2009	4713	79.56	1053469	1016490	540.61	1563077	378.40	1409.29
2010	4751	92.08	1290692	1090340	674.09	1553352	332.42	1607.60
2011	4828	106.14	1458811	1874802	218.36	1648579	319.55	1677.77
2012	4966	120.70	1568758	2967132	250.47	1699619	330.79	1797.75
2013	5002	138.91	1559856	4322745	254.73	1758017	314.48	1850.39
2014	5145	155.96	854595	4480053	359.56	1694637	327.22	1763.09
2015	5165	184.49	771316	5048509	475.59	2489805	298.23	1756.75
2016	5265	224.62	773196	4552332	756.06	2951331	272.63	1575.08
2017	5262	262.76	681427	4836221	694.35	3351921	244.64	1680.97

注：1．公路通车里程2006年起含专用公路和村道。
　　2．邮电业务收入2003年以前为邮电业务总量，按1990年不变价计算，2003年起为邮电业务收入。
　　3．2014年客运量和旅客周转量不含城市客运量，数据与往年不可比。

16 续表 7

年份	社会消费品零售总额(亿元)	进出口总额(亿美元)	出口总额	进口总额	协议(合同)规定外商投资额(亿美元)	实际利用外资(亿美元)	#外商直接投资
1957			0.02				
1962			0.04				
1965			0.08				
1970			0.10				
1975			0.25				
1978	2.13		0.39				
1979	2.50		0.54		0.05	0.02	
1980	3.16		0.77		0.11	0.09	
1981	4.02		0.92		0.08	0.05	0.001
1982	4.81		1.09		0.08	0.07	0.005
1983	5.23		1.19		0.16	0.09	0.003
1984	7.39		1.30		0.32	0.19	0.07
1985	9.36		1.75		0.68	0.29	0.14
1986	12.24		2.33		0.34	0.30	0.15
1987	15.05		2.68		1.85	1.13	0.21
1988	24.65		3.18		6.22	2.41	0.64
1989	27.04		3.49		2.34	2.49	0.84
1990	31.97	10.82	5.68	5.14	3.02	2.43	1.00
1991	36.50	31.75	16.52	15.23	6.45	2.62	1.47
1992	44.35	50.90	26.03	24.87	20.88	4.66	3.29
1993	63.69	67.56	32.11	35.45	35.55	9.34	7.92
1994	85.16	88.30	42.94	45.36	34.97	10.48	7.79
1995	113.01	153.91	77.99	75.92	33.09	10.57	6.72
1996	125.53	178.42	91.87	86.55	20.89	10.76	6.95
1997	146.04	212.99	113.68	99.31	12.14	12.14	8.80
1998	175.16	232.73	130.61	102.13	16.37	13.38	9.30
1999	202.30	284.63	151.54	133.09	14.72	14.57	9.71
2000	235.16	320.45	171.59	148.86	18.36	16.47	10.87
2001	275.71	344.55	189.89	154.65	20.98	18.16	11.47
2002	321.24	442.47	237.36	205.11	24.89	21.48	14.59
2003	369.78	521.06	280.02	241.04	32.56	25.63	17.54
2004	426.47	645.18	351.92	293.25	41.32	30.34	21.39
2005	506.29	743.72	409.29	334.42	47.52	37.51	14.68
2006	599.32	842.21	473.76	368.45	55.28	43.38	18.08
2007	722.45	1068.73	602.32	466.41	62.51	50.44	21.18
2008	881.15	1132.99	655.37	477.62	39.37	32.26	24.47
2009	1029.04	941.55	551.69	389.86	20.30	29.42	25.94
2010	1223.34	1213.38	695.98	517.40	30.73	31.63	27.32
2011	1441.25	1352.24	783.29	568.95	37.02	32.18	30.51
2012	1600.41	1444.16	850.66	593.50	41.55	37.19	33.69
2013	1786.66	1530.72	908.64	622.08	41.56	40.29	39.38
2014	1942.29	1625.30	970.69	654.61	44.39	46.21	45.29
2015	2184.70	1676.73	1037.19	639.55	50.91	54.68	53.20
2016	2470.78	1723.14	990.35	732.79	47.90	39.84	39.26
2017	2687.88	1811.73	1038.61	773.12	26.18	17.60	17.19

注：1.出口总额1990年起为海关口径，1990年以前为外经贸口径。
2.外商直接投资2004年起为新口径，是以验资作为统计标准，与往年数不可比。
3.2016年起，主管部门对外发布的进出口相关数据采用人民币口径。2017年人民币口径的进出口总额为12264.37亿元。其中，出口总额7027.38亿元，进口总额5236.99亿元。

16　续表 8

年　份	国际及港澳台旅游者(万人次)	旅游总收入(亿元)	国际旅游外汇收入(万美元)	接待国内游客人　次(万人次)	各项人民币存款余额(亿元)	#住户存款	各项人民币贷款余额(亿元)
1952						0.003	0.004
1957						0.02	0.26
1962					0.08	0.04	0.75
1965					0.16	0.09	0.81
1970					0.39	0.16	0.87
1975					0.96	0.41	1.39
1978					1.05	0.54	1.96
1979					1.49	0.72	2.13
1980					2.61	1.17	3.08
1981					3.80	2.03	4.02
1982					4.51	2.77	4.55
1983					6.05	3.86	5.76
1984					11.03	6.18	12.19
1985					13.49	9.19	14.24
1986	11		554	69	19.59	13.14	20.68
1987	19		453	87	28.48	18.97	31.24
1988	20		710	105	38.05	24.91	41.58
1989	18		504	97	46.82	32.57	49.37
1990	27		1025	98	68.07	45.51	63.04
1991	37		2443	118	94.97	61.47	78.40
1992	47		2473	125	147.34	81.54	105.98
1993	52		2888	117	179.83	107.17	134.31
1994	44		3464	75	249.78	151.54	173.44
1995	27		5679	62	383.68	232.97	254.85
1996	36		6464	139	489.65	318.02	312.81
1997	59		6778	112	671.17	425.82	382.66
1998	75		6601	141	864.01	533.75	442.74
1999	97		7055	156	1040.84	616.34	524.37
2000	106		7617	185	1228.67	672.07	630.84
2001	110	39.80	8200	217	1458.65	799.18	750.18
2002	108	72.51	11847	822	1790.18	1001.69	933.41
2003	80	79.92	13825	1006	2126.78	1231.06	1206.72
2004	149	85.70	23437	982	2462.87	1431.68	1405.25
2005	169	90.72	28189	987	2933.40	1728.28	1500.52
2006	193	96.01	33180	1170	3365.65	2013.40	1730.56
2007	248	118.88	42702	1477	3751.83	2120.74	2154.77
2008	268	128.69	45614	1604	4354.53	2638.04	2380.36
2009	286	151.49	51756	1751	4986.61	2904.57	2903.80
2010	327	191.32	67592	1924	5943.39	3386.85	3329.82
2011	357	249.37	90975	2258	6609.39	3710.99	3716.08
2012	415	306.35	126924	2329	7430.46	4204.20	4195.61
2013	418	346.43	144981	2408	8630.73	4476.43	4774.23
2014	356	374.60	157493	2435	9069.92	4606.79	5331.63
2015	373	395.18	157743	2826	9736.24	4591.38	5816.04
2016	400	445.40	153117	3392	11198.43	4882.91	6402.48
2017	404	488.90	159582	3738	11836.66	5103.42	6855.44

注：2015年起，“城乡居民储蓄存款余额”更名为“住户存款”，口径有变，数据与往年不可比。

16 续表 9

年 份	在校学生数(万人)			小学学龄儿童入学率(%)	高考人围人数(人)
	普通高等学校	普通中学	小学		
1949		0.20	5.28		
1952		0.34	7.04		
1957		0.67	8.80		
1962		0.97	12.00		
1965		1.05	16.09		
1970		6.02	11.81		
1975		4.96	16.82		
1978		7.60	16.11	98.36	846
1979		6.23	15.80	98.70	566
1980		5.48	15.49	98.85	222
1981		4.35	15.09	98.72	239
1982		4.17	14.48	99.06	252
1983		4.28	13.54	99.75	245
1984		4.65	13.46	99.65	619
1985		4.66	13.44	99.83	534
1986		4.94	14.07	99.90	595
1987		5.44	14.43	99.94	644
1988		5.93	15.01	99.93	925
1989		6.20	15.59	99.92	977
1990		6.12	16.27	99.94	759
1991		6.01	17.01	99.92	861
1992		6.52	17.52	99.94	994
1993	0.11	7.53	18.01	99.95	1102
1994	0.15	8.58	18.62	99.96	1823
1995	0.16	9.25	19.51	99.99	2095
1996	0.18	9.52	20.60	99.98	2160
1997	0.20	9.80	22.18	99.99	2212
1998	0.22	10.12	23.58	99.99	2348
1999	0.22	10.55	24.88	99.99	3501
2000	0.32	11.24	27.28	99.99	5017
2001	0.38	12.21	29.54	100.00	5651
2002	0.51	13.53	34.28	100.00	6873
2003	0.69	14.97	38.69	100.00	9167
2004	0.91	17.13	44.83	100.00	10756
2005	1.66	19.10	48.09	100.00	11196
2006	2.20	21.46	49.68	100.00	11359
2007	2.52	23.46	52.07	100.00	13275
2008	2.87	24.84	52.86	100.00	15047
2009	3.40	24.95	51.12	100.00	17487
2010	3.83	25.83	55.24	100.00	18845
2011	4.51	26.31	57.83	100.00	19588
2012	5.24	26.79	60.81	100.00	22127
2013	6.09	27.83	65.91	100.00	22840
2014	6.99	28.46	68.73	100.00	23900
2015	11.46	28.76	71.93	100.00	26519
2016	11.26	29.58	73.87	100.00	24094
2017	11.84	31.02	76.51	100.00	29907

16 续表 10

年 份	医疗机构病床位数(张)	卫生机构技术人员数(万人)	#执业(助理)医师	每万人口拥有		年末参加基本养老保险人数(万人次)	年末参加基本医疗保险人数(万人次)
				床位数(张)	执业(助理)医师(人)		
1949	219	0.02		3.21			
1952	179	0.01		2.50			
1957	403	0.03		5.20			
1962	1376	0.13		17.28			
1965	1308	0.16		15.13			
1970	1476	0.17		14.98			
1975	1970	0.23		18.25			
1978	2257	0.26	0.08	20.29	6.90		
1979	2271	0.29	0.10	20.27	8.67		
1980	2207	0.30	0.12	19.58	10.35		
1981	2210	0.31	0.11	19.31	9.63		
1982	2292	0.33	0.11	19.73	9.44		
1983	2098	0.33	0.11	17.84	9.25		
1984	2231	0.34	0.11	18.76	9.52		
1985	2323	0.33	0.12	19.22	9.94		
1986	3054	0.35	0.12	24.83	9.58		
1987	3393	0.35	0.13	27.17	10.44		
1988	3640	0.38	0.15	28.72	12.13		
1989	3677	0.39	0.16	28.56	12.58		
1990	3866	0.39	0.17	22.01	9.80		
1991	4085	0.39	0.18	20.42	8.77		
1992	4517	0.41	0.18	19.83	8.04		
1993	4940	0.45	0.20	19.04	7.80		
1994	5365	0.49	0.22	18.16	7.52	7.55	7.77
1995	5798	0.53	0.23	17.23	6.83	8.46	7.60
1996	5288	0.58	0.24	13.80	6.39	9.16	7.65
1997	5505	0.63	0.26	12.62	5.97	7.53	8.29
1998	5892	0.71	0.30	11.86	5.95	7.84	9.05
1999	6241	0.76	0.31	11.03	5.44	8.35	9.95
2000	7081	0.81	0.33	10.98	5.13	82.95	88.21
2001	7474	0.81	0.34	11.42	5.24	83.01	84.99
2002	8641	0.90	0.39	13.20	6.01	103.19	105.19
2003	9820	0.98	0.43	14.99	6.49	104.13	105.90
2004	10797	1.05	0.49	16.47	7.43	104.44	105.95
2005	11972	1.23	0.57	18.25	8.65	182.49	189.40
2006	13293	1.93	0.86	22.21	12.58	204.08	212.16
2007	15227	2.71	1.04	21.24	14.57	227.98	236.32
2008	16778	3.31	1.19	22.35	15.81	262.63	513.25
2009	18080	3.58	1.29	23.00	16.39	315.81	536.57
2010	19980	3.75	1.32	24.29	16.07	421.84	592.27
2011	22814	3.96	1.36	27.64	16.53	481.05	602.41
2012	24617	4.06	1.40	29.69	16.93	513.29	616.86
2013	25736	4.21	1.49	30.95	17.87	521.91	618.09
2014	26704	4.31	1.51	32.01	18.08	632.03	615.69
2015	27457	4.52	1.59	33.26	19.25	670.60	601.92
2016	28138	4.77	1.67	34.06	20.19	651.66	574.57
2017	29866	5.06	1.75	35.80	20.98	694.49	566.09

注：每万人口拥有床位数、执业(助理)医师数按常住人口计算。

16 续表 11

年份	全社会R&D经费支出（万元）	专利申请量（件）	专利授权量（件）	城镇居民最低生活保障人数（人）	城镇常住居民人均可支配收入（元）	农村常住居民人均可支配收入（元）
1978						149
1979						188
1980						272
1981						463
1982						567
1983						618
1984						691
1985					791	803
1986					1033	951
1987					1247	1142
1988					1778	1325
1989					2282	1424
1990		25	30		2508	1542
1991		86	50		3068	1673
1992		109	78		4026	2290
1993		212	90		5970	2903
1994		322	98		8270	3769
1995		412	262		9588	4769
1996		540	312		10824	5554
1997		915	321		11032	6132
1998		985	872		11506	6830
1999		1436	1110		12954	7704
2000	15176	1653	1399	1825	14142	8484
2001	26952	2914	1753	2003	16938	9383
2002	36727	3100	2680	2711	16949	10178
2003	37748	3865	2858	2876	18471	11033
2004	60319	4325	3167	4968	20526	11941
2005	82855	6694	3117	4885	22882	13076
2006	117843	9879	4872	6091	25320	14313
2007	150130	13842	6752	3129	27025	15747
2008	198422	14406	8093	3653	30275	16904
2009	413840	19106	12918	3770	33045	18098
2010	516701	21654	20397	3643	35690	20486
2011	716221	24455	19353	9415	39513	22842
2012	830190	29199	20894	6598	42944	24944
2013	1099321	29012	22595	6584	46594	27214
2014	1271741	28431	20336	6560	36764	22327
2015	1478838	38094	26820	5466	39793	24225
2016	1648344	56653	28559	3569	43096	26526
2017	1881419	81275	45204	3419	46739	29078

注：按照国家统计局的统一部署，2014年起，把原来的城市居民人均可支配收入和农民人均纯收入分别改为城镇常住居民人均可支配收入和农村常住居民人均可支配收入。

十七、东莞与全国、全省、三角洲城市及港澳台主要指标比较

Comparison of Main Indicators between Dongguan and China,Guangdong Province,the Cities of the Pearl River Delta Hong Kong Macao Taiwan

17-1 主要年份全国国民经济与社会发展指标

Main Indicators on National Economy and Social Development of China

指　　标	单 位	1980年	1990年	2000年	2005年	2010年	2015年	2016年	2017年
人口与劳动力									
年末总人口	万人	98705	114333	126743	130756	134091	137462	138271	139008
年末就业人员人数	万人	42361	64749	72085	74647	76105	77451	77603	77640
#城镇就业人员	万人	10525	17041	23151	28389	34687	40410	41428	42462
经济总量									
国内生产总值	亿元	4588	18873	100280	187319	413030	689052	743586	827122
第一产业增加值	亿元	1360	5017	14717	21807	39363	60862	63673	65468
第二产业增加值	亿元	2205	7744	45665	88084	191630	282040	296548	334623
第三产业增加值	亿元	1023	6111	39898	77428	182038	346150	383365	427032
人均国内生产总值	元	468	1663	7942	14368	30876	50251	53935	59660
农业									
主要农产品产量									
粮食	万吨	32056	44624	46218	48402	54678	62144	61625	61793
水果	万吨	679	1874	6225	16120	21401	27375	28351	
肉类	万吨		2857	6014	6939	7926	8625	8538	8588
水产品	万吨	450	1237	3706	4420	5373	6700	6901	6953
工业									
工业增加值	亿元	2015	6905	40260	77961	165126	236506	247878	279997
主要工业产品产量									
机制纸及纸板	万吨	535	1372	2487	5404	9833	11743	12319	12542
彩电	万台	3	1033	3936	8283	11830	14476	15770	15933
发电量	亿千瓦时	3006	6212	13556	25003	42072	58146	61332	64951
钢材	万吨	2716	5153	13146	37771	80277	112350	104814	104959
运输邮电									
货运量	亿吨	31.08	97.06	135.87	186.21	324.18	417.59	438.68	480.49
货物周转量	亿吨公里	11629	26208	44321	80258	141837	178356	186629	197372
客运量	亿人	34.18	77.27	147.86	184.70	326.95	194.33	190.02	184.86
旅客周转量	亿人公里	2281	5628	12261	17467	27894	30059	31258	32813
邮电业务总量	亿元	39	156	4793	12029	31979	28425	43346	37320
年末固定电话用户	万户	214	685	14483	35045	29434	23100	20662	19376
年末移动电话用户	万户		2	8453	39341	85900	127140	132193	141749

注：1.城镇就业人员1998年起为城镇在岗职工人数。
2.2014年起，客运量和旅客周转量不含城市客运量，数据与往年不可比。
3.实施研发支出核算方法改革后，对各年度GDP数据进行了系统修订。

17–1 续表

指　　　标	单 位	1980年	1990年	2000年	2005年	2010年	2015年	2016年	2017年
固定资产投资									
固定资产投资总额	亿元	911	4517	32918	88774	278122	562000	596501	631684
#房地产开发	亿元		253	4984	15909	48259	95979	102581	109799
商业									
社会消费品零售总额	亿元	2140	8300	39106	68353	156998	300931	332316	366262
物价总指数									
商品零售价格指数	上年=100	106.0	102.1	98.5	100.8	103.1	100.1	100.7	101.1
居民消费价格指数	上年=100	107.5	103.1	100.4	101.8	103.3	101.4	102.0	101.6
外贸外经									
进出口总额	亿美元	381	1154	4743	14219	29740	39530	36856	41045
进口总额	亿美元	200	533	2251	6599	13962	16796	15879	18410
出口总额	亿美元	181	621	2492	7620	15778	22735	20976	22635
实际利用外资	亿美元		35	407	603	1057	1263	1260	1310
财政、金融									
一般公共预算收入	亿元	1160	2937	13395	31649	83102	152269	159605	172567
一般公共预算支出	亿元	1229	3084	15887	33930	89874	175878	187755	203330
各项人民币存款余额	亿元	1690	13943	123804	287170	718238	1357022	1505864	1641044
#住户存款余额	亿元	400	7120	64332	141051	303302	546078	597751	643768
各项人民币贷款余额	亿元	2478	17511	99371	194690	479196	939540	1066040	1201321
人民生活									
城镇单位就业人员平均工资	元	762	2140	9333	18200	36539	62029	67569	74318
全国居民人均可支配收入	元						21966	23821	25974
城镇居民人均可支配收入	元	478	1510	6280	10493	19109	31195	33616	36396
农村居民人均可支配收入	元	191	686	2253	3255	5919	11422	12363	13432
教育									
在校学生数									
普通高等学校	万人	114	206	556	1562	2232	2625	2696	2754
普通中学	万人	5508	4586	7369	8581	7703	6686	6696	6817
小学	万人	14627	12241	13013	10864	9941	9692	9913	10094
卫生									
医院床位数	万张	120	187	217	245	338.7	533.1	568.9	612.0
卫生技术人员	万人	280	390	449	456	587.6	800.8	845.4	897.8
#执业（助理）医师	万人	115	176	208	204	241.3	303.9	319.1	339.0

注：1.实际利用外资不含对外借款，2005年起为实际使用外商直接投资口径。
2.2017年人民币口径的进出口总额为277923亿元。其中，进口总额124602亿元，出口总额153321亿元。

17-2 主要年份广东省国民经济与社会发展指标

Main Indicators on National Economy and Social Development of Guangdong Province

指　　标	单　位	1980年	1990年	2000年	2005年	2010年	2015年	2016年	2017年
人口与劳动力									
年末常住人口	万人		6347	8650	9194	10441	10849	10999	11169
年末就业人员人数	万人	2368	3118	3989	5023	5870	6219.31	6279.22	6340.79
#城镇就业人员	万人	564	785	759	904	1119	1948.04	1957.57	1963.10
经济总量									
地区生产总值	亿元	250	1559	10810.21	22723.29	46544.63	73876.37	80666.72	89705.23
第一产业增加值	亿元	83	385	986.32	1428.27	2254.49	3189.76	3500.49	3611.44
第二产业增加值	亿元	103	616	5055.71	11497.85	23296.73	33642.00	35109.66	38008.06
第三产业增加值	亿元	64	559	4768.18	9797.17	20993.41	37044.61	42056.57	48085.73
人均地区生产总值	元	481	2484	12817	24828	45252	68490	73844	80932
农业									
主要农产品产量									
粮食	万吨	1682	1896	1822	1395	1249	1211.66	1204.22	1208.56
水果	万吨	29	329	644	832	1049	1298.52	1331.99	1421.23
肉类	万吨	63	202	324	384	455	454.71	448.70	444.08
水产品	万吨	63	208	593	695	729	804.14	818.29	833.54
工业									
工业增加值	亿元	90	523	4519	10630	21741	31290.75	32650.89	35291.83
主要工业产品产量									
机制纸及纸板	万吨	31	104	260	691	1435	2078.29	2127.52	2177.74
彩电	万台	1	262	1532	4090	4495	7003.58	8106.36	8399.88
发电量	亿千瓦时	109	344	1293	2163	3101	3900.21	4081.97	4407.20
成品钢材	万吨	45	134	406	1366	2919	3271.01	4113.34	4213.69
运输邮电									
货运量	万吨	14201	85809	119216	133992	205034	349832	377645	400601
货物周转量	亿吨公里	1413	2599	3065	3917	5934	14667.43	22032.27	28192.23
客运量	万人	21444	78046	164791	161357	467049	137368	144262	148549
旅客周转量	亿人公里	114	453	1219	2043	3342	3601.12	3842.58	4140.29
邮电业务总量	亿元	2	26	602	2122	4833	4397.09	3864.37	6107.19
年末固定电话用户	万户		113	1415	3443	3169	2807.11	2609.71	2406.09
年末移动电话用户	万户		1	1357	6407	9710	15009.75	14348.96	14798.85

注：1.2010年年末人口数为第六次全国人口普查数据。
2.2014年客运量和旅客周转量不含城市客运量，数据与往年不可比。

17-2 续表

指标	单位	1980年	1990年	2000年	2005年	2010年	2015年	2016年	2017年
固定资产投资									
固定资产投资总额	亿元	38	381	3234	7164	16113	30031	33008.86	37477.96
#房地产开发	亿元		33	859	1592	3660	8538	10307.80	12075.69
商业									
社会消费品零售总额	亿元	118	667	4380	7916	17458	31518	34739.00	38200.07
物价总指数									
商品零售价格指数	上年=100	108.5	95.6	99.9	101.8	103.3	99.6	100.8	101.6
居民消费价格指数	上年=100		97.5	101.4	102.3	103.1	101.5	102.3	101.5
外贸外经									
进出口总额	亿美元	26	419	1701	4280	7849	10228	9552.86	10066.80
进口总额	亿美元	4	197	782	1898	3317	3793	3567.21	3838.06
出口总额	亿美元	22	222	919	2382	4532	6435	5985.64	6228.73
进出口总额	亿元						63560	63099.68	68168.86
进口总额	亿元						23577	23579.14	25976.00
出口总额	亿元						39983	39520.54	42192.86
实际利用外资	亿美元	2	20	146	152	210	270	234.07	229.48
财政、金融									
地方一般公共预算收入	亿元	38	131	911	1807	4517	9367	10390.35	11320.35
地方一般公共预算支出	亿元	27	151	1070	2289	5422	12828	13446.09	15037.48
各项人民币存款余额	亿元		1577	16920	35959	79958	153552	171024.47	184779.60
#住户存款余额	亿元	30	752	8667	19051	36319	54238	58618.89	61890.08
各项人民币贷款余额	亿元		1704	11787	20966	47192	89289	103649.79	118978.62
人民生活									
在岗职工平均工资	元	789	2929	13823	23959	40358	66296	72848	80020
全省常住居民人均可支配收入	元						27859	30295.80	33003.29
城镇常住居民人均可支配收入	元	473	2303	9762	14770	23898	34757	37684.25	40975.14
农村常住居民人均可支配收入	元	274	1043	3654	4690	7890	13360	14512.15	15779.74
教育									
在校学生数									
#普通高等学校	万人	4	10	30	87	143	186	189.29	192.58
中等职业教育学校	万人	6	45	66	71	155	117	106.57	99.39
普通中学	万人	252	234	461	612	709	561	545.22	545.38
小学	万人	749	747	930	1067	849	869	905.22	941.96
卫生									
医院及卫生院床位数	万张	8	11	16	19	28	40	42.84	45.30
卫生技术人员	万人	14	19	26	30	46	62	66.75	70.99
#执业（助理）医师	万人	6	8	11	12	18	23	24.41	25.89

17-3 主要经济指标东莞占全国、全省的比重（2017年）

Proportion of Main Indicators of Dongguan to China and Guangdong Province (2017)

指　　标	单 位	绝 对 值			东莞占全国的比重 (%)	东莞占全省的比重 (%)
		全 国	全 省	东 莞		
人口						
年末常住人口	万 人	139008	11169	834.25	0.60	7.47
经济总量						
地区生产总值	亿 元	827122	89705.23	7582.09	0.92	8.45
第一产业增加值	亿 元	65468	3611.44	22.85	0.03	0.63
第二产业增加值	亿 元	334623	38008.06	3663.23	1.09	9.64
第三产业增加值	亿 元	427032	48085.73	3896.01	0.91	8.10
工业						
工业增加值	亿 元	279997	35291.83	3568.24	1.27	10.11
主要工业产品产量						
机制纸及纸板	万 吨	12542	2177.74	1518.42	12.11	69.72
彩电	万 台	15933	8399.88	481.40	3.02	5.73
发电量	亿千瓦时	64951	4407.20	350.20	0.54	7.95
农业						
主要农产品产量						
粮食	万 吨	61793	1208.56	0.48	0.001	0.04
水果	万 吨		1421.23	5.46		0.38
肉类	万 吨	8588	444.08	0.66	0.01	0.15
水产品	万 吨	6953	833.54	4.55	0.07	0.55
固定资产投资额						
固定资产投资总额	亿 元	631684	37477.96	1712.83	0.27	4.57
运输邮电						
货物周转量	亿吨公里	197372	28192.23	483.62	0.25	1.72
旅客周转量	亿人公里	32813	4140.29	68.14	0.21	1.65
年末固定电话用户	万 户	19376	2406.09	244.64	1.26	10.17
年末移动电话用户	万 户	141749	14798.85	1680.97	1.19	11.36
财政、金融						
一般公共预算收入	亿 元	172567	11320.35	592.07	0.34	5.23
一般公共预算支出	亿 元	203330	15037.48	667.65	0.33	4.44
各项人民币存款余额	亿 元	1641044	184779.60	11836.66	0.72	6.41
#住户存款余额	亿 元	643768	61890.08	5103.42	0.79	8.25
各项人民币贷款余额	亿 元	1201321	118978.62	6855.44	0.57	5.76
外经外贸						
进出口总额	亿元	277923	68168.86	12264.37	4.41	17.99
进口总额	亿元	124602	25976.00	5236.99	4.20	20.16
出口总额	亿元	153321	42192.86	7027.38	4.58	16.66
实际利用外资	亿美元	1310	229.48	17.19	1.31	7.49
商业、物价						
社会消费品零售总额	亿 元	366262	38200.07	2687.88	0.73	7.04
商品零售价格指数	上年=100	101.1	101.6	101.1		
居民消费价格指数	上年=100	101.6	101.5	101.4		
人民生活						
城镇在岗职工年平均工资	元	74318	80020	61619	82.91	77.00
城镇常住居民人均可支配收入	元	36396	40975	46739	128.42	114.07
农村常住居民人均可支配收入	元	13432	15780	29078	216.49	184.28

注：国家平均工资数据为城镇单位就业人员平均工资。

17-4 主要经济指标东莞占全国、全省的比重（2016年）

Proportion of Main Indicators of Dongguan to China and Guangdong Province (2016)

指　　标	单 位	绝 对 值			东莞占全国的比重(%)	东莞占全省的比重(%)
		全 国	全 省	东 莞		
人口						
年末常住人口	万 人	138271	10999	826.14	0.60	7.51
经济总量						
地区生产总值	亿 元	743586	80666.72	6937.08	0.93	8.60
第一产业增加值	亿 元	63673	3500.49	22.76	0.04	0.65
第二产业增加值	亿 元	296548	35109.66	3268.30	1.10	9.31
第三产业增加值	亿 元	383365	42056.57	3646.02	0.95	8.67
工业						
工业增加值	亿 元	247878	32650.89	3184.54	1.28	9.75
主要工业产品产量						
机制纸及纸板	万 吨	12319	2127.52	1507.86	12.24	70.87
彩电	万 台	15770	8106.36	300.70	1.91	3.71
发电量	亿千瓦时	61332	4081.97	338.48	0.55	8.29
农业						
主要农产品产量						
粮食	万 吨	61625	1204.22	0.48	0.001	0.04
水果	万 吨	28351	1331.99	5.51	0.02	0.41
肉类	万 吨	8538	448.70	0.66	0.01	0.15
水产品	万 吨	6901	818.29	5.02	0.07	0.61
固定资产投资额						
固定资产投资总额	亿 元	596501	33008.86	1577.46	0.26	4.78
运输邮电						
货物周转量	亿吨公里	186629	22032.27	455.23	0.24	2.07
旅客周转量	亿人公里	31258	3842.58	77.32	0.25	2.01
年末固定电话用户	万 户	20662	2609.71	272.63	1.32	10.45
年末移动电话用户	万 户	132193	14348.96	1575.08	1.19	10.98
财政、金融						
一般公共预算收入	亿 元	159605	10390.35	544.75	0.34	5.24
一般公共预算支出	亿 元	187755	13446.09	599.29	0.32	4.46
各项人民币存款余额	亿 元	1505864	171024.47	11198.43	0.74	6.55
#住户存款余额	亿 元	597751	58618.89	4882.91	0.82	8.33
各项人民币贷款余额	亿 元	1066040	103649.79	6402.48	0.60	6.18
外经外贸						
进出口总额	亿元	243386	63099.68	11415.99	4.69	18.09
进口总额	亿元	104967	23579.14	4859.15	4.63	20.61
出口总额	亿元	138419	39520.54	6556.85	4.74	16.59
实际利用外资	亿美元	1260	234.07	39.26	3.12	16.77
商业、物价						
社会消费品零售总额	亿 元	332316	34739.00	2470.78	0.74	7.11
商品零售价格指数	上年=100	100.7	100.8	100.9		
居民消费价格指数	上年=100	102.0	102.3	102.7		
人民生活						
城镇在岗职工年平均工资	元	67569	72848	57649	85.32	79.14
城镇常住居民人均可支配收入	元	33616	37684.25	43096	128.20	114.36
农村常住居民人均可支配收入	元	12363	14512.15	26526	214.56	182.78

17－5 主要经济指标人均水平东莞与全国、全省的比较（2017年）

Comparison of Per Capita Level of Main Economic Indicators between Dongguan and China, Guangdong Province (2017)

指　　标	单 位	人均水平			东莞相当于全国(%)	东莞相当于全省(%)
		全 国	全 省	东 莞		
地区生产总值	元	59660	80932	91329	153.1	112.8
一般公共预算收入	元	12447	10213	7131.70	57.3	69.8
出口总额	元	11059	38066	84647	765.4	222.4
各项人民币存款余额	元	118054	165440	141884	120.2	85.8
住户存款余额	元	46312	55412	61174	132.1	110.4
固定资产投资总额	元	45563	33813	20632	45.3	61.0
社会消费品零售总额	元	26418	34464	32377	122.6	93.9
实际利用外资	美元	94	207	207	219.1	100.0
城镇在岗职工年平均工资	元	74318	80020	61619	82.9	77.0
城镇常住居民人均可支配收入	元	36396	40975	46739	128.4	114.1
农村常住居民人均可支配收入	元	13432	15780	29078	216.5	184.3
粮食产量	公斤	446	109	1	0.1	0.5
水产品产量	公斤	50	75	5	10.9	7.3
水果产量	公斤		128	7		5.1
工业发电量	千瓦时	4685	3976	4218	90.0	106.1
医院卫生院床位数	张/千人	4.40	4.06	3.58	81.3	88.3
卫生技术人员数	人/千人	6.46	6.36	6.07	93.9	95.4

注：本表人均指标时点数按年末常住人口计算，时期数按年平均常住人口计算。

17－6 主要经济指标人均水平东莞与全国、全省的比较（2016年）

Comparison of Per Capita Level of Main Economic Indicators between Dongguan and China, Guangdong Province (2016)

指　　标	单 位	人均水平			东莞相当于全国(%)	东莞相当于全省(%)
		全 国	全 省	东 莞		
地区生产总值	元	53935	73844	84007	155.8	113.8
一般公共预算收入	元	11577	9511	6597	57.0	69.4
出口总额	元	10040	36178	79402	790.9	219.5
各项人民币存款余额	元	108907	155491	135551	124.5	87.2
住户存款余额	元	43230	53295	59105	136.7	110.9
固定资产投资总额	元	43267	30217	19103	44.2	63.2
社会消费品零售总额	元	24104	31801	29921	124.1	94.1
实际利用外资	美元	91	214	475	520.2	221.9
城镇在岗职工年平均工资	元	67569	72848	57649	85.3	79.1
城镇常住居民人均可支配收入	元	33616	37684	43096	128.2	114.4
农村常住居民人均可支配收入	元	12363	14512	26526	214.6	182.8
粮食产量	公斤	447	110	1	0.1	0.5
水产品产量	公斤	50	75	6	12.1	8.1
水果产量	公斤	206	122	7	3.2	5.5
工业发电量	千瓦时	4449	3737	4099	92.1	109.7
医院卫生院床位数	张/千人	4.11	3.90	3.41	82.8	87.4
卫生技术人员数	人/千人	6.11	6.07	5.77	94.4	95.1

注：本表人均指标时点数按常住人口计算，时期数按年平均常住人口计算。

17–7 珠江三角洲国民经济和社会发展主要指标（2017年）

指　　标	单 位	广州市	深圳市	珠海市
综合				
土地面积	平方公里	7249	1997	1736
年末常住人口	万人	1449.84	1252.83	176.54
城镇人口占常住人口的比例	%	86.14	99.74	89.37
年末户籍人口	万人	897.87	445.74	118.87
地区生产总值	亿元	21503.15	22490.06	2675.18
第一产业增加值	亿元	220.45	19.57	48.82
第二产业增加值	亿元	6011.01	9318.10	1287.19
第三产业增加值	亿元	15271.69	13152.39	1339.17
人均生产总值（按常住人口计算）	元	150678	183544	155502
农村经济				
农林牧渔业总产值	亿元	396.70	38.86	91.63
粮食产量	万吨	12.82	0.90	2.15
水果产量	万吨	52.81	4.13	6.23
水产品产量	万吨	44.76	8.29	30.96
工业				
规模以上工业企业数	个	4661	7943	1163
规模以上工业增加值	亿元	4131.02	8022.73	1139.37
规模以上工业企业主营业务收入	亿元	17652.65	30821.67	4753.60
规模以上工业企业利润总额	亿元	1345.76	2101.33	410.05
规模以上工业产品销售率	%	99.23	97.02	99.69
固定资产投资				
固定资产投资总额	亿元	5919.83	5147.32	1662.02
#房地产开发投资额	亿元	2702.89	2135.86	666.12
商品房屋销售面积	万平方米	1757.75	671.03	509.65
商品房屋销售额	亿元	3099.52	3216.65	1093.42
交通、邮电				
民用汽车拥有量	万辆	239.92	321.44	54.95
港口货物吞吐量	万吨	59012	24136	13586
邮电业务总量	亿元	1544.90	1659.20	108.48
年末固定电话用户数	万户	437.50	478.22	61.79
年末移动电话用户数	万户	2705.26	2679.31	332.46
全年总用电量	亿千瓦时	869.59	872.15	162.67

Main Indicators of National Economy and Social Development of the Pearl River Delta Economic Zone (2017)

佛山市	惠州市	肇庆市	江门市	东莞市	中山市
3798	11347	14891	9507	2460	1784
765.67	477.70	411.54	456.17	834.25	326.00
94.96	69.55	46.78	65.81	89.86	88.28
419.59	369.24	445.65	396.37	211.31	170.47
9398.52	3830.58	2110.01	2690.25	7582.09	3430.31
133.65	166.57	326.62	187.35	22.85	55.64
5424.65	2017.20	771.53	1324.96	3663.23	1724.97
3840.22	1646.81	1011.86	1177.94	3896.01	1649.71
124324	80205	51464	59089	91329	105711
270.33	266.55	497.99	338.00	35.49	99.90
3.71	58.64	114.96	91.14	0.48	1.71
4.30	81.80	154.87	27.44	5.46	8.53
64.36	16.48	45.43	75.39	4.55	32.29
6212	2366	1163	2112	7669	3211
4335.33	1850.49	605.68	991.68	3618.19	1073.72
20303.16	7971.66	2832.07	3998.34	18240.15	4831.05
1560.76	499.59	158.90	236.98	722.04	225.50
97.99	97.00	97.65	96.74	98.89	98.05
4265.79	2234.88	1497.55	1774.83	1712.83	1248.48
1453.99	884.19	208.04	450.56	702.15	623.97
2800.17	1645.65	598.01	788.16	799.46	874.81
3073.04	1628.81	365.61	572.40	1349.22	884.65
228.14	104.09	49.01	69.98	262.76	96.93
7967	7214	3973	8267	15714	8044
360.64	203.73	84.18	128.86	694.35	211.28
220.45	100.14	59.52	105.14	244.64	92.63
1167.43	611.51	337.16	562.20	1680.27	605.71
673.82	368.35	168.79	267.12	760.68	279.43

17-7 续表

(2017年)

指　　标	单 位	广州市	深圳市	珠海市
金融、贸易、财政				
年末金融机构本外币存款余额	亿元	51369.03	69668.31	6928.74
#住户存款	亿元	15032.29	11159.78	1542.24
年末金融机构本外币贷款余额	亿元	34137.05	46329.33	4806.88
社会消费品零售总额	亿元	9402.59	6016.19	1128.18
地方一般公共预算收入	亿元	1536.74	3332.13	314.38
地方一般公共预算支出	亿元	2186.01	4593.80	493.89
对外经济				
进出口总额	亿元	9715.52	28024.49	2992.52
进口总额	亿元	3923.09	11481.87	1109.45
出口总额	亿元	5792.43	16542.62	1883.07
合同利用外资金额	亿美元	133.90	368.57	107.22
实际利用外商直接投资	亿美元	62.89	74.01	24.33
人民生活、物价				
在岗职工年平均工资	元	98612	100173	81014
全体常住居民人均可支配收入	元	50782	52938	44043
全体常住居民人均消费支出	元	37496	38320	32981
城镇常住居民人均可支配收入	元	55400	52938	46826
城镇常住居民人均消费支出	元	40637	38320	34735
农村常住居民人均可支配收入	元	23484		23496
农村常住居民人均消费性支出	元	18932		20038
居民消费价格总指数（以上年为100）	%	102.3	101.4	100.8
工业生产者出厂价格指数(以上年为100)	%	102.3	101.8	103.2
教育、R&D、卫生				
学校数				
中等职业技术学校	所	83	15	8
普通中学	所	518	368	74
小学	所	961	342	122
在校学生数				
中等职业技术学校	人	196796	39234	20117
普通中学	人	509427	417641	90237
小学	人	1004695	964510	162238
全社会R&D经费	万元	5324085	9769377	671526
规上工业企业R&D活动人员	人	97894	232421	23152
规上工业企业R&D经费内部支出	万元	2548554	8410974	590914
卫生事业机构	个	4058	4049	742
#医院	个	243	136	43
医院床位数	张	81747	36798	8335
执业（助理）医师	人	49747	33293	6427

佛山市	惠州市	肇庆市	江门市	东莞市	中山市
14042.40	5485.55	2259.76	4271.88	12497.97	5413.77
7019.38	2168.88	1388.91	2597.46	5160.71	2435.73
9376.97	4012.86	1501.96	2796.77	6986.26	3734.93
3320.43	1363.46	809.93	1279.63	2687.88	1309.89
661.58	389.08	94.85	222.37	592.07	312.76
774.96	554.01	271.15	333.26	667.65	455.22
4357.58	3415.65	357.91	1385.01	12264.37	2581.93
1203.90	1182.54	135.65	309.45	5236.99	526.39
3153.68	2233.11	222.26	1075.56	7027.38	2055.54
15.84	16.70	2.68	9.40	26.08	7.69
16.23	11.44	1.81	5.11	17.19	5.09
72712	70890	65227	66107	61619	68034
45813	31091	22360	26851	45451	43554
32648	22969	14868	19302	31849	29034
46849	36608	28276	32478	46739	45295
33451	26424	18945	22906	32498	30131
26390	19284	16431	16473	29078	30012
18262	15576	10926	12656	23090	20833
101.9	101.8	101.6	101.6	101.4	101.6
104.5	104.2	105.2	103.5	101.7	102.5
35	25	18	19	28	11
200	263	180	189	234	103
409	463	221	319	329	207
66878	53284	55274	40419	80294	23133
327678	287517	228705	210114	310169	154456
543598	556985	369217	322934	765120	297389
2231551	839795	242265	514319	1881419	791708
96072	43255	11611	22902	73644	45301
2160172	803065	234180	484548	1614225	765970
1715	2725	3079	1608	2446	806
110	72	54	44	97	59
32646	15550	12678	16605	29046	15140
18134	12582	7620	9859	17506	8115

17-8 长江三角洲国民经济和社会发展主要指标（2017年）

指　　标	单 位	上海市	南京市	苏州市	无锡市	常州市	镇江市
综合							
行政区域土地面积	平方公里	6341	6587	8657	4627	4372	3840
年末常住人口	万人	2418.33	833.50	1068.36	655.30	471.73	318.63
年末户籍人口	万人	1445.65	680.67	691.07	493.05	378.80	270.90
地区生产总值	亿元	30133.86	11715.10	17319.51	10511.80	6622.28	4105.36
第一产业增加值	亿元	98.99	263.01	221.98	135.18	157.10	142.42
第二产业增加值	亿元	9251.40	4454.87	8235.88	4964.44	3081.19	2031.10
第三产业增加值	亿元	20783.47	6997.22	8861.65	5412.18	3383.99	1931.84
人均地区生产总值	元	124571	141103	162388	160706	140517	128844
工业、用电							
规模以上工业增加值	亿元		3166.63	6928.26	3382.77	2966.68	1658.75
规模以上工业企业主营业务收入	亿元	37900.38	11577.77	32301.67	15753.74	12983.58	7265.27
规模以上工业企业利润总额	亿元	3200.10	861.33	2055.26	1040.43	761.07	468.81
全社会用电量	亿千瓦时	1526.77	556.96	1503.50	686.67	455.00	243.86
#工业用电量	亿千瓦时	798.22	318.14	1202.04	524.68	351.21	180.02
固定资产投资							
固定资产投资总额	亿元	7246.60	6215.20	5629.59	4967.51	3896.30	2694.36
#房地产开发投资额	亿元	3856.53	2170.21	2305.82	1201.89	479.10	343.52
#工业投资额	亿元	1031.69	1778.79	1983.34	2089.73	2079.72	1494.52
交通、邮电							
民用汽车拥有量	万辆	361.02	239.20	355.74	187.87	122.80	49.56
货运量	万吨	97257	35462	14937	17385	14669	4311
客运量	万人次	20856	16417	31903	8800	6398	9314
快递业务量	亿件	31.15	6.34	10.45	4.51	18.93	0.79
快递业务收入	亿元	868.89	73.86	134.05	55.26	28.70	9.22
年末固定电话用户数	万户		237.93	242.33	140.97	113.90	67.63
年末移动电话用户数	万户		1159.85	1859.80	879.90	609.10	325.45
金融、贸易、财政							
年末金融机构本外币存款余额	亿元	112461.74	30764.63	28547.77	15141.30	10191.90	4966.37
#住户存款	亿元	25763.20	6202.95		5143.49	3578.50	2001.58
年末金融机构本外币贷款余额	亿元	67182.01	25159.48	24897.50	11232.63	6718.00	3890.98
社会消费品零售总额	亿元	11830.27	5604.66	5442.82	3458.04	2444.05	1366.03
地方一般公共预算收入	亿元	6642.26	1271.91	1908.10	930.00	518.81	284.34
地方一般公共预算支出	亿元	7547.62	1353.96	1771.52	989.35	551.70	386.59
对外经济、科技							
进出口总额	亿元	32237.82	4142.98	21394.89	5502.46	2117.60	713.86
出口总额	亿元	13120.31	2333.00	12670.50	3354.62	1554.80	473.47
进口总额	亿元	19117.51	1809.98	8724.38	2147.84	562.80	240.39
实际利用外商直接投资	亿美元	170.08	36.73	45.04	36.75	25.50	13.53
专利申请量	件	131746	75406	113694	52252	33973	33539
专利授权量	件	70464	32073	53223	28926	16423	14825
人民生活、物价							
居民人均可支配收入	元	58988	48104	50603	46453	41879	37169
城镇常住居民人均可支配收入	元	62596	54538	58806	52659	49955	45386
农村常住居民人均可支配收入	元	27825	23133	29977	28358	25835	22724
居民消费价格总指数（以上年为100）	%	101.7	101.9	101.7	101.9	101.9	102.0

注：1.上海户籍人口为常住户籍人口；常州客运量为营业性客运量；无锡快递业务量为规模以上快递业务量；南通民用汽车拥有量为机动车拥有量；湖州、台州、嘉兴为汽车保有量；苏州为汽车拥有量；无锡为全社会拥有车辆。

Main Indicators on National Economy and Social Development of the Yangtze River Delta Economic Zone (2017)

南通市	扬州市	泰州市	杭州市	宁波市	嘉兴市	湖州市	绍兴市	舟山市	台州市
8001	6591	5787	16596	9816	4223	5820	8279	1440	9411
730.50	450.82	465.19	946.80	800.50	465.60	299.50	501.00	116.80	611.80
764.50	459.98	505.19	753.88	596.90	356.37	266.14	446.48	97.15	603.53
7734.64	5064.92	4744.53	12556.16	9846.94	4355.24	2476.13	5108.04	1218.95	4388.22
382.69	262.06	264.08	311.67	314.11	134.67	127.35	207.00	142.75	268.26
3639.81	2475.86	2238.13	4387.19	5105.48	2309.30	1173.65	2491.43	444.68	1938.37
3712.14	2327.00	2242.32	7857.30	4427.35	1911.27	1175.13	2409.61	631.52	2181.59
105903	112559	102058	134607	124017	93964	82952	102181	104811	72912
3318.43	2084.66	2775.53	3204.63	3266.73	1727.29	902.83	1477.48	251.03	1007.62
14751.10	8876.94	12184.29	13055.54	15218.33	8259.39	4522.93	7877.42	929.26	4326.59
1128.80	507.25	883.95	968.68	1264.14	550.63	323.70	518.76	6.94	266.20
400.60	237.05	273.90	738.03	709.23	483.96	244.33	411.55	52.52	310.51
275.80	162.21	201.75	432.27	525.40	390.08	182.16	321.47	24.39	205.39
4959.20	3690.09	3623.33	5856.65	5009.58	3009.64	1730.98	3115.67	1450.31	2518.26
609.95	443.58	291.54	2734.00	1374.47	723.81	301.17	678.07	209.43	461.03
2397.75	2029.83	2309.89	861.48	1356.48	1340.51	716.62	1331.68	462.37	912.65
187.30		69.79	245.12	228.95	119.51	73.40	149.52	20.13	148.30
21821	13374	21026	34785	52520	135	16756	13427	31705	27899
7972	3427	6834	22289	10792	1571	5261	2926	5537	9795
2.93	1.30	0.74	23.26	6.39	4.11	2.54	3.29	0.14	5.39
28.78	13.94	9.24	251.05	70.11	43.44	17.80	26.25	2.30	33.19
177.50	608.30	73.76	246.70	224.00	101.37	80.30	116.93	26.77	92.26
841.00	508.60	432.10	1724.20	1218.85	631.68	443.10	635.45	178.52	826.46
11718.20	5812.00	5865.52	36483.24	18149.10	7568.79	4045.35	7837.28	2008.48	7618.41
5469.10	2688.21	2648.87	8670.60	5999.40	3435.18	1914.81	3632.37	764.33	4062.66
7886.60	4029.00	4226.64	29270.94	17762.50	6067.05	3281.05	6703.14	1721.57	6412.48
2873.41	1494.01	1254.22	5717.43	4047.80	1806.62	1188.15	1977.66	505.68	2235.73
590.60	320.18	343.97	1567.42	1245.07	443.79	237.43	431.36	125.76	382.25
810.10	500.59	477.05	1540.92	1410.56	494.70	325.02	469.83	258.60	563.10
2360.19	731.55	876.80	5085.10	7600.10	2469.71	778.00	1997.00	783.04	1577.89
1691.91	533.32	556.77	3455.60	4984.20	1775.97	687.30	1852.00	384.19	1379.47
668.26	198.23	320.03	1629.50	2616.00	693.74	90.70	145.00	398.85	198.42
24.23	12.08	16.18	66.10	40.30	29.95	10.53	12.87	4.05	4.43
54742	32638	31352	75709	62104	33029	28808	51107	3649	28071
19057	14214	9849	42227	36993	18244	12025	25741	1920	19143
33011	31370	30944	49832	48233		40702	45306	45195	40439
42756	38828	40059	56276	55656	53057	49934	54445	52516	51374
20472	19694	19494	30397	30871	31436	28999	30331	30791	25369
101.7	101.7	101.9	102.5	101.8	102.2	101.8	101.8	101.7	102.1

2.数据为初步统计数，来自各市统计公报、网站等，最终数据以各市2018年统计年鉴为准。

17-9 中国香港特别行政区主要社会经济指标
Main Statistical Indicators of Hong Kong Special Administrative Region

指　　　标	单　位	1990年	2000年	2010年	2016年	2017年
人口及生命统计						
年中人口	万人	570.4	666.5	702.4	733.7	739.2
粗出生率	‰	12.0	8.1	12.6	8.3	7.7
粗死亡率	‰	5.2	5.1	6.0	6.4	6.3
劳动、就业 ⑥						
劳动人口	万人	274.8	337.4	363.1	392.0	394.7
劳动人口参与率	%	63.2	61.4	59.6	61.1	61.1
失业率	%	1.3	4.9	4.3	3.4	3.1
本地生产总值						
按2015年环比物量计算 ①						
本地生产总值年增长率	%	3.8	7.7	6.8	2.1	3.8
本地生产总值	亿港元	9444	13915	20740	24495	25432
人均本地生产总值	港元	165556	208780	295264	333879	344060
按当年价格计算						
本地生产总值年增长率	%	11.7	4.0	7.1	3.9	6.9
本地生产总值	亿港元	5993	13375	17763	24907	26626
人均本地生产总值	港元	105050	200675	252887	339490	360220
政府收支、货币、金融						
政府收入总额 ②	亿港元	895	2251	3765	5731	6124
政府支出总额 ②	亿港元	856	2329	3014	4621	4744
货币供应量M_3	亿港元	12880	36928	71563	125513	138038
居民消费物价指数						
(2014年10月至2015年9月=100)						
综合消费物价指数		46.6	78.4	81.8	103.0	104.5
本地居民总收入（按当年价格计算）						
本地居民总收入	亿港元		13482	18139	25533	27734
人均本地居民总收入	港元		202287	258240	348022	375201
工业生产						
工业生产指数 ③（2008年=100）				95.0	92.7	93.1
工业电力消费量	万亿焦耳	24934	17769	11080	11252	11196
工业煤气消费量	万亿焦耳	583	982	917	1477	1569

17-9 续表

指标	单位	1990年	2000年	2010年	2016年	2017年
房屋及物业						
已登记物业买卖合约涉及的价值	亿港元		2225	6895	5329	7264
住宅	亿港元		1684	5607	4280	5563
非住宅	亿港元		541	1288	1048	1701
楼宇售价指数						
私人住宅单位	1999年=100	44.8	89.6	150.9	286.1	333.9
私人写字楼（甲级、乙级及丙级）	1999年=100	99.1	89.9	230.4	426.9	486.9
楼宇租金指数						
私人住宅单位	1999年=100	76.7	98.1	119.7	168.2	182.6
私人写字楼（甲级、乙级及丙级）	1999年=100	137.7	98.5	147.6	232.3	241.8
运输、通讯						
进出香港的货物						
总卸下	万吨	6076	13035	17282	16669	19086
总装上	万吨	2997	8692	12882	11647	11777
集装箱吞吐量 ④	万标准集装箱单位	510	1810	2370	1981	2077
电话服务	万条操作线路	245	395	426	420	415
对外商品贸易						
港产品出口	亿港元	2259	1810	695	429	435
转口	亿港元	4140	13917	29615	35454	38324
进口	亿港元	6425	16580	33648	40084	43570
旅　游						
访港旅客 ⑤	万人次	658	1306	3603	5665	5847
酒店入住率	%	79	83	87	87	89
教　育						
小学学生人数	人	526720	493979	331112	349008	362049
中学学生人数	人	453423	466710	452581	339437	332030
大学教育学生人数	人	57824	78295	166018	188079	189771

注：本表数据由香港特别行政区政府统计处提供，国家统计局整理编辑。1990年数据指原香港地区。
①以环比物量计算的本地生产总值及其组成部分的参照年为2015年。
②财政年度数字。指当年4月1日至第二年3月31日。
③自2005年统计年度开始，所有工业生产指数均按《香港标准行业分类2.0版》编制。
④1998年起，采用一系列新的集装箱吞吐量数字，与1998年以前的数字不可比。
⑤1996年及以后的数字包括澳门访港的非澳门居民旅客人数。
⑥统计数字在编制过程中涉及应用人口数字。数字已就2016年中期人口统计的结果而作出了修订。2016年中期人口统计的结果提供了一个基准，用作修订自2011年人口普查以来编制的人口数字。

17-10 中国澳门特别行政区主要社会经济指标

Main Statistical Indicators of Macao Special Administrative Region

指　　标	单　位	1990年	2000年	2010年	2016年	2017年
人口及生命统计						
年中人口	万人	33.5	43.1	53.7	65.3	64.8
出生率	‰	20.5	8.9	9.5	11.0	10.1
死亡率	‰	4.4	3.1	3.3	3.4	3.3
劳动力						
劳动人口	万人	16.9	20.9	32.4	39.7	38.7
劳动力参与率	%	66.6	64.3	72.0	72.3	70.8
失业率	%	3.2	6.8	2.8	1.9	2.0
就业不足率	%	2.3	3.0	1.7	0.5	0.4
本地生产总值 ①						
以2015年环比物量计算						
本地生产总值实际增长率（支出法）	%	8.0	5.7	25.3	-0.9	9.1
本地生产总值	亿澳门元	833.1	1084.4	3163.7	3590.9	3917.5
人均本地生产总值	万澳门元	24.9	25.2	58.9	55.6	60.4
按当年价格计算						
本地生产总值名义增长率（支出法）	%	19.8	4.0	31.3	…	11.6
本地生产总值	亿澳门元	258.3	539.4	2250.5	3622.7	4042.0
人均本地生产总值	万澳门元	7.7	12.5	41.9	56.1	62.3
政府收支、货币、金融						
政府总收入 ①	亿澳门元	60.2	153.4	884.9	1105.0	1180.7
政府总开支 ①	亿澳门元	55.1	150.2	383.9	826.3	776.9
货币供应（广义货币供应量M_2）	亿澳门元	307.4	849.2	2430.5	5324.8	5914.9
消费价格指数						
(2013年10月至2014年9月=100)						
综合消费价格指数			64.82	80.50	108.23	109.56
工业生产						
工业电力消耗量	亿千瓦小时		1.5	1.5	1.6	1.6
建　筑						
获发使用准照(建成)的私人楼宇单位数目	个	11574	3146	4527	498	4511
获发使用准照(建成)私人楼宇总建筑面积	万平方米	105.7	37.0	127.2	19.2	84.0
获发动工批示(新动工)的私人楼宇单位数目	个		1167	870	5372	3223
获发动工批示(新动工)的私人楼宇总建筑面积	万平方米		20.3	18.4	86.9	41.1

17-10 续表

指标	单位	1990年	2000年	2010年	2016年	2017年
楼宇单位买卖数目	个	8463	10211	29617	14108	13985
不动产买卖契约数目	宗	8559	12484	12707	13262	13961
不动产按揭贷款数目	宗	6610	7367	15127	18529	17439
房屋（期末值）						
公共房屋 ②	个	4871	9084	8174	12219	12209
运输、通讯						
进出澳门货运车辆数目 ③	万辆	26.4	45.4	35.8	36.3	34.5
领牌车辆 ④	万辆	5.1	11.4	19.7	25.0	24.1
电话线	万条	9.6	17.7	16.8	13.9	13.2
对外商品贸易						
出口	亿澳门元	136.4	203.8	69.6	100.5	112.8
本地产品出口	亿澳门元		170.8	23.9	19.6	17.9
转口	亿澳门元		33.0	45.7	80.8	95.0
进口	亿澳门元	123.4	181.0	441.2	713.5	758.5
旅　游						
访澳旅客 ⑤	万人次	594.2	916.2	2496.5	3095.0	3261.1
酒店入住率	%	69	58	80	83	87
教　育 ⑥						
幼儿教育学生	人	20814	14978	10804	17757	18802
小学生	人	34972	45474	23785	28438	30169
中学生	人	17601	38156	37224	27473	26608
高等教育学生	人	7425	8358	25539	32750	33098

注：本表数据由澳门特别行政区政府统计暨普查局提供，国家统计局整理编辑。1998年及以前数据均指原澳门地区。
①数字在日后得到更多资料时会作出修订。
②不包括已出售者。
③自2000年开始包括进出关闸及路(氹)城边检站的数字。而自2007年开始亦包括进出跨境工业区边检站的数字。
④自2007年开始不包括单车。
⑤自2008年开始访澳旅客不包括外地雇员及学生等。
⑥不包括特殊教育学生。第n年的学生人数是指n/n+1学年年底学生人数。2007/2008学年起不包括回归教育学生人数；2010/2011学年起为注册学生人数。

17-11 中国台湾省主要社会经济指标

Main Statistical Indicators of Taiwan Province

指　　标	单　位	1995年	2000年	2010年	2016年	2017年
人口						
户籍登记人口数 ①	万人	2136	2228	2316	2354	2357
人口自然增加率	‰	9.90	8.08	0.91	1.53	0.96
人口密度	人/平方公里	590	616	640	650	651
劳动、就业						
劳动力人口	万人	921	978	1107	1173	1180
劳动参与率	%	58.7	57.7	58.1	58.8	58.8
失业率	%	1.8	3.0	5.2	3.9	3.8
国民经济核算						
本地居民生产总值	新台币亿元	71291	104908	145489	176824	178744
本地生产总值	新台币亿元	70179	103513	141192	171521	174447
人均本地居民生产总值	新台币元	336042	472889	628706	751934	758903
物价年涨跌率						
批发	%		1.81	5.46	-2.98	0.90
消费者	%		1.26	0.97	1.39	0.62
工　业						
工业生产指数（2011年＝100）			61.9	95.8	106.5	109.6
制造业			59.2	95.5	107.4	111.4
运输、旅游						
铁路客运人数	亿人次	1.6	4.6	7.8	10.9	11.2
公路客运人数	亿人次	12.0	11.0	11.1	12.2	12.4
港埠货物装卸量	万收费吨	42017	56695	65540	73356	72550
出岛旅客	万人次	519	733	942	1459	1565
来台湾旅客	万人次	233	262	557	1069	1074
对外贸易						
出口	亿美元	1117	1520	2780	2803	3172
进口	亿美元	1036	1407	2563	2306	2593
财政、金融及景气						
赋税实征净额 ②	新台币亿元	12323	19298	16222	22241	22512
货币供应量M_2 ①	新台币亿元	128054	188978	309544	413018	427702
存款 ①	新台币亿元	131309	193087	310063	407174	420940
放款与投资 ①	新台币亿元	121003	166220	228037	305492	320227

注：1.①为年底数。②为年度资料。
　　2.本表数据来源于台湾“行政院主计总处”。

第三部分 基本单位情况

Part Three Basic Units

1-1 按行业分的法人单位、产业活动单位数（2017年）

Number of Corporate Units and Industrial Establishments by Sector (2017)

项　　目	法　人单位数（个）	单产业法人单位	多产业法人单位	产业活动单位数（个）	#多产业法人单位的产业活动单　位
合　　计	240727	237889	2828	256673	18784
农、林、牧、渔业	380	373	7	391	18
农业	168	166	2	171	5
林业	29	27	2	29	2
畜牧业	16	15	1	16	1
渔业	70	69	1	71	2
农、林、牧、渔服务业	97	96	1	104	8
采 矿 业	20	20		21	1
煤炭开采和洗选业					
石油和天然气开采业	1	1		1	
黑色金属矿采选业					
有色金属矿采选业	3	3		3	
非金属矿采选业	15	15		16	1
开采辅助活动	1	1		1	
其他采矿业					
制 造 业	110204	109757	444	110751	994
农副食品加工业	375	364	11	377	13
食品制造业	681	674	7	696	22
酒、饮料和精制茶制造业	180	173	7	185	12
烟草制品业	1	1		1	
纺织业	2514	2503	11	2527	24
纺织服装、服饰业	6321	6286	34	6335	49
皮革、毛皮、羽毛及其制品和制鞋业	4876	4861	15	4895	34
木材加工和木、竹、藤、棕、草制品业	896	894	2	905	11
家具制造业	2788	2768	20	2804	36
造纸和纸制品业	4317	4311	6	4326	15
印刷和记录媒介复制业	2736	2730	6	2743	13
文教、工美、体育和娱乐用品制造业	4074	4056	18	4088	32
石油加工、炼焦和核燃料加工业	114	112	2	120	8
化学原料和化学制品制造业	2522	2501	21	2534	33
医药制造业	89	85	4	96	11
化学纤维制造业	137	137		139	2
橡胶和塑料制品业	12025	12001	24	12059	58
非金属矿物制品业	1915	1904	11	1931	27
黑色金属冶炼和压延加工业	250	249	1	253	4
有色金属冶炼和压延加工业	538	537	1	544	7

1-1 续表 1

(2017年)

项目	法人单位数(个)	单产业法人单位	多产业法人单位	产业活动单位数(个)	#多产业法人单位的产业活动单位
金属制品业	15533	15502	31	15564	62
通用设备制造业	8382	8331	50	8423	92
专用设备制造业	8755	8716	39	8791	75
汽车制造业	446	443	3	449	6
铁路、船舶、航空航天和其他运输设备制造业	211	210	1	215	5
电气机械和器材制造业	7286	7244	42	7333	89
计算机、通信和其他电子设备制造业	14475	14418	57	14537	119
仪器仪表制造业	1618	1608	10	1627	19
其他制造业	5661	5654	6	5662	8
废弃资源综合利用业	78	75	3	171	96
金属制品、机械和设备修理业	410	409	1	421	12
电力、燃气及水的生产和供应业	324	315	9	400	85
电力、热力生产和供应业	81	79	2	92	13
燃气生产和供应业	81	76	5	114	38
水的生产和供应业	162	160	2	194	34
建筑业	8474	8361	113	9171	810
房屋建筑业	830	800	30	1086	286
土木工程建筑业	757	746	11	926	180
建筑安装业	1812	1783	29	1901	118
建筑装饰和其他建筑业	5075	5032	43	5258	226
批发和零售业	66190	65729	461	71809	6080
批发业	43293	43115	178	44361	1246
零售业	22897	22614	283	27448	4834
交通运输、仓储和邮政业	4531	4414	116	5626	1212
铁路运输业	23	23		31	8
道路运输业	1733	1704	28	1879	175
水上运输业	94	91	3	101	10
航空运输业	17	15	2	26	11
管道运输业	3	3		4	1
装卸搬运和运输代理业	2065	2016	49	2393	377
仓储业	287	284	3	300	16
邮政业	309	278	31	892	614
住宿和餐饮业	2986	2822	164	3761	939
住宿业	976	889	87	1075	186
餐饮业	2010	1933	77	2686	753
信息传输、软件和信息技术服务业	3206	3155	51	3663	508
电信、广播电视和卫星传输服务	100	89	11	427	338
互联网和相关服务	617	610	7	662	52
软件和信息技术服务业	2489	2456	33	2574	118
金融业	592	536	56	2282	1746
货币金融服务	165	143	22	1441	1298

1-1 续表 2

(2017年)

项目	法人单位数(个)	单产业法人单位	多产业法人单位	产业活动单位数(个)	#多产业法人单位的产业活动单位
资本市场服务	241	237	4	302	65
保险业	121	91	30	461	370
其他金融业	65	65		78	13
房地产业	5482	5232	250	6235	1003
房地产业	5482	5232	250	6235	1003
租赁与商务服务业	20200	19857	340	21695	1838
租赁业	620	615	4	648	33
商务服务业	19580	19242	336	21047	1805
科学研究、技术服务业	5307	5246	60	5535	289
研究和试验发展	1158	1153	5	1165	12
专业技术服务业	2377	2330	47	2589	259
科技推广和应用服务业	1772	1763	8	1781	18
水利、环境和公共设施管理业	642	628	14	701	73
水利管理业	64	62	2	74	12
生态保护和环境治理业	143	143		156	13
公共设施管理业	435	423	12	471	48
居民服务、修理和其他服务业	3405	3352	51	3650	298
居民服务业	1245	1227	18	1402	175
机动车、电子产品和日用产品修理业	1030	1013	16	1082	69
其他服务业	1130	1112	17	1166	54
教育	2583	2536	47	3271	735
教育	2583	2536	47	3271	735
卫生和社会工作	1064	998	66	1645	647
卫生	948	882	66	1526	644
社会工作	116	116		119	3
文化、体育和娱乐业	2559	2534	25	2707	173
新闻和出版业	22	21	1	21	
广播、电视、电影和影视录音制作业	196	191	5	229	38
文化艺术业	446	444	2	451	7
体育	195	194	1	203	9
娱乐业	1700	1684	16	1803	119
公共管理、社会保障和社会组织	2578	2024	554	3359	1335
中国共产党机关	60	60		60	
国家机构	862	809	53	1427	618
人民政协、民主党派	15	15		15	
社会保障	18	18		30	12
群众团体、社会团体和其他成员组织	906	890	16	1048	158
基层群众自治组织	717	232	485	779	547
国际组织					
国际组织					

1-2 按注册类型分的法人单位、产业活动单位数（2017年）

Number of Corporate Units and Industrial Establishments by Registration Status (2017)

项目	法人单位数（个）	单产业法人单位	多产业法人单位	产业活动单位数（个）	#多产业法人单位的产业活动单位
合计	240727	237889	2828	256673	18784
内资	227965	225386	2569	242686	17300
国有	1798	1687	111	3519	1832
集体	2444	2344	99	3169	825
股份合作	654	643	10	794	151
国有联营	9	8	1	17	9
集体联营	79	77	2	100	23
国有与集体联营	12	11	1	31	20
其他联营	190	185	5	221	36
国有独资公司	104	92	12	111	19
其他有限责任公司	94700	93951	745	99321	5370
股份有限公司	2489	2400	88	4201	1801
私营独资	19273	19182	90	19821	639
私营合伙	4823	4791	32	4956	165
私营有限公司	85045	84330	713	88021	3691
私营股份有限公司	2289	2248	41	2411	163
其他	14056	13437	619	15993	2556
港澳台商投资	8820	8663	157	9329	666
与港澳台商合资经营	438	417	21	534	117
与港澳台商合作经营	221	217	4	249	32
港澳台商独资	7741	7613	128	8092	479
港澳台商投资股份有限公司	199	196	3	225	29
其他港、澳、台商投资	221	220	1	229	9
外商投资	3942	3840	102	4658	818
中外合资经营	344	329	15	534	205
中外合作经营	62	61	1	83	22
外资企业	2990	2911	79	3461	550
外商投资股份有限公司	377	373	4	397	24
其他外商投资	169	166	3	183	17

1−3 按地域分的法人单位、产业活动单位数（2017年）

Number of Corporate Units and Industrial Establishments by District (2017)

项目	法人单位数（个）	单产业法人单位	多产业法人单位	产业活动单位数（个）	#多产业法人单位的产业活动单位
全市	240727	237889	2828	256673	18784
莞城街道	7836	7610	226	8717	1107
石龙镇	2038	1988	50	2421	433
虎门镇	14416	14321	95	15376	1055
东城街道	16247	15950	296	17540	1590
万江街道	7987	7893	94	8425	532
南城街道	14780	14465	315	16030	1565
中堂镇	3560	3508	52	3914	406
望牛墩镇	1528	1500	28	1678	178
麻涌镇	2216	2173	43	2480	307
石碣镇	5794	5735	59	6134	399
高埗镇	3126	3076	48	3351	275
道滘镇	3247	3198	49	3444	246
洪梅镇	1024	998	26	1158	160
沙田镇	3870	3823	47	4154	331
厚街镇	10527	10435	92	11310	875
长安镇	21422	21314	108	22397	1083
寮步镇	13652	13480	172	14490	1010
大岭山镇	7968	7906	62	8372	466
大朗镇	12013	11903	110	12663	760
黄江镇	5839	5783	56	6234	451
樟木头镇	7025	6949	76	7535	586
清溪镇	7023	6960	63	7389	429
塘厦镇	14718	14605	112	15377	772
凤岗镇	6913	6845	68	7342	497
谢岗镇	2241	2216	25	2405	189
常平镇	10447	10295	149	11407	1112
桥头镇	3626	3593	32	3954	361
横沥镇	5189	5153	36	5467	314
东坑镇	11084	11037	45	11298	261
企石镇	2626	2580	46	2858	278
石排镇	3999	3959	40	4242	283
茶山镇	4810	4760	50	5067	307
松山湖	1936	1878	58	2044	166

1-4 星级酒店名单（2017年）

List of Star-ranking Hotels (2017)

酒店名称	星级	电话	地址
豪门大饭店	五星	85117888	虎门镇虎门大道
嘉华大酒店	五星	85928888	厚街镇家具大道1号
东莞富盈酒店	五星	85888888	厚街镇赤岭路段
东莞唐拉雅秀酒店	五星	22698888	东城区迎宾路8号
东莞喜来登大酒店	五星	85988888	厚街镇S256省道莞太路段
塘厦三正半山酒店	五星	87299333	塘厦镇迎宾大道
汇华国际饭店	五星	83938888	常平镇常平大道2号
丰泰花园酒店	五星	85708888	虎门镇S358省道大板地路段
华尔登国际酒店	五星	81028888	桥头镇广场路3号
悦莱花园酒店	五星	81118888	寮步镇香市路8号
欧亚国际酒店	五星	82838888	常平镇常东路8号（嘉骏中心）
东莞虎门美思威尔顿酒店	五星	82888888	虎门镇虎门大道黄河商业城
厚街国际大酒店	五星	85088888	厚街镇东风路与S256省道交汇处
东莞观澜湖度假酒店	五星	87288888	塘厦镇大坪林坪路
东莞宾馆	四星	22222222	莞城区东正路11号
宏远酒店	四星	22418888	南城区宏远路1号
汇美酒店	四星	83918888	常平镇中元路9号
长安酒店	四星	85532388	长安镇中心S358省道旁
东莞汇源雅高美爵酒店	四星	85244888	虎门镇虎门大道
方中假日酒店	四星	86866666	茶山镇茶山大道西28号
常平半岛酒店	四星	83988888	常平镇北环路
华禧酒店	四星	85383888	长安镇S358省道上沙路段
嘉辉会酒店	四星	87563388	凤岗镇官井头嘉辉路
美怡登酒店	四星	83028888	常平镇中元路
天悦酒店	四星	81812222	石碣镇崇焕路18号
华庭花园酒店	四星	81633333	厚街镇广东现代国际展览中心南侧
石龙宾馆	三星	86613333	石龙镇绿化中路2号
广彩城酒店	三星	22402088	南城区莞太路
明苑大酒店	三星	85122918	虎门镇金龙大道南
中明酒店	三星	88883368	中堂镇新兴路1号
宏信假日酒店	三星	87363888	清溪镇香芒西路
中青旅山水设计师酒店	三星	21988888	东城区东纵大道189号
海月酒店	二星	85926888	厚街镇涌口海月公园侧

1-5 高新技术企业名录（2017年）

List of High-tech Enterprises (2017)

企业名称	所在镇街	行业类别
东莞市捷联科技有限公司	莞城街道	互联网和相关服务
广东政创软件科技有限公司	莞城街道	软件和信息技术服务业
东莞市彩丽建筑维护技术有限公司	莞城街道	建筑装饰和其他建筑业
广东玉兰集团股份有限公司	莞城街道	造纸和纸制品业
东莞市茶搜搜网络科技有限公司	莞城街道	互联网和相关服务
东莞市东信网络技术有限公司	莞城街道	软件和信息技术服务业
东莞市科立电子设备有限公司	莞城街道	计算机、通信和其他电子设备制造业
东莞市新奥车用燃气发展有限公司	莞城街道	燃气生产和供应业
广东卓科电子科技有限公司	莞城街道	计算机、通信和其他电子设备制造业
东莞市邦邻信息科技有限公司	莞城街道	软件和信息技术服务业
东莞欧景乐厨卫有限公司	莞城街道	电气机械和器材制造业
东莞市博通科技服务有限公司	莞城街道	软件和信息技术服务业
东莞市车尚信息科技有限公司	莞城街道	软件和信息技术服务业
东莞市德华信息软件有限公司	莞城街道	软件和信息技术服务业
东莞市莞穗照明科技有限公司	莞城街道	其他服务业
东莞市冠锋自动化科技有限公司	莞城街道	通用设备制造业
东莞市理工软件有限公司	莞城街道	零售业
东莞市途安信息科技有限公司	莞城街道	软件和信息技术服务业
广东德鑫医疗科技有限公司	莞城街道	专业技术服务业
广东快网科技有限公司	莞城街道	互联网和相关服务
广东立升科技有限公司	莞城街道	软件和信息技术服务业
广东盈华信息科技有限公司	莞城街道	软件和信息技术服务业
广东远华电信科技有限公司	莞城街道	电信、广播电视和卫星传输服务
东莞热道节能设备有限公司	莞城街道	通用设备制造业
东莞市安达发网络信息技术有限公司	莞城街道	软件和信息技术服务业
东莞市东烽网络科技有限公司	莞城街道	软件和信息技术服务业
东莞市鑫泰网络科技有限公司	莞城街道	软件和信息技术服务业
东莞赋安实业有限公司	莞城街道	电气机械和器材制造业
广东臻陟科技有限公司	莞城街道	软件和信息技术服务业
广东绿巨人环境科技有限公司	莞城街道	科技推广和应用服务业
东莞市乐琪光电科技有限公司	莞城街道	专用设备制造业
东莞市纽航电子有限公司	莞城街道	计算机、通信和其他电子设备制造业
东莞市谱标实验器材科技有限公司	莞城街道	专业技术服务业
广东慧讯计算机网络工程有限公司	莞城街道	软件和信息技术服务业
东莞市科宇软件有限公司	莞城街道	软件和信息技术服务业
东莞市同享软件科技有限公司	莞城街道	软件和信息技术服务业
东莞市百道网络科技有限公司	莞城街道	软件和信息技术服务业
东莞市中港通电子科技有限公司	莞城街道	软件和信息技术服务业
广东朝阳全网通科技有限公司	莞城街道	软件和信息技术服务业
东莞市厚实软件有限公司	莞城街道	软件和信息技术服务业
东莞市创实计算机信息系统开发有限公司	莞城街道	软件和信息技术服务业
东莞市快达消防电力工程有限公司	莞城街道	建筑安装业
东莞市利客计算机科技有限公司	莞城街道	软件和信息技术服务业
东莞市振晟建设工程有限公司	莞城街道	房屋建筑业
广东君集信息科技有限公司	莞城街道	软件和信息技术服务业
东莞市中凌电子科技有限公司	莞城街道	计算机、通信和其他电子设备制造业
广东艺林绿化工程有限公司	莞城街道	公共设施管理业
东莞市扬帆净化技术有限公司	莞城街道	通用设备制造业
广东国康检测技术有限公司	莞城街道	专业技术服务业
东莞森普光电科技有限公司	莞城街道	电气机械和器材制造业

注：高新技术企业名录资料来源于市科技局。

1−5　续表 1

(2017年)

企业名称	所在镇街	行业类别
东莞领创科技服务有限公司	莞城街道	软件和信息技术服务业
东莞誉华信息科技有限公司	莞城街道	软件和信息技术服务业
东莞市汉彻计算机有限公司	莞城街道	软件和信息技术服务业
广东易通能源科技有限公司	莞城街道	科技推广和应用服务业
东莞人言气动元件科技有限公司	莞城街道	其他制造业
东莞市天策网络科技有限公司	莞城街道	软件和信息技术服务业
东莞市知奥信息技术有限公司	莞城街道	软件和信息技术服务业
东莞市泰豪智能科技有限公司	莞城街道	软件和信息技术服务业
东莞承邑电器科技有限公司	莞城街道	电气机械和器材制造业
广东中森建设工程有限公司	莞城街道	房屋建筑业
广东扬光照明科技有限公司	莞城街道	建筑安装业
东莞市立德达光电科技有限公司	莞城街道	电气机械和器材制造业
东莞市超科五金电子有限公司	莞城街道	通用设备制造业
东莞市众捷信息科技有限公司	莞城街道	软件和信息技术服务业
广东天一电子科技有限公司	莞城街道	软件和信息技术服务业
广东宏达工贸集团有限公司	莞城街道	建筑安装业
东莞市精航科技有限公司	石龙镇	金属制品业
东莞市龙基电子有限公司	石龙镇	计算机、通信和其他电子设备制造业
东莞市石龙联兴实业有限公司	石龙镇	造纸和纸制品业
广东格林莱光电科技有限公司	石龙镇	电气机械和器材制造业
东莞石龙津威饮料食品有限公司	石龙镇	酒、饮料和精制茶制造业
东莞市光烨节能科技有限公司	石龙镇	电气机械和器材制造业
东莞市科纯电子有限公司	石龙镇	计算机、通信和其他电子设备制造业
东莞市阳光信息科技有限公司	石龙镇	软件和信息技术服务业
东莞市振源机械设备有限公司	石龙镇	电气机械和器材制造业
广东开普互联信息科技有限公司	石龙镇	软件和信息技术服务业
东莞市司姆特电子科技有限公司	石龙镇	计算机、通信和其他电子设备制造业
东莞市石龙富华电子有限公司	石龙镇	计算机、通信和其他电子设备制造业
东莞市光华实业有限公司	石龙镇	电气机械和器材制造业
东莞市广安电气检测中心有限公司	石龙镇	专业技术服务业
东莞市长淞电子科技有限公司	石龙镇	计算机、通信和其他电子设备制造业
东莞市领河灯饰照明科技有限公司	石龙镇	计算机、通信和其他电子设备制造业
东莞华实连接器制造有限公司	石龙镇	电气机械和器材制造业
广东华南药业集团有限公司	石龙镇	医药制造业
广东思科通用电力科技有限公司	石龙镇	电气机械和器材制造业
广东奥莱恩电力科技股份有限公司	石龙镇	电气机械和器材制造业
东莞市龙信数码科技有限公司	石龙镇	软件和信息技术服务业
广东翼友科技有限公司	石龙镇	互联网和相关服务
东莞市东懋新型环保节能燃具有限公司	石龙镇	科技推广和应用服务业
广东众生药业股份有限公司	石龙镇	医药制造业
东莞市善思视觉自动化技术有限公司	石龙镇	软件和信息技术服务业
东莞市鼎新精密五金制品有限公司	石龙镇	金属制品业
东莞市鹏远光电科技有限公司	石龙镇	电气机械和器材制造业
东莞市鹰宏电子制造有限公司	石龙镇	电气机械和器材制造业
东莞市亿家云信息科技有限公司	石龙镇	软件和信息技术服务业
日本电产三协电子（东莞）有限公司	石龙镇	计算机、通信和其他电子设备制造业
东莞市众睿网络科技有限公司	石龙镇	软件和信息技术服务业
东莞长联电线电缆有限公司	虎门镇	电气机械和器材制造业
东莞市瑞辉机械制造有限公司	虎门镇	通用设备制造业
东莞市精铁机械有限公司	虎门镇	专用设备制造业

1-5 续表 2

(2017年)

企业名称	所在镇街	行业类别
广东力生智能有限公司	虎门镇	通用设备制造业
东莞康源电子有限公司	虎门镇	计算机、通信和其他电子设备制造业
宝利根（东莞）电子科技有限公司	虎门镇	专用设备制造业
东莞市晋诚机械有限公司	虎门镇	通用设备制造业
东莞市康祥电子有限公司	虎门镇	计算机、通信和其他电子设备制造业
东莞市科佳电路有限公司	虎门镇	计算机、通信和其他电子设备制造业
东莞怡合达自动化股份有限公司	虎门镇	通用设备制造业
广东福德电子有限公司	虎门镇	电气机械和器材制造业
东莞市科达计算机系统工程有限公司	虎门镇	软件和信息技术服务业
广东联升传导技术有限公司	虎门镇	电气机械和器材制造业
东莞中探探针有限公司	虎门镇	计算机、通信和其他电子设备制造业
东莞市鸿金顺机械制造有限公司	虎门镇	通用设备制造业
东莞市睿绅生物技术有限公司	虎门镇	农业
东莞市广业电子有限公司	虎门镇	电气机械和器材制造业
东莞市锐升电线电缆有限公司	虎门镇	电气机械和器材制造业
东莞市新杰电工机械有限公司	虎门镇	通用设备制造业
东莞市誉晟电子科技有限公司	虎门镇	计算机、通信和其他电子设备制造业
东莞星海丰电子有限公司	虎门镇	橡胶和塑料制品业
东莞恒涌电子制品有限公司	虎门镇	计算机、通信和其他电子设备制造业
东莞嘉盛照明科技有限公司	虎门镇	电气机械和器材制造业
东莞市春藤实业有限公司	虎门镇	纺织业
东莞市冠标电工机械有限公司	虎门镇	专用设备制造业
东莞市嘉富汽车用品有限公司	虎门镇	电气机械和器材制造业
东莞市捷信纸品有限公司	虎门镇	造纸和纸制品业
东莞市金铸机械设备有限公司	虎门镇	通用设备制造业
东莞市精汇发电子有限公司	虎门镇	计算机、通信和其他电子设备制造业
东莞市品胜水性涂料有限公司	虎门镇	化学原料和化学制品制造业
东莞市荣泉音响制造有限公司	虎门镇	计算机、通信和其他电子设备制造业
东莞市三苑宜友制衣有限公司	虎门镇	纺织服装、服饰业
东莞市森动律电子有限公司	虎门镇	计算机、通信和其他电子设备制造业
东莞市天翼通讯电子有限公司	虎门镇	计算机、通信和其他电子设备制造业
东莞市婉晶电子科技有限公司	虎门镇	计算机、通信和其他电子设备制造业
东莞鑫泰玻璃科技有限公司	虎门镇	非金属矿物制品业
广东粤元机电科技有限公司	虎门镇	电气机械和器材制造业
东莞东寰塑胶五金制品有限公司	虎门镇	橡胶和塑料制品业
东莞市比特硅橡胶模具有限公司	虎门镇	橡胶和塑料制品业
东莞市恒锦印刷机械有限公司	虎门镇	专用设备制造业
东莞市衡正光学科技有限公司	虎门镇	橡胶和塑料制品业
东莞市汇海环保科技有限公司	虎门镇	专用设备制造业
东莞市柯氏五金有限公司	虎门镇	有色金属冶炼和压延加工业
东莞市科冠机电有限公司	虎门镇	通用设备制造业
东莞市蓝鹰环保科技有限公司	虎门镇	通用设备制造业
东莞市易辉自动化机械有限公司	虎门镇	通用设备制造业
东莞市银泰玻璃有限公司	虎门镇	非金属矿物制品业
信义玻璃工程（东莞）有限公司	虎门镇	非金属矿物制品业
兴科电子科技有限公司	虎门镇	金属制品业
东莞昆嘉电子有限公司	虎门镇	计算机、通信和其他电子设备制造业
东莞市贝斯特热流道科技有限公司	虎门镇	金属制品、机械和设备修理业
东莞市翰胜金属制品有限公司	虎门镇	金属制品业
东莞市庆丰电工机械有限公司	虎门镇	专用设备制造业

1–5 续表 3

(2017年)

企业名称	所在镇街	行业类别
东莞市瑞科五金塑胶制品有限公司	虎门镇	铁路、船舶、航空航天和其他运输设备制造业
东莞市三信精密机械有限公司	虎门镇	专用设备制造业
东莞市泰威电子有限公司	虎门镇	计算机、通信和其他电子设备制造业
东莞市益仁实业有限公司	虎门镇	专用设备制造业
东莞市科越电子科技有限公司	虎门镇	专用设备制造业
广东杰思通讯股份有限公司	虎门镇	计算机、通信和其他电子设备制造业
东莞市众耀自动化设备有限公司	虎门镇	通用设备制造业
东莞市冠博精密机电有限公司	虎门镇	专用设备制造业
信义超薄玻璃（东莞）有限公司	虎门镇	非金属矿物制品业
东莞诚信电子塑胶有限公司	虎门镇	橡胶和塑料制品业
东莞市杰盛机械设备有限公司	虎门镇	通用设备制造业
东莞和进电子科技有限公司	虎门镇	计算机、通信和其他电子设备制造业
东莞市同川精密五金有限公司	虎门镇	电气机械和器材制造业
中纺协东莞检验技术服务有限公司	虎门镇	专业技术服务业
东莞市虎门绿源水务有限公司	虎门镇	废弃资源综合利用业
东莞市井岗电子有限公司	虎门镇	电气机械和器材制造业
东莞市裕坤电子科技有限公司	虎门镇	计算机、通信和其他电子设备制造业
广东锐迈电器有限公司	虎门镇	电气机械和器材制造业
东莞翔顺光学科技有限公司	虎门镇	橡胶和塑料制品业
东莞市华楠骏业机械制造有限公司	虎门镇	通用设备制造业
东莞市华讯实业有限公司	虎门镇	电气机械和器材制造业
东莞市连依得精密五金实业有限公司	虎门镇	电气机械和器材制造业
广东特诚五金电子有限公司	虎门镇	计算机、通信和其他电子设备制造业
东莞常禾电子有限公司	虎门镇	计算机、通信和其他电子设备制造业
东莞奔迅汽车玻璃有限公司	虎门镇	非金属矿物制品业
广东领航新材料有限公司	虎门镇	橡胶和塑料制品业
东莞莹辉灯饰有限公司	虎门镇	电气机械和器材制造业
东莞市川泽电子科技有限公司	虎门镇	非金属矿物制品业
东莞市神冈精密五金电子有限公司	虎门镇	金属制品业
东莞市科菱电线有限公司	虎门镇	计算机、通信和其他电子设备制造业
东莞坤胜五金制品有限公司	虎门镇	通用设备制造业
东莞市运翔数码科技有限公司	虎门镇	专用设备制造业
东莞市森熵精密模具有限公司	虎门镇	专用设备制造业
东莞市国梦电机有限公司	虎门镇	电气机械和器材制造业
东莞市诠盛塑料有限公司	虎门镇	橡胶和塑料制品业
东莞市宝塑塑胶制品有限公司	虎门镇	橡胶和塑料制品业
东莞市金彩色母有限公司	虎门镇	化学原料和化学制品制造业
东莞市博锐特五金塑胶制品有限公司	虎门镇	金属制品业
东莞市威元电子科技有限公司	虎门镇	电气机械和器材制造业
东莞市创展机械有限公司	虎门镇	通用设备制造业
东莞市力源电线实业有限公司	虎门镇	电气机械和器材制造业
东莞市平波电子有限公司	虎门镇	软件和信息技术服务业
广东雅丽斯佳纺织科技有限公司	虎门镇	纺织业
东莞联盈电业有限公司	虎门镇	计算机、通信和其他电子设备制造业
兴科电子（东莞）有限公司	虎门镇	计算机、通信和其他电子设备制造业
虎彩印艺股份有限公司	虎门镇	印刷和记录媒介复制业
广东一普实业有限公司	虎门镇	电气机械和器材制造业
东莞市创葆电子科技有限公司	虎门镇	计算机、通信和其他电子设备制造业
东莞市菱将模具有限公司	虎门镇	专用设备制造业
东莞市瑞景自动化设备有限公司	虎门镇	通用设备制造业

1–5 续表 4

(2017年)

企业名称	所在镇街	行业类别
东莞市热恒注塑科技有限公司	虎门镇	专用设备制造业
东莞市三卓电机有限公司	虎门镇	电气机械和器材制造业
东莞工坊精密模具有限公司	虎门镇	专用设备制造业
东莞市万泓电线有限公司	虎门镇	计算机、通信和其他电子设备制造业
东莞雅宁净化科技有限公司	虎门镇	专用设备制造业
东莞市精崧五金电子有限公司	虎门镇	金属制品业
广东宏凯光缆设备科技有限公司	虎门镇	电气机械和器材制造业
东莞市球元运动器材有限公司	虎门镇	文教、工美、体育和娱乐用品制造业
东莞市森威电子有限公司	虎门镇	仪器仪表制造业
东莞市鹏科自动化科技有限公司	虎门镇	通用设备制造业
东莞市励晶电子科技有限公司	虎门镇	电气机械和器材制造业
东莞市振亮五金科技有限公司	虎门镇	计算机、通信和其他电子设备制造业
东莞市三盟精密五金有限公司	虎门镇	计算机、通信和其他电子设备制造业
东莞市科美斯制冷设备有限公司	虎门镇	通用设备制造业
东莞市兆鸿电子有限公司	虎门镇	计算机、通信和其他电子设备制造业
东莞市中电爱华电子有限公司	虎门镇	通用设备制造业
东莞市穗鸿五金塑胶有限公司	虎门镇	电气机械和器材制造业
广东泰平实业有限公司	虎门镇	造纸和纸制品业
东莞市爱日易迪光电科技有限公司	虎门镇	电气机械和器材制造业
东莞银辉玩具有限公司	虎门镇	文教、工美、体育和娱乐用品制造业
东莞市一好电子有限公司	虎门镇	电气机械和器材制造业
东莞市冠钜自动化设备有限公司	虎门镇	计算机、通信和其他电子设备制造业
东莞市艾尔飞模型有限公司	虎门镇	铁路、船舶、航空航天和其他运输设备制造业
东莞市衣邦网络有限公司	虎门镇	软件和信息技术服务业
东莞市欣荣天丽科技实业有限公司	虎门镇	食品制造业
广东东大科技有限公司	虎门镇	化学原料和化学制品制造业
东莞市维朗五金制品有限公司	虎门镇	家具制造业
东莞市宏康机械有限公司	虎门镇	通用设备制造业
东莞市亮鑫五金加工有限公司	虎门镇	金属制品业
东莞市格美照明有限公司	虎门镇	金属制品业
东莞市微技电子科技有限公司	虎门镇	计算机、通信和其他电子设备制造业
东莞市络鑫电子科技有限公司	虎门镇	计算机、通信和其他电子设备制造业
东莞市天禄实业有限公司	虎门镇	通用设备制造业
东莞联欣运动器材有限公司	虎门镇	文教、工美、体育和娱乐用品制造业
东莞市维峰五金电子有限公司	虎门镇	计算机、通信和其他电子设备制造业
东莞市合丰环保投资有限公司	虎门镇	生态保护和环境治理业
广东银禧科技股份有限公司	虎门镇	化学原料和化学制品制造业
东莞令特电子有限公司	虎门镇	计算机、通信和其他电子设备制造业
东莞皇利电器有限公司	虎门镇	通用设备制造业
东莞市楷林裕光能源科技有限公司	虎门镇	电气机械和器材制造业
东莞泰山电子有限公司	虎门镇	计算机、通信和其他电子设备制造业
东莞市三义五金塑胶制品有限公司	虎门镇	计算机、通信和其他电子设备制造业
东莞市通洋数控机械有限公司	虎门镇	通用设备制造业
东莞市维鸿精密仪器有限公司	虎门镇	仪器仪表制造业
东莞市生奇电子有限公司	虎门镇	计算机、通信和其他电子设备制造业
东莞市小海豚电子科技有限公司	虎门镇	计算机、通信和其他电子设备制造业
广东胜怡电器科技有限公司	虎门镇	计算机、通信和其他电子设备制造业
东莞市高原炉业有限公司	虎门镇	通用设备制造业
东莞市光点电子科技有限公司	虎门镇	铁路、船舶、航空航天和其他运输设备制造业
东莞市华之力电子有限公司	虎门镇	电气机械和器材制造业

1-5 续表 5

(2017年)

企业名称	所在镇街	行业类别
东莞市启泰精密塑胶五金制品有限公司	虎门镇	专用设备制造业
广东龙洋环保科技有限公司	虎门镇	专用设备制造业
东莞市纳百川电子科技有限公司	虎门镇	计算机、通信和其他电子设备制造业
东莞市昌玉实业有限公司	虎门镇	橡胶和塑料制品业
瑞智制冷机器（东莞）有限公司	虎门镇	通用设备制造业
东莞市奥翔塑胶科技有限公司	虎门镇	橡胶和塑料制品业
东莞品一自动化科技有限公司	虎门镇	通用设备制造业
东莞市中振电子电线科技有限公司	虎门镇	电气机械和器材制造业
东莞市麦蔻电子科技有限公司	虎门镇	软件和信息技术服务业
东莞市沃视界电子科技有限公司	虎门镇	电气机械和器材制造业
东莞市昭浩精密五金制品有限公司	虎门镇	通用设备制造业
东莞市巨信康光电有限公司	虎门镇	计算机、通信和其他电子设备制造业
东莞市意志强塑胶五金有限公司	虎门镇	金属制品业
东莞市坤琦精密五金有限公司	虎门镇	专用设备制造业
东莞市君跃展示设计有限公司	虎门镇	专用设备制造业
东莞市台工电子机械科技有限公司	东城街道	专用设备制造业
东莞市骏宏电子科技有限公司	东城街道	计算机、通信和其他电子设备制造业
东莞市利瀚机械有限公司	东城街道	专用设备制造业
东莞市天勤仪器有限公司	东城街道	仪器仪表制造业
东莞市菱锐机械有限公司	东城街道	通用设备制造业
东莞市普密斯精密仪器有限公司	东城街道	仪器仪表制造业
东莞市力星激光科技有限公司	东城街道	通用设备制造业
东莞市嘉腾仪器仪表有限公司	东城街道	仪器仪表制造业
东莞通华液晶有限公司	东城街道	计算机、通信和其他电子设备制造业
德科摩橡塑科技（东莞）有限公司	东城街道	专用设备制造业
东莞市德瑞精密设备有限公司	东城街道	计算机、通信和其他电子设备制造业
广东合通建业科技股份有限公司	东城街道	计算机、通信和其他电子设备制造业
东莞市鸿铭机械有限公司	东城街道	通用设备制造业
东莞市天唯智能科技有限公司	东城街道	软件和信息技术服务业
广东戈兰玛汽车系统有限公司	东城街道	汽车制造业
岭南生态文旅股份有限公司	东城街道	农、林、牧、渔服务业
东莞博力威电池有限公司	东城街道	电气机械和器材制造业
东莞市正新包装制品有限公司	东城街道	橡胶和塑料制品业
东莞丝丽雅电子科技有限公司	东城街道	电气机械和器材制造业
广东立佳实业有限公司	东城街道	仪器仪表制造业
广东守门神科技集团有限公司	东城街道	专用设备制造业
东莞市大忠电子有限公司	东城街道	计算机、通信和其他电子设备制造业
东莞市凯格精密机械有限公司	东城街道	计算机、通信和其他电子设备制造业
东莞市神州视觉科技有限公司	东城街道	仪器仪表制造业
东莞市佳晟实业有限公司	东城街道	纺织业
东莞市康星运动用品有限公司	东城街道	文教、工美、体育和娱乐用品制造业
广东莱宝智能装备股份有限公司	东城街道	通用设备制造业
东莞市鑫华智能制造有限公司	东城街道	计算机、通信和其他电子设备制造业
东莞市银通机械科技有限公司	东城街道	专用设备制造业
广东安盾安检排爆装备集团有限公司	东城街道	专用设备制造业
广东莞银信息科技股份有限公司	东城街道	软件和信息技术服务业
广东汇嵘绿色能源股份有限公司	东城街道	科技推广和应用服务业
广东天诚智能科技有限公司	东城街道	软件和信息技术服务业
伸铭电子（东莞）有限公司	东城街道	计算机、通信和其他电子设备制造业
东莞市东穗电子科技有限公司	东城街道	建筑安装业

1-5 续表 6

(2017年)

企业名称	所在镇街	行业类别
广东源兴光学仪器有限公司	东城街道	仪器仪表制造业
东莞市斯宇自动化设备有限公司	东城街道	电气机械和器材制造业
东莞市金状元网络科技有限公司	东城街道	互联网和相关服务
东莞京能新能源科技有限公司	东城街道	电气机械和器材制造业
东莞锐视光电科技有限公司	东城街道	电气机械和器材制造业
广东艾思荔检测仪器有限公司	东城街道	仪器仪表制造业
东莞市宝华数控科技有限公司	东城街道	通用设备制造业
东莞市鼎盛机械有限公司	东城街道	专用设备制造业
东莞市福瑞德橡塑制品有限公司	东城街道	化学原料和化学制品制造业
东莞市嘉刚机电科技发展有限公司	东城街道	仪器仪表制造业
东莞市嘉靖食品科技有限公司	东城街道	食品制造业
东莞市交通规划勘察设计院有限公司	东城街道	专业技术服务业
东莞市杰贡机械设备有限公司	东城街道	专用设备制造业
东莞市精准通检测服务有限公司	东城街道	专业技术服务业
东莞市矩正电子科技有限公司	东城街道	通用设备制造业
东莞市元天软件科技有限公司	东城街道	软件和信息技术服务业
东莞市乐辰日用品有限公司	东城街道	橡胶和塑料制品业
东莞市利名自动化科技有限公司	东城街道	计算机、通信和其他电子设备制造业
东莞市鹏博盛实业有限公司	东城街道	通用设备制造业
东莞市庆声试验设备有限公司	东城街道	仪器仪表制造业
东莞市瑞为电器配件有限公司	东城街道	橡胶和塑料制品业
东莞市叁益机械科技有限公司	东城街道	通用设备制造业
东莞市鑫圣五金机械有限公司	东城街道	通用设备制造业
东莞市星马焊锡有限公司	东城街道	有色金属冶炼和压延加工业
东莞市粤丰展示用品有限公司	东城街道	文教、工美、体育和娱乐用品制造业
东莞市兆丰精密仪器有限公司	东城街道	仪器仪表制造业
东莞市正品五金电子有限公司	东城街道	金属制品业
东莞市卓益塑胶制品有限公司	东城街道	橡胶和塑料制品业
东莞优聚信息科技有限公司	东城街道	教育
广东华思科金属科技有限公司	东城街道	金属制品业
广东莫莱卡焊接科技有限公司	东城街道	有色金属冶炼和压延加工业
广东台泉环保科技有限公司	东城街道	电气机械和器材制造业
东莞博登运动用品有限公司	东城街道	文教、工美、体育和娱乐用品制造业
东莞力嘉塑料制品有限公司	东城街道	橡胶和塑料制品业
东莞仕能机械设备有限公司	东城街道	通用设备制造业
东莞市爱酷防潮设备科技有限公司	东城街道	仪器仪表制造业
东莞市澳星通信设备有限公司	东城街道	专用设备制造业
东莞市创科自动化设备有限公司	东城街道	通用设备制造业
东莞市东莞通有限公司	东城街道	软件和信息技术服务业
东莞市房讯资讯股份有限公司	东城街道	房地产业
东莞市高品计量技术服务有限公司	东城街道	专业技术服务业
东莞市光博士激光科技股份有限公司	东城街道	专用设备制造业
东莞市环联自动化设备有限公司	东城街道	专用设备制造业
东莞市环瑞环境测试设备有限公司	东城街道	仪器仪表制造业
东莞市吉洋自动化科技有限公司	东城街道	专用设备制造业
东莞市嘉仪自动化设备科技有限公司	东城街道	专用设备制造业
东莞市杰美电器有限公司	东城街道	电气机械和器材制造业
东莞市金振电子有限公司	东城街道	专用设备制造业
东莞市良展有机硅科技有限公司	东城街道	化学原料和化学制品制造业
东莞市榴花艺术有限公司	东城街道	文教、工美、体育和娱乐用品制造业

1-5 续表 7

(2017年)

企业名称	所在镇街	行业类别
东莞市普强高分子材料有限公司	东城街道	其他制造业
东莞市铨智科通信设备有限公司	东城街道	计算机、通信和其他电子设备制造业
东莞市热线家具有限公司	东城街道	家具制造业
东莞市台塑实业有限公司	东城街道	专用设备制造业
东莞市天一精密机电有限公司	东城街道	电气机械和器材制造业
东莞市万德光电科技有限公司	东城街道	计算机、通信和其他电子设备制造业
东莞市雅弘自动化设备有限公司	东城街道	通用设备制造业
东莞市雅捷通电脑科技有限公司	东城街道	软件和信息技术服务业
东莞新奥燃气有限公司	东城街道	燃气生产和供应业
广东利鑫智能科技有限公司	东城街道	电气机械和器材制造业
广东粤辉环保工程有限公司	东城街道	专用设备制造业
生益电子股份有限公司	东城街道	计算机、通信和其他电子设备制造业
东莞东超新材料科技有限公司	东城街道	化学原料和化学制品制造业
东莞华晶粉末冶金有限公司	东城街道	金属制品业
东莞金迪照明科技有限公司	东城街道	电气机械和器材制造业
东莞市爱迪机电科技有限公司	东城街道	仪器仪表制造业
东莞市德隆自动化科技有限公司	东城街道	通用设备制造业
东莞市东联铝业有限公司	东城街道	有色金属冶炼和压延加工业
东莞市国亨塑胶科技有限公司	东城街道	橡胶和塑料制品业
东莞市好又快照明电器制造有限公司	东城街道	电气机械和器材制造业
东莞市鸿远机械设备制造有限公司	东城街道	通用设备制造业
东莞市松菱实业有限公司	东城街道	专用设备制造业
东莞市湘江电子科技有限公司	东城街道	计算机、通信和其他电子设备制造业
东莞市亿茂滤材有限公司	东城街道	化学原料和化学制品制造业
东莞市中天自动化科技有限公司	东城街道	专用设备制造业
东莞泰升音响科技有限公司	东城街道	计算机、通信和其他电子设备制造业
广东爱车小屋实业发展股份有限公司	东城街道	化学原料和化学制品制造业
广东红运家具有限公司	东城街道	家具制造业
广东龙香食品有限公司	东城街道	食品制造业
广东中青建筑科技有限公司	东城街道	房屋建筑业
广东天一照明科技有限公司	东城街道	电气机械和器材制造业
经续检验技术（东莞）有限公司	东城街道	专业技术服务业
广东建邦计算机软件股份有限公司	东城街道	软件和信息技术服务业
东莞市达瑞电子股份有限公司	东城街道	计算机、通信和其他电子设备制造业
东莞市太业电子股份有限公司	东城街道	电气机械和器材制造业
广东科源智能科技股份有限公司	东城街道	软件和信息技术服务业
东莞市同盟机械有限公司	东城街道	通用设备制造业
东莞市特纯膜环保科技有限公司	东城街道	通用设备制造业
东莞雷云光电技术有限公司	东城街道	仪器仪表制造业
东莞沃莱施日用品有限公司	东城街道	化学原料和化学制品制造业
东莞联阳切削工具有限公司	东城街道	金属制品业
东莞市魔丽身段服装有限公司	东城街道	纺织服装、服饰业
东莞市鸿元医药科技有限公司	东城街道	医药制造业
东莞市兆恒机械有限公司	东城街道	批发业
东莞市森联精密电子有限公司	东城街道	计算机、通信和其他电子设备制造业
广东天霸设计有限公司	东城街道	建筑装饰和其他建筑业
广东天润自动化科技有限公司	东城街道	仪器仪表制造业
东莞市百分百科技有限公司	东城街道	电气机械和器材制造业
东莞市发成工程塑料有限公司	东城街道	橡胶和塑料制品业
东莞市先代机械有限公司	东城街道	通用设备制造业

1-5 续表 8

(2017年)

企业名称	所在镇街	行业类别
东莞市恒声电线有限公司	东城街道	电气机械和器材制造业
广东尚菱视界科技有限公司	东城街道	软件和信息技术服务业
东莞市渌通机械设备有限公司	东城街道	通用设备制造业
东莞普力司新机械有限公司	东城街道	金属制品业
东莞海得视医疗器械有限公司	东城街道	居民服务业
广东东日环保有限公司	东城街道	专用设备制造业
东莞市粤辉光电科技有限公司	东城街道	非金属矿物制品业
广东东申科技有限公司	东城街道	电气机械和器材制造业
东莞市正国电子科技有限公司	东城街道	电气机械和器材制造业
东莞市坤纳电子科技有限公司	东城街道	仪器仪表制造业
东莞市奕东电子有限公司	东城街道	通用设备制造业
广东汉科智能技术有限公司	东城街道	软件和信息技术服务业
东莞市金沃实业有限公司	东城街道	橡胶和塑料制品业
东莞市康都电子制造有限公司	东城街道	计算机、通信和其他电子设备制造业
广东施安消防检测有限公司	东城街道	专业技术服务业
东莞毅工工程塑料有限公司	东城街道	化学原料和化学制品制造业
东莞市联骏光电科技有限公司	东城街道	非金属矿物制品业
东莞益锐电子科技有限公司	东城街道	金属制品业
东莞市浈颖机械设备有限公司	东城街道	通用设备制造业
广东凯达环保科技有限公司	东城街道	专用设备制造业
广东尚坤工业科技有限公司	东城街道	金属制品业
广东天行测量技术有限公司	东城街道	仪器仪表制造业
东莞市律奥过滤器有限公司	东城街道	通用设备制造业
东莞创视自动化科技有限公司	东城街道	专用设备制造业
东莞市正东过滤材料有限公司	东城街道	化学纤维制造业
东莞市永晏检测服务有限公司	东城街道	软件和信息技术服务业
东莞市安拓普塑胶聚合物科技有限公司	东城街道	橡胶和塑料制品业
东华机械有限公司	东城街道	专用设备制造业
长园高能电气股份有限公司	东城街道	电气机械和器材制造业
东莞市华业净化设备有限公司	东城街道	通用设备制造业
东莞市博雅实业有限公司	东城街道	金属制品业
东莞市虹华软件科技有限公司	东城街道	批发业
东莞市佰捷电子科技有限公司	东城街道	纺织业
东莞市双合电子科技有限公司	东城街道	通用设备制造业
广东正明检测技术有限公司	东城街道	专业技术服务业
东莞市华泽同辉通信科技有限公司	东城街道	软件和信息技术服务业
东莞市欧拓运动用品有限公司	东城街道	纺织服装、服饰业
广东微米测量技术有限公司	东城街道	仪器仪表制造业
广东长城电梯有限公司	东城街道	通用设备制造业
东莞市卡能电子有限公司	东城街道	计算机、通信和其他电子设备制造业
东莞市华和激光科技有限公司	东城街道	金属制品业
广东海中新能源设备股份有限公司	东城街道	通用设备制造业
东莞市捷晨硅橡胶机械有限公司	东城街道	专用设备制造业
东莞市进艺模具制品有限公司	东城街道	专用设备制造业
广东尚正堂集团股份有限公司	东城街道	农业
东莞市新铂铼电子有限公司	东城街道	计算机、通信和其他电子设备制造业
东莞市友顺信息科技有限公司	东城街道	软件和信息技术服务业
东莞市园林绿化工程有限公司	东城街道	公共设施管理业
东莞市星利达电子材料有限公司	东城街道	其他制造业
东莞越视光电科技有限公司	东城街道	电气机械和器材制造业

1-5 续表 9

(2017年)

企业名称	所在镇街	行业类别
东莞市精创软件科技有限公司	东城街道	软件和信息技术服务业
东莞市现佰电子地磅有限公司	东城街道	通用设备制造业
东莞美冠电器科技有限公司	东城街道	电气机械和器材制造业
东莞市易利嘉电子有限公司	东城街道	计算机、通信和其他电子设备制造业
广东永丰利消防工程有限公司	东城街道	建筑安装业
东莞市捷佳塑胶科技有限公司	东城街道	橡胶和塑料制品业
东莞市同创电子科技有限公司	东城街道	金属制品业
东莞市泰坦信息科技有限公司	东城街道	软件和信息技术服务业
广东森麦电子有限公司	东城街道	通用设备制造业
广东宏远集团药业有限公司	东城街道	医药制造业
东莞市伽佰利音响器材有限公司	东城街道	文教、工美、体育和娱乐用品制造业
东莞市百事通电子设备有限公司	东城街道	通用设备制造业
东莞市镭源电子科技有限公司	东城街道	其他制造业
广东中食营科生物科技有限公司	东城街道	食品制造业
东莞市旭恒电子有限公司	东城街道	通用设备制造业
东莞市多维尚书家居有限公司	东城街道	家具制造业
东莞市普赛特检测设备有限公司	东城街道	仪器仪表制造业
东莞市利浩德电子有限公司	东城街道	计算机、通信和其他电子设备制造业
东莞市莱锐精密五金科技有限公司	东城街道	通用设备制造业
东莞市求是测试设备有限公司	东城街道	仪器仪表制造业
东莞市茂贤电子有限公司	东城街道	电气机械和器材制造业
东莞宏同机械有限公司	东城街道	通用设备制造业
东莞市华洋特钢制品有限公司	东城街道	金属制品业
东莞市特马电子有限公司	东城街道	仪器仪表制造业
东莞市成东电子科技有限公司	东城街道	计算机、通信和其他电子设备制造业
东莞市汇勤机械设备有限公司	东城街道	通用设备制造业
东莞市崴敏自动化设备有限公司	东城街道	通用设备制造业
东莞荆楚智能科技有限公司	东城街道	软件和信息技术服务业
广东金盾电子科技有限公司	东城街道	仪器仪表制造业
广东汉晟信息技术有限公司	东城街道	软件和信息技术服务业
广东斯玛特自动化科技有限公司	东城街道	仪器仪表制造业
东莞市隆昇自动化设备有限公司	东城街道	专用设备制造业
东莞市凯保精密机械有限公司	东城街道	通用设备制造业
东莞市日鑫计算机条码有限公司	东城街道	通用设备制造业
东莞市鼎美家居用品有限公司	东城街道	家具制造业
东莞市丰易仪器有限公司	东城街道	仪器仪表制造业
东莞市鸿缘微科技有限公司	东城街道	软件和信息技术服务业
东莞市一冠五金电子有限公司	东城街道	金属制品业
东莞狂人文化传播有限公司	东城街道	软件和信息技术服务业
东莞市润生机电制冷工程有限公司	东城街道	建筑装饰和其他建筑业
东莞市广博检测设备有限公司	东城街道	专用设备制造业
广东红旗家具有限公司	东城街道	家具制造业
东莞团诚自动化设备有限公司	东城街道	仪器仪表制造业
东莞市宇森水处理科技有限公司	东城街道	专用设备制造业
东莞市力玛网络科技有限公司	东城街道	软件和信息技术服务业
广东隆聚节能科技有限公司	东城街道	电力、热力生产和供应业
东莞市煜锦实业有限公司	东城街道	计算机、通信和其他电子设备制造业
东莞市恒隆热能设备有限公司	东城街道	建筑安装业
东莞市艺神五金制品有限公司	东城街道	文教、工美、体育和娱乐用品制造业
东莞市华加日工具有限公司	东城街道	金属制品业

1-5　续表 10

(2017年)

企业名称	所在镇街	行业类别
东莞市建发鞋材有限公司	东城街道	皮革、毛皮、羽毛及其制品和制鞋业
东莞市丹皓电子科技有限公司	东城街道	零售业
东莞科威医疗器械有限公司	东城街道	专用设备制造业
广东帝杰实业有限公司	东城街道	皮革、毛皮、羽毛及其制品和制鞋业
东莞市正得电子有限公司	东城街道	橡胶和塑料制品业
广东荣锐幕墙建设工程有限公司	东城街道	建筑安装业
广东旗胜建筑装饰工程有限公司	东城街道	建筑装饰和其他建筑业
东莞德龙密封件有限公司	东城街道	化学原料和化学制品制造业
东莞市伟煌试验设备有限公司	东城街道	仪器仪表制造业
东莞市精鼎自动化设备科技有限公司	东城街道	专用设备制造业
东莞市海纳森非织造科技有限公司	东城街道	纺织业
东莞市科威纳自动化工业有限公司	东城街道	通用设备制造业
广东昊阳电力建设有限公司	东城街道	电气机械和器材制造业
广东广雕数控设备有限公司	东城街道	通用设备制造业
东莞市大能环保科技有限公司	东城街道	电力、热力生产和供应业
东莞市天航五金制品有限公司	东城街道	金属制品业
东莞市美嘉美装饰材料有限公司	东城街道	家具制造业
东莞市曜申机械科技有限公司	东城街道	通用设备制造业
广东惠盈科技有限公司	东城街道	软件和信息技术服务业
东莞赛洋电子实业有限公司	东城街道	计算机、通信和其他电子设备制造业
东莞市诺盛信息科技有限公司	东城街道	互联网和相关服务
东莞市思帝科安防技术有限公司	东城街道	专用设备制造业
东莞市日朗机电科技有限公司	东城街道	专用设备制造业
东莞市东翔塑胶有限公司	东城街道	化学原料和化学制品制造业
东莞市耀野自动化有限公司	东城街道	专用设备制造业
东莞市诺德涂装设备有限公司	东城街道	专用设备制造业
东莞市达孚电子有限公司	东城街道	计算机、通信和其他电子设备制造业
广东长天精密设备科技有限公司	东城街道	专用设备制造业
广东晟丰建设工程有限公司	东城街道	房屋建筑业
东莞万德电子制品有限公司	东城街道	计算机、通信和其他电子设备制造业
东莞市沃特测试技术服务有限公司	东城街道	专业技术服务业
东莞久林吉良净化用品有限公司	东城街道	纺织业
东莞市德派精密机械有限公司	东城街道	电气机械和器材制造业
东莞市皇龙电子有限公司	东城街道	通用设备制造业
东莞市国华检测技术有限公司	东城街道	专业技术服务业
广东德龙能效技术有限公司	东城街道	科技推广和应用服务业
东莞市大成环境检测有限公司	东城街道	专业技术服务业
东莞市环测检测设备有限公司	东城街道	研究和试验发展
东莞市亚帝激光科技有限公司	东城街道	通用设备制造业
东莞光润家具股份有限公司	东城街道	家具制造业
东莞市水木计算机科技有限公司	东城街道	专业技术服务业
东莞市贝尔试验设备有限公司	东城街道	仪器仪表制造业
广东鸿宝科技有限公司	东城街道	专用设备制造业
东莞市德胜自动化设备有限公司	东城街道	通用设备制造业
东莞市基涛光电科技有限公司	东城街道	科技推广和应用服务业
东莞市四通环境科技有限公司	东城街道	专用设备制造业
东莞市易诚建筑工程有限公司	东城街道	房屋建筑业
广东兵工安检设备有限公司	东城街道	专用设备制造业
东莞市宾禾实业有限公司	东城街道	计算机、通信和其他电子设备制造业
东莞市亚兰包装材料制品有限公司	东城街道	橡胶和塑料制品业

1–5　续表 11

(2017年)

企业名称	所在镇街	行业类别
东莞市星曜光电照明科技有限公司	东城街道	电气机械和器材制造业
东莞市熙润光电有限公司	东城街道	软件和信息技术服务业
东莞市海莎过滤器有限公司	东城街道	汽车制造业
东莞市天派包装制品有限公司	东城街道	金属制品业
东莞市木森激光技术有限公司	东城街道	其他制造业
东莞市钰铭滤清器制品有限公司	东城街道	汽车制造业
东莞市鑫烨印刷设备有限公司	东城街道	通用设备制造业
东莞市博大实业投资有限公司	东城街道	专用设备制造业
东莞市东迪自动化设备有限公司	东城街道	通用设备制造业
东莞美维电路有限公司	东城街道	计算机、通信和其他电子设备制造业
广东晖速通信技术股份有限公司	东城街道	计算机、通信和其他电子设备制造业
东莞市锐风机械有限公司	东城街道	专用设备制造业
东莞市宜通管道工程有限公司	东城街道	建筑装饰和其他建筑业
东莞市海轮电子科技有限公司	东城街道	仪器仪表制造业
广东炬邦热能设备有限公司	东城街道	通用设备制造业
东莞市冈田电子科技有限公司	东城街道	通用设备制造业
东莞市滢源水处理设备有限公司	东城街道	水的生产和供应业
东莞市力腾辉电源科技有限公司	东城街道	橡胶和塑料制品业
东莞铭晋家具有限公司	东城街道	家具制造业
广东维杰物料自动化系统有限公司	东城街道	通用设备制造业
东莞市东颂电子有限公司	东城街道	计算机、通信和其他电子设备制造业
东莞康讯信息科技有限公司	东城街道	软件和信息技术服务业
广东拓扑中润科技发展有限公司	东城街道	通用设备制造业
广东利扬芯片测试股份有限公司	万江街道	计算机、通信和其他电子设备制造业
东莞铭丰包装股份有限公司	万江街道	印刷和记录媒介复制业
东莞安默琳机械制造技术有限公司	万江街道	通用设备制造业
广东广视通科教设备有限公司	万江街道	家具制造业
广东硕源科技股份有限公司	万江街道	化学纤维制造业
东莞基业电气设备有限公司	万江街道	电气机械和器材制造业
东莞市康源节能科技有限公司	万江街道	电气机械和器材制造业
广东西奥物联网科技股份有限公司	万江街道	计算机、通信和其他电子设备制造业
东莞市莱硕光电科技有限公司	万江街道	电气机械和器材制造业
东莞市爱嘉义齿有限公司	万江街道	医药制造业
东莞市宏祥机械设备有限公司	万江街道	专用设备制造业
东莞市领冠半导体照明有限公司	万江街道	电气机械和器材制造业
东莞市诺丽电子科技有限公司	万江街道	软件和信息技术服务业
东莞市欧西曼机械设备有限公司	万江街道	通用设备制造业
东莞市晴远电子有限公司	万江街道	电气机械和器材制造业
东莞市瑞达电瓶车科技有限公司	万江街道	汽车制造业
东莞市银华生物科技有限公司	万江街道	农副食品加工业
东莞市卓安精机自动化设备有限公司	万江街道	通用设备制造业
广东迪奥技术有限公司	万江街道	建筑安装业
广东中科集创电力科技有限公司	万江街道	电气机械和器材制造业
东莞市同亚电子科技有限公司	万江街道	计算机、通信和其他电子设备制造业
东莞艾宝纳米科技有限公司	万江街道	化学原料和化学制品制造业
东莞和创食品有限公司	万江街道	食品制造业
东莞华尔泰装饰材料有限公司	万江街道	非金属矿物制品业
东莞华懋精密机械科技有限公司	万江街道	通用设备制造业
东莞市艾立克机械制造有限公司	万江街道	通用设备制造业
东莞市爱康电子科技有限公司	万江街道	专用设备制造业

1–5 续表 12

(2017年)

企业名称	所在镇街	行业类别
东莞市百思特塑胶有限公司	万江街道	橡胶和塑料制品业
东莞市合鼎电路有限公司	万江街道	计算机、通信和其他电子设备制造业
东莞市宏文机械科技有限公司	万江街道	通用设备制造业
东莞市嘉汇环保科技有限公司	万江街道	非金属矿物制品业
东莞市贾氏机械制造有限公司	万江街道	通用设备制造业
东莞市简创电子科技有限公司	万江街道	计算机、通信和其他电子设备制造业
东莞市锦顺自动化工程有限公司	万江街道	电气机械和器材制造业
东莞市龙行胜机械有限公司	万江街道	通用设备制造业
东莞市绿保纸塑制品有限公司	万江街道	造纸和纸制品业
东莞市瑞丰源工艺包装制品有限公司	万江街道	木材加工和木、竹、藤、棕、草制品业
东莞市三人行环境科技有限公司	万江街道	生态保护和环境治理业
东莞市天利太阳能有限公司	万江街道	电力、热力生产和供应业
广东威特雅环境科技有限公司	万江街道	水的生产和供应业
东莞市祥搏机电设备有限公司	万江街道	专用设备制造业
东莞市逸顺音响科技有限公司	万江街道	计算机、通信和其他电子设备制造业
东莞市裕隆机械制造有限公司	万江街道	通用设备制造业
东莞永冠电子科技有限公司	万江街道	计算机、通信和其他电子设备制造业
广东凯德伦集团有限公司	万江街道	专用设备制造业
广东尚而特太阳能有限公司	万江街道	电气机械和器材制造业
广东尚鑫新材料股份有限公司	万江街道	化学原料和化学制品制造业
广东振远信息科技有限公司	万江街道	专用设备制造业
广东中冶地理信息股份有限公司	万江街道	专业技术服务业
东莞市邦泰印刷机械有限公司	万江街道	专用设备制造业
东莞市超业精密设备有限公司	万江街道	专用设备制造业
东莞市高鑫检测设备有限公司	万江街道	仪器仪表制造业
东莞市广传信息科技有限公司	万江街道	软件和信息技术服务业
东莞市汇如涞电能科技有限公司	万江街道	通用设备制造业
东莞市品耀自动化设备有限公司	万江街道	通用设备制造业
东莞市赛力自动化设备科技股份有限公司	万江街道	专用设备制造业
东莞市胜高通讯科技有限公司	万江街道	计算机、通信和其他电子设备制造业
东莞市思齐橡胶技术有限公司	万江街道	橡胶和塑料制品业
东莞市微科光电科技有限公司	万江街道	仪器仪表制造业
东莞市沃锐电子有限公司	万江街道	专用设备制造业
东莞市亚布力气动液压设备科技有限公司	万江街道	通用设备制造业
东莞市亿辰模具科技有限公司	万江街道	专用设备制造业
东莞市银屏电子科技有限公司	万江街道	计算机、通信和其他电子设备制造业
东莞市圆美精密电子有限公司	万江街道	非金属矿物制品业
东莞市中锂自动化设备有限公司	万江街道	专用设备制造业
东莞市忠信橡胶制品有限公司	万江街道	橡胶和塑料制品业
东莞智邦机械科技有限公司	万江街道	通用设备制造业
广东能标检测技术服务有限公司	万江街道	专业技术服务业
广东顺联动漫科技有限公司	万江街道	文教、工美、体育和娱乐用品制造业
广东雅迪环保设备有限公司	万江街道	水的生产和供应业
东莞吉川机械科技股份有限公司	万江街道	通用设备制造业
广东精茂健康科技股份有限公司	万江街道	电气机械和器材制造业
东莞市久锋纸箱机械有限公司	万江街道	专用设备制造业
东莞市力显仪器科技有限公司	万江街道	仪器仪表制造业
东莞市普华精密机械有限公司	万江街道	通用设备制造业
东莞市瑞鹏机器人自动化有限公司	万江街道	专用设备制造业
东莞市三优塑料机械制造有限公司	万江街道	专用设备制造业

1-5 续表 13

(2017年)

企业名称	所在镇街	行业类别
东莞市顺如电子科技有限公司	万江街道	专用设备制造业
东莞市沃德精密机械有限公司	万江街道	通用设备制造业
东莞市众度机械设备有限公司	万江街道	仪器仪表制造业
东莞市卓蓝自动化设备有限公司	万江街道	仪器仪表制造业
东莞斯巴复新能源有限公司	万江街道	电气机械和器材制造业
广东宝士电气有限公司	万江街道	电气机械和器材制造业
广东明日新能源有限公司	万江街道	电气机械和器材制造业
广东每通测控科技股份有限公司	万江街道	通用设备制造业
东莞市宏业精密机械有限公司	万江街道	铁路、船舶、航空航天和其他运输设备制造业
东莞市立一试验设备有限公司	万江街道	仪器仪表制造业
东莞市康诚鞋材有限公司	万江街道	化学原料和化学制品制造业
东莞市振祥机械制造有限公司	万江街道	通用设备制造业
东莞市嘉彰精密五金科技有限公司	万江街道	金属制品业
广东上亿智能科技有限公司	万江街道	专用设备制造业
东莞市赛越新材料科技有限公司	万江街道	橡胶和塑料制品业
东莞市日阅堂科技服务有限公司	万江街道	软件和信息技术服务业
东莞四唯微型水泵有限公司	万江街道	通用设备制造业
东莞市仟净环保设备有限公司	万江街道	水的生产和供应业
东莞市中聚自动化设备有限公司	万江街道	仪器仪表制造业
广东开合文化科技股份有限公司	万江街道	其他服务业
东莞市卓艺印刷制品有限公司	万江街道	橡胶和塑料制品业
广东美商工业材料有限公司	万江街道	通用设备制造业
东莞市惠丰光电科技有限公司	万江街道	计算机、通信和其他电子设备制造业
东莞市华乐密封技术开发有限公司	万江街道	橡胶和塑料制品业
东莞市星煜电子科技有限公司	万江街道	计算机、通信和其他电子设备制造业
东莞市钢鑫机械有限公司	万江街道	通用设备制造业
东莞市美康仕电子科技有限公司	万江街道	电气机械和器材制造业
东莞市汇博通讯科技有限公司	万江街道	软件和信息技术服务业
东莞市轩睿电子科技有限公司	万江街道	计算机、通信和其他电子设备制造业
广东再设计创意文化有限公司	万江街道	商务服务业
东莞市科建检测仪器有限公司	万江街道	仪器仪表制造业
东莞市天驰机电设备有限公司	万江街道	通用设备制造业
东莞市天峻水处理机电工程有限公司	万江街道	专业技术服务业
东莞市源丰高分子材料科技有限公司	万江街道	化学原料和化学制品制造业
东莞市彩弘激光刀模有限公司	万江街道	金属制品业
东莞市合辉精密机械设备有限公司	万江街道	通用设备制造业
东莞市艾迪朗机械有限公司	万江街道	文教、工美、体育和娱乐用品制造业
东莞市杰凯工业设备有限公司	万江街道	通用设备制造业
东莞市振研五金机械有限公司	万江街道	通用设备制造业
东莞市华盾电子科技有限公司	万江街道	专用设备制造业
东莞市索永电子科技有限公司	万江街道	计算机、通信和其他电子设备制造业
广东伟航数码科技有限公司	万江街道	专用设备制造业
广东安宝物联网科技有限公司	万江街道	印刷和记录媒介复制业
东莞市优胜热熔胶制品有限公司	万江街道	橡胶和塑料制品业
东莞市宝大仪器有限公司	万江街道	仪器仪表制造业
东莞市天翔自动化设备有限公司	万江街道	仪器仪表制造业
东莞市龙晶微钻精密工具有限公司	万江街道	仪器仪表制造业
广东立创软件开发有限公司	万江街道	软件和信息技术服务业
广东汀大生物科技有限公司	万江街道	化学原料和化学制品制造业
东莞市全壹检测设备有限公司	万江街道	仪器仪表制造业

1-5 续表 14

（2017年）

企业名称	所在镇街	行业类别
东莞市绿能环保节能科技有限公司	万江街道	软件和信息技术服务业
广东添隆印刷实业有限公司	万江街道	印刷和记录媒介复制业
东莞市安德标签材料有限公司	万江街道	造纸和纸制品业
东莞市万江区天地信达水务有限公司	万江街道	生态保护和环境治理业
东莞广森自动缝制设备有限公司	万江街道	通用设备制造业
东莞市硕镭电子科技有限公司	万江街道	有色金属冶炼和压延加工业
东莞市楷德精密机械有限公司	万江街道	通用设备制造业
东莞市陆陇实业有限公司	万江街道	建筑安装业
东莞市粤熙实业有限公司	万江街道	计算机、通信和其他电子设备制造业
广东五星太阳能股份有限公司	万江街道	电气机械和器材制造业
东莞市双龙自动化设备有限公司	万江街道	专用设备制造业
东莞市力控仪器科技有限公司	万江街道	仪器仪表制造业
广东威发激光科技有限公司	万江街道	通用设备制造业
东莞市万佳医疗科技有限公司	万江街道	专用设备制造业
东莞市宙纳自动化设备科技有限公司	万江街道	通用设备制造业
东莞市耀晨新材料科技有限公司	万江街道	橡胶和塑料制品业
东莞市长盛刀锯有限公司	万江街道	金属制品业
东莞市福临机械有限公司	万江街道	金属制品业
东莞市翰凯智能科技有限公司	万江街道	软件和信息技术服务业
东莞市博君来胶粘材料科技有限公司	万江街道	化学原料和化学制品制造业
东莞科宝机械刀具有限公司	万江街道	金属制品业
东莞市台胜五金制品有限公司	万江街道	专用设备制造业
东莞市贸隆机械制造有限公司	万江街道	专用设备制造业
广东习安智能科技有限公司	万江街道	软件和信息技术服务业
东莞博硕机械有限公司	万江街道	通用设备制造业
东莞市利鸿橡塑科技有限公司	万江街道	化学原料和化学制品制造业
东莞希越电子有限公司	万江街道	计算机、通信和其他电子设备制造业
东莞市明天纳米科技有限公司	万江街道	化学原料和化学制品制造业
广东至诚化学工业有限公司	万江街道	化学原料和化学制品制造业
东莞市科虹变压器有限公司	万江街道	电气机械和器材制造业
东莞市才华自动化设备科技有限公司	万江街道	计算机、通信和其他电子设备制造业
东莞市君赢机械制造有限公司	万江街道	通用设备制造业
东莞开创激光科技有限公司	万江街道	通用设备制造业
广东悦玛空气处理股份有限公司	万江街道	电气机械和器材制造业
东莞如金自动化设备科技有限公司	万江街道	通用设备制造业
东莞市德尚精密机械设备有限公司	万江街道	通用设备制造业
东莞市恒磊电子有限公司	万江街道	电气机械和器材制造业
东莞市盛联滤清器制造有限公司	万江街道	汽车制造业
东莞艾瑞克精密工具有限公司	万江街道	金属制品业
广东志汇谷科技有限公司	万江街道	软件和信息技术服务业
东莞市友辉光电科技有限公司	万江街道	通用设备制造业
广东简创科技有限公司	万江街道	化学原料和化学制品制造业
东莞市卓远冷热设备有限公司	万江街道	通用设备制造业
东莞市福佑电子科技有限公司	万江街道	化学原料和化学制品制造业
东莞市誉鑫机械有限公司	万江街道	通用设备制造业
东莞埃欧热能技术有限公司	万江街道	金属制品、机械和设备修理业
东莞绿光新能源科技有限公司	万江街道	仪器仪表制造业
广东俊泰液压科技有限公司	万江街道	通用设备制造业
东莞市力博得电子科技有限公司	万江街道	电气机械和器材制造业
东莞市九方电子设备有限公司	万江街道	通用设备制造业

1-5 续表 15

(2017年)

企业名称	所在镇街	行业类别
广东美格瑞能源科技有限公司	万江街道	电气机械和器材制造业
广东迈丹尼家居定制有限公司	万江街道	家具制造业
东莞市健康一族自动售货机有限公司	万江街道	电气机械和器材制造业
广东大榕树信息科技有限公司	南城街道	软件和信息技术服务业
东莞市银雁金融配套服务有限公司	南城街道	软件和信息技术服务业
广东沃杰森环保科技股份有限公司	南城街道	专用设备制造业
广东技安科技有限公司	南城街道	互联网和相关服务
东莞新科技术研究开发有限公司	南城街道	研究和试验发展
广东凌康科技有限公司	南城街道	软件和信息技术服务业
广东优信无限网络股份有限公司	南城街道	电信、广播电视和卫星传输服务
东莞市信测科技有限公司	南城街道	软件和信息技术服务业
东莞市正太合赢自动化设备有限公司	南城街道	专用设备制造业
广东盘古信息科技有限公司	南城街道	软件和信息技术服务业
东莞市开创精密机械有限公司	南城街道	通用设备制造业
广东宏泰照明科技有限公司	南城街道	建筑安装业
东莞市凯诺德软件科技有限公司	南城街道	软件和信息技术服务业
东莞市贝迪自动化科技有限公司	南城街道	计算机、通信和其他电子设备制造业
东莞安本先天下智能科技有限公司	南城街道	计算机、通信和其他电子设备制造业
东莞传动电喷科技有限公司	南城街道	汽车制造业
东莞市博拓自动化设备有限公司	南城街道	专用设备制造业
东莞市创丰科技发展有限公司	南城街道	零售业
东莞市北测标准技术服务有限公司	南城街道	专业技术服务业
东莞市鸿茂物联网科技有限公司	南城街道	互联网和相关服务
东莞市嘉松电子科技有限公司	南城街道	互联网和相关服务
东莞市立迪电子科技有限公司	南城街道	通用设备制造业
广东联鼎检测科技有限公司	南城街道	专业技术服务业
东莞市诺尔检测科技有限公司	南城街道	专业技术服务业
东莞市三瑞自动化科技有限公司	南城街道	软件和信息技术服务业
东莞市新雷神仿真控制有限公司	南城街道	软件和信息技术服务业
东莞市中谱光电设备有限公司	南城街道	通用设备制造业
东莞市中旺精密仪器有限公司	南城街道	仪器仪表制造业
广东安标检测科技有限公司	南城街道	专业技术服务业
广东日正实业有限公司	南城街道	批发业
广东三鼎实业有限公司	南城街道	建筑安装业
广东网安科技有限公司	南城街道	软件和信息技术服务业
易通百通网络科技股份有限公司	南城街道	计算机、通信和其他电子设备制造业
东莞海金杜门五金制品有限公司	南城街道	金属制品业
东莞宏强电子有限公司	南城街道	电气机械和器材制造业
广东纳萨斯通信科技有限公司	南城街道	软件和信息技术服务业
东莞市保得生物工程有限公司	南城街道	化学原料和化学制品制造业
东莞市北斗航盛通讯科技有限公司	南城街道	软件和信息技术服务业
广东辰宇电气有限公司	南城街道	仪器仪表制造业
东莞市顾德电脑软件有限公司	南城街道	软件和信息技术服务业
东莞市华高网络科技有限公司	南城街道	互联网和相关服务
东莞市华科建筑科技有限公司	南城街道	房屋建筑业
东莞市集创计算机科技有限公司	南城街道	软件和信息技术服务业
东莞市凌速电子科技有限公司	南城街道	仪器仪表制造业
东莞市凌宇工业设备技术有限公司	南城街道	通用设备制造业
东莞市视帝测量软件有限公司	南城街道	软件和信息技术服务业
东莞市娃哈哈饮用水有限公司	南城街道	酒、饮料和精制茶制造业

1-5 续表 16

(2017年)

企业名称	所在镇街	行业类别
东莞市维度自动化设备有限公司	南城街道	仪器仪表制造业
东莞市信瑞智能科技有限公司	南城街道	仪器仪表制造业
东莞市雅之雷德机电科技有限公司	南城街道	通用设备制造业
东莞市易比信息技术有限公司	南城街道	软件和信息技术服务业
广东银讯支付服务有限公司	南城街道	其他金融业
东莞市正太合信自动化设备有限公司	南城街道	通用设备制造业
东莞云泰信息科技有限公司	南城街道	软件和信息技术服务业
广东安源鼎盛检测评价技术服务有限公司	南城街道	专业技术服务业
广东布鲁斯工业设计有限公司	南城街道	专业技术服务业
广东车云网络信息科技股份有限公司	南城街道	互联网和相关服务
广东金颢轩环境工程设备科技有限公司	南城街道	专用设备制造业
广东开能环保能源有限公司	南城街道	电力、热力生产和供应业
广东绿家绿生态环境农业科技有限公司	南城街道	农、林、牧、渔服务业
广东越联仪器有限公司	南城街道	仪器仪表制造业
广东中健检测技术有限公司	南城街道	专业技术服务业
广东筑奥生态环境股份有限公司	南城街道	建筑装饰和其他建筑业
东莞科曼利智控有限公司	南城街道	计算机、通信和其他电子设备制造业
东莞市艾特姆射频科技有限公司	南城街道	软件和信息技术服务业
东莞市彼联机械科技有限公司	南城街道	通用设备制造业
东莞市富驰电子科技有限公司	南城街道	软件和信息技术服务业
东莞市海川博通信息科技有限公司	南城街道	仪器仪表制造业
东莞市海川数控技术有限公司	南城街道	仪器仪表制造业
东莞市瀚恒环境技术工程有限公司	南城街道	专用设备制造业
东莞市乐普电子技术有限公司	南城街道	计算机、通信和其他电子设备制造业
东莞市亮宇自动化科技有限公司	南城街道	电气机械和器材制造业
东莞市欧特自动化技术有限公司	南城街道	批发业
东莞市台通电子科技有限公司	南城街道	仪器仪表制造业
东莞市天霸电子科技有限公司	南城街道	互联网和相关服务
东莞市鑫品自动化科技有限公司	南城街道	仪器仪表制造业
广东亦强科技有限公司	南城街道	软件和信息技术服务业
东莞市永铠自动化科技有限公司	南城街道	金属制品、机械和设备修理业
东莞市远程自动化科技有限公司	南城街道	仪器仪表制造业
东莞市中南环保科技有限公司	南城街道	软件和信息技术服务业
东莞拓蓝自动化科技有限公司	南城街道	仪器仪表制造业
高铁检测仪器（东莞）有限公司	南城街道	仪器仪表制造业
广东德鸿档案科技有限公司	南城街道	软件和信息技术服务业
广东广量测绘信息技术有限公司	南城街道	研究和试验发展
广东鸿太升软件科技有限公司	南城街道	软件和信息技术服务业
广东数夫家具软件有限公司	南城街道	软件和信息技术服务业
广东通莞科技股份有限公司	南城街道	软件和信息技术服务业
广东沃特环保科技有限公司	南城街道	专用设备制造业
广东物网智能科技有限公司	南城街道	软件和信息技术服务业
广东云关通科技有限公司	南城街道	软件和信息技术服务业
广东兆天纺织科技有限公司	南城街道	纺织业
广东中金环保科技有限公司	南城街道	专用设备制造业
全天自动化能源科技（东莞）有限公司	南城街道	其他制造业
广东盛世商潮网络科技有限公司	南城街道	互联网和相关服务
东莞华迈通信技术有限公司	南城街道	软件和信息技术服务业
东莞市奥时达信息技术有限公司	南城街道	汽车制造业
东莞市东测检测技术有限公司	南城街道	专业技术服务业

1-5　续表 17

(2017年)

企业名称	所在镇街	行业类别
东莞市盟大塑化科技有限公司	南城街道	互联网和相关服务
东莞市易得网络科技有限公司	南城街道	软件和信息技术服务业
东莞市禹瑞机电设备有限公司	南城街道	专用设备制造业
东莞市智软计算机有限公司	南城街道	软件和信息技术服务业
东莞市智赢智能装备有限公司	南城街道	通用设备制造业
东莞文胜鼎电子科技有限公司	南城街道	计算机、通信和其他电子设备制造业
广东瑞恩科技有限公司	南城街道	软件和信息技术服务业
广东思域信息科技有限公司	南城街道	软件和信息技术服务业
东莞市佛尔盛智能股份有限公司	南城街道	通用设备制造业
广东创锐电子技术股份有限公司	南城街道	仪器仪表制造业
派生科技集团股份有限公司	南城街道	互联网和相关服务
广东唯一网络科技有限公司	南城街道	互联网和相关服务
广东智政信息科技有限公司	南城街道	软件和信息技术服务业
东莞市简平实业有限公司	南城街道	软件和信息技术服务业
东莞市智觉电子科技有限公司	南城街道	计算机、通信和其他电子设备制造业
东莞市科韵网络科技有限公司	南城街道	软件和信息技术服务业
东莞市博恒机电科技有限公司	南城街道	科技推广和应用服务业
东莞团贷网互联网科技服务有限公司	南城街道	互联网和相关服务
东莞市力天信息工程有限公司	南城街道	软件和信息技术服务业
东莞市研杰自动化设备有限公司	南城街道	专用设备制造业
广东宏优网络科技有限公司	南城街道	软件和信息技术服务业
东莞市大森环境工程有限公司	南城街道	专业技术服务业
东莞市商二信息科技有限公司	南城街道	软件和信息技术服务业
东莞市嘉准激光设备科技有限公司	南城街道	通用设备制造业
东莞市晶品电子科技有限公司	南城街道	电气机械和器材制造业
东莞久尹电子有限公司	南城街道	计算机、通信和其他电子设备制造业
广东天新软件科技有限公司	南城街道	软件和信息技术服务业
广东技标实业有限公司	南城街道	通用设备制造业
东莞市二郎神影像设备有限公司	南城街道	仪器仪表制造业
东莞市忞赟电子有限公司	南城街道	仪器仪表制造业
东莞市池能电子科技有限公司	南城街道	电气机械和器材制造业
东莞东银信息工程有限公司	南城街道	软件和信息技术服务业
广东中科天中工业物联网有限公司	南城街道	软件和信息技术服务业
广东华恒智能科技有限公司	南城街道	专用设备制造业
东莞快创信息科技有限公司	南城街道	软件和信息技术服务业
东莞市千百浪信息科技有限公司	南城街道	软件和信息技术服务业
广东方天软件科技股份有限公司	南城街道	软件和信息技术服务业
东莞市博拓锂电科技有限公司	南城街道	专用设备制造业
东莞市港粤通讯科技有限公司	南城街道	互联网和相关服务
东莞市广博通信设备服务有限公司	南城街道	软件和信息技术服务业
东莞市九鼎实业有限公司	南城街道	电信、广播电视和卫星传输服务
东莞市敏动电子科技有限公司	南城街道	软件和信息技术服务业
东莞市数币电子科技有限公司	南城街道	汽车制造业
东莞市杉木电子有限公司	南城街道	仪器仪表制造业
东莞市绿泉环境工程有限公司	南城街道	专用设备制造业
广东绿力网络技术有限公司	南城街道	互联网和相关服务
东莞市科伟自动化设备有限公司	南城街道	仪器仪表制造业
东莞市华居建设工程有限公司	南城街道	房屋建筑业
东莞市火速电子科技有限公司	南城街道	软件和信息技术服务业
广东超算数据技术有限公司	南城街道	软件和信息技术服务业

1-5 续表 18

(2017年)

企业名称	所在镇街	行业类别
东莞市福诚建设工程有限公司	南城街道	房屋建筑业
东莞市网格商业信息服务有限公司	南城街道	软件和信息技术服务业
东莞市沃德普自动化科技有限公司	南城街道	仪器仪表制造业
广东三丰软件科技有限公司	南城街道	软件和信息技术服务业
广东开源环境科技有限公司	南城街道	生态保护和环境治理业
东莞市建之都建设工程有限公司	南城街道	房屋建筑业
东莞市韩际信息科技有限公司	南城街道	通用设备制造业
东莞能者机电科技有限公司	南城街道	专用设备制造业
广东万维博通信息技术有限公司	南城街道	软件和信息技术服务业
广东宏大电梯有限公司	南城街道	通用设备制造业
东莞市润峰涂料有限公司	南城街道	化学原料和化学制品制造业
东莞市青橙软件有限公司	南城街道	软件和信息技术服务业
东莞市爱玛数控科技有限公司	南城街道	通用设备制造业
东莞海振爱恩匹电子科技有限公司	南城街道	计算机、通信和其他电子设备制造业
广东圆玄新材料科技有限公司	南城街道	橡胶和塑料制品业
东莞市森众自动化科技有限公司	南城街道	电气机械和器材制造业
东莞市蒙泰护理用品有限公司	南城街道	医药制造业
东莞市德字电子有限公司	南城街道	仪器仪表制造业
东莞市佳普信息技术有限公司	南城街道	软件和信息技术服务业
东莞市智捷自动化设备有限公司	南城街道	仪器仪表制造业
东莞市星纳特机械设备科技有限公司	南城街道	通用设备制造业
广东华高通信有限公司	南城街道	电信、广播电视和卫星传输服务
东莞智福智能科技有限公司	南城街道	通用设备制造业
东莞市净宇检测技术有限公司	南城街道	水利管理业
东莞市华畅机电科技有限公司	南城街道	化学原料和化学制品制造业
东莞市易合软件科技有限公司	南城街道	软件和信息技术服务业
东莞市晨宇自动化科技有限公司	南城街道	通用设备制造业
东莞市华伦建设工程咨询有限公司	南城街道	软件和信息技术服务业
广东伯乐科技股份有限公司	南城街道	软件和信息技术服务业
广东华滤净化技术有限公司	南城街道	批发业
广东国亮信息科技有限公司	南城街道	软件和信息技术服务业
广东人啊人网络技术开发有限公司	南城街道	软件和信息技术服务业
东莞市澳新软件科技有限公司	南城街道	软件和信息技术服务业
东莞市泰赛特汽车用品科技有限公司	南城街道	化学原料和化学制品制造业
东莞市珀蓝特机电设备有限公司	南城街道	通用设备制造业
东莞市德玛电子有限公司	南城街道	通用设备制造业
广东图居网络科技股份有限公司	南城街道	互联网和相关服务
东莞市瀚阳电子仪器有限公司	南城街道	仪器仪表制造业
东莞市鑫利机电有限公司	南城街道	计算机、通信和其他电子设备制造业
东莞市莱曼光电科技有限公司	南城街道	计算机、通信和其他电子设备制造业
东莞市关易信息科技有限公司	南城街道	软件和信息技术服务业
东莞市恒浩节能科技有限公司	南城街道	通用设备制造业
广东广雅家居科技有限公司	南城街道	零售业
广东易昂普软件信息有限公司	南城街道	软件和信息技术服务业
广东金昇智能数控有限公司	南城街道	通用设备制造业
东莞市启新科技服务有限公司	南城街道	科技推广和应用服务业
东莞高精新能源开发有限公司	南城街道	科技推广和应用服务业
东莞市富默克化工有限公司	南城街道	化学原料和化学制品制造业
东莞市杉杉电池材料有限公司	南城街道	电气机械和器材制造业
东莞市金甲软件信息科技有限公司	南城街道	软件和信息技术服务业

1-5　续表 19

(2017年)

企业名称	所在镇街	行业类别
东莞市彩蝶软件有限公司	南城街道	软件和信息技术服务业
广东华锐智能消防机电技术有限公司	南城街道	互联网和相关服务
东莞市美讯达软件工程有限公司	南城街道	软件和信息技术服务业
东莞市隆海新材料科技有限公司	南城街道	批发业
东莞市立量电子有限公司	南城街道	电气机械和器材制造业
东莞市多谷网络科技有限公司	南城街道	互联网和相关服务
东莞市一箭天网络科技有限公司	南城街道	其他服务业
广东优科艾迪高分子材料有限公司	南城街道	化学原料和化学制品制造业
东莞市华喜机电工程有限公司	南城街道	建筑安装业
广东力拓网络科技有限公司	南城街道	软件和信息技术服务业
广东海拓创新精密设备科技有限公司	南城街道	非金属矿物制品业
东莞市盛凯信息科技有限公司	南城街道	软件和信息技术服务业
东莞市群飞自动化科技有限公司	南城街道	仪器仪表制造业
广东华星建设集团有限公司	南城街道	房屋建筑业
广东启动网络科技有限公司	南城街道	软件和信息技术服务业
广东申腾信息技术有限公司	南城街道	软件和信息技术服务业
东莞市耐力激光设备有限公司	南城街道	通用设备制造业
东莞市南方物流集团有限公司	南城街道	道路运输业
东莞市万高电子材料有限公司	南城街道	化学原料和化学制品制造业
广东微邦网络信息服务有限公司	南城街道	互联网和相关服务
广东伟旺达科技股份有限公司	南城街道	计算机、通信和其他电子设备制造业
东莞市创盟电器科技有限公司	南城街道	计算机、通信和其他电子设备制造业
东莞同升计算机技术有限公司	南城街道	软件和信息技术服务业
东莞市大易产业链服务有限公司	南城街道	互联网和相关服务
东莞市盟达自动化科技有限公司	南城街道	仪器仪表制造业
东莞市极速信息科技有限公司	南城街道	软件和信息技术服务业
广东百华科技股份有限公司	南城街道	纺织业
东莞市英思腾信息科技有限公司	南城街道	软件和信息技术服务业
东莞市钜大电子有限公司	南城街道	电气机械和器材制造业
东莞市立象条码制品有限公司	南城街道	通用设备制造业
东莞市天海电子科技有限公司	南城街道	计算机、通信和其他电子设备制造业
东莞市南博科技有限公司	南城街道	软件和信息技术服务业
东莞市猎声电子科技有限公司	南城街道	计算机、通信和其他电子设备制造业
东莞市亿商信息科技有限公司	南城街道	软件和信息技术服务业
东莞星锐安新材料有限公司	南城街道	化学原料和化学制品制造业
东莞市兆显电子科技有限公司	南城街道	计算机、通信和其他电子设备制造业
广东安泰兴业智能科技有限公司	南城街道	软件和信息技术服务业
东莞市安卓安信息科技有限公司	南城街道	软件和信息技术服务业
东莞市慧芯电子科技有限公司	南城街道	电气机械和器材制造业
广东德尔智慧工厂科技有限公司	南城街道	建筑安装业
东莞市海康环保科技有限公司	南城街道	仪器仪表制造业
东莞市莞创电子有限公司	南城街道	电气机械和器材制造业
广东百林园林股份有限公司	南城街道	建筑安装业
东莞市掌商信息科技有限公司	南城街道	软件和信息技术服务业
东莞市高鑫机电科技服务有限公司	南城街道	通用设备制造业
东莞理文造纸厂有限公司	中堂镇	造纸和纸制品业
东莞兆舜有机硅科技股份有限公司	中堂镇	化学原料和化学制品制造业
东莞市东兴铝业有限公司	中堂镇	金属制品业
东莞市嘉达磁电制品有限公司	中堂镇	有色金属冶炼和压延加工业
东莞市新华业纤维科技有限公司	中堂镇	木材加工和木、竹、藤、棕、草制品业

1–5　续表 20

(2017年)

企业名称	所在镇街	行业类别
东莞市满贯包装有限公司	中堂镇	金属制品业
广东高德品杰光电科技有限公司	中堂镇	电气机械和器材制造业
东莞美哲塑胶制品有限公司	中堂镇	木材加工和木、竹、藤、棕、草制品业
东莞市本铃车业科技有限公司	中堂镇	铁路、船舶、航空航天和其他运输设备制造业
东莞市建远机电有限公司	中堂镇	通用设备制造业
东莞耀铨顺塑料有限公司	中堂镇	皮革、毛皮、羽毛及其制品和制鞋业
东莞环裕自动化机械有限公司	中堂镇	通用设备制造业
东莞市恩科化工有限公司	中堂镇	化学原料和化学制品制造业
东莞市君容信息技术有限公司	中堂镇	计算机、通信和其他电子设备制造业
东莞市明聚塑胶有限公司	中堂镇	橡胶和塑料制品业
东莞市西芹电器有限公司	中堂镇	电气机械和器材制造业
东莞市晓马精密机械有限公司	中堂镇	专用设备制造业
东莞市毅新庆江机械制造有限公司	中堂镇	通用设备制造业
广东粤辉科技股份有限公司	中堂镇	橡胶和塑料制品业
万宝力不锈钢制品（东莞）有限公司	中堂镇	金属制品业
东莞市华汇精密机械有限公司	中堂镇	通用设备制造业
广东鑫发精密金属科技有限公司	中堂镇	金属制品业
永磁电子（东莞）有限公司	中堂镇	电气机械和器材制造业
东莞市朗信机械有限公司	中堂镇	金属制品业
东莞市罗兰汽车配件制造有限公司	中堂镇	汽车制造业
东莞市博霖精密机械设备有限公司	中堂镇	通用设备制造业
广东贝洛新材料科技有限公司	中堂镇	橡胶和塑料制品业
东莞市旭丰纸业有限公司	中堂镇	造纸和纸制品业
东莞纳钛测控技术有限公司	中堂镇	仪器仪表制造业
东莞泰康聚合物科技有限公司	中堂镇	化学原料和化学制品制造业
东莞市四通兴国科技有限公司	中堂镇	通用设备制造业
东莞市希贝实业有限公司	中堂镇	橡胶和塑料制品业
东莞合乐数字科技有限公司	中堂镇	其他制造业
东莞市创之源化工有限公司	中堂镇	化学原料和化学制品制造业
东莞市风铃软件科技有限公司	中堂镇	软件和信息技术服务业
东莞市南力测控设备有限公司	中堂镇	仪器仪表制造业
东莞市宏拓自动识别技术有限公司	中堂镇	印刷和记录媒介复制业
东莞美而特幕墙有限公司	中堂镇	非金属矿物制品业
东莞市卡仕邦薄膜材料有限公司	中堂镇	橡胶和塑料制品业
东莞市盛家橡塑科技有限公司	中堂镇	化学原料和化学制品制造业
东莞市天丰电源材料有限公司	中堂镇	化学原料和化学制品制造业
东莞市海旭新材料技术有限公司	中堂镇	木材加工和木、竹、藤、棕、草制品业
东莞市佳信制罐有限公司	中堂镇	金属制品业
东莞市森林日用品有限公司	中堂镇	文教、工美、体育和娱乐用品制造业
广东南字科技股份有限公司	中堂镇	农副食品加工业
东莞市基汇实业有限公司	中堂镇	专用设备制造业
东莞市材通实业有限公司	中堂镇	橡胶和塑料制品业
东莞市泰跃新材料科技有限公司	中堂镇	非金属矿物制品业
东莞新盈能源利用有限公司	中堂镇	燃气生产和供应业
广东广益科技实业有限公司	中堂镇	食品制造业
东莞市福斯特橡塑科技有限公司	中堂镇	橡胶和塑料制品业
东莞市海宝机械科技有限公司	中堂镇	通用设备制造业
东莞市万豪包装有限公司	中堂镇	印刷和记录媒介复制业
东莞建泰生物科技有限公司	中堂镇	农副食品加工业
东莞科力线材技术有限公司	望牛墩镇	金属制品业

1-5 续表 21

(2017年)

企业名称	所在镇街	行业类别
广东金达照明科技股份有限公司	望牛墩镇	电气机械和器材制造业
东莞市华清净水技术有限公司	望牛墩镇	化学原料和化学制品制造业
东莞市精诚电能设备有限公司	望牛墩镇	电气机械和器材制造业
广东南方宏明电子科技股份有限公司	望牛墩镇	计算机、通信和其他电子设备制造业
广东比伦生活用纸有限公司	望牛墩镇	造纸和纸制品业
东莞市贝司通橡胶科技有限公司	望牛墩镇	橡胶和塑料制品业
东莞市天尚太阳能有限公司	望牛墩镇	电气机械和器材制造业
东莞市养生源蜂业有限公司	望牛墩镇	食品制造业
东莞市屹泰水晶工艺有限公司	望牛墩镇	非金属矿物制品业
东莞市盈尔电器有限公司	望牛墩镇	通用设备制造业
广东侨盛防伪材料有限公司	望牛墩镇	造纸和纸制品业
东莞市繁荣塑胶模具有限公司	望牛墩镇	其他制造业
东莞市顶盛环保科技有限公司	望牛墩镇	化学原料和化学制品制造业
广东粤威环境技术有限公司	望牛墩镇	专用设备制造业
东莞市佳电电子科技有限公司	望牛墩镇	计算机、通信和其他电子设备制造业
广东东热新能源技术有限公司	望牛墩镇	电力、热力生产和供应业
东莞顺裕纸业有限公司	望牛墩镇	造纸和纸制品业
东莞市立顿洗涤用品实业有限公司	望牛墩镇	化学原料和化学制品制造业
东莞市弟兄电子有限公司	望牛墩镇	计算机、通信和其他电子设备制造业
东莞市亚美精密机械配件有限公司	望牛墩镇	专用设备制造业
东莞市精益自动化设备有限公司	望牛墩镇	通用设备制造业
东莞市科力达衡器有限公司	望牛墩镇	仪器仪表制造业
东莞市金企实业有限公司	望牛墩镇	有色金属冶炼和压延加工业
东莞智源彩印有限公司	望牛墩镇	印刷和记录媒介复制业
广东创捷机械设备有限公司	望牛墩镇	通用设备制造业
东莞市德恩创自动化机械有限公司	望牛墩镇	专用设备制造业
东莞市碧荣包装材料有限公司	望牛墩镇	印刷和记录媒介复制业
东莞市中机建科实业有限公司	望牛墩镇	通用设备制造业
东莞市迅虹纸业有限公司	望牛墩镇	造纸和纸制品业
东莞市循美环保科技有限公司	望牛墩镇	专用设备制造业
格雷斯海姆塑胶制品（东莞）有限公司	望牛墩镇	医药制造业
东莞市兴茂橡塑科技有限公司	望牛墩镇	橡胶和塑料制品业
东莞市陈辉球米粉设备有限公司	望牛墩镇	通用设备制造业
东莞市立基电子材料有限公司	望牛墩镇	计算机、通信和其他电子设备制造业
广东福能精密机械有限公司	望牛墩镇	金属制品、机械和设备修理业
东莞市五鑫精密机器设备制造有限公司	望牛墩镇	通用设备制造业
东莞市天球实业有限公司	麻涌镇	电气机械和器材制造业
东莞南玻光伏科技有限公司	麻涌镇	电气机械和器材制造业
广东康达尔农牧科技有限公司	麻涌镇	农副食品加工业
东莞南玻工程玻璃有限公司	麻涌镇	非金属矿物制品业
东莞超盈纺织有限公司	麻涌镇	纺织业
东莞太平洋博高润滑油有限公司	麻涌镇	石油加工、炼焦和核燃料加工业
广东省东莞电机有限公司	麻涌镇	电气机械和器材制造业
广东中远船务工程有限公司	麻涌镇	铁路、船舶、航空航天和其他运输设备制造业
广东汇美淀粉科技有限公司	麻涌镇	农副食品加工业
东莞市导谷电子材料科技有限公司	麻涌镇	计算机、通信和其他电子设备制造业
丰益油脂科技（东莞）有限公司	麻涌镇	化学原料和化学制品制造业
广东裕华兴建筑机械制造有限公司	麻涌镇	其他制造业
东莞市奥莱克电子有限公司	麻涌镇	计算机、通信和其他电子设备制造业
东莞市伟力合机器人有限公司	麻涌镇	金属制品、机械和设备修理业

1-5 续表 22

(2017年)

企业名称	所在镇街	行业类别
广东华兰海电测科技股份有限公司	麻涌镇	仪器仪表制造业
东莞一翔液体肥料有限公司	麻涌镇	化学原料和化学制品制造业
广东凯力船艇股份有限公司	麻涌镇	铁路、船舶、航空航天和其他运输设备制造业
广东龙马化学有限公司	麻涌镇	非金属矿物制品业
广东信力材料科技有限公司	麻涌镇	化学原料和化学制品制造业
东莞南玻太阳能玻璃有限公司	麻涌镇	非金属矿物制品业
东莞德永佳纺织制衣有限公司	麻涌镇	纺织业
东莞创辉缝纫机有限公司	麻涌镇	专用设备制造业
东莞市贝特利新材料有限公司	麻涌镇	化学原料和化学制品制造业
东莞金銮五金制品有限公司	麻涌镇	文教、工美、体育和娱乐用品制造业
东莞市正大纺织科技有限公司	麻涌镇	纺织服装、服饰业
东莞中汽宏远汽车有限公司	麻涌镇	汽车制造业
广东上电科电机科技有限公司	麻涌镇	电气机械和器材制造业
东莞市山力高分子材料科研有限公司	麻涌镇	化学原料和化学制品制造业
东莞玖龙纸业有限公司	麻涌镇	造纸和纸制品业
东莞市东力实业发展有限公司	麻涌镇	橡胶和塑料制品业
东莞龙腾实业集团有限公司	麻涌镇	造纸和纸制品业
广东衡标检测技术股份有限公司	麻涌镇	专业技术服务业
东莞市安德建筑构件有限公司	麻涌镇	非金属矿物制品业
东莞华工佛塑新材料有限公司	麻涌镇	化学原料和化学制品制造业
东莞市中科冠腾科技股份有限公司	石碣镇	计算机、通信和其他电子设备制造业
东莞市维尔霓斯照明科技有限公司	石碣镇	电气机械和器材制造业
东莞市科磊实业有限公司	石碣镇	橡胶和塑料制品业
东莞天龙阿克达电子有限公司	石碣镇	橡胶和塑料制品业
东莞市五株电子科技有限公司	石碣镇	计算机、通信和其他电子设备制造业
东莞市金源电池科技有限公司	石碣镇	电气机械和器材制造业
广东广发制药有限公司	石碣镇	医药制造业
东莞市盈聚电子有限公司	石碣镇	计算机、通信和其他电子设备制造业
东莞市铭冠电子科技有限公司	石碣镇	计算机、通信和其他电子设备制造业
东莞市威力固电路板设备有限公司	石碣镇	计算机、通信和其他电子设备制造业
东莞市卓茂仪器有限公司	石碣镇	专用设备制造业
东莞精塑电子科技有限公司	石碣镇	橡胶和塑料制品业
东莞市澳中电子材料有限公司	石碣镇	化学原料和化学制品制造业
东莞市辉胜自动化设备有限公司	石碣镇	通用设备制造业
东莞市杰创电子测控科技有限公司	石碣镇	仪器仪表制造业
东莞市奇立电源有限公司	石碣镇	通用设备制造业
东莞市瑞吉实业有限公司	石碣镇	通用设备制造业
东莞市声强电子有限公司	石碣镇	计算机、通信和其他电子设备制造业
东莞市轩音电子科技有限公司	石碣镇	电气机械和器材制造业
东莞市怡沁电子有限公司	石碣镇	计算机、通信和其他电子设备制造业
东翔电子（东莞）有限公司	石碣镇	计算机、通信和其他电子设备制造业
广东炜田环保新材料股份有限公司	石碣镇	橡胶和塑料制品业
东莞市倍加自动化设备有限公司	石碣镇	专用设备制造业
东莞市大研自动化设备有限公司	石碣镇	通用设备制造业
东莞市焦点自动化科技有限公司	石碣镇	专用设备制造业
东莞市鹏起塑胶有限公司	石碣镇	橡胶和塑料制品业
东莞市硕诚电子有限公司	石碣镇	计算机、通信和其他电子设备制造业
东莞市思普电子有限公司	石碣镇	专用设备制造业
东莞市新亮点自动化设备科技有限公司	石碣镇	通用设备制造业
东莞市众隆泵业科技有限公司	石碣镇	通用设备制造业

1-5 续表 23

(2017年)

企业名称	所在镇街	行业类别
广东德奥电梯科技有限公司	石碣镇	通用设备制造业
东莞凯科电子科技有限公司	石碣镇	电气机械和器材制造业
东莞市鼎力自动化科技有限公司	石碣镇	专用设备制造业
东莞市孚朗仕照明科技有限公司	石碣镇	电气机械和器材制造业
东莞市金华电子有限公司	石碣镇	计算机、通信和其他电子设备制造业
东莞市卡萨帝电子科技有限公司	石碣镇	金属制品业
东莞市良友五金制品有限公司	石碣镇	金属制品业
东莞市万将机电设备有限公司	石碣镇	专用设备制造业
东莞市益诚自动化设备有限公司	石碣镇	电气机械和器材制造业
东莞市纳博科精密模具有限公司	石碣镇	专用设备制造业
东莞市百达半导体材料有限公司	石碣镇	橡胶和塑料制品业
东莞市同欣智能科技有限公司	石碣镇	计算机、通信和其他电子设备制造业
东莞市欣业实业有限公司	石碣镇	金属制品业
东莞市通茂电子有限公司	石碣镇	计算机、通信和其他电子设备制造业
东莞市展迅机械科技有限公司	石碣镇	通用设备制造业
东莞市桉特五金塑胶制品有限公司	石碣镇	通用设备制造业
东莞市显科模具五金有限公司	石碣镇	通用设备制造业
广东大永圣科技有限公司	石碣镇	通用设备制造业
东莞市浩智汽车电子有限公司	石碣镇	汽车制造业
东莞市佛照林顿节能科技有限公司	石碣镇	电气机械和器材制造业
东莞朋有实业有限公司	石碣镇	橡胶和塑料制品业
东莞市致森五金塑胶制品有限公司	石碣镇	橡胶和塑料制品业
东莞市中萃模具塑胶科技有限公司	石碣镇	橡胶和塑料制品业
东莞泉声电子有限公司	石碣镇	电气机械和器材制造业
东莞市通亿电子有限公司	石碣镇	计算机、通信和其他电子设备制造业
东莞市海默生电子有限公司	石碣镇	通用设备制造业
东莞市冠达自动化设备有限公司	石碣镇	专用设备制造业
东莞市腾音电子有限公司	石碣镇	计算机、通信和其他电子设备制造业
东莞市景泰机电设备有限公司	石碣镇	通用设备制造业
东莞市首创五金电子有限公司	石碣镇	其他制造业
东莞市韩独音响有限公司	石碣镇	计算机、通信和其他电子设备制造业
东莞市茵莉电子有限公司	石碣镇	计算机、通信和其他电子设备制造业
东莞市宏聚电子五金制品有限公司	石碣镇	计算机、通信和其他电子设备制造业
东莞市安意电子有限公司	石碣镇	金属制品业
东莞市精测精密五金设备有限公司	石碣镇	通用设备制造业
东莞市骏豪电线科技有限公司	石碣镇	电气机械和器材制造业
东莞市晟瀚五金塑胶有限公司	石碣镇	橡胶和塑料制品业
东莞市知力自动化设备有限公司	石碣镇	通用设备制造业
东莞市金盈电子有限公司	石碣镇	电气机械和器材制造业
东莞市华凯检测设备科技有限公司	石碣镇	通用设备制造业
东莞鹏龙光电有限公司	石碣镇	计算机、通信和其他电子设备制造业
东莞市艾尔佳过滤器制造有限公司	石碣镇	化学纤维制造业
东莞市东鸿自动化科技有限公司	石碣镇	仪器仪表制造业
东莞市森川机械工具有限公司	石碣镇	通用设备制造业
东莞市领亚自动化科技有限公司	石碣镇	仪器仪表制造业
东莞市伊尔堡电子有限公司	石碣镇	计算机、通信和其他电子设备制造业
东莞市盈之宝电子科技有限公司	石碣镇	通用设备制造业
东莞市川东电子科技有限公司	石碣镇	计算机、通信和其他电子设备制造业
东莞市东和电器有限公司	石碣镇	计算机、通信和其他电子设备制造业
东莞市德崧电子有限公司	石碣镇	计算机、通信和其他电子设备制造业

1-5 续表 24

(2017年)

企业名称	所在镇街	行业类别
东莞市积健生物科技有限公司	石碣镇	仪器仪表制造业
东莞市群立自动化科技有限公司	石碣镇	仪器仪表制造业
东莞市鸿瀚电子材料有限公司	石碣镇	计算机、通信和其他电子设备制造业
东莞鸿耀电子科技有限公司	石碣镇	专用设备制造业
鸿磐电子（东莞）有限公司	石碣镇	计算机、通信和其他电子设备制造业
东莞市百优电子有限公司	石碣镇	电气机械和器材制造业
东莞市锦利电子科技有限公司	石碣镇	其他制造业
东莞市久旺电子有限公司	石碣镇	电气机械和器材制造业
广东中科天工智能技术有限公司	石碣镇	仪器仪表制造业
东莞市米勒机器人有限公司	石碣镇	专用设备制造业
东莞市鑫拓智能机械科技有限公司	石碣镇	通用设备制造业
东莞市铭杨机械有限公司	石碣镇	通用设备制造业
东莞市为宽塑胶制品有限公司	石碣镇	橡胶和塑料制品业
东莞市互赢能源科技有限公司	石碣镇	通用设备制造业
东莞市优贝电子有限公司	石碣镇	计算机、通信和其他电子设备制造业
东莞市谊田自动化设备科技有限公司	石碣镇	通用设备制造业
东莞市智感机械电子科技有限公司	石碣镇	计算机、通信和其他电子设备制造业
东莞市高益电子有限公司	石碣镇	计算机、通信和其他电子设备制造业
东莞市广聚电子测试设备有限公司	石碣镇	金属制品业
东莞市兴洲电子科技有限公司	石碣镇	专用设备制造业
东莞市创兴五金制罐有限公司	石碣镇	金属制品业
东莞市欧瑞能自动化科技有限公司	石碣镇	通用设备制造业
东莞莫仕连接器有限公司	石碣镇	计算机、通信和其他电子设备制造业
东莞市世标实业有限公司	石碣镇	有色金属冶炼和压延加工业
东莞市荣旭自动化科技有限公司	高埗镇	专用设备制造业
东莞市宏达聚氨酯有限公司	高埗镇	化学原料和化学制品制造业
东莞精锐电器五金有限公司	高埗镇	金属制品业
东莞市唯美陶瓷工业园有限公司	高埗镇	非金属矿物制品业
东莞市中领生物科技有限公司	高埗镇	医药制造业
东莞锂威能源科技有限公司	高埗镇	电气机械和器材制造业
东莞海宝电子热传科技有限公司	高埗镇	金属制品业
东莞市宝帅鞋材有限公司	高埗镇	化学原料和化学制品制造业
东莞市金富亮塑胶科技有限公司	高埗镇	化学原料和化学制品制造业
东莞市晶磁科技有限公司	高埗镇	电气机械和器材制造业
东莞市钜铧机械有限公司	高埗镇	通用设备制造业
东莞市秋天塑胶材料有限公司	高埗镇	橡胶和塑料制品业
东莞市锐达涂料有限公司	高埗镇	化学原料和化学制品制造业
东莞市锡达焊锡制品有限公司	高埗镇	金属制品业
东莞市永固绝缘材料有限公司	高埗镇	化学原料和化学制品制造业
东莞市兆荣节能科技有限公司	高埗镇	其他制造业
东莞市中航自动化设备有限公司	高埗镇	通用设备制造业
广东星宇耐力新材料股份有限公司	高埗镇	化学原料和化学制品制造业
东莞市东田厨具设备有限公司	高埗镇	金属制品业
东莞市海德机械有限公司	高埗镇	通用设备制造业
东莞市普济药业有限公司	高埗镇	医药制造业
东莞市意高节能科技有限公司	高埗镇	计算机、通信和其他电子设备制造业
东莞市粤行自动化设备科技有限公司	高埗镇	通用设备制造业
东莞市博晨塑料科技有限公司	高埗镇	橡胶和塑料制品业
东莞市佳盟照明科技有限公司	高埗镇	电气机械和器材制造业
东莞立茂运动用品有限公司	高埗镇	皮革、毛皮、羽毛及其制品和制鞋业

1−5　续表 25

(2017年)

企业名称	所在镇街	行业类别
东莞市烨晟塑料有限公司	高埗镇	橡胶和塑料制品业
东莞市创音电声科技有限公司	高埗镇	计算机、通信和其他电子设备制造业
广东粤广电气科技有限公司	高埗镇	电气机械和器材制造业
东莞市川博机械设备有限公司	高埗镇	通用设备制造业
东莞佰鸿电子有限公司	高埗镇	计算机、通信和其他电子设备制造业
东莞东美食品有限公司	高埗镇	农副食品加工业
东莞市南锋精密钣金制品有限公司	高埗镇	金属制品业
东莞市威格自动化设备有限公司	高埗镇	电气机械和器材制造业
东莞市洪钜硅胶制品有限公司	高埗镇	橡胶和塑料制品业
东莞长鸿五金制品有限公司	高埗镇	通用设备制造业
东莞市站胜模具有限公司	高埗镇	专用设备制造业
东莞市宋光电子有限公司	高埗镇	文教、工美、体育和娱乐用品制造业
东莞世纪创造绝缘有限公司	高埗镇	化学原料和化学制品制造业
日本电产（东莞）有限公司	高埗镇	电气机械和器材制造业
东莞市成铭胶粘剂有限公司	高埗镇	化学原料和化学制品制造业
东莞市杰乐盛世运动用品有限公司	高埗镇	文教、工美、体育和娱乐用品制造业
东莞市博科流体控制设备有限公司	高埗镇	金属制品业
广东正美家具科技有限公司	高埗镇	家具制造业
东莞市莞厨实业有限公司	高埗镇	金属制品业
东莞蔚蓝环保科技有限公司	高埗镇	化学原料和化学制品制造业
东莞市焙芝友食品科技有限公司	高埗镇	食品制造业
东莞辰虹实业有限公司	高埗镇	家具制造业
广东金能建筑节能材料科技有限公司	高埗镇	非金属矿物制品业
东莞市中邦自动化科技有限公司	高埗镇	通用设备制造业
昕迪精密机械（东莞）有限公司	高埗镇	专用设备制造业
东莞德尔激光科技有限公司	高埗镇	专用设备制造业
广东顺力智能物流装备股份有限公司	高埗镇	仪器仪表制造业
东莞三协精工科技有限公司	高埗镇	计算机、通信和其他电子设备制造业
东莞维尔信眼镜有限公司	高埗镇	金属制品业
东莞市林发通风设备有限公司	高埗镇	通用设备制造业
东莞市源岭硅胶科技有限公司	高埗镇	化学原料和化学制品制造业
广东锐陆光电科技有限公司	高埗镇	计算机、通信和其他电子设备制造业
东莞隆润光学技术有限公司	高埗镇	计算机、通信和其他电子设备制造业
东莞市海源水处理有限公司	高埗镇	仪器仪表制造业
东莞市正程新材料有限公司	高埗镇	皮革、毛皮、羽毛及其制品和制鞋业
广东海力物流系统设备有限公司	高埗镇	仓储业
东莞市凯隆机械有限公司	高埗镇	通用设备制造业
东莞市普祥瑞数控机电科技有限公司	高埗镇	通用设备制造业
东莞东山精密制造有限公司	高埗镇	计算机、通信和其他电子设备制造业
东莞市深芏塑胶科技有限公司	高埗镇	橡胶和塑料制品业
东莞市合顺涂层材料有限公司	高埗镇	印刷和记录媒介复制业
东莞市泰盈复合材料有限公司	高埗镇	化学原料和化学制品制造业
东莞市胜成粘合剂科技有限公司	高埗镇	化学原料和化学制品制造业
东莞市鑫艺来塑胶制品有限公司	高埗镇	橡胶和塑料制品业
东莞京川精密机械设备有限公司	高埗镇	仪器仪表制造业
东莞市新怀森电子科技有限公司	高埗镇	计算机、通信和其他电子设备制造业
东莞市富途电子科技有限公司	高埗镇	专用设备制造业
东莞市纳克改性工程塑料有限公司	高埗镇	橡胶和塑料制品业
东莞健捷电子有限公司	高埗镇	电气机械和器材制造业
东莞市宏铭通风设备有限公司	高埗镇	通用设备制造业

1–5 续表 26

(2017年)

企业名称	所在镇街	行业类别
广东博厨智能科技有限公司	高埗镇	家具制造业
广东上川智能装备股份有限公司	道滘镇	仪器仪表制造业
东莞市金瑞五金股份有限公司	道滘镇	金属制品业
广东亿鑫丰智能装备股份有限公司	道滘镇	专用设备制造业
东莞市派乐玛新材料技术开发有限公司	道滘镇	化学原料和化学制品制造业
广东瑞星新能源科技有限公司	道滘镇	通用设备制造业
东莞市国祥空调设备有限公司	道滘镇	通用设备制造业
东莞市广华化工有限公司	道滘镇	化学原料和化学制品制造业
东莞市雄林新材料科技股份有限公司	道滘镇	橡胶和塑料制品业
东莞市恒宇仪器有限公司	道滘镇	仪器仪表制造业
银禧工程塑料（东莞）有限公司	道滘镇	化学原料和化学制品制造业
东莞洲亮通讯科技有限公司	道滘镇	计算机、通信和其他电子设备制造业
东莞市勤善美瓦楞纸品工艺科技有限公司	道滘镇	通用设备制造业
东莞市精心自动化设备科技有限公司	道滘镇	专用设备制造业
东莞市圣茵环境科技有限公司	道滘镇	生态保护和环境治理业
广东天环创新科技股份有限公司	道滘镇	电气机械和器材制造业
东莞市优越检测技术服务股份有限公司	道滘镇	专业技术服务业
广东东鹏维他命饮料有限公司	道滘镇	酒、饮料和精制茶制造业
东莞市德鑫光学仪器有限公司	道滘镇	仪器仪表制造业
东莞市富基自动化设备有限公司	道滘镇	汽车制造业
东莞市恒科自动化设备有限公司	道滘镇	仪器仪表制造业
东莞市良强机械有限公司	道滘镇	通用设备制造业
东莞市世通仪器检测服务有限公司	道滘镇	专业技术服务业
东莞市玮创电子设备有限公司	道滘镇	专用设备制造业
东莞市亚马电子有限公司	道滘镇	计算机、通信和其他电子设备制造业
东莞市银禧光电材料科技股份有限公司	道滘镇	橡胶和塑料制品业
广东绿深环境工程有限公司	道滘镇	通用设备制造业
广东普洛测控科技有限公司	道滘镇	仪器仪表制造业
东莞鸿祥机械有限公司	道滘镇	专用设备制造业
东莞市海达仪器有限公司	道滘镇	仪器仪表制造业
东莞市金辉电源科技有限公司	道滘镇	电气机械和器材制造业
东莞市锦诚机械有限公司	道滘镇	专用设备制造业
东莞市盟昌精密设备有限公司	道滘镇	通用设备制造业
东莞市沃府工程塑料科技有限公司	道滘镇	橡胶和塑料制品业
东莞市银锐精密机械有限公司	道滘镇	专用设备制造业
必图实业（东莞）有限公司	道滘镇	非金属矿物制品业
东莞精诚数控科技有限公司	道滘镇	通用设备制造业
东莞市和乐电子有限公司	道滘镇	计算机、通信和其他电子设备制造业
东莞市索康自动化设备有限公司	道滘镇	仪器仪表制造业
东莞市天成热敏电阻有限公司	道滘镇	计算机、通信和其他电子设备制造业
东莞市天耀高分子材料科技有限公司	道滘镇	橡胶和塑料制品业
东莞市天熠皮业科技股份有限公司	道滘镇	皮革、毛皮、羽毛及其制品和制鞋业
广东莞绿环保工程有限公司	道滘镇	生态保护和环境治理业
广东新创华科环保股份有限公司	道滘镇	专业技术服务业
广东力顺源智能自动化有限公司	道滘镇	专用设备制造业
广东国立科技股份有限公司	道滘镇	化学原料和化学制品制造业
东莞市元一自动化设备有限公司	道滘镇	通用设备制造业
东莞市铁木真仪器科技有限公司	道滘镇	仪器仪表制造业
东莞市欧瑞建筑有限公司	道滘镇	房屋建筑业
东莞市新法拉数控设备有限公司	道滘镇	计算机、通信和其他电子设备制造业

1-5　续表 27

(2017年)

企业名称	所在镇街	行业类别
东莞莱姆森科技建材有限公司	道滘镇	非金属矿物制品业
东莞市欣豪印刷包装有限公司	道滘镇	印刷和记录媒介复制业
东莞市精滤电子科技有限公司	道滘镇	计算机、通信和其他电子设备制造业
东莞市嘉翼智能装备有限公司	道滘镇	通用设备制造业
广东视腾电子科技有限公司	道滘镇	计算机、通信和其他电子设备制造业
东莞市捷圣智能科技有限公司	道滘镇	电气机械和器材制造业
东莞市伊米利雅电器有限公司	道滘镇	电气机械和器材制造业
东莞市柏力有机硅科技有限公司	道滘镇	橡胶和塑料制品业
广东奥川电气科技有限公司	道滘镇	电气机械和器材制造业
东莞测科测试设备有限公司	道滘镇	仪器仪表制造业
东莞市源旭智能自动化设备有限公司	道滘镇	通用设备制造业
东莞市东升砂布有限公司	道滘镇	化学原料和化学制品制造业
东莞市德盈铝制品有限公司	道滘镇	金属制品业
东莞市金拓实业有限公司	道滘镇	电气机械和器材制造业
东莞市邦泰塑胶科技有限公司	道滘镇	化学原料和化学制品制造业
东莞市三人行反光材料有限公司	道滘镇	皮革、毛皮、羽毛及其制品和制鞋业
东莞市项华电子科技有限公司	道滘镇	计算机、通信和其他电子设备制造业
东莞市鸿技金属制品有限公司	道滘镇	金属制品业
东莞市亿信宏纸业有限公司	道滘镇	造纸和纸制品业
东莞市吉徕福家具有限公司	道滘镇	家具制造业
东莞市弘锐光电科技有限公司	道滘镇	电气机械和器材制造业
东莞市方胜电子有限公司	道滘镇	计算机、通信和其他电子设备制造业
东莞市日和自动化设备有限公司	道滘镇	专用设备制造业
东莞市宏科检测技术服务有限公司	道滘镇	专业技术服务业
广东金悦来自动化设备有限公司	道滘镇	专用设备制造业
东莞市通成实业股份有限公司	道滘镇	电气机械和器材制造业
东莞金坤新材料股份有限公司	道滘镇	有色金属冶炼和压延加工业
东莞市众迎实业有限公司	道滘镇	电气机械和器材制造业
东莞宝特电业股份有限公司	道滘镇	电气机械和器材制造业
东莞市瑞卓塑胶制品有限公司	道滘镇	橡胶和塑料制品业
广东理文造纸有限公司	洪梅镇	造纸和纸制品业
东莞市亚洲制药有限公司	洪梅镇	医药制造业
东莞辰达电器有限公司	洪梅镇	计算机、通信和其他电子设备制造业
东莞市中纺化工有限公司	洪梅镇	化学原料和化学制品制造业
东莞统领新型材料纳米科技有限公司	洪梅镇	化学原料和化学制品制造业
台玻华南玻璃有限公司	洪梅镇	非金属矿物制品业
东莞万钧电子科技有限公司	洪梅镇	计算机、通信和其他电子设备制造业
广东汇星新材料科技股份有限公司	洪梅镇	纺织业
东莞市国通通风设备有限公司	洪梅镇	通用设备制造业
东莞世丽纺织有限公司	洪梅镇	纺织业
三樱（东莞）汽车部件有限公司	洪梅镇	汽车制造业
东莞精业拉链有限公司	洪梅镇	纺织业
广东大众农业科技股份有限公司	洪梅镇	化学原料和化学制品制造业
广东绿通新能源电动车科技股份有限公司	洪梅镇	金属制品业
东莞市海新金属科技有限公司	洪梅镇	电气机械和器材制造业
广东南华西电气有限公司	洪梅镇	电气机械和器材制造业
广东涂耐可建筑涂料有限公司	洪梅镇	化学原料和化学制品制造业
东莞市科派清洁设备有限公司	洪梅镇	电气机械和器材制造业
东莞市三星电梯有限公司	洪梅镇	通用设备制造业
广东福利龙复合肥有限公司	洪梅镇	化学原料和化学制品制造业

1-5 续表 28

(2017年)

企业名称	所在镇街	行业类别
东莞市虎门港网络系统有限公司	沙田镇	软件和信息技术服务业
东莞市南星电子有限公司	沙田镇	计算机、通信和其他电子设备制造业
广东华坤新能源股份有限公司	沙田镇	电气机械和器材制造业
东莞市众志检测仪器有限公司	沙田镇	仪器仪表制造业
东莞百宏实业有限公司	沙田镇	纺织业
东莞得康医疗制品有限公司	沙田镇	专用设备制造业
东莞宏石功能材料科技有限公司	沙田镇	化学原料和化学制品制造业
东莞市豪辉精密机械有限公司	沙田镇	通用设备制造业
东莞市坚华机械有限公司	沙田镇	通用设备制造业
东莞市尚兰科技有限公司	沙田镇	文教、工美、体育和娱乐用品制造业
富加宜连接器（东莞）有限公司	沙田镇	计算机、通信和其他电子设备制造业
东莞市票友机电科技有限公司	沙田镇	通用设备制造业
东莞市无极净化用品科技有限公司	沙田镇	纺织业
东莞市信太通讯设备有限公司	沙田镇	计算机、通信和其他电子设备制造业
东莞市远大机械有限公司	沙田镇	专用设备制造业
广东安普智信电气有限公司	沙田镇	电气机械和器材制造业
东莞庞思化工机械有限公司	沙田镇	专用设备制造业
东莞市多普森机械科技有限公司	沙田镇	专用设备制造业
东莞市华青微波设备制造有限公司	沙田镇	通用设备制造业
东莞市科迪实业有限公司	沙田镇	纺织业
东莞市银建玻璃工程有限公司	沙田镇	非金属矿物制品业
东莞市银特丰光学玻璃科技有限公司	沙田镇	非金属矿物制品业
东莞市银通玻璃有限公司	沙田镇	非金属矿物制品业
东莞泰升玻璃有限公司	沙田镇	非金属矿物制品业
广东威立瑞科技有限公司	沙田镇	电气机械和器材制造业
广东粤运佳富实业有限公司	沙田镇	石油加工、炼焦和核燃料加工业
金富科技股份有限公司	沙田镇	橡胶和塑料制品业
东莞市长立纺织科技有限公司	沙田镇	纺织业
东莞市芷彤包装制品有限公司	沙田镇	印刷和记录媒介复制业
东莞市孟成制鞋机械有限公司	沙田镇	通用设备制造业
东莞金洲齿轮机械有限公司	沙田镇	汽车制造业
东莞井上建上汽车部件有限公司	沙田镇	汽车制造业
广东绿保生态科技股份有限公司	沙田镇	造纸和纸制品业
东莞市达恒实业有限公司	沙田镇	化学原料和化学制品制造业
广东锦坤实业有限公司	沙田镇	化学原料和化学制品制造业
东莞晟麒展览展示用品有限公司	沙田镇	家具制造业
东莞市慧泽凌化工科技有限公司	沙田镇	化学原料和化学制品制造业
东莞市绿源电气科技有限公司	沙田镇	电气机械和器材制造业
东莞市同振五金机械有限公司	沙田镇	通用设备制造业
东莞市科昶检测仪器有限公司	沙田镇	仪器仪表制造业
东莞市诚威塑胶机械科技有限公司	沙田镇	橡胶和塑料制品业
东莞市荣翘泰五金有限公司	沙田镇	金属制品业
东莞市赛仑特实业有限公司	沙田镇	通用设备制造业
东莞市源铁印刷机械有限公司	沙田镇	通用设备制造业
东莞市雅欣高分子材料有限公司	沙田镇	皮革、毛皮、羽毛及其制品和制鞋业
广东椰氏实业股份有限公司	沙田镇	化学原料和化学制品制造业
东莞市丽虹环保材料有限公司	沙田镇	造纸和纸制品业
东莞市菲普斯特节能设备有限公司	沙田镇	通用设备制造业
东莞雅迪勤压缩机制造有限公司	沙田镇	通用设备制造业
东莞普瑞得五金塑胶制品有限公司	沙田镇	金属制品业

1-5 续表 29

(2017年)

企业名称	所在镇街	行业类别
东莞市北航玻璃有限公司	沙田镇	非金属矿物制品业
东莞市正远灯饰有限公司	沙田镇	电气机械和器材制造业
东莞沙田三和磁材有限公司	沙田镇	有色金属冶炼和压延加工业
东莞林发电子有限公司	厚街镇	通用设备制造业
东莞市名菱工业自动化科技有限公司	厚街镇	专用设备制造业
东莞市长泰尔电子有限公司	厚街镇	计算机、通信和其他电子设备制造业
东莞栢能电子科技有限公司	厚街镇	计算机、通信和其他电子设备制造业
东莞市金银丰机械实业有限公司	厚街镇	专用设备制造业
东莞市金河田实业有限公司	厚街镇	计算机、通信和其他电子设备制造业
东莞大鼎机械有限公司	厚街镇	通用设备制造业
东莞康众实业有限公司	厚街镇	家具制造业
东莞市绰士食品有限公司	厚街镇	食品制造业
东莞市光纪光电科技有限公司	厚街镇	专用设备制造业
东莞市联峰电机有限公司	厚街镇	电气机械和器材制造业
东莞骅国电子有限公司	厚街镇	计算机、通信和其他电子设备制造业
东莞市倡原机械有限公司	厚街镇	通用设备制造业
东莞市兴扬机械制造有限公司	厚街镇	通用设备制造业
广东东华光电科技有限公司	厚街镇	橡胶和塑料制品业
东莞润信弹性织物有限公司	厚街镇	纺织业
东莞市宾澄电子有限公司	厚街镇	计算机、通信和其他电子设备制造业
东莞市德威精密机械有限公司	厚街镇	通用设备制造业
东莞市富立信影像科技有限公司	厚街镇	软件和信息技术服务业
东莞市航展精密机械科技有限公司	厚街镇	通用设备制造业
东莞市宏昱新材料有限公司	厚街镇	橡胶和塑料制品业
东莞市克莱飞科仪器有限公司	厚街镇	仪器仪表制造业
东莞市凌木实业有限公司	厚街镇	电气机械和器材制造业
东莞市隆庆机械五金有限公司	厚街镇	专用设备制造业
东莞市奇峰液压科技有限公司	厚街镇	通用设备制造业
东莞市士格电子机械有限公司	厚街镇	电气机械和器材制造业
东莞市穗丰装饰材料有限公司	厚街镇	木材加工和木、竹、藤、棕、草制品业
东莞市翔宇汽车装备有限公司	厚街镇	汽车制造业
东莞市鑫海环保材料有限公司	厚街镇	橡胶和塑料制品业
广东守创者智网科技有限公司	厚街镇	橡胶和塑料制品业
东莞市星士达电子有限公司	厚街镇	计算机、通信和其他电子设备制造业
东莞市迅拓自动化科技有限公司	厚街镇	通用设备制造业
东莞市毅豪精密机械有限公司	厚街镇	通用设备制造业
东莞市兆生家具实业有限公司	厚街镇	家具制造业
东莞市正工机电设备科技有限公司	厚街镇	金属制品、机械和设备修理业
东莞智标鞋业科技有限公司	厚街镇	皮革、毛皮、羽毛及其制品和制鞋业
东莞中钜资讯光电有限公司	厚街镇	电气机械和器材制造业
广东莱多实业有限公司	厚街镇	纺织服装、服饰业
老凤祥东莞珠宝首饰有限公司	厚街镇	文教、工美、体育和娱乐用品制造业
东莞吉研达自动化设备科技有限公司	厚街镇	通用设备制造业
东莞市达硕科技有限公司	厚街镇	计算机、通信和其他电子设备制造业
东莞市景曜防静电科技股份有限公司	厚街镇	通用设备制造业
东莞市科园防静电设备有限公司	厚街镇	计算机、通信和其他电子设备制造业
东莞市凌亚电子有限公司	厚街镇	通用设备制造业
东莞市意利自动化科技有限公司	厚街镇	专用设备制造业
东莞市友联奕诺生物科技有限公司	厚街镇	仪器仪表制造业
东莞市诚锋机械有限公司	厚街镇	通用设备制造业

1-5　续表 30

(2017年)

企业名称	所在镇街	行业类别
东莞市城市之窗家具有限公司	厚街镇	家具制造业
东莞市点亮软件有限公司	厚街镇	软件和信息技术服务业
东莞市隆威实业有限公司	厚街镇	医药制造业
东莞市明珊机械制造有限公司	厚街镇	通用设备制造业
东莞市慕思寝室用品有限公司	厚街镇	家具制造业
广东鼎泰机器人科技有限公司	厚街镇	通用设备制造业
广东星美灿照明科技股份有限公司	厚街镇	电气机械和器材制造业
广东利拿实业有限公司	厚街镇	金属制品、机械和设备修理业
飞尔特能源（东莞）有限公司	厚街镇	电气机械和器材制造业
东莞市翔龙能源科技有限公司	厚街镇	电气机械和器材制造业
广东鼎泰高科精工科技有限公司	厚街镇	金属制品业
东莞创特塑胶科技有限公司	厚街镇	橡胶和塑料制品业
广东欧工软装设计配套有限公司	厚街镇	软件和信息技术服务业
东莞梵拓熙实业有限公司	厚街镇	印刷和记录媒介复制业
东莞市力泰自动化科技有限公司	厚街镇	通用设备制造业
东莞市永益食品有限公司	厚街镇	食品制造业
广东豪特曼智能机器有限公司	厚街镇	通用设备制造业
东莞厚街金多利五金制品有限公司	厚街镇	有色金属冶炼和压延加工业
东莞朝隆机械有限公司	厚街镇	通用设备制造业
东莞市爱迪灯饰有限公司	厚街镇	金属制品业
东莞乐视自动化科技有限公司	厚街镇	通用设备制造业
东莞市越阳鞋材制品有限公司	厚街镇	皮革、毛皮、羽毛及其制品和制鞋业
东莞宝星婴儿用品有限公司	厚街镇	橡胶和塑料制品业
东莞乔登节能科技有限公司	厚街镇	电气机械和器材制造业
东莞市铝美铝型材有限公司	厚街镇	有色金属冶炼和压延加工业
东莞市顺宇机电科技有限公司	厚街镇	专用设备制造业
东莞市华锦礼品有限公司	厚街镇	文教、工美、体育和娱乐用品制造业
东莞承光五金制品有限公司	厚街镇	金属制品业
东莞翔思电子科技有限公司	厚街镇	计算机、通信和其他电子设备制造业
东莞市雅光机械有限公司	厚街镇	通用设备制造业
东莞市爱美成鞋业有限公司	厚街镇	皮革、毛皮、羽毛及其制品和制鞋业
东莞市鑫旺达植绒制品有限公司	厚街镇	纺织业
广东腾宏机械科技有限公司	厚街镇	金属制品业
东莞市力邦检测服务有限公司	厚街镇	专业技术服务业
东莞市昶丰机械科技有限公司	厚街镇	专用设备制造业
东莞威信运动用品有限公司	厚街镇	专用设备制造业
东莞市驰一三维科技有限公司	厚街镇	通用设备制造业
广东恒永科技有限公司	厚街镇	专业技术服务业
南兴装备股份有限公司	厚街镇	专用设备制造业
东莞市微然机电科技有限公司	厚街镇	通用设备制造业
广东昆玉建材科技股份有限公司	厚街镇	非金属矿物制品业
东莞市美厚塑磁有限公司	厚街镇	化学原料和化学制品制造业
东莞市奇裕制鞋机械有限公司	厚街镇	皮革、毛皮、羽毛及其制品和制鞋业
东莞市海勒信息科技有限公司	厚街镇	软件和信息技术服务业
东莞市意艾迪数控科技有限公司	厚街镇	专用设备制造业
广东华炜新材料科技有限公司	厚街镇	橡胶和塑料制品业
东莞市锡华检测仪器有限公司	厚街镇	通用设备制造业
东莞市捷隆兴自动化设备有限公司	厚街镇	专用设备制造业
东莞市鼎硕磨具磨料有限公司	厚街镇	化学原料和化学制品制造业
东莞市海康自动化设备有限公司	厚街镇	通用设备制造业

1−5 续表 31

(2017年)

企业名称	所在镇街	行业类别
东莞市裕鹏织带有限公司	厚街镇	纺织业
东莞市顺琦手袋实业有限公司	厚街镇	皮革、毛皮、羽毛及其制品和制鞋业
东莞腾鼎自动化科技有限公司	厚街镇	通用设备制造业
东莞市辉煌龙腾机械有限公司	厚街镇	其他制造业
东莞市轩宇鞋机有限公司	厚街镇	通用设备制造业
东莞市欧冠检测技术服务有限公司	厚街镇	专业技术服务业
东莞市东赞锂能源科技有限公司	厚街镇	电气机械和器材制造业
东莞市特谱峰实业有限公司	厚街镇	皮革、毛皮、羽毛及其制品和制鞋业
东莞市大汉激光机械设备有限公司	厚街镇	通用设备制造业
东莞市德宝机械设备有限公司	厚街镇	通用设备制造业
东莞东久机械有限公司	厚街镇	通用设备制造业
东莞早川电子有限公司	厚街镇	电气机械和器材制造业
广东杜巴新材料科技有限公司	厚街镇	化学原料和化学制品制造业
东莞市邦泽电子有限公司	厚街镇	文教、工美、体育和娱乐用品制造业
东莞市天元通金属科技有限公司	厚街镇	金属制品业
东莞市巨冈机械工业有限公司	厚街镇	通用设备制造业
东莞睿步机器人科技有限公司	厚街镇	通用设备制造业
东莞市诚润电子科技有限公司	厚街镇	计算机、通信和其他电子设备制造业
东莞市康博士装饰材料有限公司	厚街镇	化学原料和化学制品制造业
东莞市展洋机械科技有限公司	厚街镇	通用设备制造业
东莞市东泉模具材料有限公司	厚街镇	木材加工和木、竹、藤、棕、草制品业
东莞菲太电子有限公司	厚街镇	计算机、通信和其他电子设备制造业
东莞市美佳窗饰制造有限公司	厚街镇	化学纤维制造业
广东金球机械股份有限公司	厚街镇	通用设备制造业
东莞市盛宏织带科技有限公司	厚街镇	计算机、通信和其他电子设备制造业
广东瑞星环境科技有限公司	厚街镇	生态保护和环境治理业
东莞市和泰电工材料有限公司	厚街镇	化学原料和化学制品制造业
东莞市祥裕数码科技有限公司	厚街镇	通用设备制造业
东莞市兆尹机械有限公司	厚街镇	专用设备制造业
东莞朗诚微电子设备有限公司	厚街镇	专用设备制造业
东莞市中冠自动门有限公司	厚街镇	金属制品业
东莞泓丰机器人科技有限公司	厚街镇	专用设备制造业
东莞市国兴新材料科技股份有限公司	厚街镇	皮革、毛皮、羽毛及其制品和制鞋业
东莞市凯成无纺设备有限公司	厚街镇	其他制造业
广东蓝宝石电业有限公司	厚街镇	电气机械和器材制造业
东莞市惠峰商业有限公司	长安镇	化学原料和化学制品制造业
东莞明泰彩色包装印刷有限公司	长安镇	印刷和记录媒介复制业
东莞市正旭新能源设备科技有限公司	长安镇	电气机械和器材制造业
东莞市珍世好电子科技有限公司	长安镇	专用设备制造业
广东欧珀移动通信有限公司	长安镇	软件和信息技术服务业
东莞市铱伦实业有限公司	长安镇	仪器仪表制造业
广东冠辉科技有限公司	长安镇	金属制品业
胜蓝科技股份有限公司	长安镇	计算机、通信和其他电子设备制造业
东莞鸿图精密压铸有限公司	长安镇	有色金属冶炼和压延加工业
东莞市扬明精密塑胶五金电子有限公司	长安镇	计算机、通信和其他电子设备制造业
东莞市运通环保科技有限公司	长安镇	专用设备制造业
必诺机械（东莞）有限公司	长安镇	通用设备制造业
东莞市龙顺自动化科技有限公司	长安镇	专用设备制造业
东莞市凯登能源科技有限公司	长安镇	电气机械和器材制造业
广东雷洋智能科技股份有限公司	长安镇	计算机、通信和其他电子设备制造业

1-5 续表 32

(2017年)

企业名称	所在镇街	行业类别
东莞汇乐环保股份有限公司	长安镇	专用设备制造业
东莞市爱加照明科技有限公司	长安镇	电气机械和器材制造业
环球石材（东莞）股份有限公司	长安镇	非金属矿物制品业
东莞劲胜精密组件股份有限公司	长安镇	橡胶和塑料制品业
东莞成谦音响科技有限公司	长安镇	计算机、通信和其他电子设备制造业
东莞联基电业有限公司	长安镇	计算机、通信和其他电子设备制造业
东莞市海圣光电科技有限公司	长安镇	通用设备制造业
东莞市汇诚塑胶金属制品有限公司	长安镇	橡胶和塑料制品业
东莞市瑞云电子科技有限公司	长安镇	计算机、通信和其他电子设备制造业
东莞市硕信电子科技有限公司	长安镇	专业技术服务业
东莞市鑫信模具机械有限公司	长安镇	专用设备制造业
东莞市泽润电子科技有限公司	长安镇	电气机械和器材制造业
东莞市中光光电科技有限公司	长安镇	非金属矿物制品业
广东柳道热流道系统有限公司	长安镇	专用设备制造业
东莞亲亲我实业有限公司	长安镇	橡胶和塑料制品业
东莞市长原喷雾技术有限公司	长安镇	金属制品业
东莞市竹菱铜业有限公司	长安镇	批发业
广东宏伟泰精工实业股份有限公司	长安镇	通用设备制造业
东莞沁峰机器人有限公司	长安镇	通用设备制造业
东莞市艾佛杜电子科技有限公司	长安镇	计算机、通信和其他电子设备制造业
东莞市缔网通讯科技有限公司	长安镇	有色金属冶炼和压延加工业
东莞市高登电器有限公司	长安镇	电气机械和器材制造业
东莞市光志光电有限公司	长安镇	计算机、通信和其他电子设备制造业
东莞市硅翔绝缘材料有限公司	长安镇	金属制品业
东莞市恒博装订设备有限公司	长安镇	通用设备制造业
东莞市汇高工业机械有限公司	长安镇	通用设备制造业
东莞市晋源祥塑胶五金电子有限公司	长安镇	橡胶和塑料制品业
东莞市京工自动化设备有限公司	长安镇	通用设备制造业
东莞市均准视觉科技有限公司	长安镇	专用设备制造业
东莞市骏怡线棒制造有限公司	长安镇	金属制品业
东莞市力华机械设备有限公司	长安镇	专用设备制造业
东莞市明镜光学有限公司	长安镇	仪器仪表制造业
东莞市欧联电子科技有限公司	长安镇	计算机、通信和其他电子设备制造业
东莞市鹏讯电子科技有限公司	长安镇	文教、工美、体育和娱乐用品制造业
东莞市启航精密数控设备有限公司	长安镇	通用设备制造业
东莞市千岛机械制造有限公司	长安镇	其他制造业
东莞市三基电子有限公司	长安镇	计算机、通信和其他电子设备制造业
东莞市翔景模具制品有限公司	长安镇	专用设备制造业
东莞市鑫亚低碳设备科技有限公司	长安镇	汽车制造业
东莞市鑫钻电子科技有限公司	长安镇	计算机、通信和其他电子设备制造业
东莞市野田自动化设备有限公司	长安镇	通用设备制造业
东莞市银泽实业有限公司	长安镇	通用设备制造业
东莞市友卉机械有限公司	长安镇	通用设备制造业
东莞市粤钢不锈钢制品有限公司	长安镇	黑色金属冶炼和压延加工业
东莞市泽恒机械有限公司	长安镇	通用设备制造业
东莞市展宏自动化科技有限公司	长安镇	专用设备制造业
东莞市长瑞精密设备制造有限公司	长安镇	通用设备制造业
东莞市智晖机械科技有限公司	长安镇	通用设备制造业
东莞伟时科技有限公司	长安镇	计算机、通信和其他电子设备制造业
东莞长发光电科技有限公司	长安镇	计算机、通信和其他电子设备制造业

1-5 续表 33

(2017年)

企业名称	所在镇街	行业类别
东莞洲煌塑胶五金制品有限公司	长安镇	橡胶和塑料制品业
广东大伦新材料股份有限公司	长安镇	造纸和纸制品业
广东刀父精工科技有限公司	长安镇	通用设备制造业
广东龙泽精密组件有限公司	长安镇	通用设备制造业
广东永畅兴精密制造股份有限公司	长安镇	橡胶和塑料制品业
广东造裕智能装备机器人有限公司	长安镇	专用设备制造业
昱宇光电（东莞）有限公司	长安镇	计算机、通信和其他电子设备制造业
东莞常安精密工业有限公司	长安镇	通用设备制造业
东莞市本量电子科技有限公司	长安镇	电气机械和器材制造业
东莞市彩贝机电设备科技有限公司	长安镇	通用设备制造业
东莞市诚志电子有限公司	长安镇	计算机、通信和其他电子设备制造业
东莞市崇康电子有限公司	长安镇	计算机、通信和其他电子设备制造业
东莞市鼎通精密五金有限公司	长安镇	电气机械和器材制造业
东莞市锋铭实业有限公司	长安镇	通用设备制造业
东莞市富饶光电有限公司	长安镇	非金属矿物制品业
东莞市国正精密电子科技有限公司	长安镇	计算机、通信和其他电子设备制造业
东莞市浩琛热流道科技有限公司	长安镇	专用设备制造业
东莞市和明机械有限公司	长安镇	专用设备制造业
东莞市恒升环保科技有限公司	长安镇	专用设备制造业
东莞市鸿展机电设备有限公司	长安镇	通用设备制造业
东莞市康永电子科技有限公司	长安镇	计算机、通信和其他电子设备制造业
东莞市科发盛实业有限公司	长安镇	通用设备制造业
东莞市科华精密塑胶模具有限公司	长安镇	专用设备制造业
东莞市朗迪格林特电器有限公司	长安镇	橡胶和塑料制品业
东莞市乐鑫塑胶制品有限公司	长安镇	橡胶和塑料制品业
东莞市镭邦光电科技有限公司	长安镇	通用设备制造业
东莞市龙芯光电有限公司	长安镇	计算机、通信和其他电子设备制造业
东莞市摩卡信息科技股份有限公司	长安镇	汽车制造业
东莞市磐锐机电科技有限公司	长安镇	通用设备制造业
东莞市鹏辉电子有限公司	长安镇	计算机、通信和其他电子设备制造业
东莞市品宇电子科技有限公司	长安镇	计算机、通信和其他电子设备制造业
东莞市普禄达电子科技有限公司	长安镇	橡胶和塑料制品业
东莞市三姆森光电科技有限公司	长安镇	仪器仪表制造业
东莞市松柏模具有限公司	长安镇	通用设备制造业
东莞市速美达自动化有限公司	长安镇	通用设备制造业
东莞市天富励德实业有限公司	长安镇	橡胶和塑料制品业
东莞市拓久柘电子科技有限公司	长安镇	计算机、通信和其他电子设备制造业
东莞市银钢机械设备有限公司	长安镇	通用设备制造业
东莞市御明电器科技有限公司	长安镇	电气机械和器材制造业
东莞市真品五金散热科技有限公司	长安镇	计算机、通信和其他电子设备制造业
东莞市志远数控设备制造有限公司	长安镇	通用设备制造业
东莞亦准自动化科技有限公司	长安镇	仪器仪表制造业
东莞煜森精密端子有限公司	长安镇	其他制造业
巨力精密设备制造（东莞）有限公司	长安镇	通用设备制造业
东莞东兴商标织绣有限公司	长安镇	纺织业
东莞富兰地工具股份有限公司	长安镇	通用设备制造业
东莞华清光学科技有限公司	长安镇	非金属矿物制品业
东莞市光劲光电有限公司	长安镇	计算机、通信和其他电子设备制造业
东莞市广奥自动化科技有限公司	长安镇	通用设备制造业
东莞市佳的自动化设备科技有限公司	长安镇	专用设备制造业

1-5 续表 34

(2017年)

企业名称	所在镇街	行业类别
东莞市津舜康五金制品有限公司	长安镇	专用设备制造业
东莞市酷柏净化科技有限公司	长安镇	电气机械和器材制造业
东莞市铭皓照明有限公司	长安镇	电气机械和器材制造业
东莞市鑫海金属制品有限公司	长安镇	电气机械和器材制造业
东莞市银辰精密光电股份有限公司	长安镇	仪器仪表制造业
东莞市泽源机械有限公司	长安镇	通用设备制造业
东莞毅比道自动化设备有限公司	长安镇	计算机、通信和其他电子设备制造业
东莞汇美模具制造有限公司	长安镇	金属制品业
东莞市奥普特自动化科技有限公司	长安镇	计算机、通信和其他电子设备制造业
东莞市长江超声波机有限公司	长安镇	通用设备制造业
广东中塑新材料有限公司	长安镇	化学原料和化学制品制造业
东莞市宇瞳光学科技股份有限公司	长安镇	仪器仪表制造业
广东瑞谷光纤通信有限公司	长安镇	计算机、通信和其他电子设备制造业
东莞市帝恩检测有限公司	长安镇	专业技术服务业
东莞市海亿欣光电有限公司	长安镇	仪器仪表制造业
东莞市欣悦模具有限公司	长安镇	通用设备制造业
东莞天苾电子科技有限公司	长安镇	通用设备制造业
东莞市科恒手板模型有限公司	长安镇	橡胶和塑料制品业
东莞市高冶切削工具有限公司	长安镇	金属制品业
东莞市品政研磨科技有限公司	长安镇	通用设备制造业
东莞市洛联电子科技有限公司	长安镇	计算机、通信和其他电子设备制造业
东莞捷荣技术股份有限公司	长安镇	金属制品业
东莞市天杰实业有限公司	长安镇	通用设备制造业
东莞市鸿生精密模具有限公司	长安镇	专用设备制造业
东莞市奇易电子有限公司	长安镇	计算机、通信和其他电子设备制造业
东莞市因特肯波实业有限公司	长安镇	电气机械和器材制造业
东莞市米南实业有限公司	长安镇	计算机、通信和其他电子设备制造业
东莞市新七甲电子科技有限公司	长安镇	通用设备制造业
东莞市元立电子科技有限公司	长安镇	电气机械和器材制造业
东莞市弘研精密模具有限公司	长安镇	专用设备制造业
东莞市兆信电子科技有限公司	长安镇	非金属矿物制品业
东莞市绿科塑胶制品有限公司	长安镇	橡胶和塑料制品业
东莞市高高电子有限公司	长安镇	计算机、通信和其他电子设备制造业
东莞联嘉光电有限公司	长安镇	电气机械和器材制造业
东莞东阳光科研发有限公司	长安镇	专业技术服务业
东莞市蓝光塑胶模具有限公司	长安镇	橡胶和塑料制品业
东莞市利拓检测仪器有限公司	长安镇	仪器仪表制造业
东莞市时速自动化机械有限公司	长安镇	批发业
东莞市宇脉电子科技有限公司	长安镇	计算机、通信和其他电子设备制造业
东莞市奥和电子有限公司	长安镇	计算机、通信和其他电子设备制造业
东莞市台美德机械有限公司	长安镇	专用设备制造业
东莞市秦泰盛实业有限公司	长安镇	专用设备制造业
东莞市巩达精密机械有限公司	长安镇	通用设备制造业
东莞市广正模具塑胶有限公司	长安镇	橡胶和塑料制品业
东莞市铭泽电子有限公司	长安镇	通用设备制造业
东莞市飞科自动化科技有限公司	长安镇	通用设备制造业
东莞市胜大光电科技有限公司	长安镇	非金属矿物制品业
东莞市好合机械有限公司	长安镇	通用设备制造业
东莞市金玛电器有限公司	长安镇	通用设备制造业
东莞市品升电子有限公司	长安镇	计算机、通信和其他电子设备制造业

1-5 续表 35

(2017年)

企业名称	所在镇街	行业类别
东莞市川能新材料科技有限公司	长安镇	橡胶和塑料制品业
东莞市乐和智能科技有限公司	长安镇	铁路、船舶、航空航天和其他运输设备制造业
东莞市新金阳光电科技有限公司	长安镇	电气机械和器材制造业
东莞市嘉多利精密电子有限公司	长安镇	计算机、通信和其他电子设备制造业
东莞市金而特电子有限公司	长安镇	计算机、通信和其他电子设备制造业
东莞市众茂五金有限公司	长安镇	金属制品业
东莞市固昌实业有限公司	长安镇	通用设备制造业
东莞市中川自动化有限公司	长安镇	通用设备制造业
东莞达盛电子有限公司	长安镇	计算机、通信和其他电子设备制造业
东莞市励可行弹簧机械有限公司	长安镇	专用设备制造业
东莞市武华新材料有限公司	长安镇	化学原料和化学制品制造业
东莞富杰精密机械有限公司	长安镇	金属制品业
富华德电子（东莞）有限公司	长安镇	电气机械和器材制造业
东莞市振优自动化设备有限公司	长安镇	通用设备制造业
东莞市隆凯塑胶五金制品有限公司	长安镇	专用设备制造业
东莞市神特自动化设备有限公司	长安镇	通用设备制造业
东莞弼盈实业有限公司	长安镇	计算机、通信和其他电子设备制造业
东莞日振实业有限公司	长安镇	专用设备制造业
东莞市晟图印刷设备有限公司	长安镇	印刷和记录媒介复制业
东莞市喆锠实业有限公司	长安镇	电气机械和器材制造业
东莞市蓝雁电子有限公司	长安镇	电气机械和器材制造业
东莞杰宇机械有限公司	长安镇	通用设备制造业
东莞市联顺机械有限公司	长安镇	通用设备制造业
东莞市力超精密机械有限公司	长安镇	通用设备制造业
东莞市万能电池实业有限公司	长安镇	电气机械和器材制造业
东莞市诺正机械设备有限公司	长安镇	金属制品、机械和设备修理业
广东高登智能电力有限公司	长安镇	电气机械和器材制造业
东莞市乐听电子有限公司	长安镇	计算机、通信和其他电子设备制造业
东莞市青松光学有限公司	长安镇	非金属矿物制品业
东莞市汉毅电子有限公司	长安镇	计算机、通信和其他电子设备制造业
东莞市彩欣塑胶抽粒有限公司	长安镇	其他制造业
东莞市铭翎模具机械有限公司	长安镇	专用设备制造业
东莞市泰伟康电气技术有限公司	长安镇	电气机械和器材制造业
广东小天才科技有限公司	长安镇	研究和试验发展
东莞市协宏塑胶制品科技有限公司	长安镇	橡胶和塑料制品业
东莞市筹盈自动化科技有限公司	长安镇	其他制造业
东莞东裕塑胶制品有限公司	长安镇	橡胶和塑料制品业
东莞市酷纳电子科技有限公司	长安镇	计算机、通信和其他电子设备制造业
东莞市欧朗电子有限公司	长安镇	通用设备制造业
东莞市宝英机电有限公司	长安镇	专用设备制造业
广东维沃软件技术有限公司	长安镇	软件和信息技术服务业
东莞市九牛实业有限公司	长安镇	通用设备制造业
东莞市金全顺五金模具有限公司	长安镇	通用设备制造业
东莞市凯融塑胶五金科技有限公司	长安镇	专用设备制造业
东莞市北井光控科技有限公司	长安镇	计算机、通信和其他电子设备制造业
东莞市鑫焘机械有限公司	长安镇	通用设备制造业
东莞市盟拓光电科技有限公司	长安镇	仪器仪表制造业
东莞市希普思五金机械有限公司	长安镇	通用设备制造业
东莞市伟一环境科技有限公司	长安镇	其他制造业
东莞市信耀机械设备有限公司	长安镇	通用设备制造业

1-5　续表 36

(2017年)

企业名称	所在镇街	行业类别
东莞市小可机器人科技有限公司	长安镇	通用设备制造业
东莞市飞扬塑胶模具有限公司	长安镇	化学原料和化学制品制造业
东莞市美洛迪电子有限公司	长安镇	皮革、毛皮、羽毛及其制品和制鞋业
东莞市永坤电机制造有限公司	长安镇	通用设备制造业
东莞市标卓自动化科技有限公司	长安镇	仪器仪表制造业
佰力电子（东莞）有限公司	长安镇	计算机、通信和其他电子设备制造业
东莞市楠升精密五金机械有限公司	长安镇	通用设备制造业
东莞市兰宇机械有限公司	长安镇	专用设备制造业
东莞市富菘塑胶实业有限公司	长安镇	橡胶和塑料制品业
东莞市高柯印刷有限公司	长安镇	印刷和记录媒介复制业
广东万濠精密仪器股份有限公司	长安镇	仪器仪表制造业
东莞市文禧胶辊制品有限公司	长安镇	橡胶和塑料制品业
东莞市名展展示柜有限公司	长安镇	家具制造业
东莞市思索连接器有限公司	长安镇	计算机、通信和其他电子设备制造业
东莞市元耀电子科技有限公司	长安镇	仪器仪表制造业
东莞市亿辉光电科技有限公司	长安镇	专用设备制造业
东莞市星河精密压铸模具有限公司	长安镇	金属制品业
东莞千度电热器材有限公司	长安镇	电气机械和器材制造业
东莞市高登工业机器人有限公司	长安镇	专用设备制造业
东莞市博顿自动化科技有限公司	长安镇	通用设备制造业
东莞市易品电子有限公司	长安镇	通用设备制造业
东莞市昌润塑胶模具科技有限公司	长安镇	橡胶和塑料制品业
东莞市通兴液压科技有限公司	长安镇	通用设备制造业
东莞市一川金品机械有限公司	长安镇	通用设备制造业
东莞市真爱酷橡塑制品有限公司	长安镇	橡胶和塑料制品业
东莞市博泰三维科技有限公司	长安镇	通用设备制造业
东莞市奥源电子科技有限公司	长安镇	计算机、通信和其他电子设备制造业
东莞八東易之美五金塑胶制品有限公司	长安镇	金属制品业
东莞市硕凯机械有限公司	长安镇	通用设备制造业
东莞市易讯时代通信有限公司	长安镇	计算机、通信和其他电子设备制造业
东莞市耀发机械设备有限公司	长安镇	电气机械和器材制造业
东莞市瑾耀精密设备有限公司	长安镇	电气机械和器材制造业
东莞市美鼎实业有限公司	长安镇	计算机、通信和其他电子设备制造业
东莞市华茂电子集团有限公司	长安镇	计算机、通信和其他电子设备制造业
东莞市好润精密电子有限公司	长安镇	专用设备制造业
东莞市晟鼎精密仪器有限公司	长安镇	仪器仪表制造业
东莞市贝杰电子科技有限公司	长安镇	电气机械和器材制造业
东莞市多普光电设备有限公司	长安镇	专用设备制造业
东莞市台科精密机械有限公司	长安镇	通用设备制造业
东莞超合机械科技有限公司	长安镇	通用设备制造业
东莞市泰莱自动化科技有限公司	长安镇	专用设备制造业
东莞明腾机电科技有限公司	长安镇	专用设备制造业
东莞市和隆机械设备有限公司	长安镇	通用设备制造业
东莞市祥宝电子有限公司	长安镇	计算机、通信和其他电子设备制造业
东莞市台钢模具有限公司	长安镇	专用设备制造业
东莞市蓝盾机电设备科技有限公司	长安镇	通用设备制造业
维沃移动通信有限公司	长安镇	专业技术服务业
东莞东阳光药物研发有限公司	长安镇	医药制造业
东莞市医脉实业有限公司	长安镇	专用设备制造业
东莞市松裕塑胶皮具制品有限公司	长安镇	橡胶和塑料制品业

1-5 续表 37

(2017年)

企业名称	所在镇街	行业类别
东莞市卓为空调机电设备有限公司	长安镇	批发业
东莞市富鸿数码科技有限公司	长安镇	仪器仪表制造业
东莞市明驰光电科技有限公司	长安镇	仪器仪表制造业
东莞市中宇精密模具有限公司	长安镇	专用设备制造业
东莞市中州电子有限公司	长安镇	计算机、通信和其他电子设备制造业
东莞市卓良自动化科技有限公司	长安镇	专用设备制造业
东莞市鸿展实业有限公司	长安镇	橡胶和塑料制品业
东莞市拓达智能科技有限公司	长安镇	电气机械和器材制造业
东莞碧克电子有限公司	长安镇	电气机械和器材制造业
广东振硕数控刀具有限公司	长安镇	通用设备制造业
祥鑫科技股份有限公司	长安镇	汽车制造业
东莞市宝诺塑胶制品有限公司	长安镇	橡胶和塑料制品业
东莞市卓强五金模具有限公司	长安镇	专用设备制造业
东莞市仲辰光电科技有限公司	长安镇	橡胶和塑料制品业
东莞市福莱特航空科技有限公司	长安镇	铁路、船舶、航空航天和其他运输设备制造业
东莞市三创智能卡技术有限公司	长安镇	计算机、通信和其他电子设备制造业
东莞市共和电子有限公司	长安镇	电气机械和器材制造业
东莞市鑫华翼自动化科技有限公司	长安镇	通用设备制造业
东莞市将王机械科技有限公司	长安镇	专用设备制造业
东莞市宜曼洲电子科技有限公司	长安镇	金属制品业
东莞市全测电子科技有限公司	长安镇	专业技术服务业
东莞市金保机电有限公司	长安镇	电气机械和器材制造业
东莞市金特玛热流道科技有限公司	长安镇	专用设备制造业
东莞兆元机械设备有限公司	长安镇	专用设备制造业
东莞景丰塑胶制品有限公司	长安镇	橡胶和塑料制品业
东莞市广联塑胶模具制品有限公司	长安镇	专用设备制造业
东莞市快好多电子设备有限公司	长安镇	通用设备制造业
东莞市浩力升精密模塑电子有限公司	长安镇	计算机、通信和其他电子设备制造业
东莞市润韬电子科技有限公司	长安镇	计算机、通信和其他电子设备制造业
广东隆凯股份有限公司	长安镇	专用设备制造业
东莞金锘言机械设备有限公司	长安镇	通用设备制造业
广东莱伯通试验设备有限公司	长安镇	通用设备制造业
东莞美崎智能科技有限公司	长安镇	通用设备制造业
东莞市泰又拓五金切削工具有限公司	长安镇	金属制品业
东莞市万盈机械有限公司	长安镇	通用设备制造业
东莞市圣高机械科技有限公司	长安镇	通用设备制造业
东莞宏斌光学科技有限公司	长安镇	仪器仪表制造业
东莞市盈尔电子科技有限公司	长安镇	计算机、通信和其他电子设备制造业
东莞市迅源机械有限公司	长安镇	专用设备制造业
东莞市联索电子有限公司	长安镇	计算机、通信和其他电子设备制造业
东莞市富佳机械设备有限公司	长安镇	专用设备制造业
东莞市铭博自动化设备有限公司	长安镇	通用设备制造业
东莞市誉博自动化科技有限公司	长安镇	专用设备制造业
东莞市飞越激光设备有限公司	长安镇	有色金属冶炼和压延加工业
东莞华程金属科技有限公司	长安镇	有色金属冶炼和压延加工业
东莞市勤速自动化机械设备有限公司	长安镇	通用设备制造业
东莞市米克精密机械有限公司	长安镇	通用设备制造业
东莞广声五金塑胶制品有限公司	长安镇	木材加工和木、竹、藤、棕、草制品业
东莞市碳索复合材料有限公司	长安镇	纺织业
东莞市宇光光电科技有限公司	长安镇	专用设备制造业

1-5　续表 38

(2017年)

企业名称	所在镇街	行业类别
东莞市东阳光电容器有限公司	长安镇	计算机、通信和其他电子设备制造业
东莞市朗赛德五金工具有限公司	长安镇	其他制造业
东莞市盛远自动化设备有限公司	长安镇	通用设备制造业
东莞市久富电子科技有限公司	长安镇	计算机、通信和其他电子设备制造业
东莞市康瑞电子有限公司	长安镇	计算机、通信和其他电子设备制造业
东莞市昶源涂装配件有限公司	长安镇	通用设备制造业
东莞市星仁杰金属材料科技有限公司	长安镇	金属制品业
东莞市多盟精密五金有限公司	长安镇	金属制品业
东莞市远景机械有限公司	长安镇	电气机械和器材制造业
东莞市善时照明科技有限公司	长安镇	电气机械和器材制造业
东莞威铁克自动化科技有限公司	长安镇	仪器仪表制造业
东莞市盾一精密机械有限公司	长安镇	通用设备制造业
东莞市联纲光电科技有限公司	长安镇	计算机、通信和其他电子设备制造业
东莞市哆乐数控工具有限公司	长安镇	金属制品业
东莞市灿烨电器有限公司	长安镇	其他制造业
东莞市鸿英新材料科技有限公司	长安镇	橡胶和塑料制品业
东莞市凯尼克自动化设备有限公司	长安镇	通用设备制造业
东莞市一本电子有限公司	长安镇	计算机、通信和其他电子设备制造业
东莞市川富电子有限公司	长安镇	计算机、通信和其他电子设备制造业
东莞市万旅电器有限公司	长安镇	计算机、通信和其他电子设备制造业
东莞市龙丰电气工程有限公司	长安镇	软件和信息技术服务业
东莞富野自动化科技有限公司	长安镇	通用设备制造业
东莞市渝洋机械设备有限公司	长安镇	通用设备制造业
东莞市五丰电子有限公司	长安镇	计算机、通信和其他电子设备制造业
东莞荣光包装材料有限公司	长安镇	橡胶和塑料制品业
东莞市杰达机械有限公司	长安镇	通用设备制造业
东莞市正荣新材料有限公司	长安镇	化学原料和化学制品制造业
东莞市富宝机电科技有限公司	长安镇	电气机械和器材制造业
东莞市灿光电子科技有限公司	长安镇	电气机械和器材制造业
东莞市新淳光学科技有限公司	长安镇	通用设备制造业
东莞市汉杰电子科技有限公司	长安镇	计算机、通信和其他电子设备制造业
东莞市尖峰电子科技有限公司	长安镇	计算机、通信和其他电子设备制造业
东莞市诺恒精密机械有限公司	长安镇	通用设备制造业
东莞市志强机械设备有限公司	长安镇	通用设备制造业
东莞市凯丰仪器科技有限公司	长安镇	仪器仪表制造业
东莞市美力自动化设备有限公司	长安镇	其他制造业
东莞市恒鼎自动化设备有限公司	长安镇	通用设备制造业
东莞市千洪电子有限公司	长安镇	专用设备制造业
东莞市铭海通机械有限公司	长安镇	通用设备制造业
东莞市瑞立达玻璃盖板科技股份有限公司	寮步镇	非金属矿物制品业
东莞市新泽谷机械制造股份有限公司	寮步镇	专用设备制造业
广东飞新达智能设备股份有限公司	寮步镇	通用设备制造业
东莞阿李自动化股份有限公司	寮步镇	金属制品、机械和设备修理业
东莞市琅菱机械有限公司	寮步镇	通用设备制造业
东莞市汇星厨具有限公司	寮步镇	家具制造业
东莞市科锐机电设备有限公司	寮步镇	通用设备制造业
东莞市美之尊电子科技有限公司	寮步镇	计算机、通信和其他电子设备制造业
东莞快灵通卡西尼电子科技有限公司	寮步镇	专用设备制造业
东莞唯佳电子有限公司	寮步镇	计算机、通信和其他电子设备制造业
东莞长联新材料科技股份有限公司	寮步镇	化学原料和化学制品制造业

1-5 续表 39

(2017年)

企业名称	所在镇街	行业类别
广东永强奥林宝国际消防汽车有限公司	寮步镇	汽车制造业
东莞宇球电子股份有限公司	寮步镇	计算机、通信和其他电子设备制造业
东莞市科隆威自动化设备有限公司	寮步镇	电气机械和器材制造业
东莞市蓝威实业有限公司	寮步镇	金属制品业
东莞市威骏不织布有限公司	寮步镇	纺织业
广东鼎立汽车空调有限公司	寮步镇	通用设备制造业
广东国邦清洁设备有限公司	寮步镇	专用设备制造业
广东香勤生物科技有限公司	寮步镇	农业
广东新志密封技术有限公司	寮步镇	橡胶和塑料制品业
东莞市毅豪电子科技有限公司	寮步镇	软件和信息技术服务业
春迅电子（东莞）有限公司	寮步镇	电气机械和器材制造业
东莞波顿香料有限公司	寮步镇	化学原料和化学制品制造业
东莞博力威新能源有限公司	寮步镇	电气机械和器材制造业
东莞创先新材料科技有限公司	寮步镇	橡胶和塑料制品业
东莞高伟光学电子有限公司	寮步镇	电气机械和器材制造业
东莞汉莎产品技术咨询服务有限公司	寮步镇	专业技术服务业
东莞森玛德数控设备有限公司	寮步镇	通用设备制造业
东莞市阿比亚能源科技有限公司	寮步镇	化学原料和化学制品制造业
东莞市百盛聚氨酯材料有限公司	寮步镇	化学原料和化学制品制造业
东莞市丞冠运动用品科技有限公司	寮步镇	橡胶和塑料制品业
东莞市鸿泰鑫机械设备有限公司	寮步镇	专用设备制造业
东莞市金业电子科技有限公司	寮步镇	计算机、通信和其他电子设备制造业
东莞市科瓦兹照明科技有限公司	寮步镇	电气机械和器材制造业
东莞市可享光电科技有限公司	寮步镇	计算机、通信和其他电子设备制造业
东莞市瑞年塑胶科技有限公司	寮步镇	橡胶和塑料制品业
东莞市润华铝业有限公司	寮步镇	有色金属冶炼和压延加工业
东莞市田津电子科技有限公司	寮步镇	专用设备制造业
东莞市象能电气设备有限公司	寮步镇	通用设备制造业
东莞市智盈自动化设备有限公司	寮步镇	通用设备制造业
东莞市紫能电子科技有限公司	寮步镇	计算机、通信和其他电子设备制造业
东莞威霸清洁器材有限公司	寮步镇	其他制造业
广东东安电力工程有限公司	寮步镇	建筑安装业
广东华鑫检测技术有限公司	寮步镇	专业技术服务业
广东柯保迪集团有限公司	寮步镇	皮革、毛皮、羽毛及其制品和制鞋业
广东日芝电梯有限公司	寮步镇	通用设备制造业
科广电子（东莞）有限公司	寮步镇	计算机、通信和其他电子设备制造业
东莞当纳利印刷有限公司	寮步镇	印刷和记录媒介复制业
东莞钱锋特殊胶粘制品有限公司	寮步镇	造纸和纸制品业
东莞市富滤盛滤清器有限公司	寮步镇	汽车制造业
东莞市宏恩塑胶制品有限公司	寮步镇	橡胶和塑料制品业
东莞市金隆机械设备有限公司	寮步镇	专用设备制造业
东莞市精和电子科技有限公司	寮步镇	通用设备制造业
东莞市路鑫五金制品有限公司	寮步镇	通用设备制造业
东莞市锐天机电科技有限公司	寮步镇	电气机械和器材制造业
东莞市天明环保节能工程有限公司	寮步镇	专用设备制造业
东莞市信为兴电子有限公司	寮步镇	计算机、通信和其他电子设备制造业
东莞市信远无纺布有限公司	寮步镇	纺织业
东莞市宇智精密科技有限公司	寮步镇	仪器仪表制造业
东莞市玉榕包装制品有限公司	寮步镇	橡胶和塑料制品业
东莞市泽风净化设备有限公司	寮步镇	通用设备制造业

1-5 续表 40

(2017年)

企业名称	所在镇街	行业类别
东莞首科电子科技有限公司	寮步镇	计算机、通信和其他电子设备制造业
东莞永腾自动化设备有限公司	寮步镇	专用设备制造业
广东澳洋顺昌金属材料有限公司	寮步镇	金属制品业
广东宾士动力科技有限公司	寮步镇	电气机械和器材制造业
广东合邦新型粉末涂料科技股份有限公司	寮步镇	化学原料和化学制品制造业
广东欧得森电源科技有限公司	寮步镇	电气机械和器材制造业
东莞高端精密电子股份有限公司	寮步镇	计算机、通信和其他电子设备制造业
东莞辉科机器人自动化股份有限公司	寮步镇	通用设备制造业
东莞金研精密研磨机械制造有限公司	寮步镇	通用设备制造业
东莞市贝禹电子科技有限公司	寮步镇	专用设备制造业
东莞市高臻机械设备有限公司	寮步镇	通用设备制造业
东莞市景瑜实业有限公司	寮步镇	金属制品业
东莞市勒姆精密电子有限公司	寮步镇	计算机、通信和其他电子设备制造业
东莞市利腾达机械有限公司	寮步镇	通用设备制造业
广东雅联科技股份有限公司	寮步镇	计算机、通信和其他电子设备制造业
广东富行洗涤剂科技有限公司	寮步镇	化学原料和化学制品制造业
广东明利环保机电实业有限公司	寮步镇	专用设备制造业
东莞嘉丰机电设备有限公司	寮步镇	通用设备制造业
东莞洁澳思精密科技股份有限公司	寮步镇	电气机械和器材制造业
东莞市维斗科技股份有限公司	寮步镇	计算机、通信和其他电子设备制造业
广东百味佳味业科技股份有限公司	寮步镇	食品制造业
广东佳景科技有限公司	寮步镇	化学原料和化学制品制造业
广东方振新材料精密组件有限公司	寮步镇	橡胶和塑料制品业
广东钇圆光电科技有限公司	寮步镇	电气机械和器材制造业
东莞市长益光电有限公司	寮步镇	计算机、通信和其他电子设备制造业
东莞市泰亚电子科技有限公司	寮步镇	橡胶和塑料制品业
东莞市旺成自动化科技有限公司	寮步镇	仪器仪表制造业
东莞市得力仕机械科技有限公司	寮步镇	通用设备制造业
东莞市精致自动化科技有限公司	寮步镇	仪器仪表制造业
东莞市浩扬碳纤维发热制品有限公司	寮步镇	电气机械和器材制造业
东莞市任氏实业有限公司	寮步镇	纺织业
东莞市新耀机电工程有限公司	寮步镇	软件和信息技术服务业
东莞纳普能源科技有限公司	寮步镇	电气机械和器材制造业
东莞市腾元机械科技有限公司	寮步镇	专用设备制造业
广东聚友智能装备科技有限公司	寮步镇	通用设备制造业
东莞市五维智控有限公司	寮步镇	计算机、通信和其他电子设备制造业
东莞市天英五金机械有限公司	寮步镇	通用设备制造业
东莞市索拉润滑油科技有限公司	寮步镇	石油加工、炼焦和核燃料加工业
东莞市蓝冠环保节能科技有限公司	寮步镇	电气机械和器材制造业
东莞市天富模具制品有限公司	寮步镇	专用设备制造业
广东金品能源科技有限公司	寮步镇	其他制造业
东莞市华翔印刷有限公司	寮步镇	印刷和记录媒介复制业
东莞市美好电子科技有限公司	寮步镇	计算机、通信和其他电子设备制造业
东莞东美新材料有限公司	寮步镇	橡胶和塑料制品业
东莞市方康电子科技有限公司	寮步镇	专用设备制造业
东莞市东神自动化设备有限公司	寮步镇	通用设备制造业
东莞市三杰数码科技有限公司	寮步镇	计算机、通信和其他电子设备制造业
东莞电力设计院	寮步镇	专业技术服务业
东莞市永俊生物科技股份有限公司	寮步镇	农副食品加工业
东莞汇海光电科技实业有限公司	寮步镇	计算机、通信和其他电子设备制造业

1−5 续表 41

(2017年)

企业名称	所在镇街	行业类别
东莞日进电线有限公司	寮步镇	电气机械和器材制造业
东莞宇典铭通讯科技有限公司	寮步镇	汽车制造业
东莞市燕丰数控设备有限公司	寮步镇	专用设备制造业
东莞市达成机械设备制造有限公司	寮步镇	通用设备制造业
东莞市极客设备科技有限公司	寮步镇	仪器仪表制造业
东莞市泛亚化工产品有限公司	寮步镇	化学原料和化学制品制造业
东莞市诚科电子科技有限公司	寮步镇	通用设备制造业
广东神马自动化科技有限公司	寮步镇	通用设备制造业
东莞方德泡绵制品厂有限公司	寮步镇	橡胶和塑料制品业
东莞市聚川装配自动化技术有限公司	寮步镇	专用设备制造业
东莞市芦苇电子科技有限公司	寮步镇	仪器仪表制造业
东莞永旺五金塑胶钢模有限公司	寮步镇	橡胶和塑料制品业
东莞市富正电子有限公司	寮步镇	计算机、通信和其他电子设备制造业
东莞市兴为电子科技有限公司	寮步镇	计算机、通信和其他电子设备制造业
东莞市钲晟电子科技有限公司	寮步镇	专用设备制造业
东莞骏捷机电设备有限公司	寮步镇	电气机械和器材制造业
东莞市瑞成工业科技有限公司	寮步镇	专用设备制造业
东莞永立电机有限公司	寮步镇	通用设备制造业
东莞市寮步江龙针车有限公司	寮步镇	通用设备制造业
广东荣创厨房设备有限公司	寮步镇	专用设备制造业
广东源兴恒准精密仪器有限公司	寮步镇	仪器仪表制造业
东莞帕萨电子装备有限公司	寮步镇	计算机、通信和其他电子设备制造业
东莞市凯迪碳素有限公司	寮步镇	非金属矿物制品业
东莞市康如通电子科技有限公司	寮步镇	电气机械和器材制造业
东莞市科信新能源设备有限公司	寮步镇	通用设备制造业
东莞市精莱电子有限公司	寮步镇	通用设备制造业
东莞市新达超声波设备有限公司	寮步镇	通用设备制造业
广东美塑塑料科技有限公司	寮步镇	橡胶和塑料制品业
东莞天锐香料有限公司	寮步镇	食品制造业
东莞市世邦塑胶制品有限公司	寮步镇	文教、工美、体育和娱乐用品制造业
东莞市迪泰吸塑制品有限公司	寮步镇	橡胶和塑料制品业
东莞市诚博自动化设备有限公司	寮步镇	通用设备制造业
东莞市云仕电子有限公司	寮步镇	计算机、通信和其他电子设备制造业
东莞市竟跃电子有限公司	寮步镇	计算机、通信和其他电子设备制造业
东莞三联热缩材料有限公司	寮步镇	橡胶和塑料制品业
东莞市纵横机电科技有限公司	寮步镇	电气机械和器材制造业
东莞明睿新材料有限公司	寮步镇	其他制造业
广东金龙机电有限公司	寮步镇	计算机、通信和其他电子设备制造业
东莞市科雷明斯智能科技有限公司	寮步镇	通用设备制造业
东莞市旭泰磨料有限公司	寮步镇	通用设备制造业
东莞市骏青电子科技有限公司	寮步镇	橡胶和塑料制品业
东莞市德思环境仪器有限公司	寮步镇	仪器仪表制造业
东莞市久星磁性材料有限公司	寮步镇	化学原料和化学制品制造业
东莞市捷新检测设备有限公司	寮步镇	仪器仪表制造业
东莞市源开鑫精密科技有限公司	寮步镇	通用设备制造业
东莞市奥尚特电子科技有限公司	寮步镇	通用设备制造业
康达新能源设备股份有限公司	寮步镇	电气机械和器材制造业
东莞市明科机械设备有限公司	寮步镇	通用设备制造业
东莞市国一精密机械有限公司	寮步镇	金属制品业
东莞市正航仪器设备有限公司	寮步镇	仪器仪表制造业

1-5 续表 42

(2017年)

企业名称	所在镇街	行业类别
东莞市曼罗兰精密机械有限公司	寮步镇	通用设备制造业
东莞市博泰电子有限公司	寮步镇	通用设备制造业
东莞市为为五金电子有限公司	寮步镇	计算机、通信和其他电子设备制造业
东莞市杰精精密工业有限公司	寮步镇	金属制品业
东莞中能膜业科技有限公司	寮步镇	橡胶和塑料制品业
东莞海益机械配件有限公司	寮步镇	汽车制造业
东莞市尚和电子有限公司	寮步镇	计算机、通信和其他电子设备制造业
东莞市恒亚电子科技有限公司	寮步镇	专用设备制造业
东莞市恒朔电子科技有限公司	寮步镇	电气机械和器材制造业
广东格瑞新材料股份有限公司	寮步镇	橡胶和塑料制品业
东莞市永强汽车制造有限公司	寮步镇	汽车制造业
东莞市凯金新能源科技有限公司	寮步镇	非金属矿物制品业
东莞市锐嘉精密机械制造有限公司	寮步镇	金属制品业
东莞市启泰灯饰有限公司	寮步镇	电气机械和器材制造业
东莞市瑞成精密模具有限公司	寮步镇	专用设备制造业
广东力科新能源有限公司	寮步镇	电气机械和器材制造业
东莞市艺骏实业有限公司	寮步镇	橡胶和塑料制品业
东莞市开关厂有限公司	寮步镇	电气机械和器材制造业
东莞市开源塑化科技有限公司	寮步镇	化学原料和化学制品制造业
东莞市酬勤包装制品有限公司	寮步镇	橡胶和塑料制品业
东莞市福特机械有限公司	寮步镇	通用设备制造业
东莞市安石金属科技有限公司	寮步镇	文教、工美、体育和娱乐用品制造业
东莞旭昕电子有限公司	寮步镇	软件和信息技术服务业
东莞市安达自动化设备有限公司	寮步镇	通用设备制造业
东莞爵士先进电子应用材料有限公司	寮步镇	化学原料和化学制品制造业
东莞迪蜂金属材料科技有限公司	寮步镇	有色金属冶炼和压延加工业
东莞市创智涂装设备工程有限公司	寮步镇	通用设备制造业
东莞市大族骏卓自动化科技有限公司	寮步镇	通用设备制造业
永发印务(东莞)有限公司	大岭山镇	印刷和记录媒介复制业
广东祺龙科技有限公司	大岭山镇	橡胶和塑料制品业
东莞泰硕电子有限公司	大岭山镇	计算机、通信和其他电子设备制造业
东莞优邦材料科技股份有限公司	大岭山镇	化学原料和化学制品制造业
东莞市汇成真空科技有限公司	大岭山镇	通用设备制造业
东莞市奥达铝业有限公司	大岭山镇	有色金属冶炼和压延加工业
东莞市龙健电子有限公司	大岭山镇	计算机、通信和其他电子设备制造业
广东佳居乐厨房科技有限公司	大岭山镇	家具制造业
东莞金太阳研磨股份有限公司	大岭山镇	非金属矿物制品业
广东拓斯达科技股份有限公司	大岭山镇	仪器仪表制造业
东莞市瑞德丰生物科技有限公司	大岭山镇	化学原料和化学制品制造业
东莞市富宝家居集团有限公司	大岭山镇	家具制造业
东莞定远陶齿制品有限公司	大岭山镇	医药制造业
东莞市斯博锐高分子建筑材料科技有限公司	大岭山镇	非金属矿物制品业
利泰五金制品(东莞)有限公司	大岭山镇	金属制品业
东莞市德翔鑫机械有限公司	大岭山镇	通用设备制造业
东莞市迪奥数控设备有限公司	大岭山镇	专用设备制造业
东莞市锋驰印刷机械有限公司	大岭山镇	专用设备制造业
东莞市汉亚工业自动化设备有限公司	大岭山镇	通用设备制造业
东莞市航星针织机械有限公司	大岭山镇	专用设备制造业
东莞市锦顺包装机械有限公司	大岭山镇	通用设备制造业
东莞市京润节能科技有限公司	大岭山镇	非金属矿物制品业

1-5　续表 43

(2017年)

企业名称	所在镇街	行业类别
东莞市朗晟硅材料有限公司	大岭山镇	橡胶和塑料制品业
东莞市纳隆机械设备有限公司	大岭山镇	通用设备制造业
东莞市瑞科制冷设备有限公司	大岭山镇	通用设备制造业
东莞市三文光电技术有限公司	大岭山镇	电气机械和器材制造业
东莞市太阳线缆设备有限公司	大岭山镇	专用设备制造业
东莞市万鑫机电有限公司	大岭山镇	电气机械和器材制造业
东莞市伟思化学科技有限公司	大岭山镇	化学原料和化学制品制造业
东莞市鑫佳机械有限公司	大岭山镇	通用设备制造业
东莞市粤丰废水处理有限公司	大岭山镇	生态保护和环境治理业
东莞市长和兴印刷机械有限公司	大岭山镇	专用设备制造业
东莞市智恒卓越电子有限公司	大岭山镇	计算机、通信和其他电子设备制造业
广东大群数控机床有限公司	大岭山镇	仪器仪表制造业
东莞侨亨精密设备有限公司	大岭山镇	专用设备制造业
东莞市大洋化工科技有限公司	大岭山镇	化学原料和化学制品制造业
东莞市豪顺精密科技有限公司	大岭山镇	金属制品业
东莞市捷科五金有限公司	大岭山镇	通用设备制造业
东莞市金材五金有限公司	大岭山镇	通用设备制造业
东莞市金铭电子有限公司	大岭山镇	计算机、通信和其他电子设备制造业
东莞市金众电子股份有限公司	大岭山镇	计算机、通信和其他电子设备制造业
东莞市晋益电子科技有限公司	大岭山镇	有色金属冶炼和压延加工业
东莞市旭瑞光电科技有限公司	大岭山镇	非金属矿物制品业
东莞市耀盛工业炉有限公司	大岭山镇	通用设备制造业
东莞市亿富机械科技有限公司	大岭山镇	通用设备制造业
东莞市悠乐厨户外休闲用品有限公司	大岭山镇	金属制品业
广东福临门世家智能家居有限公司	大岭山镇	金属制品业
广东哈弗石油能源股份有限公司	大岭山镇	石油加工、炼焦和核燃料加工业
广东威士达智能设备科技有限公司	大岭山镇	专用设备制造业
东莞市博钺电子有限公司	大岭山镇	计算机、通信和其他电子设备制造业
东莞市畅利莱机器人科技有限公司	大岭山镇	通用设备制造业
东莞市海天磁业股份有限公司	大岭山镇	有色金属冶炼和压延加工业
东莞市华诺合金有限公司	大岭山镇	通用设备制造业
东莞市四辉表面处理科技有限公司	大岭山镇	化学原料和化学制品制造业
广东虹瑞智能设备股份有限公司	大岭山镇	通用设备制造业
广东汇兴精工智造股份有限公司	大岭山镇	专用设备制造业
东莞崧崴电子科技有限公司	大岭山镇	家具制造业
东莞市骄今电子科技有限公司	大岭山镇	橡胶和塑料制品业
东莞市英孚石油化工有限公司	大岭山镇	化学原料和化学制品制造业
广东华域精密自动化机械设备有限公司	大岭山镇	仪器仪表制造业
东莞市索立得模型科技有限公司	大岭山镇	文教、工美、体育和娱乐用品制造业
东莞市捷瑞电子设备有限公司	大岭山镇	专用设备制造业
东莞市科宝试验设备有限公司	大岭山镇	仪器仪表制造业
东莞市钮铂尔电子科技有限公司	大岭山镇	电气机械和器材制造业
东莞市金裕自动化机械设备有限公司	大岭山镇	通用设备制造业
东莞市昱卓精密塑胶制品有限公司	大岭山镇	橡胶和塑料制品业
东莞市利通皮革制品有限公司	大岭山镇	专用设备制造业
东莞金卓通信科技有限公司	大岭山镇	计算机、通信和其他电子设备制造业
东莞市烨青电业有限公司	大岭山镇	化学原料和化学制品制造业
东莞市祥和玻璃制品有限公司	大岭山镇	非金属矿物制品业
广东和天新材料科技有限公司	大岭山镇	非金属矿物制品业
东莞市奥科兴复合材料制品有限公司	大岭山镇	橡胶和塑料制品业

1-5 续表 44

(2017年)

企业名称	所在镇街	行业类别
东莞领丰电子有限公司	大岭山镇	金属制品业
东莞市宝腾机械有限公司	大岭山镇	金属制品、机械和设备修理业
广东和品实业有限公司	大岭山镇	橡胶和塑料制品业
东莞市金达机电有限公司	大岭山镇	汽车制造业
东莞市陈展木工机械有限公司	大岭山镇	通用设备制造业
东莞市盈合精密塑胶有限公司	大岭山镇	橡胶和塑料制品业
东莞市泰宇达光电科技有限公司	大岭山镇	计算机、通信和其他电子设备制造业
广东斯麦特光电科技有限公司	大岭山镇	非金属矿物制品业
东莞市德普特电子有限公司	大岭山镇	计算机、通信和其他电子设备制造业
东莞市寰康电子科技有限公司	大岭山镇	仪器仪表制造业
东莞名将电机配件有限公司	大岭山镇	汽车制造业
东莞大宝化工制品有限公司	大岭山镇	化学原料和化学制品制造业
东莞市长锦成电器有限公司	大岭山镇	电气机械和器材制造业
东莞市创易电子设备有限公司	大岭山镇	仪器仪表制造业
东莞市鹏腾五金电子有限公司	大岭山镇	计算机、通信和其他电子设备制造业
东莞泛美光电有限公司	大岭山镇	电气机械和器材制造业
东莞市新盛电子有限公司	大岭山镇	计算机、通信和其他电子设备制造业
东莞市华芝星电子科技有限公司	大岭山镇	橡胶和塑料制品业
东莞市群鑫机电设备有限公司	大岭山镇	通用设备制造业
东莞市台川数控科技有限公司	大岭山镇	通用设备制造业
东莞市台铃车业有限公司	大岭山镇	铁路、船舶、航空航天和其他运输设备制造业
东莞一迈智能科技有限公司	大岭山镇	专用设备制造业
东莞崧弘家具有限公司	大岭山镇	家具制造业
东莞市康通电子有限公司	大岭山镇	计算机、通信和其他电子设备制造业
东莞市宝瑞电子有限公司	大岭山镇	计算机、通信和其他电子设备制造业
东莞市罗斯莛自动化设备有限公司	大岭山镇	通用设备制造业
东莞程工自动化科技有限公司	大岭山镇	通用设备制造业
东莞光群雷射科技有限公司	大岭山镇	橡胶和塑料制品业
东莞市秦锐数控设备科技有限公司	大岭山镇	通用设备制造业
东莞市速必胜木工机械科技有限公司	大岭山镇	专用设备制造业
广东牧特智能装备股份有限公司	大岭山镇	电气机械和器材制造业
东莞市瀚艺实业有限公司	大岭山镇	通用设备制造业
东莞市华琪检测仪器有限公司	大岭山镇	仪器仪表制造业
东莞市鼎拓机械科技有限公司	大岭山镇	通用设备制造业
东莞市荣锝康电子科技有限公司	大岭山镇	计算机、通信和其他电子设备制造业
东莞市晶兴印刷有限公司	大岭山镇	印刷和记录媒介复制业
东莞高绮印刷有限公司	大岭山镇	印刷和记录媒介复制业
东莞市亿谦五金塑胶制品有限公司	大岭山镇	计算机、通信和其他电子设备制造业
东莞市纽格尔行星传动设备有限公司	大岭山镇	通用设备制造业
东莞市汉翔机械设备有限公司	大岭山镇	通用设备制造业
东莞市宏幸工业炉制造有限公司	大岭山镇	通用设备制造业
东莞市必达信超声波设备有限公司	大岭山镇	通用设备制造业
东莞市力佳辉玻璃有限公司	大岭山镇	非金属矿物制品业
东莞市莱宝水性助剂有限公司	大岭山镇	化学原料和化学制品制造业
东莞善泽智能化科技有限公司	大岭山镇	通用设备制造业
东莞市创升机械设备有限公司	大岭山镇	通用设备制造业
东莞市奥工机械设备有限公司	大岭山镇	通用设备制造业
东莞市松一自动化科技有限公司	大岭山镇	专用设备制造业
东莞三诚丰精密科技有限公司	大岭山镇	有色金属冶炼和压延加工业
东莞市大晋涂层科技有限公司	大岭山镇	化学原料和化学制品制造业

1-5　续表 45

(2017年)

企业名称	所在镇街	行业类别
东莞新洲印刷有限公司	大岭山镇	印刷和记录媒介复制业
东莞延青电子有限公司	大岭山镇	计算机、通信和其他电子设备制造业
东莞市华井生物科技有限公司	大岭山镇	食品制造业
东莞市通科电子有限公司	大岭山镇	计算机、通信和其他电子设备制造业
东莞市欧力自动化科技有限公司	大岭山镇	专用设备制造业
东莞市领尚光电科技有限公司	大岭山镇	电气机械和器材制造业
东莞华威铜箔科技有限公司	大岭山镇	电气机械和器材制造业
东莞优诺电子焊接材料有限公司	大岭山镇	化学原料和化学制品制造业
东莞市盛恩电子科技有限公司	大岭山镇	橡胶和塑料制品业
东莞市西特新能源科技有限公司	大岭山镇	电气机械和器材制造业
东莞市新时代新能源科技有限公司	大岭山镇	电气机械和器材制造业
东莞市莲盈无纺科技有限公司	大岭山镇	专用设备制造业
东莞市燿安塑胶机器有限公司	大朗镇	橡胶和塑料制品业
东莞市冲宝模具有限公司	大朗镇	其他制造业
广东伯朗特智能装备股份有限公司	大朗镇	通用设备制造业
东莞市海拓伟电子科技有限公司	大朗镇	电气机械和器材制造业
东莞市升微机电设备科技有限公司	大朗镇	仪器仪表制造业
东莞欧德雅装饰材料有限公司	大朗镇	家具制造业
东莞市中一合金科技有限公司	大朗镇	计算机、通信和其他电子设备制造业
东莞市百维科技有限公司	大朗镇	电气机械和器材制造业
东莞市三基音响科技有限公司	大朗镇	计算机、通信和其他电子设备制造业
东莞九州电器有限公司	大朗镇	计算机、通信和其他电子设备制造业
东莞市宏扬数控设备有限公司	大朗镇	通用设备制造业
东莞市永晟电线科技股份有限公司	大朗镇	计算机、通信和其他电子设备制造业
东莞信宝电子产品检测有限公司	大朗镇	专业技术服务业
东莞市俊知自动机械有限公司	大朗镇	通用设备制造业
东莞捷邦实业有限公司	大朗镇	计算机、通信和其他电子设备制造业
东莞市安德鑫通讯器材有限公司	大朗镇	计算机、通信和其他电子设备制造业
东莞市方荣精机工业有限公司	大朗镇	通用设备制造业
东莞市福是多电器有限公司	大朗镇	电气机械和器材制造业
东莞市汉萨自动化设备科技有限公司	大朗镇	通用设备制造业
东莞市弘融数控科技有限公司	大朗镇	通用设备制造业
东莞市金耐尔能源科技有限公司	大朗镇	非金属矿物制品业
东莞市精亿五金有限公司	大朗镇	金属制品业
东莞市隆盛智能装备股份有限公司	大朗镇	通用设备制造业
东莞市全讯五金制品有限公司	大朗镇	金属制品业
东莞市三诚嘉五金塑胶制品有限公司	大朗镇	橡胶和塑料制品业
东莞市新懿电子材料技术有限公司	大朗镇	计算机、通信和其他电子设备制造业
东莞市智科智能科技有限公司	大朗镇	电气机械和器材制造业
广东新科炬机械制造有限公司	大朗镇	通用设备制造业
广东中聪机器人科技有限公司	大朗镇	通用设备制造业
东莞科多电气有限公司	大朗镇	专用设备制造业
东莞市宝人电器科技有限公司	大朗镇	电气机械和器材制造业
东莞市宝拓来金属有限公司	大朗镇	有色金属冶炼和压延加工业
东莞市凯旋照明科技有限公司	大朗镇	电气机械和器材制造业
东莞市瑞科自动化设备有限公司	大朗镇	仪器仪表制造业
东莞市睿奇电子科技有限公司	大朗镇	计算机、通信和其他电子设备制造业
东莞市仕研电子通讯有限公司	大朗镇	计算机、通信和其他电子设备制造业
东莞市泰基山机械设备有限公司	大朗镇	通用设备制造业
东莞市新威环保科技有限公司	大朗镇	化学原料和化学制品制造业

1-5 续表 46

(2017年)

企业名称	所在镇街	行业类别
东莞市紫科环保设备有限公司	大朗镇	专用设备制造业
东莞祥龙五金制品有限公司	大朗镇	金属制品业
广东春夏新材料科技有限公司	大朗镇	纺织业
广东快手机器人科技有限公司	大朗镇	通用设备制造业
广东统一机器人智能股份有限公司	大朗镇	通用设备制造业
长园电子（东莞）有限公司	大朗镇	橡胶和塑料制品业
东莞创群石英晶体有限公司	大朗镇	计算机、通信和其他电子设备制造业
东莞市德尔能新能源股份有限公司	大朗镇	电气机械和器材制造业
东莞市飞洋光电科技有限公司	大朗镇	计算机、通信和其他电子设备制造业
东莞市厚威包装有限公司	大朗镇	造纸和纸制品业
东莞市开方实业有限公司	大朗镇	通用设备制造业
东莞市台冠起重机械设备有限公司	大朗镇	通用设备制造业
东莞市旭田包装机械有限公司	大朗镇	通用设备制造业
东莞市云通通讯科技有限公司	大朗镇	计算机、通信和其他电子设备制造业
东莞添慧软件有限公司	大朗镇	软件和信息技术服务业
鸿纳（东莞）新材料科技有限公司	大朗镇	非金属矿物制品业
广东宝杰环保科技有限公司	大朗镇	专用设备制造业
广东龙昕科技有限公司	大朗镇	计算机、通信和其他电子设备制造业
中广核高新核材集团（东莞）祈富新材料有限公司	大朗镇	橡胶和塑料制品业
广东新意通讯科技有限公司	大朗镇	计算机、通信和其他电子设备制造业
明玮机械（东莞）有限公司	大朗镇	金属制品、机械和设备修理业
东莞市日为电子有限公司	大朗镇	计算机、通信和其他电子设备制造业
东莞市禾盛金属科技有限公司	大朗镇	金属制品业
东莞市达鑫橡胶电子有限公司	大朗镇	橡胶和塑料制品业
东莞市跨标不锈钢紧固件有限公司	大朗镇	通用设备制造业
东莞市川业五金有限公司	大朗镇	金属制品业
东莞塔菲尔新能源科技有限公司	大朗镇	电气机械和器材制造业
东莞市永迪泡绵有限公司	大朗镇	橡胶和塑料制品业
东莞市巨高机床有限公司	大朗镇	通用设备制造业
东莞市盛雄激光设备有限公司	大朗镇	计算机、通信和其他电子设备制造业
东莞百一电子有限公司	大朗镇	计算机、通信和其他电子设备制造业
东莞怡盛电业有限公司	大朗镇	电气机械和器材制造业
东莞市橙工电子科技有限公司	大朗镇	计算机、通信和其他电子设备制造业
东莞市华耘实业有限公司	大朗镇	计算机、通信和其他电子设备制造业
东莞市彩诺化工有限公司	大朗镇	化学原料和化学制品制造业
东莞市东升压铸模具有限公司	大朗镇	通用设备制造业
盈利时表业（东莞）有限公司	大朗镇	仪器仪表制造业
广东展维电子科技有限公司	大朗镇	电气机械和器材制造业
广东利美实业有限公司	大朗镇	金属制品业
广东盛田科技有限公司	大朗镇	金属制品业
东莞市美光达光学科技有限公司	大朗镇	橡胶和塑料制品业
东莞市巨清机床有限公司	大朗镇	通用设备制造业
东莞市天元医疗器械有限公司	大朗镇	医药制造业
东莞市富美印刷有限公司	大朗镇	印刷和记录媒介复制业
东莞市德诚机电科技有限公司	大朗镇	仪器仪表制造业
雅科薄膜（东莞）有限公司	大朗镇	橡胶和塑料制品业
广东万瑞机电科技有限公司	大朗镇	电气机械和器材制造业
东莞市振洋五金制品有限公司	大朗镇	通用设备制造业
东莞市派实达电子科技有限公司	大朗镇	计算机、通信和其他电子设备制造业
东莞市浔兴拉链科技有限公司	大朗镇	纺织服装、服饰业

1－5 续表 47

(2017年)

企业名称	所在镇街	行业类别
东莞钜鼎照明有限公司	大朗镇	电气机械和器材制造业
东莞市晨桂精密机械有限公司	大朗镇	专用设备制造业
东莞市泓仁电子有限公司	大朗镇	金属制品业
东莞市辉通节能科技设备有限公司	大朗镇	通用设备制造业
东莞市展兴机械设备有限公司	大朗镇	通用设备制造业
东莞亿诚精密模具有限公司	大朗镇	金属制品业
东莞市巨大电子科技有限公司	大朗镇	计算机、通信和其他电子设备制造业
东莞市宝科精密机械有限公司	大朗镇	通用设备制造业
东莞市隆涛电子有限公司	大朗镇	计算机、通信和其他电子设备制造业
东莞信易电热机械有限公司	大朗镇	专用设备制造业
东莞百锐数控机床有限公司	大朗镇	专用设备制造业
东莞市纬圣电子有限公司	大朗镇	电气机械和器材制造业
东莞市益通电子科技有限公司	大朗镇	计算机、通信和其他电子设备制造业
广东方昕电子科技有限公司	大朗镇	化学原料和化学制品制造业
东莞顺合丰电业有限公司	大朗镇	计算机、通信和其他电子设备制造业
东莞金准电器有限公司	大朗镇	电气机械和器材制造业
东莞市德光激光科技有限公司	大朗镇	通用设备制造业
东莞市精诚胶钛表调剂有限公司	大朗镇	化学原料和化学制品制造业
东莞市劲豪精密五金有限公司	大朗镇	计算机、通信和其他电子设备制造业
东莞市和兴数控科技有限公司	大朗镇	通用设备制造业
东莞市东讯五金电气有限公司	大朗镇	电气机械和器材制造业
东莞市乔科化学有限公司	大朗镇	互联网和相关服务
东莞市聚盟金属制品有限公司	大朗镇	金属制品业
东莞市缝神机械有限公司	大朗镇	专用设备制造业
东莞市迈科新能源有限公司	大朗镇	电气机械和器材制造业
东莞市乔鸿机械有限公司	大朗镇	通用设备制造业
东莞市贝辉装饰材料有限公司	大朗镇	造纸和纸制品业
东莞市卓翼新材料科技有限公司	大朗镇	化学原料和化学制品制造业
东莞市迈音电子有限公司	大朗镇	计算机、通信和其他电子设备制造业
东莞市德士美润滑油科技有限公司	大朗镇	专用设备制造业
东莞市商宝照明技术有限公司	大朗镇	电气机械和器材制造业
东莞市瑞盟涂料有限公司	大朗镇	化学原料和化学制品制造业
广东特普丝精密工具有限公司	大朗镇	金属制品业
东莞市金能亮环保科技有限公司	大朗镇	专用设备制造业
东莞市阿特升精工科技有限公司	大朗镇	专用设备制造业
东莞市皓晟实业有限公司	大朗镇	通用设备制造业
东莞市优印精密自动化设备有限公司	大朗镇	专用设备制造业
东莞市恩瑞精密电子有限公司	大朗镇	计算机、通信和其他电子设备制造业
东莞市惠隆鑫电子有限公司	大朗镇	计算机、通信和其他电子设备制造业
明勖（东莞）精密机械有限公司	大朗镇	通用设备制造业
东莞市友邦自动化设备科技有限公司	大朗镇	金属制品、机械和设备修理业
东莞市厚德纸品有限公司	大朗镇	造纸和纸制品业
东莞市朝顺电子科技有限公司	大朗镇	电气机械和器材制造业
东莞市明洲五金有限公司	大朗镇	金属制品业
东莞市艾尔发自动化科技有限公司	大朗镇	通用设备制造业
东莞市臻品电子有限公司	大朗镇	计算机、通信和其他电子设备制造业
东莞市安德丰电池有限公司	大朗镇	电气机械和器材制造业
东莞市泰富顿纳米技术有限公司	大朗镇	金属制品业
东莞市天昶机电制造有限公司	大朗镇	专用设备制造业
广东飞触科技股份有限公司	大朗镇	计算机、通信和其他电子设备制造业

1–5 续表 48

(2017年)

企业名称	所在镇街	行业类别
东莞艾尔发自动化机械有限公司	大朗镇	通用设备制造业
东莞市润华光电有限公司	大朗镇	计算机、通信和其他电子设备制造业
东莞市天晖电子材料科技有限公司	黄江镇	计算机、通信和其他电子设备制造业
广东兴锐电子科技股份有限公司	黄江镇	橡胶和塑料制品业
丽清电子科技（东莞）有限公司	黄江镇	计算机、通信和其他电子设备制造业
东莞盛世科技电子实业有限公司	黄江镇	计算机、通信和其他电子设备制造业
东莞泰欣照明有限公司	黄江镇	电气机械和器材制造业
东莞市宏德电子设备有限公司	黄江镇	专用设备制造业
东莞正扬电子机械有限公司	黄江镇	汽车制造业
广东惠伦晶体科技股份有限公司	黄江镇	计算机、通信和其他电子设备制造业
东莞新东方科技有限公司	黄江镇	化学原料和化学制品制造业
东莞市森佳机械有限公司	黄江镇	专用设备制造业
东莞倍力扣金属制品有限公司	黄江镇	金属制品业
东莞市恒荣机械设备有限公司	黄江镇	橡胶和塑料制品业
东莞市纳利光学材料有限公司	黄江镇	橡胶和塑料制品业
东莞市胜邦通讯配件科技有限公司	黄江镇	电气机械和器材制造业
东莞市佰荣臻机械设备有限公司	黄江镇	通用设备制造业
东莞市红富照明科技有限公司	黄江镇	电气机械和器材制造业
东莞市古川胶带有限公司	黄江镇	橡胶和塑料制品业
东莞市华纬涂装设备有限公司	黄江镇	通用设备制造业
东莞市华粤焊锡制品有限公司	黄江镇	金属制品业
东莞市黄江大顺电子有限公司	黄江镇	计算机、通信和其他电子设备制造业
东莞市君奥连接器有限公司	黄江镇	计算机、通信和其他电子设备制造业
东莞市凯圣自行车有限公司	黄江镇	铁路、船舶、航空航天和其他运输设备制造业
东莞市蓝天创达化工有限公司	黄江镇	化学原料和化学制品制造业
东莞市龙拓鑫电子有限公司	黄江镇	计算机、通信和其他电子设备制造业
东莞市胜创光电科技有限公司	黄江镇	电气机械和器材制造业
东莞市通骏电子科技有限公司	黄江镇	电气机械和器材制造业
东莞市亚力电器有限公司	黄江镇	电气机械和器材制造业
东莞市亿杰五金制品有限公司	黄江镇	金属制品业
广东奔迪新材料科技有限公司	黄江镇	橡胶和塑料制品业
广东荣意家居股份有限公司	黄江镇	家具制造业
广东新吉欣实业有限公司	黄江镇	金属制品业
东莞市栢科电源有限公司	黄江镇	电气机械和器材制造业
东莞市昶通通讯科技有限公司	黄江镇	计算机、通信和其他电子设备制造业
东莞市固达机械制造有限公司	黄江镇	通用设备制造业
东莞市科盛实业有限公司	黄江镇	金属制品、机械和设备修理业
东莞市普锐米勒机床有限公司	黄江镇	通用设备制造业
东莞市索艾电子科技有限公司	黄江镇	计算机、通信和其他电子设备制造业
泓凯电子科技（东莞）有限公司	黄江镇	计算机、通信和其他电子设备制造业
金科伟业（中国）有限公司	黄江镇	通用设备制造业
东莞礼国光电科技有限公司	黄江镇	电气机械和器材制造业
东莞盛翔精密金属有限公司	黄江镇	计算机、通信和其他电子设备制造业
东莞市超讯电子有限公司	黄江镇	计算机、通信和其他电子设备制造业
东莞市合明光电科技有限公司	黄江镇	电气机械和器材制造业
东莞市中佑机械科技有限公司	黄江镇	通用设备制造业
广东延春高新材料科技股份有限公司	黄江镇	非金属矿物制品业
广东保迪环保电镀设备有限公司	黄江镇	专用设备制造业
东莞市择优硅胶制品有限公司	黄江镇	化学原料和化学制品制造业
东莞市佐奇电子有限公司	黄江镇	电气机械和器材制造业

1-5　续表 49

(2017年)

企业名称	所在镇街	行业类别
东莞市昆保达纸塑包装制品有限公司	黄江镇	印刷和记录媒介复制业
东莞市德玛思机械设备有限公司	黄江镇	通用设备制造业
东莞市易力禾电子有限公司	黄江镇	非金属矿物制品业
东莞市亿明新材料有限公司	黄江镇	橡胶和塑料制品业
东莞市圣力堡有机硅科技有限公司	黄江镇	化学原料和化学制品制造业
东莞市新顺和通讯设备有限公司	黄江镇	橡胶和塑料制品业
东莞市住友精密机械科技有限公司	黄江镇	通用设备制造业
东莞市泰洋箱包科技有限公司	黄江镇	计算机、通信和其他电子设备制造业
东莞市金茂污泥处置有限公司	黄江镇	化学原料和化学制品制造业
东莞市富奇实业有限公司	黄江镇	金属制品业
东莞市纳川盈海照明有限公司	黄江镇	电气机械和器材制造业
东莞市锦明运动器材有限公司	黄江镇	文教、工美、体育和娱乐用品制造业
东莞市凯思金智能科技有限公司	黄江镇	橡胶和塑料制品业
东莞市威一霸涂料有限公司	黄江镇	化学原料和化学制品制造业
东莞市康弗斯自动化设备有限公司	黄江镇	通用设备制造业
东莞市盛群电声科技有限公司	黄江镇	计算机、通信和其他电子设备制造业
东莞群赞电子开发有限公司	黄江镇	电气机械和器材制造业
东莞市天华光电科技有限公司	黄江镇	电气机械和器材制造业
东莞市明宏凯实业有限公司	黄江镇	计算机、通信和其他电子设备制造业
东莞市华鸿橡塑材料有限公司	黄江镇	橡胶和塑料制品业
东莞市雨成五金制品有限公司	黄江镇	通用设备制造业
东莞市东金机械设备有限公司	黄江镇	通用设备制造业
东莞友盟鑫精密压铸科技有限公司	黄江镇	有色金属冶炼和压延加工业
东莞市正大光华照明配件有限公司	黄江镇	电气机械和器材制造业
东莞市绿羽环保净化工程有限公司	黄江镇	水的生产和供应业
东莞品冠精密模具有限公司	黄江镇	专用设备制造业
东莞永釉涂料有限公司	黄江镇	化学原料和化学制品制造业
东莞市金运汇研激光科技有限公司	黄江镇	专用设备制造业
东莞市乔光电子有限公司	黄江镇	电气机械和器材制造业
广东朋昊鑫动力新能源有限公司	黄江镇	电气机械和器材制造业
广东建工环保股份有限公司	黄江镇	水的生产和供应业
东莞市瑞达机械科技有限公司	黄江镇	通用设备制造业
东莞市宏凯光电有限公司	黄江镇	计算机、通信和其他电子设备制造业
东莞市美士富实业有限公司	黄江镇	计算机、通信和其他电子设备制造业
东莞市鸿艺电子有限公司	黄江镇	计算机、通信和其他电子设备制造业
东莞市东和超音波机械有限公司	黄江镇	专用设备制造业
东莞市艾迪富精密金属科技有限公司	黄江镇	金属制品业
广东华尔赛弹簧实业有限公司	黄江镇	通用设备制造业
东莞市金林自动化机械科技有限公司	黄江镇	通用设备制造业
东莞市联恒电子有限公司	黄江镇	计算机、通信和其他电子设备制造业
东莞市宝斯捷模具科技有限公司	黄江镇	专用设备制造业
奥泰斯电子（东莞）有限公司	黄江镇	计算机、通信和其他电子设备制造业
东莞市德莱得涂料有限公司	黄江镇	化学原料和化学制品制造业
东莞市嘉纪包装制品有限公司	黄江镇	印刷和记录媒介复制业
东莞市龙达信息科技有限公司	黄江镇	商务服务业
东莞市智源电子科技有限公司	黄江镇	化学原料和化学制品制造业
广东欧科空调制冷有限公司	黄江镇	通用设备制造业
东莞市家优电器有限公司	黄江镇	橡胶和塑料制品业
东莞鑫茂新能源技术有限公司	黄江镇	非金属矿物制品业
东莞市玉煌电子科技有限公司	黄江镇	通用设备制造业

1–5　续表 50

(2017年)

企业名称	所在镇街	行业类别
东莞泰合复合材料有限公司	黄江镇	铁路、船舶、航空航天和其他运输设备制造业
东莞市建益实业有限公司	黄江镇	家具制造业
东莞市南炬高分子材料有限公司	黄江镇	化学原料和化学制品制造业
东莞市海陆通实业有限公司	黄江镇	计算机、通信和其他电子设备制造业
鹏驰五金制品有限公司	黄江镇	通用设备制造业
东莞联通达电路制板有限公司	黄江镇	计算机、通信和其他电子设备制造业
东莞市恒越实业有限公司	樟木头镇	专用设备制造业
东莞市力能电子科技有限公司	樟木头镇	计算机、通信和其他电子设备制造业
东莞铿利五金制品有限公司	樟木头镇	有色金属冶炼和压延加工业
东莞市卡帝德塑化科技有限公司	樟木头镇	化学原料和化学制品制造业
东莞市孺子牛机器人有限公司	樟木头镇	专用设备制造业
博世激光仪器（东莞）有限公司	樟木头镇	仪器仪表制造业
东莞市冠力实业有限公司	樟木头镇	化学原料和化学制品制造业
东莞市合宜电子有限公司	樟木头镇	电气机械和器材制造业
东莞市莱竣电子有限公司	樟木头镇	计算机、通信和其他电子设备制造业
东莞市小耳朵电子有限公司	樟木头镇	计算机、通信和其他电子设备制造业
东莞市源凯塑胶有限公司	樟木头镇	橡胶和塑料制品业
东莞市众一新材料科技有限公司	樟木头镇	其他制造业
广东合即得能源科技有限公司	樟木头镇	科技推广和应用服务业
广东康福星科技有限公司	樟木头镇	专用设备制造业
东莞市格尼斯电子有限公司	樟木头镇	橡胶和塑料制品业
东莞市辉碟自动化科技有限公司	樟木头镇	电气机械和器材制造业
东莞市基烁实业有限公司	樟木头镇	橡胶和塑料制品业
东莞市秦基减速电机有限公司	樟木头镇	电气机械和器材制造业
永林电子有限公司	樟木头镇	计算机、通信和其他电子设备制造业
东莞市怡丰锁业有限公司	樟木头镇	通用设备制造业
广东凯威检测技术股份有限公司	樟木头镇	专业技术服务业
广东罗曼智能科技股份有限公司	樟木头镇	电气机械和器材制造业
东莞市龙昌达光电有限公司	樟木头镇	计算机、通信和其他电子设备制造业
东莞市德诚塑化科技有限公司	樟木头镇	橡胶和塑料制品业
东莞市张力机电科技有限公司	樟木头镇	仪器仪表制造业
广东海悟科技有限公司	樟木头镇	通用设备制造业
东莞市兄奕塑胶制品有限公司	樟木头镇	橡胶和塑料制品业
东莞怡信磁碟有限公司	樟木头镇	橡胶和塑料制品业
东莞晋方五金热处理有限公司	樟木头镇	金属制品业
东莞市筋斗云智能科技有限公司	樟木头镇	通用设备制造业
东莞市盈通净化科技有限公司	樟木头镇	橡胶和塑料制品业
东莞市保莱生物科技有限公司	樟木头镇	研究和试验发展
广东广海大实业有限公司	樟木头镇	橡胶和塑料制品业
东莞积信制造有限公司	樟木头镇	电气机械和器材制造业
东莞市亨嘉橡塑科技有限公司	樟木头镇	橡胶和塑料制品业
广东启天自动化智能装备股份有限公司	樟木头镇	电气机械和器材制造业
东莞市华启清洗剂科技有限公司	樟木头镇	化学原料和化学制品制造业
东莞市家尚灯饰有限公司	樟木头镇	电气机械和器材制造业
东莞市奥科光电科技有限公司	樟木头镇	计算机、通信和其他电子设备制造业
东莞市九思自动化科技有限公司	樟木头镇	通用设备制造业
东莞市机明软件科技有限公司	樟木头镇	软件和信息技术服务业
东莞市惠尔明高分子材料科技有限公司	樟木头镇	化学原料和化学制品制造业
东莞市锐准电子科技股份有限公司	樟木头镇	铁路、船舶、航空航天和其他运输设备制造业
东莞太洋橡塑制品有限公司	樟木头镇	橡胶和塑料制品业

1-5 续表 51

(2017年)

企业名称	所在镇街	行业类别
东莞市鑫赣辉电子科技有限公司	樟木头镇	计算机、通信和其他电子设备制造业
东莞市弘兴实业有限公司	樟木头镇	金属制品业
东莞市新科教学设备有限公司	樟木头镇	家具制造业
东莞市洁康超声波设备有限公司	樟木头镇	通用设备制造业
东莞市华荣涂装设备有限公司	樟木头镇	通用设备制造业
东莞市金六福门业有限公司	樟木头镇	金属制品业
东莞隽思印刷有限公司	樟木头镇	印刷和记录媒介复制业
东莞市宝煜机械有限公司	樟木头镇	通用设备制造业
东莞市正和防静电材料科技有限公司	樟木头镇	橡胶和塑料制品业
东莞市鑫塑源塑胶科技有限公司	樟木头镇	橡胶和塑料制品业
东莞市浪里豹电脑科技有限公司	樟木头镇	其他制造业
东莞钱工智能科技有限公司	樟木头镇	通用设备制造业
东莞市培尔电子有限公司	樟木头镇	通用设备制造业
东莞市众金家具有限公司	樟木头镇	家具制造业
东莞市依讯诺电子科技有限公司	樟木头镇	计算机、通信和其他电子设备制造业
东莞市高能高分子材料有限公司	樟木头镇	橡胶和塑料制品业
东莞中工通明光电科技有限公司	樟木头镇	电气机械和器材制造业
东莞市永盛印刷机械有限公司	樟木头镇	专用设备制造业
广东摩尔达电器科技有限公司	樟木头镇	电气机械和器材制造业
东莞市豫哲信五金塑胶制品有限公司	樟木头镇	金属制品业
东莞市莎米特箱包有限公司	樟木头镇	皮革、毛皮、羽毛及其制品和制鞋业
东莞圣辰自动化技术有限公司	樟木头镇	通用设备制造业
东莞市新展塑胶化工有限公司	樟木头镇	橡胶和塑料制品业
东莞市凯祥电器有限公司	樟木头镇	电气机械和器材制造业
广东天元实业集团股份有限公司	清溪镇	印刷和记录媒介复制业
东莞建玮电子制品有限公司	清溪镇	计算机、通信和其他电子设备制造业
东莞龙杰电子有限公司	清溪镇	计算机、通信和其他电子设备制造业
东莞市联臣电子科技有限公司	清溪镇	计算机、通信和其他电子设备制造业
广东普赛达密封粘胶有限公司	清溪镇	化学原料和化学制品制造业
东莞市鸿德电池有限公司	清溪镇	电气机械和器材制造业
东莞市捷和光电股份有限公司	清溪镇	电气机械和器材制造业
模德模具（东莞）有限公司	清溪镇	金属制品业
东莞清溪华晖电器有限公司	清溪镇	电气机械和器材制造业
东莞泰星五金制品厂有限公司	清溪镇	金属制品业
快意电梯股份有限公司	清溪镇	通用设备制造业
东莞华明灯具有限公司	清溪镇	电气机械和器材制造业
广东粤林电气科技股份有限公司	清溪镇	计算机、通信和其他电子设备制造业
东莞市湘华五金科技有限公司	清溪镇	计算机、通信和其他电子设备制造业
东莞立德精密工业有限公司	清溪镇	计算机、通信和其他电子设备制造业
广东德瑞源新材料科技有限公司	清溪镇	金属制品业
东莞市黄刀实业有限公司	清溪镇	计算机、通信和其他电子设备制造业
东莞市嘉龙海杰电子科技有限公司	清溪镇	计算机、通信和其他电子设备制造业
东莞市三润田自动化设备有限公司	清溪镇	专用设备制造业
东莞市特旺通信科技有限公司	清溪镇	电气机械和器材制造业
广东伟创五洋智能设备有限公司	清溪镇	通用设备制造业
东莞硕仕儿童用品有限公司	清溪镇	纺织业
东莞华辉数控机床有限公司	清溪镇	通用设备制造业
东莞市必德电子科技有限公司	清溪镇	电气机械和器材制造业
东莞市丰华印铁制罐有限公司	清溪镇	印刷和记录媒介复制业
东莞市美迈士机械科技有限公司	清溪镇	金属制品、机械和设备修理业

1-5 续表 52

(2017年)

企业名称	所在镇街	行业类别
东莞市丘彼特婴儿用品有限公司	清溪镇	其他制造业
东莞市泰有源电池科技有限公司	清溪镇	电气机械和器材制造业
东莞市鑫濠信精密工业有限公司	清溪镇	计算机、通信和其他电子设备制造业
东莞市兴开泰电子科技有限公司	清溪镇	计算机、通信和其他电子设备制造业
东莞市致格电池科技有限公司	清溪镇	电气机械和器材制造业
东莞市致一五金制品有限公司	清溪镇	专用设备制造业
广东伊洛斯制冷科技有限公司	清溪镇	通用设备制造业
广东力人科技有限公司	清溪镇	专用设备制造业
锦美运动用品（东莞）有限公司	清溪镇	文教、工美、体育和娱乐用品制造业
东莞町强机电有限公司	清溪镇	计算机、通信和其他电子设备制造业
东莞金旺儿童用品有限公司	清溪镇	橡胶和塑料制品业
东莞南科玻璃有限公司	清溪镇	非金属矿物制品业
东莞市艾畅电子制品有限公司	清溪镇	计算机、通信和其他电子设备制造业
东莞市昶宏金属科技有限公司	清溪镇	金属制品业
东莞市鸿德医用塑料制品有限公司	清溪镇	橡胶和塑料制品业
东莞市鸿愃实业有限公司	清溪镇	电气机械和器材制造业
东莞市慧江平成机械有限公司	清溪镇	仪器仪表制造业
东莞市佳丹润滑油有限公司	清溪镇	化学原料和化学制品制造业
东莞市久制电子有限公司	清溪镇	计算机、通信和其他电子设备制造业
东莞市钜欣电子有限公司	清溪镇	计算机、通信和其他电子设备制造业
东莞市开胜电子有限公司	清溪镇	批发业
东莞市锐鼎五金制品有限公司	清溪镇	金属制品业
东莞市特瑞斯电池科技有限公司	清溪镇	电气机械和器材制造业
东莞市惟实电子材料科技有限公司	清溪镇	橡胶和塑料制品业
东莞市亚琪五金塑胶科技有限公司	清溪镇	橡胶和塑料制品业
东莞市颖锋光电材料有限公司	清溪镇	仪器仪表制造业
东莞市正生瑞生物医学科技有限公司	清溪镇	专用设备制造业
东莞市致腾塑胶制品有限公司	清溪镇	橡胶和塑料制品业
东莞讯滔电子有限公司	清溪镇	计算机、通信和其他电子设备制造业
东莞优品电子制造有限公司	清溪镇	计算机、通信和其他电子设备制造业
广东铭利达科技有限公司	清溪镇	通用设备制造业
广东裕利智能科技股份有限公司	清溪镇	文教、工美、体育和娱乐用品制造业
东莞力朗电池科技有限公司	清溪镇	电气机械和器材制造业
东莞市华源光电科技有限公司	清溪镇	电气机械和器材制造业
东莞市文轩五金制品有限公司	清溪镇	金属制品业
东莞英伍电子有限公司	清溪镇	计算机、通信和其他电子设备制造业
广东纳特康电子股份有限公司	清溪镇	计算机、通信和其他电子设备制造业
东莞市驰峰铝业有限公司	清溪镇	金属制品业
东莞市灿煜金属制品有限公司	清溪镇	黑色金属冶炼和压延加工业
东莞濠文塑胶五金制品有限公司	清溪镇	家具制造业
东莞市建嘉实业有限公司	清溪镇	金属制品业
东莞市建鑫电子科技有限公司	清溪镇	计算机、通信和其他电子设备制造业
东莞华智彩印包装有限公司	清溪镇	专用设备制造业
东莞市扬声电声科技有限公司	清溪镇	计算机、通信和其他电子设备制造业
东莞市湘华建强光电科技有限公司	清溪镇	电气机械和器材制造业
东莞市嵩晟电子科技有限公司	清溪镇	计算机、通信和其他电子设备制造业
东莞港星金属制品有限公司	清溪镇	金属制品业
东莞市建兆五金塑胶制品有限公司	清溪镇	金属制品业
东莞市弘钜金属实业有限公司	清溪镇	金属制品业
宝钜（中国）儿童用品有限公司	清溪镇	家具制造业

1–5 续表 53

(2017年)

企业名称	所在镇街	行业类别
东莞市莞香园艺科技有限公司	清溪镇	农业
东莞市卡诺制冷设备有限公司	清溪镇	金属制品业
东莞市唯斯模具技术有限公司	清溪镇	橡胶和塑料制品业
鸿特利塑胶制品（东莞）有限公司	清溪镇	橡胶和塑料制品业
东莞市华旺光电有限公司	清溪镇	电气机械和器材制造业
东莞市科贸实业有限公司	清溪镇	化学原料和化学制品制造业
东莞富世达精密电子有限公司	清溪镇	计算机、通信和其他电子设备制造业
东莞市华欧泰电子科技有限公司	清溪镇	计算机、通信和其他电子设备制造业
东莞市名键电子科技有限公司	清溪镇	计算机、通信和其他电子设备制造业
东莞市乐莱电子有限公司	清溪镇	计算机、通信和其他电子设备制造业
实盈电子（东莞）有限公司	清溪镇	计算机、通信和其他电子设备制造业
东莞市金峥机械有限公司	清溪镇	通用设备制造业
东莞市宏成家居用品有限公司	清溪镇	非金属矿物制品业
东莞市鸿邦金属制品有限公司	清溪镇	通用设备制造业
东莞立华海威网联科技有限公司	清溪镇	计算机、通信和其他电子设备制造业
东莞市颖生实业有限公司	清溪镇	印刷和记录媒介复制业
东莞市达运电子有限公司	清溪镇	计算机、通信和其他电子设备制造业
东莞市华盈新材料有限公司	清溪镇	化学原料和化学制品制造业
东莞市湘龙自动化设备有限公司	清溪镇	仪器仪表制造业
东莞市伟盟达静电设备有限公司	清溪镇	计算机、通信和其他电子设备制造业
东莞市兆科五金实业有限公司	清溪镇	其他制造业
明门（中国）幼童用品有限公司	清溪镇	家具制造业
长荣玩具（东莞）有限公司	清溪镇	文教、工美、体育和娱乐用品制造业
东莞市和众五金模具有限公司	清溪镇	通用设备制造业
广东光阵光电科技有限公司	清溪镇	计算机、通信和其他电子设备制造业
东莞市慧创电子有限公司	清溪镇	电气机械和器材制造业
东莞市新兆电科技有限公司	清溪镇	计算机、通信和其他电子设备制造业
东莞市鸿硕儿童用品有限公司	清溪镇	家具制造业
东莞市万酷电子科技有限公司	清溪镇	计算机、通信和其他电子设备制造业
东莞市荣腾纳米科技有限公司	清溪镇	橡胶和塑料制品业
广东景荣模具有限公司	清溪镇	计算机、通信和其他电子设备制造业
东莞华南印刷有限公司	清溪镇	造纸和纸制品业
东莞市赛瑞智能科技有限公司	清溪镇	计算机、通信和其他电子设备制造业
东莞市欣晔电子有限公司	清溪镇	计算机、通信和其他电子设备制造业
东莞柏翠科门窗家具有限公司	清溪镇	金属制品业
东莞市长盈朗科实业有限公司	清溪镇	通用设备制造业
东莞市恒兴隆实业有限公司	清溪镇	纺织服装、服饰业
东莞璋泰五金制品有限公司	清溪镇	金属制品业
东莞市众合电子有限公司	清溪镇	橡胶和塑料制品业
禹鼎（东莞）电子科技有限公司	清溪镇	仪器仪表制造业
东莞市明品光电照明有限公司	清溪镇	通用设备制造业
东莞贺登灯饰有限公司	清溪镇	电气机械和器材制造业
东莞鑫电能源有限公司	清溪镇	电气机械和器材制造业
东莞骆恒塑胶制品有限公司	清溪镇	计算机、通信和其他电子设备制造业
东莞市贸鑫自动化机械设备有限公司	清溪镇	通用设备制造业
东莞育嘉电子有限公司	清溪镇	计算机、通信和其他电子设备制造业
威廉士制冷设备（东莞）有限公司	清溪镇	通用设备制造业
东莞市驰祥电子有限公司	清溪镇	电气机械和器材制造业
东莞市安晟电子有限公司	清溪镇	电气机械和器材制造业
东莞宜安科技股份有限公司	清溪镇	金属制品业

1-5 续表 54

(2017年)

企业名称	所在镇街	行业类别
东莞市四维复合材料制品有限公司	清溪镇	化学原料和化学制品制造业
东莞市金利威磨料磨具有限公司	清溪镇	非金属矿物制品业
东莞市科隆电机有限公司	清溪镇	通用设备制造业
东莞福泽尔电子科技有限公司	塘厦镇	计算机、通信和其他电子设备制造业
东莞市中汇瑞德电子股份有限公司	塘厦镇	计算机、通信和其他电子设备制造业
东莞市锐祥智能卡科技有限公司	塘厦镇	仪器仪表制造业
东莞星晖真空镀膜塑胶制品有限公司	塘厦镇	橡胶和塑料制品业
东莞永安科技有限公司	塘厦镇	金属制品业
东莞市现代精工实业有限公司	塘厦镇	橡胶和塑料制品业
东莞市三友联众电器有限公司	塘厦镇	计算机、通信和其他电子设备制造业
东莞市千岛金属锡品有限公司	塘厦镇	有色金属冶炼和压延加工业
东莞市吉铼升电机股份有限公司	塘厦镇	电气机械和器材制造业
东莞永胜医疗制品有限公司	塘厦镇	专用设备制造业
东莞市鑫聚光电科技股份有限公司	塘厦镇	橡胶和塑料制品业
东莞市宙辉电子科技有限公司	塘厦镇	计算机、通信和其他电子设备制造业
东莞阳天电子科技有限公司	塘厦镇	计算机、通信和其他电子设备制造业
东莞永湖复合材料有限公司	塘厦镇	文教、工美、体育和娱乐用品制造业
广东坚朗五金制品股份有限公司	塘厦镇	金属制品业
广东力王新能源股份有限公司	塘厦镇	电气机械和器材制造业
东莞正阳电子有限公司	塘厦镇	计算机、通信和其他电子设备制造业
东莞汉旭五金塑胶科技有限公司	塘厦镇	通用设备制造业
东莞华宏金属制品有限公司	塘厦镇	汽车制造业
东莞勤德五金制品有限公司	塘厦镇	金属制品业
东莞市奥海科技股份有限公司	塘厦镇	计算机、通信和其他电子设备制造业
东莞市超日自动化设备科技有限公司	塘厦镇	通用设备制造业
东莞市竞沃电子科技有限公司	塘厦镇	计算机、通信和其他电子设备制造业
东莞市普尔信通讯器材有限公司	塘厦镇	计算机、通信和其他电子设备制造业
东莞市伟宏五金塑胶制品有限公司	塘厦镇	家具制造业
东莞市易普达数码科技有限公司	塘厦镇	计算机、通信和其他电子设备制造业
东莞市钰晟电子科技有限公司	塘厦镇	计算机、通信和其他电子设备制造业
东莞特米勒电子科技有限公司	塘厦镇	计算机、通信和其他电子设备制造业
东莞烨嘉电子科技有限公司	塘厦镇	专用设备制造业
东莞以利沙五金制品有限公司	塘厦镇	金属制品业
宏腾电子科技（东莞）有限公司	塘厦镇	电气机械和器材制造业
东莞市高特电子有限公司	塘厦镇	电气机械和器材制造业
东莞市善易机械科技有限公司	塘厦镇	专用设备制造业
爱鹏电子（东莞）有限公司	塘厦镇	计算机、通信和其他电子设备制造业
东莞华成环保包装科技股份有限公司	塘厦镇	造纸和纸制品业
东莞兰域电器有限公司	塘厦镇	电气机械和器材制造业
东莞名翔电子有限公司	塘厦镇	电气机械和器材制造业
东莞市贝特赛能源科技有限公司	塘厦镇	电气机械和器材制造业
东莞市德硕化工有限公司	塘厦镇	化学原料和化学制品制造业
东莞市飞杰电脑针车有限公司	塘厦镇	专用设备制造业
东莞市高翔机械设备有限公司	塘厦镇	通用设备制造业
东莞市冠顺实业有限公司	塘厦镇	金属制品业
东莞市海霖动画制作有限公司	塘厦镇	专业技术服务业
东莞市好美声电子有限公司	塘厦镇	计算机、通信和其他电子设备制造业
东莞市和域战士纳米科技有限公司	塘厦镇	金属制品业
东莞市汇驰纸业有限公司	塘厦镇	造纸和纸制品业
东莞市江涵电子有限公司	塘厦镇	计算机、通信和其他电子设备制造业

1-5 续表 55

(2017年)

企业名称	所在镇街	行业类别
东莞市康派皮具有限公司	塘厦镇	皮革、毛皮、羽毛及其制品和制鞋业
东莞市利韬过滤材料有限公司	塘厦镇	纺织业
东莞市佩琦涂料有限公司	塘厦镇	化学原料和化学制品制造业
东莞市普利星电子有限公司	塘厦镇	计算机、通信和其他电子设备制造业
东莞市睿霖电子科技有限公司	塘厦镇	仪器仪表制造业
东莞市伟升机械设备科技有限公司	塘厦镇	专用设备制造业
东莞市新力光表面处理科技有限公司	塘厦镇	电气机械和器材制造业
东莞市鑫耀鹏五金制品有限公司	塘厦镇	金属制品业
东莞市星火齿轮有限公司	塘厦镇	通用设备制造业
东莞市烨嘉光电科技有限公司	塘厦镇	仪器仪表制造业
东莞市易都电子科技有限公司	塘厦镇	通用设备制造业
东莞市逸音电子科技有限公司	塘厦镇	计算机、通信和其他电子设备制造业
东莞市英思漫润滑科技有限公司	塘厦镇	专用设备制造业
广东永邦新能源股份有限公司	塘厦镇	电气机械和器材制造业
东莞市月宇电子有限公司	塘厦镇	电气机械和器材制造业
东莞市云帆电子科技有限公司	塘厦镇	电气机械和器材制造业
东莞市长讯精密技术有限公司	塘厦镇	计算机、通信和其他电子设备制造业
东莞市中意厨房设备有限公司	塘厦镇	家具制造业
东莞依利洋织物有限公司	塘厦镇	其他制造业
东莞运宏模具有限公司	塘厦镇	金属制品业
东莞方皓汽车配件有限公司	塘厦镇	纺织业
东莞赛诺家居用品有限公司	塘厦镇	纺织业
东莞市般若电子科技有限公司	塘厦镇	计算机、通信和其他电子设备制造业
东莞市菜鸟电子科技有限公司	塘厦镇	仪器仪表制造业
东莞市尔必地机器人有限公司	塘厦镇	通用设备制造业
东莞市高晶电子科技有限公司	塘厦镇	电气机械和器材制造业
东莞市和旺电器有限公司	塘厦镇	金属制品业
东莞市恒丰换热器有限公司	塘厦镇	其他制造业
东莞市宏联电子有限公司	塘厦镇	计算机、通信和其他电子设备制造业
东莞市华金电器有限公司	塘厦镇	计算机、通信和其他电子设备制造业
东莞市华鑫激光科技有限公司	塘厦镇	通用设备制造业
东莞市杰发电子有限公司	塘厦镇	电气机械和器材制造业
东莞市金都电子科技有限公司	塘厦镇	其他制造业
东莞市巨星电池有限公司	塘厦镇	电气机械和器材制造业
东莞市零度导热材料有限公司	塘厦镇	化学原料和化学制品制造业
东莞市勤明士照明科技有限公司	塘厦镇	电气机械和器材制造业
东莞市荣合电子有限公司	塘厦镇	计算机、通信和其他电子设备制造业
东莞市三梯模具有限公司	塘厦镇	汽车制造业
东莞市天蓝智能装备有限公司	塘厦镇	通用设备制造业
东莞市维迅机械科技有限公司	塘厦镇	通用设备制造业
东莞市新贵电子科技有限公司	塘厦镇	计算机、通信和其他电子设备制造业
东莞市雄驰电子有限公司	塘厦镇	橡胶和塑料制品业
东莞市一品硅胶电子材料有限公司	塘厦镇	化学原料和化学制品制造业
东莞市长长昶达金属制品有限公司	塘厦镇	金属制品业
东莞市正文机械有限公司	塘厦镇	专用设备制造业
东莞照彰五金电器制品有限公司	塘厦镇	金属制品业
东莞市昱懋纳米科技有限公司	塘厦镇	电气机械和器材制造业
东莞快裕达自动化设备有限公司	塘厦镇	金属制品、机械和设备修理业
东莞市东勤电子有限公司	塘厦镇	计算机、通信和其他电子设备制造业
东莞市冬驭新材料股份有限公司	塘厦镇	非金属矿物制品业

1–5　续表 56

（2017年）

企业名称	所在镇街	行业类别
东莞市发斯特精密五金有限公司	塘厦镇	金属制品业
东莞市海柯电子有限公司	塘厦镇	电力、热力生产和供应业
东莞市泓旭五金制品有限公司	塘厦镇	金属制品业
东莞市晶博光电有限公司	塘厦镇	非金属矿物制品业
东莞市卡卡电子科技有限公司	塘厦镇	仪器仪表制造业
东莞市仁丰电子科技有限公司	塘厦镇	计算机、通信和其他电子设备制造业
东莞市世翔精密机械制造有限公司	塘厦镇	通用设备制造业
东莞市速普得电子科技股份有限公司	塘厦镇	计算机、通信和其他电子设备制造业
东莞市通豪实业投资有限公司	塘厦镇	非金属矿物制品业
东莞市讯康实业有限公司	塘厦镇	计算机、通信和其他电子设备制造业
东莞市谊科数控科技有限公司	塘厦镇	通用设备制造业
东莞市知音电子有限公司	塘厦镇	计算机、通信和其他电子设备制造业
广东庄正电子科技股份有限公司	塘厦镇	电气机械和器材制造业
东莞塘厦怡丰发泡胶有限公司	塘厦镇	皮革、毛皮、羽毛及其制品和制鞋业
东星电声科技（东莞）有限公司	塘厦镇	计算机、通信和其他电子设备制造业
东莞铭基电子科技集团有限公司	塘厦镇	计算机、通信和其他电子设备制造业
东莞市誉铭新精密技术股份有限公司	塘厦镇	橡胶和塑料制品业
中控智慧科技股份有限公司	塘厦镇	计算机、通信和其他电子设备制造业
东莞信柏结构陶瓷股份有限公司	塘厦镇	非金属矿物制品业
东莞轩朗实业有限公司	塘厦镇	计算机、通信和其他电子设备制造业
广东新秀新材料股份有限公司	塘厦镇	化学原料和化学制品制造业
东莞市力雄仪器有限公司	塘厦镇	仪器仪表制造业
东莞市钝鸟电子科技有限公司	塘厦镇	电气机械和器材制造业
东莞永琦复合材料有限公司	塘厦镇	文教、工美、体育和娱乐用品制造业
东莞市南部佳永电子有限公司	塘厦镇	专用设备制造业
东莞市贝贝凯婴童用品有限公司	塘厦镇	橡胶和塑料制品业
东莞市拓尖自动化设备有限公司	塘厦镇	通用设备制造业
东莞市利人净化科技有限公司	塘厦镇	专用设备制造业
东莞市汇荣电子有限公司	塘厦镇	计算机、通信和其他电子设备制造业
东莞市品源能源科技有限公司	塘厦镇	电气机械和器材制造业
东莞市上盈电子科技有限公司	塘厦镇	计算机、通信和其他电子设备制造业
东莞市兴展光电科技有限公司	塘厦镇	计算机、通信和其他电子设备制造业
东莞市苏迪罗电子科技有限公司	塘厦镇	计算机、通信和其他电子设备制造业
东莞市华津精密机械有限公司	塘厦镇	金属制品业
东莞市台克机械有限公司	塘厦镇	通用设备制造业
东莞市洲创实业有限公司	塘厦镇	计算机、通信和其他电子设备制造业
东莞市润达散热风扇有限公司	塘厦镇	通用设备制造业
东莞立德电子有限公司	塘厦镇	计算机、通信和其他电子设备制造业
东莞市欧谛特光电科技有限公司	塘厦镇	计算机、通信和其他电子设备制造业
东莞市万洋环境科技有限公司	塘厦镇	仪器仪表制造业
东莞市博文仪器设备科技有限公司	塘厦镇	仪器仪表制造业
东莞冠信通电线电缆有限公司	塘厦镇	电气机械和器材制造业
东莞智得电子制品有限公司	塘厦镇	专用设备制造业
东莞市恒格光电科技有限公司	塘厦镇	通用设备制造业
东莞市百科模具塑料制品有限公司	塘厦镇	橡胶和塑料制品业
东莞市凯昶德电子科技股份有限公司	塘厦镇	计算机、通信和其他电子设备制造业
东莞市中天弘浩电子有限公司	塘厦镇	电气机械和器材制造业
东莞市华琴电子有限公司	塘厦镇	电气机械和器材制造业
东莞天盛电子制品有限公司	塘厦镇	计算机、通信和其他电子设备制造业
东莞智富五金制品有限公司	塘厦镇	其他制造业

1–5 续表 57

(2017年)

企业名称	所在镇街	行业类别
东莞市皇育电子有限公司	塘厦镇	计算机、通信和其他电子设备制造业
东莞市西点电子有限公司	塘厦镇	橡胶和塑料制品业
东莞市佑高实业有限公司	塘厦镇	有色金属冶炼和压延加工业
东莞市新波特电气有限公司	塘厦镇	电气机械和器材制造业
东莞顺辉电业制品有限公司	塘厦镇	电气机械和器材制造业
东莞市和达电子设备有限公司	塘厦镇	计算机、通信和其他电子设备制造业
东莞市鸿鑫光缆科技有限公司	塘厦镇	计算机、通信和其他电子设备制造业
东莞市德虏克新材料科技有限公司	塘厦镇	石油加工、炼焦和核燃料加工业
东莞市卡的智能科技有限公司	塘厦镇	计算机、通信和其他电子设备制造业
东莞市泰明同金属制品有限公司	塘厦镇	金属制品业
东莞市统益塑料机械制造有限公司	塘厦镇	专用设备制造业
广东开永胜实业有限公司	塘厦镇	计算机、通信和其他电子设备制造业
东莞市金凌印刷有限公司	塘厦镇	印刷和记录媒介复制业
广东合科泰实业有限公司	塘厦镇	计算机、通信和其他电子设备制造业
东莞市意昂电子科技有限公司	塘厦镇	电气机械和器材制造业
东莞市锦润电子有限公司	塘厦镇	计算机、通信和其他电子设备制造业
东莞市梓达实业有限公司	塘厦镇	橡胶和塑料制品业
东莞科曼尼精密光学测量科技有限公司	塘厦镇	仪器仪表制造业
东莞市杰士奇塑胶科技有限公司	塘厦镇	橡胶和塑料制品业
东莞市高朗实业有限公司	塘厦镇	通用设备制造业
东莞市宝盈电器有限公司	塘厦镇	电气机械和器材制造业
东莞市盛其印刷制品有限公司	塘厦镇	印刷和记录媒介复制业
东莞市格来斯金属制品有限公司	塘厦镇	金属制品业
东莞超霸电池有限公司	塘厦镇	电气机械和器材制造业
东莞迈新光电有限公司	塘厦镇	电气机械和器材制造业
东莞市力嘉电池有限公司	塘厦镇	电气机械和器材制造业
东莞启益电器机械有限公司	塘厦镇	电气机械和器材制造业
东莞市易禹门业有限公司	塘厦镇	金属制品业
东莞市埃亚森光电有限公司	塘厦镇	计算机、通信和其他电子设备制造业
东莞市飞创自动化设备科技有限公司	塘厦镇	通用设备制造业
东莞市丰瑞德温控技术有限公司	塘厦镇	通用设备制造业
东莞市绿骏电动自行车科技有限公司	塘厦镇	电气机械和器材制造业
东莞市宇霖机电环保设备有限公司	塘厦镇	建筑安装业
东莞市众宏通智能卡有限公司	塘厦镇	计算机、通信和其他电子设备制造业
东莞市康聚恒五金制品有限公司	塘厦镇	专用设备制造业
东莞市瑞唐电子科技有限公司	塘厦镇	计算机、通信和其他电子设备制造业
东莞市鑫泰仪器仪表有限公司	塘厦镇	仪器仪表制造业
东莞市炫彩光电科技有限公司	塘厦镇	计算机、通信和其他电子设备制造业
东莞市宇鑫净化工程有限公司	塘厦镇	建筑安装业
东莞市优睿特自动化设备有限公司	塘厦镇	电气机械和器材制造业
东莞拓邦螺丝有限公司	塘厦镇	金属制品业
东莞市池龙电子科技有限公司	塘厦镇	电气机械和器材制造业
东莞市乐丰电器科技有限公司	塘厦镇	计算机、通信和其他电子设备制造业
东莞亚哲电子科技有限公司	塘厦镇	汽车制造业
广东精毅科技股份有限公司	塘厦镇	通用设备制造业
东莞市瑞拓五金橡塑有限公司	塘厦镇	橡胶和塑料制品业
东莞市林远实业有限公司	塘厦镇	电气机械和器材制造业
东莞市云方金属制品有限公司	塘厦镇	有色金属冶炼和压延加工业
东莞市冠佳电子设备有限公司	塘厦镇	计算机、通信和其他电子设备制造业
东莞市展荣电子设备有限公司	塘厦镇	电气机械和器材制造业

1-5　续表 58

(2017年)

企业名称	所在镇街	行业类别
东莞市凯华电子有限公司	塘厦镇	计算机、通信和其他电子设备制造业
东莞市鑫沛塑胶五金电子有限公司	塘厦镇	电气机械和器材制造业
东莞市广基达电子科技有限公司	塘厦镇	计算机、通信和其他电子设备制造业
东莞塘厦裕华电路板有限公司	塘厦镇	计算机、通信和其他电子设备制造业
东莞市勇飞五金制品有限公司	塘厦镇	金属制品业
东莞市泓卓电子科技有限公司	塘厦镇	计算机、通信和其他电子设备制造业
东莞竹田金属制品有限公司	塘厦镇	通用设备制造业
东莞市酷品实业有限公司	塘厦镇	专用设备制造业
东莞市时瑞电池有限公司	塘厦镇	电气机械和器材制造业
东莞市钿威电子科技有限公司	塘厦镇	电气机械和器材制造业
广东安快智能科技有限公司	塘厦镇	电气机械和器材制造业
东莞市翔旭实业有限公司	塘厦镇	化学原料和化学制品制造业
东莞市立时电子有限公司	塘厦镇	计算机、通信和其他电子设备制造业
东莞市美尼电池有限公司	塘厦镇	电气机械和器材制造业
东莞市慧衍电子有限公司	塘厦镇	计算机、通信和其他电子设备制造业
东莞市泰森自动化设备有限公司	塘厦镇	通用设备制造业
广东凡立电力技术有限公司	塘厦镇	电气机械和器材制造业
东莞市燊利包装材料有限公司	塘厦镇	橡胶和塑料制品业
东莞领航电子有限公司	塘厦镇	计算机、通信和其他电子设备制造业
东莞市德誉兴业连接器有限公司	塘厦镇	电气机械和器材制造业
东莞市慧淳金属制品有限公司	塘厦镇	非金属矿物制品业
东莞市铭科精技五金制品有限公司	塘厦镇	金属制品业
东莞市良辉电子科技有限公司	塘厦镇	计算机、通信和其他电子设备制造业
东莞市晶研仪器科技有限公司	塘厦镇	仪器仪表制造业
东莞市华世邦精密模具有限公司	塘厦镇	金属制品业
东莞市黑泽精密机械有限公司	塘厦镇	通用设备制造业
东莞市剑乔试验设备有限公司	塘厦镇	仪器仪表制造业
东莞市虎山电子有限公司	塘厦镇	通用设备制造业
广东省水利水电第三工程局有限公司	塘厦镇	土木工程建筑业
东莞市亿嘉通信服务有限公司	塘厦镇	软件和信息技术服务业
东莞市亚煌电子科技有限公司	塘厦镇	其他制造业
东莞市美吉科电子有限公司	塘厦镇	计算机、通信和其他电子设备制造业
东莞市凯威电子有限公司	塘厦镇	计算机、通信和其他电子设备制造业
东莞市嘉佰达电子科技有限公司	塘厦镇	电气机械和器材制造业
东莞市金赛尔电池科技有限公司	塘厦镇	电气机械和器材制造业
东莞市春草研磨科技有限公司	塘厦镇	其他制造业
东莞美景实业有限公司	塘厦镇	文教、工美、体育和娱乐用品制造业
东莞裕保电子精密设备有限公司	塘厦镇	通用设备制造业
东莞市众芯能电子科技有限公司	塘厦镇	计算机、通信和其他电子设备制造业
东莞恩浩电子有限公司	塘厦镇	橡胶和塑料制品业
东莞市雅康精密机械有限公司	塘厦镇	专用设备制造业
东莞市平政电子科技有限公司	塘厦镇	铁路、船舶、航空航天和其他运输设备制造业
东莞市菲视特光学科技有限公司	塘厦镇	计算机、通信和其他电子设备制造业
东莞壮凌自动化科技有限公司	塘厦镇	电气机械和器材制造业
东莞市志合电子科技有限公司	塘厦镇	计算机、通信和其他电子设备制造业
铱电新能源科技（东莞）有限公司	塘厦镇	电气机械和器材制造业
东莞市澍华五金制品有限公司	塘厦镇	计算机、通信和其他电子设备制造业
东莞山锂电池科技有限公司	塘厦镇	电气机械和器材制造业
东莞市凯鹏复合材料有限公司	塘厦镇	非金属矿物制品业
东莞市汇帆峰机电设备有限公司	塘厦镇	通用设备制造业

1-5 续表 59

(2017年)

企业名称	所在镇街	行业类别
东莞市金佳电子有限公司	塘厦镇	计算机、通信和其他电子设备制造业
广东志成冠军集团有限公司	塘厦镇	电气机械和器材制造业
东莞市仲康电子科技有限公司	塘厦镇	电气机械和器材制造业
东莞市澳星视听器材有限公司	塘厦镇	通用设备制造业
东莞市天润邦能源科技有限公司	塘厦镇	电气机械和器材制造业
东莞市凯迪胶粘科技有限公司	塘厦镇	印刷和记录媒介复制业
东莞洪通电脑绣花有限公司	塘厦镇	印刷和记录媒介复制业
东莞中厚智能机械有限公司	塘厦镇	其他制造业
东莞市阳耀电子技术有限公司	塘厦镇	橡胶和塑料制品业
东莞博达能源科技有限公司	塘厦镇	电气机械和器材制造业
东莞市悦顺电子科技有限公司	塘厦镇	计算机、通信和其他电子设备制造业
东莞市纬迪实业有限公司	塘厦镇	计算机、通信和其他电子设备制造业
松普科技（东莞）有限公司	塘厦镇	电气机械和器材制造业
东莞市秩父五金制品有限公司	塘厦镇	通用设备制造业
东莞市合权电子有限公司	塘厦镇	计算机、通信和其他电子设备制造业
东莞市平博五金制品有限公司	塘厦镇	通用设备制造业
东莞赫升机电有限公司	塘厦镇	通用设备制造业
东莞市林洋机械设备有限公司	塘厦镇	通用设备制造业
东莞市光宇实业有限公司	塘厦镇	电气机械和器材制造业
东莞市耀亚电子有限公司	塘厦镇	汽车制造业
东莞勇士安防产品有限公司	塘厦镇	金属制品业
东莞龙迈智能电子科技有限公司	塘厦镇	电气机械和器材制造业
东莞市维天智能科技有限公司	塘厦镇	软件和信息技术服务业
东莞市展能模具有限公司	塘厦镇	通用设备制造业
东莞市万亨达热传科技有限公司	塘厦镇	金属制品业
东莞文讯电线电缆有限公司	塘厦镇	电气机械和器材制造业
东莞市谛姆电子科技有限公司	塘厦镇	计算机、通信和其他电子设备制造业
东莞市唯能润滑科技有限公司	塘厦镇	石油加工、炼焦和核燃料加工业
东莞市图强实业投资有限公司	塘厦镇	通用设备制造业
东莞市迪高电池科技有限公司	塘厦镇	电气机械和器材制造业
东莞市升丰电子有限公司	塘厦镇	计算机、通信和其他电子设备制造业
东莞联洲电子科技有限公司	凤岗镇	计算机、通信和其他电子设备制造业
东莞市振华新能源科技有限公司	凤岗镇	电气机械和器材制造业
东莞市林积为实业投资有限公司	凤岗镇	计算机、通信和其他电子设备制造业
东莞市旭通达模具塑胶有限公司	凤岗镇	专用设备制造业
广东楚天龙智能卡有限公司	凤岗镇	计算机、通信和其他电子设备制造业
东莞康佳模具塑胶有限公司	凤岗镇	专用设备制造业
东莞美驰图实业有限公司	凤岗镇	文教、工美、体育和娱乐用品制造业
东莞勤百扬精密塑胶有限公司	凤岗镇	其他制造业
东莞市福磁电子有限公司	凤岗镇	金属制品业
东莞市恒生传感器有限公司	凤岗镇	计算机、通信和其他电子设备制造业
东莞市荣誉五金制品有限公司	凤岗镇	非金属矿物制品业
东莞市台德实业有限公司	凤岗镇	计算机、通信和其他电子设备制造业
东莞市亿晶源光电科技有限公司	凤岗镇	电气机械和器材制造业
嘉力时灯光设备（东莞）有限公司	凤岗镇	电气机械和器材制造业
东莞标宝智能科技有限公司	凤岗镇	电气机械和器材制造业
东莞励国照明有限公司	凤岗镇	电气机械和器材制造业
东莞市柏尔电子科技有限公司	凤岗镇	电气机械和器材制造业
东莞市东立智能模具科技有限公司	凤岗镇	专用设备制造业
东莞市丰润计算机有限公司	凤岗镇	计算机、通信和其他电子设备制造业

1−5　续表 60

(2017年)

企业名称	所在镇街	行业类别
东莞市浩阳五金科技有限公司	凤岗镇	金属制品业
东莞市虹桥印刷有限公司	凤岗镇	印刷和记录媒介复制业
东莞市鸿田精工科技股份有限公司	凤岗镇	橡胶和塑料制品业
东莞市华兴隆模具钢材有限公司	凤岗镇	黑色金属冶炼和压延加工业
东莞市诺威新能源有限公司	凤岗镇	电气机械和器材制造业
东莞市容辰制罐有限公司	凤岗镇	金属制品业
东莞市盛涵精密塑胶制品有限公司	凤岗镇	橡胶和塑料制品业
东莞市成普电子科技有限公司	凤岗镇	计算机、通信和其他电子设备制造业
东莞市数字印数码科技有限公司	凤岗镇	计算机、通信和其他电子设备制造业
东莞市斯惠威电子科技有限公司	凤岗镇	计算机、通信和其他电子设备制造业
东莞市兄友模具塑胶有限公司	凤岗镇	专用设备制造业
东莞市远鸿电子科技有限公司	凤岗镇	计算机、通信和其他电子设备制造业
东莞壹凌电子科技有限公司	凤岗镇	电气机械和器材制造业
东莞得利钟表有限公司	凤岗镇	仪器仪表制造业
东莞富亚电子有限公司	凤岗镇	计算机、通信和其他电子设备制造业
晶石科技（中国）股份有限公司	凤岗镇	非金属矿物制品业
东莞精明五金科技有限公司	凤岗镇	其他制造业
广东彩虹德记塑胶颜料股份有限公司	凤岗镇	化学原料和化学制品制造业
东莞市东和电子制程有限公司	凤岗镇	专用设备制造业
东莞市港大电子有限公司	凤岗镇	电气机械和器材制造业
东莞市鸿展纸品有限公司	凤岗镇	造纸和纸制品业
东莞市凯安机械配件有限公司	凤岗镇	金属制品业
东莞市科隆实业有限公司	凤岗镇	金属制品业
东莞市民兴电缆有限公司	凤岗镇	电气机械和器材制造业
东莞市奇为电机科技有限公司	凤岗镇	专用设备制造业
东莞市万德数码印刷设备有限公司	凤岗镇	专用设备制造业
东莞市唯尔声视听设备有限公司	凤岗镇	计算机、通信和其他电子设备制造业
东莞市誉鑫塑胶模具有限公司	凤岗镇	其他制造业
东莞市洲达电器有限公司	凤岗镇	电气机械和器材制造业
广东金霸智能科技股份有限公司	凤岗镇	电气机械和器材制造业
广东莱盛隆电子股份有限公司	凤岗镇	电气机械和器材制造业
东莞市湘将鑫精密科技有限公司	凤岗镇	金属制品业
东莞市净诺环境科技股份有限公司	凤岗镇	电气机械和器材制造业
广东华环检测技术有限公司	凤岗镇	专业技术服务业
东莞市固豪塑胶五金制品有限公司	凤岗镇	电气机械和器材制造业
君辉塑胶电子（东莞）有限公司	凤岗镇	橡胶和塑料制品业
万金机械配件(东莞)有限公司	凤岗镇	通用设备制造业
东莞市奇迹电子科技有限公司	凤岗镇	计算机、通信和其他电子设备制造业
东莞市力图塑胶制品有限公司	凤岗镇	专用设备制造业
东莞市恒德光电设备制造有限公司	凤岗镇	通用设备制造业
东莞市保特高分子材料科技有限公司	凤岗镇	其他制造业
东莞市劦敏合电子科技有限公司	凤岗镇	其他制造业
东莞市华鑫同创自动化科技有限公司	凤岗镇	专用设备制造业
东莞市杉美实业有限公司	凤岗镇	橡胶和塑料制品业
东莞川鹏塑料有限公司	凤岗镇	橡胶和塑料制品业
东莞市港泺科电子有限公司	凤岗镇	计算机、通信和其他电子设备制造业
东莞市威航自动化设备有限公司	凤岗镇	专用设备制造业
东莞市星毅实业有限公司	凤岗镇	橡胶和塑料制品业
东莞市金弘美电子有限公司	凤岗镇	专用设备制造业
广东远见精密五金股份有限公司	凤岗镇	专用设备制造业

1-5 续表 61

(2017年)

企业名称	所在镇街	行业类别
东莞市力辉马达有限公司	凤岗镇	电气机械和器材制造业
东莞市嘉田电子科技有限公司	凤岗镇	计算机、通信和其他电子设备制造业
广东翠峰机器人科技股份有限公司	凤岗镇	通用设备制造业
东莞市艺展电子有限公司	凤岗镇	汽车制造业
东莞市铭铉自动化科技有限公司	凤岗镇	仪器仪表制造业
东莞市和胜金属科技有限公司	凤岗镇	金属制品业
东莞市均晖五金制品有限公司	凤岗镇	通用设备制造业
东莞康佳电子有限公司	凤岗镇	计算机、通信和其他电子设备制造业
广东深联实业有限公司	凤岗镇	橡胶和塑料制品业
东莞市亿富隆户外用品有限公司	凤岗镇	皮革、毛皮、羽毛及其制品和制鞋业
东莞市今典机械有限公司	凤岗镇	通用设备制造业
东莞市广鑫数控设备有限公司	凤岗镇	通用设备制造业
东莞市日博机电科技有限公司	凤岗镇	通用设备制造业
东莞市宝联电子科技有限公司	凤岗镇	电气机械和器材制造业
东莞市库珀电子有限公司	凤岗镇	通用设备制造业
东莞市纳百医疗科技有限公司	凤岗镇	专用设备制造业
东莞市思腾电子有限公司	凤岗镇	计算机、通信和其他电子设备制造业
东莞市华佰亿五金制品有限公司	凤岗镇	金属制品业
东莞市杉达金属制品有限公司	凤岗镇	金属制品业
东莞市倍益清环保科技有限公司	凤岗镇	专用设备制造业
东莞忠佑电子有限公司	凤岗镇	电气机械和器材制造业
东莞市捷懋电子有限公司	凤岗镇	计算机、通信和其他电子设备制造业
东莞宇宙电路板设备有限公司	凤岗镇	通用设备制造业
东莞诚兴五金制品有限公司	凤岗镇	汽车制造业
东莞永腾电子制品有限公司	凤岗镇	计算机、通信和其他电子设备制造业
东莞华恒电子有限公司	凤岗镇	计算机、通信和其他电子设备制造业
东莞市彩丽实业有限公司	凤岗镇	印刷和记录媒介复制业
东莞市蓝一和金属制品有限公司	凤岗镇	其他制造业
东莞市星辰互动电子科技有限公司	凤岗镇	计算机、通信和其他电子设备制造业
东莞市正辉新能源有限公司	凤岗镇	电气机械和器材制造业
东莞市金美昌塑胶电子有限公司	凤岗镇	计算机、通信和其他电子设备制造业
广东福聚多节能科技有限公司	凤岗镇	其他制造业
东莞市精伦实业有限公司	谢岗镇	橡胶和塑料制品业
东莞市南风塑料管材有限公司	谢岗镇	橡胶和塑料制品业
东莞首资宝电器制造有限公司	谢岗镇	其他制造业
东莞市大兴化工有限公司	谢岗镇	化学原料和化学制品制造业
东莞市东逸电气科技有限公司	谢岗镇	电气机械和器材制造业
东莞市国鼎光电膜材科技有限公司	谢岗镇	橡胶和塑料制品业
美利龙餐厨具（东莞）有限公司	谢岗镇	电气机械和器材制造业
台光五金制品（东莞）有限公司	谢岗镇	金属制品业
东莞港重机械设备有限公司	谢岗镇	金属制品业
东莞市鸿威精密五金制品有限公司	谢岗镇	专用设备制造业
东莞市建昌实业有限公司	谢岗镇	有色金属冶炼和压延加工业
东莞市囗盛日用品有限公司	谢岗镇	橡胶和塑料制品业
东莞市文思顿五金塑胶有限公司	谢岗镇	金属制品业
东莞市优森电子有限公司	谢岗镇	计算机、通信和其他电子设备制造业
广东四象智能制造股份有限公司	谢岗镇	计算机、通信和其他电子设备制造业
东莞富美康电器科技有限公司	谢岗镇	电气机械和器材制造业
东莞市凯盟表面处理技术开发有限公司	谢岗镇	化学原料和化学制品制造业
东莞市宇豪塑胶科技有限公司	谢岗镇	其他制造业

1–5 续表 62

(2017年)

企业名称	所在镇街	行业类别
广东润星科技股份有限公司	谢岗镇	通用设备制造业
东莞市贤旺电子科技有限公司	谢岗镇	金属制品业
东莞汇新电器科技有限公司	谢岗镇	电气机械和器材制造业
东莞市精石达仪器有限公司	谢岗镇	通用设备制造业
东莞市胶帅高分子材料有限公司	谢岗镇	橡胶和塑料制品业
广东普莱斯新材料科技有限公司	谢岗镇	橡胶和塑料制品业
东莞市连亘电子有限公司	谢岗镇	计算机、通信和其他电子设备制造业
东莞市锦锐电子科技有限公司	谢岗镇	电气机械和器材制造业
东莞市功励动力科技有限公司	谢岗镇	通用设备制造业
东莞市百高五金制品有限公司	谢岗镇	计算机、通信和其他电子设备制造业
东莞市明骏智能科技有限公司	谢岗镇	有色金属冶炼和压延加工业
东莞市汉恩能源有限公司	谢岗镇	电气机械和器材制造业
东莞市川鼎机械科技有限公司	谢岗镇	专用设备制造业
东莞合志五金塑胶有限公司	谢岗镇	金属制品业
东莞市港鑫实业有限公司	谢岗镇	文教、工美、体育和娱乐用品制造业
东莞市艾利精密五金有限公司	谢岗镇	金属制品业
东莞安第斯控制技术有限公司	谢岗镇	软件和信息技术服务业
东莞市万特思塑胶科技有限公司	谢岗镇	橡胶和塑料制品业
东莞市旺美铝制品有限公司	谢岗镇	金属制品业
东莞市志硕五金制品有限公司	谢岗镇	金属制品业
东莞市德铫实业有限公司	谢岗镇	通用设备制造业
东莞科特新材料技术有限公司	谢岗镇	纺织业
东莞市今科五金制品有限公司	谢岗镇	金属制品业
东莞市精盛粉末冶金制品有限公司	谢岗镇	金属制品业
东莞市精耐模具科技有限公司	谢岗镇	有色金属冶炼和压延加工业
东莞市聚瑞电气技术有限公司	谢岗镇	专用设备制造业
东莞市伊伯光电科技有限公司	谢岗镇	计算机、通信和其他电子设备制造业
东莞市美得机械科技有限公司	谢岗镇	通用设备制造业
东莞市日辉电子有限公司	谢岗镇	专用设备制造业
广东赛麦工业设备有限公司	谢岗镇	通用设备制造业
东莞市赛伊五金制品有限公司	谢岗镇	金属制品业
东莞市德泓海五金制品有限公司	谢岗镇	非金属矿物制品业
东莞市亚仑塑料原料有限公司	谢岗镇	化学原料和化学制品制造业
东莞市锦润塑胶科技有限公司	谢岗镇	橡胶和塑料制品业
东莞市比翼高分子材料科技有限公司	常平镇	化学原料和化学制品制造业
迅得机械（东莞）有限公司	常平镇	仪器仪表制造业
东莞金杯印刷有限公司	常平镇	造纸和纸制品业
东莞市吉鑫高分子科技有限公司	常平镇	橡胶和塑料制品业
广东宏展科技有限公司	常平镇	通用设备制造业
永泰电子（东莞）有限公司	常平镇	计算机、通信和其他电子设备制造业
东莞市瀛通电线有限公司	常平镇	电气机械和器材制造业
东莞市金鸿盛电器有限公司	常平镇	电气机械和器材制造业
东莞市宇洁新材料有限公司	常平镇	其他制造业
东莞龙昌数码科技有限公司	常平镇	文教、工美、体育和娱乐用品制造业
东莞欧达电子有限公司	常平镇	仪器仪表制造业
东莞丰卓机电设备有限公司	常平镇	专用设备制造业
东莞集思工业设计有限公司	常平镇	计算机、通信和其他电子设备制造业
东莞市宝元通检测设备有限公司	常平镇	通用设备制造业
东莞市博思电子数码科技有限公司	常平镇	文教、工美、体育和娱乐用品制造业
东莞市卡尔文塑胶科技有限公司	常平镇	橡胶和塑料制品业

1−5 续表 63

(2017年)

企业名称	所在镇街	行业类别
东莞市力与源电器设备有限公司	常平镇	通用设备制造业
东莞市明洁隧道建设材料有限公司	常平镇	化学原料和化学制品制造业
东莞市普万光电散热科技有限公司	常平镇	电气机械和器材制造业
东莞市途锐机械有限公司	常平镇	通用设备制造业
广东三奥动力设备有限公司	常平镇	电气机械和器材制造业
广东三木科技有限公司	常平镇	通用设备制造业
东莞市超逸建材有限公司	常平镇	非金属矿物制品业
东莞市杰伦塑胶灯饰有限公司	常平镇	电气机械和器材制造业
东莞市乔锋机械有限公司	常平镇	通用设备制造业
东莞凡进工业模具有限公司	常平镇	橡胶和塑料制品业
东莞利铿电子有限公司	常平镇	计算机、通信和其他电子设备制造业
东莞盛美塑胶机械有限公司	常平镇	专用设备制造业
东莞市百方建航机械配件有限公司	常平镇	通用设备制造业
东莞市百富塑料科技有限公司	常平镇	化学原料和化学制品制造业
东莞市龙谊电子科技有限公司	常平镇	计算机、通信和其他电子设备制造业
东莞市青洋包装制品有限公司	常平镇	印刷和记录媒介复制业
东莞市森泰玻璃制品有限公司	常平镇	非金属矿物制品业
东莞市世通国际快件监管中心有限公司	常平镇	装卸搬运和运输代理业
东莞市索菲电子科技有限公司	常平镇	计算机、通信和其他电子设备制造业
东莞市万丰纳米材料有限公司	常平镇	橡胶和塑料制品业
东莞市威邦仪器设备有限公司	常平镇	仪器仪表制造业
东莞市映宁轩电子科技有限公司	常平镇	通用设备制造业
广东派迪茵体育股份有限公司	常平镇	文教、工美、体育和娱乐用品制造业
广东万恒通家居制品有限公司	常平镇	专用设备制造业
广东优科检测技术服务有限公司	常平镇	专业技术服务业
广东智恒信息技术有限公司	常平镇	软件和信息技术服务业
东莞昶通精密五金有限公司	常平镇	计算机、通信和其他电子设备制造业
东莞市承恩自动化设备有限公司	常平镇	专用设备制造业
东莞市冠榕五金制品有限公司	常平镇	金属制品业
东莞市国研电热材料有限公司	常平镇	其他制造业
东莞市环宇文化科技有限公司	常平镇	文化艺术业
东莞市康茂电子有限公司	常平镇	计算机、通信和其他电子设备制造业
东莞市林氏生物技术股份有限公司	常平镇	农业
东莞市美赛特自动化设备有限公司	常平镇	通用设备制造业
东莞市品冠检测科技有限公司	常平镇	通用设备制造业
东莞市深鹏电子有限公司	常平镇	通用设备制造业
东莞市沃顿橡塑新材料有限公司	常平镇	橡胶和塑料制品业
东莞市一辉油压机械有限公司	常平镇	通用设备制造业
东莞市银燕电气科技有限公司	常平镇	电气机械和器材制造业
东莞市英耀灯饰有限公司	常平镇	电气机械和器材制造业
广东东莞市天润电子材料有限公司	常平镇	非金属矿物制品业
广东弘擎电子材料科技有限公司	常平镇	橡胶和塑料制品业
东莞市安高瑞新材料科技有限公司	常平镇	化学原料和化学制品制造业
东莞市晟钫实业有限公司	常平镇	计算机、通信和其他电子设备制造业
东莞市五全机械有限公司	常平镇	专用设备制造业
东莞市希锐自动化科技股份有限公司	常平镇	专用设备制造业
东莞市越铧电子科技有限公司	常平镇	仪器仪表制造业
广东维信智联科技有限公司	常平镇	软件和信息技术服务业
五川音响电子科技（东莞）有限公司	常平镇	计算机、通信和其他电子设备制造业
东莞思科检测设备科技有限公司	常平镇	专用设备制造业

1-5 续表 64

(2017年)

企业名称	所在镇街	行业类别
东莞新意数字科技有限公司	常平镇	文教、工美、体育和娱乐用品制造业
东莞市行标视觉自动化科技有限公司	常平镇	金属制品业
东莞市深蓝光电科技有限公司	常平镇	橡胶和塑料制品业
东莞市拓诚实业有限公司	常平镇	电气机械和器材制造业
东莞市智跃软件科技有限公司	常平镇	软件和信息技术服务业
东莞市嘉曜兴包装制品有限公司	常平镇	印刷和记录媒介复制业
东莞市星擎电子科技有限公司	常平镇	计算机、通信和其他电子设备制造业
东莞市振德精密机械实业有限公司	常平镇	电气机械和器材制造业
东莞市秀玻光电科技有限公司	常平镇	非金属矿物制品业
东莞市天圣厨具实业有限公司	常平镇	电气机械和器材制造业
东莞市华赢电子塑胶有限公司	常平镇	计算机、通信和其他电子设备制造业
东莞市汤冠五金制品有限公司	常平镇	金属制品业
东莞市骄阳塑胶科技有限公司	常平镇	化学原料和化学制品制造业
东莞市福达康实业有限公司	常平镇	专用设备制造业
东莞市东富胜粉末冶金有限公司	常平镇	通用设备制造业
东莞市健阳达电子有限公司	常平镇	计算机、通信和其他电子设备制造业
东莞市星月实业有限公司	常平镇	文教、工美、体育和娱乐用品制造业
东莞市常顺包装材料有限公司	常平镇	橡胶和塑料制品业
东莞市旭峰玻璃制品有限公司	常平镇	非金属矿物制品业
东莞市京元塑胶原料有限公司	常平镇	橡胶和塑料制品业
东莞市智汇五金有限公司	常平镇	金属制品业
东莞市皓天试验设备有限公司	常平镇	仪器仪表制造业
东莞市旭旺塑胶科技有限公司	常平镇	橡胶和塑料制品业
东莞市英裕精密设备有限公司	常平镇	通用设备制造业
东莞市阳泽实业有限公司	常平镇	纺织服装、服饰业
东莞市梅兴不锈钢钣金科技有限公司	常平镇	金属制品业
东莞泰利测试设备有限公司	常平镇	专用设备制造业
东莞市联舜计算机科技有限公司	常平镇	软件和信息技术服务业
东莞市瑞亨电子科技有限公司	常平镇	计算机、通信和其他电子设备制造业
东莞市凯和源机械设备有限公司	常平镇	通用设备制造业
广东力美新材料科技有限公司	常平镇	化学原料和化学制品制造业
东莞市浩彩油墨科技有限公司	常平镇	化学原料和化学制品制造业
东莞勤上光电股份有限公司	常平镇	电气机械和器材制造业
东莞市金澳机械有限公司	常平镇	批发业
东莞市康发特塑胶制品有限公司	常平镇	电气机械和器材制造业
东莞市鸿韬高分子科技有限公司	常平镇	橡胶和塑料制品业
东莞市佳乐电子有限公司	常平镇	计算机、通信和其他电子设备制造业
东莞天驰电子科技有限公司	常平镇	通用设备制造业
东莞市顶好新材料科技有限公司	常平镇	橡胶和塑料制品业
东莞市博旺光电有限公司	常平镇	计算机、通信和其他电子设备制造业
东莞市超音速模型科技有限公司	常平镇	计算机、通信和其他电子设备制造业
东莞宝丽美化工有限公司	常平镇	化学原料和化学制品制造业
东莞市华立实业股份有限公司	常平镇	家具制造业
东莞市仁德电子科技有限公司	常平镇	金属制品业
东莞市夏阳精密钨钢有限公司	常平镇	金属制品业
东莞市普旭实业有限公司	常平镇	计算机、通信和其他电子设备制造业
广东日科实业有限公司	常平镇	软件和信息技术服务业
东莞市晶木模具塑胶制品有限公司	常平镇	专用设备制造业
东莞市台腾环保材料科技有限公司	常平镇	水的生产和供应业
快捷达通信设备（东莞）有限公司	常平镇	计算机、通信和其他电子设备制造业

1-5 续表 65

(2017年)

企业名称	所在镇街	行业类别
东莞市涂芭新材料有限公司	常平镇	化学原料和化学制品制造业
东莞拓步特高分子材料有限公司	常平镇	橡胶和塑料制品业
东莞市鑫劲镁五金制品有限公司	常平镇	通用设备制造业
东莞市鼎富精密科技有限公司	常平镇	金属制品业
东莞市仁信电子有限公司	常平镇	计算机、通信和其他电子设备制造业
东莞运城制版有限公司	常平镇	印刷和记录媒介复制业
东莞市仕博机械科技有限公司	常平镇	通用设备制造业
东莞市索克热流道科技有限公司	常平镇	专用设备制造业
东莞市旺品实业有限公司	常平镇	橡胶和塑料制品业
东莞市巨亚检测仪器设备有限公司	常平镇	仪器仪表制造业
东莞市御飞冠榕物联网科技有限公司	常平镇	金属制品业
东莞市科文试验设备有限公司	常平镇	仪器仪表制造业
东莞市智恒机电设备有限公司	常平镇	通用设备制造业
东莞市振大塑胶科技有限公司	常平镇	化学原料和化学制品制造业
东莞市德盛纺织有限公司	常平镇	纺织业
东莞市盛利能源科技有限公司	常平镇	电气机械和器材制造业
东莞市志尚装饰材料有限公司	常平镇	家具制造业
广东多姆多电子科技有限公司	常平镇	计算机、通信和其他电子设备制造业
东莞卉航电子科技有限公司	常平镇	计算机、通信和其他电子设备制造业
东莞智通模具塑胶制品有限公司	常平镇	专用设备制造业
东莞市卡乐新材料科技有限公司	常平镇	化学原料和化学制品制造业
东莞市基一核材有限公司	常平镇	化学原料和化学制品制造业
东莞市宏奥电子科技有限公司	常平镇	橡胶和塑料制品业
东莞市博腾电子科技有限公司	常平镇	计算机、通信和其他电子设备制造业
东莞市宇通磁电制品有限公司	常平镇	有色金属冶炼和压延加工业
东莞市三禾电子材料有限公司	常平镇	电气机械和器材制造业
东莞市海瀚防静电器材有限公司	常平镇	金属制品业
东莞天诚仪器设备有限公司	常平镇	仪器仪表制造业
东莞市明凯塑胶科技有限公司	常平镇	橡胶和塑料制品业
广东特凯电子科技有限公司	常平镇	通用设备制造业
东莞市乾龙电子制品有限公司	常平镇	计算机、通信和其他电子设备制造业
东莞市宏东通信技术有限公司	常平镇	软件和信息技术服务业
东莞邦达五金有限公司	常平镇	有色金属冶炼和压延加工业
东莞市塑高塑化科技有限公司	常平镇	橡胶和塑料制品业
东莞市福实实业有限公司	常平镇	印刷和记录媒介复制业
东莞市和鑫电子科技有限公司	常平镇	计算机、通信和其他电子设备制造业
东莞市众汇软件有限公司	常平镇	软件和信息技术服务业
东莞市日晶照明科技有限公司	常平镇	电气机械和器材制造业
东莞市加贝软件科技有限公司	常平镇	软件和信息技术服务业
东莞品赫电子科技有限公司	常平镇	计算机、通信和其他电子设备制造业
东莞市凯吉龙锁业有限公司	常平镇	计算机、通信和其他电子设备制造业
东莞市迈威创数码科技有限公司	常平镇	专用设备制造业
东莞市科为机械设备有限公司	常平镇	通用设备制造业
东莞市聚伟五金制罐有限公司	常平镇	金属制品业
东莞市朗亿机电科技有限公司	常平镇	电气机械和器材制造业
东莞市上为实业有限公司	常平镇	木材加工和木、竹、藤、棕、草制品业
东莞冠唯电子科技有限公司	常平镇	橡胶和塑料制品业
东莞市诗玛电子有限公司	常平镇	电气机械和器材制造业
东莞福可喜玛通讯科技有限公司	常平镇	电气机械和器材制造业
东莞市耐格美塑胶制品有限公司	常平镇	橡胶和塑料制品业

1-5 续表 66

(2017年)

企业名称	所在镇街	行业类别
东莞市锦沐节能科技有限公司	常平镇	专用设备制造业
东莞市亚都机械有限公司	常平镇	通用设备制造业
东莞祺钰模具有限公司	常平镇	专用设备制造业
东莞市脉拓表面处理科技有限公司	常平镇	化学原料和化学制品制造业
东莞安视五金制品有限公司	常平镇	其他制造业
广东巨丰精密科技有限公司	常平镇	金属制品业
东莞王氏港建机械有限公司	常平镇	电气机械和器材制造业
东莞市地大纳米材料有限公司	常平镇	化学原料和化学制品制造业
东莞市悦发五金塑胶制品有限公司	常平镇	金属制品业
东莞市宝高精密金属制品有限公司	常平镇	金属制品业
东莞市尼嘉斯塑胶机械有限公司	常平镇	专用设备制造业
东莞太力生物工程有限公司	常平镇	医药制造业
东莞市正博电子设备有限公司	常平镇	通用设备制造业
东莞共荣精密机械有限公司	常平镇	通用设备制造业
东莞市麦蒂科技有限公司	常平镇	软件和信息技术服务业
东莞市双俊电子科技有限公司	常平镇	计算机、通信和其他电子设备制造业
东莞市垠星科技发展有限公司	桥头镇	石油加工、炼焦和核燃料加工业
东莞市玖木通实业有限公司	桥头镇	计算机、通信和其他电子设备制造业
东莞新友智能科技有限公司	桥头镇	通用设备制造业
东莞市斯坦得电子材料有限公司	桥头镇	其他制造业
东莞市富印胶粘科技有限公司	桥头镇	橡胶和塑料制品业
东莞市华星镀膜科技有限公司	桥头镇	计算机、通信和其他电子设备制造业
广东顺捷威玻璃机械有限公司	桥头镇	非金属矿物制品业
东莞市美饰家窗帘制品有限公司	桥头镇	木材加工和木、竹、藤、棕、草制品业
东莞市耀弘光电有限公司	桥头镇	电气机械和器材制造业
东莞兴博精密模具有限公司	桥头镇	专用设备制造业
东莞大和化成汽车零配件有限公司	桥头镇	橡胶和塑料制品业
东莞市鼎力薄膜科技有限公司	桥头镇	橡胶和塑料制品业
东莞市峰沃光电有限公司	桥头镇	计算机、通信和其他电子设备制造业
东莞市汇林包装有限公司	桥头镇	造纸和纸制品业
东莞市龙天仪器设备有限公司	桥头镇	仪器仪表制造业
东莞市美芯龙物联网科技有限公司	桥头镇	计算机、通信和其他电子设备制造业
东莞市睿泰涂布科技有限公司	桥头镇	橡胶和塑料制品业
广东宏工物料自动化系统有限公司	桥头镇	通用设备制造业
广东健润压铸科技有限公司	桥头镇	有色金属冶炼和压延加工业
广东太安伊侨气体设备有限公司	桥头镇	通用设备制造业
东莞市实优特电子有限公司	桥头镇	计算机、通信和其他电子设备制造业
广东博识达科技股份有限公司	桥头镇	橡胶和塑料制品业
东莞市西格玛自动化科技股份有限公司	桥头镇	通用设备制造业
广东金润和科技股份有限公司	桥头镇	计算机、通信和其他电子设备制造业
东莞市牧音王电子有限公司	桥头镇	计算机、通信和其他电子设备制造业
东莞市天宇玩具制品有限公司	桥头镇	文教、工美、体育和娱乐用品制造业
东莞市颖盛纤维制品有限公司	桥头镇	纺织业
东莞市汉维科技股份有限公司	桥头镇	化学原料和化学制品制造业
东莞市睿智兴宸实业有限公司	桥头镇	专用设备制造业
东莞市顺怡隆机械科技有限公司	桥头镇	通用设备制造业
广东晟颐隆家居制品科技有限公司	桥头镇	化学原料和化学制品制造业
东莞市铠曼包装技术有限公司	桥头镇	橡胶和塑料制品业
东莞市鑫诠光电技术有限公司	桥头镇	计算机、通信和其他电子设备制造业
东莞市森之光家具有限公司	桥头镇	家具制造业

1−5 续表 67

(2017年)

企业名称	所在镇街	行业类别
东莞市源嘉鑫薄膜开关有限公司	桥头镇	计算机、通信和其他电子设备制造业
东莞市国华精密五金有限公司	桥头镇	金属制品业
广东技塑新材料股份有限公司	桥头镇	橡胶和塑料制品业
东莞市铭意五金制品有限公司	桥头镇	通用设备制造业
东莞市龙阳电子科技有限公司	桥头镇	计算机、通信和其他电子设备制造业
东莞市伟创遥控模型科技有限公司	桥头镇	铁路、船舶、航空航天和其他运输设备制造业
东莞市怡品五金制品有限公司	桥头镇	通用设备制造业
东莞市鸿峰机电科技有限公司	桥头镇	电气机械和器材制造业
东莞爱乐玛实业有限公司	桥头镇	文教、工美、体育和娱乐用品制造业
东莞市合硕精密五金科技有限公司	桥头镇	计算机、通信和其他电子设备制造业
东莞市锐准精密金属有限公司	桥头镇	金属制品业
东莞市凯成环保科技有限公司	桥头镇	印刷和记录媒介复制业
东莞市天美新自动化设备有限公司	桥头镇	专用设备制造业
东莞泰克威科技有限公司	桥头镇	计算机、通信和其他电子设备制造业
东莞市德曼木业有限公司	桥头镇	家具制造业
东莞市蓝手指电子有限公司	桥头镇	计算机、通信和其他电子设备制造业
东莞市翔通电子科技有限公司	桥头镇	计算机、通信和其他电子设备制造业
东莞市美盈森环保科技有限公司	桥头镇	造纸和纸制品业
东莞万善美耐皿制品有限公司	桥头镇	橡胶和塑料制品业
广东宜居玻璃科技有限公司	桥头镇	其他制造业
东莞市楠方实业有限公司	桥头镇	电气机械和器材制造业
东莞市速动电子科技有限公司	桥头镇	通用设备制造业
东莞市腾明智能设备有限公司	桥头镇	电气机械和器材制造业
广东德瑞智能科技有限公司	桥头镇	计算机、通信和其他电子设备制造业
东莞市方恩电子材料科技有限公司	桥头镇	橡胶和塑料制品业
东莞市超颖电机科技有限公司	桥头镇	计算机、通信和其他电子设备制造业
东莞市托普莱斯光电技术有限公司	桥头镇	计算机、通信和其他电子设备制造业
东莞市仙桥电子科技有限公司	桥头镇	计算机、通信和其他电子设备制造业
东莞雅康宁纤维制品有限公司	桥头镇	纺织业
东莞市华谊创鸿试验设备有限公司	桥头镇	专用设备制造业
东莞市润鑫铝业有限公司	桥头镇	金属制品业
东莞市日新传导科技有限公司	桥头镇	电气机械和器材制造业
东莞市铭辉光电有限公司	桥头镇	计算机、通信和其他电子设备制造业
东莞市井田自动化设备有限公司	桥头镇	通用设备制造业
东莞市桥丰实业有限公司	桥头镇	纺织业
东莞市声一电子科技有限公司	桥头镇	计算机、通信和其他电子设备制造业
东莞市鸿泰玻璃制品有限公司	桥头镇	非金属矿物制品业
东莞市新律电子有限公司	桥头镇	计算机、通信和其他电子设备制造业
东莞市准光半导体照明有限公司	横沥镇	计算机、通信和其他电子设备制造业
东莞市鑫品模具有限公司	横沥镇	专用设备制造业
东莞市万丰科技有限公司	横沥镇	电气机械和器材制造业
东莞市擎洲光电科技有限公司	横沥镇	电气机械和器材制造业
东莞爱美达电子有限公司	横沥镇	通用设备制造业
东莞精恒电子有限公司	横沥镇	计算机、通信和其他电子设备制造业
东莞市中泰模具股份有限公司	横沥镇	专用设备制造业
东莞台一盈拓科技股份有限公司	横沥镇	通用设备制造业
东莞致嘉金属科技有限公司	横沥镇	专用设备制造业
东莞市卓高电子科技有限公司	横沥镇	电气机械和器材制造业
意拉德电子（东莞）有限公司	横沥镇	计算机、通信和其他电子设备制造业
东莞市凯誉自动化设备有限公司	横沥镇	仪器仪表制造业

1−5　续表 68

(2017年)

企业名称	所在镇街	行业类别
东莞市兆科电子材料科技有限公司	横沥镇	其他制造业
东莞毓华电子科技有限公司	横沥镇	计算机、通信和其他电子设备制造业
呈威电子（东莞）有限公司	横沥镇	计算机、通信和其他电子设备制造业
东莞市博派电子科技有限公司	横沥镇	汽车制造业
东莞市才立金属科技有限公司	横沥镇	专用设备制造业
东莞市华庄电子有限公司	横沥镇	专用设备制造业
东莞市今隽机械有限公司	横沥镇	专用设备制造业
东莞市铭雷电子科技有限公司	横沥镇	专用设备制造业
东莞市润丽华实业有限公司	横沥镇	化学原料和化学制品制造业
东莞市上运激光制版有限公司	横沥镇	专用设备制造业
东莞市永茂食品科技有限公司	横沥镇	农副食品加工业
东莞市卓比塑胶制品有限公司	横沥镇	橡胶和塑料制品业
广东九佛新材料科技有限公司	横沥镇	化学原料和化学制品制造业
群智电子科技（东莞）有限公司	横沥镇	电气机械和器材制造业
东莞骏屹精密模具有限公司	横沥镇	专用设备制造业
东莞乔隆家具配件制品有限公司	横沥镇	家具制造业
东莞市富士多实业投资有限公司	横沥镇	计算机、通信和其他电子设备制造业
东莞市港奇电子有限公司	横沥镇	电气机械和器材制造业
东莞市高美光电照明有限公司	横沥镇	电气机械和器材制造业
东莞市翰硕塑胶有限公司	横沥镇	计算机、通信和其他电子设备制造业
东莞市华越自动化设备有限公司	横沥镇	通用设备制造业
东莞市佳铠精密金属制品有限公司	横沥镇	通用设备制造业
东莞市麦迪工业装备有限公司	横沥镇	通用设备制造业
东莞市顺翼机械有限公司	横沥镇	专用设备制造业
广东伟的新材料股份有限公司	横沥镇	橡胶和塑料制品业
飞比达电子元器件（东莞）有限公司	横沥镇	计算机、通信和其他电子设备制造业
广东壹豪新材料科技股份有限公司	横沥镇	橡胶和塑料制品业
广东智维立体成型科技有限公司	横沥镇	专用设备制造业
东莞秦汉汽车模具技术有限公司	横沥镇	专用设备制造业
东莞市鼎杰实业有限公司	横沥镇	橡胶和塑料制品业
东莞市航达电子有限公司	横沥镇	橡胶和塑料制品业
东莞市瑞凯环境检测仪器有限公司	横沥镇	仪器仪表制造业
东莞市沃顿印刷有限公司	横沥镇	印刷和记录媒介复制业
东莞市煜田新材料有限公司	横沥镇	非金属矿物制品业
东莞市元升光学有限公司	横沥镇	非金属矿物制品业
东莞市顺林模型礼品有限公司	横沥镇	文教、工美、体育和娱乐用品制造业
广东泰晶新能源有限公司	横沥镇	电力、热力生产和供应业
东莞市德信绝缘材料有限公司	横沥镇	电气机械和器材制造业
鑫贺精密电子（东莞）有限公司	横沥镇	计算机、通信和其他电子设备制造业
东莞市锦明照明科技有限公司	横沥镇	电气机械和器材制造业
东莞市鸿泰自动化设备有限公司	横沥镇	专用设备制造业
东莞市新锦宇锡品科技有限公司	横沥镇	橡胶和塑料制品业
东莞市星泽日用品有限公司	横沥镇	化学原料和化学制品制造业
东莞金皇工业熔炉设备制造有限公司	横沥镇	通用设备制造业
东莞市欧亚电线电缆有限公司	横沥镇	电气机械和器材制造业
东莞群霖电子科技有限公司	横沥镇	橡胶和塑料制品业
东莞市克瑞得环保材料有限公司	横沥镇	化学原料和化学制品制造业
东莞市豪斯特热冲压技术有限公司	横沥镇	专用设备制造业
东莞虹日金属科技有限公司	横沥镇	金属制品业
东莞市国贤塑胶有限公司	横沥镇	橡胶和塑料制品业

1-5　续表 69

(2017年)

企业名称	所在镇街	行业类别
东莞艾笛森光电有限公司	横沥镇	电气机械和器材制造业
东莞和汇电子有限公司	横沥镇	汽车制造业
东莞旭光五金氧化制品有限公司	横沥镇	金属制品业
东莞市宏泰基阻燃材料有限公司	横沥镇	化学原料和化学制品制造业
东莞市和永包装有限公司	横沥镇	橡胶和塑料制品业
东莞市大迪电子科技有限公司	横沥镇	计算机、通信和其他电子设备制造业
东莞市振久五金机械有限公司	横沥镇	通用设备制造业
东莞市百赞精密机械有限公司	横沥镇	专用设备制造业
东莞小锂新能源科技有限公司	横沥镇	电气机械和器材制造业
东莞市东旺计算机技术有限公司	横沥镇	软件和信息技术服务业
东莞市天桉硅胶科技有限公司	横沥镇	化学原料和化学制品制造业
东莞市久森新能源有限公司	横沥镇	电气机械和器材制造业
博莱特光电科技（东莞）有限公司	横沥镇	电气机械和器材制造业
东莞市众兴模具有限公司	横沥镇	专用设备制造业
东莞市尼的科技股份有限公司	横沥镇	化学原料和化学制品制造业
东莞市信成医疗器械科技有限公司	横沥镇	专用设备制造业
东莞彩龙五金弹簧制造有限公司	横沥镇	金属制品业
东莞勤奋金属科技有限公司	横沥镇	金属制品业
东莞巨扬电器有限公司	横沥镇	电气机械和器材制造业
东莞市拓天智能科技有限公司	横沥镇	专用设备制造业
东莞市科泰汽车检夹具有限公司	横沥镇	专用设备制造业
东莞市诺正电子有限公司	横沥镇	电气机械和器材制造业
东莞市百思电子有限公司	横沥镇	计算机、通信和其他电子设备制造业
东莞市三跃实业有限公司	横沥镇	文教、工美、体育和娱乐用品制造业
东莞市合易自动化科技有限公司	横沥镇	专用设备制造业
东莞久亦电子有限公司	横沥镇	计算机、通信和其他电子设备制造业
东莞市桩本自动化机械设备有限公司	横沥镇	通用设备制造业
东莞市上源电子有限公司	横沥镇	计算机、通信和其他电子设备制造业
东莞市哲盛机械有限公司	横沥镇	专用设备制造业
东莞市为尔润机械设备科技有限公司	横沥镇	专用设备制造业
东莞市信诺运动用品有限公司	横沥镇	文教、工美、体育和娱乐用品制造业
东莞市中沛光电科技有限公司	横沥镇	计算机、通信和其他电子设备制造业
广东环亚环保科技有限公司	横沥镇	电气机械和器材制造业
东莞市森斯电子机械科技有限公司	横沥镇	仪器仪表制造业
东莞伸东电子有限公司	横沥镇	计算机、通信和其他电子设备制造业
东莞市卓越新材料科技有限公司	横沥镇	非金属矿采选业
东莞市印顺机械有限公司	横沥镇	通用设备制造业
东莞泽鑫数控机床有限公司	横沥镇	通用设备制造业
东莞市勤卓环境测试设备有限公司	横沥镇	仪器仪表制造业
东莞市海亚印花材料有限公司	横沥镇	化学原料和化学制品制造业
东莞雷笛克光学有限公司	横沥镇	其他制造业
东莞好克五金塑料制品有限公司	横沥镇	橡胶和塑料制品业
东莞市海德试验仪器有限公司	横沥镇	仪器仪表制造业
东莞市兴康机电科技有限公司	横沥镇	通用设备制造业
广东天誉飞歌电子科技有限公司	横沥镇	仪器仪表制造业
东莞市伟士达模具实业有限公司	横沥镇	专用设备制造业
东莞市美聂五金制品有限公司	横沥镇	专用设备制造业
东莞市超德节能净化科技有限公司	横沥镇	通用设备制造业
东莞市麦瑞斯电子材料有限公司	横沥镇	化学原料和化学制品制造业
广东思格雷电子科技股份有限公司	横沥镇	计算机、通信和其他电子设备制造业

1-5　续表 70

(2017年)

企业名称	所在镇街	行业类别
东莞市昌新五金机械有限公司	横沥镇	通用设备制造业
东莞市天倬模具有限公司	横沥镇	专用设备制造业
东莞市天倬电器有限公司	横沥镇	电气机械和器材制造业
东莞市立宇电子有限公司	横沥镇	电气机械和器材制造业
东莞市泰亮半导体照明有限公司	横沥镇	电气机械和器材制造业
东莞市安聚信机电科技有限公司	横沥镇	通用设备制造业
东莞市迈泰热传科技有限公司	横沥镇	计算机、通信和其他电子设备制造业
东莞市佳积智能科技有限公司	横沥镇	通用设备制造业
东莞市劲帆电源设备有限公司	横沥镇	电气机械和器材制造业
东莞市达维电子科技有限公司	横沥镇	软件和信息技术服务业
东莞市佰韧五金电子科技有限公司	横沥镇	计算机、通信和其他电子设备制造业
东莞市奥贝实业有限公司	横沥镇	橡胶和塑料制品业
东莞市卓品电子科技有限公司	横沥镇	计算机、通信和其他电子设备制造业
东莞市显赫电子科技有限公司	横沥镇	计算机、通信和其他电子设备制造业
东莞市美钰电子科技有限公司	横沥镇	橡胶和塑料制品业
东莞市捷美美电脑科技有限公司	横沥镇	计算机、通信和其他电子设备制造业
东莞市佳威智能科技有限公司	横沥镇	专用设备制造业
东莞明家防雷技术有限公司	横沥镇	电气机械和器材制造业
广东东方亮彩精密技术有限公司	横沥镇	计算机、通信和其他电子设备制造业
东莞市银海塑胶电子有限公司	横沥镇	计算机、通信和其他电子设备制造业
东莞市三维医疗设备有限公司	横沥镇	其他服务业
东莞市倍祺电子科技有限公司	横沥镇	计算机、通信和其他电子设备制造业
东莞市欧比迪精密五金有限公司	横沥镇	计算机、通信和其他电子设备制造业
东莞市镇田精密电子有限公司	横沥镇	通用设备制造业
东莞市威克马测量设备有限公司	横沥镇	仪器仪表制造业
东莞虹盛电子科技有限公司	横沥镇	计算机、通信和其他电子设备制造业
东莞市满佳电子科技有限公司	横沥镇	电气机械和器材制造业
东莞市英尚硅胶制品有限公司	横沥镇	橡胶和塑料制品业
东莞市盈正电子有限公司	横沥镇	电气机械和器材制造业
东莞市乔扬数控设备有限公司	横沥镇	通用设备制造业
东莞市科美机械有限公司	横沥镇	通用设备制造业
东莞市新泰汽车配件有限公司	横沥镇	汽车制造业
广东正茂精机有限公司	横沥镇	专用设备制造业
广东宝铭实业科技有限公司	横沥镇	电气机械和器材制造业
东莞缔奇智能股份有限公司	横沥镇	通用设备制造业
东莞市康德威变压器有限公司	东坑镇	电气机械和器材制造业
广东金禄科技股份有限公司	东坑镇	通用设备制造业
东莞市维美德电子材料有限公司	东坑镇	金属制品业
广东迅扬电脑科技股份有限公司	东坑镇	计算机、通信和其他电子设备制造业
东莞城市装钉器材有限公司	东坑镇	通用设备制造业
东莞市赛德高树脂有限公司	东坑镇	化学原料和化学制品制造业
东莞市宝轮电脑刺绣机械有限公司	东坑镇	专用设备制造业
东莞明信电子有限公司	东坑镇	计算机、通信和其他电子设备制造业
东莞市博恩复合材料有限公司	东坑镇	橡胶和塑料制品业
东莞市杰伟机械制造有限公司	东坑镇	通用设备制造业
东莞市迈安顿电子科技有限公司	东坑镇	计算机、通信和其他电子设备制造业
东莞市裕鸿傢具有限公司	东坑镇	家具制造业
东莞市众盛硅橡胶制品有限公司	东坑镇	橡胶和塑料制品业
广东宾豪科技股份有限公司	东坑镇	皮革、毛皮、羽毛及其制品和制鞋业
广东华科检测技术服务有限公司	东坑镇	专业技术服务业

1-5 续表 71

(2017年)

企业名称	所在镇街	行业类别
东莞国亮电机有限公司	东坑镇	电气机械和器材制造业
东莞迈特通讯科技有限公司	东坑镇	计算机、通信和其他电子设备制造业
东莞市博通电气设备工程有限公司	东坑镇	通用设备制造业
东莞市韩龙云数码科技有限公司	东坑镇	计算机、通信和其他电子设备制造业
东莞新能德科技有限公司	东坑镇	电气机械和器材制造业
广东惠和硅制品有限公司	东坑镇	化学原料和化学制品制造业
东莞市迈思普电子有限公司	东坑镇	计算机、通信和其他电子设备制造业
东莞市全乐电动科技有限公司	东坑镇	医药制造业
东莞齐阳五金有限公司	东坑镇	计算机、通信和其他电子设备制造业
东莞捷尔信实业有限公司	东坑镇	非金属矿物制品业
东莞市科基机械有限公司	东坑镇	电气机械和器材制造业
东莞国扬打印耗材有限公司	东坑镇	通用设备制造业
东莞市旭锐精密五金制品有限公司	东坑镇	专用设备制造业
东莞市深度服饰有限公司	东坑镇	纺织业
宏和机电工程有限公司	东坑镇	建筑安装业
东莞市混沌电子科技有限公司	东坑镇	专用设备制造业
东莞市康德五金电子有限公司	东坑镇	计算机、通信和其他电子设备制造业
东莞市嘉励灯饰制品有限公司	东坑镇	电气机械和器材制造业
优品精密橡胶零件（东莞）有限公司	东坑镇	橡胶和塑料制品业
东莞市蓝宇激光有限公司	东坑镇	计算机、通信和其他电子设备制造业
东莞史特施实业有限公司	东坑镇	计算机、通信和其他电子设备制造业
东莞大焱电器有限公司	东坑镇	电气机械和器材制造业
广东途达智能科技有限公司	东坑镇	通用设备制造业
东莞市亚特精密仪器有限公司	东坑镇	金属制品业
东莞市类行星照明科技有限公司	东坑镇	计算机、通信和其他电子设备制造业
东莞市嘉明金属制品有限公司	东坑镇	金属制品业
广东高义包装印刷有限公司	东坑镇	造纸和纸制品业
东莞市永全电子有限公司	东坑镇	电气机械和器材制造业
东莞市杨达精密五金塑胶有限公司	东坑镇	金属制品业
广东中德电缆有限公司	东坑镇	电气机械和器材制造业
东莞市德润胶带制品有限公司	东坑镇	橡胶和塑料制品业
东莞市腾佳电子有限公司	东坑镇	金属制品业
东莞市浩银电子科技有限公司	东坑镇	电气机械和器材制造业
东莞市荣昌化工有限公司	东坑镇	化学原料和化学制品制造业
东莞弘祥灯饰有限公司	东坑镇	电气机械和器材制造业
东莞市厚瑞五金制品有限公司	东坑镇	金属制品、机械和设备修理业
东莞市同裕电子有限公司	东坑镇	计算机、通信和其他电子设备制造业
东莞市民茂电器有限公司	东坑镇	文教、工美、体育和娱乐用品制造业
东莞市华隆机械制造有限公司	东坑镇	专用设备制造业
东莞市佳平装饰材料有限公司	东坑镇	金属制品业
东莞市华胜展鸿电子科技有限公司	东坑镇	计算机、通信和其他电子设备制造业
广东泰卓光电科技股份有限公司	东坑镇	计算机、通信和其他电子设备制造业
东莞山多力汽车配件有限公司	企石镇	汽车制造业
东莞市中镓半导体科技有限公司	企石镇	计算机、通信和其他电子设备制造业
广东美信科技股份有限公司	企石镇	通用设备制造业
广东友通工业有限公司	企石镇	通用设备制造业
东莞联宝光电科技有限公司	企石镇	计算机、通信和其他电子设备制造业
东莞健达照明有限公司	企石镇	电气机械和器材制造业
东莞捷瑞精密硅胶科技有限公司	企石镇	橡胶和塑料制品业
东莞仁海科技股份有限公司	企石镇	通用设备制造业

1-5 续表 72

(2017年)

企业名称	所在镇街	行业类别
东莞市美拉德食品有限公司	企石镇	食品制造业
东莞市若美电子科技有限公司	企石镇	其他制造业
东莞市博发光电科技有限公司	企石镇	电气机械和器材制造业
东莞市恒丰高新技术开发有限公司	企石镇	橡胶和塑料制品业
东莞市慧勤光电科技有限公司	企石镇	计算机、通信和其他电子设备制造业
东莞市乐一电子有限公司	企石镇	专用设备制造业
东莞市铁生辉制罐有限公司	企石镇	金属制品业
东莞市享达光电科技有限公司	企石镇	电气机械和器材制造业
广东鸿翔工程检测咨询有限公司	企石镇	专业技术服务业
广东汇诚科技有限公司	企石镇	软件和信息技术服务业
广东绿源巢信息科技有限公司	企石镇	软件和信息技术服务业
东莞市通日环保科技有限公司	企石镇	通用设备制造业
东莞市优特美工程塑料有限公司	企石镇	化学原料和化学制品制造业
广东居峰环保科技有限公司	企石镇	专用设备制造业
广东新光源电子科技有限公司	企石镇	计算机、通信和其他电子设备制造业
广东伊普思实业有限公司	企石镇	通用设备制造业
广东思泉新材料股份有限公司	企石镇	电气机械和器材制造业
广东鑫晖达机械科技有限公司	企石镇	专用设备制造业
广东朝阳电子科技股份有限公司	企石镇	计算机、通信和其他电子设备制造业
广东施彩涂料有限公司	企石镇	化学原料和化学制品制造业
东莞市宸嘉精密机器有限公司	企石镇	其他制造业
广东又一电器科技有限公司	企石镇	电气机械和器材制造业
东莞市川源高分子科技有限公司	企石镇	化学原料和化学制品制造业
广东金邦体育设施有限公司	企石镇	橡胶和塑料制品业
东莞市胜动新能源科技有限公司	企石镇	电气机械和器材制造业
东莞市宏升模具有限公司	企石镇	橡胶和塑料制品业
东莞市正好电器有限公司	企石镇	电气机械和器材制造业
东莞市春诚硅橡胶机械有限公司	企石镇	专用设备制造业
东莞市新望包装机械有限公司	企石镇	通用设备制造业
东莞市赛亚稀土实业有限公司	企石镇	化学原料和化学制品制造业
东莞市鸿鼎高周波机械有限公司	企石镇	专用设备制造业
东莞市瑞桥电器有限公司	企石镇	电气机械和器材制造业
东莞市扬晨实业有限公司	企石镇	计算机、通信和其他电子设备制造业
东莞市福鹰电子有限公司	企石镇	计算机、通信和其他电子设备制造业
东莞市飞炬五金制品有限公司	企石镇	非金属矿物制品业
东莞市明海纸制品有限公司	企石镇	造纸和纸制品业
东莞市华星照明实业有限公司	企石镇	电气机械和器材制造业
东莞市仁通硅塑胶制品有限公司	企石镇	橡胶和塑料制品业
广东凯晟照明科技有限公司	企石镇	电气机械和器材制造业
东莞市精研玻璃有限公司	企石镇	非金属矿物制品业
东莞联策精密五金有限公司	企石镇	金属制品业
东莞市广宇包装用品有限公司	企石镇	橡胶和塑料制品业
东莞市赣兴光学薄膜科技有限公司	企石镇	化学原料和化学制品制造业
东莞市铭德金属制品有限公司	企石镇	金属制品业
东莞市道诚绝缘材料有限公司	企石镇	电气机械和器材制造业
东莞市华阳灯饰有限公司	企石镇	计算机、通信和其他电子设备制造业
东莞市中皓照明科技有限公司	企石镇	计算机、通信和其他电子设备制造业
东莞市尚品实业有限公司	企石镇	专用设备制造业
东莞市欧思科光电科技有限公司	企石镇	电气机械和器材制造业
东莞市以祥三维科技有限公司	企石镇	橡胶和塑料制品业

1–5 续表 73

(2017年)

企业名称	所在镇街	行业类别
东莞德芳油墨科技有限公司	企石镇	化学原料和化学制品制造业
东莞市佳誉电器有限公司	企石镇	电气机械和器材制造业
东莞市鸿亿导热材料有限公司	企石镇	非金属矿物制品业
东莞市通泽五金制造有限公司	企石镇	金属制品业
东莞市宏瑞新材料科技有限公司	企石镇	化学原料和化学制品制造业
东莞市皇盈自动化设备有限公司	企石镇	通用设备制造业
广东若天新材料科技有限公司	企石镇	非金属矿物制品业
东莞乐域光电科技有限公司	石排镇	电气机械和器材制造业
广东星弛光电科技有限公司	石排镇	非金属矿物制品业
广东谷麦光电科技股份有限公司	石排镇	计算机、通信和其他电子设备制造业
广东旭业光电科技股份有限公司	石排镇	计算机、通信和其他电子设备制造业
东莞市悠悠美居家居制造有限公司	石排镇	橡胶和塑料制品业
东莞市智乐堡儿童玩具有限公司	石排镇	文教、工美、体育和娱乐用品制造业
广东剑鑫科技股份有限公司	石排镇	化学原料和化学制品制造业
东莞市盛旭电子科技有限公司	石排镇	电气机械和器材制造业
东莞市迈特运动用品有限公司	石排镇	文教、工美、体育和娱乐用品制造业
东莞市奥纳水务科技有限公司	石排镇	仪器仪表制造业
东莞市浩鑫电子有限公司	石排镇	计算机、通信和其他电子设备制造业
东莞市鸿程机械有限公司	石排镇	专用设备制造业
东莞市立敏达电子科技有限公司	石排镇	计算机、通信和其他电子设备制造业
东莞市励骏高分子材料有限公司	石排镇	橡胶和塑料制品业
东莞市启原实业有限公司	石排镇	橡胶和塑料制品业
东莞市双知艺坊洁具有限公司	石排镇	橡胶和塑料制品业
东莞市翔光光电科技有限公司	石排镇	计算机、通信和其他电子设备制造业
东莞市长铭电子有限公司	石排镇	电气机械和器材制造业
东莞市港照照明科技有限公司	石排镇	计算机、通信和其他电子设备制造业
东莞市广督实业有限公司	石排镇	计算机、通信和其他电子设备制造业
东莞市海威智能装备股份有限公司	石排镇	通用设备制造业
东莞市欣能电器有限公司	石排镇	电气机械和器材制造业
东莞市优拓汽车配件有限公司	石排镇	汽车制造业
东莞市比迪电器有限公司	石排镇	计算机、通信和其他电子设备制造业
东莞市雅思机械设备有限公司	石排镇	通用设备制造业
东莞市进通电子有限公司	石排镇	专用设备制造业
东莞市世欣五金制品有限公司	石排镇	有色金属冶炼和压延加工业
东莞市永佳合成材料有限公司	石排镇	医药制造业
东莞市银石自动化设备科技有限公司	石排镇	通用设备制造业
东莞市聚和塑料有限公司	石排镇	化学原料和化学制品制造业
东莞市荣润实业有限公司	石排镇	计算机、通信和其他电子设备制造业
东莞市光威激光科技有限公司	石排镇	专用设备制造业
东莞市汇泰机械有限公司	石排镇	仪器仪表制造业
东莞市达恩照明有限公司	石排镇	电气机械和器材制造业
东莞市琅玥光电有限公司	石排镇	通用设备制造业
东莞市麦凯通风设备有限公司	石排镇	通用设备制造业
东莞市迅阳实业有限公司	石排镇	金属制品业
东莞市艺趣电子有限公司	石排镇	计算机、通信和其他电子设备制造业
东莞市圣佳五金制品有限公司	石排镇	金属制品业
东莞市龙兴光电科技有限公司	石排镇	电气机械和器材制造业
东莞市国盈电子有限公司	石排镇	计算机、通信和其他电子设备制造业
东莞市键上飞电子科技有限公司	石排镇	计算机、通信和其他电子设备制造业
东莞市飞泸电子科技有限公司	石排镇	其他制造业
东莞铭普光磁股份有限公司	石排镇	计算机、通信和其他电子设备制造业

1-5 续表 74

(2017年)

企业名称	所在镇街	行业类别
东莞市常兴纸业有限公司	石排镇	造纸和纸制品业
东莞市精丽制罐有限公司	石排镇	金属制品业
东莞市丰强电子有限公司	石排镇	计算机、通信和其他电子设备制造业
东莞市旭晶光电科技有限公司	石排镇	非金属矿物制品业
东莞市永祺电热制品有限公司	石排镇	电气机械和器材制造业
东莞市千恒实业有限公司	石排镇	橡胶和塑料制品业
东莞市誉恒电子有限公司	石排镇	计算机、通信和其他电子设备制造业
东莞市南方力劲机械有限公司	石排镇	通用设备制造业
东莞市卫斯理电子科技有限公司	石排镇	计算机、通信和其他电子设备制造业
东莞市雅鸿塑胶制品有限公司	石排镇	金属制品业
东莞市仰光塑胶科技有限公司	石排镇	橡胶和塑料制品业
东莞市瑞铨五金电子有限公司	石排镇	有色金属冶炼和压延加工业
东莞市深科模具有限公司	石排镇	专用设备制造业
东莞立新塑胶有限公司	石排镇	橡胶和塑料制品业
东莞市安展五金电子有限公司	石排镇	电气机械和器材制造业
东莞志盛塑胶制品有限公司	石排镇	橡胶和塑料制品业
东莞市锦达电子有限公司	石排镇	计算机、通信和其他电子设备制造业
东莞市铭欣制罐有限公司	石排镇	金属制品业
东莞市立勤塑胶制品有限公司	石排镇	电气机械和器材制造业
东莞市勤博电子有限公司	石排镇	计算机、通信和其他电子设备制造业
东莞市湘安工业设备有限公司	石排镇	专用设备制造业
东莞市瑞社冷热设备有限公司	石排镇	通用设备制造业
东莞市煜信恩能源科技有限公司	石排镇	电气机械和器材制造业
东莞市格瑞机械有限公司	石排镇	通用设备制造业
广东亚欧电气科技有限公司	石排镇	电气机械和器材制造业
广东嘉拓新能源科技有限公司	石排镇	电气机械和器材制造业
广东融都建设有限公司	石排镇	金属制品业
东莞东维电子有限公司	石排镇	电气机械和器材制造业
东莞市钮纽实业有限公司	石排镇	金属制品业
东莞市立成电线有限公司	石排镇	电气机械和器材制造业
东莞市宜志电子科技有限公司	石排镇	汽车制造业
广东气派科技有限公司	石排镇	计算机、通信和其他电子设备制造业
广东灯谷光电科技有限公司	石排镇	计算机、通信和其他电子设备制造业
广东新宇智能装备有限公司	茶山镇	通用设备制造业
广东紫光电气有限公司	茶山镇	电气机械和器材制造业
东莞市闻誉实业有限公司	茶山镇	有色金属冶炼和压延加工业
东莞市奥能工程塑料有限公司	茶山镇	橡胶和塑料制品业
东莞市思为客自动化科技股份有限公司	茶山镇	通用设备制造业
东莞市欧科光电科技有限公司	茶山镇	橡胶和塑料制品业
东莞福哥电子有限公司	茶山镇	计算机、通信和其他电子设备制造业
东莞市坚成电子科技有限公司	茶山镇	专用设备制造业
东莞市拓展实业有限公司	茶山镇	化学纤维制造业
东莞市沃森实业有限公司	茶山镇	通用设备制造业
广东富本电梯有限公司	茶山镇	通用设备制造业
东莞侨鼎弹簧机械有限公司	茶山镇	通用设备制造业
东莞市特润电子科技有限公司	茶山镇	计算机、通信和其他电子设备制造业
多摩电子（东莞）有限公司	茶山镇	计算机、通信和其他电子设备制造业
广东福美新材料科技有限公司	茶山镇	造纸和纸制品业
广东新比克斯实业股份有限公司	茶山镇	专用设备制造业
东莞联桥电子有限公司	茶山镇	计算机、通信和其他电子设备制造业
东莞市昂力电池科技有限公司	茶山镇	电气机械和器材制造业

1-5 续表 75

(2017年)

企业名称	所在镇街	行业类别
东莞市驰明电子科技有限公司	茶山镇	电气机械和器材制造业
东莞市汉和食品机械设备有限公司	茶山镇	通用设备制造业
东莞市可变电子有限公司	茶山镇	计算机、通信和其他电子设备制造业
东莞市鹏驰净化科技有限公司	茶山镇	专用设备制造业
东莞市腾信精密仪器有限公司	茶山镇	仪器仪表制造业
东莞翔国光电科技有限公司	茶山镇	计算机、通信和其他电子设备制造业
东莞安力五金塑胶制品有限公司	茶山镇	金属制品业
东莞市宏诚光学制品有限公司	茶山镇	非金属矿物制品业
东莞市鹏润压铸材料科技有限公司	茶山镇	化学原料和化学制品制造业
东莞市耀宇塑胶五金制品有限公司	茶山镇	橡胶和塑料制品业
广东毅达医疗科技股份有限公司	茶山镇	专用设备制造业
东莞市进茂电子有限公司	茶山镇	计算机、通信和其他电子设备制造业
东莞市三肯电子制造有限公司	茶山镇	计算机、通信和其他电子设备制造业
东莞市耐斯机械制造有限公司	茶山镇	通用设备制造业
东莞东晟磁电磁控技术有限公司	茶山镇	仪器仪表制造业
广东新盟食品有限公司	茶山镇	食品制造业
东莞市铧光自动化机械有限公司	茶山镇	仪器仪表制造业
东莞市嘉玺办公设备有限公司	茶山镇	文教、工美、体育和娱乐用品制造业
东莞市东晨实业有限公司	茶山镇	计算机、通信和其他电子设备制造业
东莞市锋鑫数控机床有限公司	茶山镇	其他制造业
东莞市利通行汽车配件有限公司	茶山镇	汽车制造业
广东恩典皮具服饰科技股份有限公司	茶山镇	皮革、毛皮、羽毛及其制品和制鞋业
东莞市震丰机械制造有限公司	茶山镇	金属制品、机械和设备修理业
东莞市滤冠滤清器有限公司	茶山镇	汽车制造业
东莞市怡斯麦电子科技有限公司	茶山镇	仪器仪表制造业
广东帝钰金属科技有限公司	茶山镇	金属制品业
东莞市一品自动化科技有限公司	茶山镇	通用设备制造业
东莞市泰至塑料五金有限公司	茶山镇	橡胶和塑料制品业
东莞市玩乐童话婴儿用品有限公司	茶山镇	文教、工美、体育和娱乐用品制造业
东莞健益五金制品有限公司	茶山镇	通用设备制造业
东莞市环亚激光科技有限公司	茶山镇	专用设备制造业
东莞市声讯电子科技有限公司	茶山镇	计算机、通信和其他电子设备制造业
东莞市库森电子科技有限公司	茶山镇	皮革、毛皮、羽毛及其制品和制鞋业
东莞市全鹏电子科技有限公司	茶山镇	电气机械和器材制造业
东莞市友鸿机电设备有限公司	茶山镇	通用设备制造业
东莞泰宇胶带有限公司	茶山镇	橡胶和塑料制品业
东莞市球德五金制品有限公司	茶山镇	有色金属冶炼和压延加工业
东莞市华源包装股份有限公司	茶山镇	橡胶和塑料制品业
东莞市三尚陈列展示道具有限公司	茶山镇	家具制造业
广东悠派智能展示科技股份有限公司	茶山镇	家具制造业
东莞市日美电子科技有限公司	茶山镇	专用设备制造业
东莞市震泰电子科技有限公司	茶山镇	计算机、通信和其他电子设备制造业
广东茵茵股份有限公司	茶山镇	造纸和纸制品业
东莞市川拓电子有限公司	茶山镇	电气机械和器材制造业
东莞市箭冠汽车配件制造有限公司	茶山镇	汽车制造业
东莞森玛仕格里菲电路有限公司	茶山镇	计算机、通信和其他电子设备制造业
东莞市准锐自动化设备有限公司	茶山镇	通用设备制造业
广东炎墨科技有限公司	茶山镇	化学原料和化学制品制造业
广东英科集团股份有限公司	茶山镇	化学原料和化学制品制造业
东莞市闰鑫灯饰有限公司	茶山镇	电气机械和器材制造业
东莞市仁信精工实业有限公司	茶山镇	通用设备制造业

1-5 续表 76

(2017年)

企业名称	所在镇街	行业类别
东莞市欣宝仪器有限公司	茶山镇	仪器仪表制造业
东莞市法莱西香水包装有限公司	茶山镇	橡胶和塑料制品业
东莞市业润自动化设备有限公司	茶山镇	通用设备制造业
东莞市索想电子有限公司	茶山镇	计算机、通信和其他电子设备制造业
广东红珊瑚药业有限公司	松山湖	医药制造业
东莞市精研粉体科技有限公司	松山湖	金属制品业
东莞市纳声电子设备科技有限公司	松山湖	计算机、通信和其他电子设备制造业
东莞市腾威电子材料技术有限公司	松山湖	计算机、通信和其他电子设备制造业
广东新球清洗科技股份有限公司	松山湖	化学原料和化学制品制造业
东莞市风火轮热能科技有限公司	松山湖	通用设备制造业
广东高标电子科技有限公司	松山湖	电气机械和器材制造业
广东拓荒牛智能切割科技股份有限公司	松山湖	专用设备制造业
广东康菱动力科技有限公司	松山湖	通用设备制造业
广东荣文能源科技集团有限公司	松山湖	软件和信息技术服务业
广东雨林木风计算机科技有限公司	松山湖	互联网和相关服务
东莞中之光电股份有限公司	松山湖	计算机、通信和其他电子设备制造业
广东华南工业设计院	松山湖	专业技术服务业
广东大普通信技术有限公司	松山湖	计算机、通信和其他电子设备制造业
广东亨通光电科技有限公司	松山湖	电气机械和器材制造业
广东科创工程技术有限公司	松山湖	水利管理业
广东世纪网通信设备股份有限公司	松山湖	计算机、通信和其他电子设备制造业
广东科硕科技股份有限公司	松山湖	专用设备制造业
东莞东石新材料开发有限公司	松山湖	非金属矿物制品业
广东尚睿网络技术有限公司	松山湖	互联网和相关服务
广东华盈光达科技有限公司	松山湖	软件和信息技术服务业
东莞市劲威智能冲压成套设备有限公司	松山湖	通用设备制造业
东莞易步机器人有限公司	松山湖	铁路、船舶、航空航天和其他运输设备制造业
广东三凯新材料股份有限公司	松山湖	橡胶和塑料制品业
国云科技股份有限公司	松山湖	软件和信息技术服务业
东莞润赢电力科技有限公司	松山湖	软件和信息技术服务业
东莞市帕马智能停车服务有限公司	松山湖	软件和信息技术服务业
东莞市锐源仪器股份有限公司	松山湖	仪器仪表制造业
广东新东方光电有限公司	松山湖	计算机、通信和其他电子设备制造业
东莞市远峰科技有限公司	松山湖	计算机、通信和其他电子设备制造业
广东奥美格传导科技股份有限公司	松山湖	电气机械和器材制造业
广东泰通农业发展集团股份有限公司	松山湖	农副食品加工业
东莞新能源科技有限公司	松山湖	电气机械和器材制造业
东莞市科磊得数码光电科技有限公司	松山湖	电气机械和器材制造业
广东中实金属有限公司	松山湖	有色金属冶炼和压延加工业
东莞温思帝寝具科技有限公司	松山湖	纺织业
广东国方医药科技有限公司	松山湖	农业
广东长盈精密技术有限公司	松山湖	计算机、通信和其他电子设备制造业
优利德科技（中国）有限公司	松山湖	仪器仪表制造业
东莞成电精工自动化技术有限公司	松山湖	专用设备制造业
东莞光谷茂和激光技术有限公司	松山湖	通用设备制造业
东莞精科自动化科技有限公司	松山湖	仪器仪表制造业
东莞市创明电池技术有限公司	松山湖	电气机械和器材制造业
东莞市将为防伪科技有限公司	松山湖	造纸和纸制品业
东莞市李群自动化技术有限公司	松山湖	通用设备制造业
东莞市新弘高科智能仪表有限公司	松山湖	仪器仪表制造业
东莞市星火太阳能科技股份有限公司	松山湖	电气机械和器材制造业

1-5 续表 77

(2017年)

企业名称	所在镇街	行业类别
东莞市中鼎检测技术有限公司	松山湖	专业技术服务业
广东维锐科技股份有限公司	松山湖	软件和信息技术服务业
广东艾力达动漫文化娱乐有限公司	松山湖	文化艺术业
广东博迈医疗器械有限公司	松山湖	专用设备制造业
广东华灿电讯科技有限公司	松山湖	计算机、通信和其他电子设备制造业
广东凯宝机器人科技有限公司	松山湖	其他制造业
广东睿超电子科技有限公司	松山湖	专用设备制造业
广东万云信息科技有限公司	松山湖	软件和信息技术服务业
广东盈动高科自动化有限公司	松山湖	仪器仪表制造业
东莞泛亚太生物科技有限公司	松山湖	食品制造业
东莞三新电动汽车技术有限公司	松山湖	汽车制造业
广东中道创意科技有限公司	松山湖	专业技术服务业
广东艾沃科技有限公司	松山湖	电气机械和器材制造业
广东丹邦科技有限公司	松山湖	计算机、通信和其他电子设备制造业
东莞博捷生物科技有限公司	松山湖	专用设备制造业
东莞固高自动化技术有限公司	松山湖	仪器仪表制造业
东莞光韵达光电科技有限公司	松山湖	计算机、通信和其他电子设备制造业
东莞见达信息技术有限公司	松山湖	软件和信息技术服务业
东莞帕姆蒂昊宇液态金属有限公司	松山湖	有色金属冶炼和压延加工业
东莞市百赛仪器有限公司	松山湖	仪器仪表制造业
东莞市迪优门窗科技有限公司	松山湖	专业技术服务业
东莞市富卡信息科技有限公司	松山湖	互联网和相关服务
东莞市杰诺软件科技有限公司	松山湖	零售业
东莞市骏智机电科技有限公司	松山湖	仪器仪表制造业
东莞市蓝姆材料科技有限公司	松山湖	橡胶和塑料制品业
东莞市乐升电子有限公司	松山湖	软件和信息技术服务业
东莞市麦亘生物科技有限公司	松山湖	专用设备制造业
东莞市泰创电子科技有限公司	松山湖	电气机械和器材制造业
东莞市腾宇龙机械能源科技股份有限公司	松山湖	橡胶和塑料制品业
东莞市翔通光电技术有限公司	松山湖	计算机、通信和其他电子设备制造业
东莞市中图半导体科技有限公司	松山湖	计算机、通信和其他电子设备制造业
广东斯富特检测有限公司	松山湖	专业技术服务业
广东松科智能科技有限公司	松山湖	通用设备制造业
东莞威耀数控设备有限公司	松山湖	专用设备制造业
东莞熙隆电子科技有限公司	松山湖	互联网和相关服务
东莞英华融泰医疗科技有限公司	松山湖	专用设备制造业
东莞震坤软件有限公司	松山湖	软件和信息技术服务业
广东爱迪贝克软件科技有限公司	松山湖	软件和信息技术服务业
广东酷乐互娱科技股份有限公司	松山湖	互联网和相关服务
广东朗呈医疗器械科技有限公司	松山湖	专用设备制造业
广东思派康电子科技有限公司	松山湖	计算机、通信和其他电子设备制造业
广东松湖动力技术有限公司	松山湖	电气机械和器材制造业
广东中硕能源科技有限公司	松山湖	科技推广和应用服务业
东莞爱乐电子科技有限公司	松山湖	计算机、通信和其他电子设备制造业
东莞迪赛软件技术有限公司	松山湖	软件和信息技术服务业
东莞光智通讯科技有限公司	松山湖	计算机、通信和其他电子设备制造业
东莞华科东尼仪器有限公司	松山湖	仪器仪表制造业
东莞日阵薄膜光伏技术有限公司	松山湖	仪器仪表制造业
东莞赛尔生物科技有限公司	松山湖	医药制造业
东莞圣源环保科技有限公司	松山湖	生态保护和环境治理业
东莞市安磁检测技术有限公司	松山湖	专业技术服务业

1-5　续表 78

(2017年)

企业名称	所在镇街	行业类别
东莞市大疆创新科技有限公司	松山湖	计算机、通信和其他电子设备制造业
东莞市东铝铝业有限公司	松山湖	金属制品业
东莞市方大新材料有限公司	松山湖	非金属矿物制品业
东莞市光能新能源科技有限公司	松山湖	电气机械和器材制造业
东莞市松湖塑料机械股份有限公司	松山湖	专用设备制造业
东莞市新路标自动化设备技术有限公司	松山湖	通用设备制造业
东莞市优超精密技术有限公司	松山湖	计算机、通信和其他电子设备制造业
广东优力普物联科技有限公司	松山湖	计算机、通信和其他电子设备制造业
东莞市珍葆电器科技有限公司	松山湖	电气机械和器材制造业
东莞市中科智恒新材料有限公司	松山湖	化学原料和化学制品制造业
东莞芯成电子科技有限公司	松山湖	计算机、通信和其他电子设备制造业
东莞新吉凯氏测量技术有限公司	松山湖	专业技术服务业
东莞展能信息科技有限公司	松山湖	互联网和相关服务
广东东邦科技有限公司	松山湖	计算机、通信和其他电子设备制造业
广东合微集成电路技术有限公司	松山湖	计算机、通信和其他电子设备制造业
广东恒润光电有限公司	松山湖	电气机械和器材制造业
广东葫芦堡文化科技股份有限公司	松山湖	家具制造业
广东晶谷照明科技有限公司	松山湖	电气机械和器材制造业
广东科明环境仪器工业有限公司	松山湖	仪器仪表制造业
龙正环保股份有限公司	松山湖	电力、热力生产和供应业
广东全诚信息科技有限公司	松山湖	软件和信息技术服务业
广东思沃精密机械有限公司	松山湖	计算机、通信和其他电子设备制造业
广东微云科技股份有限公司	松山湖	软件和信息技术服务业
广东易凌科技股份有限公司	松山湖	软件和信息技术服务业
广东易能纳米科技有限公司	松山湖	其他制造业
广东远峰汽车电子有限公司	松山湖	汽车制造业
东莞赛微微电子有限公司	松山湖	软件和信息技术服务业
东莞市本润机器人科技股份有限公司	松山湖	通用设备制造业
东莞市绿安奇生物工程有限公司	松山湖	食品制造业
东莞市魔方新能源科技有限公司	松山湖	橡胶和塑料制品业
东莞市清大曜嘉信息技术有限公司	松山湖	软件和信息技术服务业
东莞市微格能自动化设备有限公司	松山湖	专用设备制造业
东莞市信腾机器人科技有限公司	松山湖	仪器仪表制造业
广东优尼德生物科技有限公司	松山湖	专用设备制造业
广东中贝能源科技有限公司	松山湖	电气机械和器材制造业
海洋王（东莞）照明科技有限公司	松山湖	电气机械和器材制造业
广东巨细信息科技有限公司	松山湖	互联网和相关服务
东莞道汇环保科技股份有限公司	松山湖	专用设备制造业
东莞东元环境科技股份有限公司	松山湖	生态保护和环境治理业
东莞汉为智能技术有限公司	松山湖	通用设备制造业
广东思谷智能技术有限公司	松山湖	计算机、通信和其他电子设备制造业
广东安尔发智能科技股份有限公司	松山湖	通用设备制造业
佳禾智能科技股份有限公司	松山湖	计算机、通信和其他电子设备制造业
东莞市利发爱尔空气净化系统有限公司	松山湖	电气机械和器材制造业
广东贝贝机器人有限公司	松山湖	仪器仪表制造业
东莞市庆臻钢结构工程有限公司	松山湖	建筑安装业
广东易数据电子商务有限公司	松山湖	软件和信息技术服务业
东莞市银亮电子科技有限公司	松山湖	计算机、通信和其他电子设备制造业
东莞龙腾云教育科技有限公司	松山湖	计算机、通信和其他电子设备制造业
东莞科蓝信息科技有限公司	松山湖	软件和信息技术服务业
东莞市科旺科技股份有限公司	松山湖	电气机械和器材制造业

1-5 续表 79

(2017年)

企业名称	所在镇街	行业类别
广东努谢尔环境科技有限公司	松山湖	专用设备制造业
广东福地新视野光电技术有限公司	松山湖	专用设备制造业
东莞市意普万尼龙科技股份有限公司	松山湖	化学原料和化学制品制造业
东莞市中科一维大数据有限公司	松山湖	软件和信息技术服务业
东莞市凌电智能科技有限公司	松山湖	专用设备制造业
东莞天天向上医疗科技有限公司	松山湖	专用设备制造业
广东中润检测技术有限公司	松山湖	专业技术服务业
东莞氢宇新能源科技有限公司	松山湖	电气机械和器材制造业
广东洛贝电子科技有限公司	松山湖	电气机械和器材制造业
广东帝达聚智能科技有限责任公司	松山湖	电气机械和器材制造业
东莞市美德检测技术有限公司	松山湖	专业技术服务业
东莞市迪文数字技术有限公司	松山湖	批发业
广东威迪科技股份有限公司	松山湖	专用设备制造业
东莞名气通联合金融数据服务有限公司	松山湖	软件和信息技术服务业
东莞市嘉讯云计算有限公司	松山湖	互联网和相关服务
东莞纳普电子科技有限公司	松山湖	仪器仪表制造业
广东燕园亮赞科技有限公司	松山湖	计算机、通信和其他电子设备制造业
东莞市博大环保科技有限公司	松山湖	生态保护和环境治理业
易事特集团股份有限公司	松山湖	计算机、通信和其他电子设备制造业
广东复安科技发展有限公司	松山湖	专用设备制造业
东莞市晋拓自动化科技有限公司	松山湖	通用设备制造业
东莞市同门电子科技有限公司	松山湖	仪器仪表制造业
广东天浩科技有限公司	松山湖	通用设备制造业
广东普电自动化科技股份有限公司	松山湖	通用设备制造业
广东爱普拉新能源技术股份有限公司	松山湖	汽车制造业
东莞市佳骏电子科技有限公司	松山湖	计算机、通信和其他电子设备制造业
安美科技股份有限公司	松山湖	化学原料和化学制品制造业
东莞海丽化学材料有限公司	松山湖	化学原料和化学制品制造业
东莞市新动力网络科技有限公司	松山湖	互联网和相关服务
广东博溪生物科技有限公司	松山湖	科技推广和应用服务业
广东腾正计算机科技有限公司	松山湖	互联网和相关服务
东莞阳腾云智能科技有限公司	松山湖	通用设备制造业
东莞市天宇网络技术股份有限公司	松山湖	互联网和相关服务
沈阳机床（东莞）智能装备有限公司	松山湖	通用设备制造业
东莞市骏翔软件科技有限公司	松山湖	软件和信息技术服务业
广东爱瓦力科技股份有限公司	松山湖	互联网和相关服务
广东大族粤铭智能装备股份有限公司	松山湖	通用设备制造业
广东一一五科技股份有限公司	松山湖	互联网和相关服务
合泰半导体（中国）有限公司	松山湖	计算机、通信和其他电子设备制造业
东莞市沃趣网络科技有限公司	松山湖	软件和信息技术服务业
东莞市天域半导体科技有限公司	松山湖	计算机、通信和其他电子设备制造业
东莞赛富特汽车安全技术有限公司	松山湖	汽车制造业
东莞市贝特电子科技股份有限公司	松山湖	计算机、通信和其他电子设备制造业
东莞搜谷计算机系统有限公司	松山湖	零售业
东莞市尚同工业设计有限公司	松山湖	专业技术服务业
广东松庆智能科技股份有限公司	松山湖	通用设备制造业
广东百圳君耀电子有限公司	松山湖	计算机、通信和其他电子设备制造业
广东阿尔派智能电网有限公司	松山湖	电力、热力生产和供应业
广东高谷科技有限公司	松山湖	计算机、通信和其他电子设备制造业
广东虹勤通讯技术有限公司	松山湖	软件和信息技术服务业
东莞市兆南电子电器科技有限公司	松山湖	电气机械和器材制造业

1–5　续表 80

(2017年)

企业名称	所在镇街	行业类别
东莞市尚之睿信息科技有限公司	松山湖	软件和信息技术服务业
东莞市芝麻地网络科技有限公司	松山湖	软件和信息技术服务业
东莞市精邦机械科技有限公司	松山湖	专用设备制造业
东莞市松山湖天地环科水务有限公司	松山湖	生态保护和环境治理业
东莞市南瓜电子有限公司	松山湖	计算机、通信和其他电子设备制造业
东莞市力持新能源科技有限公司	松山湖	零售业
东莞市东思电子技术有限公司	松山湖	计算机、通信和其他电子设备制造业
广东烛光新能源科技有限公司	松山湖	电气机械和器材制造业
广东中联邦精细化工有限公司	松山湖	化学原料和化学制品制造业
广东东阳光药业有限公司	松山湖	医药制造业
东莞市康铭光电科技有限公司	松山湖	专用设备制造业
华为终端（东莞）有限公司	松山湖	计算机、通信和其他电子设备制造业
东莞市小崎机器人智能装备有限公司	松山湖	通用设备制造业
东莞市迈科科技有限公司	松山湖	电气机械和器材制造业
东莞优闪电子科技有限公司	松山湖	软件和信息技术服务业
东莞市蓝恩科技有限公司	松山湖	化学原料和化学制品制造业
东莞市金美济药业有限公司	松山湖	医药制造业
东莞市优陌儿智护电子科技有限公司	松山湖	互联网和相关服务
广东盛元中天生物科技有限公司	松山湖	食品制造业
广东中能加速器科技有限公司	松山湖	专用设备制造业
广东天机工业智能系统有限公司	松山湖	仪器仪表制造业
东莞钜威动力技术有限公司	松山湖	汽车制造业
广东阿尔派电力科技股份有限公司	松山湖	电力、热力生产和供应业
东莞博奥木华基因科技有限公司	松山湖	科技推广和应用服务业
东莞市伊美特智能科技有限公司	松山湖	铁路、船舶、航空航天和其他运输设备制造业
广东中科遥感技术有限公司	松山湖	软件和信息技术服务业
广东生益科技股份有限公司	松山湖	计算机、通信和其他电子设备制造业
广东阿尔派新材料股份有限公司	松山湖	电气机械和器材制造业
广东润盛科技材料有限公司	松山湖	有色金属冶炼和压延加工业
东莞市精芯产品设计有限公司	松山湖	专业技术服务业
东莞市万科建筑技术研究有限公司	松山湖	研究和试验发展
东莞市蓝鲸软件有限公司	松山湖	软件和信息技术服务业
东莞市百大新能源股份有限公司	松山湖	废弃资源综合利用业
广东昊辉新材料有限公司	松山湖	化学原料和化学制品制造业
东莞市凯欣电池材料有限公司	松山湖	电气机械和器材制造业
广东乐普泰新材料科技有限公司	松山湖	计算机、通信和其他电子设备制造业
广东大族粤铭激光集团股份有限公司	松山湖	通用设备制造业
东莞市车亿配网络科技有限公司	松山湖	软件和信息技术服务业
广东东博自动化设备有限公司	松山湖	电气机械和器材制造业
东莞智孝信息技术有限公司	松山湖	软件和信息技术服务业
东莞市亚聚电子材料有限公司	松山湖	化学原料和化学制品制造业
领亚电子科技股份有限公司	松山湖	计算机、通信和其他电子设备制造业
广东正业科技股份有限公司	松山湖	仪器仪表制造业
东莞市东电检测技术有限公司	松山湖	专业技术服务业
东莞豪曼精密模具技术有限公司	松山湖	专用设备制造业
东莞市迪凯医疗科技有限公司	松山湖	专用设备制造业
东莞瑞柯电子科技股份有限公司	松山湖	汽车制造业
东莞成电智信信息科技有限公司	松山湖	软件和信息技术服务业
东莞市雍华昊信息技术有限公司	松山湖	软件和信息技术服务业
东莞市金翔光电科技有限公司	松山湖	计算机、通信和其他电子设备制造业
东莞市升宇智能科技有限公司	松山湖	通用设备制造业

中国统计出版社最新图书简目

(仅供参考,以实际出版为准)

统计资料

中国统计年鉴 中国统计摘要 中国第三产业统计年鉴
中国第三次全国农业普查综合资料 国际统计年鉴 金砖国家联合统计手册
中国-东盟国家统计手册 中国农村统计年鉴 中国县域统计年鉴
中国农产品价格调查年鉴 中国城市统计年鉴 中国价格统计年鉴
中国贸易外经统计年鉴 中国零售和餐饮连锁企业统计年鉴 中国商品交易市场统计年鉴
大中型批发零售和住宿餐饮企业统计年鉴 中国住户调查年鉴 中国工业统计年鉴
中国环境统计年鉴 中国能源统计年鉴 中国建筑业统计年鉴
中国房地产统计年鉴 中国固定资产投资统计年鉴 中国对外直接投资统计公报
中国人口和就业统计年鉴 中国劳动统计年鉴 中国社会统计年鉴
中国科技统计年鉴 中国高技术产业统计年鉴 全国企业创新调查年鉴
中国文化及相关产业统计年鉴 2018年时间利用调查资料 中国妇女儿童状况统计资料
中国基本单位统计年鉴 中国教育统计年鉴 中国教育经费统计年鉴
中国民族统计年鉴 中国残疾人事业统计年鉴

省级综合统计年鉴系列

北京 天津 河北 山西 内蒙古 辽宁 吉林 黑龙江 上海 江苏 浙江 安徽 福建 江西 山东 河南 湖北 湖南
广东 广西 海南 重庆 四川 贵州 云南 西藏 陕西 甘肃 青海 宁夏 新疆 新疆生产建设兵团

市(县)级综合统计年鉴系列

滨海新区 石家庄 唐山 邯郸 保定 沧州 邢台 廊坊 承德 衡水 秦皇岛 张家口 太原 大同 阳泉 长治 晋城
朔州 晋中 运城 忻州 临汾 吕梁 呼和浩特 呼和浩特新城区 鄂尔多斯 包头 沈阳 大连 长春 吉林 延吉 四平
通化 松原 哈尔滨 齐齐哈尔 黑龙江垦区 上海浦东新区 南京 无锡 徐州 常州 苏州 南通 连云港 淮安 盐城
扬州 镇江 泰州 宿迁 江阴 丹阳 海门 杭州 宁波 温州 嘉兴 湖州 绍兴 金华 衢州 舟山 台州 丽水 合肥
安庆 马鞍山 福州 厦门 宁德 漳州 龙岩 南昌 九江 上饶 新余 抚州 萍乡 赣州 吉安 景德镇 济南 青岛 潍坊
枣庄 日照 滕州 郑州 洛阳 平顶山 三门峡 商丘 信阳 济源 汝州 武汉 十堰 荆州 宜昌 荆门 咸宁 长沙 广州
深圳 惠州 东莞 汕尾 南宁 柳州 桂林 梧州 来宾 河池 防城港 海口 三亚 成都 贵阳 黔南 毕节 昆明 西安
咸阳 延安 宝鸡 安康 铜川 汉中 榆林 兰州 庆阳 银川 乌鲁木齐 兵团一师 兵团十师

调查年鉴系列

天津 内蒙古 上海 浙江 福建 河南 湖北 湖南 广东 广西 重庆 四川 云南 甘肃 宁夏

统计方法应用/实用手册

实用SAS统计分析教程 Python数据分析基础 统计公文知识问答 领导干部统计知识问答
乡镇统计人员岗位知识培训系列教材：辅助调查员岗位基础知识 乡镇统计人员岗位基础知识
县级统计人员岗位知识培训系列教材：Excel在统计工作中的应用 简明统计分析
地市级统计人员岗位知识培训系列教材：统计报告与演示 中国国民经济核算体系（2016）基础知识
全国统计专业技术资格考试系列考试用书：统计业务知识（第四版） 统计业务知识学习指导与习题
全国统计专业技术资格考试系列考试用书：统计相关知识（第四版） 统计相关知识学习指导与习题

统计通俗读物/统计科普图书

我国20个统计指标的历史变迁 联合国工业发展组织：2016年工业发展报告
中国古代统计发展史 理解国民账户

重点图书

波澜壮阔四十年 砥砺奋进铸就辉煌——改革开放40年与时俱进的中国统计
新编英汉汉英统计大词典 中国国民经济核算体系2016 国民经济行业分类注释
挑大学选专业2019—考研择校指南 挑大学选专业2019—高考志愿填报指南 中华医学统计百科全书